西藏文化产业研究

——体系、实证与理论

赵国栋 著

·广州·

版权所有　翻印必究

图书在版编目（CIP）数据

西藏文化产业研究：体系、实证与理论/赵国栋著．—广州：中山大学出版社，2019.6
ISBN 978-7-306-06567-4

Ⅰ.①西… Ⅱ.①赵… Ⅲ.①地方文化—文化产业—研究—西藏 Ⅳ.①G127.75

中国版本图书馆 CIP 数据核字（2019）第 012967 号

出 版 人：	王天琪
策划编辑：	嵇春霞
责任编辑：	曹丽云
封面设计：	林绵华
责任校对：	李艳清
责任技编：	何雅涛
出版发行：	中山大学出版社
电　　话：	编辑部 020-84111996，84113349，84111997，84110779
	发行部 020-84111998，84111981，84111160
地　　址：	广州市新港西路 135 号
邮　　编：	510275　传　真：020-84036565
网　　址：	http://www.zsup.com.cn
	E-mail：zdcbs@mail.sysu.edu.cn
印 刷 者：	广州家联印刷有限公司
规　　格：	787mm×1092mm　1/16　35.75 印张　780 千字
版次印次：	2019 年 6 月第 1 版　2019 年 6 月第 1 次印刷
定　　价：	162.00 元

如发现本书因印装质量影响阅读，请与出版社发行部联系调换

2015年国家自然科学基金项目（项目编号：71563045）成果

谨以此书献给
为西藏的明天不懈奋斗着的人们！

作者简介

赵国栋 男,河北省昌黎县人,中国人民大学博士研究生。现在西藏民族大学从事科研、管理和教学工作。现为国家自然科学基金评议专家、洛阳师范学院客座教授,并获"中华优秀茶教师"称号。

出版著作9部:《茶叶与西藏》《茶谱系学与文化构建》《西藏茶文化》《茶与社会》《人与社会秩序》等。在《中国藏学》《西藏研究》《贵州民族研究》《农业考古》《西藏民族大学学报》《文化软实力研究》《中国茶叶》等刊物上发表学术论文60余篇。

主持并完成国家社会科学基金项目1项,主持国家自然科学基金项目1项,另主持省级、地市级科研项目3项。获省部级科研奖励4项、地市级科研奖励5项。作品《圣湖之畔》荣获第二十届北方十五省市自治区优秀文艺图书二等奖,作品《茶谱系学与文化构建》获第二届"兴文强茶"贡献奖。

目 录

第一编　西藏文化产业体系研究

第一章　中国文化产业的现状与发展趋势 ……………………………… (3)

第二章　西藏文化产业的根基——生态资源的保持与优化 ……………… (19)
 第一节　西藏生态资源范畴 ……………………………………………… (20)
 第二节　西藏生态资源开发、利用与保护现状 ………………………… (22)
 第三节　西藏生态资源存在的问题与潜在危机 ………………………… (26)
 第四节　西藏生态资源优化的必要性与机制、举措 …………………… (30)
 第五节　生态资源优化与西藏文化产业的关系 ………………………… (32)

第三章　西藏文化产业的范畴与现状 …………………………………… (34)
 第一节　西藏文化产业的范畴 …………………………………………… (34)
 第二节　西藏文化产业发展现状 ………………………………………… (38)
 第三节　西藏文化产业可持续发展的必要性 …………………………… (41)

第四章　西藏文化产业的重要支撑：土特产产业 ……………………… (44)
 第一节　西藏土特产产业的形式、现状与发展趋势 …………………… (44)
 第二节　土特产产业在西藏文化产业中的作用 ………………………… (54)
 第三节　依托特色畜牧业的土特产产业 ………………………………… (55)
 第四节　依托特色种植业的土特产产业 ………………………………… (63)

第五章　西藏文化产业的有机纽带与重要形态：西藏生态旅游业 …… (67)
 第一节　西藏生态旅游业的范畴及资源依托 …………………………… (67)
 第二节　西藏生态旅游产业的现状 ……………………………………… (71)
 第三节　案例解析：林芝桃花节生态旅游发展路径 …………………… (74)
 第四节　生态旅游在西藏文化产业中的作用 …………………………… (77)
 第五节　西藏旅游业的全要素生产率分析 ……………………………… (78)
 第六节　基于全要素生产率分析的西藏生态旅游产业发展要点 ……… (81)
 第七节　作为文化产业窗口的茶馆 ……………………………………… (87)

第六章　西藏文化产业的重要表现形态：IP 文化产业 （90）
第一节　IP 产业是什么 （90）
第二节　IP 文化产业发展现状及发展趋势 （90）
第三节　打造西藏"明星 IP 文化产业"的要点 （91）
第四节　西藏动漫文化产业发展路径 （96）

第七章　西藏文化产业发展重点之一：环保文化产业 （113）
第一节　环保文化产业的内容与西藏环保文化产业界定 （113）
第二节　西藏环保事业与产业现状 （115）
第三节　西藏环保文化产业发展的总体定位 （118）
第四节　西藏环保文化产业的发展现状 （120）
第五节　西藏环保文化产业的发展路径与探讨 （122）

第八章　西藏文化产业发展重点之一：工业文化产业 （128）
第一节　什么是工业文化产业 （128）
第二节　西藏工业文化的产生及发展状况 （129）
第三节　推进西藏工业文化产业发展的机遇与必要性 （133）
第四节　推进西藏工业文化产业发展的要点与路径 （134）

第九章　西藏文化产业布局、整合的理论基础 （138）
第一节　马克思产业结构理论 （138）
第二节　区域分工协作理论 （139）
第三节　区位理论 （140）
第四节　均衡与非均衡理论 （141）

第十章　西藏文化产业的布局研究 （143）
第一节　影响西藏文化产业布局的因素 （144）
第二节　西藏文化产业的集聚布局模型 （151）
第三节　西藏文化产业的分散布局模型 （165）
第四节　西藏文化产业布局评价与指标选择 （174）
第五节　西藏文化产业布局的整体规划与实现架构 （177）

第十一章　构建特色县域文化产业结构体系 （189）
第一节　西藏特色县域的发展机遇 （189）
第二节　西藏特色县域的特征 （190）
第三节　西藏特色县域的发展基础与利益逻辑 （191）
第四节　西藏特色县域文化产业结构体系的关键环节 （193）
第五节　西藏特色县域产业投融资原则 （194）
第六节　西藏特色县域产业市场要素的引入 （194）
第七节　西藏县域产业的管理与服务支持 （195）

  第八节 保持县域特色的鲜明性 …………………………………（196）
  第九节 县域特色产业体系运行模型构建——以普兰县为例 ………（196）
第十二章 西藏文化产业整合研究 ……………………………………（209）
  第一节 整合的界定与范畴 ……………………………………（209）
  第二节 西藏文化产业整合的必要性 …………………………（210）
  第三节 西藏文化产业的区位整合 ……………………………（212）
  第四节 文化吸引的传播整合 …………………………………（213）
  第五节 文化产品的营销整合 …………………………………（217）
第十三章 西藏文化产业发展策略的基础要素 …………………………（225）
  第一节 产业发展策略的内涵 …………………………………（225）
  第二节 西藏文化产业发展策略的优势因素 …………………（225）
  第三节 西藏文化产业发展策略的限制因素 …………………（226）
  第四节 西藏文化产业发展策略的原则 ………………………（228）
  第五节 西藏文化产业发展策略的有机构成与基础 …………（229）
  第六节 西藏文化产业发展策略的评价 ………………………（230）
第十四章 微观视角的解析：西藏文化产业发展策略的核心构成与运行方式 …（232）
  第一节 产业有机度及联通景观视角 …………………………（232）
  第二节 产业利益链条的有机视角 ……………………………（234）
  第三节 产业从业者视角 ………………………………………（236）
  第四节 产业营销策略视角 ……………………………………（239）
  第五节 对消费者呵护的视角 …………………………………（243）
  第六节 充分发挥产业协会的作用 ……………………………（246）
第十五章 宏观视角的解析：大视角大战略 ……………………………（248）
  第一节 西藏文化产业发展与"一带一路"倡议 ………………（248）
  第二节 西藏文化产业与"藏羌彝文化走廊" …………………（254）
  第三节 实现产业"精准融合" …………………………………（256）
  第四节 大力推进"互联网+" ……………………………………（258）
  第五节 推进全民参与文化产业建设 …………………………（259）

第二编 西藏文化产业实证研究

第十六章 阿里地区文化产业的构建、整合与发展对策 ………………（265）
  第一节 阿里文化产业的基础 …………………………………（265）
  第二节 中央以及西藏的宏观政策与举措 …………………（266）
  第三节 阿里的政策、举措与成效 …………………………（267）

第四节　阿里文化产业中存在的不足 …………………………（268）
　　第五节　微观层面的产业支撑：阿里基层社会的综合建设 ……（270）
　　第六节　阿里文化产业发展的架构与要点 ……………………（280）
　　第七节　阿里农牧业合作组织调查：大力发展新型集体经济 …（296）
　　第八节　普兰县调查：边境县借助"一带一路"倡议实现产业升级 …（301）

第十七章　构建西藏茶文化生态旅游产业体系 …………………（312）
　　第一节　生态旅游与茶文化 ……………………………………（312）
　　第二节　西藏茶文化生态旅游的意义 …………………………（331）
　　第三节　西藏茶文化生态旅游的特色与优势 …………………（333）
　　第四节　茶馆在生态旅游中的重要作用 ………………………（335）
　　第五节　西藏传统茶文化的内容与要点 ………………………（336）
　　第六节　西藏传统茶文化的传承、创新与西藏生态旅游 ……（339）
　　第七节　西藏茶文化生态旅游人才的培养 ……………………（376）

第十八章　繁华背后：基于2009年数据的藏獒产业分析 ………（386）
　　第一节　藏獒及其文化内涵 ……………………………………（386）
　　第二节　獒园及其文化 …………………………………………（391）
　　第三节　藏獒消费的兴起 ………………………………………（394）
　　第四节　藏獒产业的形成 ………………………………………（400）
　　第五节　藏獒产业性消费的特征 ………………………………（421）
　　第六节　藏獒消费的功能分析 …………………………………（429）
　　第七节　藏獒产业与中国社会 …………………………………（470）

第三编　西藏文化产业理论研究

第十九章　西藏文化产业的"根"在哪里 ………………………（483）
　　第一节　西藏文化产业的核心竞争力 …………………………（489）
　　第二节　西藏文化产业的自我发展力 …………………………（501）

第二十章　西藏文化产业特色发展之路的精准定位 ……………（519）
　　第一节　西藏文化产业特色发展之路的关键 …………………（519）
　　第二节　供给侧结构性改革与西藏文化产业的特色之路 ……（529）

第二十一章　西藏文化产业的"三维成长与动力理论" …………（536）
　　第一节　历史中的成长与结构中的动力 ………………………（536）
　　第二节　"生态+文化+旅游"的有机性 ………………………（539）
　　第三节　"生态+文化+旅游"的动态规律性 …………………（540）
　　第四节　"生态+文化+旅游"的目标指向性 …………………（541）

附件1　第二届西藏自治区哲学社会科学优秀成果二等奖证书…………（543）
附件2　陕西省第十三次哲学社会科学优秀成果奖证书………………（544）
附件3　《圣湖之畔》书影…………………………………………………（545）

主要参考文献 ………………………………………………………………（547）

后记 …………………………………………………………………………（557）

第一编　西藏文化产业体系研究

第一章 中国文化产业的现状与发展趋势

早在1947年出版的《启蒙辩证法》一书中就已经有了"文化产业"一词，提出者正是法兰克福学派的阿多诺和霍克海默。当时"文化产业"一词的提出主要针对的是工业文明背景下大众文化的兴起。虽然阿多诺和霍克海默提出"文化产业"（最初的含义更多指向"文化工业"的方向）是与大众的文化取向相联系的，即对当时的大众文化持一种批判的态度，但文化产业在经济领域中的发展明显成为社会生活的一个主题。到了20世纪，文化产业在发达国家已经成为一支强大的经济流。1996年，美国的文化产业产值占到了国内生产总值（GDP）的25%，文化产品出口超过了汽车、农业和航空业。[①] 进入21世纪，随着文化产业与信息技术的深度结合，文化产业也进入了高速发展阶段。

"文化产业被认为是与信息产业相并列的21世纪两大新兴产业之一，已经形成了当代社会新的经济增长点。"[②] 这一评论切中要害。文化产业是世界范围内的新兴产业，而且逐步发展成为主导产业，这在许多国家和地区都已经得到有力的证明，而且文化产业在许多发达国家中也成为国民经济的支柱产业。一方面，其产值高，对经济发展的贡献大；另一方面，"文化产业对国民经济产生了很强的拉动作用，发展文化产业可以有效带动其他相关产业的发展"[③]。就美国而言，有学者认为，美国的文化产业是美国霸权的最重要支撑，"美国文化，无论雅俗，其对外传播的力度是自罗马帝国以来从未有过的，况且其中还颇有新意。罗马和苏联的文化影响止步于军事边界，而美国软实力统治着整个世界"[④]。

中国的文化产业近年来取得长足发展，在产业规模和产业质量上都有了较大幅度的提升，但同时也存在着一些问题。与国际文化产业强国相比，中国的文化产业总量和规模还小，竞争力较弱；在产业的自身建设方面，还存在着体制、机制问题，区域发展不平衡。

文化产业的核心有两个，即"文化"与"产业"，但文化产业并不是二者的简单

---

① 参见向志强《文化产业市场体系及竞争力研究》，湖南大学出版社2015年版，第1页。
② 张胜冰、徐向昱、马树华：《世界文化产业导论》，北京大学出版社2014年版，第2页。
③ 张胜冰、徐向昱、马树华：《世界文化产业导论》，北京大学出版社2014年版，第1页。
④ [美]约瑟夫·奈：《软实力》，马娟娟译，中信出版社2013年版，第16页。

组合，而是使两者形成一个新整体，具备整体有机性。一般认为，文化产业指的是为社会公众提供文化、娱乐、休闲产品和服务的产业以及与这些产业有关联的活动的集合。

总体而言，文化产业是一个综合概念，它涵盖了"版权产业""创意产业"以及"文化工业"等内容。① 文化产业与文化事业的根本区别在于前者是营利组织的集合体，而后者不以盈利为目标。也就是说，文化产业必须在市场中存在与发展，必须按照产业化生产方式来运作，因此，通常理解的文化产业至少应具备四个基本组成要素：生产内容是文化产品和服务，产品性质是精神产品，生产方式是市场化运作，生产目的是赢利。② 它是"凝结一定程度的知识产权，并传递象征性意义的创造性的文化产品和服务的生产、扩散、聚合体系"③。

从软科学的角度而言，文化生产作为一个独立的社会生产部门，以商品交换形式向社会提供精神文化产品和服务。文化生产的产业化出现在近代大工业以后，是社会分工的结果。文化生产成果在人类生存发展的资料记载中占据重要的地位。文化生产部门首先以商品交换的形式向社会其他部门索取生产资料和维持本部门劳动力生存所必需的生活资料，然后，再以商品形式把生产出来的精神文化产品提供给社会，为社会其他部门服务。在中国，文化事业曾被等同于"意识形态"，对文化事业采取政治功利主义态度，即把文化只看作政治斗争的工具，而没有将其作为给人们提供精神文化消费资料的产业来看待，只强调"文艺为政治服务"，而没有充分认识文化事业与社会其他部门的经济关系。对文化事业性质的片面性认识导致文化建设内容贫乏，速度缓慢。随着改革开放的深入、经济生产的发展和社会生活水平的提高，人民群众的文化消费需求也逐步转向高层次和多样化。④

国家统计局给出的文化产业的范畴为："文化及相关产业是指为社会公众提供文化产品和文化相关产品的生产活动的集合。"⑤ 因此，中国的文化产业的范围一般包括：一切提供文化产品（如图书、影视作品等）、文化服务（如文艺表演、博物馆服务等）和文化休闲（如室内娱乐活动、休闲健身娱乐活动等）的产业，这是文化产业的主体；同时，文化产业还包括与这三个核心领域有关的用品的生产、销售活动以及相关文化产品（如工艺品等）的生产、销售活动。

国家统计局发布的《文化及相关产业分类（2018）》"以《国民经济行业分类》为基础、兼顾文化管理需要和可操作性、与国际分类标准相衔接"，把文化及相关产业划分为三层：第一层，共9个大类；第二层，共43个中类；第三层，共146个小

---

① 参见向志强《文化产业市场体系及竞争力研究》，湖南大学出版社2015年版，第19页。
② 参见向志强《文化产业市场体系及竞争力研究》，湖南大学出版社2015年版，第19页。
③ 安宇、田广增、沈山：《国外文化产业：概念界定与产业政策》，载《世界经济与政治论坛》2004年第6期。
④ 参见李忠尚、尹怀邦、方美琪等《软科学大辞典》，辽宁人民出版社1989年版，"文化产业"条，第658页。
⑤ 国家统计局：《文化及相关产业分类（2018）》，见中华人民共和国国家统计局：http://www.stats.gov.cn/tjsj/tjbz/201805/t20180509_1598314.html，2018-05-09。

类。其中,1~6大类为文化核心领域,7~9大类为文化相关领域。(见表1-1、表1-2)①

表1-1 文化及相关产业分类与代码

代码			类别名称	行业分类代码
大类	中类	小类		
			文化核心领域	
1			新闻信息服务	
	11		新闻服务	
		110	新闻业	8610
	12		报纸信息服务	
		120	报纸出版	8622
	13		广播电视信息服务	
		131	广播	8710
		132	电视	8720
		133	广播电视集成播控	8740
	14		互联网信息服务	
		141	互联网搜索服务	6421
		142	互联网其他信息服务	6429
2			内容创作生产	
	21		出版服务	
		211	图书出版	8621
		212	期刊出版	8623
		213	音像制品出版	8624
		214	电子出版物出版	8625
		215	数字出版	8626
		216	其他出版业	8629
	22		广播影视节目制作	
		221	影视节目制作	8730
		222	录音制作	8770
	23		创作表演服务	
		231	文艺创作与表演	8810

---

① 参见国家统计局:《文化及相关产业分类(2018)》,见中华人民共和国国家统计局:http://www.stats.gov.cn/tjsj/tjbz/201805/t20180509_ 1598314.html,2018-05-09。

续表 1−1

代码			类别名称	行业分类代码
大类	中类	小类		
		232	群众文体活动	8870
		233	其他文化艺术业	8890
	24		数字内容服务	
		241	动漫、游戏数字内容服务	6572
		242	互联网游戏服务	6422
		243	多媒体、游戏动漫和数字出版软件开发	6513*
		244	增值电信文化服务	6319*
		245	其他文化数字内容服务	6579*
	25		内容保存服务	
		251	图书馆	8831
		252	档案馆	8832
		253	文物及非物质文化遗产保护	8840
		254	博物馆	8850
		255	烈士陵园、纪念馆	8860
	26		工艺美术品制造	
		261	雕塑工艺品制造	2431
		262	金属工艺品制造	2432
		263	漆器工艺品制造	2433
		264	花画工艺品制造	2434
		265	天然植物纤维编织工艺品制造	2435
		266	抽纱刺绣工艺品制造	2436
		267	地毯、挂毯制造	2437
		268	珠宝首饰及有关物品制造	2438
		269	其他工艺美术及礼仪用品制造	2439
	27		艺术陶瓷制造	
		271	陈设艺术陶瓷制造	3075
		272	园艺陶瓷制造	3076
3			创意设计服务	
	31		广告服务	
		311	互联网广告服务	7251
		312	其他广告服务	7259

续表1－1

代码			类别名称	行业分类代码
大类	中类	小类		
	32		设计服务	
		321	建筑设计服务	7484*
		322	工业设计服务	7491
		323	专业设计服务	7492
4			文化传播渠道	
	41		出版物发行	
		411	图书批发	5143
		412	报刊批发	5144
		413	音像制品、电子和数字出版物批发	5145
		414	图书、报刊零售	5243
		415	音像制品、电子和数字出版物零售	5244
		416	图书出租	7124
		417	音像制品出租	7125
	42		广播电视节目传输	
		421	有线广播电视传输服务	6321
		422	无线广播电视传输服务	6322
		423	广播电视卫星传输服务	6331
	43		广播影视发行放映	
		431	电影和广播电视节目发行	8750
		432	电影放映	8760
	44		艺术表演	
		440	艺术表演场馆	8820
	45		互联网文化娱乐平台	
		450	互联网文化娱乐平台	6432*
	46		艺术品拍卖及代理	
		461	艺术品、收藏品拍卖	5183
		462	艺术品代理	5184
	47		工艺美术品销售	
		471	首饰、工艺品及收藏品批发	5146
		472	珠宝首饰零售	5245
		473	工艺美术品及收藏品零售	5246

续表 1-1

代码			类别名称	行业分类代码
大类	中类	小类		
5			文化投资运营	
	51		投资与资产管理	
		510	文化投资与资产管理	7212*
	52		运营管理	
		521	文化企业总部管理	7211*
		522	文化产业园区管理	7221*
6			文化娱乐休闲服务	
	61		娱乐服务	
		611	歌舞厅娱乐活动	9011
		612	电子游艺厅娱乐活动	9012
		613	网吧活动	9013
		614	其他室内娱乐活动	9019
		615	游乐园	9020
		616	其他娱乐业	9090
	62		景区游览服务	
		621	城市公园管理	7850
		622	名胜风景区管理	7861
		623	森林公园管理	7862
		624	其他游览景区管理	7869
		625	自然遗迹保护管理	7712
		626	动物园、水族馆管理服务	7715
		627	植物园管理服务	7716
	63		休闲观光游览服务	
		631	休闲观光活动	9030
		632	观光游览航空服务	5622
			文化相关领域	
7			文化辅助生产和中介服务	
	71		文化辅助用品制造	
		711	文化用机制纸及纸板制造	2221*
		712	手工纸制造	2222
		713	油墨及类似产品制造	2642

续表1-1

代码			类别名称	行业分类代码
大类	中类	小类		
		714	工艺美术颜料制造	2644
		715	文化用信息化学品制造	2664
	72		印刷复制服务	
		721	书、报刊印刷	2311
		722	本册印制	2312
		723	包装装潢及其他印刷	2319
		724	装订及印刷相关服务	2320
		725	记录媒介复制	2330
		726	摄影扩印服务	8060
	73		版权服务	
		730	版权和文化软件服务	7520*
	74		会议展览服务	
		740	会议、展览及相关服务	7281-7284 7289
	75		文化经纪代理服务	
		751	文化活动服务	9051
		752	文化娱乐经纪人	9053
		753	其他文化艺术经纪代理	9059
		754	婚庆典礼服务	8070*
		755	文化贸易代理服务	5181*
		756	票务代理服务	7298
	76		文化设备（用品）出租服务	
		761	休闲娱乐用品设备出租	7121
		762	文化用品设备出租	7123
	77		文化科研培训服务	
		771	社会人文科学研究	7350
		772	学术理论社会（文化）团体	9521*
		773	文化艺术培训	8393
		774	文化艺术辅导	8399*
8			文化装备生产	
	81		印刷设备制造	

续表 1-1

代码			类别名称	行业分类代码
大类	中类	小类		
		811	印刷专用设备制造	3542
		812	复印和胶印设备制造	3474
	82		广播电视电影设备制造及销售	
		821	广播电视节目制作及发射设备制造	3931
		822	广播电视接收设备制造	3932
		823	广播电视专用配件制造	3933
		824	专业音响设备制造	3934
		825	应用电视设备及其他广播电视设备制造	3939
		826	广播影视设备批发	5178
		827	电影机械制造	3471
	83		摄录设备制造及销售	
		831	影视录放设备制造	3953
		832	娱乐用智能无人飞行器制造	3963*
		833	幻灯及投影设备制造	3472
		834	照相机及器材制造	3473
		835	照相器材零售	5248
	84		演艺设备制造及销售	
		841	舞台及场地用灯制造	3873
		842	舞台照明设备批发	5175*
	85		游乐游艺设备制造	
		851	露天游乐场所游乐设备制造	2461
		852	游艺用品及室内游艺器材制造	2462
		853	其他娱乐用品制造	2469
	86		乐器制造及销售	
		861	中乐器制造	2421
		862	西乐器制造	2422
		863	电子乐器制造	2423
		864	其他乐器及零件制造	2429
		865	乐器批发	5147
		866	乐器零售	5247
9			文化消费终端生产	

续表 1-1

代码			类别名称	行业分类代码
大类	中类	小类		
	91		文具制造及销售	
		911	文具制造	2411
		912	文具用品批发	5141
		913	文具用品零售	5241
	92		笔墨制造	
		921	笔的制造	2412
		922	墨水、墨汁制造	2414
	93		玩具制造	
		930	玩具制造	2451-2456 2459
	94		节庆用品制造	
		940	焰火、鞭炮产品制造	2672
	95		信息服务终端制造及销售	
		951	电视机制造	3951
		952	音响设备制造	3952
		953	可穿戴智能文化设备制造	3961*
		954	其他智能文化消费设备制造	3969*
		955	家用视听设备批发	5137
		956	家用视听设备零售	5271
		957	其他文化用品批发	5149
		958	其他文化用品零售	5249

注：行业分类代码后标有"＊"的表示该行业类别仅有部分内容属于文化及相关产业。

表 1-2　文化及相关产业分类（2018）中带"＊"行业分类文化生产活动说明

序号	国民经济行业 分类及代码	文化及相关产业类别 名称及小类代码	文化生产活动的内容
1	应用软件开发 （6513*）	多媒体、游戏动漫和 数字出版软件开发 （0243）	包括应用软件开发中的多媒体软件、游戏动漫软件、数字出版软件开发活动
2	其他电信服务 （6319*）	增值电信文化服务 （0244）	仅指固定网增值电信、移动网增值电信、其他增值电信中的文化服务，包括手机报、个性化铃声等业务服务

续表1-2

序号	国民经济行业分类及代码	文化及相关产业类别名称及小类代码	文化生产活动的内容
3	其他数字内容服务（6579*）	其他文化数字内容服务（0245）	仅指文化宣传领域数字内容服务
4	工程设计活动（7484*）	建筑设计服务（0321）	仅包括房屋建筑工程，体育、休闲娱乐工程，室内装饰和风景园林工程专项设计服务
5	互联网生活服务平台（6432*）	互联网文化娱乐平台（0450）	仅包括互联网演出购票平台、娱乐应用服务平台、音视频服务平台、读书平台、艺术品鉴定拍卖平台和文化艺术平台
6	投资与资产管理（7212*）	文化投资与资产管理（0510）	指政府主管部门转变职能后成立的国有文化资产管理机构和文化行业管理机构的活动；文化投资活动，不包括资本市场的投资
7	企业总部管理（7211*）	文化企业总部管理（0521）	指不具体从事对外经营业务，只负责文化企业的重大决策、资产管理、协调管理下属各机构和内部日常工作的文化企业总部的活动，其对外经营业务由下属的独立核算单位或单独核算单位承担，还包括派出机构的活动（如办事处等）
8	园区管理服务（7221*）	文化产业园区管理（0522）	仅指非政府部门的文化产业园区管理服务
9	机制纸及纸板制造（2221*）	文化用机制纸及纸板制造（0711）	包括未涂布印刷书写用纸制造、涂布类印刷用纸制造、感应纸及纸板制造
10	知识产权服务（7520*）	版权和文化软件服务（0730）	版权服务包括版权代理服务，版权鉴定服务，版权咨询服务，著作权登记服务，著作权使用报酬收转服务，版权交易、版权贸易服务和其他版权服务。文化软件服务指与文化有关的软件服务，包括软件代理、软件著作权登记、软件鉴定等服务

续表1-2

序号	国民经济行业分类及代码	文化及相关产业类别名称及小类代码	文化生产活动的内容
11	婚姻服务（8070*）	婚庆典礼服务（0754）	指婚庆礼仪服务。包括婚礼策划、组织服务，婚礼租车服务，婚礼用品出租服务，婚礼摄像服务和其他婚姻服务
12	贸易代理（5181*）	文化贸易代理服务（0755）	包括文化用品、图书、音像、文化用家用电器和广播电视器材等国际国内贸易代理服务
13	专业性团体（9521*）	学术理论社会（文化）团体（0772）	学术理论社会团体服务包括党的理论研究、史学研究、思想工作研究、社会人文科学研究等团体的服务。文化团体服务包括新闻、图书、报刊、音像、版权、广播、电视、电影、演员、作家、文学艺术、美术家、摄影家、文物、博物馆、图书馆、文化馆、游乐园、公园、文艺理论研究、民族文化等团体的服务
14	其他未列明教育（8399*）	文化艺术辅导（0774）	包括美术、舞蹈、音乐、书法和武术等辅导服务
15	智能无人飞行器制造（3963*）	娱乐用智能无人飞行器制造（0832）	指按照国家有关安全规定标准，经允许生产并主要用于娱乐的智能无人飞行器的制造
16	电气设备批发（5175*）	舞台照明设备批发（0842）	包括各类舞台照明设备的批发
17	可穿戴智能设备制造（3961*）	可穿戴智能文化设备制造（0953）	指由用户穿戴和控制，并且自然、持续地运行和交互的个人移动计算文化设备产品的制造
18	其他智能消费设备制造（3969*）	其他智能文化消费设备制造（0954）	仅指虚拟现实设备制造活动

该分类建立了与《国民经济行业分类》（GB/T 4754—2017）的对应关系。全部小类对应或包含在《国民经济行业分类》（GB/T 4754—2017）相应的行业小类中。我们的分析将建立在《文化及相关产业分类（2018）》之上，同时用发展的视角看待西藏文化产业与其他产业的交叉点、融合点，着重西藏特色文化产业分析。

近年来，中国文化产业取得了长足发展。文化产业转型升级成果显著，宏观设计和政策引领成效突出。2012 年，国家文化部发布了《文化部"十二五"时期文化产业倍增计划》；2014 年，国家文化部联合财政部发布了《关于推动特色文化产业发展的指导意见》。一系列文件的出台成为文化产业发展的重要保障和动力，而文化产业的自身发展也为中国经济结构的深入改革提供了重要的动力，"统筹好文化产业与整个国民经济发展的关系，文化产业所蕴含的溢出效应和共振效应就会带动国民经济的发展"①。

"十二五"期间，我国文化产业建设与扶贫开发得到了较好的结合，积极推进了"百县万村综合文化服务工程"建设，加大了乡镇综合文化站建设，重点推进了文化惠民工程，加大了贫困地区公共文化服务机构建设。许多博物馆、纪念馆以及 43510 个公共图书馆、美术馆、文化馆免费对外开放。创新了公共文化服务运行机制，推动政府和社会资本合作，加大向社会力量购买公共文化服务，提升了社会化专业水平；同时，也加大了文化产业领域的立法力度。在此基础上，有研究者对中国文化产业现状进行了总结：

> 经过"十二五"时期的培育发展，以往文化企业散乱弱小的境况在某些产业门类中已发生改观；文化产业的社会效益和经济价值，通过文化消费的方式正在被社会广泛认知；转型升级引发的"蝶变效应"，正在推动着某些传统文化产业成为新的消费热点；特别是在简政放权、"反四风"的背景下，市场配置资源的决定性作用正在显现；文化产品的有效供给和文化消费的有效需求不能吻合的现象有所改善；伴随经济新常态的挤出效应和倒逼效应，文化产业园区载体价值的空心化现象也在减弱。②

"十二五"时期文化产业的良好发展为"十三五"时期的进一步发展奠定了坚实基础，也必将为文化产业成为国民经济支柱性产业夯实基础。在对中国文化产业的学术研究中，一些学者也指明了中国文化产业未来发展的关键环节与整体趋势。张振鹏认为，中国的文化产业在政府的主导下得到了快速发展，但出现的问题使转型升级成为发展的必然要求。进一步释放文化产业价值、提升文化产业供给质量、进一步完善文化产业的市场机制以及优化文化产业中的企业生态是我国文化产业转型升级的四个核心命题。通过社会资本的支持，以供给侧结构性调整来满足文化消费多样化需求。通过市场逻辑，激发文化企业的内生动力，促进文化产业转型升级。③

文化产业发展离不开科学制定发展策略。我国经济已经进入发展的新常态，在这

---

① 崔成泉：《供需两端发力，厚植文化产业增长极》，载《中国文化报》2016 年 1 月 13 日第 5 版。
② 崔成泉：《供需两端发力，厚植文化产业增长极》，载《中国文化报》2016 年 1 月 13 日第 5 版。
③ 参见张振鹏《我国文化产业转型升级的四个核心命题》，载《学术论坛》2016 年第 1 期。

种新常态下，表现出经济发展速度的变化、结构调整的优化以及动力转换三大特点。在这一大背景下，文化产业发展也必将呈现出新的特点和趋势，比如文化产业的带状发展以及特定区域内文化产业的无障碍协同发展，在"一带一路"倡议范畴内的文化产业发展，等等。与"一带一路"倡议相结合，充分利用"一带一路"倡议提供的机遇和平台，使文化产业成为"十三五"国民经济的支柱产业已经成为我国文化产业发展的必然趋势。

文化产业的发展离不开知识经济（knowledge economy）发展的大语境，而且会进一步得到强化。相对于农业经济、工业经济以及商业经济而言，知识经济主要是通过精神式创造形成的新型经济活动，或者说是建立在知识和信息的生产、分配以及应用上的新型经济形态。需要注意的是，知识经济突破了经济学中的"效益递减"规律，实现了效益递增。有学者指出，"知识经济已经成为我们这个时代的重要标志，它对文化的发展带来深刻的影响"①。总体而言，现代文化产业是知识经济的直接产物，"文化产业是文化的产业化，它体现了知识生产的特点"②。任何忽视知识经济成长的文化产业都将丧失可持续发展的动力。

另外，我们不能忽视市场在文化产业结构优化升级中的积极作用。"十二五"时期，中国的文化产业已经取得了长足发展，市场积极性得到了有效调动，文化产业结构也得到了一定程度的优化升级。各类文化市场主体在数量和质量上有所增加，文化企业总数有较大幅度的增长，截至"十二五"末达到241万户，重点骨干文化企业更是有了突破性发展。越来越多的非公有制资本进入文化领域，在一定程度上出现了大众创业、万众创新的好局面。因此，"在经济下行压力持续增大、增速放缓的背景下，文化产业连续保持两位数增速，2014年增加值达2.4万亿元，比2010年翻了一番，占GDP的比重为3.76%"③。

"十二五"时期文化产业发展的实践已经证明，文化产业的可持续发展离不开市场要素作用的充分发挥，只有在市场中调动各类积极元素，同时化解消极因素，才能够真正实现产业的壮大和可持续发展。因此，在"十二五"时期取得的成绩的基础上，进一步推动文化产业整体的优化升级，是文化产业不断发展壮大的必然要求。

推动中华文化产业走出去是"十二五"时期取得的成功经验之一。与"一带一路"倡议相结合，"感知中国""中国文化年""欢乐春节"等文化品牌建设取得了显著成效。海外孔子学院、孔子课堂以及丝绸之路影视建设工程深入推进，对外文化贸易投资加大，2015年，文化产业产品输出8871.2亿元，文化服务出口165.9亿元，比上年增长37.2%，高于我国服务出口增速22%。④

2016年3月，国家文化部的文化体制改革工作领导小组会议强调，2016年的重

---

① 张胜冰、徐向昱、马树华：《世界文化产业导论》，北京大学出版社2014年版，第8页。
② 张胜冰、徐向昱、马树华：《世界文化产业导论》，北京大学出版社2014年版，第8页。
③ 孙志军：《把牢国有文化企业改革的正确方向》，载《求是》2015年第20期。
④ 参见孙志军《把牢国有文化企业改革的正确方向》，载《求是》2015年第20期。

点工作有七项:"完善文化宏观管理体制;健全优秀文化产品创作生产的体制机制;着力促进基本公共文化服务标准化均等化工作实现新突破;推动建立统一开放、竞争有序、诚信守法、监管有力的现代文化市场体系;用创新性举措推动文化产业结构优化升级;构建中华优秀传统文化传承体系;以创新带动对外文化工作实现新发展。"① 这七项重点工作也是改革的七个方面,一定程度上代表了中国文化产业发展的七大趋势。

以往的经验告诉我们,文化产业不能封闭发展,只有结合国家战略,尤其是结合"一带一路"倡议,融入世界文化产业之中,多交流、多合作,才能够真正实现产业的不断发展壮大,产生更好的产业效益和社会效益,真正讲好中国自己的故事。

结合"十二五"时期经济社会发展实际,可以发现"三新"(即新产业、新业态、新商业模式)服务业以及旅游产业的广阔发展未来。

2015年,"三新"服务业快速增长。国家统计局发布的数据显示,2015年,规模以上服务业企业中,高技术服务业、科技服务业、战略性新兴服务业、文化及相关产业服务业的营业收入分别增长9.4%、8.6%、12.0%和11.1%,显示了强大的发展动力和更广阔的发展潜力,文化产业及相关服务业成为其中最耀眼的组成部分。

2013—2015年,中国旅游业持续快速发展,国内外游客人数年均增长速度超过10%,国内旅游收入年均增长速度超过15%。2015年,国内旅游收入超过3万亿元,国内游客数量突破40亿人次,国际旅游收入达到1137亿元。旅游业已经成为国民经济的重要支撑之一,并显示了良好的发展态势。

总体而言,服务业,尤其是文化产业中的服务业,对国民经济的引领作用更加突出,在"互联网+"的带动下,现代信息技术与各产业的融合进一步加强,传统产业进一步焕发生机,在这样的形势下,服务业中的新产业、新业态和新的商业模式大量涌现,有力地助推了经济的转型升级。

同时,我国的服务业已经成为吸纳就业的重要产业。国家统计局数据显示,2015年,服务业吸纳的劳动力就业人数为全部就业人数的42.4%,高出第二产业13.2%。而且服务业吸纳劳动力的能力还在不断提升;2013—2015年,服务业就业人员年均增长5.8%,比全部就业人员年均增长高出5.5%。

第三产业是国家税收最重要的构成。2015年,我国第三产业实现的税收占全部税收的比重达54.8%,较上年提高了1.3%,比第二产业高出9.7%。第三产业税收增长7.6%,比第二产业快5.5%。从新增税收贡献看,第三产业新增税收占全部新增税收总量的80%。

第三产业已经成为外资关注的中心。2015年,服务业实际使用的外资额达到4770.5亿元人民币(折合771.8亿美元),同比增长17.3%,同期制造业实际使用外资增长率为零;服务业实际使用外资在全国总量中的比重为61.1%,高于制造

---

① 文宣:《文化部文化体制改革工作领导小组会议在京召开》,载《中国文化报》2016年3月13日第1版。

业 29.7%。

我国的服务业占国民经济行业的比重已经超过 50%，但与发达国家的 70% 相比还有一定差距，在这一大背景下，我国的服务行业发展拥有更广阔的空间，成为全面建设小康社会、推进经济社会全面进步的重要动力，将进一步激发城镇发展的新需求，而相应的政策红利也会带动发展的新需求。

国际文化产业研究进展和趋势也可以为我们把握中国文化产业的发展趋势提供一些启示。有学者通过对近 20 年国际文化产业的 SSCI 和 A&HCI[①]研究文献进行科学计量分析，认为在研究的空间分布上，美国处于文化产业研究的中心地位，对国际文化产业研究产生了重要影响，其次是英国、加拿大等发达国家。他们认为，以中国为首的一批新兴经济体的文化产业正在迅速崛起，但关于各国之间的文化产业合作研究还有待加强。他们强调，从研究前沿分析，创意经济、创意城市建设、文化产业集群网络、文化产业政策及其相互关系等问题是当前和今后一段时期的研究热点，[②] 而且也成为文化产业发展的一种导向。

当然，在关注文化产业发展态势的同时，也必须注意文化产品中所包含的一对矛盾：商业性与艺术性。一般而言，我们关注文化产业的布局、整合以及发展策略，其核心点是商业可持续性的问题，也就是说，关注更多的是产业生产力的问题。但在这里必须明确，笔者在本研究中强调的文化产业发展是建立在文化产品中所具有的商业性与艺术性的合理张力之上的。一般来说，现代社会中的文化产品借其商业性来传达和实现其艺术性，在"市场性"和"社会性"中寻求平衡点。可以说，任何一种文化产品都具备这两个要素，而且要满足这两个要素需求。作为文化产品创意者，他对这种张力感受最为明显，而且必须在某一个点上确定张力的表达，简单而言，就是生产者对金钱与对社会效益进行选择。笔者在本研究中把这种张力界定于经济与社会双重视域内的可持续性。

另外，文化事业和文化产业之间的联系要进一步强调。2003 年的文化体制改革的基本思路之一就是把公益性文化事业和经营性文化产业相区分，这在实践中产生了积极效果，公益性文化事业得到了快速发展，文化产业也出现了繁荣景象。但是，就文化发展、公益性文化事业和文化产业发展的大趋势而言，构建和推进两者之间更为紧密的关系显得格外重要。在推动文化大发展、大繁荣的背景下，我们必须重新审视文化事业和文化产业之间的关系。一是二者进一步加大联系的需求越来越强，文化公益事业成为文化产业发展的重要基础；同时，它也从文化产业中获得资金支持和发展活力，架构好二者之间的桥梁具有极为重要的意义。二是要用产业化视角和方法系统梳理传统文化资源，比如让图书馆资源、博物馆资源等各类公益文化资源"活起

[①] SSCI 由美国科学信息研究所创建，中文名为"社会科学引文索引"，是可以对社会科学论文进行统计分析的检索工具。A&HCI 中文名为"艺术与人文科学引文索引"，是艺术与人文科学领域重要的索引数据库。

[②] 参见樊贵莲、郭淑芬《基于知识图谱的国际文化产业研究动态与特点》，载《科技进步与对策》2015 年第 20 期。

来",变成文化产品,进入文化产业领域,既可以通过文化传播和文化消费满足人们的精神生活需求,又可以进入国民经济体系大循环,与制造行业、设计行业、创意行业、服务行业等结合,形成现实物质消费。三是在万众创新的时代背景下,强调以提升知识价值为导向的分配政策,要以政府采购等形式把文化市场产品转化为公益文化资源,畅通二者之间的通道。

文化产业在国民经济体系中的定位也必须明确。文化产业成为国民经济发展的支柱已经是不争的事实,但同时一定要注意,文化产业要融入国民经济大体系,使文化生产和再生产进入国民经济体系的大循环,改变文化和文化产业循环的封闭体系,在国民经济大体系中汲取发展能量和活力,不断拓展发展领域、发展宽度,同时输出经济能量和新鲜活力。(见图1-1)

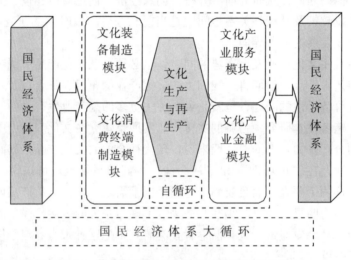

图1-1 文化产业融入国民经济体系大循环结构

第二章　西藏文化产业的根基
——生态资源的保持与优化

中国传统文化中已有"生态"一词，当时它已经被赋予了一种倾向，即美好的事物。比如南朝梁简文帝在《筝赋》中曰："丹荑成叶，翠阴如黛。佳人采掇，动容生态。"这里的"生态"指的是显露出的美好的姿态。唐朝杜甫《晓发公安》有言："邻鸡野哭如昨日，物色生态能几时。"明朝刘基在词作《解语花·咏柳》中曰："依依旎旎，袅袅娟娟，生态真无比。"此两处所用的"生态"指的是生动的意态。

在西方，"生态"一词由希腊语中 oikos 和 loges 两个词根组成，前者的意思是"居住的地方"，后者的意思是"论述"。1858 年，索瑞曾使用过 ecology 一词，但并未给出具体定义。1869 年，海克尔提出了"生态学"（ecology）的概念，他认为生态学是动物对有机和无机环境的全部关系的科学。其后，人们对这一概念有过许多争论，比如 1927 年，埃尔顿在其早期著作《动物生态学》（Animal ecology）中把生态学称为"有如科学的自然史"（as scientifies nature history）。1963 年，奥德姆给出生态学的定义是"自然界的结构和作用"（the structure and function of nature）。

我们有必要进一步探讨生态学的定义及划分。一般认为，生态学是研究生物与环境、生物与生物之间相互关系的生物学分支，研究以种群、群落及生态系统为中心的宏观生物学，强调生态系统中各组成成分的相互关系，尤其是相互作用。目前，"生态学"通用的简化定义可以这样概括：生态学是研究生物之间及生物与其环境之间的相互关系的学科。它从宏观角度在有机体、种群、群落和生态系统的水平上探讨生命系统的奥秘。根据划分标准的不同，生态学还可以划分为不同的小类：按生物的类别分为植物生态学、动物生态学、微生物生态学等；按生物的组织水平分为个体生态学、种群生态学、群落生态学以及生态系统生态学等；按栖息的环境分为水生生物生态学、陆栖动物生态学、寄生动物生态学等；此外，还有进化生态学、地理生态学、生理生态学、动物行为学以及应用生态学（如野生生物管理、资源保护、害虫防治）等。生态学不仅是生物资源开发利用的基础科学之一，而且与农、林、牧、渔、医都有密切关系。生态资源就是与生态有关的一切资源，它是人类生存与发展的基础性资源。

既然生态是生物与环境之间的关系，那么我们需要适度关注生物个体或者群体与环境之间的相互影响。在这种相互影响中，生物体具备了三种功能。一是生理学属性的功能，该功能是生物自身及个体内的生理学作用，指的是机体连续进行新陈代谢的生理。二是生态学属性的功能，指的是生物体或物种在生态系统中的地位和作用，是关系层次的功能。三是生物的对外功能，是在生态学及其有关的交叉科学中不同生态学组织层次的功能，一般包括三方面：①该物种种族延续功能，包括自身生存和对外界不利条件的抵御能力，是生理学层次的功能，也是生态学功能中的最基本功能。②在群落或生态系统中的地位与作用，是典型的生态学功能。③生物及生物群体对所在环境的影响作用及其影响作用能力，是生态力学中的功能。由于作用对象是环境，因此，也称之为"对外功能"。①（见表2-1）

表2-1 生物体三种功能在部分自然学科中的位置②

学科	生理学	生态学	生态力学	生物物理学
功能的层次	生理学功能	生态学功能	对外功能	生理学功能+对外功能
功能的对象	生理学层次	生态学层次		生理学层次+生态学层次
功能的属性	生物学		物理学	
	生理学	生态学		
功能的性质	生物学		生物学及物理学	
生物层次	小于个体	个体、个体统计	个体集合	全部"生物"层次
学科属性	生物学		生物学×物理学	
	生命科学		非生命科学×生命科学	

第一节 西藏生态资源范畴

西藏自治区位于青藏高原的西南部。青藏高原素有"世界屋脊"和"地球第三极"之称。西藏不但是南亚、东南亚的"江河源"和"生态源"，还是中国乃至东半球气候的"启动器"和"调节器"。③ 西藏丰富的生态资源通常可划分为地热资源、光照资源、水资源、风力资源、植物资源、森林资源、动物资源和草地资源等几大类。

西藏的地热蕴藏量居全国第一位。怒江、金沙江和澜沧江的构造带，以及雅鲁藏布

---

① 参见焦六十二等《生态学中的作用力与反作用力》，甘肃科学技术出版社2012年版，第4～5页。
② 参见焦六十二等《生态学中的作用力与反作用力》，甘肃科学技术出版社2012年版，第4页。
③ 参见中华人民共和国国务院新闻办公室《西藏的生态建设与环境保护》，新星出版社2003年版，第1页。

江断裂带和那曲至尼木断裂带均为水热活动活跃的地区,已发现各类温泉、间歇喷泉、热水河、放热地面等600多处,总热量约为每秒55万千卡,相当于标准煤约240万吨/年所释放的热量。羊八井地热田位于当雄县境内,是中国目前发现的最大的高温湿蒸气热田,也是世界已获开发利用的大型地热田之一。

西藏有丰富的光照资源,太阳年总辐射值为140～200千卡/平方厘米,是中国东部沿海地区的一倍以上。丰富的光照资源使青稞、春小麦分别在海拔4750米和4400米的高寒地区种植成功。充足的光照和较大的昼夜温差有利于作物有机质的积累。

西藏有丰富的水资源,全区水资源总量达4482亿立方米(不含地下水),如果按人口和耕地计算,水资源人均占有量居全国首位,年径流深度从东南向西北递减。雅鲁藏布江是西藏最大的河流,平均年径流量在国内仅次于长江、珠江、黑龙江,居全国第四位。西藏的水能资源理论蕴藏量为2.01亿千瓦,占全国水能资源理论蕴藏量的15.83%,其中可开发的水能资源为5660万千瓦,占全国可开发的水能资源的17.1%,位居全国首位。雅鲁藏布江是西藏水能资源最丰富的河流,水能资源理论蕴藏量为1.13亿千瓦,其中可开发量为4837.14万千瓦,占全区可开发量的80.96%。

西藏风力资源丰富,是全国大风(≥8级或17米/秒)日数最多、范围最大的地区。高原地区年平均大风日数在100～150天,最多可达200天,是我国同纬度东部地区(5～25天)的4～30倍。

西藏有丰富多样的植物资源,这与西藏高原生态环境的复杂多样性有关。西藏共有高等植物种类6400余种,隶属270余科1500余属。裸子植物在西藏有7种,而据统计,全世界共有裸子植物12种;西藏的被子植物有15科33属120种。野生药用植物有1000多种,较有名的有藏红花、雪莲、冬虫夏草、贝母、胡黄连、大黄、天麻、三七、党参、秦艽、丹参、灵芝、鸡血藤等。

丰富的森林资源是西藏重要的生态资源之一,也是全国最重要的生态资源构成部分,全区林地面积约为60666667公顷。西藏林区分布并不均匀,主要集中在东南地区,活立木总蓄量20.84亿立方米,居全国首位。西藏森林植被以古老和特有的品种著称。成林树种属西藏和喜马拉雅特有种的就有14种和3个变种,如西藏红豆杉、墨脱冷杉、察隅冷杉、长叶云杉、西藏冷杉、乔松、西藏柏木、巨柏等。

西藏有着丰富的动物资源,是野生动物的乐园。西藏的哺乳动物有142种,鸟类有488种,爬行类有55种,两栖类有45种,鱼类有68种,昆虫有2305种。其中一些是中国特有的珍稀动物。西藏的野生兽类动物有33种,主要有孟加拉虎、雪豹、金钱豹、云豹、金猫、兔猫、小灵猫、果子狸、黑熊、小熊猫、赤腹松鼠、赤狐、藏狐、长尾叶猴、熊猴、野牛、野牦牛、马麝、林麝、白唇鹿、扭角羚、藏原羚、藏羚羊、岩羊、野驴、盘羊等。其中白唇鹿、野牦牛、雪豹等被列为世界珍稀动物。鸟类和鱼类亦种类繁多。

西藏是中国五大牧区之一,拥有草原8207万公顷,其中可利用草地7077万公顷。

以草原为支撑的畜牧业是西藏主要的产业。西藏草场可分为 8 个大类、16 个亚类、38 个主要草场型。在众多的草场类型中，高山草甸草场是西藏面积最大、质量较好的草场，也是主要的类型。西藏的草原主要分布在那曲地区东部，昌都与拉萨地区北部，山南地区南部，日喀则地区北部和西部以及阿里地区西部山体中、上部位。约占西藏面积 1/2 的藏北草原是西藏最主要的草原，面积大约为 60 万平方千米，当地人称之为"羌塘"。

西藏有丰富的矿产资源，目前已发现的矿产有 101 种，各类矿床、矿点有 2000 多处，已经探明储量的有 30 多种，其中有多类矿产储量位居全国前列：铬、铜、火山灰、菱镁矿、云母、硼、砷、泥炭等。铬铁矿的储量位居全国首位，铜的远景储量列全国第二位，石膏的储量居全国第二位，已探明硼矿、菱镁矿、重晶石、砷的储量居全国第三位。此外，石油也是西藏潜在的优势资源。

另外，从对生态资源的利用开发与保护的综合视角来看，西藏的自然风光旅游资源也是西藏的生态资源，而且是综合的且最主要的生态资源。目前，西藏有世界级国家自然保护区 3 处、国家级名胜风景区 1 处，还有数量众多的有着巨大生态旅游魅力的自然风景旅游资源，所以，在研究西藏特色文化产业与生态资源的保持与优化中，必须高度关注这些自然风景旅游资源。

第二节　西藏生态资源开发、利用与保护现状

生态资源的开发、利用与保护实际上不是截然分开的，研究者普遍认为，在开发利用的同时要注意资源的可持续性，增加保护意识，加大保护力度，实现开发利用的高效和资源的可持续发展的有机结合。目前，西藏生态资源的开发、利用与保护正处于关键的节点上，随着经济的不断发展、人民生活水平的不断提高以及各类需求的增加，对生态资源的开发、利用也必然会进一步加大；同时，生态保护与生态优化任务也必然加重。就现状而言，西藏生态建设整体呈现稳中向好态势，但也不能忽视存在的问题与潜在的威胁。笔者在这里简要介绍稳中向好的方面，问题与潜在威胁将在后文相关部分讨论。

1. 党和国家重视

2003 年，中华人民共和国国务院新闻办公室发布的《西藏的生态建设与环境保护》明确指出："中国政府高度重视西藏的生态建设与环境保护，为加强西藏的生态建设与环境保护，促进西藏经济、社会可持续发展，提高各族人民的生活质量，做出

了巨大的努力。"① 可以说，目前西藏生态资源保持的良好状态与党和国家的重视和支持有着必然联系。

习近平总书记曾用"六个重要"强调了西藏的战略地位："西藏是重要的国家安全屏障，也是重要的生态安全屏障、重要的战略资源储备基地、重要的高原特色农产品基地、重要的中华民族特色文化保护地、重要的世界旅游目的地。"② 这其中就包括了西藏生态的内容。

西藏的生态资源是西藏重要的宝库之一，是国家的宝贵资源。为了保护西藏的生态资源，实现开发利用与可持续优化发展有机结合，党和国家给予了许多政策支持，也给予了大量资金支持。历次中央西藏工作座谈会上都把西藏的生态问题作为重要议题，第五次西藏工作座谈会（2010年1月18日至20日）明确提出将西藏建设成为重要的国家生态安全屏障。

为了保护和优化西藏生态，2009年2月，国务院第50次常务会议审议并通过了《西藏生态安全屏障保护与建设规划（2008—2030年）》，在其中提出构建3个生态屏障区：藏北高原和藏西山地以草甸—草原—荒漠生态系统为主体的屏障区，南部及喜马拉雅中段以灌丛—草原生态系统为主体的屏障区，东南部和东部以森林生态系统为主体的屏障区，从而确保西藏生态安全，实现生态资源的可持续发展。该文件还确定了三大类十项工程，包括天然草地保护工程、重要湿地保护工程、野生动植物保护及保护区建设工程、森林防火及有害生物防治工程、农牧区传统能源替代工程等。

2009—2014年，国家已投入财政56.66亿元用于西藏生态建设。从空气质量而言，西藏空气质量整体保持了良好发展状态，空气质量指数（air quality index，AQI）总体处于100以下（即对应优－良好区间）。以日喀则为例，2017年2月，日喀则市SO_2浓度日均值为7～14微克/立方米，NO_2浓度日均值为6～20微克/立方米，PM_{10}浓度日均值为11～70微克/立方米，一氧化碳为0.1～0.4微克/立方米，臭氧为68～136微克/立方米，细颗粒物为10～48微克/立方米。环境空气质量为10天优、19天良，达标天数比例为100%。③（见图2－1）

世界自然基金会与中国环境与发展国际合作委员会共同发布的中国生物多样性和自然资源需求的研究报告《地球生命力报告·中国2015》显示，全国仅青海和西藏两个省区仍维持生态盈余。而《地球生命力报告·中国2015》中使用的评估指标是评价生态文明的重要参考，该报告也成为评价生态文明建设的权威依据。

---

① 国务院新闻办公室：《西藏的生态建设与环境保护》，见国务院新闻办公室：http://www.scio.gov.cn，2014－08－13。

② 习近平：《在庆祝西藏和平解放60周年大会上的讲话》，见中国共产党新闻网：http://cpc.people.com.cn/GB/64093/64094/15196127.html，2011－07－19。

③ 参见西藏自治区环境保护厅《各地市最新AQI数据（2017年3月15日）》，见西藏自治区环境保护厅：http://www.xzep.gov.cn，2017－03－15。

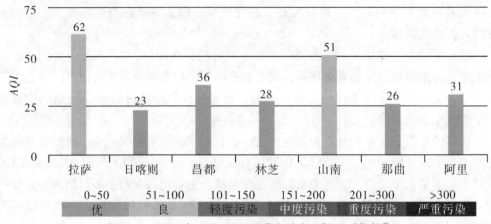

图 2-1 2017 年 3 月 15 日西藏各地市 AQI 实时指数①

2. 西藏自治区党委和政府重视并采取有力举措

为了有效保护西藏生态,西藏自治区党委和政府相继出台了许多政策。

为了防止对生态环境造成破坏,西藏禁止发展钢铁、冶铁、化工和造纸等高污染产业,提出"决不能引进高耗能、高污染、高排放的项目",对可能造成环境污染的企业进行了关停和转产。2014 年起,西藏对全区 74 个县(市、区)实行环保考核。②

为了加大西藏生态湿地的保护力度,促进湿地生态的恢复,2015 年,西藏制定了《西藏自治区重要湿地生态效益补偿试点项目总体实施方案》,投入 4860 多万元,积极推进湿地生态效益补偿试点工作,所选试点为:那曲地区申扎县、日喀则市定结县和山南市浪卡子县,试点实施期限为 3 年(2015—2017 年)。

为了破解西藏生态保护工作中的人才瓶颈问题,2015 年 7 月,西藏自治区环境保护厅(简称"环保厅")分别与四川省环保厅、重庆市环保局签署了环保战略合作框架协议,开展环保合作,时间为 2015 年 6 月至 2020 年 5 月。在此期间,四川省环保厅和重庆市环保局将为西藏自治区环保系统的人员培训、干部挂职、智力支持、学习考察等提供支援。

3. 全民生态保护意识提高

《地球生命力报告·中国 2015》显示,中国 2015 年只有西藏和青海实现了生态盈余,这既是各项政策举措有效实施的结果,也得益于西藏全民生态保护意识的提高。

---

① 西藏自治区环境保护厅:《各地市最新 AQI 数据(2017 年 3 月 15 日)》,见西藏自治区环境保护厅:http://www.xzep.gov.cn,2017-03-15。

② 参见琼达卓嘎《西藏七成国土面积禁止或限制开发:构筑国家生态安全屏障取得实质进展》,载《人民日报》2015 年 8 月 10 日第 12 版。

截至 2016 年年初，西藏湿地总面积为 652.9 万公顷，其中，湖泊、河流和沼泽等自然湿地面积为 652.4 万公顷。这些湿地资源丰富，其中，有湿地鸟类 57 种、鱼类 71 种、两栖动物 45 种、爬行动物 55 种、哺乳动物 132 种。其中，有 20 种属于国家一级保护动物。另外，有湿地植物 591 种，湿地植被群系超过 81 个。近年来，西藏森林资源面积和蓄积量实现了双增长，面积已达 1684.86 万公顷，覆盖率达 14.01%，十余年间增加 195 万公顷，森林蓄积量增长 10.21%。

"造林绿化不仅改善生态，也让更多当地群众尝到了'甜头'，越来越多的农牧民参与到林业建设中。西藏过去 5 年林业生态保护与建设带动农牧民增收 42.77 亿元，是'十一五'期间的两倍。"[①] 在生态保护中，农牧民获得了直接的收益，生态保护意识显著提高。

在西藏阿里地区，生态保护的宣传力度加大，乡村环境综合整治整体推进。2015 年，阿里地区《关于全面开展城乡环境卫生综合整治的通知》下发，各县积极推进环境综合整治工作，在全地区范围内深入开展乡镇、村居以及寺庙环境的综合整治工作，通过宣传和治理，进一步提升了村镇居民的环境和生态保护意识，取得了显著成效。

在全民生态保护意识提高的基础上，2015 年，阿里地区申报自治区级生态村 41 个、生态镇 1 个；国家投资捆绑式项目 2 大类、11 个小类，涉及资金 10.29 亿元；援藏项目 3 个，涉及资金 4300 万余元。

4. 生态旅游业不断开展，营造了较好的生态保护氛围

西藏旅游业取得了很大发展，布达拉宫、大昭寺已经成为 5A 级景区。2015 年，西藏接待游客突破 2000 万人次，总收入达到 280 亿元，分别比"十一五"末增长 1.9 倍、2.9 倍。西藏还成功举办了两届中国西藏旅游文化国际博览会。

生态旅游是西藏旅游业中最重要的组成部分。西藏大力推进旅游的生态景观建设，在这一过程中，良好的生态保护氛围逐渐形成，并逐步形成了一些有影响力的生态旅游品牌，如林芝桃花节等。

2015 年，对西藏 74 个县（区）的环境保护工作考核的结果表明，绝大部分县（区）环境保护工作评级为优秀、良好，其中曲水县、江孜县、隆子县、错那县、亚东县、洛扎县、察隅县、朗县、嘉黎县、类乌齐县、八宿县、措勤县被评为优秀。

5. 大批生态保护区发挥了重要作用

在国务院颁布的《全国主体功能区规划》中，西藏 9 个国家级自然保护区、8 个

[①] 新华社：《"十二五"西藏林业生态保护与建设带动农牧民增收 42.77 亿》，见中国西藏新闻网：http://www.chinatibetnews.com/xw/xzyw/201603/t20160307_1104145.html，2016－03－07。

国家森林公园、5个国家湿地公园、3个国家级风景名胜区和2个国家地质公园被列为国家禁止开发区域。截至2015年8月，西藏禁止开发和限制的开发区域面积超过80万平方千米，约占国家禁止开发和限制的开发区域面积的1/5，规划总投资155亿元用于生态安全屏障的保护与建设。这些生态保护区对西藏生态的保护与优化发挥了重要的作用。

6. 西藏生态资源得到较好保护，生态系统整体稳定，出现了向好趋势

2015年8月，西藏召开政府专题会议，对《西藏生态安全屏障保护与建设工程（2008—2014年）建设成效评估报告》进行了审议，评估报告中显示，"西藏高原生态系统保持了整体稳定，各类生态资源得到有效保护和发展，生态服务价值明显提升，生态屏障功能稳定向好，进一步促进了西藏经济社会持续健康发展"[①]。总体而言，近20年来，西藏高原生态格局的变化较小，变化率低于0.15%，地面植被覆盖率出现小幅上升；自然保护区面积位居全国之首。

2015年年底，西藏森林资源二类调查显示，西藏森林资源面积在不断增加，林地面积1949.40万公顷，森林面积1684.86万公顷，森林蓄积量约20.86亿立方米。天然林占绝对优势，占森林面积的99.23%。森林群落结构完整，大部分处于自然、原始、顶级群落状况，森林生态系统功能达到中级以上的占99.22%，生态系统保持稳定。森林健康率达98.39%，森林景观等级Ⅲ级以上的面积占79.35%。

第三节 西藏生态资源存在的问题与潜在危机

西藏生态资源得到有效保护和合理开发的同时，也存在着一些值得关注的问题。

1. 仍然存在沙化趋势恶化的危险

虽然西藏全区的沙化土地面积位列内蒙古、新疆等省区之后，但是其沙化趋势不可小觑。青藏高原有较多的流动沙丘。西藏位于青藏高原主体，具备沙尘进一步扬升的动力条件，本身就是沙尘天气和沙暴天气多发的地区之一。

"实际情况表明，沙尘暴挟持的较粗颗粒一般沉积于海拔较高山坡和山凹处或就近的下游地区，给当地生态环境以及居民生产生活带来严重影响与危害。"[②] 目前，阿里地区狮泉河盆地周围土地沙化严重，雅鲁藏布江上游一些盆地也存在着较严重的沙化现象。随着西藏经济社会的不断发展，对生态资源开发力度的不断加大，这些地

---

① 原二军：《西藏筑起生态屏障》，载《中国环境报》2015年8月25日第6版。
② 刘雨林：《西藏生态可持续发展研究》，载《黑龙江民族丛刊》2007年第4期。

区有可能出现沙化进一步恶化的危险,甚至影响范围会进一步扩大。

2. 草地、湿地退化风险高

西藏位于高寒、高海拔地区,生态系统敏感性较强,总体脆弱。有研究表明,2007年,西藏草地退化面积占全区可利用草地面积的52.2%,相比20世纪80年代,增加了35%,而草地退化现象仍在以每年5%的速度推进。藏北羌塘草原的退化直接产生了沙化土地,甚至威胁生态湿地的保存。

随着近年来虫草价格的飞涨,虫草产业得到了快速发展,但挖虫草大军的涌入对草原生态带来了较大的挑战和威胁。挖虫草时造成草地地表裸露,而且采挖虫草还会形成地表坑,使水土保持能力下降,三至四年内植被无法完全恢复。

现代化的不断推进以及一定程度上的过度放牧等问题的存在也给草原生态环境带来了较大的挑战。"由于天然林、草生态系统破坏,带来植物群落的逆向演替问题突出,使原生植物和乡土树种面临损失的威胁。"①

此外,西藏高原湿地也存在着一定的退化现象。西藏的湿地呈现出自然疏干、面积缩减的趋势,泥炭沼泽湿地潜水位下降明显;同时,有关学者认为,"西藏高原湿地土壤已出现盐渍化现象,并划分出盐化泥炭土和盐化草甸沼泽土两个亚类"②。

3. 矿山的开发对水资源产生了一定的负面影响

西藏蕴藏着巨大的矿产资源,一些地区对矿产的开发力度很大。目前,在矿产开发过程中还存在着一些问题,有的出现过度开采,有的则不注重环境保护,对周边水资源产生了一定的不良影响。据笔者的调查,一些地区甚至存在着非法采矿现象。

矿区必然排放废水,"废水主要来自矿山建设和生产过程中的矿坑排水、选矿过程中加入有机和无机药剂而形成的尾矿水以及雨水淋滤、溶解作用使露天矿、排矿堆、尾矿堆中矿物的可溶成分释放形成的废水。但降水有利于雨水淋滤、溶解作用,淋滤形成的污染不可忽视,必然对区域水环境产生一定影响"③。

总体而言,"西藏的矿产资源开发利用起步较晚,开发不规范,开发水平低下,开采技术及工艺落后,开采规模小,无序开发时有发生,弃贫掘富现象严重"④。所以,西藏矿产资源开发的过程中还会不同程度地存在一些问题或者不合理的现象。一些开采企业面对这些问题只是一味隐瞒,不思改进,"忽视矿山环境保护而导致矿山

---

① 刘雨林:《西藏生态可持续发展研究》,载《黑龙江民族丛刊》2007年第4期。
② 刘雨林:《西藏生态可持续发展研究》,载《黑龙江民族丛刊》2007年第4期。
③ 刘雨林:《西藏生态可持续发展研究》,载《黑龙江民族丛刊》2007年第4期。
④ 孙晓娜、孙保平:《西藏生态可持续发展的路径探析》,载《西藏大学学报(社会科学版)》2014年第1期。

及其周围环境破坏严重"①。

4. 大力推进的铁路网建设将带来一定的负面影响

为了更好地融入"一带一路"愿景，推进南亚大通道建设，西藏正在大力推进全区范围内的铁路网建设。但是，"西藏高原自然地理环境总体表现为高、寒、旱的特征，其生态环境具有非同一般的特殊性、敏感性、脆弱性和区域差异性"②。这些特性使西藏的生态环境保护任务格外艰巨。无疑，铁路网建设将给沿线的生态系统带来一定的挑战。

铁路网建设对周边经济发展起到巨大的推动作用，但是问题也随之而来。有研究者明确指出："地区经济实力不断增强，在经济水平提高和社会发展进步的同时，陡坡开垦导致水土流失、过度放牧导致草地退化。"③ 此为对水土方面造成的负面影响。同时，还要看到铁路网建设对野生动物的迁徙通道带来巨大影响，有的铁路甚至完全阻断了迁徙通道，破坏了野生动物的生存规律，给动物种群带来了巨大威胁。

整体而言，铁路网的建设大大提升了西藏的人流量，尤其是游客人数，一些不合理的旅游活动以及过于频繁的规模化活动必然给生态环境增加压力，甚至加剧冰川融化、草原退化、雪线上升以及河流污染状况。另外，尤其应该重点关注的是，西藏的农牧区缺乏污水处理厂和垃圾处理场，对各类垃圾的处理、消化能力差，环境承载能力差。

5. 法治保障有待进一步健全

长期以来，西藏重视与生态资源保护相关的规章制度的制定和实施，比如《西藏自治区环境保护条例》《西藏自治区森林保护条例》《西藏自治区草原管理暂行规定》《西藏自治区建设项目环境保护管理办法》等。这些规章制度在矿产资源、地质资源、农牧草场资源、湿地资源、水资源、野生动物资源等方面做出了明确的规定，各地市也根据自身情况制定和颁布了相关的生态资源保护规章。

但是问题依然不可忽视。一是仍然存在着一些法律规章上的漏洞，保护措施存在不合理或缺陷之处，容易让个别企业钻法律的空子；二是一些法律法规适用性不强，解决实际问题的能力不强，导致与实际的生态资源保护需求相脱节；三是法律规章的执行力度有待进一步加强，在一些环境执法中存在着执法程序混乱、纠纷处理不及时的现象；四是部分群众的生态环境保护意识有待提高，一些地区仍然存在着信息闭塞、宣传力度不到位或者环境保护宣传走形式、做样子等现象，造成一些农牧民群众对生态环境保护的法律法规了解不深入，有的甚至处于无意识状态。

---

① 于慧、郑志军、程颂等：《西藏矿山生态环境现状及保护研究：以藏北砂金矿为例》，载《四川师范大学学报（自然科学版）》2011年第2期。
② 刘雨林：《西藏生态可持续发展研究》，载《黑龙江民族丛刊》2007年第4期。
③ 徐瑶、何政伟、陈涛：《西藏班戈县草地退化动态变化及其驱动力分析》，载《草地学报》2011年第3期。

6. 经济社会发展与生态环境保护之间存在错位

生态足迹（ecological footprint）指的是能够持续地提供资源或消纳废物、具有生物生产力的地域空间。生态足迹估计承载一定生活质量的人口所需要的可供人类使用的可再生资源或者能够消纳废物的生态系统，又称为"适当的承载力"（appropriated carrying capacity）。

西藏拥有独特的生态环境和区位，全区90%以上的国土资源处于高寒地区，生态呈现独特的脆弱性。安宝晟、程国栋根据2005—2010年的数据进行分析认为，虽然西藏部分地区出现生态退化现象，但整体仍然处于盈余状态，具备一定的生态承载力。①

根据 *Living Planet Report*（2012）发布的数据，2008年，世界平均生态足迹为2.7，生态承载力为1.78；中国平均生态足迹为2.13，生态承载力为0.87。可见，中国的生态承载力明显低于世界平均水平。同时，2010年，西藏生态足迹为0.83，生态承载力为13.80。从数据对比中可以看出，西藏生态足迹远低于中国和世界平均水平，经济社会发展对生态资源的影响并不大，生态承载力大大高于世界以及中国平均水平，是一笔巨大的社会财富。

有研究者以西藏统计年鉴和西藏自治区环境状况公告的数据为依据，对西藏2003—2011年的生产性生态足迹、生态承载力、生态足迹盈亏、万元GDP和人类发展指数进行了分析评价。他们的分析结果表明，2003—2011年，西藏万元GDP呈现出下降趋势，反映了对资源的利用效率在升高，结合人类发展指数反映出西藏的整体经济社会水平还很低，应在可持续发展的基础上加快经济发展速度，不断提高居民的生活质量。②

但从发展趋势而言，我们也不能忽视某些潜在危险，比如生态足迹在扩大，呈上升态势，而生态承载力在逐渐下降，导致生态盈余呈下降趋势。这表明西藏的生态环境确实存在着局部恶化的风险。③（见图2-2）

7. 生态资源存续存在潜在危机

西藏是自然灾害多发地区，频发的自然灾害不仅对农牧民生活产生严重的影响，还会对自然生态造成一定的威胁。2015年，阿里地区共发生地震、雪灾以及洪涝灾害等13次，造成1.35万人不同程度受灾，2.3万头牲畜死亡，严重影响了农牧民的生产生活，原有的生态资源也受到了一定的影响，对生态旅游资源的影响尤为严重。由于自然灾害的发生无法完全规避，因此，其对生态资源造成的威胁应引起足够的重视。

---

① 参见安宝晟、程国栋《西藏生态足迹与承载力动态分析》，载《生态学报》2014年第4期。
② 参见索朗央拉、任广鑫、尼玛扎西《西藏自治区生态足迹动态研究》，载《西南农业学报》2014年第1期。
③ 参见安宝晟、程国栋《西藏生态足迹与承载力动态分析》，载《生态学报》2014年第4期。

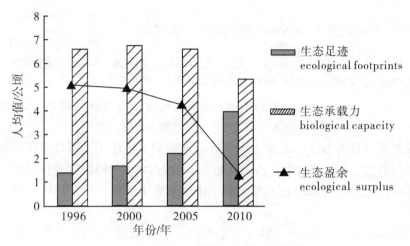

图2-2 西藏不同时期生态资源概况①

此外,应警惕短期经济发展观作祟。虽然西藏旅游业发展迅速,旅游产业规模不断壮大,取得了显著的经济效益,西藏各地市也把旅游资源视为最重要的文化产业资源,并不断加大开发力度,但是,有一种潜在威胁仍然存在,即旅游业偏离生态旅游的方向,受传统旅游的思想束缚,过于注重短期经济利益,而忽视生态、绿色、环保,削弱了西藏旅游的可持续发展能力。这将造成对生态资源的严重消耗,并给生态环境带来威胁。

一个显著的事实是,虽然西藏全区在大力推进文化产业发展,但是一些地区、一些部门并不能真正落实,或不能落到实处,这使以生态的保护和优化为前提的旅游文化产业发展成为一句口号。因此,要对这种偏离生态资源保护和优化的产业发展模式格外警惕。

第四节 西藏生态资源优化的必要性与机制、举措

一、西藏生态资源优化的必要性

第一,西藏生态对西藏乃至全国都具有独特而重大的意义。西藏具有独特的生态地位;同时,拥有世界上独一无二的大面积的高寒湖泊、高山湿地、高寒荒漠以及热带雨林等,其独特的生态系统是宝贵的生态资源。此外,西藏的生态环境对中国气候

---

① 参见方广玲、香宝、唐古拉等《基于可持续发展分析的西藏地区生态监测指标构建》,载《草地学报》2015年第1期。

的稳定有着重要的影响,对我国水资源安全起着重要的屏障作用。西藏素有"亚洲水塔"之称,孕育了众多的大河流,对水文调节发挥着重要的作用,并且具有巨大的开发价值和潜力。西藏高原的生物多样性保护具有全球性意义。"西藏高原是全球高海拔地区生物多样性最丰富的区域,有高寒生物自然种子库之称,在全球生物多样性保护中占有重要战略地位。"①

第二,虽然西藏生态保护取得了一定进展和显著的成效,但仍存在一些问题和潜在的威胁,需要进一步优化。如果保护措施没有针对性,或者没有抓到主要矛盾,抑或没有真正落到实处,潜在的威胁就会暴露出来,甚至把问题扩大化,因此,保护开发举措必须以优化为目标,绝不能降低标准。

第三,虽然西藏仍然处于生态盈余状态,但是总体已呈逐年递减的趋势,如果一直这样发展下去而不加以解决、优化的话,生态盈余优势将逐渐丧失。这也为我们敲响了警钟,对生态资源的保护绝不能掉以轻心,必须时刻重视生态资源优化工作。

第四,就本质意义而言,生态资源优化是对西藏生态资源保护的升级,也是西藏生态资源优势保持与可持续发展的必然要求。优化指的是在现有基础上的更合理配置与利用,是对现有合理性的进一步提升。因此,优化是可持续发展的重要前提,可持续发展的必然要求之一就是要对原有关系进行优化,只有实现不断优化、不断进步,才可能实现可持续发展,二者是辩证统一关系。

二、西藏生态资源优化的机制与举措

第一,继续加大生态环境保护的立法工作,加强立法的制度创新,探索以立法创新来加大对生态环境保护的有效路径,以法律形式加大对生态资源的保护与优化力度;同时,重视生态环境保护法的执行力问题,加大执行力度,加大宣传力度,在人民群众中形成自觉开展生态环境保护和优化的浓厚氛围,使环境保护法律法规深入人心。

第二,建立和完善生态补偿机制,推进生态补偿的制度创新。在限制开发与禁止开发的生态保护区内,农牧民不但无法享受到生态资源带来的经济收益,而且需要负担保护与优化生态资源的成本,而在生态保护区之外的人们却可以免费享受到生态资源保护的利益,享受到环境保护的外部利益。因此,必须对无法享受到生态收益的农牧民进行生态补偿,并创新补偿制度,推进社会的公平正义。尤其要注重生态保护区财政转移支付制度创新,对生态保护区采取中央政府纵向转移支付为主,地方政府纵横交错并存的转移支付形式为辅的多元支付格局,保证转移支付的有效实施。

第三,加大政府相关管理部门的管理创新。一方面,要继续发挥政府的宏观指导作用;另一方面,要注重引入和发挥市场机制,完全杜绝排除市场的生态资源优化是

---

① 刘雨林:《西藏生态可持续发展研究》,载《黑龙江民族丛刊》2007年第4期。

不现实的，也无法持续开展。积极引入公众参与，协调好政府、市场、公众三者之间的关系，最终形成以政府调控为主导，以市场机制为基础，以社会制衡为补充的三位一体结构才是有效途径。但在一些重点领域，必须充分发挥政府的主导作用，比如排污权交易、环保证券发行、农牧业、环境保护、环保公用设施、污染治理等方面，政府部门不但要设计科学的制度，形成合理的制度安排，而且要推进执行力的提升，管理创新在其中扮演着重要角色，发挥着重要作用。

第四，建立起完善的生态安全机制，努力采取综合措施把生态安全问题消灭在萌芽状态，避免产生重大损失和严重的生态后果。比如成立突发环境事件指挥部、应急指挥部，制定完善的应急预案，形成系统、完善的报告制度，制定完善的后期处置办法。同时，应加大相关法律法规的执行力度，明确责任，任务层层分解，对工作中出现的玩忽职守、不负责、不作为的单位和个人要进行相应的惩罚，而对表现突出的单位和个人要给予相应的奖励。

第五节 生态资源优化与西藏文化产业的关系

1. 生态资源优化是西藏文化产业发展的前提和基础

党的十八大报告指出了生态文明建设的重要性："建设生态文明，是关系人民福祉、关乎民族未来的长远大计。面对资源约束趋紧、环境污染严重、生态系统退化的严峻形势，必须树立尊重自然、顺应自然、保护自然的生态文明理念，把生态文明建设放在突出地位，融入经济建设、政治建设、文化建设、社会建设各方面和全过程，努力建设美丽中国，实现中华民族永续发展。"[①] 可见，作为生态文明建设重要基础和主要表现的生态资源的保护和优化已经成为民族和国家头等重要的大事。

可以说，生态资源在西藏是更具独特性和意义的宝贵的物质和文化财富，旅游文化产业、土特产产业、影视文化产业等西藏各类文化产业均不同程度地与生态资源和生态文化有关。在西藏，只有具备良好的生态资源和文化，才能产生真正可持续发展的特色文化产业。如果失去宝贵的生态资源，西藏的文化产业将失去吸引力和重要的资源依托，也必然无法实现产业的高效、可持续发展。

2. 生态资源优化是西藏文化产业发展的动力

无论是从理论研究还是实践方面均已经证明，西藏宝贵而独特的生态资源本身就

---

① 胡锦涛：《坚定不移沿着中国特色社会主义道路前进 为全面建成小康社会而奋斗——在中国共产党第十八次全国代表大会上的报告》，见中华人民共和国中央人民政府：http://www.gov.cn/ldhd/2012-11/17/content_2268826.htm，2012-11-17。

是西藏最大的文化产业。因此，只有实现西藏生态资源的优化，西藏的各类文化产业才会获得持久发展的动力。在国家生态战略中，西藏生态资源有着不可取代的位置，因此，国家和政府一直持续加大对西藏生态资源的保护力度，这为西藏文化产业发展提供了良好的基础和巨大动力。实践表明，在"十二五"时期，西藏文化产业的大发展直接受益于生态资源的有效保护。

西藏独特的生态资源得到有效保护和优化是保持西藏文化吸引力的根本所在。西藏文化产业的发展离不开西藏文化吸引力的保持和增强，也就是西藏文化产业发展的整体生态氛围的保持和不断优化，因此，从总体上而言，西藏生态资源的保护与优化不但能够为西藏文化产业的发展创造良好的氛围，而且能够提供基本的支撑。

另外，由于生态资源形成的产业构成了西藏最大和最核心的文化产业，其他文化产业不可能完全脱离西藏生态及其相关的资源。以西藏生态旅游业为例，西藏旅游业的开展必然也必须与生态资源紧密结合，与这些生态资源的有效保护和优化紧密结合，二者是有机的、一体的。随着西藏生态资源的保护和优化以及西藏生态旅游业的大发展，其他文化产业与生态资源的结合程度必将越来越密切。

3. 文化产业的良性发展有利于生态资源保护与优化

西藏经济社会发展的实践已经证明，特色文化产业是西藏经济发展的最重要支撑，为西藏经济社会的发展做出了重要贡献，而经济实力的增强和财政收入的增加为西藏生态资源的保护和优化提供了经济保障。

目前，西藏的生态资源仍然面临着一定的威胁。有研究者分析认为，青藏高原存在着生态环境脆弱度、人类干扰度和生态安全时间—空间格局三大维度，西藏的生态保护指数和环境治理指数呈剧烈变动状态，但远低于东部、中部、西部以及全国的平均水平，生态脆弱性和环境支持系统的不稳定性没有明显改观。因此，他们认为，西藏要立足地缘和资源优势，依据青藏高原高寒生态区、高寒草甸生态区、高山草原区生态区划，大力发展人工设计生态方案的生态重建途径，建立严格的生态补偿制度。[①] 而这些需要强大的资金保障，西藏文化产业大潮将成为最重要的生态保护和有效实施生态补偿机制的资金来源。

近年来，文化产业已经成为西藏社会发展进步的重要动力之一，也是西藏和其他地区联系的重要纽带之一。经济、社会、文化交往的增多开阔了人们的视野，提升了人们对环境和生态保护的意识。因此，总体而言，特色文化产业的发展对西藏的生态保护是具有正向作用、产生正能量的。

西藏文化产业中最重要的有机组成部分——生态文化旅游业是西藏经济社会发展的最重要推手和动力。随着生态文化旅游业的蓬勃开展和良性发展，西藏的生态资源必然受到进一步的重视，开发与保护、优化相结合的程度也必将得到进一步加深。

---

① 参见智颖飙、陶文辉、王再岚等《西藏生态整体性水平测度》，载《生态环境学报》2010年第11期。

第三章 西藏文化产业的范畴与现状

第一节 西藏文化产业的范畴

可以认为，与西藏有关的文化产业范畴，均属于西藏文化产业范畴。按传统分类法主要包括以下九个方面：①新闻服务业，包括西藏的各类信息、文化的生产与传播；②出版发行和版权服务业，包括与西藏各类图书、影像、资料等相关的服务业；③广播、电视、电影服务业等，主要指西藏的广播、电视、电影和相关服务业，如电视剧《西藏秘密》、大型舞台实景剧《文成公主》等；④文化艺术服务业，即与西藏有关的各类文化艺术服务业；⑤网络文化服务业，即与西藏相关的网络文化及建设；⑥文化休闲娱乐服务业，即依托西藏各类优势资源开展的休闲娱乐服务业；⑦西藏其他文化服务业；⑧与西藏文化产业有关的各类用品、设备及文化产品的生产、加工业；⑨文化用品、设备及相关文化产品的销售，即依托西藏文化资源开展的相关文化用品、设备及相关产品的销售。

我们也可以从社会生产活动来界定西藏文化产业，其内容主要包括以下四个方面：①所有以西藏各类文化为核心内容，为了直接满足人们的精神需求而进行的创作、制造、传播、展示等文化产品和服务的生产活动；②为实现西藏文化产品生产所必需的辅助生产活动；③作为西藏文化产品实物载体或制作、使用、传播、展示工具的文化用品的生产活动（包括制造和销售）；④为实现西藏文化产品生产所需专用设备的生产活动（包括制造和销售）。

基于以上的界定，我们发现西藏文化产业应具有核心实现形态、产业依托以及主要产业范畴等。从核心内容角度而言应至少包括以下内容：

第一，生态文化旅游产业，包括以西藏的"神山""圣湖"、寺庙佛塔以及桃花茶园等为依托的文化旅游。比如，以日土县为主体行政区域，以该核心和周边辅助资源为依托形成"岩画鸟岛旅游综合体"，我们可以从旅游亚区带、主要旅游景点和旅游活动层次规划来分析这一文化产业的整体架构。（见表3-1）

表 3-1 岩画鸟岛旅游文化产业的部分主要产业要素①

旅游亚区	主要景点	旅游活动行为层次
班公湖鸟岛—岩画旅游亚区	班公湖鸟岛、班公湖天鹅岛、班公湖松鼠岛、日姆栋等13处岩画点,乌江境内的喀纳城堡遗址、被称为七尼姑神变的"野牛化石"、奇洞、泉水、如刀劈成的岩山、觉母窑洞、千佛神殿、丁穹拉康石窟等	观光旅游、宗教文化旅游、民俗风情旅游、水上娱乐、观鸟、休闲度假、体验渔家乐
日土宗山—伦珠却德林寺旅游亚区	日土宗山山势雄伟,整个城堡和寺庙建筑依山而建,十分壮观,据民间传说,这里原是格萨尔王之大将先巴的驻锡地;还有伦珠却德林寺、"眼镜湖"和玛嘎草原等	观光旅游、宗教文化旅游、疗养娱乐旅游
多玛冬汝金丝野牦牛保护区	高原荒漠景观和青藏高原特有的野生动物,尤其是金丝野牦牛群最具魅力	探险和科考旅游

第二,文化、艺术的展览和服务业,比如与宗教文化、茶文化、服饰文化、饮食文化、唐卡艺术、藏香艺术、藏戏等文化艺术形式相关的展览和服务业。

第三,文化产品、用品生产与销售业,比如生物科技产品与相关产品的制造加工、销售业,宗教文化用品的加工和销售业,等等。除了普通的文化产品、用品之外,西藏的各类土特产品也在其中,如虫草、灵芝、易贡茶叶、墨脱茶叶、察隅茶叶、藏香、民族服饰、林芝木耳、绿萝花、红景天、木碗、藏刀等。

若从文化生产与再生产过程来分析,文化产业则可以划分为三大类:文化内容生产、文化传播渠道和文化生产服务。文化内容生产是文化产业的核心,也是文化产业发展的基础和动力所在,离开了文化内容的生产,文化产业就失去了可持续发展的根基。文化内容的生产涉及面非常广,只要属于文化产业范畴,又具备一定的实体形态元素,即可归入其中,如艺术表演、影视拍摄、报刊出版、文化设备生产等。文化传播渠道是文化产业得以实现的必要条件,它与文化内容生产直接相关,而且是文化得以走向消费市场并被消费者消费的现实要求。文化传播渠道具备多层次性和多元性。其多层次性指的是传播渠道有宏观、中观和微观三个层次,多元性指的是文化传播渠道的非单一性,而是呈现出多纬性,如出版、广播、电视、网络、电影放映等。文化生产服务是对文化生产与再生产的保障和服务,可以说,文化生产服务贯穿于文化生产和再生产的各个环节,如印刷、软件开发、文化评估、投资咨询、金融担保等中介服务,均属于这一范畴,文化生产服务的作用主要集中于文化产业生产要素的优化

---

① 参见古格·其美多吉、索朗仁青《西藏阿里地区生态旅游区划及分区开发策略》,载《西藏研究》2011年第5期。

配置。①

我们在分析西藏文化产业布局、整合以及发展策略中,应紧紧围绕这三大类文化产业范畴,既关注文化内容生产,也强调文化传播渠道和文化生产服务。在实际操作中应该明确,文化传播渠道具有先行地位,文化生产内容必须对应相应的文化传播渠道。文化生产服务对象既可以是文化单位,也可以是文化生产者个人,同时有多种多样的服务方式和服务类型。就这一方面而言,我们对西藏文化产业的分析并不能局限于文化产业本身,而是应延伸至更广泛的产业渠道和产业服务。也就是说,既包含了文化传播渠道和文化生产服务,也包含了与文化传播渠道和文化生产服务具有一定关联性的传播渠道和服务内容。它们本身虽不是文化产业的组成部分,但是通过市场要素的不断组合或者融合,与文化产业发生一定的交叉,在生产内容、产品内容,或者传播渠道、生产服务等方面体现出文化产业的某些特征,最终导致形成的新的相关元素或产业形式可归入文化产业发展之中。

总体而言,西藏特色文化产业属于第三产业,但并不是说作为第一产业的农、林、牧、渔业,作为第二产业的采矿业、制造业,电力、燃气及水的生产和供应业,建筑业等就完全被排除在文化产业之外。实践证明,第一、第二产业与第三产业的交叉融合领域在进一步拓展和强化,这为西藏特色文化产业的产生开辟了新的天地,带来了新的机遇。

另需要注意的一点是,中国的文化产业区域发展呈现阶梯状,在主营收入、资产规模、从业人员和增加值等几项指标上,东部、中部和西部存在明显的差距。文化产业的增加值主要集中在东部地区,北京、上海、江苏位列前三。② 从国家统计局发布的规模以上文化及相关产业生产经营各季度报告数据可以发现,2016 年,东部地区规模以上文化及相关产业企业实现营业收入 59766 亿元,占全国的 74.4%;中部为 13641 亿元,西部为 5693 亿元,分别占全国的 17.0% 和 7.4%。但从增长速度分析,西部地区增长最快,达到 12.5%,中部地区增长 9.4%,东部地区为 7.0%。体现了不同地区文化产业发展的现实差异。

所以,由于发展阶段、资源依托等诸多方面的差异,我们在分析西藏文化产业的时候不能完全照搬东部、中部的模式,而应该结合西藏各方面实际情况,探索符合西藏自身发展特点的产业发展模式。

以下是一个以农业为基础的产业微观实例:

> 2011 年,西藏阿里地区普兰县 CD 村成立了"济贫暖家"专业合作组织。该合作组织由 CD 村一组村民、地区政协委员、村致富能手旦增多吉带头,全村 20 户困难户、扶贫户参加,共计 103 人,筹集资金 13 万元。2013 年,该合作组

---

① 参见高书生《我国文化产业发展的总体状况和主要特征》,载《经济与管理》2015 年第 3 期。
② 参见高书生《我国文化产业发展的总体状况和主要特征》,载《经济与管理》2015 年第 3 期。

织共种植93亩的油菜籽,产菜籽24300斤①。菜籽油的销售收入超过14万元,实现人均纯收入5100元。

2014年,该合作组织在CD村的达加点和江嘎点共种植了200亩的油菜籽。在普兰县政府、县民政局和县扶贫办的大力支持下,该合作组织又投资了180万元,建设"菜籽油加工基地"。该基地总面积2600平方米,共有厂房14间。②

实际上,CD村周边有丰富而独特的生态资源、文化资源和旅游资源,有非常好的基础推进当地特色文化产业的出现与发展。普兰县拥有"神山"冈仁波齐和"圣湖"玛旁雍错(图3-1为二月的玛旁雍错),生态旅游业潜力巨大,作为生态旅游支撑的农牧乡镇和村庄,应充分利用这些资源,利用好旅游优势,把合作组织的运营、产品生产和销售与旅游业相结合,借助旅游产业平台推进产品营销。另外,可以打造"济贫暖家"专业合作组织旅游项目,主要内容包括:赏CD村油菜花旅游,品CD村菜籽油特制食品,喝农家酥油茶,参观高原生态菜籽油加工基地,等等,在开展旅游活动过程中,实现菜籽油及相关产品的高效营销。

图3-1　二月的玛旁雍错
(赵国栋 摄)

---

① 1亩≈666.7平方米,1斤=0.5千克。
② 资料来源于笔者在西藏阿里地区的调研。

第二节　西藏文化产业发展现状

一、文化产业蓬勃发展，成就显著

2011年以来，国家和西藏自治区政府在西藏的文化设施建设、文化遗产保护和公共文化发展等文化事业、文化产业建设方面投入了近25亿元，极大地促进了西藏文化的继承、保护和弘扬，促进了文化产业的不断繁荣发展。

"十二五"期间，西藏实现招商资金1037亿元，引进外商投资企业34家，涵盖优势矿产业、商贸服务业、食（饮）品业、民族手工业等多个行业，实际利用外资5.93亿美元。天然饮用水产业飞速发展，产能突破了300万吨，"西藏好水"品牌知名度大幅度提升。拉萨瑞吉酒店、拉萨啤酒、香格里拉酒店、5100矿泉水等一批大型项目纷纷落地，成为西藏产业，尤其是文化产业发展的新亮点。

品牌文化建设取得了较大进展，文化产业的品牌商标战略得到进一步实施。西藏先后出台了关于大力实施商标战略的政策和措施，加大特色产业商标、农产品商标、地理标志商标的注册及宣传，从多方面推进商标战略的实施。截至2016年3月，西藏商标累计有效注册5930件，其中，中国驰名商标13件、地理标志商标17件、西藏自治区著名商标110件。

公共文化事业发展迅速，成为西藏产业发展的重要推动力和保障。2015年，西藏公共文化设施总量比2000年增加了16倍，建有6个公共图书馆、8个群艺馆和5个博物馆，有74个县级综合文化活动中心、692个乡镇综合文化站以及1600余个文化广场，人民群众充分享受到了文化福利。

与公共文化事业的良好发展相对应，西藏的文化产业也取得巨大进步。2015年，西藏文化企业数量有3000余家。2014年，文化产业产值突破27亿元，比2013年增长了12%。2015年，西藏文化产业产值突破30亿元。

旅游文化产业是西藏重要的文化产业，并取得了巨大进展，产生了良好的经济效益，成为国民经济的重要支撑，有效地提升了西藏人民的生活水平。与此同时，旅游文化产业整体可持续发展能力也得到了一定程度的提升，出现了一些运营较为成功的西藏旅游文化产业品牌，比如"神山""圣湖"旅游品牌、民俗文化旅游品牌、特色民族手工艺品品牌、旅游演艺和展览品牌以及民族节庆活动品牌等。以民俗文化旅游品牌为例，一些特色民俗文化得到了有效保护和开发。藏族、门巴族、珞巴族等的民俗民风文化成为旅游热点，得到了有效开发，取得了良好效果；藏戏文化、民族服饰文化、唐卡文化等内容得到了良好的发掘、保护、传承和弘扬，带有西藏民族风情的系列旅游产品得到了一定的开发；文化体验型旅游项目逐步得到开展，把民族文化、历史文化和自然风光融为一体的独具特色的村镇文化旅游也在探索中形成。

与文化产业有关的展览、服务业发展迅速，成绩显著。近年来，以西藏文化产业为核心与主导的各类展览、展会、节庆活动数量呈现较快增加态势，并且产生了良好的经济效益和文化影响，比如雪顿节、藏历新年、唐卡文化节、酥油花灯节等。通过这些节庆活动的开展，挖掘了西藏传统节日的文化内涵，一定程度引导了节庆活动取向：由民众相对分散的自娱自乐转向规模化、产业化发展，使之成为重要的旅游吸引力，自身也成为吸引国内外游客的文化旅游产品。

二、仍存在一定的不足之处

1. 少数优秀文化保护和传承不力

从社会学视角来看，民族文化具有极为重要的存在意义，"民族文化是民族存在的根本和民族认同的标志……社会主义是各民族共同繁荣发展的时期，民族文化的保护是民族发展的重要维度"①。无论是从微观还是宏观而言，民族文化对一个民族、一个国家都不能缺少，对优秀民族文化的保护和传承也就同时被赋予了特殊的历史意义。西藏有着众多的优秀文化元素，其中绝大部分得到了较好的保护和传承，但还有一些文化元素和文化形态没有得到应有的重视，甚至少数濒临灭绝和消亡，比如西藏"擦擦"和西藏茶文化。

"擦擦"（tsha tsha）是藏语的音译，指的是按印或脱模制作的小型泥造像和小塔，也有少数是藏文或梵文经咒。考古中发现了一些"擦擦"作品，学术界也对这些作品进行了较多的研究，比如张建林通过考古发现总结了藏传佛教后弘期早期"擦擦"的制作方法、表现题材、造像风格，得出其主要特征；并通过对文献和其他相关遗物的比较，探讨了这一时期擦擦造型风格的来源。②

"擦擦"还有着浓郁的社会文化元素。在藏传佛教里，信众们认为制作"擦擦"可以积德行善，并认为用"擦擦"可以祈福消灾。"擦擦"的制作要使用泥巴、藏纸、狼毒草、藏红花、牛皮等原材料，通过专门的模具挤压脱模，或者进行手工雕塑，再晒干彩绘定型。目前，在一些寺庙和牧区流散着一些极具价值的"擦擦"作品；但整体而言，专门从事这一艺术品加工的人越来越少，面临着传承人匮乏的现实。

---

① 董学荣、罗维萍：《民族文化保护的悖论与超越——以基诺族文化保护为例》，载《黑龙江民族丛刊》2009年第4期。

② 参见张建林《藏传佛教后弘期早期擦擦的特征——兼谈吐蕃擦擦》，载《中国藏学》2010年Z1期。

茶在传统西藏社会治理中发挥着重要的作用，其"发挥的功能与其在西藏传统生活世界中发挥的功能是紧密相关的"①。茶叶更是人们日常生活中不能缺少的，"宁可三日无粮，不可一日无茶"。西藏茶文化也是西藏优秀传统文化的重要组成部分，比如酥油茶的制作文化，甜茶的制作文化，清茶的制作文化，各类茶具文化，茶叶的价格文化、销售文化以及运输文化、交易文化，还包括围绕西藏茶叶消费市场产生的各类历史事件以及相关的历史人物，等等。虽然目前西藏依旧保存着一些传统的酥油茶制作方式，但远远不能代表西藏的茶文化整体，无论是在学术研究上还是实际操作、展示展览中，西藏茶文化的保护与传承都面临着巨大的挑战。

2. 在产业的布局、整合以及发展规划上仍显欠缺

有研究者认为，从三次产业的结构演变而言，西藏目前的产业结构中仍然存在着一些问题，比如，西藏产业结构演变存在着明显的"跳跃性"，即越过了第二产业充分发展的阶段，同时，在现阶段工业规模较小的情况下，建筑业发展过猛，成为第二产业的主力，导致建筑业与工业的发展在一定程度上失衡；另外，第一产业内部的林业、渔业等具有比较优势的产业所占比重过低，而且增长速度较慢；第三产业偏向于消费性行业，生产性行业较少，一定程度上表现为"虚高化"。② 这里就涉及第三产业中最重要的文化产业问题，应该在产业的布局、整合以及发展规划上下功夫着力解决。

总体而言，西藏的文化产业布局首要依托的是文化的地域性，条块分割比较严重，没有形成完整的产业链条，甚至存在着区域间的阻隔和壁垒，没有形成符合西藏区域联通特色和有效协同的优化的产业布局。以旅游文化产业布局为例，各区域主要依托本地区的旅游文化资源推进本地的旅游文化产业，相互之间横向联系、纵向联系缺失，不同地区之间衔接也不够紧密，存在着一定的旅游切割和壁垒现象。

西藏有着众多的文化产业资源，但是这些资源有的过于集中，有的过于分散，资源的整体效用发挥未达到应有的优化效果。以产业的发展取向以及生态资源的地域性考量，文化产业的整合仍显欠缺，在资源整合、市场整合和人力整合方面有着很大的提升空间。文化产业市场也存在着不同程度的混乱现象，在一些领域内，市场机制仍运行不畅，市场恶性竞争、欺诈等现象亦有存在。

3. 专业人才短缺

产业人才是文化产业发展的一项重要评价指标，而其中的旅游人才已经成为当前

---

① 赵国栋：《西藏传统社会中的茶文化与西藏治理》，载《西藏民族学院学报（哲学社会科学版）》2013年第2期。
② 参见王磊、杨明洪《西藏产业结构演变：特征、问题与对策》，载《西藏研究》2015年第3期。

中国旅游产业转型升级最重要的因素,也是"旅游行业可持续发展,旅游产品更新换代,旅游市场优胜劣汰的成功利器"①。但是以旅游文化产业为先导与纽带的西藏文化产业整体发展存在着专业人才,尤其是高质量专业人才短缺的问题。

另外,文化产业的人才培养和职业化水平与产业发展的需求不相适应。虽然西藏文化产业发展迅速,从业人员数量也不断增长,但专业人才整体水平仍然处于较低水平,加之专业的文化产业教育和相关培训欠缺,文化产业人才的质量问题成为西藏文化产业大繁荣的短板。

除整体科学文化水平以及专业知识外,产业人才的"人文化"素养与西藏文化产业的产品生产、创意、传播等诸多诉求之间存在着较大差距。消费者对文化产业产品的需求已经从简单的产品实用性逐渐转向多层次、多维度的需求,尤其是在以生态、文化和旅游为核心的西藏文化产业中,消费者对产品的消费必然会有更多精神层面的需求,所以,从业人员的"人文化"素养和文化底蕴就与产业发展的可持续性与外在吸引力的大小产生了直接关系。

第三节 西藏文化产业可持续发展的必要性

西藏经济、文化和社会发展已经取得了举世瞩目的成就,改革开放力度不断加大,招商引资额度不断增加,合作共赢格局不断显现,以文化产业为主要动力的边境贸易量和贸易额稳定增长。在"一带一路"倡议的带动下,西藏航空与尼泊尔政府合作组建了"喜马拉雅航空公司",吉隆口岸已经实现了中尼双边开放,拉萨成功举办了两届"中国西藏旅游文化国际博览会",许多重大产业合作项目不断推进。目前的西藏正在着力打造成为"面向南亚的国际大通道"。在这一新形势下,西藏文化产业的可持续发展必然被提上日程,而且显得异常紧迫。

1. 西藏文化产业发展是西藏实现安定团结、和谐发展的必然要求

"西藏经济发展,助推了西藏跨越式发展,是西藏社会长治久安的决定性要素。"② 优势的生态资源和众多的优秀传统文化是西藏巨大的财富,也是西藏经济社会发展的重要依托和特色所在,而文化产业是这些优势和特色的集中体现;同时,文化产业,尤其是以生态、文化和旅游打造的文化产业有机体作为西藏经济的最重要组

---

① 钱兴成:《高素质技能型旅游人才培养的路径探究》,载《宁波大学学报(教育科学版)》2015年第1期。

② 刘红旭:《西藏经济发展与社会稳定的关系探讨》,载《西藏民族大学学报(哲学社会科学版)》2015年第6期。

成和主要支撑，其可持续发展也成为西藏实现安定团结、和谐发展的必然要求。

2. 西藏文化产业发展是西藏三次产业协调发展以及经济稳定快速发展的必然要求

文化产业已经成为西藏经济发展的重要支撑，关系着西藏的国民经济发展的质量和速度，与西藏各界群众的经济收入和生活水平有着直接的关系。20世纪90年代之后，西藏三次产业结构的发展目标已经确定为"稳定发展第一产业，有重点地发展第二产业，大力发展第三产业"，第三产业开始稳步增长。进入21世纪后，西藏的产业结构出现了第三产业、第二产业和第一产业的"J"形结构，① 第三产业对西藏经济社会发展的推动作用越发明显。

当前，面对西藏三次产业中存在的问题，要加大旅游业开发力度，提高生产性服务业在第三产业中的比重，以此来进一步破解西藏三次产业发展中存在的各种问题。② 文化产业目前既是第三产业的主体，也是生产性服务业的核心，在西藏三次产业结构优化和发展中理所当然被赋予了极为重要的角色。因此，总体而言，实现文化产业的可持续高效发展是西藏三次产业协调发展以及经济良性发展和稳定发展的最主要支撑。

3. 西藏文化产业发展是西藏精准扶贫、全面实现小康社会的必然要求

在经济发展新常态下，落实精准扶贫要以创新、协调、绿色、开放、共享的新发展理念为指导，"应从重视精准扶贫的机制体制创新、注重精准扶贫的利益协调、加强精准扶贫的生态资源保护、拓展精准扶贫的开放交流平台、巩固精准扶贫的发展成果共享等方面找准精准扶贫实践突破方向"③。

在创新、协调、绿色、开放、共享五大发展理念的指导下落实精准扶贫政策，全面有效地推进扶贫攻坚，全面彻底地消除贫困，文化产业在其中发挥着重要作用。从具体举措而言，除了那些地理环境极端恶劣，需要易地搬迁，"五保户"需要"社会兜底"之外，其他的均可以通过文化产业发展形式实现真正的脱贫致富。

文化产业是西藏经济可持续发展的最主要支撑，也是五大发展理念在西藏产业发展中落实的主要载体之一。因此，除精准扶贫外，要推进西藏整体经济的可持续发展以及全面实现小康社会，必然要把重点和中心放在文化产业的创新、协调、绿色、开放、共享以及可持续发展之上。图3-2为阿里雄巴村的赛马节现场。

---

① 参见张剑、江珊、班久次仁《提升西藏自我发展能力的产业结构调整对策》，载《西藏发展论坛》2015年第2期。
② 参见王磊、杨明洪《西藏产业结构演变：特征、问题与对策》，载《西藏研究》2015年第3期。
③ 莫光辉、陈正文、王友俊：《新发展理念与精准扶贫的契合及实践路径》，载《广西社会科学》2016年第6期。

图3-2　阿里雄巴村的赛马节现场

（赵国栋 摄）

第四章 西藏文化产业的重要支撑：土特产产业

第一节 西藏土特产产业的形式、现状与发展趋势

一、西藏土特产产业的形式

第一，畜牧业土特产。西藏有着丰富的畜牧业资源，西藏的牦牛和山羊、绵羊是西藏畜牧业的典型代表和主体，有着非常好的市场前景；另外，还有以林芝的藏香猪、藏鸡为代表的养殖业；等等。以这些畜牧业为依托形成的特色肉类产品土特产、毛制品土特产、蛋制品土特产以及相关衍生产品构成了西藏畜牧业土特产的主体。

第二，种植业土特产。西藏的种植业也有着突出的特色，青稞是西藏种植业土特产的典型代表（图4-1为阿里的青稞），以青稞制作的青稞酒有着良好的市场前景；西藏的冬虫夏草以突出的保健作用而盛名远播；另外，林芝的木耳以及茶叶也都是西藏特色种植产品，有着巨大的市场潜力；等等。以这些种植业为依托的特色粮食产品

图4-1 阿里的青稞
（赵国栋 摄）

土特产、保健品土特产、菌菇产品土特产、茶叶产品土特产等构成了西藏种植业土特产的主体。

第三，旅游业土特产。旅游业土特产指的主要是与西藏旅游业相关的各类产品，其内容包含了目前西藏文化产业的绝大多数产品，比如唐卡、卡垫、面具、藏鞋、木雕产品、藏纸、木碗等手工艺产品，还有以西藏宝贵的自然资源为中心的产品，比如"西藏好水"矿泉水等。随着旅游业的不断发展，旅游业土特产的产业内容在不断充实，形式也越来越多，甚至可以把西藏一切土特产产品的形式与旅游业相挂钩。

总体而言，西藏特有而丰富的土特产是西藏文化产业形成与发展的重要支撑，没有这些土特产，西藏文化产业就缺失了重要的文化产品创造来源和重要的文化与产品的吸引力，产业发展活力就会大大降低。

自2004年西藏第一个地理标志产品——西藏那曲冬虫夏草实施保护后，到2016年1月，西藏已有那曲冬虫夏草、尼木藏香（吞巴藏香）、古荣糌粑、林芝灵芝、林芝天麻、日土白绒山羊、乃东泽帖尔、隆子黑青稞、安多绵羊（多玛绵羊）、日土山羊绒、盐井葡萄酒、索多西辣椒酱、岗巴羊、林芝松茸、林芝藏香猪、墨脱石锅、米林藏鸡、加查核桃、亚东黑木耳、艾玛土豆、八宿荞麦、类乌齐牦牛肉、嘉黎牦牛（娘亚牦牛）、扎囊氆氇、西藏藏药、藏毯（西藏产区）、曲玛弄矿泉水等28个地理标志保护产品，以上这些都是西藏土特产的重要代表。我们在此选取西藏部分土特产进行简要介绍。

（1）唐卡又称"卷轴画"，是第一批进入中国国家级非物质文化遗产名录的民间美术，并被联合国教科文组织列入《人类非物质文化遗产代表作名录》。鉴赏唐卡、购买唐卡已经成为西藏旅游的重要内容之一。① 唐卡通常在丝绢或者布帛上进行创作，方便携带，所以在西藏非常流行。唐卡兴起于佛教传入西藏之后。伴随着佛教的广泛流行，唐卡艺术得到推广，流行时间可以追溯到松赞干布时期。到了明清时期，西藏的唐卡艺术达到了一个新的高峰，制作的数量大幅度增加。

绘制唐卡所用的颜料都是不透明的矿物或植物颜料，再按一定比例加上牛胆汁等成分。这种独特的原料配方，加之西藏的高原气候，使唐卡即使过了百年之久，仍然色泽鲜艳。根据绘制唐卡所用原料的不同，唐卡可以分为"国唐"和"止唐"，每一类中还可以分出许多小类。

唐卡题材广泛，除了大量的宗教文化内容外，还有大量的历史和民俗文化内容，题材涉及社会历史、生活习俗、文学艺术、天文地理和藏医藏药等，被誉为"藏族的百科全书"。优质的唐卡被人们视作珍宝。

（2）卡垫是一种用绵羊毛手工织成的毯子，一般长5尺②，宽2.5尺，人们可以

---

① 参见王亚欣、李泽锋《非物质文化遗产保护下唐卡的游客感知和态度研究》，载《世界地理研究》2016年第2期。

② 1尺≈33.3厘米。

在卡垫上坐、卧。可以说，卡垫是藏族家庭中不可缺少的生活用品。制作卡垫的原料弹性强，制作出来的图样设计别致，色彩鲜艳，多以龙、凤、鹿、花、草为图案，美观大方，具有浓郁的藏族艺术风格。拉萨、日喀则、江孜和泽当是卡垫的传统产区，其中江孜卡垫最为出名，江孜也被誉为"卡垫之乡"。①

(3) 西藏也有着浓郁的面具文化。面具在藏语中被称作"巴"，一般分为三类：跳神面具、藏戏面具和悬挂面具。在寺庙比较重大的宗教仪式当中，许多活动都会使用到面具，比如寺庙中的"羌姆"仪式中就会大量使用面具。

"羌姆"即寺庙神舞，是藏传佛教密宗的一种仪轨。藏传佛教先后出现了宁玛派、萨迦派、噶当派、噶举派、觉囊派、希解派、觉域派等，而影响最大、规模最大的教派是格鲁派，这些教派都有自成体系的寺庙"羌姆"。宁玛派的"羌姆"主要有金刚法舞（有的又称"金刚橛"）、莲花生八相（次久）、八大法行、静猛、文殊法印胜伏、公堂花供和五宝藏虎头峰祭等。萨迦派寺庙"羌姆"以供祭萨迦派三大护法神为中心，辅助以僧人表演的诸神舞、世俗民众表演的妖魔舞、古装武士舞。噶举派的"羌姆"兴于止贡巴，而止贡巴的"羌姆"仪轨是从宁玛派传袭改编而来的。② 郭净在《心灵的面具——藏密仪式表演的实地考察》一书中将止贡噶举的旧新嘎尔"羌姆"做了对比。旧的部分有十二部，即游方僧、鼓舞、四位护门天母、羌姆神、小鹿、水牛、殊胜佛、六步舞、施咒舞、男女寿星、过渡舞、黑暴风舞；新的部分有十一种，即猴儿面具、护法神、阿奇护法神、四位护法神、常醒天子、骷髅、王臣、小面具、首段舞、中段舞、末段舞。③ 格鲁派"羌姆"主要有两个，一个是公元1846年前后由七世班禅在扎什伦布寺在本寺密宗"羌姆"基础上吸收其他"羌姆"的神祇和跳法所创；另一个是布达拉宫朗杰扎仓每年藏历12月的"朗杰廿九多玛"。④ "羌姆"仪式中使用的面具图案有神鬼和鸟兽，也有其他各种动物的形象。

藏戏也要用到各类面具。藏戏是我国少数民族戏剧中最大的一个民族戏剧系统，与寺庙神舞、民间祭祀活动、民间舞蹈艺术表演一样，它与面具有着密不可分的关系，也就是面具在藏戏表演中必不可少，是表演中最重要的有机组成部分。最早出现的藏戏面具是用山羊皮制作的平面面具——白面具，另外就是与祭祀和艺术表演有关的动物面具。⑤ 随着剧目的增多，一些人物角色面具大量增加，成为藏戏面具中数量多、世俗性强、个性鲜明的面具类型。其中也有悬挂面具，这种面具展现的主要是各种神的形象，如吉祥天女、马头明王，以及其他各种天神；当然也有各种鬼面具，一般挂在寺庙的梁柱上。

(4) 木雕技术是藏族传统的民间工艺之一。彭彤认为，"早在佛教传入西藏之

---

① 参见晓婷《藏旅卡垫织造技艺》，载《中国纤检》2011年第24期。
② 参见杨嘉铭《藏族面具与寺庙"羌姆"》，载《西南民族大学学报（人文社科版）》2006年第10期。
③ 参见郭净《心灵的面具——藏密仪式表演的实地考察》，三联书店上海分店1998年版。
④ 参见杨嘉铭《藏族面具与寺庙"羌姆"》，载《西南民族大学学报（人文社科版）》2006年第10期。
⑤ 参见杨嘉铭、杨环《藏戏及其面具新探》，载《西南民族大学学报（人文社科版）》2008年第4期。

前，西藏原始的、土著的早期雕塑艺术已经有了漫长而缓慢的发展历史。西藏昌都卡若新石器时代遗址和拉萨河谷曲贡遗址就出土了具有相当艺术表现力的陶器。进入早期金属时代之后，西藏许多地区的遗址中都发现有大量雕塑艺术遗存"①。木雕是西藏雕塑艺术的重要组成部分，包括装饰木雕、印刷模具木雕和封经板木雕。

西藏木雕家具和楼窗梁柱的雕刻形式多样，美观大方，尤其是内容十分丰富，比如有鱼、虫、花、鸟、人物等。传统的主题包括"龙凤呈祥""白鹤寒松""菩提翠叶""吉祥图案""莲台金座""舒云卷彩"等，这也使得木雕艺术成为西藏传统民间技艺的代表之一。西藏木雕选用的木料上乘，因此，很多木雕工艺产品经过千百年的风吹雨打，色彩依旧鲜艳，显示了很高的实用性和艺术性。

从艺术形式而言，西藏民间木雕艺术风格朴实健康，表现手法简练，以形传神，形神结合，除了具有良好的装饰功能外，还具有浓厚的艺术魅力，比如民间的木雕家具以及门窗雕花的上色，人们喜欢用强烈的对比色进行渲染，营造出金碧辉煌的氛围或者红火绚烂的感觉，以表达人们对美好生活的向往以及日常生活中的情趣。传统木雕主题之一的"龙凤呈祥"，便是以金黄色为基调，画面热烈明快，对比鲜明，显示出了生活的欣欣向荣之感。

（5）西藏的手工艺品还有藏毯。桑德杰布认为，西藏藏毯的源头至少可以追溯到西藏的新石器时代，最典型的实物便是在昌都卡若遗址考古发掘出来的纺轮、古针等。在漫长的历史进程中，西藏先后出现了汪丹藏毯、江孜藏毯、拉萨藏毯等著名的藏毯。②

藏毯被称为世界三大名毯之一，其制作精良，具有浓郁的民族特色。有的藏毯图案以浓郁的宗教文化内容为主，讲究美学搭配和色彩搭配，具有不同的尺寸、不同的形式和不同的风格。藏毯有的典雅，有的高贵，有的质朴。从形式上划分，有地毯式和挂毯式两种。

（6）藏族的帽子也很有特色。根据不同的地区、不同的身份和性别，帽子也各不相同。被叫作"霞冒加赛"的帽子（意为"汉地金丝帽"），顶部有金丝绸缎，边沿也镶有丝带。其共有四个帽檐，前后的较大，左右的较小。帽檐上缝有各色毛皮，所用的毛皮质量优良，保暖性好，所以，无论男女都喜欢戴，只是戴的形式有所不同，比如女性戴的时候把大帽檐折入帽子内，遇到下雪天，再把四个帽檐露在外面。藏帽可以与各种服饰搭配，而且做工精细又经久耐用，表现出了人们的不同审美情趣、地域特色和职业特色，甚至是社会地位、富裕程度、宗教流派等，所以藏帽也成为藏族文化的一个缩影。

（7）藏鞋既是商品，也是西藏特有的手工艺品之一。生产藏鞋的手工业者多集

---

① 彭肜：《藏传佛教雕塑艺术及其特征》，载《同济大学学报（社会科学版）》2002年第3期。
② 参见桑德杰布《西藏藏毯产业的发展现状分析与思考》，载《西藏民族学院学报（哲学社会科学版）》2014年第2期。

中在拉萨、日喀则等地。从大类分，藏鞋可分为四大类："松巴拉姆"、"嘎洛"、鞋子和"嘉庆"。"松巴拉姆"又称作"松巴鞋"，以花纹的繁杂著称。根据地区的不同，又可以划分为藏松巴、江孜松巴、拉萨松巴等类别。"嘎洛"的特点是美观、结实，总体可以分为两类：工布地区的嘎洛和墨竹工卡等地的嘎洛。鞋子可以分为三种："热玛鲁"、"布江"和"过瓦"。"热玛鲁"一般用黑色平绒布和牛皮相间做鞋腰，"布江"以绒布做筒，"过瓦"的鞋腰全部用皮料；鞋子的颜色以黑色为多。"嘉庆"在藏语里是"虹影"的意思，在鞋面和鞋腰上有两组线条，如同美丽的彩虹一般。"嘉庆"底子厚，选用优质毛毡做成，属于藏鞋中的高档产品。

在每一类藏鞋中，根据用料和花纹的不同又分为多类。比如在松巴鞋中，高级的松巴鞋是用牛皮做底，并以粗毛线或棉线密密缝制，底子的厚度超过1厘米；鞋帮分别用红、黄、蓝、绿等八种颜色的丝线在上面绣出漂亮的图案，做工讲究精细，被称作"松巴梯呢玛"。比"松巴梯呢玛"低档些的叫作"过不杂"，这种藏鞋底子全部用牛皮包起来，以结实著称。①

（8）藏纸有着数千年的传承历史，是西藏传统艺术文化的重要承载体，它默默地记录着西藏的历史，见证了西藏的文明进程，而其本身也是一种重要的艺术形式。藏族人民在不断创造和实践的基础上，结合并借鉴周边民族的造纸工艺创制出了独具西藏地方特色的藏纸。②

从制造工艺而言，"藏纸制造工艺从西藏东部的西康再往西延及工布、塔布、珞瑜、门隅，到前藏的拉萨、尼木、墨竹工卡，以至后藏的日喀则、岗巴、聂拉木以及阿里等地，几乎遍布全藏"③。索朗仁青、古格·其美多吉认为，根据制造原料的不同，可以将藏纸分为三大类型：以瑞香科植物等矮小灌木树皮为原料的造纸工艺、以狼毒草等植物根系为原料的造纸工艺和以废纸为原料的再造纸工艺。④

以第二种工艺为例，其制作原料是植物纤维，主要为西藏产的狼毒草（藏语称为"日加"）纤维，还有其他植物的纤维，经数十道工序制作而成，在制作过程中，如果有一道工序出错，就将前功尽弃；同时，这些原料大多数是制作藏香的原料和药材，因而，成本较高。藏纸有许多优点，比如不会被虫蚁咬食，抗岁月侵蚀而可以长久保存，质地柔软，同时长久保持字迹清晰，对眼睛的伤害很小，等等。

（9）西藏也以生产优质藏香而闻名。因为藏香含有多种天然香料和藏药成分，具有行气开窍、理气止痛、清心健脾、杀菌消毒、净化空气等功效，⑤所以受到了海内外消费者的青睐。西藏藏香的制作历史可追溯到1300年前，松赞干布的得力大臣吞米·桑布扎在其家乡尼木县吞巴村利用天然纯净山泉和藏药材制作出了藏香，后不

---

① 参见索穷、孙翔宇《藏鞋考》，载《西藏人文地理》2007年第5期。
② 参见肖静《藏纸与藏文化的互动》，载《中国民族博览》2015年第10期。
③ 索朗仁青、古格·其美多吉：《西藏传统藏纸工艺调查》，载《中国藏学》2009年第2期。
④ 参见索朗仁青、古格·其美多吉《西藏传统藏纸工艺调查》，载《中国藏学》2009年第2期。
⑤ 参见洋传粟《试论如何提高藏香的市场竞争力》，载《西藏发展论坛》2012年第2期。

断发展演变。藏香是以焚烧烟熏为使用方法，以药理为作用原理的特殊产品。①

与其他省份生产的香不同，西藏藏香用到的香料更多，有麝香、木香、藏红花等几十种。藏医名著《四部医典》等古籍中有制作藏香所使用原材料的记载，主要使用藏药中具浓郁芳香且具挥发特性的药材，如沉香、甘松、檀香、肉桂、麝香、木香、藏红花、冰片、琥珀、唐古拉特青兰、藏菖蒲、豆蔻、烈香杜鹃花等三十多种药材，同时辅以穿山甲、圆柏膏等材料。② 同时，藏香的包装也很讲究，多用彩色丝线绑扎，有的放置于精制的木盒内，便于馈赠亲朋好友。

（10）藏医药学有着悠久的历史，是在广泛吸收和融合中医药学、印度医药学和大食医药学等医学理论的基础上，经过长期实践形成的独特医药体系，至今已经有上千年的历史，是我国保存较为完整的民族医药学之一。

青藏高原向来是藏药的主产地。《晶珠本草》又称作《药物学广论》或《无垢晶串》，是18世纪藏医药学家帝玛尔·丹增彭措实地调查西藏、四川、青海、云南、印度等地，经20多年潜心研究撰写的一部藏药学巨著，标志着藏药学发展到了较高水平。全书分上、下两部，上部对每种药物的功效进行概括论述，下部则分别对每种药物的来源、生长环境、药性、效用予以叙述。该书被视为"藏族的本草纲目"，书中共收录藏药2294味，③ 其中的药物种类有75%现在仍在使用，其中的30%属藏医专用。

《月王药诊》藏语称为《曼杰达维杰布》，是我国现存最古老的藏医药经典著作之一。该典籍对研究藏医学的起源、早期历史以及研究藏医药学与汉医药学、古印度医药学的渊源关系都有重要的价值。书中全面论述了人体的生理功能，胚胎发育，人体骨骼、肌肉、脉络、脏腑各器官的组成构造，身体的要害部位发病的原因，疾病的寒热性质、分类，五脏六腑疾病、各科杂病的诊断及治疗方法，药物的性味、功能、分类以及不同的药物剂型。④

《月王药诊》中记载了780种药物，其中植物类440种、动物类260种、矿物类80种，这些药物半数以上产自藏族聚居地区，主要来自青藏高原。目前，我国藏药共有3000种左右，绝大多数发源于西藏。现在在西藏常用的藏药就有360多种。

西藏、青海、四川、甘肃、云南、新疆6省区已经联合编制了藏药标准，共收载藏药227种，其中植物类197种、动物类17种、矿物类13种。

（11）木碗也是西藏特产之一，是西藏木制饮食器具中的典型代表。木制器具在西藏日常生活中发挥着极为重要的作用，"因木制饮食器皿具有便于携带，不易破碎，不发烫且保温的功效，在藏族世俗与宗教生活中广泛使用，从传统饮食器具木

---

① 参见松桂花《藏香在卫生防疫领域的应用初探》，载《西藏科技》2006年第6期。
② 参见松桂花《藏香在卫生防疫领域的应用初探》，载《西藏科技》2006年第6期。
③ 参见俞佳、张艺、聂佳等《藏医药经典著作〈晶珠本草〉的学术特色探析》，载《世界科学技术——中医药现代化》2014年第1期。
④ 参见杨忠措《〈月王药诊〉的历史价值和深远影响》，载《中国民族医药杂志》2012年第12期。

碗、木碗盒三件套、糌粑盒，发展到今天的酒杯、老板杯（保温杯形状）、花瓶、香炉、烛台、鼻烟壶、金鼓、百宝塔等"①。

加查木碗、普兰木碗等均有很高的声誉。加查木碗是西藏久负盛名的民族工艺品，它的制作取材独特，一般选用上好的树根疙瘩，做工精细，美观大方，而且质地坚硬，外表光滑，品种多样。一般而言，加查木碗分为大、中、小三种规格，小碗主要用来喝青稞酒、酥油茶，中号碗主要用来吃饭，大号碗分为上下两半儿，一般也主要用来吃饭。加查木碗的颜色主要有红、黄、白三种，花色以自然木纹和藏画雕刻为主。

（12）西藏有众多的优质水资源，全区水资源总量 4482×10^8 立方米（不含地下水），按全区人口和耕地计算，人均占有水量和亩均占有水量均居全国首位。在西藏境内有河流 356 条，湖泊总面积约为 2.38×10^4 平方千米，约占全国湖泊总面积的 30%，是中国湖泊最多的地区。②

在此基础上，西藏拥有众多优质的矿泉水资源，形成了良好的矿泉水产业。1987年，地质专家在位于西藏当雄县念青唐古拉山南麓发现了特大型珍稀冰川矿泉水源，水源地最高海拔达 5100 米。后在此基础上成立了"西藏冰川矿泉水有限公司"。2006年，世界上海拔最高的现代化水厂生产线开始试运行，"5100 西藏冰川矿泉水"开始生产。另外，还有阿里普兰县生产的冈仁波齐天然矿泉水等众多优质矿泉水。

二、西藏土特产产业的现状

西藏的土特产产品越来越受到国内外市场的青睐，越来越多的消费者倾向于选择西藏的土特产产品，显示了西藏土特产产业巨大的市场发展空间。以此为基础，西藏土特产产业市场活跃，从业者数量呈现不断增加趋势。土特产产业已成为西藏经济发展和社会活力的重要支撑和动力。

同时，西藏土特产产业也存在着一定的不足，比如产业规模较小，有强劲市场竞争力的大企业和知名企业不多；市场营销开发不足，虽然网络营销开始出现并取得一定发展，但是仍然存在着较多薄弱环节，整体竞争力不强，规模效益低下，销售渠道总体仍然以零售为主；有些土特产产品的质量无法保证，甚至出现了假冒伪劣产品；等等。以上原因造成产业的基础供给层利润低下，影响了产业基础链条发展的动力和可持续性。

另外，一些土特产产品开发力度不足，甚至很多土特产仍然处于未开发状态，有的产业则规模很小，未形成真正的相关产业链条。虽然在生态旅游开发热潮的激发

---

① 和梦、和金保：《论滇川藏交界地藏族木碗文化的变迁》，载《学术探索》2015 年第 2 期。
② 参见赵忠瑞、解传奇、丹曲等《西藏水资源生态足迹评价与动态预测》，载《浙江大学学报（理学版）》2015 年第 5 期。

下,在"强基础,惠民生"驻村工作队的推动下,一些乡镇和村庄也在尝试推进当地的土特产产品的开发,但总体规模小,效率低下。以下是一个在驻村工作队的推动下的产品开发实例。

西藏阿里地区普兰县 XD 村妇女手工编织厂

该厂由四方出资,于 2014 年筹建,阿里地区妇联投资 0.5 万元,普兰县扶贫办等三部门投资 114 万元,普兰县妇联投资 0.5 万元,普兰县"强基办"投资 5 万元。为了保证产品质量,还特意对村中的 30 名妇女进行了技术培训。

XD 村妇女手工编织厂主要编织藏毯、纯羊毛围巾、旅游小包以及毛毯等手工产品。主要面向国内外游客和普兰县市场。截止时间为 2016 年 3 月,总体而言,手工编织厂虽然一定程度增加了 XD 村妇女的经济收入,但编织厂的规模小,竞争力不强,效率较低。[①]

从地域而言,西藏土特产的分布呈现出明显的特色;同时,产业的发育程度也各有不同。下面我们以阿里地区普兰县为例做简要介绍。

普兰县的民间卡垫生产有着悠久的历史,但长期处于少数农户分散生产和经营的状态,没有形成普兰县独有的卡垫产业。20 世纪 80 年代之后,从事卡垫编织的人才有所增加,但仍然无法支撑作为卡垫产业的发展。

普兰县有着独特的传统服饰文化,原料主要是氆氇和各种皮草。以普兰妇女传统服饰为例,"普兰妇女传统服饰不仅是中华优秀文化的重要载体,也是雪域西部最具特色的民族风景。它充分反映西藏阿里普兰人民豪放的性格特征、浓厚的宗教信仰、丰富的审美情趣、独特的地域文化等"[②],具有重要的历史价值、经济价值、社会文化价值和民俗传承价值,"已经成为国家级非物质文化保护的重点对象,而且已经是国内外关注的焦点"[③]。

但是,这些服装现在仍以传统制作方式为主,技艺的传承也以专业匠人的"父子传承"为主,缺少专业的技术工人,产业发展的技术动力和人才储备不足。

氆氇也称为"朗布"。普兰县生产的氆氇主要是甲洛氆氇,除了作为普兰传统服装最主要的用料之一,也用来制作"恰库"和鞋子等。但长期以来,普兰县的氆氇生产以家庭生产形式为主,而且生产的氆氇大部分自用,很少销售。

牦牛毛帐篷是普兰县的土特产之一,主要在当地的牧区使用。"黑帐篷"指的就是普兰县当地用上好的牦牛毛制作的一种帐篷,在西藏旅游市场中有着广阔的发展空

---

① 资料来源于笔者在西藏阿里地区的调研。
② 伍金加参:《浅谈西藏古老而神秘的服饰——普兰妇女传统服饰的穿戴习俗及价值》,载《西藏艺术研究》2010 年第 4 期。
③ 伍金加参:《浅谈西藏古老而神秘的服饰——普兰妇女传统服饰的穿戴习俗及价值》,载《西藏艺术研究》2010 年第 4 期。

间。黑帐篷有冬暖夏凉、防风雨、遮挡强紫外线辐射的作用；但是这种牦牛毛帐篷并未得到有效推广，只是在很少地区的旅游市场中可以见到。

普兰木碗（见图4-2）是普兰县特色的传统手工业产品之一。普兰木碗的原材料主要来自尼泊尔境内，在普兰县的科迦村、斜尔瓦和桥头市场等地进行加工，制作工艺精湛，以手工为主，而且成品碗经久耐用。制作木碗的木质优良，按材质可以分为匝吾木碗和扎匝木碗两种，当地的民间流行一种说法，即前者具有解毒功效，所以价格昂贵，非常畅销。

图4-2　普兰木碗
（索南达杰 摄）

早在旧石器时代，西藏就有原始人居住。虽然陶器在西藏有着悠久的历史，但具体的最早制陶时间很难准确确定。根据中国社会科学院考古研究所实验室对昌都卡若遗址中采集的放射性碳素标本的测定结果，卡若遗址中发现的陶器绝对年代为距今4000～5000年，被认为是目前有据可查的西藏最早的陶器。①

普兰县也具有悠久的制陶历史。考古发现，普兰陶器的生产地点主要有吉让、楚古等地，使用的原料以泥、砂为主。普兰陶器的类型主要有壶、钵、盆、瓶、罐等，颜色以黑陶和黄陶为主。以前，普兰传统的制陶工人多为流动性的，随着20世纪80年代之后大量轻工产品从内地省市运到普兰，一些传统的手工制造业逐渐被排挤，市场空间大幅度减少，甚至消失，手工制陶技术工人数量也越来越少。

普兰还有很多其他独特的手工技艺，比如捻线、制作青稞酒以及制作糌粑等。

当地妇女捻线多用有轮形纺锤，当地称为"嘎旺"。捻线时，先要将羊毛洗净、晒干，用手把毛团拉松，放在毛梳（当地称为"白谢"）上梳直，再使用纺锤捻线。

---

① 参见张新杰《西藏与内地陶器起源、制作工艺及陶瓷业现状比较》，载《西藏研究》2009年第2期。

使用的时候使木轮旋转就可以纺线，有两种方法：一种是将木轮中轴的下端放在碗底里旋转，另一种是将木轮悬空旋转。第二种方法在放牧过程中就可以完成，一些藏族妇女在路上散步时有时也会用这种方法纺线。

普兰男性捻线用一种蹦性棒形捻线器，当地称为"由星"。用由星捻线时，一般右手拿着纺线器，左胳膊上套上一圈牦牛毛，左右两手的大拇指和无名指将毛线拉直，并使之粗细均匀，然后左手捏住没有拉直的线头，自右向左转动木棒，把粘好的线缠绕在木棒上，再不断重复。纺出来的线多用于制作帐篷、袋子和绳子。

通过对普兰县土特产的简要介绍，我们发现，要根据不同地域内的文化特色和产业特色，以及这些产业的不同发育程度，制定相应的发展策略，做到因地制宜、因阶段制宜，避免盲目开发建设。另外，产业必须建立在特定的文化背景之上，离开了特定的文化背景，产业就会失去动力，甚至不再成为产业。因此，必须把特定区域内的文化元素与其社会元素作为产业发展不可缺少的构成加以考虑和运用。

三、西藏土特产产业的发展趋势

第一，市场需求不断增加。西藏独特的生态资源优势以及强大的文化吸引力成为西藏土特产产业发展的巨大动力。同时，随着人们对健康的高度关注，绿色产品、无公害产品成为热销商品，以高原生态种养业为主要特色的西藏土特产产品获得了前所未有的市场发展机遇，受到了各类消费者的普遍欢迎，有着巨大的市场发展潜力。

第二，产业化、标准化需求增强。传统的、分散的和小规模的生产和零售模式受到了巨大冲击。经营效率低下，加之质量参差不齐必然出现市场生存危机，在这一市场背景下，西藏土特产产品的生产和销售的规模化、集约化和标准化需求在不断增加。以销售市场为例，传统的西藏土特产销售基本上是以个体零售商贩经营为主，不注重知识产权的保护，严重缺乏产品产地保护，缺乏甚至没有统一品牌，市场竞争力薄弱。更重要的是，个别商贩弄虚作假，土特产产品品质得不到保证，影响了整体声誉；一些商贩的虚假宣传以及疯狂投机给土特产产品的消费者带来了心理阴影。这些使西藏土特产产品的产业化、标准化需求极为迫切。

产业化、标准化趋势会产生两项主要需求。一是要着力培育一批有竞争力，可以产生强大带动力的龙头企业和企业集群示范基地，发展"订单"模式，促进产品精深加工，延伸产业链条；二是不断完善龙头企业与农牧户之间的风险共担、利益共享、利益联结机制，搞好龙头企业、中介组织与基地农牧户的对接。积极发展并规范专业合作组织建设也是西藏土特产产业发展的必然趋势，以"民办、民营、民受益"原则为主，充分发挥当地管理部门的作用，支持合作组织和经纪人队伍建设。[①]

[①] 参见晓兰、萨茹拉孙、额日德木图《畜牧产品生态足迹分析——以赤峰市为例》，载《家畜生态学报》2016年第8期。

第三，与"互联网+"融合程度越来越高。互联网为西藏土特产产品的销售提供了广阔的平台，随着互联网业的发展，西藏土特产在网上展示、销售的现象越来越多，并且展现了强大的活力和旺盛的生命力。随着西藏生态旅游业和文化产业的整体发展，土特产产业必将迎来更大的机遇，这种产业发展机遇的把握和转化必然要求进一步与互联网相融合；同时，西藏土特产产业的发展也必然要求进一步借助互联网形成和突出产业优势，形成"你中有我，我中有你"的"西藏土特产产业+互联网"格局，并形成良好的可持续发展能力。

第四，与生态旅游业的关系更加密切。生态资源是西藏最宝贵的资源，也是西藏文化产业整体构建与可持续发展的基础。在独特而优质的生态资源基础上，西藏的生态旅游业得到了快速发展，并取得了巨大的成绩。生态旅游业已经成为西藏经济社会发展的重要支撑，成为西藏文化产业发展的重要纽带。在这一背景下，生态旅游业已经成为西藏各类土特产展示自己的最佳平台，把土特产产业与生态旅游产业相结合，既是土特产产业发展的必然要求，也是生态旅游业发展的必然结果，是市场机制发展完善的必然要求。

第二节 土特产产业在西藏文化产业中的作用

第一，土特产是展现西藏文化产业的主要实体依托之一。土特产产品是实实在在的、看得见摸得着的，可以给消费者带来直观的消费获得感。西藏文化产业必须与西藏产品实体相关，也就是说，文化产业必须有与之相对应的可归入文化产品范畴内的实体产品及实体产品的生产和销售活动，西藏许多土特产产品可归入其中，或者与之不断融合交叉。只有这样，西藏文化产业才会有机遇有发展。比如虫草、茶叶、藏香、木碗、服装、旅游产品以及宗教文化用品等，这些土特产产品有时甚至成为西藏文化产业的代言符号。

第二，西藏土特产产业是西藏文化产业整体发展的重要推动力之一。西藏土特产产品受到市场的广泛欢迎，有着巨大的市场潜力，且产业的发展有着非常好的前景，而实践也证明了土特产产业的繁荣发展已经为西藏整体文化产业注入了强大动力，而且仍将持续并不断加强。各文化产业在其中必将获得更多的商机和机遇，尤其体现在与各类土特产进行创新性整合的过程中，市场将得到进一步拓展，产业链条也可以不断延伸。

第三，土特产是西藏不同文化产业之间联系的重要纽带。一方面，西藏的同一种土特产产品可以进入各种各样的文化产业链之中，同一产业链条的不同组成部分也可以有同样的土特产产品，这样就可以把不同的文化产业联系起来；另一方面，不同的土特产产品可以融入同一种文化产业链之中。不同的文化产业还可以根据发展需要和市场需求,对不同的土特产产品进行搭配,以达到市场营销效果最优。

第四,著名的土特产产品是西藏文化产业的重要代言者。西藏的一些土特产有着很高的知名度,如那曲虫草、林芝藏鸡、日土白绒山羊、尼木藏香、拉孜藏刀、易贡茶叶等,这些土特产产品已经成为西藏文化的重要标志,甚至一种符号:一种文化产业的代言者,一定程度上表征了该产业的重要范畴和主要内容,并向外界展示着该产业的重要特点。

第五,西藏土特产产业的兴盛将刺激和带动新的文化产业的产生与发展。在西藏丰富多彩的土特产中,仍有一些处于未开发状态或者并未真正走进市场,有的开发程度较低,大多数没有形成独有的土特产产业。随着人们对这些土特产认识程度的深化和市场开发力度的加大,必将在相关产品的开发、生产、流通和销售等各个环节上产生强大的吸引力,在形成该土特产产业的同时,也会助推相关文化产业的出现和发展。

以西藏墨脱石锅为例。这种石锅有着悠久的历史,其原料是世界上稀有的天然皂石,质地绵软。墨脱石锅可耐2000摄氏度的高温,具有诸多优点,比如传热快、不粘锅、不变色等;同时,此石锅含有人体所需的锌、铁、钙、镁等16种微量元素,对人体健康大有裨益。以前的墨脱交通不便,墨脱石锅也极少走出墨脱,极少为外界所知。随着墨脱公路的通车,墨脱石锅也有了更大的市场,制作的技术工人也越来越多,产、供、销的主产业链条形成;与此同时,专门提供石材的行业、专门进行石锅营销和保养的行业随之出现,墨脱石锅特色美食也成为墨脱旅游的重要卖点之一。

第三节 依托特色畜牧业的土特产产业

一、畜牧业土特产的内容

西藏的畜牧业土特产主要以牦牛、山羊、绵羊为核心,形成多种多样的牛羊肉、毛等相关产品。除此之外,西藏的藏鸡、藏猪等畜禽饲养业中形成的产品也属于其范围。

(1)牦牛是西藏特色畜牧业的典型代表。牦牛是生活在高山草原地区的特有牛种,一般生活在海拔3000米以上。牦牛躯体强壮,能够抵御高寒天气;一般几种毛色交杂,以黑色居多,其次为深褐色、灰色、白色和黑白花色。牦牛能够在崎岖的山路上自如行走,成年的公牦牛体重一般为300～450千克,母牦牛为200～300千克。牦牛是一种原始的畜牧品种,除了产出优质的牦牛肉之外,牦牛对高山高寒地区很好的适应性还使它成为托运、耕地等活动离不开的牲畜,因此被誉为"高原之舟",

"在遗传资源上是一个极为宝贵的基因库"①。

类乌齐县是西藏指定的西藏东部牦牛产业带，牦牛产业是畜牧业的重要组成部分，也是当地的优势产业，正因为如此，甚至有"世界牦牛看中国，中国牦牛看西藏，西藏牦牛看类乌齐"之说。类乌齐有"西藏的小瑞士"之称，那里的农牧民至今沿用着最古老的牦牛放牧方式，类乌齐牦牛也被认定为品种最纯正的牦牛，保持了原生态、纯天然、全绿色的特点，不但肉质好，而且口感好。2005年12月，类乌齐县正式注册了"类乌齐牦牛肉"绿色食品商标；2015年，颁布了《西藏类乌齐县人民政府关于实施类乌齐牦牛肉生产技术规范的通知》（类政发〔2015〕39号），加大和规范了类乌齐牦牛肉的生产。

帕里牦牛是西藏日喀则亚东县的特产。帕里牦牛多以黑色为主，常伴有黑白相间，还有少数的为纯白个体。帕里公牦牛平均体重为318.31千克，母牛平均体重为200.85千克。眼肌肉含粗蛋白22.29%、粗脂肪2.06%，肋肌肉含粗蛋白17.82%、粗脂肪25.29%。平均屠宰率为50.84%，净肉率为42.36%，是典型的绿色保健产品。另外，每头牦牛毛绒产量为0.15～1.00千克，平均实际收绒量0.25千克，平均绒纤维细度为23.46微米，在市场上有着良好的前景和较强的竞争力。②帕里牦牛公牛初配年龄为4.5岁，一般可利用至13岁左右；母牛初配年龄为3.5岁，一般可利用14年左右，多为两年一胎。

除了牦牛以外，西藏还有一种叫"犏牛"的牛，是普通牛与牦牛杂交后产生的杂交品种。普通公牛作父本，母牦牛作母本杂交出的犏牛称作"真犏牛"；公牦牛作父本，普通母牛作母本杂交的牛称作"假犏牛"。犏牛均不育，但其生长发育、体重以及生产性能均优于牦牛和普通牛。

（2）藏猪也是西藏特有的畜牧资源，原产于西藏的农区和半农半牧区，主要分布在雅鲁藏布江中游和西藏东南地区海拔2900～4100米的森林和河谷地带，"米林、工布江达、墨脱、波密、芒康等县为藏猪的活动中心"③。藏猪以普通放养为主，主要以野生植物为食，辅以谷物。藏猪全身都是宝，不但肉质鲜美，而且高钙低脂，有"高原之珍"的美誉。工布江达县的藏猪已经具有了很高的声誉，初步建立了国家级藏猪遗传资源保护区。

西藏的藏香猪又叫"人参猪"，是西藏特有的一种古老畜种资源，也是我国唯一的放牧型猪种。西藏藏香猪一般生活在海拔3000～4000米，主要产于西藏林芝各县区。藏香猪的品质上乘，有"六个最"之说，即肉品中氨基酸含量最高、微量元素最高、脂肪含量最低、猪肠最长、猪皮最薄、鬃毛最长；藏香猪猪肉是西藏的传统上乘食材。正是由于这些特点，所以，"科学开发和利用藏香猪，对于调整中国耗粮性

---

① 柴志欣、赵上娟、姬秋梅等：《西藏牦牛的RAPD遗传多样性及其分类研究》，载《畜牧兽医学报》2011年第10期。
② 参见普布潘多《帕里牦牛生产现状及发展对策》，载《西藏科技》2009年第6期。
③ 强巴央宗、谢庄、田发益：《高原藏猪现状与保种策略》，载《中国畜牧杂志》2001年第6期。

养猪业结构，发展绿色、有机安全猪肉具有重要意义"①。

（3）"藏鸡是一种具有特殊种质特性的原始地方鸡种，主要分布于西藏自治区和青海境内。由于产区海拔和地理位置的不同外加青藏高原独特气候环境，藏鸡对高原缺氧、高寒干燥的恶劣环境有良好的适应能力，具有耐粗饲、抗病力强、肉质鲜嫩、风味独特、药用价值高、观赏性强等优良特点，是发展中国高海拔地区养禽业的重要品种资源。"②藏鸡一般生活在海拔1500～3500米的半农半牧区，西藏的主产区包括山南、林芝、拉萨、昌都东南部、日喀则中南部、那曲东部和阿里西南部。

林芝巴宜区米瑞乡色果拉村2013年开始养殖藏鸡，2015年成功孵化1865只幼鸡，当年产蛋5300余枚。藏鸡和藏鸡蛋主要销往林芝八一市场，全年销售藏鸡752只，每只150元，销售藏鸡蛋4769余枚，每枚2.5元，二者共实现销售收入超过12万元。

（4）白绒山羊是西藏的特色畜牧资源之一，也是中国优秀的山羊资源之一。白绒山羊主要分布在日土县的热帮乡龙门卡村等地，那里地属高原湖盆，气候干旱，高原面貌保存完整。热帮乡是一个以牧业为主，兼有农业的半农半牧边境乡。那里所产的藏西北白绒山羊久负盛名，也是白绒山羊重要的生产基地之一。热帮乡白绒山羊产出的白山羊绒在国际市场享有盛誉。

山羊绒早在16世纪便已受到西欧诸国市场的青睐，羊毛、羊绒也成为中西贸易的主要内容之一。热帮乡龙门卡村的白山羊绒具备"血缘最纯、绒细度最细、毛囊密度最大、单根纤维粗细最均匀"等四项世界之最，并曾荣获全国农业博览会的金奖。以龙门卡村白山羊绒为原料生产的各类羊绒制品不但质地优良，手感细腻柔滑，而且保暖性更加突出，被称为日土县的"软黄金""纤维宝石"。

在特色畜牧业基础上，西藏形成了许多特色畜牧产品，有的一定程度延伸了产业链条，如利用优质原材料进行食品加工、羊毛产品加工等。

在拉萨一些地方，流行着以生牛肉酱招待贵客的传统，用捣碎的生牛肉加入藏药或者其他调味品，吃下之后有种全身暖暖的感觉。

"藏餐羊血肠"也颇有名气。在一些地区，牧民们每杀一只羊，就要把羊血留下（而在另一些地区，牧民们从来不食用羊血和内脏，比如西藏阿里地区普兰县HER乡的牧民们），然后灌入小肠内，再煮熟，这样做出来的羊血又香又嫩，吃后满嘴生香。

酥油是从牛、羊奶中提炼而来的，具有很高的营养价值。酥油的用途很广泛，最出名的莫过于制作酥油茶了，当然，除了食用之外，还可以与其他原料一起搭配制作藏族的许多特色饰品，比如许多寺庙中使用的"酥油花"。传统的酥油提炼方法是先

---

① 宋社果、安小鹏、赵海波等：《藏香猪屠宰特性及肉品质的分析》，载《西北农业学报》2011年第12期。

② 朱志明、强巴央宗、朱猛进等：《藏鸡生长曲线拟合和分析的比较研究》，载《中国农业科学》2006年第10期。

把新鲜的奶汁倒入特制的大桶里，然后再上下搅拌数百次，直到油水分离，舀起表面浮起的淡黄色的东西，冷却后便成了酥油。

二、畜牧业土特产产业的现状

"十二五"期间，西藏在畜牧业方面共投资 6.72 亿元，实施了 776 项科技创新与平台建设项目，取得了 42 项科技成果，获得了 20 项专利。科技成果转化力度明显增强，培育出了"拉萨白鸡""日土白绒山羊"等畜禽新品种（系）2 个。"十二五"期间，高效养殖技术示范畜禽 17.5 万头（只）。另外，建立了 14 个具有带动示范作用的科技成果转化示范基地，在拉萨曲水县、林芝米林县、山南乃东县等地共培育科技成果转化大户 70 户。

一定区域内的特色牧业取得长足进展。2015 年，昌都地区农牧业总产值达到 34.3 亿元，农牧民人均纯收入达到 6844 元。肉类产量达到 5 万吨，奶产量达到 8.2 万吨。龙头企业 9 家，农牧民合作组织 122 家。同时，生态建设有了一定好转，全年草原休牧和季节性轮牧比为 20%，退化草原治理率为 15%。

牧业土特产产业一般与牧业区划相联系，比如阿里地区普兰县根据县域内的草场分布、牧草产量、牧草品质等条件以及牲畜生长发育的习性，划分了以下两大牧区。

一个是巴嘎乡与 HER 乡高寒草原牦牛、山羊和绵羊发展区，位于普兰县东部、东北部，包括 4 个行政村，是纯牧区。该牧区区域总面积约 9253 平方千米，约占全县总面积的 73%，草场总面积 8852235 亩，占普兰县草场面积的 78%，区域海拔在 4200～5100 米，为高寒草原、高寒草甸和山地灌丛草甸类型，水源充足，产草量高，牧草质量好，适宜发展牦牛、山羊和绵羊养殖业。

另一个是普兰镇高寒草原牦牛、山羊和绵羊，以及河谷山地黄牛、犏牛发展区。该区域位于普兰县中部、南部区域，以及孔雀河、赤德曲沿岸的宽谷、窄谷和高山坡谷地带，包括普兰镇的仁贡村、多油村、吉让村、西德村以及科迦村等，村民多过着半农半牧的生活。该区域总面积为 3251 平方千米，约占全县总面积的 27%，共有草场 2509410.9 亩，约占全县草场面积的 22%，区域海拔在 3600～4200 米，属宽谷、窄谷、山地灌丛草甸的温性草场，产草量和牧草质量较东部、东北部少而差，但农作物副产品产量大。

目前，西藏畜牧养殖仍以小规模分散养殖、个体户分散经营为主，藏鸡、藏猪的养殖更为分散。

牦牛养殖以及山羊、绵羊的养殖以牧区牧民的家庭养殖为主，属个体经营，基本不存在现代化的养殖农场。虽然国家给予各种补贴和政策优惠，但经营管理主要依靠牧民自身，效率低下，牲畜死亡率也较高，遇到暴雪等自然灾害时损失较大。

销售方面也存在一定的问题。一般而言，一些从事牛羊肉贩运的商贩到养殖户家中进行收购是农牧民销售的主要形式。对农牧民而言，这种坐等形式一方面销售价格难以保证，另一方面可能存在着欺诈性赊账，或者恶意压价等风险，农牧民的切身权益难以得到有效保障。笔者在调查中就发现这样的现象：一些商人以赊账为名义，先把牦牛和羊赶走销售，然后以各种理由拒绝向农牧民支付货款，或一跑了之，杳无音信。因为没有任何合同或其他正式协议，农牧民遭受了严重的损失。另外，因为有些农牧民法律意识和产业经营意识薄弱，所以，畜牧产品中的价值无法得到充分开发，致使农牧民只能以最低端的肉类销售为主，而很大的利润差额主要被中间商赚取。

另外，在畜牧产品深加工以及产业链条延伸上也存在着问题。总体而言，畜牧业产品深加工程度严重不足，多以最初级的牲畜活体、生肉、风干肉、蛋、奶等为商品进行销售。畜牧产业的链条短，延伸不足，产品开发和产品的创意严重缺乏；同时，与西藏其他文化产业的结合程度不深或者脱离，距产业之间相互融合还有很大差距。

三、日土白绒山羊产业

"日土山羊绒毛品质优异，生产性能高，是我国非常珍贵的一个山羊品种类群。利用日土山羊的优良基因改良西藏自治区山羊品种，有着非常良好的潜力。"[1] 目前，白绒山羊产业已经是日土县的特色产业和重点产业，也是农牧民增收致富的主要渠道之一。日土白绒山羊是属于绒、肉、乳兼用型的地方品种，具有产绒量高、绒毛纯白、绒长、净绒率高等特点（见表4-1）。其相关产品屡次获得大奖。在国家原农业部举办的首届中国国际农业博览会上，日土山羊绒获"金质奖"，在第二届农业博览会上又获银奖。2015年，国家农业部正式批准日土县成立"国家级西藏山羊（白绒型）保种场"。

表4-1 日土山羊与其他主要绒山羊品种产绒性能及羊绒品质比较[2]

山羊品种	性别	产绒量/g	长度/cm	细度/μm	强度/g	伸度/%	净绒率/%
日土山羊	公羊	373.42	6.22	13.05	3.93	41.75	69.00
	母羊	366.64	6.22	14.01	3.93	41.75	69.00
河西绒山羊	公羊	323.50	4.90	15.60	3.60	43.50	50.00
	母羊	279.90	4.30	15.70	3.60	44.20	50.00
辽宁绒山羊	公羊	570.00	5.91	16.47	5.09	36.80	75.19
	母羊	490.00	5.27	17.10	5.19	33.50	66.57
内蒙古山羊	公羊	385.00	7.60	14.60	4.03	46.25	56.56
	母羊	305.00	6.60	15.60	4.00	51.00	50.04

---

[1] 梁飚、樊江文：《西藏阿里地区山羊绒资源及其利用》，载《家畜生态》2002年第3期。
[2] 参见梁飚、樊江文《西藏阿里地区山羊绒资源及其利用》，载《家畜生态》2002年第3期。

我们看一下日土县白绒山羊原种场发展情况。该原种场坐落于县城西边3千米处，海拔4270米，是一个集生产、科研、推广为一体的单位。截至2015年年底，该场总建筑面积8735.4平方米（包括配种站、办公室、科技楼、牧工住房等），全场有工作人员15名，其中技术人员5名、牧工8名、驾驶员1名、公益性人员1名。

原种场通过品种选育来提高山羊的个体性能，从而改善羊绒品质、稳定性状和遗传性状。截至2015年，全场有草场面积4.2万亩，建有围栏草场2.2万亩，人工种草2055亩。拥有白绒山羊906只，其中优良种羊200只、成年母羊500只、后备母羊206只。山羊个体平均产绒量325.5克，比选育前提高100多克，个体最高产绒量750克。

日土县在白绒山羊养殖科技示范户的培养方面做了很大努力。以原种场为核心，充分利用其辐射引领作用，狠抓科技示范户建设工作，立足于高标准、高水平，充分调动农牧民的养殖积极性。截至2014年年底，全县牲畜总数33.6228万头（只、匹），其中山羊23.1775万只，纯白山羊占山羊总数的96%，山羊平均个体产绒量达到279.6克，羊绒细度在14微米以内的占85%，一等绒占80%以上。2015年，原种场在各乡村设立了9个选育点，形成517户白绒山羊科技示范户，日土县有关部门和原种场对这些示范户进行培训，养殖户们较好地掌握了白绒山羊科学的饲养方法，掌握了抓绒、选种选配、配种技术等要领，并能较好地预防一些易发病、突发病、常见病。示范户的白绒山羊的综合性能比其他牧户的有了明显提高，形成了多方位的白绒山羊选育、推广、示范、生产体系。

在品种选优方面，建立了"县—乡—群众"三级品种选育体系。以原种场为中心，以乡村选育点为桥梁，以科技示范户为纽带，逐步建立起向农牧区辐射的良种繁育体系。在三级选育体系基础上，改变种羊分散饲养和不能充分发挥资金效用状况，并有效控制外地"劣质"种畜的流入，从而整体提升全县白绒山羊品种质量。至2016年年初，已基本形成新型白绒山羊养殖模式，走出了科学养畜致富路子，也为周边地区起到了很好的示范带头作用。

根据白绒山羊养殖产业发展趋势，应充分考虑市场需求，进一步做好选种选育工程，大力提升白绒山羊产业的竞争力，并在中远期考虑延伸和拓展产品深加工。近期而言，以下方面不可忽视：

第一，做好"草业先行"，以控制牲畜总量、提高个体生产性能为基础，以白绒山羊品种选育为主要手段，不断提高山羊质量，调整结构，优化群体，建立起白绒山羊标准化产业基础，走标准化、规范化、专业化的选育体系道路。

第二，继续积极培育白绒山羊养殖户。建立良种登记档案，实行联合育种；同时，应用现代繁殖技术，提供优质种羊的冻精，建立系谱档案，制定白绒山羊选种选配标准和方案。

第三，加强科学化、规范化管理，制定饲养标准，加强饲养管理，有效提高防寒能力；以预防为主，建立健全防疫防控体系。

第四，突出优质白绒山羊在"一产"中的主体地位，走因地制宜、可持续发展之路。以资源保护为主，推广为辅，以注重山羊绒的细度为核心，提高产绒量为目标，建立示范（村）户为主线，以科技为手段，建立"基地+专（业）合（作）组织+牧户"的产业化模式。合理保持绒山羊的总饲养量，不断提高绒山羊质量，建立健全绒山羊标准化产业。

四、育肥基地的尝试与困境

育肥基地是西藏广大牧区开展广泛的一种合作组织经济形式，即我们常说的"合作社"。育肥基地以牛、羊养殖为主，并主要对外销售肉制品或活体牲畜。以下我们对两个案例进行分析。

案例一：XB 村一组短期育肥基地

XB 村是西藏阿里地区普兰县巴嘎乡的一个村，该村第一村组位于有"圣湖"之称的玛旁雍错湖畔，海拔 4600 米，村组中共有 47 户 202 人。由于 XB 村是纯牧业村，除了国家政策性补助和牧业收入外，其他经济收入来源很少。XB 村结合当地实际，利用村一组草场面积大的特点，建设了短期育肥基地，属村集体经济。基地中的绵羊从外地购入，并由组内专人管理。

短期育肥基地共投资 20 万元，其中，村自投资 5 万元，普兰县强基惠民活动办公室投资 15 万元。

育肥基地的主要产品是绵羊风干肉和鲜肉。风干肉是西藏各族人民，尤其是牧区群众最喜欢的食物之一，也是每天必吃的食物，更是用来招待贵客的首选，市场销量非常大。该育肥基地总面积为 4 万亩，2015 年年底，有育肥绵羊 410 只。风干肉按每斤 70 元出售，新鲜肉按每斤 45 元出售，2014 年共收入 30 万元。

案例二：RG 村短期育肥基地

西藏阿里地区普兰县 RG 村共有 149 户 764 人，属半农半牧村。RG 村短期育肥基地成立于 2008 年，并由该村嘎东村组经营。

2011 年，RG 村向普兰县农牧局借款 30 万元扩大经营，其中 20 万元用于购买育肥牲畜，10 万元用于新建羊圈。但由于经营管理存在着较多问题，2015 年前经营状况并不好。

2016 年年初，育肥基地由村党支部书记作为负责人，另有管理员、会计、出纳人员各 1 名，监督员 2 名；有装载机 2 台、挖土机 1 台；有现金资产 54 万元。2014 年，装载机总收入 22 万，人均收入达到 350 元。育肥基地一般在秋季从本村农牧户处收购牛羊，之所以这样做，一是为了减轻村民草畜不平衡问题，二是为了克服育肥基地草场无法集中放牧的问题。基地存在的主要困难如下：

第一，基础设施薄弱，羊圈、围栏、放牧人住房短缺。

第二，缺乏流动资金，资金运转存在困难。

第三，草场短缺问题较严重。虽然2016年年初全村有700亩荒地尚未利用，但因为地势高低不平，同时离水渠太远，无法灌溉，开展人工种草也存在较大困难。

第四，在普兰县城没有经营点（门面），相关产品的销售存在困难。

为了解决以上困难，RG村决定在下一步工作中扩建育肥基地，开拓出300亩的荒地进行人工种草；同时，利用普兰县各部门及驻村工作队的资源推进灌溉水渠的修建，保证人工种草的需水以及各草场的灌溉；并与普兰县相关部门合作，在县城设立产品销售门店。

对于以上两个案例，我们可以这样解析其阶段性和存在的问题。案例向我们展示了以村和村组形式开展的集体经济性质的畜牧产业得到了一定程度的发展，无论是从政策还是从资金来源等方面都得到了很大的改善和提高，这为部分农牧民创造了就业机会和创收平台，使老百姓增加了收入，改善了生活。但是这些育肥基地大多数规模小，效率低，经营方式较为落后，没有形成规模效应和集约效应，可以说仍处于畜牧产业化的门槛上或初级阶段。

其中也有一些育肥基地经营管理不善，处于生存困境之中，其原因主要是参与农牧合作组织的农牧民还一定程度存在"等、靠、要"思想，有的还较为严重，市场意识和经营意识不强，极少数人对基地的集体经济性质存在一定的成见。

五、畜牧业土特产产业的发展趋势

第一，实现规模养殖、集约化养殖，扩大养殖规模，以现代养殖技术进行现代农场化操作，以合作社方式壮大集体经济，摆脱单打独斗的个体养殖和销售。以阿里日土县为例，该县是全国"白绒山羊特色之乡示范县"，推进白绒山羊养殖示范行政村建设，依靠集体的力量壮大白绒山羊产业具有重要意义。2015年，日土县以引进重要加工企业为突破口，引入区外大型羊绒制品加工企业1家，全年共收购羊绒40吨、羊毛200吨，不仅解决了大量群众的就业问题，而且实现创收1100余万元，税收20万元。

第二，在销售方面，建立健全现代销售物流体系，健全机制，引进现代营销理念。大力推进交通运输物流系统的构建，完善信息网络物流平台系统的构建，加快生产资料供应物流系统的构建以及加速产品销售与第三方物流系统的构建，不断提升西藏的现代物流体系建设。① 要加大集体力量在畜牧产品营销中的作用，充分发挥乡村

---

① 参见曾建民《论我国现代物流体系的构建》，载《湖北社会科学》2015年第12期。

党委、政府班子在农牧民畜牧产品销售中的积极作用，做好规划和指导；同时，加大培训力度，增强农牧民的法律意识，让他们学会用法律手段保护自己的权益。

第三，简单的肉类加工无法满足市场需求，畜牧产品的深加工将不断加强，产品设计、创意更加丰富，产业链条将进一步延伸，衍生产品也进一步丰富，与其他文化产业的交叉融合将越来越深入。

畜牧业的创意产品设计越发显得重要，其基本原则就是在原产品基础上延伸出特殊的表达方式，使产品在满足生活需要的同时还能带给消费者更多的享受和情趣。比如可以把畜牧理念、产品、服务等与建筑设计、景观设计、平面设计、工业设计、包装设计、服装设计等内容相结合，以形成丰富多彩的创意新产品。

第四节 依托特色种植业的土特产产业

一、种植业土特产的内容

青稞种植产业是西藏主要的种植产业之一；食用菌种植业和大棚蔬菜种植业取得了长足发展，其他大棚经济作物种植业也得到了快速发展；高山有机茶种植业取得了较大的进展，易贡茶场和察隅、墨脱的高山有机茶产业发展迅速；同时，西藏种植业土特产产业也少不了虫草采挖业等自然资源的利用。

（1）青稞属禾本科大麦属，是一种禾谷类作物，因为青稞的内外颖壳分离，籽粒裸露，所以，青稞又有"裸大麦""元麦""米大麦"之称。西藏是青稞的主要产地之一。青稞的种植历史大约有3500年，可以说，在藏族群众的日常生活中，从物质文化领域到精神文化领域都有青稞的"身影"，它深深地融入西藏的物质和文化生活之中。西藏的联乡、尼木、普兰、泽当以及岗巴都建有青稞种植基地。

在现代社会的健康理念中，青稞"符合'三高两低'（高蛋白、高纤维、高维生素和低脂肪、低糖）的饮食结构，是谷类作物中的佳品"[①]。青稞中富含β-葡聚糖，而β-葡聚糖具有清肠排毒、调节血糖、降低胆固醇和提高免疫力的作用。青稞中的β-葡聚糖可以减少肠道黏膜与致癌物质的接触，间接抑制致癌微生物，从而起到预防结肠癌的效果；同时，也可以通过降血脂和降胆固醇合成，起到预防心血管疾病的效果；等等。

黑青稞作为青稞家族中的一类，已成为市场的新宠。由于长期受到高原强紫外线的照射，黑青稞颖壳以及籽粒富含黑紫色的原花青素，故而得名。虽然黑青稞有产量

---

① 臧靖巍、阚建全、陈宗道等：《青稞的成分研究及其应用现状》，载《中国食品添加剂》2004年第4期。

低的缺陷,但含有丰富的生命活性物质,营养丰富,抗氧化性作用明显;而且富含原花青素、黄酮以及微量元素,含量明显高于普通青稞。研究表明,"黑青稞磨成糌粑后服用对治疗糖尿病、胃病等有明显的疗效,且黑色食品中的天然色素(花色苷类物质)具有较强的消除体内自由基和抗氧化作用,具有延缓衰老、预防癌症等功效"[①]。隆子黑青稞做出的糌粑成为西藏山南隆子县有名的特产。

(2)高山有机茶也是西藏特色种植业的一部分,目前,除了林芝的易贡茶场具备一定的产业化能力外,察隅的茶园、墨脱的茶园以及山南市的茶园也已达到一定的规模,形成了一定的产业基础。

以山南市为例。山南市错那县具备种植茶叶的自然条件,并具有30多年的茶叶种植历史,有良好的群众植茶基础。错那县勒布沟建有"勒布高峰茶场",该茶场是世界上海拔较高的茶场之一,生产的茶叶品质好、口感佳,受到了消费者的普遍认可,处于卖方市场状态。2013年,"门隅佛芽·玉罗冈吉"茶叶品牌通过了国家农业部农产品质量安全中心审查,成为国家农产品地理标志保护品牌。2015年年底,该茶场面积仅为600亩,2016年开始扩建,目标为1400亩。

(3)冬虫夏草简称"虫草",是西藏重要的特产之一。其中以那曲虫草最为有名。那曲虫草与其他虫草相比特点突出:不论虫体大小,那曲虫草虫体表面色泽黄净,色泽差异较小,其他产地虫草色泽则稍差;另外,那曲虫草"眼睛"颜色为棕色,其他虫草"眼睛"颜色则多为黄色或红色;那曲虫草虫体和尾部油润透亮,香气浓重,有浓酥油的香味,其他虫草味道相对较淡。

(4)西藏马铃薯(西藏土豆)地方品种资源种类较多,也各具特色,比如贡嘎县昌果的红土豆一向以果大、皮薄、产量高而著称。在2007年"中国·湖南第九届(国际)农博会"、2008年"中国·湖南第十届(国际)农博会"和"2009中国中部(湖南)国际农博会"上,昌果红土豆这一高原品牌、生态品牌产品获得了农博会金奖,成功打入内地市场,产生了良好的市场效果。昌果红土豆农产品地理标志地域保护范围为贡嘎县昌果乡全境(昌果村、岗旦村、普村)、吉雄镇溜琼村全境、岗堆镇森布日村全境。

(5)易贡海拔2100米,易贡辣椒久负盛名,其特点为嫩、辣、爽。易贡辣椒已成为农产品地理标志保护产品,所在地为西藏波密县易贡乡所辖贡仲、格通、沙玛、江拉、通加等5个行政村。

(6)雪莲也是西藏的特产之一,一些藏族群众将雪莲花分为雄、雌两种,他们认为雌的可以生吃,具有甜味,而雄的带苦味。在植物分类学上,西藏产雪莲亚属共计30种。其中主要有7种:①喜马拉雅雪莲,产于亚东、聂拉木;②三指雪莲,产于八宿、波密、加查、错那和亚东;③绵头雪莲,产于乃东和错那;④小果雪莲,产

---

① 梁寒峭、李金霞、陈建国等:《黑青稞营养成分的检测与分析》,载《食品与发酵工业》2016年第1期。

于申札、南木林、仲巴、普兰和札达;⑤错那雪莲,产于错那;⑥丛生雪莲,产于吉隆;⑦水母雪莲,广泛分布于西藏各地。

雪莲可入药,有祛寒、壮阳、补血和暖宫之功能,主治妇女病、风湿性关节炎及肾虚、腰痛等症;水母雪莲还有强心作用。在印度民间还用雪莲治疗许多慢性病和疑难病症,如胃溃疡、痔疮、支气管炎、心脏病等。在藏医藏药中,雪莲花作为药物有着悠久的历史。藏医学文献《月王药珍》和《四部医典》中均有藏医使用雪莲花医病的记载。现代医学对雪莲的医用价值也高度重视,郭砚、孙娟、王丽雯研究了藏雪莲水提取物对中波红斑效应紫外线(UVB)所引起的 HaCaT 细胞光老化的保护作用,进一步为青藏高原药材的开发和实际应用提供了理论依据。①

二、种植业土特产产业的现状

近年来,西藏共选育出粮油作物、蔬菜、果树、食用菌和畜牧等农牧业新品种32个,审核认定了16个农作物新品种和1个牧草新品种,现代农业示范区效果明显。在符合条件的地区,大力推进现代农业示范区建设。

2015年,在日喀则市的江孜、聂拉木等13个县区推进了"现代农业青稞生产基地"建设,总投资2.69亿元,新建优质青稞生产基地13.49万亩,实现了"路相通、渠相连,旱能灌、涝能排,全程机械化作业"的现代耕作模式。

江孜县红河谷现代农业示范区于2014年8月正式运营,该示范区分为核心区和辐射区,涉及江孜县江孜镇、年堆乡、车仁乡共3个乡镇的8个行政村,总面积6万亩。示范区内配建有日光温室和先进的机械化育苗中心,培育和引进了20多个农作物新品种和10多个食用菌品种,成为西藏现代农业发展的重要抓手,也是种植业土特产产业的重要推动力。截至2015年12月,红河谷现代农业示范区的固定资产投资累计达9600万元,产业效益辐射周边2400余户,使1万余农民增收致富。②

青稞新品种得到推广,种植面积不断扩大。在西藏全区范围内推广了青稞"藏青2000"等农作物新品种170.6万亩。2015年,"藏青2000"种植面积占全区青稞种植面积的40%以上。此外,还大力发展冬青稞种植业。2015年冬,西藏全区冬播作物面积43.52万亩,其中冬青稞4.5万亩。

茶产业进一步发展。2013年,林芝市墨脱县正式全力推进茶产业发展,截至2016年年初,墨脱县在墨脱镇、背崩乡、德兴乡、达木乡及格当乡等乡镇建成标准高山有机茶园13个,种植面积达4293亩,其中2014年建成3193亩,2015年建成1100亩,2016年拟新增2000亩。这些茶园的茶叶品种不断丰富,2014年,主要有福

---

① 参见郭砚、孙娟、王丽雯《藏雪莲水提取物对中波红斑效应紫外线辐射人角质形成细胞抗氧化作用的研究》,载《中国全科医学》2015年第18期。

② 参见周凯妮《江孜县红河谷农业示范区带动农民增收致富》,见中国西藏网:http://www.tibet.cn/news/focus/1457571557534.shtml,2016-10-03。

鼎大白、白毫 131、铁观音、名山特早 213、梅占等 5 个品种。2015 年，又引进了凤凰单枞、英红九号、云抗 10 号、雪芽 100、紫鹃等 5 个新品种。在茶叶生产方面，墨脱茶叶不使用人工合成化肥，也不喷洒农药，实现了真正的绿色无污染。为了实现规模化生产，墨脱县建立了邦塘茶叶加工厂。为了实现茶叶的整体性现代营销，从茶叶的收购、加工、包装、销售到品牌建设均由西藏文化旅游（集团）股份有限公司进行统一负责，实现了对墨脱县茶叶发展的有机整合。

虽然取得了较大发展，但是西藏特色种植业整体种植规模并不大，布局较为分散，现代化水平不高，仍以初级产品为主，深加工程度较低，产业链条的延伸和拓展不足。

三、种植业土特产产业的发展趋势

第一，产业规模将进一步扩大。目前，西藏的种植业多以零星分散的小规模开展为主，小农经济特征明显，虽然集体的合作组织经济在快速成长，但仍处于探索和初级阶段。规模化、集约化和产业化发展是必然趋势。

第二，土特产新品种不断增加，品种将更加丰富。西藏原有种植业土特产品种丰富，面对强劲的市场需求，在保持原来优良品种的基础上，进一步研发新品种不但不可避免，而且显得异常迫切。因此，拓展产品种类，增加产品产量，提高产品质量已成为必然趋势。

第三，种植业土特产产品及其相关衍生产品的深加工将得到进一步加强，产业链条进一步拓展。西藏的种植业土特产有着广阔的应用前景和消费市场，但是产业内绝大多数产品仍属于初级产品，而且品种相对单一，广阔而多样的市场需求必然要求对产品进行深加工，并开发更多的衍生产品。

第四，与文化产业的融合发展进一步加强。与畜牧业土特产产品一样，西藏的种植业产品与文化产业有着众多的交叉，许多产品完全可以融入文化产业之中，形成更广阔和更具吸引力的产业形式和发展平台。

第五，经济作物的种植和市场规模进一步扩大。在一些适宜地区大力推进经济作物的种植是西藏特色种植业的必然趋势，这不但是满足西藏群众自身生活的需要，而且是作为产业发展和推广的必然要求和趋势，并以此创造出良好的更大的经济价值和社会价值。

第五章 西藏文化产业的有机纽带与重要形态：西藏生态旅游业

第一节 西藏生态旅游业的范畴及资源依托

生态旅游业是一种新的旅游模式，它以自然生态和人文生态为中心，把旅游业与生态文明保护和建设相结合，提升社会效益与经济效益。

一般而言，西藏生态旅游业主要包含两大方面：一方面是自然生态资源旅游，依托的是西藏各种各样的优质生态资源，如林芝的桃花节、转"神山""圣湖"、观阿里夜空等；另一方面是人文生态资源旅游，比如茶马古道遗迹游、古格王朝遗址游，以及游布达拉宫、罗布林卡，等等。当然，自然资源依托和人文资源依托并非截然分开的，有时是统一于一体的。

有研究者根据旅游动机，将国内的进藏游客分为三大类：朝圣者、游览者和体验者。朝圣者以单纯的宗教朝圣为动机，数量极少，他们不以自然景观或人文景观的观览为中心，而都有固定的朝圣目标，比如布达拉宫、"神山"冈仁波齐、"圣湖"玛旁雍错等。游览者和深度体验者是到西藏旅游的主体，占据旅游者的绝大部分，二者以西藏独特的自然景观和人文景观为游览核心；同时，深度体验者还把相关的精神需求寄托其中。

从旅游目标物而言，生态旅游与大众旅游（普通旅游）的目标物并无大的差异，只是在旅游的模式上存在重要差异：生态旅游比普通旅游更强调"生态"的保护与作用的发挥，更具有可持续性。

从生态旅游消费成本－收益分析（cost-benefit analysis of ecological tourism）的视角看，真正的旅游收入应是名义收入减去自然和社会生态被破坏的环境成本后的值。旅游产业并不是"免费的午餐"，大众旅游的超常规增长是以生态的失衡和后代人收益的减少为代价的。所以，从短期来看，生态旅游可能会增加旅游者的消费成本，降低旅游产业的GDP，但从长期和整个产业发展来看，生态旅游消费最终会增加旅游者和旅游目的地的收益。这种收益的增加主要来自三个方面：

第一，对生态的养护可以增加长期的旅游资源可供给总量。在需求量不变或等比变化的情况下，这种长期旅游资源量的增加会使均衡价格呈稳中趋降的态势。

第二，现期的环保政策及行为可以使旅游发生当地的政府和居民增加对旅游发展战略的支持程度，同时减少旅游厂商治理成本。这些都会成为降低后来的旅游者的生态消费成本的直接动因。在旅游全球化的今天，每个旅游者都可能成为生态旅游消费战略的最终受益者。

第三，随着可持续发展和"五大发展理念"的深入人心，诸如旅游资源的可持续发展、后代人旅游需要的满足、对生态和文化的关注等非经济因素都可以构成旅游者的收益函数的有机组成部分。[①]

关于西藏生态旅游的可依托资源，我们以西藏日喀则地区的旅游资源为例做简要介绍。根据国家原质量监督检验检疫总局制定的《旅游资源分类、调查与评价》（GB/T 18972—2003）标准，日喀则地区旅游资源可分为二大类，七个主类，二十三个亚类，共有369处具有开发潜力的旅游资源单体，涵盖范围非常广泛，具有突出的代表性。（见表5-1）

从日喀则旅游资源等级表中我们可清晰地发现生态旅游业的范畴，同时也可以发现其存在的多层次性和多样性，这正是采用不同产业布局模型的前提和基础。

表5-1 日喀则主要旅游资源分类

大类	主类	亚类	资源名称
自然资源	A 地文景观	AB 沉积与构造	三趾马化石、高山化石、定日化石
		AC 地质地貌过程形迹	兰热山、党姆峰、希夏邦马峰、日乌班巴尔雪山、贡塘拉姆、同拉山口、珠穆朗玛峰、孜由日神山、加措拉山口、拉布吉康峰、卓奥友峰、洛子峰、拉轨岗日山、冲拉山、卓木拉日雪山、乃堆拉山口、罗波上峰（ACA）、吉隆谷地、樟木谷地、嘎玛沟、绒辖谷地、色吾沟、亚东沟（ACH）、吉普峡谷（ACG）、木扎山石窟（ACL）
		AD 自然变动遗迹	枕状熔岩、金嘎溶洞、索布溶洞、木波尔溶洞、顶琼溶洞、古如桑布溶洞（ADE）、卡若拉冰川（ADG）、野博康加勒冰川、绒布冰川、加布拉冰川、吉玛央宗冰川（ADF）
	B 水域风光	BA 河段	年楚河、吉隆藏布江、雅鲁藏布江、朋曲河、多雄藏布、仲曲河、绒河、叶如河、康布河（BAA）
		BB 天然湖泊与池沼	雍则绿错、佩枯错、曲登尼玛观相湖、多庆湖、白湖、嘎拉湖、塔若湖、扎布耶茶卡、许如湖（BBA）

---

① 参见林百鹏、臧旭恒《消费经济学大辞典》，经济科学出版社2000年版，第53页。

续表 5-1

大类	主类	亚类	资源名称
自然资源	B 水域风光	BC 瀑布	开热瀑布（BCA）
		BD 泉	金嘎温泉、江村温泉、鲁鲁温泉、芒普温泉、锡钦温泉、卡乌温泉、查布温泉、卡嘎温泉、康布温泉、达荣温泉、如角温泉（BDB）、搭格架间歇喷泉（BDA）
	C 生物景观	CA 树木	年楚河谷柳林、重点公益林保护区、下亚东原始森林（CAA）、喜马拉雅红豆杉、雪布岗原始森林（CAB）
		CB 草原与草地	撒达村草地、拉朵草地、帕里天然草地（CBA）
		CD 野生动物栖息地	仲巴县北部野生动物观赏区、江村自然保护区（CD）
人文景观	E 遗址遗迹	EB 社会、经济、文化活动遗址遗迹	宗山遗址博物馆、宗山抗英遗址、贡唐王城遗址、察木卡战场遗址、岗巴古堡、颇罗乃索朗多吉遗址（EBB）、定结宗、康马宗（EBA）
	F 建筑与设施	FA 综合人文旅游地	扎什伦布寺、夏鲁寺、德钦颇章、日布寺、纳唐寺、强钦寺、仁布尼姑庙、白居寺、热隆寺、林普寺、拉则尼姑庙、吉隆曲德寺、查嘎寺、强真寺、帕巴寺、德经堂、平安尼姑庙、亿经堂、潘杰林寺、协格尔曲德寺、绒布寺、拉孜曲德寺、平措林寺、觉囊寺、萨迦寺、萨ershaw寺、普松寺、康坚寺、乌坚拉康寺、东嘎曲德寺、岗钦寺、白玛曲林寺、久巴寺、楚布寺、仁青岗尼姑寺、曲登尼玛寺、乃加石窟寺、热拉雍仲林寺、色吾寺、格登曲廊林寺、甘丹曲果林寺、梅日寺、德庆热布杰寺、东嘎寺、嘎居寺、扎东寺、乃宁寺、艾旺寺、藏扎寺、哲姆寺、扎西坚寺、欧曲寺、查仓寺、索布寺、仁钦则寺、贡布寺、来林克寺、曲德寺、桑珠甘丹寺、通林寺、维沙林寺、吕龙寺、日吾其寺、扎桑寺、萨嘎寺、努贡寺、土庆寺、布扎寺、苦郁寺、达吉岭寺、噶东寺、党钦寺、常美坚巴寺（FAC）、吉隆口岸（FAJ）
		FB 单体活动场馆	贡觉林卡（FBC）、日喀则上海体育馆、达玛节赛场（FBD）
		FC 景观建筑与附属型建筑	宗山广场（FCI）、大唐天竺使出铭（FCG）、莲花生大师修行洞、米拉日巴修行洞（FCD）、"赤麦曲丹"塔、拉姆曲丹塔群、日吾其金塔（FCA）

续表 5-1

大类	主类	亚类	资源名称
人文景观	F 建筑与设施	FD 居住地与社区	切洼乡、新农村示范点（FDC）、佳木斯开发区、老街（FDB）、帕拉庄园、热玛村、玛嘎村、乃村、江村、吉普村、樟木镇、岗嘎镇、萨迦县城、亚东村、下亚东村、帕里镇、下司马镇、秋窝乡甚木琼村、多白乡仁青顶村（FDA）、糌粑加工厂（FDG）
		FE 归葬地	吐蕃王朝石墓、清军墓、定日古墓群、拉孜古墓群、昌木钦墓地、嘎列山墓群、达热牧点墓群、萨都村墓群、帕里镇墓群（FEB）
		FF 交通建筑	千年古道（FFE）、热索桥、彭措林索桥、南木林铁索桥、日吾其索桥（FFA）
		FG 水工建筑	满拉水库（FGA）
	G 旅游商品	GA 地方旅游商品	仁布玉、卡垫、泥塑面具、萨迦藏刀、松巴鞋、聂拉木纸、菊石化石、协格尔银器、六弦琴、氆氇、泥塑面具、木雕、石雕、陶制品、藏香（GAE）、亚东珍珠黑木耳、蕨菜、糌粑（GAA）、唐卡（GAG）、藏药（GAD）、亚东鱼、雅江鱼、曲登尼玛矿泉水、岗巴羊（GAB）
	H 人文活动	HB 艺术	江嘎尔藏戏、羌姆、斯马卓、欠尔姆、宗堆洛协、扎奎拉协、日朗德姆、纳如打酥油歌、果谐、同甲啦、夏尔巴歌舞、洛谐、堆谐、迥巴藏戏、谐钦、湘巴藏戏、喇嘛玛尼说唱、甲谐（HBB）
		HC 民间习俗	藏历新年、沐浴节、林卡节、望果节、堆钦节（HCB）、展佛节、德庆热布杰寺"晋热"、珠巴次西、拉保节、格丹昂曲节、斯姆庆姆、错拉基塑节、基曲节、强钦寺仲确节、白居寺法会、剡古节、萨嘎达瓦节、热龙古青节、重孜达古米古节、玛干松干迪、拉姆曲、普珠节、金刚神舞法会、芝洛芝达、十二竹巴法会、跳神节、南尼宋珠（HCE）、达玛节、斗牛节、赛马节、达芒节、达对节（HCD）
		HD 现代节庆	雅江源文化节、江嘎尔藏戏文化艺术节、珠峰旅游文化节、同甲啦旅游文化节（HDB）

据《旅游资源分类、调查与评价》（GB/T 18972—2003），日喀则的诸多旅游资源可具体划分为 24 个一级旅游资源、181 个二级旅游资源、127 个三级旅游资源、31 个四级旅游资源和 6 个五级旅游资源。（见表 5-2）

表 5-2　日喀则主要旅游资源等级统计

类型	一级	二级	三级	四级	五级	总计
数量	24	181	127	31	6	369
比例	6.50%	49.05%	34.42%	8.40%	1.63%	100.00%

从统计中可以看出，日喀则有很多优质旅游资源，资源构成类别较为齐全，一部分资源具有唯一性和垄断性。这就为以旅游资源为纽带与关键要素的文化产业发展提供了广阔平台，并成为产业发展的巨大动力。但同时也应该看到，日喀则旅游资源的分布具有一定的地域性，空间分布不均衡，品质较高的资源主要集中在日喀则市、江孜县、吉隆县和定日县，这就需要在进行产业布局与整合中科学规划，尤其要注重县域文化产业的规划和作用的发挥。

第二节　西藏生态旅游产业的现状

一、生态旅游环境得到巨大改善

第一，对生态旅游的政策性支持力度加大，从中央到西藏地方政府都把生态旅游业作为西藏经济社会发展的重要推动力量，出台了大量支持政策，重点加大了对西藏生态资源的保护力度，全力推进对各类文化资源的保护、传承和创新，从而为西藏生态旅游产业的发展创造了良好的政策环境、社会环境和心理认同环境，并提供了优越的政策平台。

第二，西藏各界群众对生态旅游业的认可度越来越高，产业化行动越来越多。人们越来越深刻地认识到自然生态资源和人文生态资源的重要性。在此基础上，西藏各类生态资源得到有效保护，而与这些资源直接相关联的西藏村级旅游合作组织也在增多、壮大。

以下，我们提供两个案例。先看一下西藏阿里地区普兰县 XB 村玛旁雍错旅游服务合作社的情况。

巴嘎乡 XB 村地处普兰西北部，位于驰名中外的"神山"冈仁波齐脚下、

"圣湖"玛旁雍错湖畔，平均海拔4700米，全村总面积2096平方千米。全村以游牧业为主，旅游业为辅。全村辖三个作业组，常住人口共122户525人，2015年人均收入5000元。

玛旁雍错旅游服务合作社成立于2015年4月5日，法人代表为村委会主任，经济管理负责人为村调解委员，安全负责人为村主要干部，包括村妇女主任，合作社成员共有525人，即村中全体成员。总投资为355万元，其中群众自筹105万元，村集体出资250万元。从2016年起，每年从该合作组织收入中提取40%按照本村实际人口数量进行平均分配，60%用于该合作组织运营经费等方面。

再让我们走进一家阿里札达县农民的家庭。

金珠德吉家位于西藏阿里扎布让村，这个村子位于古格王朝遗址脚下，步行仅仅需要十分钟时间。1960年5月，札达县政府成立；次年，古格王朝遗址被列入首批国家重点文物保护单位。当时的古格王朝遗址洞穴里住着大约10户人家，以放牧为生，到了20世纪80年代迁出，组成了现在的扎布让村。

2010年之前，金珠德吉还只是在自己家的房子里卖些甜茶和酥油茶，随后她看到了旅游带来的巨大商机，开起了家庭旅社。2015年，仅旅游住宿收入就达到5万元。

2016年年初，扎布让村40户人家中有20户家庭都在经营家庭旅馆，效益最好的家庭每年纯收入达8万元。为了提升家庭旅社的设施水平，同时壮大村集体旅游经济，旅游部门和民政部门向扎布让村投入100万元用于改善家庭旅社的设施，并建成了一个村集体旅行社和一个室内游泳馆。

经过4年多的发展，扎布让村的家庭旅社已经成为札达县旅游的一张小名片。

第三，民间资本逐渐转向生态旅游业，由此逐步形成生态旅游开发的多元资本参与的格局，私营性质的旅游企业、旅行社不断增多。借助当地的旅游资源，有越来越多的农牧民参与到旅游经济中，阿里普兰县XB村玛旁雍错旅游服务合作社显示了西藏民间资本的积极参与。

二、旅游产业逐渐成为西藏经济的重要支柱

第一，旅游经济收入逐年增加。"十二五"期间，西藏实现旅游总收入874.64亿元，年均增长30.5%。仅2015年就实现旅游总收入280亿元。世界旅游目的地建设和特色文化产业发展迈出坚实步伐。2007—2014年，除2008年外，旅游总收入逐年递增。

第二，旅游人数不断增加。"十二五"期间，西藏累计接待国内外旅游者

6789.88万人次,年均增长23.4%,其中,入境旅游者累计达122.59万人次,国内旅游者累计达6667.28万人次。2007—2014年,除2008年外,接待旅游者人数也呈逐年递增态势。(见表5-3)

表5-3 2007—2014年西藏旅游业主要经济指标①

项目	2014年	2013年	2012年	2011年	2010年	2009年	2008年	2007年
限额以上旅游饭店主营业务成本/万元	20035	17529	16354	12540	11179	19019	—	—
星级饭店(宾馆)数量/个	266	242	211	177	165	146	136	86
旅游从业人员/人	6345	7493	8641	6023	5867	10986	7079	12767
接待旅游者/人次	15531413	12910568	10583869	8697605	6851390	5610630	2246447	4029438
旅游总收入/万元	2039989	1651813	1264788	970568	714401	559870	225865	485160

第三,生态旅游业的发展正在逐步走向规范化和科学化。除了从普通旅游模式向生态旅游模式转化外,西藏大多数传统的区域旅游模式正在被打破,无障碍旅游、全域旅游和智慧旅游得到了不断推进。正是凭借着对生态旅游不断地科学规划和构建,西藏的拉萨市和林芝市入选了"首批国家全域旅游示范区创建单位"。

第四,独具创意的生态旅游项目正在不断规划和开展。这为西藏生态旅游业注入了新的活力和生机。阿里地区开展的冬季生态旅游就是一例,虽然阿里地区冬季高寒缺氧,但对一些带有挑战体验取向的游客仍然有着巨大的吸引力。

凭借阿里当地众多的优质生态资源和著名旅游资源,2012—2015年,有超过8万名游客到阿里地区体验冬季旅游,仅2015年就达到54594人次。阿里冬季生态旅游的开展主要依托的是山川湖泊以及重要人文景观,比如"神山"冈仁波齐、纳木那尼雪峰、"圣湖"玛旁雍错、"鬼湖"拉昂错、班公湖、土林、古格王朝遗址和科迦寺、贤柏林寺、托林寺等著名旅游景点。

三、西藏生态旅游业存在的威胁与问题

第一,优质生态资源的承载力较低。西藏虽然有着丰富而优质的自然和人文旅游

---

① "限额以上旅游饭店主营业务成本""接待旅游者人数""旅游总收入"整理自《西藏统计年鉴2015》;"星级饭店(宾馆)数量"整理自2008—2015年各年度的《西藏年鉴》;"旅游从业人数"整理自2008—2015年各年度的《中国旅游统计年鉴》。

资源，但由于西藏独特的地理环境，加之这些资源中许多是经过长期对环境的适应演变形成的，所以，一旦环境发生变化或受到强烈的外部文化冲击，这些资源的脆弱性就会显现，如自然灾害增多、动物迁徙受影响、湖水质量下降等。西藏的许多文化是在相对封闭的文化单元中型塑并得以保存和演化的，但随着旅游热潮的到来和西藏旅游热的不断升温，外来文化的冲击也在增加，西藏一些特有文化的低承载力问题就显现了出来。

第二，传统旅游对生态资源的威胁依然存在。目前，虽然西藏开展的旅游业绝大多数已属于生态旅游，但也有一部分旅游仍然局限于传统旅游范畴，旅游开展过程不注重对自然资源和人文资源的保护，漠视对生态的保护，甚至造成了一定的环境污染。虽然作为一种不可持续的旅游模式其必将被淘汰，但在短期内产生的负面效应也不容小视，对西藏的各类优质生态资源和人文资源造成巨大的威胁。

第三，旅游基础设施有待进一步完善。相关研究表明，进藏游客对西藏的自然风光、宗教建筑、民族风情等吸引物表示高度认可，但对旅游设施、旅游环境和配套旅游等吸引物认知程度普遍较低。"这表明西藏仍然是一个以特色观光资源为核心的目的地，旅游软环境和配套建设仍有待进一步加强。"[1]总体而言，西藏与生态旅游相关的铁路、公路等各类基础设施还不完善，甚至一些地方仍然存在着行路难问题；同时，在生态旅游的核心区内，住宿、餐饮、文化休闲等核心设施还有待提高；等等。

第四，一些生态旅游资源利用不充分、不科学。在某些区域内，一些自然生态资源和人文生态资源没有得到有效保护和开发，与此相对应，与一些著名生态资源相关的旅游产业发展处于半停滞状态，有的缺乏科学规划；甚至存在着个别重要生态旅游资源随意对外出租给公司甚至个人，开发过程中缺乏科学规划，存在着较大的随意性，有的甚至破坏了生态。

第三节 案例解析：林芝桃花节生态旅游发展路径

"林芝桃花文化旅游节始于 2002 年，它不仅能让人欣赏'雪域江南'那独特的旖旎风光，更能让人领略西藏最浪漫、最美丽的春天。"[2] 林芝桃花节一般于每年的 3 月中下旬开幕，其主题以桃花为中心，但各有侧重，比如 2016 年的主题为"相约林芝·寻访美丽中国最美春天"。从生态资源的保护、开发和旅游文化产业的发展角度而言，其发展路径和要点应包含如下内容。

---

[1] 甘露、卢天玲、王晓辉：《国内入藏游客对西藏旅游形象感知的实证研究》，载《旅游科学》2013 年第 2 期。

[2] 团子、贾成钰、尕军娃等：《那桃花盛开的地方——西藏林芝》，载《旅游世界·旅友》2015 年第 5 期。

一、依托生态资源定位

林芝桃花节的核心生态资源为林芝桃树林，其他相关资源有雪峰、云霞、麦田、溪水、天然村庄以及温泉等。

二、生态旅游区域的连通性

连接不同区域的纽带为桃花的不同花期，按先后顺序开展。以 2016 年林芝桃花节生态旅游的区域性为例：首先为林芝市巴宜区，以开幕式为导引，同时举办一些传统的民间舞蹈活动和与桃花相关的活动，泛舟尼洋河上，感受水上花会乐趣；随后走进工布江达县，那里有"甲噶东赞"生态猕猴园，还有充满历史感的秀巴古堡，可定位于在历史中寻访桃花；米林县桃花节可以安排更为丰富的内容，除了举办景区摄影大赛、"百米长卷绘春天"写生、穿越桃源生态活动外，也可以加入雅鲁藏布马拉松赛，2016 年举办的是"第三届雅鲁藏布马拉松赛"，这些内容构成了丰富多彩而有有机联系的米林县"穿越桃花林系列活动"；到了 3 月下旬，朗县雅江边的桃花则开得异常美丽，在其中可以感受到当地的人文之美，形成浓厚氛围的人文桃花旅游；3 月底至 4 月 10 日，波密县的桃花盛开，米堆冰川、倾多桃花沟、嘎朗湖等地的桃花也格外引人瞩目，有着别样的风采，根据当地的特色可以设计米堆冰川自驾游、穿越岗云杉林徒步等活动；察隅县的桃花大约 3 月底盛开，那里有丰富的民俗文化，可以给游客带来各种各样的民俗体验，尤其那里是僜人聚居地区，游客在赏桃花的同时可以感受独特的僜人文化。

三、生态旅游活动的连通性

以桃花节生态旅游为核心纽带，可以开展多种多样的活动，并结合地区资源和特色推进无阻碍旅游和林芝全域旅游。

第一，举办与桃花节相关的公益活动或者是利用桃花节开展公益活动，比如林芝市旅游局举办的"林芝市形象大使"选拔活动，2016 年举办的"第二届桃花仙子选拔赛"。又比如举办自驾观光公益活动，可以邀请热爱户外运动和公益活动的人士及普通群众参加，在沿途开展形式多样的公益宣传和公益捐赠活动，可沿林芝市巴宜区至米林县桃花大道进行。

第二，举办"寻访桃花源"骑行活动，沿尼洋河畔骑自行车欣赏周围的桃红柳绿，既环保又健康，符合生态理念，同时又可以让参与者和游客体验到不一样的生态旅游存在感，提升亲身体验与参与的获得感。

第三，举办林芝桃花主题摄影活动，以比赛和形成纪念册等形式提升对林芝桃花节的宣传力度，同时突出桃花节地方生态特色。2016年的摄影活动主题为"若，桃花只是一场梦"，3月15日启动，4月20日结束。

第四，开展"桃花源养生温泉之旅"。林芝有着众多的优质温泉，比如工布江达县松多温泉、巴宜区拉月温泉、排龙温泉、米林格嘎温泉、察隅温泉、朗县温泉等。把桃花生态旅游与温泉养生相结合是林芝桃花节应着力发展的重点领域之一。

第五，开展"桃花美食"活动。林芝有着众多的地方特色美食，也有许多少数民族特色小吃，比如林芝的珞巴族群众招待客人时会使用玉米、鸡爪谷自酿的白酒和黄酒。林芝也有西藏传统的青稞酒、糌粑、酥油茶、甜茶等饮食种类。这些都可以构成难得的桃花节旅游美食。

四、结合其他文化产业内容的设计

以"赏桃花生态旅游"为核心和线索，大力推进桃花旅游产品的设计创意、林芝茶文化欣赏、相关土特产的展览与销售以及林芝服饰文化产品的开发设计等产业发展的重要环节。

第一，加大桃花旅游产品的设计和创意，设计和丰富相关的旅游纪念品。进一步加大赏桃花、看桃花、感受桃花文化的旅游创意，把林芝当地的特色民族体育活动有机融入产品创意与开发，如工布响箭等，形成融独具特色的居住生活文化、旅行文化、餐饮文化、体育文化于一体的桃花旅游文化产业。图5-1为林芝的工布响箭雕塑。

图5-1 林芝的工布响箭雕塑
（曲婷 摄）

第二，与西藏茶文化、茶产业紧密结合。西藏有着浓郁的茶文化，酥油茶、甜茶文化更是闻名遐迩。林芝有西藏最大的茶厂——易贡茶场，其生产的高原茶叶质量上乘，有着良好的消费口碑，市场供不应求，需求量巨大；同时，察隅县和墨脱县的茶产业也在快速发展，呈现出巨大的市场发展潜力。通过桃花生态旅游展示林芝各地的茶叶及相关的茶文化，同时把茶叶实体产品和文化产品融入桃花旅游节之中，必将成为林芝桃花节生态旅游可持续发展的重要动力之一。

第三，与土特产展览及销售更有效地结合。林芝有众多的土特产产品，如易贡茶叶、墨脱茶叶、林芝木耳，还有大量的名贵药材，如虫草、贝母、天麻、红景天、党参、三七、雪莲花、藏麻黄、灵芝、大黄等，生态旅游为这些土特产营销提供了良好的平台；同时，大量的土特产也可以为桃花节旅游注入强大的吸引力。

第四，与当地服饰展览、歌舞表演相结合。桃花节旅游能够为充分展示林芝各地区的特色民族服饰文化提供一个良好舞台。可采取民族服饰与当地歌舞表演、民风民俗活动相结合的形式，甚至可以结合桃花节生态旅游开展专门的歌舞服饰晚会，以此实现双赢，推进当地桃花节旅游产业和服饰生产加工产业、歌舞休闲业的共同发展。

第四节　生态旅游在西藏文化产业中的作用

旅游产生于原始社会的出于物品交换的人类活动，虽然具有较为明显的商业贸易动机和成分，但是现代旅游需求则主要是源自精神方面的享受与发展需求，既是文化背景下的产物，也是文化驱使的结果。所以，无论是从旅游企业角度还是从旅游者角度而言，虽然旅游活动具有明显的经济色彩，但本质上是一种文化活动。因此，在理论上，生态旅游业应是文化产业的核心之一。对西藏而言，在实际运行中，生态旅游业已经成为西藏文化产业的最重要纽带和实现形态。

第一，近年来，西藏生态旅游业取得了巨大发展。西藏有众多生态旅游资源，目前有布达拉宫、大昭寺等多个5A级景区。西藏接待游客数量和旅游总收入不断递增。而且，西藏还成功举办了两届"中国西藏旅游文化国际博览会"，国际旅游声誉和吸引力进一步提升。

政府相关部门和重要媒体的支持力度进一步加大。2015年9月28日，由《中国国家地理》杂志社和西藏自治区旅游发展委员会联合举办评选的"西藏100个最美观景拍摄点"正式发布，这既是西藏生态旅游业进一步发展的一种表现，也是主管部门和媒体支持的表现。

第二，生态旅游业被确定为"十三五"期间西藏文化产业的最重要支柱。西藏自治区政府已经把生态旅游业作为西藏"十三五"时期重点发展产业、西藏文化产业的最重要支撑。2016年，时任西藏自治区政府主席的洛桑江村表示，西藏力争在

"十三五"末接待游客突破3000万人次,旅游总收入突破550亿元。① 旅游产业规模将进一步扩大,旅游、投资和消费增长水平将超过全国平均水平。旅游经济就业总人数达到35万,农牧民参与旅游服务人数达到11万,通过参与旅游服务,农牧民年人均可支配收入达1.18万元。通过发展生态旅游业,人民的经济生活水平大大提高,全面推进了西藏经济社会的进步。

第三,生态旅游业是西藏文化产业的核心纽带。通过旅游业,西藏的文化产业产品能够得到有效展示,并在展示中吸引消费者,巩固和拓展消费群体,拓展出更广阔而有巨大可持续潜力的市场。而且,许多种类的文化产业均可以融入生态旅游业之中,实现文化产业的交叉发展、融合发展,提升西藏文化产业的规模化和集约化发展能力,并有助于推进产业整体布局的科学性和可持续发展能力。

第四,以生态旅游业为核心,打破文化产业的区域壁垒是西藏文化产业发展的必然趋势。事实证明,生态旅游业已经逐渐发展成为西藏文化产业的最主要形式,并且与诸多核心领域交叉。正是因为它的独特地位和所充当的角色,它必然承担起连接西藏其他各类文化产业的角色,发挥文化产业核心纽带的作用。

第五,以生态旅游业为纽带,实现文化产业的"带状发展"是西藏文化产业发展的必然要求。文化产业的"带状发展"是"十三五"时期中国整体文化产业发展的必然趋势。西藏也不例外。而且西藏自身也必然要顺应这一发展趋势,构建好文化产业带,实现文化产业带的可持续发展,而在文化产业带的构建中,生态旅游业就是最重要的纽带与核心。

第六,西藏生态旅游业是实现西藏文化产业与"一带一路"倡议相结合的最重要的纽带。"一带一路"倡议是我国提出的重要国际发展合作愿景,西藏是"一带一路"倡议的重要组成部分。在时代大背景下,西藏文化产业的发展离不开改革开放,更离不开"一带一路"倡议,而且文化产业本身也已经构成了西藏融入"一带一路"倡议的最重要组成部分和推动力。作为文化产业的纽带与最重要的表现形态,西藏生态旅游业必然成为西藏各文化产业融入"一带一路"倡议的最重要的纽带,而且这一趋势愈发明显。

第五节 西藏旅游业的全要素生产率分析

本部分主要关注西藏旅游业的生产力水平,通过模型和数据对西藏旅游产业进行评价。数据包络分析(data envelopment analysis,DEA)是目前在旅游产业研究中运

---

① 参见洛桑江村《政府工作报告——2016年1月27日在西藏自治区第十届人民代表大会第四次会议上》,载《西藏日报》2016年2月6日第4版。

用较多的一种分析方法,以其测评效率值的大小与影响因素。

我们主要采用 MALMQUIST – DEA 模型对西藏生态旅游的生产率进行分析,以发现其存在的问题及需要改进的方面。产出导向的 MALMQUIST – DEA 模型构成与公式如下:

> tfpch = 全要素生产率;
> effch = 效率变化;
> sech = 规模效率变化;
> pech = 纯技术效率变化;
> techch = 技术变化;
> effch = pech * sech;
> tfpch = effch * techch = pech * sech * techch。

规模效率指的是产出与投入的比例,研究其是否适当以实现产出最大化,该值越高表示规模越适合,生产力也越大。技术效率是指在技术的稳定使用过程中,技术的生产效能所发挥的程度,它可以衡量在现有的技术水平下,经济单元获得最大产出的能力。纯技术效率则是指有效利用生产技术,使产出最大化的能力,它表示投入要素的使用效率。效率变化等于纯技术效率变化与规模效率变化的乘积。技术变化代表技术进步情况。

MALMQUIST – DEA 模型测量效率指标的选择要遵循一定的标准,以保证投入指标与产出指标的合理性。一方面,要保证投入指标与产出指标之间的因果关系;另一方面,要保证指标数据的权威性与规范性,比如使用标准化的官方统计数据及专业术语,确保指标的恰当性、可靠性;此外,也要保证可操作性,即指标的标准化与量化。

根据以上标准,我们选取两项投入指标:"旅行社数量""旅游从业人数"。"旅行社数量"代表了旅游接待能力的强弱,反映了旅游接待的投入情况;"旅游从业人数"属于旅游产业的人力资本投入,是衡量旅游产业发展规模大小的投入变量。因此,综合评估,第一项指标综合代表了旅游产业的接待能力,第二项指标则代表了旅游产业的发展规模,总体能够在一定程度上有效反映西藏旅游业的投入情况。产出指标选取两项:"旅行社营业收入""接待入境过夜游客人数"。这两项指标直观反映了西藏旅游产业发展成果,前者代表了旅游产业的经济产出,后者代表了旅游产业的规模产出,因此,它们在一定程度上能够有效反映西藏旅游业的产出情况。由于 DEA 模型法的输出结果与指标量纲无关,因此,无须对数据进行无量纲化处理。[1]

为了实现机构之间的可比较性,我们选择了云南省和新疆维吾尔自治区作为对比

---

[1] 参见吴育华、刘喜华、郭均鹏《经济管理中的数量方法》,经济科学出版社 2008 年版,第 78 页。

数据。一方面，云南省与新疆维吾尔自治区均含边境线，与西藏一样属边境省区；另一方面，云南省与新疆维吾尔自治区均有较好的旅游资源，旅游文化产业在国民经济中占有较为重要的位置，这与西藏有很大的相似性。数据采集范围是2006—2012年，根据各年度的《中国旅游统计年鉴》整理得出。（见表5-4、表5-5）表5-5中，"1"代表"西藏"、"2"代表"云南"、"3"代表"新疆"。

表5-4 逐年全要素生产率变化指数及其分解

年间	效率变化	技术变化	纯技术效率变化	规模效率变化	全要素生产率
2（2006—2007）	1.017	1.391	1.009	1.008	1.415
3（2007—2008）	0.592	0.950	0.809	0.732	0.562
4（2008—2009）	1.101	1.260	0.889	1.239	1.387
5（2009—2010）	1.091	1.304	1.141	0.956	1.423
6（2010—2011）	1.074	1.123	1.038	1.035	1.206
7（2011—2012）	0.872	0.990	1.035	0.843	0.864
均值	0.937	1.158	0.981	0.956	1.086

表5-5 区域全要素生产率变化指数及其分解

区域	效率变化	技术变化	纯技术效率变化	规模效率变化	全要素生产率
1	0.869	1.155	1.000	0.869	1.004
2	1.000	1.135	1.000	1.000	1.135
3	0.948	1.185	0.943	1.005	1.123
均值	0.937	1.158	0.981	0.956	1.086

从表中分析可见，2006—2007年，三省区的旅游产业全要素生产率均值提升了41.5个百分点，这得益于效率变化、技术变化、纯技术效率变化以及规模效率变化的提升。2007—2008年，三省区的旅游产业全要素生产率均值下降了43.8个百分点，主要原因在于效率变化、技术变化、纯技术效率变化以及规模效率变化均出现了下降趋势，其中效率变化下降最大（下降了40.8个百分点），其次为规模效率变化（下降了26.8个百分点）。2008—2009年，三省区的旅游产业全要素生产率均值提升了38.7个百分点，这得益于效率变化、技术变化以及规模效率变化的提升，纯技术效率变化下降了11.1个百分点。2009—2010年，三省区的旅游产业全要素生产率均值提升了42.3个百分点，这得益于效率变化、技术变化以及纯技术效率变化的提升，而规模效率变化下降了4.4个百分点。2010—2011年，三省区的旅游产业全要素生产率均值提升了20.6个百分点，主要原因在于效率变化、技术变化、纯技术效率变

化以及规模效率变化均出现了增长态势，其中，技术变化增长幅度最大（12.3个百分点），其次为效率变化（7.4个百分点）。2011—2012年，三省区的旅游产业全要素生产率均值下降了13.6个百分点，主要原因在于效率变化、技术变化以及规模效率变化均出现了下降趋势，其中规模效率变化下降趋势最大（15.7个百分点），纯技术效率变化上升了3.5个百分点。

三省区的旅游产业全要素生产率均值水平6年内呈现增长态势，但增长幅度只有8.6个百分点，主要是技术变化均值增加的拉动作用。6年内，只有技术变化均值呈增长态势，增长了15.8个百分点，效率变化、纯技术效率变化以及规模效率变化均出现下降现象，其中效率变化下降6.3个百分点，纯技术效率变化下降1.9个百分点，规模效率变化下降4.4个百分点。

按不同省区而言，西藏旅游产业6年的全要素生产率均值提升了0.4个百分点，提升幅度非常小；云南提升了13.5个百分点，新疆提升了12.3个百分点，均远高于西藏。西藏全要素生产率均值提升的主要原因在于技术变化的提升（提升了15.5个百分点），但效率变化和规模效率变化均出现了下降，拉低了全要素生产率。云南的效率变化、纯技术效率变化以及规模效率变化无变化，但技术变化提升13.5个百分点，从而拉动了全要素生产率的提升。新疆的技术变化提升了18.5个百分点，同时规模效率变化也有小幅度提升（提升了0.5个百分点），但效率变化和纯技术效率变化均出现小幅度下降。

通过分析可得到以下启示和结论：

第一，三省区的旅游产业全要素生产率变化出现波浪状态，原因在于效率变化、技术变化、纯技术效率变化以及规模效率变化带来影响。

第二，2006—2012年7年内，全要素生产率均值出现小幅度增长，主要原因在于技术变化的拉动，但显然增长幅度偏低。

第三，三省区的旅游产业在进步，但显然存在着差距。云南进步最大，新疆其次，西藏处于最后，进步最小。

第四，从西藏旅游产业自身而言，效率变化和规模效率变化不但没有有效提升，反而出现了倒退，这应引起重视，要在产业发展的科学性与效率提升上下功夫。

第五，西藏旅游产业取得的成绩主要归功于技术变化产生的带动效用，应继续加大产业中的技术投入与支持力度，促进产业更加健康高效发展。

第六节 基于全要素生产率分析的西藏生态旅游产业发展要点

基于全要素生产率分析，我们得出技术投入的加大和技术政策支持力度的加大是西藏生态旅游产业发展的主要贡献因素，在今后的发展中，这方面应继续保持并加强;同时,西藏生态旅游产业的问题主要在于效率低,规模效率差,也就是发展的科学性有待进一步提升。围绕着这些关键信息,笔者认为西藏生态旅游产业的发展要点应主要集中于以下方面。

一、大力推进"无障碍生态旅游"和"全域旅游",提升规模效率

"无障碍生态旅游"指的是破除生态旅游中存在的区域壁垒和体制、机制壁垒,实现对更大区域内的旅游资源整合与利用,从而最大限度地实现旅游规模效率。可以说,"无障碍生态旅游"和"全域旅游"是西藏生态旅游产业发展的必然要求,是进一步整合西藏各类生态旅游资源,最大限度发挥生态旅游资源的优势,推进旅游带状发展,以及生态旅游产业与其他产业深度融合的必然要求。

"无障碍生态旅游"和"全域旅游"也要强调生态旅游产品的"绿色化",切实树立绿色发展理念,严格执行无障碍旅游开发、全域旅游开发以及相关产品创意开发的环境评价机制;同时,在各个环节大力提升旅游企业的绿色服务理念,提升从业人员的绿色服务意识,构建旅游企业的绿色服务管理流程。通过绿色产品和绿色服务提升生态旅游产业发展的科学性。

二、全力推进"旅游+"和"智慧旅游",促进多产业融合发展,提升效率和发展的科学性

"旅游+"指的是把旅游产业与其他产业,特别是文化产业相结合,把旅游业融入文化产业之中,或者把后者融入前者,抑或是二者相互融合。关注的要点主要包括:把生态旅游与文化产业相结合,推进文化旅游建设;把生态旅游与互联网产业相结合,加快"智慧旅游"建设;把生态旅游与特色小城镇建设相结合,推进特色小城镇生态旅游建设;把生态旅游与农牧产品开发相结合,推进特色农牧生态旅游;等等。

全力推进"旅游+",就要重视和推进"智慧旅游"。2011年7月,国家旅游局正式提出"用10年时间基本实现智慧旅游"的目标。2013年11月5日,国家旅游局正式发布"美丽中国之旅——2014智慧旅游年"活动方案,将"智慧旅游"作为年度旅游发展主题。

有学者认为:"智慧旅游是旅游者个体在旅游活动过程中所接受的泛在化(ubiquitous)的旅游信息服务。旅游信息服务是对智慧旅游共同属性的概括,但并不是所有的旅游信息服务都是智慧旅游,只有那些为单个旅游者提供的、无处不在的旅游信息服务,也就是基于旅游者个体特殊需求而主动提供的旅游信息服务才算是智慧旅游。"[1]

---

[1] 李云鹏、胡中州、黄超等:《旅游信息服务视阈下的智慧旅游概念探讨》,载《旅游学刊》2014年第5期。

无论是强调"智慧旅游"的概念模式,还是新兴的旅游产业实践,我们都不能忽视旅游产业发展的科技成分以及与其他产业相互融合的趋势。这是大力推进"旅游+"的一个重要前提,也是旅游产业重视发展"旅游+"的必然要求。也就是说,在大力开展"旅游+"和"智慧旅游"模式中,必须以科技投入和不断进步为重要前提,从而保证该模式的顺利推进,最终提升整体产业效率和发展的科学性。

三、以拉萨为核心打造精品旅游线路,提升产业发展的科学性和规模效率

在世界旅游景点中,拉萨享有较高声誉。"十三五"时期,西藏旅游文化产业的重要目标之一就是把拉萨进一步打造成世界著名的旅游目的地。与此相对应,必须打造出以拉萨为中心的精品旅游线路,围绕拉萨精心打造东西南北四条精品旅游环线,大力推进"茶马古道""唐蕃古道"和"新藏旅游文化廊道"发展。同时,以拉萨为核心向外辐射,加大重点旅游区(带)建设:全力把拉萨建设成为国际文化旅游城市、把林芝建设成为国际生态旅游城市,大力推进冈底斯国际旅游合作区建设,积极构建珠峰生态文化旅游圈、羌塘草原文化旅游圈、象雄文化旅游圈、雅砻文化旅游圈以及康巴文化旅游圈等,拉萨将成为这些生态旅游区(带)的发起点和中转点。最终通过这种全方位打造、科学规划西藏生态旅游产业,提升规模效率和集约效率,从而提升全要素生产率。

四、丰富旅游产品体系,优化产品的空间地域组合,以科学发展带动效率提升

从世界旅游产业发展趋势分析,单一的观光旅游市场在逐渐萎缩,而深度体验游、生态游的需求在不断上升,个性化的"定制游"也在不断升温。因此,科学构建西藏特点的旅游产品体系、进一步优化产品的空间地域组合将是提升产业效率的重要动力之一。

总体而言,西藏有着众多的生态旅游资源,也有着众多可开发的旅游产品,因此,"西藏应充分发挥资源优势,着力打造融人文、自然、社会三大要素为一体,观光旅游与专项旅游相结合,既满足大众需求,又能体现个性的多层次、复合型的旅游产品体系"[①]。要对众多的生态资源和产品进行科学的分类,优化产品的空间地域组合,重点推进,比如推出民族民俗文化产品、生态旅游产品、乡村特色土特产产品、边境旅游产品等"专项定制旅游产品",凸显特色、高端、精品的旅游理念;推出"神山"冈仁波齐、"圣湖"玛旁雍错等著名景点的"朝圣之旅";推出茶马古道徒步

---

① 王亚欣、曹利平:《论西藏旅游产品的深度开发》,载《地理与地理信息科学》2009年第2期。

体验旅游；等等。科学分类必须与旅游区（带）建设相结合，以重点推进内容和环节为突破点。

建立高水准旅游合作社，重点推进特色小村镇建设。在达到条件的村子开展"西藏特色村落旅游"，如拉萨市曲水县才纳乡才纳村（位于拉萨河南岸，特色：油菜花、白云、雪山、湖泊、草原、阳光）、拉萨市尼木县吞巴乡（特色：藏文创始人吞弥·桑布扎的故居、水磨长廊、藏香）、林芝地区八宿县然乌镇来古村（特色：东噶冰川融水）、日喀则市吉隆县吉隆镇吉隆乃村（特色：雪山冰川、飞云霞光、草场湿地、佛塔经幡）、阿里地区普兰县普兰镇科迦村（特色：喜马拉雅山脚下的古老村落、声名远播的科迦寺、宝贵的"七星服"、尼泊尔边贸市场路经地）、林芝地区察隅县下察隅镇沙琼村（特色：僜人独特的服饰、风俗和银饰）等。

努力探索冬季旅游新路径，全力开辟冬季旅游新模式。西藏有着特色鲜明的冬季旅游吸引物，冬季暖阳遍布，从11月至第二年3月，阳光格外明媚，空气质量好，主要城镇白天平均温度高于北京5摄氏度以上，① 这就为冬日阳光浴旅游提供了良好的平台，为游客带来全新的旅游感知和生态体验；同时，岁末年初的节庆活动丰富多彩，游客可以充分体验藏族人民的民风民俗，更深刻地体验西藏的民族文化。山川湖泊、高原雪景也有着独特的魅力，是普通游客所体验不到的，有着进一步开发的前景。

五、持续推进西藏旅游形象建设，为生态旅游产业可持续发展提供重要动力

一般认为，旅游形象是建立在三维视角上的，即认知形象、情感形象和整体形象，这种研究基调建立于 Baloglu 和 McCleary 的整理与研究之上。② 潜在的游客在外界各种信息的影响下对目的地形成特定的感知，先经过认知的评价，而后再启动情感的评估，最终形成对目的地的整体性感知。对潜在游客而言，整体形象表现为旅游意愿，而对实际的游客群体而言，整体形象则表现为旅游满意度。

有研究表明，认知形象对情感形象产生显著影响，而二者均对整体形象产生显著影响；情感形象在认知形象对总体形象的影响中起着重要的中介作用。③ 可见，认知形象与情感形象在西藏生态旅游中发挥着基础性作用，尤其是情感形象，是生态旅游产业整体形象的核心中介。基于此，应考虑持续推进西藏旅游形象建设，尤其是情感形象建设，从而为西藏生态旅游产业提供动力保障，并为产业技术进步和效率提升提

---

① 参见王亚欣、曹利平《论西藏旅游产品的深度开发》，载《地理与地理信息科学》2009年第2期。
② 参见 S. Baloglu, K. W. McCleary. *A model of destination image formation*. Annals of Tourism Research, 1999 (4).
③ 参见甘露、卢天玲、王晓辉《国内入藏游客对西藏旅游形象感知的实证研究》，载《旅游科学》2013年第2期。

供重要支撑。一方面，注重西藏生态旅游产业的形象推广，在关注西藏优势自然资源与人文资源的同时，注重以多种传播媒介推进西藏生态旅游中的精神文化内涵的形象传播，构建西藏旅游体验的独特性，引导普通的观览旅游者向深度体验旅游者转变，激发他们去发现西藏生态旅游中的文化之美；另一方面，注重构建认知形象与情感形象之间的良性互动关系，实现二者的有益互动，这就需要在旅游基础设施建设、旅游服务水平以及旅游获得感方面进行积极构建，并在游客对认知形象各要素的体验以及他们的愉快感和兴奋感之间建立积极的联系。这将对西藏旅游整体形象评价产生重要的积极影响。

六、有效降低对进藏旅游风险的恐惧，降低对产业发展效率的负影响

由于独特的地理环境和气候环境，在一些旅游者的认知意识中，西藏被列为旅游高风险区。到西藏旅游的风险可分为自然风险和社会风险，前者包括大气稀薄导致的缺氧、高海拔产生的高原反应、高紫外线辐射、高寒、早晚较大的温差以及复杂的地势地形等；后者包括语言障碍、交通不便等。

对旅游风险的恐惧主要来自风险感知，Bauer 认为风险感知主要包含两层意思，一是对危险的感觉与认知，二是危险发生的不确定性和出现概率。一些学者已经从财务、绩效、身体、社会、时间、设备和心理等方面对游客到西藏旅游的风险感知进行了研究。其中，我们必须关注对风险感知的放大效应问题。孟博等人建立的风险感知放大效应理论模型认为，一个灾难信号是否会转化为更大的危机，既取决于灾难事件本身，也取决于社会的多种放大机制，如政府的态度与反应、媒体的宣传与导向、朋友圈子的流传或加工，等等。[①] 针对这一问题，李艳等人专门对赴西藏的旅游风险感知进行了研究，他们认为确实存在风险放大效应：对旅游风险发生可能性评价高于旅游风险发生危害性评价；赴西藏旅游风险感知与游客量呈负相关关系，旅游风险感知影响游客旅游决策与旅游者行为；风险本身的危害通过媒体传播、危机信号处理机制、游客自身主观因素及亲朋好友之间信息传递等进行了放大，从而造成意愿行为偏差。[②]

为了有效降低对进藏旅游风险的恐惧，避免风险感知的放大效应发生，最终降低其对生态旅游产业发展效率的负面影响，应注意以下四点：一是应该做好西藏旅游宣传，把相关的好政策、好保障、好医疗等信息进行有效发布和传播，打消旅游者的疑虑；二是应该切实做好旅游安全工作，完善相关法律体系，健全规章，加大旅游医疗投入，提高旅游景区管理人员和工作人员的处理风险能力，做好"旅游驿站"；三是

[①] 参见孟博、刘茂、李清水等《风险感知理论模型及影响因子分析》，载《中国安全科学学报》2010 年第 10 期。

[②] 参见李艳、严艳、贠欣《赴西藏旅游风险感知研究——基于风险放大效应理论模型》，载《地域研究与开发》2014 年第 3 期。

要做好对各类风险的预警、预防工作，利用互联网建立旅游预警、预防系统，实时监测数据，由指挥中心统一分析，并做出科学决策，统筹调度；四是要"通过对旅游产品的调整、旅游客源市场的时空多元化整合来提升西藏旅游业的自身免疫力"①。

七、持续推进旅游市场秩序建设，为技术进步和效率提升提供良好氛围

有研究者认为，在经济欠发达地区，旅游市场秩序混乱的根源主要在于两个方面：一是旅游资源的外部性、公共产品性以及垄断性导致旅游市场失灵；二是由于社会转型以及经济发展引发了一些特殊利益矛盾的存在。他们认为，要克服秩序混乱现象，就要提高该地区政府对旅游资源管理能力与其职能的匹配性，"按实际能力定位于恰当的职能"；另外，要引入国内外专业管理、评估机构替代政府部分职能；同时，加快建立和实施"公众参与"的"旅游资源管理法"。② 无论如何，旅游相关管理部门在旅游市场秩序建设中发挥着极为重要的作用，扮演着不可缺少的角色。

针对西藏旅游市场而言，良好的旅游市场秩序是西藏生态旅游产业可持续发展的重要保障，是技术进步和效率提升的基本保证。良好的旅游市场秩序建设的主导在于政府相关管理部门。因此，与旅游产业相关的部门必须加强自身建设，提升管理能力，更好地实现旅游资源管理能力与其职能的匹配性。必须加大市场秩序建设力度，杜绝欺客宰客、虚假广告、强买强卖等破坏旅游市场秩序现象的发生。切实加大执法力度，对重点景区和重要旅游线路进行交叉检查，塑造文明高尚的旅游人文环境。

要加大旅游安全建设，完善各级指挥中心、救援系统和救助系统，切实保障游客的利益和人身安全；另外，也要大力推进旅游用品的"绿色化"，切实实现生态旅游，推动绿色旅游发展。在满足条件的地区大力推广绿色环保用品，实施"禁白"工程。

同时，适时适地地考虑引入专业管理、评估机构替代政府部分职能，加快旅游市场秩序的"公众参与"，推进西藏旅游市场秩序建设的现代化进程，为西藏生态旅游产业可持续发展提供制度保障。

---

① 章杰宽：《国内旅游者西藏旅游风险认知研究》，载《四川师范大学学报（社会科学版）》2009年第6期。

② 参见杨春宇、黄震方、毛卫东等《经济欠发达地区旅游市场秩序对旅游资源管理的影响研究》，载《社会科学家》2007年第4期。

第七节 作为文化产业窗口的茶馆

一、茶馆是西藏人民生活中的一部分

笔者曾把西藏的茶馆大体划分为"酥油茶馆"和"甜茶馆",但这种划分是相对的;同时,随着时代的发展,二者之间的差别也越来越小。在边远的农牧区,茶馆更是一种生活空间,"我们甚至可以认为西藏茶馆一定程度上传达了当地居民的主要居住特点与生活方式"①。而在拉萨,茶馆则分出了许多层次,一些现代的大茶馆与成都茶馆风格相似,也已经与农牧区的茶馆出现了越来越大的分野。

总体而言,西藏的茶馆与内地的茶馆存在着一定的区别。在西藏,茶馆就是日常生活的一部分,人们可以去茶馆喝茶,也可以去茶馆吃饭,在休闲时,人们也可以在茶馆里说话聊天,甚至用一壶茶就可以度过一天的时光。

西藏的茶馆实际上也具有饭馆的功能,甚至在茶馆中吃饭的藏族群众人数比在专门餐馆吃饭的人还要多。西藏茶馆里销售最多的就是甜茶和酥油茶,然后就是藏面、藏炒面、肉饼以及各式盖饭,有的也销售咖喱饭。

在西藏任何一座城市的街道上,都会有摆出来的茶馆,路过的人们会悠闲地坐在那里,叫上一壶甜茶或酥油茶,轻松而自然。即使在西藏最偏远的地方,也有茶馆的"身影",有的茶馆没有名称,或许也不需要名称,因为在它存在的地方,它本身就是一个传统的社会空间,无须牌匾,也无须言明。

二、茶馆是西藏旅游业的窗口

茶馆遍布西藏各地,可以说,走到西藏任何地方都能看到茶馆的存在。所以,对游客来说,茶馆也是他们见到最多的一种建筑,听到和看到最多的一种称谓。对游客而言,没有进过西藏茶馆也就相当于没有真正到过西藏,更别谈进行一场尽兴的旅游。

正因为如此,西藏的茶馆就是游客了解西藏的一种重要媒介和场所。所以,西藏茶馆的发展程度、建设程度、文明程度以及展现出来的特色最深刻而直接地影响着游客对西藏的印象。因此,在旅游产业中,西藏的茶馆扮演了"明信片"的角色,成为展示西藏的最直接的窗口。"茶文化和茶馆文化逐渐成为西藏的一张名片,把西藏

---

① 赵国栋:《西藏茶馆及其社会空间》,载《西藏研究》2014年第12期。

特有的民俗风情和精神文化展示于外。"①

三、西藏茶馆产业存在的问题

一些茶馆存在着一定的环境卫生问题。目前，西藏绝大多数茶馆仍然保持着传统的经营模式，茶馆内使用的器具仍然维持着传统风格。相对应的，茶馆经营者的环境意识不强，茶馆内空间狭小，光线黑暗，绝大多数生有炉火，茶馆外边多堆放各种杂物。

多数茶馆规模小，设施和设备落后。茶馆内一般以传统的藏式木桌、木凳为主，一些甚至没有必要的牌匾和宣传，除了保持原有风貌的茶壶、茶碗和操作方式外，建筑以及制作设备等方面仍然落后，缺乏科学合理的建设和发展规划。

茶馆内经营内容较为单一，无法满足游客的多方面需求。在这里，内地茶叶种类少，如铁观音、金骏眉、正山小种、普洱、滇红、竹叶青等，这些内地很容易购买到的茶叶却很难在西藏茶馆中购得。另外，由于经营内容单一，规模小，分布较为集中，所以，茶馆彼此之间存在着较大的经营竞争。

笔者曾运用产出导向的 MALMQUIST-DEA 模型对西藏 17 家重要茶馆的全要素生产率问题进行了分析，得出这样的结论：具体而言，17 家茶馆的技术变化均值增加了 5.2 个百分点，规模效率变化均值增加了 0.4 个百分点，但效率变化均值、纯技术效率变化均值均出现小幅下降。表明技术变化、规模效率变化对西藏茶馆产业起到一定的拉动作用，但效率变化以及纯技术效率变化则未发挥应有的积极作用。"总体而言，西藏茶馆在 6 年内（2007—2012 年）整体在进步，但进步幅度非常小。其中有多半没有进步，甚至有一少部分出现倒退现象。可持续发展受到影响。该现象表明，西藏茶馆在整体上仍有很大发展空间，无论是经营者本身，还是管理部门，都需要高度重视西藏茶馆的这一发展现状，通过提高茶馆全要素生产率提高其生存发展能力，从而更好地推进茶馆产业发展。"②

四、构建多元、多层次的西藏茶馆文化

目前，西藏的茶馆行业主要以传统的茶馆经营为主，而旧式的传统建筑空间狭小，灯光昏暗，设备陈旧，环境卫生也无法保证。考虑到经济社会的现代性进程与传统生活意蕴的结合，在保证茶馆环境卫生的前提下，应根据文化产业发展的需要，构建不同层次的多元的西藏茶馆文化。

针对不同档次、不同类型的茶馆，要细分出相应的消费者群体。如以经营传统的

---

① 赵国栋：《西藏茶馆及其社会空间》，载《西藏研究》2014 年第 12 期。
② 赵国栋：《茶叶与西藏：文化、历史与社会》，西藏人民出版社 2015 年版，第 483～484 页。

甜茶、酥油茶以及藏面为主的茶馆，应把目标定位于当地居民和藏族游客；硬件设施完备、软件设施配备齐全、服务水平较高的茶馆、茶艺馆或者茶楼，应把目标群体定位于中高端游客和中高收入群体。设于旅游景点内的茶馆，无论设备状况如何，必须提高服务质量，应把目标客户定位于各类旅游群体。也可以结合产业发展需要，推进仿古式茶馆、欧式茶馆或者藏式欧式等相结合的茶馆，其目标客户主要是各类旅游群体以及中高收入群体。

无论哪个层次的茶馆或茶楼，都要注意茶馆的文明窗口地位与作用，确实提升服务质量，提升从业人员的综合素质；同时，结合实际情况，因地制宜地把茶馆塑造成西藏文明的展示平台，展示好、宣传好西藏的好政策，尤其要展现出西藏人民生活水平的巨大提高、精神文化生活的不断丰富、安定团结局面的不断巩固以及民族大团结的和谐氛围。

另外，茶馆和茶文化有着密切联系。茶叶在西藏社会、历史和文化中具有极其重要的地位，发挥过极为重要的作用，但长期以来对西藏茶文化的研究、保护、传承以及创新还很欠缺，基于此，加大西藏茶馆中对中华茶文化，尤其是西藏茶文化的宣传和推广力度显得极为重要。

第六章 西藏文化产业的重要表现形态：IP 文化产业

第一节 IP 产业是什么

在文化产业中，IP（intellectual property）成为 2016 年以来最流行的产业名词，而且一定程度上形成了产业热潮带，也带来了巨大的产业收益。但对这个名字的理解还存在着一定的模糊认识，也没有形成权威的概念界定。有观点认为，IP 指的就是"知识产权"，这是对应 IP 的英文 intellectual property 进行的直接翻译；另一种观点认为，IP 强调的是知识的财产性。在第一种观点中，忽视了 property 一词作为"产权"理解时的语境为著作权、商标、专利等范畴；第二种观点则强调了知识价值的存在、转化和作用发挥。因此，用"知识财产"显得更为贴切。知识产权应包括在知识财产范畴之内。

IP 本质是无形资产，因此，除了具有普通资产的收益性和增值性特征外，还具备诸多更深层次的无形特征。它本身折射出了现代市场经济体制下人的价值观。作为文化产业，它成功的关键是与人产生文化与情感上的共鸣。因此，不能简单地把一部小说、一部电影或者一首歌曲等同于 IP，它们本质上是 IP 文化产业的一种具体形态。

对文化产业而言，IP 具有巨大的潜力和延展力。只要知识财产具备相应的价值，能够引起消费者或相应群体的文化认同、情感认同，那么就可以通过用户的高忠诚度，在品牌和产品打造上进行拓展和延伸。比如，一个寓意深刻的民间故事，就可以形成小说、动漫、电影、电视剧、游戏、舞台剧等各种文化创意形态，形成一部部作品，在产品内容、产品形态、经营模式、营销推广方面进行创新。

第二节 IP 文化产业发展现状及发展趋势

近年来，中国的 IP 文化产业取得了巨大发展。据《2016 年移动游戏产业报告》

公布的数据显示，2016年，全国国内移动游戏总收入达到819.2亿元，各季度的环比增长率均在7%以上，一定程度上代表了中国IP文化产业的快速发展和巨大的市场空间。

任何成功的IP文化产业必须来自对自身历史文化素材的深入挖掘和加工，中国悠久的文明历史必然为IP文化产业发展提供最强有力的支撑；但就IP文化产业整体发展而言，中国与IP文化产业发达的国家相比还有较大的差距，文娱产业占GDP的比重也偏低。从这两方面而言，中国IP文化产业具有坚实的发展基础，具备广阔的发展空间，并将在文化产业发展中扮演着越来越重要的角色。从整体发展趋势而言，打造跨领域、跨文化、跨民族的融汇全产业链的"明星IP文化产业"有着极为巨大的社会价值和商业价值。

目前，在中国IP文化产业发展中，还存在着较多的问题，整体还处于一个鱼龙混杂的阶段，尤其缺乏成熟规范的商业运作模式。因此，在IP文化产业运作和授权方面要坚持质量第一，保持高起点，并保证授权门槛的有效执行。

第三节 打造西藏"明星IP文化产业"的要点

一、深入挖掘和打造西藏IP产业多层次体系

国外的IP产业多层次体系开展得较早，而且成绩斐然，每当一部优秀作品诞生，都会围绕其形成多样化的IP形式。英国作家J. K. 罗琳的作品《哈利·波特》系列具有一定的代表性，作品被美国华纳兄弟公司收购后改编成了7部电影作品，并随之推出了DVD、录像带，又形成多样化的产品：玩具、文具、游戏和服装等。据相关统计，这部作品产生了2000亿美元的巨型产业链条。[①] 近年来，上海、北京、广州等IP产业发展相对较好的地区在产业层次体系开发上也取得了明显成效。

西藏有极为丰富的文化元素，比如民间寓言故事、神话传说、哲理故事、宗教人物及故事、生活习俗及文化、服饰文化、文化往来、贸易通商等，这些文化元素构成了西藏IP文化产业巨大的资源库，并可以依托这些宝贵资源打造出综合IP产品体系。

一方面，要围绕西藏特有的IP（知识财产）深入整理、开发相关内容，形成以文学形式为载体的通俗文化宝库和数据库，并以市场化手段，运用公司+研发机构（高校）相结合的模式，加速IP转化，打造多样化的IP产品。比如以文成公主和亲

---

① 参见李剑欣、李鑫、袁换欣《泛娱乐传媒环境下优质IP的价值构成》，载《传媒》2016年第21期。

为核心内容，可以全面打造大型实景剧、动漫、主题公园、玩具、文具、服饰等系列IP产品。目前，在拉萨演出的大型实景剧《文成公主》以壮丽的场面、恢宏的气势、跌宕的情节深深地吸引了观众；同时，美妙音乐、动人故事、真切情感也使观众动容。作品把汉藏历史文化、民族风俗、自然景观融于一体，人工舞台与自然山川相融合，以高科技手段呈现了西藏众多非物质文化遗产。演出时长为90分钟，共分五幕：《大唐之韵》《天地梵音》《藏舞大美》《高原之神》《藏汉和美》。该实景剧已经取得了良好的市场效益与社会效益；同时，围绕该实景剧已经逐步形成了相关文化产业集群，起到了良好的带动示范效应。

另一方面，要注重打造西藏IP产业的整体品牌，注重IP产业的市场营销。目前，对IP产业的市场运作有一种错误导向，即只注重版权交易的价格，导致出现了优质IP的产业链条割裂化现象。某优质IP的众多衍生产品开发被不同的企业分割，就会影响产业的整体发展和整体品牌效应的发挥。尤其当其衍生的某款商品被技术水平低、开发能力差的公司获取开发权后，就容易出现低端开发，产品质量无法得到保障，甚至有只注重眼前利益而损害消费者利益的情况发生。这样就会直接削弱西藏IP产业的整体品牌影响力和可持续发展力。

二、提升IP虚拟变现与实体变现能力

IP文化产业的最重要一环是IP变现，包括IP的虚拟变现和实体变现。实现IP变现就是把知识财富转化为现实的市场效益和社会效益。对于西藏IP文化产业而言，IP的虚拟变现有着巨大的发展空间，而IP的实体变现更是一座被忽略的"宝藏"。

IP虚拟变现指网络和其他智能手段实现的线上效益，如小说、漫画、电影、电视剧、游戏等实现在线用户付费，并实现版权运营。小说、电影、游戏等主要通过观众或玩家直接付费方式实现，电视剧、电影等可以向电视台、视频网站平台等售出版权实现变现，后者则通过广告实现变现。

IP实体变现是把知识财富转化为现实实物消费，实现线下效益的获取，具体包括图书、玩具、饰品、服装以及其他一切相关衍生品和主题公园等实体载体效益的获取。比如，近年来，快速发展的动画、漫画作品展极大地推动了大量动漫相关衍生品的生产、制造和销售；同时，以某类IP为核心的主题公园开始增加。以动漫相关衍生品的实体为例，国际上动漫与动漫衍生品的收益比例为3:7，但在中国市场，衍生品仅占5%～10%。

对西藏而言，IP文化产业发展尚处于起步和探索阶段，虽然体制、机制以及产业开发的各个环节仍然存在许多缺陷和不足，但有着巨大的发展空间，完善发展之路不可避免且势在必行。在探索与发展过程中，IP虚拟变现与实体变现是两个不可缺少的重要环节，甚至起到产业发展的基础性作用。没有变现，西藏的IP文化产业便丧失了完善与发展的基础动力，也就失去了市场吸引力与社会吸引力。当然，IP虚

拟变现能力与实体变现能力的提升是综合性的配套产业工程，必须从政府—企业—研发机构—市场综合体系视角进行全方位建设。这也是西藏文化产业建设与发展的基本方针之一。

三、加大知识产权保护力度

知识产权指的是人们在科学、技术、文化、艺术等领域，从事智力劳动创造的成果在法律上确认的产权。它包括知识财产权和知识所有权，是专利权、商标权、著作权（即版权）等无形财产的专有权的统称。根据《建立世界贸易组织协定》，知识产权的范围包括：① 版权与相关权利；② 商标；③ 地理标志；④ 工业设计；⑤ 专利；⑥ 集成电路布图设计（拓扑图）；⑦ 未披露过的信息；⑧ 协议许可中限制的竞争行为。

IP文化产业是建立在对知识产权有效保护的基础之上的，只有加大对知识产权的保护，有效打击各类盗版、侵权行为，才可以有效保证知识财产的价值性和价值的顺利变现。盗版和侵权行为的发生，将直接削弱IP文化产业的运行动力。

目前，中国知识产权保护还存在着一些问题，尤其在网络文化产业知识产权领域中问题更显突出。盗版成为数字音乐、电影、电视剧等产业发展的重要障碍。究其原因，一方面，在于网络文化产业的外部立法、执法困局，立法未跟上网络文化产业发展的步伐，执法在保护知识产权中存在漏洞；另一方面，部分网络文化企业对知识产权的重视程度不强，自我保护意识不强，维权意识不强。

2016年12月，国务院印发了《"十三五"国家知识产权保护和运用规划》，该规划对全国知识产权工作进行了全面部署，并明确了"十三五"时期中国知识产权工作的发展目标和主要任务。该规划中也提出了知识产权保护的七项重点工作，这也正是西藏知识产权保护工作的指导和着重点：要完善知识产权的法律规章，推动专利法、著作权法、反不正当竞争法等法律法规建设，建立和健全新兴涉知识产权产业和经营模式的法律条款；要进一步提升知识产权保护水平，提高保护的有效性、时效性，强化对传统优势领域、新领域、新业务和民生领域知识产权的保护水平；要提高知识产权质量效益，培育和打造精品版权，提升专利质量；要把拉萨市建成知识产权强市，促进区域内知识产权协调发展，做好知识产权领域扶贫工作；要加快知识产权强企建设，培育知识产权优势企业，提升企业的知识产权综合能力，并建立和完善知识产权强企的支撑体系；要推进知识产权的布局，促进知识产权密集型产业发展，推进知识产权的转化；要促进知识产权的开放合作，加强国内、国际交流合作，支持企业"走出去"。

针对IP产业的具体操作，在西藏，要从以下四个方面加大对知识产权的保护力度：

第一，健全相关的法律法规，建立起完备的运行机制、管理机制、监督机制。西藏相关管理部门应切实从保护知识产权角度提升文化产业可持续发展水平层次来科学规划，以制度来确保知识产权得到有效保护，形成良好的 IP 文化产业发展氛围，并以此吸引外来投资。

第二，加大保护的执行力，建立高执行力的执法队伍，做到执法必严；同时，给予充足的人力、物力、经费支持。由于知识产权案件具有较高的专业性，因此，必须加大专业人才培养力度，把优秀人才充实到知识产权保护第一线上；同时，提高知识产权案件的审理水平。

第三，引导 IP 文化产业企业实施知识产权保护战略，培养维权意识、产权意识，加大对自我知识产权的保护；同时，加大对他人知识产权的尊重。其中，政府管理部门和相关行业协会必须充分发挥引导与监督作用。

第四，完善和落实知识产权侵害的纠错、赔偿机制。《中华人民共和国著作权法》《中华人民共和国商标法》《中华人民共和国专利法》均经多次修改，对知识产权方面进行了明确规定。比如，《中华人民共和国商标法》第三次修改稿的第六十三条第一款中规定：对恶意侵犯商标专用权，情节严重的，可以按照由实际损失、侵权获利或许可费倍数所确定赔偿数额的 1 倍以上 3 倍以下确定赔偿数额。有研究者指出，将侵权人区分为重过错和轻过错，并适用不同的纠错赔偿条款可以产生好的效果，"能有效遏制重过错侵权，对权利人的创新积极性和创新能力也会起到促进作用；要求轻过错侵权人承担权利人的实际损失（比如许可费的损失），既维护了权利人的利益，也降低了整个社会的创新风险"①。西藏应在相关法律条款内结合自身发展，不断完善知识产权侵害的纠错、赔偿机制，以减少侵权事件的发生；同时，做好对权利人的赔偿工作。

四、塑造精品 IP，提升品牌价值

知识财产的文化内容和吸引力是 IP 文化产业的基础之一，在积极整理、加工西藏各类知识财产资源的同时，要严格把控产出品质量，杜绝质量低劣、存在错误倾向或其他问题的作品的出现和传播，更要杜绝其转化为 IP 文化产品。也就是说，塑造精品 IP 的根基还在于内容与价值。尤其是在已经形成的泛娱乐背景下，优质 IP 的价值之根必须定位于内容与价值，这样才能有效提升品牌价值，实现可持续发展。比如，有研究者主张注重内容与价值必须坚持"内容为王"："内容新颖、有创意"，"符合社会主义价值观，能为受众带来正能量"，"有一定的'粉丝'基础，便于市场的扩展"。②

---

① 毛牧然、乔磊、陈凡：《完善知识产权保护 促进网络文化产业发展》，载《东北大学学报（社会科学版）》2014 年第 1 期。
② 参见李剑欣、李鑫、袁换欣《泛娱乐传媒环境下优质 IP 的价值构成》，载《传媒》2016 年第 21 期。

总体而言，塑造精品 IP 主要应关注三大方面：一是内容，也就是知识财产本身所蕴含的精神内核，这是能否打造出精品 IP 的基础和根本；二是形态，也就是 IP 产品的外观形态，它是连接 IP 精神内核与其相关产品的最重要纽带，是能否打造出精品 IP 的关键之一；三是架构，也就是 IP 产品的结构化、体系化，是 IP 产业的运行模式问题，这是打造精品 IP 的市场操作关键所在。

五、大力发展 IP 文化产业人才队伍

IP 产业是一种新兴文化产业，需要大量的专业化人才做支撑。一方面，要吸引 IP 文化产业中的高级人才，做好 IP 文化产业的顶层设计，充分发挥高级人才的引领作用；另一方面，要大力培养西藏自身的 IP 文化产业专业人才，充分发挥西藏高校的 IP 文化人才培养功能，把专业人才充实到 IP 文化产业的各个环节和领域之中。IP 文化产业人才应主要包括以下四种人才类型：

第一，IP 文化产业的管理人才。此类人才需要具备较为扎实的 IP 知识和文化产业知识基础，能够把握 IP 文化产业中的主要工作环节；同时，还要具备相关的管理知识和管理技巧。另外，优秀的 IP 文化产业管理人才最重要的一个特点就是能够紧跟产业发展需求，抓住新情况、新问题、新趋势，从而及时完善、微调甚至大调发展思路，善于谋篇布局，且敢于推陈出新。他们是打通 IP 文化产业各个领域的重要力量。

第二，IP 文化产业的创作人才。IP 文化产业的创作人才至少应具备某 IP 领域内的专业知识，具备多个文化产业 IP 专业知识的人才更具备优势。某 IP 文化产业产品创作之初，创作者必须精心策划，考虑到产品开发的每一个环节，并为后续开发做好储备。创作人才必须具备泛娱乐思维、IP 文化产业思维。

第三，IP 文化产业的营销推广人才。传统产业发展采取的营销模式多以雄厚的资金为支撑，营销方式也多以传统报刊、电视等媒体为主。而在新媒体时代与泛娱乐化时代，IP 文化产业的营销必须更具针对性，摆脱传统地毯式营销思维，精准定位受众群体。这就需要具备 IP 文化产业思维的专业人才，运用泛娱乐背景下的营销思维，做好产业营销和推广工作。

第四，IP 文化产业的国际交流人才。文化产业，尤其是 IP 文化产业不可能在封闭的环境中开展，必须面向全国市场、国际市场，这既是文化产业发展的必然要求，也是文化产业发展的出路所在。西藏 IP 文化产业要走出去，一方面，要加大向国外的营销和推广；另一方面，要加大与国外相关文化产业的交流与合作，这就要求必须有一支高素质的 IP 文化产业国际人才来作为产业发展的重要支撑。

第四节　西藏动漫文化产业发展路径

动漫是动画（animation）和漫画（comics）的合称。动漫文化产业指的是以"创意"为核心，以动画、漫画为表现形式的文化产品及其相关衍生产品的开发、生产、出版、播出、演出、销售等一切经营活动，也包括相关服务活动。从产品类别而言，动漫产品包括动漫图书、报刊、电影、电视、音像制品、舞台剧以及基于现代信息技术手段的动漫新品种，衍生产品和服务包括与动漫有关的服装、玩具、电子游戏等。总体而言，动漫文化产业是资金密集型、知识密集型、科技密集型的产业类型，具有产品转换快、爆发力强、消费群体广、市场潜力大、资金投入高、国际化程度高、回报率高等特点。

一、动漫文化产业的现状与发展趋势

动漫文化产业是一种非常重要的"文化软实力"。其重要性主要体现在：①动漫产业关系到国家的文化安全，"动漫产业是文化产业类型中最具柔性的形态"，因此，大力发展与中国优秀文化相结合的动漫产业是彰显"中国精神"的上策，也是推进国家文化安全战略的重要举措；②通过动漫文化，可以彰显华夏文明的独特魅力，有利于提高国家文化地位，增强民族自豪感；③优秀的动漫文化在青少年人格塑造、心理健康方面能够产生积极影响，并激发他们的想象力和创造力，引导进步。[①]

动漫文化产业在文化产业中也具有重要的地位。动漫文化产业本身既可以产生可观的经济效益，又可以从宏观、微观两个层次对文化产业的发展产生深远的推进力，所以，"它是当今世界最具成长性的文化创意产业"[②]。世界主要发达国家的动漫文化产业均取得了显著成绩，成为文化产业的主力军之一，也是国民经济的重要支撑。2014年，美国动漫产业及衍生品产值达7000亿美元，产值仅次于信息技术产业，连续10年超过好莱坞电影业，成为全美最大娱乐产业、美国经济发展的新增长点，成为美国输出文化价值理念的重要载体。2013年，日本动漫产值达1200亿美元，占GDP比重超过10%，成为该国第三大产业。2014年，英国数字娱乐产业年产值占GDP的7.9%，成为该国第一大产业。

对中国而言，国务院2016年12月30日印发的《"十三五"国家知识产权保护和

[①] 参见殷俊《动漫产业与提升文化软实力对策探讨》，载《西南民族大学学报（人文社会科学版）》2012年第5期。

[②] 黄德森、杨朝峰：《基于结构方程模型的动漫产业影响因素分析》，载《中国软科学》2011年第5期。

运用规划》中明确提出了七个方面的重点工作，从知识产权保护与运用的宏观层次为动漫文化产业的发展提供了基本保障。2017年4月12日发布的《文化部"十三五"时期文化产业发展规划》中明确将动漫文化产业作为文化产业的重点进行建设，要"坚持创新驱动，促进重点行业全面发展"，并提出，"到2020年，预计动漫产业产值在2500亿元左右，动漫创意和产品质量大幅提升，培育一批在国际上具有较强竞争力和影响力的国产动漫品牌和骨干动漫企业，打造3～5个具有广泛影响力的动漫展会"[①]。2017年3月，由中国主导制定的手机（移动终端）动漫国际标准（标准号T.621）发布，成为文化产业中中国标准走向世界的重要标志，推动了国内动漫产品及手机硬件"走出去"。但通过比较发现，目前，我国动漫文化产业的整体发展仍处于中低水平，还有很大的发展空间。2014年，我国动漫产业总产值只有153亿美元，仅占国内生产总值的0.24%，占世界动漫产业总产值的1.3%左右。[②]

随着动漫文化产业的博兴，我们如何把握其未来的发展趋势呢？笔者认为应主要关注以下五个方面：

第一，动漫文化产业必然走向更高的质级层次，产业内在淘汰机制正在形成并将规范产业发展，那些内容低俗、质量低劣的产业内容和作品将受到更多结构压力而继续缩减，而内容积极向上，富于时代创意、生产创意，与时代主流相融合的优秀产业内容和作品将获得更多发展壮大的机会，也将拥有更多更好的发展平台。

在产业发展模式中，数据云将扮演重要角色。其主要表现在：将大力推进传统动漫产品的核心内容层，使之更倾向于以数字形态呈现，从而改变传统动漫内容和形态；改变动漫产业核心层的传播方式，提升"选择或然率"，从而整合和利用受众日常生活中产生的碎片化时间，达到明显的放大效应；突破传统动漫产业创作的时空限制，把原来的集体创作、分工合作的同一时空性拓展为以数字形式的不同时空间协作完成，极大地提升产业效率。[③]

第二，优秀的民族动漫创意和作品将受到市场更大的青睐。我国各民族中流传的大量民间故事、寓言传说，还有大量的历史人物故事、神话故事、宗教故事和以日常生活为依托的流传在普通老百姓中的各种各样的故事，都是未来动漫创意和作品的重要素材来源。突出民族平等、民族团结、民族互助、民族和谐的民族关系以及各民族优秀品质和精神成为动漫创意和作品的新热点。

第三，手机（移动终端）和其他新媒体渠道的动漫产业将成为一支重要力量，并将成为数字创意产业的重要内容之一。2016年12月发布的《"十三五"国家战略性新兴产业发展规划》首次把数字创意产业纳入国家战略性新兴产业之列。目前，

---

① 文化部：《文化部"十三五"时期文化产业发展规划》，见中华人民共和国文化和旅游部：http://zwgk.mct.gov.cn/，2017-04-19。
② 参见石德生《大数据下中国动漫产业国际化发展路径创新》，载《现代经济探讨》2017年第3期。
③ 参见郑蕾《数据云对动漫产业的融合与创新》，载《社会科学家》2015年第5期。

手机动漫产业已经成为我国动漫产业一个重要的新增长点和新亮点,并在国际上处于领先地位。[①] 2013 年,文化部发布了手机动漫行业标准。2017 年 1 月 27 日,由中国主导的手机(移动终端)动漫标准在瑞士日内瓦召开的国际电信联盟全体会议上顺利通过审议,并于同年 3 月 16 日正式发布。其他数字杂志、数字报纸、数字广播等新兴媒体动漫业也在积淀之中,必将呈勃发之势。

第四,动漫公共素材与关键技术共享将成为产业进一步发展的重要动力。随着产业的成长,产业内更为精细化的分工势在必行,而对动漫产业公共素材需求的满足程度和对关键技术、新技术的突破与应用则直接影响着产业的整体实力和可持续发展能力。单打独斗、内耗式竞争将无法适应产业发展大势,也必然会导致在国际竞争中的被动局面。因此,能够推动产业进一步整合发展,提升整体竞争力的公共素材库和对关键技术、新技术的共享将具有重要意义。

第五,动漫文化产业与实体经济结合度将进一步提高。动漫文化产业本身具备了实体经济的内容,比如,动漫文化产品及相关衍生产品中的动漫图书、报刊、音像制品、服装、玩具等;同时,动漫文化产业还可以进一步与物质的、精神的产品以及服务的生产、流通相结合,比如,把动漫文化产业与旅游、餐饮、住宿相结合,或者形成动漫产业博览会、展会。

近年来,有研究者以"轨道创新理论"研究动漫文化产业的商业模式创新,提出小微企业应"聚焦于客户价值主张",认为这是增强动漫文化产品市场生存能力和文化影响力的唯一途径。[②] 该研究强调的是技术轨道与市场轨道的交互跃迁,在每次跃迁中都会涉及与之相对应的实体市场的变动。实际上,如果以"技术投入层级与市场需求容量"为纵轴看待市场变迁的话,在技术跃迁存在的同时,实体产品市场的变动则是双层甚至多层并行,并在技术跃迁效应特定时间段后产生快速的主体产品转换和市场容量扩容,比如,在三维技术成熟并伴随多样视觉特效技术应用的情况下(技术的跃迁),动漫电影和游戏产品市场容量快速增加,主体产品市场进入电脑三维动画发展范式,技术的投入层级与市场需求整体获得提升(见图 6-1)。总体而言,在技术进步、市场升级并扩容的基础上,动漫产业的实体产业链条将随之拓展、升级,动漫文化产业才能够更具活力和动力,并逐步培育和健全动漫产业的品牌授权市场。

[①] 参见曲晓燕《我国文化领域首个国际技术标准——手机(移动终端)动漫国际标准(标准号 T.621)正式发布》,见山东省文化厅:http://www.sdwht.gov.cn/html/2017/whb_0321/39578.html,2017-05-21。

[②] 参见赵毅、黄林、张晓玲《动漫创作主体商业模式创新路径选择——基于轨道创新理论》,载《商业研究》2016 年第 6 期。

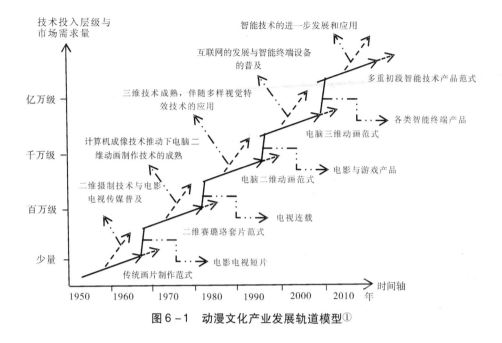

图6-1 动漫文化产业发展轨道模型①

二、西藏动漫文化产业的现状

从动漫文化产业与民族文化而言,我们可以这样看待二者的关系:一是民族文化是动漫文化产业的重要来源之一,一般而言,民族文化中有着独特内涵和宝贵的精神资源,这正是优秀动漫作品的最重要支撑,是动漫文化产业可持续发展的重要基础。所以,动漫文化产业的发展壮大必须立足于民族文化之上,如果失去了民族特色,动漫产品也就失去了内在活力。二是优秀的动漫作品可以有效带动民族文化的传播,它是一种独特的民族文化传播媒介,二者也是一种双向互益状态。从产业实践看,我国民族动漫产业面临着诸多严峻问题,如原创内容匮乏、传播渠道狭窄、产业链条较短、品牌影响力弱、政策扶持与动漫内容生产商的项目融资需求之间错位、产业驱动力匮乏等。②

知识资源、文化资源是动漫创意产业的支柱。西藏有极为丰富的民间寓言故事,有大量的英雄人物、传奇人物,也有众多的神话传说、宗教传说,还有许许多多普通人的生活故事,知识资源、文化资源丰富。其故事拥有独特的魅力,这种魅力在现时代下的文化消费中受到极大关注。无疑,这些内容必然成为西藏动漫文化产业的重要

---

① 参见赵毅、黄林、张晓玲《动漫创作主体商业模式创新路径选择——基于轨道创新理论》(载《商业研究》2016年第6期),并经本书作者修改而得。
② 参见丁培卫《中国民族动漫产业的价值链构建及品牌塑造》,载《山东社会科学》2010年第2期。

动力。另外,这些资源、知识、文化在传统技术手段、传播媒介下常常成为一种似乎遥不可及或与经济、产业无关的存在,其根本是现实转化、虚拟转化力度脆弱;但动漫文化产业兴起之后,其中的创意手段、转化手段成为这些知识资源的有效转化媒介和纽带,西藏知识资源的对外传播与价值展现将会大大提升。图6-2为以唐蕃通婚为主题的"五难婚史"动漫人物设计。

图6-2 以唐蕃通婚为主题的"五难婚史"动漫人物设计
(材料动画。设计者:岳瑾、刘泽国)

进入21世纪之后,西藏的动漫文化产业逐步进入产业化轨道,在产业认知、政策支持、实践推进等方面都取得了一定的进展。中央第五次西藏工作座谈会提出要将西藏建设成为"中华民族特色文化资源保护地"。2010年年底颁布的《中共西藏自治区委员会、西藏自治区人民政府关于推动西藏文化大发展大繁荣的决定》将文化发展纳入西藏经济社会发展的总体布局中,设立文化产业发展专项资金,加大财政扶持和税收优惠政策,搭建文化产业投融资服务平台,大力推进文化产业发展繁荣。2016年,为了进一步发展动漫产业,西藏自治区文化厅制定了西藏原创动漫推广计划,通过成立西藏动漫行业协会,制定出台《西藏自治区动漫企业认定管理(暂行)办法》来强化自身动漫作品、产品的创作导向,支持产出一批优秀原创动漫作品。同年3月底,在西藏文化厅召开了西藏原创动漫产业工作推进座谈会,雅江、高原之宝、国是经纬等10家区内涉动漫产业的文化企业负责人参加了座谈会,进行了经验分享。

在产业实践中,西藏动漫的创作和作品产出在2009年之前多以翻译区外动漫为主,少有自身创意产品。2009年的"中国原创动漫推广计划——优秀动漫产品进西藏"活动进一步推动了西藏动漫产业的发展。2015年11月,西藏雅江网络科技有限公司发起成立了西藏自治区动漫行业协会,为西藏动漫产业现实发展注入了新动力。2016年8月,西藏影视动漫产业基地授牌仪式暨格萨尔王动漫启动仪式举行,该基地受中国国家文化产业专项扶持资金项目支持,位于西藏文化旅游创意园区内,占地8000平方米,投资预计3亿元。基地中含影视动漫基地、动漫广场、360度全景VR体验中心、西藏文化走廊、西藏民族服饰研发基地、动漫学院等建筑群。该基地也是西藏首家大型影视动漫产业基地。

以西藏雅江网络科技有限公司为例,2012—2016年,在国家新闻出版总署、国家文化部以及西藏相关部门的资金支持下,该公司先后研发和生产了《漫画中国西藏》《洛桑和卓玛》《漫画西藏拉萨》等系列漫画图书以及相关玩偶38种。其中,《漫画中国西藏》通过西藏教育厅政府采购的方式已经进入了西藏2066所中小学校及教学点中,丰富了中小学教育的课外读物;以文成公主、松赞干布等为原型的38个塑胶玩偶的研发正在有序推进中;《洛桑和卓玛》系列漫画手绘图书以及以此作为爱国主义、民族团结题材的260集大型系列动画片正在酝酿和打造之中;《美丽西藏》3D立体书、《文成公主》动画电影以及西藏动漫文化主题园区也已经被列入建设日程。

然而,由于起步晚,前期政策扶持力度较小,在西藏动漫文化产业中存在着技术开发力度和资金投入不足问题,加之受到一定的地理环境影响,导致区内外的动漫企业、研究机构的合作研发力度不足,所以,虽然西藏动漫业取得了一定的进展,但仍然存在原创产品少、产品质量整体较低、市场开发度低、市场转化率低、市场占有率低等现象,导致产业的整体实力弱。截至2016年,西藏获得国家级动漫企业认证的企业只有西藏雅江网络科技有限公司一家。从动画播出小时数看,在上海、北京、陕西、内蒙古、宁夏、新疆、西藏七省(区、市)中位列最末,2014年、2015年两年动画电视播出总时数仅为1489小时,远远落后于其他省(区、市),甚至仅相当于上海市2014年全年的十分之一。从全国来看,西藏2014年全年动画电视播出小时数仅仅为全国水平的千分之二强。(见表6-1)

表6-1 2014—2015年七省(区、市)与全国动画播出简况①

播出时长	年份/年	西藏	新疆	宁夏	内蒙古	陕西	北京	上海	全国
进口动画播出小时数	2015	—	1842	450	75	—	477	1400	9655
	2014	—	1638	17	75	—	1860	2419	15883
全年动画电视播出小时数	2015	837	23820	5360	7285	6476	7604	14263	309060
	2014	652	22507	4290	8578	7710	6995	14559	304839

与国内动漫产业发展较好的地区相比,西藏动漫文化产业仍处于发展的初级阶

---

① 根据国家统计局相关数据整理得出。

段。2005年,"深圳国家动画产业基地"和"深圳市动画制作中心"已经获得了国家广电总局授予的资质;同年,由深圳广播电影电视集团组建动漫基地。基地共入驻了68家企业,其中境内63家,境外5家;有12家企业是国家文化部认定的"国家动漫企业",有3家为国家重点文化出口企业,有40家被评为"深圳市重点文化企业"。从产量上看,2015年,该基地制作完成原创国产动画片25部(共计1133集,11717分钟),有12家企业的17部动画片(共计609集,7270分钟)获得了"播出发行许可证",多部原创作品在全国各电视台和新媒体视频播出。从质量上看,《熊出没之夺宝熊兵》获第十三届精神文明建设"五个一工程"奖,《熊出没之冬日乐翻天》《宝狄与好友》获批国家原广电总局推荐播出的优秀动画片,《飞天少年》获得国家原广电总局以中国梦为主题推荐的动画片。[①] 可以说,深圳动漫文化产业已经取得了较好发展,产业政策到位,产业模式形成,产业产出良好。

和深圳动漫产业相比,西藏动漫文化产业还有大量工作要做,自身的文化内容、文化形式、文化特色没有在动漫文化产业中充分显现,作用发挥有限。尤其针对目前存在的问题,更需要从政策、资金、观念、人才、市场等多方面进行综合推进。目前,西藏动漫文化产业中存在的主要问题有如下六个方面:

第一,缺乏有针对性的动漫发展政策。虽然西藏陆续出台了文化产业支持政策、优惠政策,在扩大西藏文化产业竞争力、可持续发展能力等诸多方面发挥了重要作用,但现存政策仍是单独的、孤立性的,针对西藏的动漫产业并未形成系统的、全面的产业发展政策体系,仍以整体文化产业的一个组成部分加以对待。动漫文化产业发展专门的、整体的科学规划还有待于进一步形成。

第二,动漫市场的培育和拓展不足。动漫市场包括作品播出市场、出版市场和衍生产品市场等组成部分。在这三大市场中,西藏动漫起步晚,发展慢,内生动力不足,产业链条中仍以翻译区外的作品为主体,本土作品产出少,在三大市场中所占的比重小,优质作品不多,导致市场竞争力弱,盈利能力弱,效益水平低。

第三,市场要素整合不足。虽然西藏有极为丰富的动漫素材,也已经形成了一定的市场氛围,政策导向也较为明确,但整体动漫市场的三大要素:供给方、消费方和产品仍处于相对散乱状态,没有形成有强大竞争力的市场整合。产业供给方力量仍薄弱,对西藏文化、藏族文化、雪域高原文化的素材整合、利用和开发不到位,更没有形成产业的集约效应;消费方则多处于对产品认知不足,或者获取产品信息的渠道不畅的状态;动漫产品相关的资金、技术、信息、劳动力等资源要素开发不足。

第四,动漫产业相关观念滞后。在西藏,一些政府管理部门人员的动漫产业观念薄弱,甚至认为动漫就是电子游戏,对西藏的教育、人才培养和长治久安没有什么推进作用,不必兴师动众地投入经费鼓励发展。更有甚者认为应进行管控和压缩,减少

---

① 参见《深圳国家动漫画产业基地介绍》,见深圳国家动漫画产业基地:http://www.cartoonsz.cn/cn/about/index_13.aspx,2017-01-03。

动漫在西藏的出现。也有一些企业认为西藏不适合开展动漫产业,原因是受众少,市场可开发度小,没有什么可观的产业前景。这些观念非错误即偏激,有的极为短视。

第五,动漫研究力度不足。动漫文化产业是一个科技含量高、资金投入大、回报周期长的产业形态,必须从产业链初级产品的研发到市场推广,从产品形成到市场效益回馈、社会效益回馈的每个环节加大研究力度,抓住动漫产品的质量关和社会效益关两大关口。目前,西藏动漫文化产业的自我研发能力不强,而针对西藏自身特点的动漫研究也不到位,围绕着动漫形成的研究氛围不浓、研究机构不多、人才培养不足。在西藏大中专院校中开展动漫研究的人才少、范围小。获批的西藏自治区级动漫科研项目少,各高校内的自设科研项目中虽然存在少量相关项目,比如对赛马中相关环节的动漫设计等,但多停留在初级的研究阶段。

第六,动漫文化产业人才不足。一方面,西藏对自有动漫人才培养的政策导向不明晰,支持力度不足,导致在政策引领上忽视了人才的培养;另一方面,西藏各大中专院校对动漫教育的重视程度和投入程度明显不足,在专业设置中忽视了动漫专业。此外,由于西藏地处青藏高原,高原缺氧和经济发展相对于内地发达地区尚显滞后的现实带来了一些不良的影响,主要表现在对外来动漫人才的吸收上,一些人到了西藏之后又可能因为对地理环境不适或对当地人文社会环境的认同欠缺而离开,西藏面临着留不住人才的问题。

三、西藏动漫文化产业发展的对策与路径

结合动漫文化产业的整体发展趋势,应从多方面着手,着力破解西藏动漫文化产业发展六大瓶颈,从而实现西藏动漫文化产业的高效可持续发展。2016 年,笔者在西藏牧区参加"强基础、惠民生"活动时,曾对当地初中、小学中的学生素质教育进行考察。在被考察的学校中,笔者发现孩子们对动画书、动画片、动画玩具有着极高的兴趣,有的甚至直接向我提出想看关于某些内容的动画书的请求,眼里充满了渴望。在考察边贸口岸时,为我们开车的司机带着他 10 岁的女儿。他说孩子原来在拉萨上学,因为他本人工作的原因只能把她接到自己所在县城中唯一的学校上学(一所九年制学校),但是孩子在这里接触的东西太少,喜欢看的益智类的动画片无法保证,孩子好像总打不起精神……后来笔者多次对牧区乡镇小学的教师、工作人员进行访谈,从牧区返回后一直关注那里的变化。

以下是笔者对阿里地区 HER 乡小学校长石确次仁的访谈,此访谈本质为验证性访谈,通过访谈验证该小学在校学生动漫文化课程、文化生活状况。为了保证访谈的科学性与效用性,提高效率,笔者事先通过各种渠道对该小学信息进行了收集,完成了"情境预研"。2017 年,该校在校生共 310 人,开设了 9 个教学班。其中,附属幼儿园 43 人、一年级 50 人、二年级 38 人、三年级 58 人、四年级 31 人、五年级 37 人、六年级 53 人。学校有教职员工 32 人,其中,专职教师 19 人(包括代课老师 1 人);

各类后勤人员共有 13 人,其中,保卫及电工 1 人、学生食堂厨师 5 人、职工食堂厨师 1 人、门卫 1 人、生活老师 3 人、幼儿园老师 2 人。整体文化课程不足。由于访谈目的的实现涵盖范围大、具备一定的发散性,因此,穿插了探索性的问题,进行适当追问。访谈时笔者的身份是驻村干部和该小学发展的支持人,已向该小学捐赠了部分图书。访谈时间选择在听课后的交流环节。访谈地点在受访者家中。身份、时间和地点是验证性访谈的重要元素,在本访谈中,"三要素"可以保证验证的信度和效度。访谈中,问题的导入采取循序渐进方式,使受访者快速进入角色,进入预设情境;把针对性强的问题穿插到访谈中间阶段,以使受访者能够集中精神;并根据回答进行探索性追问;最后请受访者进行总结或展望,以进一步验证判断。在访谈的全过程中,始终采取中性提问,避免了任何导向性的存在。

问:校长,您好!目前贵校发展可以享受到哪些国家政策呢?

答:赵老师,您好!我们学校发展受到了各方面的支持,其中就包括贵驻村工作队的大力支持。国家的政策好,所以,孩子们都享受到了教育的"三包政策"(包吃、包穿、包住)。一日四餐,牛奶、鸡蛋都有。现在学校的基础设施也很完备了,太阳能板数量充足,能保证学校的用电需求。学生食堂、教职工活动室、阅览室、实践手工室都已经有了。现在只是学校给学生使用的课外图书和其他资料数量少。

2016 年又建好了塑胶操场。这些都是在乡政府、县领导支持下完成的,还有内地的企业、老板和驻村工作队的帮助。

问:是的,我在这里这么多天,切身感受到了贵校软硬件设施情况。那么,现在贵校的学生素质教育情况怎样呢?

答:我们很注意素质教育,老师们能精心设计教案,也能够合理安排教学的环节;会做些课程改革方面的尝试,每学期搞一次教学比赛。学校有机会也会给老师们做培训,强化教学的常规管理;学期结束前会组织老师进行教学方法的总结;等等。

问:是的,从中可以感受到老师们的责任心。那么,针对学生的素质教育内容有哪些呢?

答:学生主要是上好课。课程安排得比较满。比如从一年级就开了藏语文和汉语,三年级开了英语。也有体育课、书法课和音乐课。学校里只有一名汉族老师,就是教体育课的。

问:您能说一下具体的文化课程吗?

答:阿里的条件有限,我们处在牧区,在文化课程上与内地的学校差距比较大。现在主要就是音乐课、书法课和绘画课。书法课是我们的特色,藏文书法课从一年级开始开设,汉字书法课从三年级开始开设。每周都安排一次课,也有专门的书法室。但是上课的老师少,比如汉字书法只能由汉语老师兼任。

问：牧民们经常过林卡，学校会带孩子们开展些林卡活动吗？

答：会的。说实话，学校的文化生活有限，想带学生出去开展些活动，条件也不具备。所以，一有机会我们会组织一些学生或班级过林卡，学校组织一些专门的活动，大家一起做游戏，很受学生欢迎。比如有一次，有几个学生过生日，我们就在玛旁雍错的草地上组织了一次林卡。

问：您说带学生出去条件不具备，指的是什么呢？

答：这个有很多，比如交通上的问题，经费的问题，等等。我们几乎没有组织过学生到县里学校开展活动，更没去过阿里地区和拉萨等地的学校、文化馆之类的地方。到北京、上海、成都、西安等大城市更不敢想象。从内心说，孩子们是很想去的，他们需要出去看看。

问：是啊。那我们共同努力吧！学生们使用的教材情况怎么样？

答：教材还是比较全面的，这些教材都是西藏的重点教材，质量很好。

问：有动画书、漫画书之类的书籍吗？

答：教材都是课程学习的。基本没有漫画之类的书。学校阅览室里没有动画书，也没有玩具。平时很难接触到。去年（2016年）你们驻村工作队在路边建的"爱民书屋"里有一些那样的书，孩子们很喜欢，下课了就跑去看。可是开了几个月就关门了，好像是因为没有运营经费了。

问：您觉得孩子们喜欢动画、漫画或者玩具之类的东西吗？

答：这个我很清楚，孩子们很喜欢。因为食堂里有一台电视，放动画片的时候就围满了人。

问：我知道给学校捐赠的人很多，没有捐赠动漫书籍或玩具的吗？

答：捐赠的人和单位是挺多的，都是些书包、笔、衣服、鞋之类的。有的年份一个孩子就能得到3个书包。每年的六一儿童节都有捐赠的。虽然孩子们喜欢，但没人捐动漫的东西。可能是由于和学习关系不大的原因吧。

问：您对学校以后的发展，尤其是学生的全面发展有什么想法？

答：我们每个学期都会给下一个学期定任务和目标。学校发展还需要好的师资力量，老师需要培训交流。学生方面还是要提高成绩，考出好成绩，还有就是提高综合素质。

在学生发展上，还是要调动兴趣。我们的实践手工室虽然有特色，但是学生的兴趣还是不够高，可能课程内容设置还要改进，要多关注他们的兴趣点。

西藏牧区总体的基础设施还相对落后，交通不便，相对闭塞，那里的孩子们最需要一个丰富多彩的、快乐的童年，能尽情沐浴在属于自己的幸福时光；但是在孩子们动漫兴趣和需求的满足上还有许多工作要做。在笔者整理的对阿里地区HER乡小学校长石确次仁的访谈中可以感受到，让动漫走进孩子们中间，让动漫产业在西藏有健康良性的长足发展，必须从思想观念、政策环境、市场要素等诸多方面入手，在相关部门高度重视、积极推进的前提下,企业积极参与,协同合力,才能有所成效。

1. 摆正思想,正确认识,形成观念上的统一合力

"动漫是旁门左道"的观点在一些人的认识中还非常顽固,这在西藏表现得尤其突出,所以,澄清和纠正这一观点是西藏动漫文化产业发展的前提和基础。相关管理部门和从业人员要认识到,动漫产业已经被列入国家战略性新兴产业之中,显示了其在国家经济社会发展中的重要地位;同时,从国际、国内的产业发展态势而言,随着市场需求的不断增强,大力发展动漫产业有其必然性。所以,动漫文化产业本身的实质并不是旁门左道。我们可以从两个角度来理解:①动漫文化产业的出现与兴盛有其经济社会发展的必然性,即随着经济水平的不断提升和生活质量的不断提高,人们有充足的财力和时间来休闲。动漫则是人们重要的休闲内容选择之一。它本身既是青少年休闲生活的重要组成部分,也是相当一部分成年人的重要休闲选择。②内容积极向上的动画、漫画及相关衍生产品本身是传播社会主义核心价值观的重要载体,是社会主义精神文明建设的重要展现方式,它本身与青少年健康成长、社会主义先进文化建设和国家的长治久安没有必然冲突。

在澄清观念上的误区后,我们应该充分认识动漫文化产业在西藏IP产业中的地位与作用,摆脱只把动漫产业作为文化产业或第三产业的一个可有可无的组成部分的观念。应该从政府相关部门到企业、产业从业者达成思想上的统一:在西藏,动漫文化产业是西藏IP产业的核心之一,是西藏文化产业不可分割的一部分和最有力的市场竞争支点,是西藏经济社会全面发展和长治久安的有力支撑。有研究者指出,要"尽快将动漫产品融入中国传统文化元素和民族精神"①,对西藏而言,则要尽快融入西藏特有的优秀的文化元素和雪域高原情调。

在动漫文化产业发展上,认清动漫消费趋势,从而达成统一认识,形成合力,已经成为产业发展的一种必然要求。除了动漫文化产业五大发展趋势之外,还要关注西藏动漫文化产业服务化、多样化、品牌化的发展导向,因为动漫文化产业本身既包含消费服务业内容,也包含物质产品生产内容,要把服务业与产品生产有机联系于一体,必须遵循"现代大产业"发展理念;同时,必须注重大数据、互联网对动漫产业的影响,围绕优质IP重塑动漫文化产业链,形成"多层次、分众化、跨媒体、跨平台的全方位的交互式的娱乐体验"②。

2. 进一步优化政策环境

就产业政策的整体发展趋势而言,"新常态下我国理想的产业政策走向是向既能

---

① 丁培卫:《中国民族动漫产业的价值链构建及品牌塑造》,载《山东社会科学》2010年第2期。
② 郭炜、郭勇:《新常态下的动漫文化消费与动漫产业发展》,载《学术交流》2016年第4期。

促进创新能力培育,又能促进公平竞争水平提升的方向发展"[①]。根据这一大趋势,西藏动漫文化产业政策的优化应借鉴北京、深圳、上海等地政策经验,进一步加大动漫文化产业政策的制定与完善,优化政策氛围,明确动漫文化产业的地位与合法身份。政府部门应结合西藏经济社会发展实际,考虑区域差异,实施分类型、分区域、重协同的动漫文化产业发展策略,加大政策制定的科学性和有效性。比如,加大对拉萨涉动漫主要产业区的融资力度,规范动漫播映与版权转让的政策体系,加大对本土动漫知识产权保护政策的制定与实施,实施对动漫企业的优化税收政策,实施原创动漫的政策性保护工程,等等。

进一步优化政策也必不可少,要真正推进能够提升西藏动漫文化产业竞争力的新政策的落地生根。具体包括:加快动漫产业的公共素材库、传播平台、技术服务平台建设,进一步培育和支持优秀动漫企业建设,进一步拓展产业融资渠道,鼓励和支持中小型科技类企业参与或转向动漫文化产业创新创意,等等。通过政策的落地生根,引导企业优化产业结构,提升市场竞争力;突破企业融资难问题,形成有效的"动漫银企专项金融合作机制",积极吸收市场主体参与到动漫产业之中,形成多元化投融资机制;有效保障原创作品权益,做好知识产权保护,并推进版权交易体系建设,建立有效的交易评估体系。

培育和营造动漫新技术、新创意的产业环境,为知识经济的快速增长提供良好的市场环境至关重要。首先,要注重在各类产业市场中推进信息化、网络化、数字化、智慧化建设,推进西藏经济形态转型升级;其次,要充分发挥西藏文化的魅力,突出文化吸引力与产业吸引力,吸引西藏区外高科技企业参与到西藏动漫新技术、新创意的业态之中;最后,要通过供给侧结构性改革推进动漫产业市场细分,围绕创意、生产、流通、消费环节,推进动漫文化产业的多层级市场发育。

3. 加大供给侧结构性改革,实现要素整合

通过观念的统一,进一步优化政策环境,推进市场发育和市场开发,推进西藏文化产业的供给侧结构性改革。应该减少和避免劣质、低端和无效的动漫产业供给,扩大中高端产业内容的供给力度。通过供给侧改革,增强供给结构对动漫市场的灵活适应性,瞄准国内、国际两个市场,提高全要素生产率,提升整体竞争力。通过要素优化配置,突出整合效应,提升产业发展的内在动力;同时,按市场导向规范政府权力运行,以市场供需结构的优化为导向来反向推进政策的制定和实施。

应该讲,供给侧结构性改革在动漫市场供给方、消费方和产品三大要素优化和进一步整合中占据着极为重要的地位。西藏应该借鉴韩国建立的"编剧文化产业"流

[①] 刘涛雄、罗贞礼:《从传统产业政策迈向竞争与创新政策——新常态下中国产业政策转型的逻辑与对策》,载《理论学刊》2016年第2期。

通机制与平台模式,① 为作者自由上传"编剧内容"提供可能并进行鼓励,通过政策的落地生根,充分打造和利用好公共素材库、传播平台和技术服务平台,以此活跃产业内生动力,从而真正实现供给侧改革目标,整合产业要素,提升产业的规模效益和集约效益。

供给侧结构性改革和要素的有效整合,最终目的是提升西藏动漫企业的综合能力、可持续发展能力,从而推进西藏整个动漫产业质量的提升。这有其内在必然性。首先,动漫文化产业已经成为国家文化产业和国家战略性新兴产业的重要组成部分,国家从发展平台、渠道、内容、资源整合、企业经营、财税政策等各个方面给予了有机的、大力的支持;其次,动漫文化产业已经与产品生产和开发、影视、广播、网络、报纸、游戏、日用家居、旅游、展览等产业形态和行业进一步融合,形成了你中有我、我中有你、相互依存的状态;最后,有效延伸西藏动漫文化产业的价值链已成为产业发展的重要支撑,强化价值链实现细节,推出动漫形象品牌授权和服务业务,将获得更多的产业增值。

4. 全力打造西藏独有的动漫文化产业品牌

品牌不强是目前西藏动漫文化产业发展的重要瓶颈,缺失强大的品牌效应,应从以下三个方面着重考虑:一是随着政策环境的不断优化,在供给侧结构性改革的推进下,整合产业要素,提升产业整体竞争力,提高规模效应、集约效应可以为品牌建设提供动力和平台;但同时需要对品牌建设进行聚焦,政府部门要做好引导与推进工作。二是注重突破品牌建设的各个细节问题,在关联政策、产权保护、人才培养、产业社会环境以及动漫企业的自身定位等方面做足工作,通过协调、协同,着力解决制约品牌建设的诸多细节问题。三是要依托西藏大量优质动漫素材,坚持不懈地培育西藏特有的动漫优质品牌,注入西藏特有的优秀文化元素,打造民族动漫精品,强化新业态与更大范围的消费市场的培育与开发。

在政策引导、宏观指导上,应该注重品牌塑造的系统性,充分协同品牌本身包含的文化内容、价值目标、技术要求、内涵依托等要素。在品牌创新上给予科学引导,鼓励企业对创意产品、作品精打细磨,以优惠政策导向推进精品动漫品牌走出去、广泛传播,使政策有效落地。

在品牌塑造的细节上,要避免"劣质原创"作品的出现甚至泛滥,避免过分模仿外部作品,避免作品中出现青少年不宜的暴力等场面或情节,避免内容低俗的作品流入市场,以优良的质量为品牌塑造打下坚实的基础;以积极向上的、符合社会主义核心价值观的内容为品牌塑造,营造良好的市场环境和价值导向。

要注重把高科技、数字化与西藏动漫文化产业品牌建设相融合。以新技术提升画面质量,以新创意和数字化表现形式提高作品视听效果,避免画面粗糙、布景简单、

---

① 参见李忠辉《韩国文化产业政策调整对我国的启示》,载《文化软实力研究》2016 年第 4 期。

音乐单调等问题的出现。通过作品的精心打造来赢得市场口碑,提升品牌市场价值和竞争力。

5. 以社会主义核心价值观为总纲,始终保持纯净的产业网络环境

虽然我们前面澄清了"动漫是旁门左道"的观点,但必须对娱乐相关行业的一些不良倾向加以关注,尤其要关注"泛娱乐化"的蔓延与影响。由于过度娱乐化,以"娱乐化思维"来包装各类问题和事件从而引发关注、追求轰动的倾向已经比较严重,导致事件本身的问题、意义等重要方面被掩盖或者忽略。过度娱乐化也导致在思想领域中出现弱化文化正功能,甚至削弱、削减社会主义精神文明现象,而产生了放弃文化涵养、文化守望,追求浅薄平庸、一时快感的极有害倾向。有学者称其为网络时代的"精神鸦片"。[①] 因此,必须要以社会主义核心价值观为总纲,形成并保持纯净的动漫文化产业网络环境。

第一,要加大网络空间规范与管理。建立健全网络信息传播管理机制,大力探索和推进网络空间管理的模式、机制创新,通过规范约束、价值引导来消除"泛娱乐化"带来的不良影响,并大力推进网络文化空间的价值共识,引导通过优秀传统文化传播价值理念,尤其是传播社会主义核心价值观,把积极向上、包含普遍价值诉求的价值精神融入网络空间的运行之中,形成网络文化最大的价值共识。

第二,要掌握新媒体和网络话语权。在网络时代中,信息鱼龙混杂,"去权威化""去中心化"、人人都是"自媒体"的信息传播模式如果缺乏有力的规范、引导,失去主流价值观的话语权,那么将会对社会主义核心价值体系带来巨大的冲击,引发众多失范现象,甚至引发诸多社会乱象,影响社会稳定。所以,西藏必须在网络空间建设与规范中,大力推进主流价值观和社会主义核心价值观的传播力度建设、传播能力建设,牢牢把握新媒体和网络的话语权。

第三,在动漫产业结构源头调节好、掌控好。不能唯"原创论",要在源头上大力推进原创动漫作品的同时,加大质量、价值导向的把控,支持和推出优秀的原创动漫产品,杜绝以"原创"为幌子的"问题动漫"。"问题动漫"有诸多表现,比如,宣传暴力、色情、低俗的内容;一味引诱、满足一些青少年的猎奇叛逆心理,与社会主义核心价值观相抵触;抹黑中国特色社会主义制度、抹黑中国共产党的领导;等等。要在动漫产业管理制度建设中加大产品产出制度建设;同时,还要加大审核审查力度。鼓励企业提升自身管理水平,加大人才队伍建设,提升动漫产品的思想性和价值。

6. 多方位推进动漫研发与动漫人才建设

"动漫产业竞争力是指在动漫产品原创研发创新、产业链的延续性和完整性、动

---

① 参见黄一玲、焦连志、程世勇《网络文化"泛娱乐化"背景下的社会主义核心价值观认同培育》,载《湖北社会科学》2016年第11期。

漫原创产品利益最大化等方面体现出来的综合竞争力。"① 动漫产业竞争力中最核心的两部分是动漫研发和动漫人才。由于诸多因素限制，西藏在这两方面仍然存在较大差距。

第一，应以"教—研—创"三位一体模式推进动漫作品研发与动漫人才队伍的融合建设。西藏动漫产业目前在教材研发、师资力量、人才培训、创新应用等方面仍然存在较多不足，"教—研—创"三位一体模式建设严重缺失。此项建设中的制度引领和设计占有突出地位，尤其要突出"教"的重要动力作用，通过提升高校办学力量、师资力量，调整动漫专业设置，扩大招生规模来推进动漫人才培育、成长机制的改革创新。

第二，有力推进"产—学—研"三位一体的产业机构要素融合发展模式。在高校、研究机构与动漫企业之间架起有机桥梁，整合要素形成"联建联益"的协同机制，在学校与企业、学校与学校、学校与研究机构、企业与企业、企业与基地之间形成协同合力。成立专业动漫协会或教育协会也具有重要意义。

第三，通过上述两个"三位一体"的有机结合，形成具备西藏特点的高水平产业团队和高水平产业人才，尤其突出高级领军人才、研发人才、管理人才和市场人才。重点方向应在三个方面：①在产业理念塑造上，应突出正确的价值导向，把西藏自身特点与国际产业趋势相结合，把好高级人才需求与发展的整体方向，瞄准国际化、高端化和复合型人才之路；②学习借鉴先进经验，通过培训、交流、拓展等方式提升目前较突出人才的综合能力，使之掌握国际动漫产业发展进程与规律，知晓国际知名动漫形象与品牌，打造和提升其国际动漫产业视野；③加大动漫文化产业大数据分析人才的培养，通过区内高校与对口支援高校联合培养等方式，灵活培养或柔性引进大数据分析人才，以确保及时获得科学、权威、准确的国际动漫产业动态数据，做好数据挖掘和前瞻分析，为西藏动漫产业发展提供科学有力的数据支撑和方向引导。

在具体的政策落实上，有关部门应该考虑成立专门的"文化产业政策推进领导小组"，统筹规划，保证政策落地生根，产生实效；同时，落实人才待遇，加大人才认同氛围建设，推进产业考核绩效建设。真正建立起吸引人才、留住人才的人才机制至关重要。

7. 加大资金支持力度，创新投融资渠道

为了推进文化产业良性快速发展，2012年12月，西藏自治区印发了《西藏自治区文化产业发展专项资金管理暂行办法》，为西藏文化产业发展提供专项资金支持，其中包括推进文化资源与金融资本融合、支持文化企业利用金融机构进行融资等内容。但是就整体而言，落到动漫文化产业上的支持资金仍然薄弱。笔者认为，加大资金支持，创新投融资渠道应注重以下三个方面：

---

① 王屹：《提升安徽动漫产业竞争力的途径研究》，载《江淮论坛》2016年第1期。

第一，正确定位政府与文化产业市场之间的关系。随着动漫文化产业金融需求的不断增加，政府投入成为产业资本投入的重要来源之一；同时，利用市场机制进行产业的投融资必不可少，因此，要"积极推广文化领域政府和社会资本合作模式"①。政府支持动漫文化产业发展并不是要"办动漫企业"，也不是要"开动漫市场"，而是要定位于"引导者＋监督者＋支持者"的三位一体角色。动漫文化产业的发展最终要落根于市场之中。只有处理好政府与市场之间的关系，才能够调动金融资本对动漫产业的关注，提升金融市场的活跃性。

第二，在金融市场与动漫文化产业之间构建有机纽带，构建多层次的动漫文化产业金融市场体系。其主要构成为：以银行为主体，保证金融支持体系的主体部分；辅以产权、债券等方式，积极吸引社会资本进入产业；做好专项资金中的以奖代补、贷款贴息、项目补助、转制补助、保费补贴等项目。在具体操作中应重点考虑：①建立"动漫文化产业投融资担保机构"，提供专业担保，减少融资风险；②注重对产业内资本的有效运营，优化动漫文化产业投资效率和产业结构；③加大无形资本的转化力度，充分发挥西藏特有的文化品牌的魅力。

第三，建立健全动漫文化产业的投融资政策，做好方向引导。以完善的政策保证投融资多元化的实现，提高资金的使用效率；以完善的政策化解产业的投融资风险，完善和优化投融资风险组合；同时，要注重提升产业的金融服务水平，推进动漫文化产业融资法律和市场环境建设。在产业发展中尝试以优秀动漫"产品预售"的方式吸引资金支持，畅通销售渠道，最终达到产品和品牌的有效推广与营销，打破资金瓶颈。

另外，还需要说明的是，动漫文化产业与网络游戏并不相同，不能把二者混淆从而否认动漫文化产业。

在《文化部"十三五"时期文化产业发展规划》中把动漫业与游戏业并列，并提出游戏业也是文化产业的一个重点领域。该规划提出："到2020年，预计游戏业市场规模达到3000亿元左右……创作生产一批内容健康向上、富有民族特色的游戏精品……推动游戏与教育、医疗、环保、科普等领域相结合，加快研发适应不同年龄、性别、职业用户群体，益智化、健身化、技能化的游戏产品，为不同用户人群提供多样化的游戏消费选择。"② 虽然网络游戏或者游戏业并不等于"问题产业"，但该产业中的问题以及带来的一些社会问题值得关注。

一些竞技类游戏、动作类游戏、角色扮演类游戏、冒险游戏、格斗游戏等容易带来较多的负面作用，对正处于认知形成阶段和价值观形成阶段的青少年的负面影响尤其突出。首先，严重影响青少年的身体健康：长期沉溺于这些网络游戏会使人产生精

---

① 参见文化部《文化部"十三五"时期文化产业发展规划》，见中华人民共和国文化和旅游部：http://zwgk.mct.gov.cn/，2017-04-19。
② 文化部：《文化部"十三五"时期文化产业发展规划》，见中华人民共和国文化和旅游部：http://zwgk.mct.gov.cn/，2017-04-19。

神上的依赖，甚至导致焦虑，注意力下降，出现幻觉，引发神经性紊乱；影响视力，带来辐射危害。其次，严重影响青少年的道德观念和性格：暴力、色情内容会严重误导青少年的价值判断和行为取向；网络的虚拟性、经常发生的欺诈性容易让青少年对社会做出偏激的判断；网络游戏会让家庭经济负担加重，青少年可能因此走上犯罪的道路；长期沉溺于网络游戏，会降低青少年的现实人际交流、沟通能力，失去对社会、他人的信任，甚至出现性格上的自卑、自闭问题；等等。

在西藏，由于特殊的地理环境、人文环境以及可开发的市场空间（如人口少）等因素，在文化产业中应明确定位、适当控制游戏业的发展；同时，这也是西藏长治久安应该考虑的因素。对西藏广大农牧区而言，目前和以后相当长的时间内，加强文化建设，扩大教育覆盖面，提高教育质量，大幅度提升农牧民及其子女的科学文化素质，用科学知识和社会主义核心价值观武装农牧民群众仍是农牧区发展的重要任务之一。

因此，如果适度推进游戏业发展，那么应主要集中于科普游戏、技能化游戏和益智游戏等方面；对其他类别的网络游戏应适当加以调控，而不能任其发展。

第七章　西藏文化产业发展重点之一：环保文化产业

生态资源是西藏重要的宝库之一，也是国家的宝贵资源，为了保护西藏的生态资源，实现开发利用与可持续优化发展有机结合，党和国家给予了许多支持政策，也给予了大量资金支持。西藏环保文化产业就是围绕着西藏生态形成的一种绿色文化产业。

第一节　环保文化产业的内容及西藏环保文化产业界定

环保产业中的许多内容属于文化产业的范畴，根据2018年国家统计局发布的《文化及相关产业分类（2018）》，可以给出环保文化产业的明确范畴，即为了环保业（包括社会事业和市场经济范畴）而开展的涉及文化产品和文化相关产品的生产活动等一切活动的集合。与环保有关的具体划分为：①新闻出版发行服务；②广播电视电影服务；③文化艺术服务；④广播电视传输服务；⑤文化创意和设计服务；⑥印刷复制服务；⑦其他文化活动集合，比如金融服务文化活动。环保业多元参与主体的存在是环保文化产业发展的基础和动力，结合环保业多元参与主体的构成，有助于把握环保文化产业的内容。西藏环保产业多元参与主体构成见图7-1。

环保业已经成为中国重要的公共事业和产业领域之一。2015年，投放在环境保护、水力以及公共设施管理中的资金总额超过55600亿元，同比增长幅度超过20%。环境污染物防治专用设备产量达到59.78万台，同比增长1.56%；环保专用设备总销售收入实现2612.19亿元，同比增长幅度超过1.6%。国内专用环保设备制造企业增加至1320多家，实现利润总额170多亿元。废弃资源再利用相关产品销售收入达到3705.9亿元，同比增长幅度超过0.8%；污水处理及再利用相关产品销售收入超过423.6亿元，同比增长幅度超过21%。[①] 不但社会效益明显，而且经济效益显著，产业链各环节效益良好，促进了环保文化产业的相应发展。主要体现为以下三个趋势。

---

① 数据来源：整理自中华人民共和国生态环境部：http://www.mee.gov.cn。

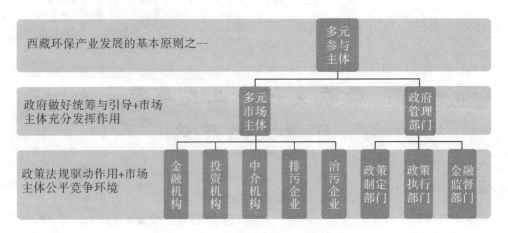

图 7-1　西藏环保产业多元参与主体构成

1. 环保文化产业信息化发展迅猛且产业预期持续向好

产业信息化是环保文化产业的重要组成部分。2015 年，我国环境监测专用的仪器仪表制造规模以上企业达 107 家，资产总额 197.3 亿元，销售收入实现了 211.43 亿元，利润总额超过 16 亿元，同比均有较大幅度增长[①]。

2. 环保事业与产业的高需求、新发展催生环保文化产业新领域

环保产业逐渐从传统的产业模式向现代产业模式转变，"智慧环保"逐渐兴起，并扮演着越来越重要的角色。这就为环境监测产业带来新的发展契机，作为智慧环保数据提供方的环境监测企业在未来的发展中具备了优势。环保系统软件的开发和使用越来越受到重视，智慧环保系统的使用规模在大幅度增加，主要集中在政府管理机构、重点工业企业以及各类集中式污染治理企业与机构。有研究认为，未来的环保文化产业中关于软件及软件产品投资需求超过 1700 亿元。

3. 环保文化产业参与主体的多元化与竞争化愈发明显

从环保文化产业发展规模而言，产业以中小企业为主力军，一些重要的环保设备生产由少数大型生产企业完成。随着越来越多的生产企业逐步涉足这一领域，兼营环保设备生产的企业数量将大幅度上升，竞争将越来越激烈。

西藏环保文化产业建立于西藏环保事业与产业之上，同时也是其重要而有机的组成部分。在空间概念上，它属于环保文化产业的地域性有机构成，中国环保文化产业不能缺少西藏环保文化产业，这是不可动摇的基本原则；在时间概念上，它既有中国文化产业整体发展进程的共性，也体现出由于特有的地理、生态、文化等因素影响而

---

① 数据来源：整理自中华人民共和国国家统计局：http://wap.stats.gov.cn。

在时间序列上产生的独特性。在空间概念与时间概念相结合的视域内，我们可以恰当地界定当下西藏环保文化产业的内容范畴，即与西藏环保有关的一切新闻出版发行服务、广播电视电影服务、文化艺术服务、广播电视传输服务、文化创意和设计服务、印刷复制服务、其他文化活动集合。

从空间、时间和内容三重范畴有机结合的视角开展的研究范畴界定，有利于我们排除与本研究无关的政治、历史、文化、经济等因素的干扰，有利于对当下西藏环保文化产业现状、总体定位与发展路径进行聚焦和分析。

西藏环保文化产业的形成和发展是以西藏环保事业和环保产业为基础的，是社会环保公共事业发展到一定程度后催生的市场反应之一，也是环保产业在市场中对社会发展需求做出的本能反应。应当明确，这里我们虽然将其界定在"反应"之范畴，但并不能否定或抹杀西藏环保文化产业中的社会效益性以及这种社会效益的重要性。

第二节 西藏环保事业与产业现状

环保领域是环保事业、环保产业存在与发展的前提，属环保文化产业发生机制的基本范畴。西藏环保领域主要包括水环境、大气环境、声环境、固体废物、辐射环境、草地/森林/湿地以及生物多样性等，情况可概述如下[①]。①水环境方面：2017年第三季度对西藏所有46个国控地表水断面（点位）和20个地级以上城市集中式饮用水水源地进行监测，结果共获得4399项数据。对数据分析后的指标表明：国控地表水（河流、湖库）评价、排名、考核断面（点位）各项监测指标均符合《地表水环境质量标准》（GB 3838—2002）表1中Ⅱ类、Ⅲ类标准；集中式饮用水水源地各项监测指标均符合《地下水质量标准》（GB/T 14848—2017）Ⅲ类标准及《地表水环境质量标准》（GB 3838—2002）表1中Ⅲ类标准。②大气环境方面：1—2月是西藏大气受污染威胁最严重的时期。2016年1—2月，西藏主要城镇（地区）空气质量达标率为88.57%，存在一定的污染隐患。（见表7-1）③声环境方面：主要城镇声污染不同程度地普遍存在，农牧区和非城区声环境优越。拉萨市功能区环境噪声昼夜等效声级范围中，1类区夜间主要在33.1~48.1分贝，超标率约为8.3%；2类区昼间超标率约为0.8%，夜间超标率约为15.3%。④固体废物情况：全区年产生量约为401万吨。其中，拉萨市、日喀则市、昌都市、林芝市、山南市、那曲市、阿里地区七地（市）主要城镇生活垃圾产生量约为56万吨。危险废物（医疗废物）处理量约为978吨。⑤辐射环境方面：全区辐射环境质量良好，公共电磁辐射环境符合国家标准。⑥土壤植被情况：共有天然草地面积8820.15万公顷，其中可利用天然草地面

---

① 其中使用的相关数据整理自西藏自治区环境保护厅：http://www.xzep.gov.cn。

积7716.59万公顷;共有森林1684.86万公顷,森林蓄积居全国第一位;有湿地652.9万公顷,并拥有世界上独一无二的高原湿地。⑦生物多样性方面:作为生物多样性的重要基因库,已有212种珍稀濒危野生动植物被列入《濒危野生动植物种国际贸易公约》附录。

表7-1 2016年1—2月西藏主要城镇(地区)空气质量情况①

单位:天

地区	优	良	轻度污染	中度污染	重度污染	达标率/%
拉萨	20	38	2	0	0	96.66
日喀则	17	40	3	0	0	95.00
昌都	18	41	1	0	0	98.33
林芝	50	10	0	0	0	100.00
山南	30	26	1	3	0	93.33
那曲	1	21	30	5	3	36.67
阿里	56	4	0	0	0	100.00
合计	192	180	37	8	3	88.57

《中央第六环境保护督察组向西藏自治区反馈督察情况》对西藏环境质量给予了总体的肯定,这也是对西藏整体环保领域做出的基本判断。反馈中说:

> 西藏自治区环境质量总体保持良好。2017年上半年,全区地表水断面水质达标率100%;7个重点城镇环境空气质量优良率为95.7%,拉萨市环境空气质量在全国74个重点城市中排名第二位。根据中国科学院《西藏生态安全屏障保护与建设工程(2008—2014年)建设成效评估》显示,西藏高原生态系统整体稳定,生态安全屏障得到有效维持,西藏仍然是全球最洁净的地区之一。②

西藏环保事业与产业之重要发端于西藏生态的极端重要性以及党和国家的高度重视。无论是从生态发展观审视,还是从经济社会发展历史来全面反思,生态文明建设都具有重要意义。党的十九大报告明确提出,全党要深刻领会新时代中国特色社会主义思想的精神实质和丰富内涵,在各项工作中全面准确贯彻落实,就必须做到"坚持人与自然和谐共生",并指出,"建设生态文明是中华民族永续发展的千年大计"③。

---

① 数据整理自西藏自治区环境保护厅:http://www.xzep.gov.cn。
② 国家环境保护部:《中央第六环境保护督察组向西藏自治区反馈督察情况》,索引号:000014672/2018-00003,2018-01-03。
③ 习近平:《决胜全面建成小康社会 夺取新时代中国特色社会主义伟大胜利——在中国共产党第十九次全国代表大会上的报告》,见中国共产党新闻网:http://cpc.people.com.cn/19th/n1/2017/1027/c414395-29613458.html,2017-10-27。

西藏生态是中国生态的重要有机组成部分，二者不可分割。世界自然基金会与中国环境与发展国际合作委员会共同发布的《地球生命力报告·中国2015》显示，2015年，中国仅青海和西藏两个省区仍维持生态盈余。全国生态良性发展存在的瓶颈和问题进一步凸显了西藏生态盈余的极度重要性。

2009—2014年，国家共投入56.66亿元财政资金用于西藏生态建设。为充分调动农牧民参与到生态保护当中，更好地落实"生态扶贫、生态脱贫"政策，2013年1月至2017年8月，西藏共落实生态脱贫资金192.67亿元，提供生态保护政策性岗位70万个，更多的贫困群众吃上了"生态饭"。[1]

从产业角度而言，可以说环保产业已经突破了简单的广义和狭义的二元对立，成为影响国家经济与社会发展的重要经济元素、社会元素和文化元素。一般地，我们可这样界定西藏环保产业：在西藏的国民经济结构和社会生活空间中，为生态提供保障、为环保提供生产、为城镇生活环境需求提供动能与供给、为环保衍生行业提供生产与服务的一切生产和服务活动的有机整体。在此界定中，生态的保障是核心，它是环保工业生产与生活环境需求供给以及环保衍生活动的基础，也就是西藏环保产业化的首要前提和核心依托。

学术研究多从政策作用、投融资模式、技术创新、企业集聚、市场因素、市场效率以及指标构建等方面来探讨环保产业，总体而言，已经形成了较为完备的指标体系。比如，张雪花等人提出三级分层指标体系。[2] 该体系分为三层，第一层为一级指标，包括产业发展基础（权重为20%）、产业发展环境（权重为40%）和产业发展能力（权重为40%）；第二层为二级指标，是对相应一级指标的中层化指标的构建，共有10项；第三层为具体指标，是由经验、数据验证的实践指标，共有22项。结合西藏环保产业实际状况，我们以该指标体系的二级指标和具体指标检验西藏环保产业发展现状；由于一些指标具体数据缺失较大，因此，把此定量方法转化为定性研究，产出结果如表7-2所示。定性描述与分析表明，西藏环保产业目前处于起步和初级阶段，但具备内在发展动力，发展前景良好并有一定程度的展现：①具备了一定的发展基础，但较为薄弱，产业扩展势头"迅猛"；②产业发展环境良好，市场活跃，表明产业正在加速发展；③产业发展能力在逐步提升，除出口能力外，其他中层化指标表明了政策导向的正确性并产生了积极影响；④出口能力在西藏环保产业的适用性上存在一定的特殊性，即该指标的标志性意义不强，不应以通用解读模式解读该指标。

---

[1] 参见国家环境保护部《中央第六环境保护督察组向西藏自治区反馈督察情况》，索引号：000014672/2018-00003，2018-01-03。

[2] 参见张雪花、许文博、李宝娟等《我国环保产业发展指数构建与测评》，载《环境保护》2018年第2期。

表7-2 西藏环保产业现状的指标定性描述

中层化指标		实践指标	
指标名称	定性描述与分析	指标名称	定性描述与分析
产业规模	虽然取得了一定的突破和发展，但整体规模较小	从业人员	较少，集中于国有企业
		资产总计	较少，增速明显
		年内新增固定资产投资	较少，增幅加大
		主营业务收入	较少，呈增长态势
产业结构	初步形成，在探索和完善中	产业集中度	中等，呈增高态势
		服务业比例	较小，呈增长态势
		国企占比	较大
经济因素	稳定、向好	经济景气程度	稳定，财政支持力度大
		经济发展速度	中高速，文化产业成为支柱
		城镇化水平	较低，呈快速提升态势
		工业占比	中等
政策因素	良好	环保社会投资	较少，呈快速增长态势
市场因素	逐渐活跃	应收账款周转率	中等，呈增长态势
营运能力	逐步向好	总资产周转率	中等，呈增长态势
		净资产周转率	中等，呈增长态势
		净利润率	中等，呈增长态势
融资能力	较好	融资总额	较少，呈快速增长态势
投资能力	较好	投资总额	中等，呈快速增长态势
技术创新能力	逐步增强	研发人员数量	较少，呈增长态势
		研发经费支出	较少，呈增长态势
		专利授权数量	较少，呈增长态势
出口能力	较差	出口收入占比	很少

注：定性描述来自笔者的长期调查与经验积累，尤其是2016年1—8月在西藏的调查所得。

第三节 西藏环保文化产业发展的总体定位

生态的好坏不但关系着西藏各项事业，而且关系着国家经济社会的全面发展和进步以及生态文明的整体状况。以此而言，西藏的环境安全具有国家战略意义，被赋予了神圣使命。从纵向和横向相结合的角度看待当下西藏环保文化产业，可以清晰地看到，党和国家在西藏环保业和与之相关的文化产业的发展方面给予了政策上的大力支持，方向明确、政策得力；西藏自治区党委和政府高度重视环保工作，在资金投入上向环保领域倾斜，环保文化产业发展动力得到大幅度提升；同时，全国各省市对西藏的大力支援为西藏环保工作和环保文化产业发展注入了活力和动力。

作为一种重要的有机的组成部分，西藏环保事业和环保产业赋予了西藏环保文化产业重要而独特的产业身份：①它是西藏环保事业和环保产业发展的必然结果，符合现代经济社会发展理念和产业发展规律；②它是社会主义核心价值观"文明、和谐"的直接要求和体现；③它是西藏经济社会全面可持续发展的有机组成部分和重要动力。

我们知道，以经济学视角的成本－收益模式作为产业衡量标准具有较大的缺陷，比如，在一个产业发展之初，其社会代价一般较大，甚至有时对人文精神带来较大的冲击，比如工业兴起时在欧洲产生了重度污染并带来了大量的社会失范。西藏环保文化产业不能忽视这一威胁。目前，随着西藏不断繁荣进步，尤其是开放力度的加大和市场经济的发展，商业元素不断渗入西藏的碧水蓝天之中，旅游产业运营中的短视行为以及对旅游资源的破坏性开发给西藏的生态环境带来了严重的威胁；随着传统生活方式的改变和经济生活水平的提高，西藏农牧区的生活垃圾越来越多，给农牧民的生活环境带来了不良影响，也直接削弱了当地的旅游吸引力；一些农牧区的群众卫生意识薄弱，导致乡村卫生状况差。诸如此类的情况不但在呼唤着西藏环保事业和产业的更大发展，也给西藏环保产业，尤其是环保文化产业敲响了警钟：作为经济领域与社会领域交叉的产业，不能完全走成本－收益模式，应该而且必须以社会效益、人文精神为核心。

从具体的操作实践角度而言，西藏环保文化产业的定位不能忽视这四个主要特征：处于初级阶段、区域特征明显、政策性明显、辅助满足公共需求。

第一，西藏环保文化产业处于起步状态，蕴藏着巨大的发展机遇，产业前景可观；同时，由于地理、气候等自然因素的影响，也面临着一些潜在威胁和不确定因素。

第二，西藏环保文化产业的区域特征主要集中于两点：①生态保护、优化的核心性和生态的脆弱性；②主要城镇的产业相对密集与广大农牧区相对松散状态并存。

第三，西藏环保文化产业的政策性主要体现在对产业发展的引导性和对产业发展的政策支持、资金支持上。政策支持并不排斥民间资本的进入和产业多元化发展，二者恰恰是相互补益的关系。

第四，西藏环保文化产业发挥着辅助满足人民群众对良好生态环境需求的作用，并形成以环保事业为主体与核心，环保产业为促进力量（其中，环保文化产业为辅助力量与特色）的满足公共需求的体系。

从产业特性而言，西藏环保文化产业既有环保文化产业的共性，又有其自身的独特性。西藏环保文化产业必须把环境的有效保护落到实处，为有效保护西藏的生态环境贡献力量，即把环保社会效益坚定不移地放到第一位；同时，西藏环保文化产业作为文化产业的一类，又有其自身的利益诉求，即要面对市场，在市场中获得经济效益，求得竞争优势，从而在市场中实现可持续发展，为西藏经济社会全面发展和繁荣提供经济支撑和活力。

从我们前面已开展的分析可以得出，总体来看，环保文化产业在西藏已经不是开展或者不开展的问题，而是如何顺应历史和社会发展规律更好地开展的问题。一言以蔽之，西藏的环保工作必须进一步加强，而且已经到了比较紧急的地步，对应而言，环保文化产业也必须同步推进，而且此举的意义颇为重大。

第四节　西藏环保文化产业的发展现状

虽然西藏环保文化产业处于初级阶段，但随着西藏生态建设的不断推进，其自身也取得了一定的成绩，这些成绩的取得来之不易，也在一定程度代表了环保文化产业在西藏的现状和未来趋势。主要体现在如下四个方面：

第一，涉环保的新闻出版有了一定发展，尤其是《西藏日报》《西藏商报》等主流媒体对环保工作的宣传报道更加重视。用于环保宣传的印刷业有了一定发展，宣传材料的发放量呈大幅度增加态势。笔者在西藏阿里地区普兰县 HER 乡参加"强基础、惠民生"活动时，半年时间内参与了 4 次普兰县组织的环保宣传与印刷品的发放活动。

第二，涉环保的广播影视、新媒体增多，"微林芝""最美西藏""西藏发布""西藏在线""西藏文化网"等微信平台涉环保文化内容逐渐增多，《天上西藏》《人间圣地·天上西藏》《西藏——自然之路》等介绍展示西藏的宣传短片以及西藏旅游宣传片等一定程度上涉及生态和相关文化产业，并已经产生了较大的影响。

第三，涉环保的文化艺术服务有了一定形式的开展，摄影、娱乐服务、教育、文物、文化经纪与代理等各类文化艺术服务中不同程度涉及生态和环保内容，形成了初步的环保文化服务体系。比如，在环境监测科研中开展了西藏高风险外来入侵物种及其安全性调查、西藏生态环境大数据平台框架建设与体系、拉萨市机动车尾气排放对环境空气质量的影响、县城生活污水人工湿地处理技术等研究和服务活动。

第四，涉环保的文化创意和设计服务出现，发展态势良好。在西藏生态旅游的创意中，通过视觉、文字等形式形成的业务活动已经涵盖了较多的环保内容。比如，开展环保工业设计、环保机械造型设计、环保服装设计、环保商品包装设计、环保题材动漫设计、环保产品展示设计、环保网站设计、环保工程设计等业务。从目前西藏环保产业发展趋势和市场预期分析，对以这些内容为主的环保文化创意与设计将是环保产业发展的重点之一，有良好的社会预期和市场预期。

虽然环保文化产业有了一定的发展，但与西藏环保事业要求，与西藏文化产业发展要求相比较显然还远远不足，差距较大。总体而言，在笔者所界定的西藏环保文化产业的七大方面均存在较为明显的缺失，也有的表现为相关措施不到位或动力不足，产业发展的白点、盲点较多。这与环保文化产业在西藏仍处于初级阶段相对应，符合事物发展的规律，因此，这些不足或者问题不应成为否定或质疑西藏环保文化产业发展的理由或借口，而恰恰是大力推进西藏环保文化产业的突破口和关键环节。比如，仍有以下四个方面问题或不足：

第一，与环保有关的科学研究以及专业性团体的发展与服务不到位。进行环保科学监测的备案机构少，且主要为外省份的机构，缺少西藏本地高水平环保监测机构开展科学研究和环境监测。2016年6月更新的西藏自治区社会环境监测机构共有4家，其中，云南1家、四川2家、西藏1家[①]。

第二，相关的环保书籍和宣传材料的产出、印刷和发行量仍较少，环保宣传服务不到位。一方面，环保书籍产出少，针对西藏环保的专业学术书籍少而陈旧；另一方面，环保宣传材料的印刷、发放集中于重要的环保宣传日或宣传活动中，缺乏科学、系统、具备可持续性的环保宣传方案。同时，环保宣传与当地实际情况尚欠有效融合，对农牧区群众的吸引力不强，效果不明显。比如，2016年，西藏阿里地区某县环保部门发放地震预防宣传材料，在发放过程中许多农牧民拒绝接受，认为当地有"神山""圣湖"，不会发生地震，最终造成大量宣传材料被随手丢弃。

第三，环保产业的创意不足，设计服务不到位。西藏环保业在制度理念以及事业发展理念、服务创意、产品设计等方面仍然主要沿袭传统模式，环保创意的形成、展示不足，产生的宣传效果不明显，尤其在广大农牧区更为突出。在有效改变农牧区群众环保意识方面缺乏有效创意，服务不到位，导致一些看似积极的环保宣传多流于形式。

第四，西藏环保业的数字化、智慧化程度较低，环保软件的开发和应用不到位，加之西藏特有的地广人稀、高寒缺氧的实际情况，环保事业的系统性、科学性以及有效性受到许多限制，导致环保业发展不均衡。一般而言，地市级城市是受污染威胁较为严重的地区，同时环保事业的数字化应用相对较多；广大农牧区受工业污染小，但生活垃圾污染问题日显突出，环保宣传以向农牧民发放宣传材料、组织农牧民捡拾垃圾为主要形式，数字化程度较低。

---

① 数据来源：西藏自治区环境保护厅：http://www.xzep.gov.cn。

第五节 西藏环保文化产业的发展路径与探讨

对环保文化产业和西藏环保文化产业的内容的界定是我们认清研究目标的基础工作，也是前提性工作，由此产生的分析是有相应理论和实践基础的，方向性也得以明确。对西藏环保事业与产业现状的分析让我们了解了西藏环保文化产业的直接来源和发生机制，得出了环保文化产业开展的必要性和可行性。西藏环保文化产业发展的总体定位分析，是以习近平新时代中国特色社会主义生态学为理论依据，把理论层和实践层、供给层和需求层这两类二元结构相融合，形成新时代下的定位机制，并以此为指导推进产业发展路径的构建。西藏环保文化产业的发展现状与存在的主要问题分析是路径构建的经验准备与验证，是进行路径研究的直接经验和思想来源。

1. 推进西藏环保多元服务体系建设

环保服务体系建设是西藏环保文化产业发展重要的环节之一，需要结合西藏环保发展实际和未来发展需求进行产业化探索和创新，而这些创新又是相互关联的，彼此之间相互影响。所以，对西藏环保文化产业整体把脉，深入解析，厘清结构之间、元素之间以及结构与元素之间的关系是西藏环保多元服务体系探索、建设和创新的前提和基础。

就某一方面的实际操作而言，以环保服务中的数字化、智慧化服务为例，要紧紧抓住环保业发展趋势，构建西藏特有的智能化的监管服务体系、游客认知引导平台、农牧民可学可用的实际操作平台等多层次的软件服务系统，让市场元素融入环保业；同时，让所有群众能够从便捷的环保服务中获取社会效益、生态效益和市场效益。从而使社会受益的同时带动环保产业自身的活力，形成可持续发展的产业模式。

2. 形成形式多样的文化创意和监管创意

创意是环保文化产业活力的重要来源。环保业的文化创意、设计指的是为推进环保业的开展而探索并形成的多种多样的、形式活泼的文化形式或文化活动，它能够让广大群众真正参与到环保业之中，并从中获取某种程度的价值认同。监管创意指的是在环境监督、服务中采用新思路、新方法，从而切实产生服务实效。

目前，西藏环保文化创意、设计服务主要表现在宣传材料的设计形式、内容更加多样化，其他方面则相对较弱，尤其是在能够充分调动农牧民积极参与的环保活动创意方面更显欠缺。根据西藏农牧区实际，探索推进"社区共管创意模式"具有积极意义。操作模式为：以环保工作需要为前提和基础，以几个具有一定相关性的行政村为一层级单位，让村中的农牧民充分参与环保行动，通过农牧民参与和社区共管，实现环保业的"市场化+集体化+社会化",形成效益共享、荣誉共享、责任共担的创意管理模式。该创意模式需要管理部门相关政策、制度的形成,行政村之间有效协议的达成,实施主体的进一步确定,农牧民价值认同的达成,实施主体的责、权、利的协调,实施规划的科学性与有效性保证,实施能力保证,操作性资金保障等诸多方面协同完成。

监管创意在保持以密集化、行政化为特色的网格化监管创意①,形成纵横相间的监管风格体系外,还应加强来自普通群众的自下而上的监督,产生自我监督活力。可考虑结合共管创意进行综合设计,同时推进环境监管联动模式建设,"充分利用在线监测、工况监控、智能核算、检查执法和企业上报等多业务平台数据进行联动分析,提升环保监管部门的综合监管能力"②。

3. 推进涉环保文化产业设备制造业发展

"绿色管理"已经成为西藏各类企业必须面对的问题,充分考虑生产过程对外部环境造成的不良影响并采取相应的治理、应对举措具有重要意义。产业链条中实现对各个环节的绿色过程管理,利用环保设备处理废弃物、有毒物,减少或消除废气排放,以最大限度地削减对人类自身及环境的不利影响是重要选择之一。与生产、消费各个环节相沟通的环保设备制造业有着广阔的发展空间。

目前,环保设备的生产与西藏环保工作的要求和需求之间存在较大差距。可考虑重点推进环保设备制造业,扶持二至三家企业,结合西藏环保工作的要求,大力推进集约化、规模化生产,提升效率和市场竞争力。

只注重垃圾清理用的重型、大型设备的生产和使用已不符合市场需求及产业现状和预期,不断加大涉环保文化产业的小型设备制造业发展成为必然趋势。比如,用于环保的新闻、广播、视频等的电子设备,用于环保的文艺作品创作、表演的设备,用于环保的群众文化的服务设备、研究设备、培训设备,用于环保的信息传输设备、互联网服务设备,用于环保的数字仪器设备、勘察设计设备,用于环保的印刷、装订、包装设备等。

4. 加大生活垃圾处理与宣传服务

城镇化水平的不断提高使生活垃圾的处理显得极为重要。随着生活水平的日益提高,西藏的生活垃圾在大幅度增加,主要城镇和农牧区都面临这一威胁。西藏偏远农牧区较多的生活垃圾主要分布在山沟、水渠、田间等地,形成自然堆积。主要以生产、生活所产生的各类包装物、金属和玻璃类饮料罐瓶、大量废旧衣服和鞋子为主,

---

① 网格化监管一般指按市、县(区)、乡(镇、街道)、村(居)划分监管网格,或者按监管对象划分为重点监管对象(一类)、普通监管对象(二类)、宽松监管对象(三类)等,再按形成的网状结构开展监管。

② 于淼、冯涛、汪远安:《工况监控与环境监管业务联动模式应用研究》,载《中国环保产业》2017年第5期。

还有较多的医用垃圾。生活垃圾的构成比例为：各种塑料品约占60%，纸质包装品约占20%，金属罐和玻璃瓶约占15%，废旧衣物等约占5%。①

具体处理举措应包括以下方面：①加大对生活垃圾的处理力度，拨付专项资金，保证生活垃圾处理需要的设备和人力投入。②推进生活垃圾处理的宣传创意，引入市场机制，鼓励和支持相关小微企业发展。通过良好的宣传创意打破农牧区群众的认识误区，并使他们积极主动地参与到环保宣传和环保实践当中。③加大在农牧区的环保宣传队伍建设，支持成立民间环保社团，并对社团活动给予一定的经费和政策支持。④加大垃圾处理知识普及的信息化建设。在广大农牧区，要因地制宜地设计环保信息化建设宣传，把传统宣传模式与信息化建设有效结合，摆脱形式主义，切实做好宣传服务。

5. 进一步做好危废处理环节管理和处理工艺

环保业中的危险废弃物（简称"危废"或"危废物"）处理行业主要是政策引导性的。适度增加危废处理投资力度，提升危废处理设备技术含量，提高危废处理效率是西藏环保行业发展的必然要求。尤其要关注重点危废处理企业、重点危废处理项目以及重点危废物处理。目前，具有危废处理资质的企业绝大多数为民营企业，西藏应适当提高国有危废品处理企业的比重。

要加大对西藏危废集中处理中心、各地市的医疗废弃物处置中心、全区主要医疗卫生机构、主要报废机动车回收拆解企业以及涉及化学品使用和产出的企业的监督检查力度，保证所有处理流程、技术指标不"缩水"，严把处理质量关。规范填埋处置规模、填埋工艺、填埋场的作业制度及作业管理技术要求、清污分流设计、填埋作业区周围风沙及安全防护措施设计、废水处理规模与工艺等各个处理环节。加大处理过程信息系统、决策系统、预测系统的使用。

6. 进一步加大环保科学研究和教育教学

加大西藏环保的科学研究服务工作，探索与西藏实际相符的环保规律，为科学制定政策、规章提供理论依据是西藏环保事业和产业发展的必然要求。

要给予环保研究机构或从事环保相关研究的机构一定的经费和政策支持。鼓励民间研究机构、智库机构参与研究，向政府和相关管理部门提供前沿研究成果。

要加大环保监测研究与建设。充分利用已经达成合作协议的自治区外省（区、市）监测机构，实施全面、科学、准确度高的环保监测；同时，共同培养西藏自己的高水平环保监测人才，结合实际情况探索建立高水平自有环保监测机构。

在西藏民族大学、西藏大学等高等院校中探索开设西藏环保学科，加大学科建设

---

① 参见平措、吴坚扎西、卞利强等《略谈西藏偏远农牧区生活垃圾污染问题》，载《西藏科技》2015年第6期。

力度,科学设置专业课程和选修课程。主管部门应给予相应的政策支持,结合西藏环保发展的需求和趋势,做好学科建设的统筹工作,并在人才培养方案、毕业生就业方面给予指导和支持。

7. 深入做好生态修复和修复文化宣传

生态修复指的是在生态学原理指导下,以生物修复为基础,结合各种物理修复、化学修复以及工程技术措施,通过优化组合,使被污染或被破坏环境的修复达到最佳效果和最低耗费的一种综合的方法。① 生态修复是环保业中必不可少的要素。它本身既是一项对已被污染的环境或已被破坏的环境进行修复的技术,也是一项实施效果好的人与自然和谐相处的发展理念。

2009 年,《西藏生态安全屏障保护与建设规划》正式实施。"十二五"期间,政府累计下达超过 190 亿元的生态补偿金,西藏的生态修复已经取得了巨大的进步,生物多样性得到有效保护,生态保护区建设以及国家级风景区、国家级湿地公园保护与建设等方面稳中向好,部分珍稀野动物种群在保护区范围内得到恢复和增长。

但在生态修复管理、修复技术、修复程度以及修复效率等方面还存在缺陷。应进一步提高生态修复的资金投入,进一步提升生态修复规划的科学性、可行性和有效性;建立和加强责任监督机制和问责机制,切实保障生态修复规划的有效落实,避免形式主义。

应加大生态修复宣传,尤其要让普通农牧民了解生态修复的一些基本知识和修复办法,运用多种形式和方法调动他们积极参与其中。把生态修复宣传与落实作为一种融社会效益、经济效益于一体的文化产业来实施。以微生物-物理修复为例,操作中可以包括以下具体内容:技术人员的引进与培养;对环境污染,尤其是对土壤污染、水体污染的严重后果的宣传;运用微生物-物理修复方法的宣传材料的设计、印刷、发放;设计制度与方法,带动农牧民真正开展微生物-物理修复,让他们有参与的热情与动力;充分运用市场运营手段,把生态修复作为农牧民经济、社会、生活的一部分,产出一定的经济效益;等等。

当然,生态修复不能完全依靠农牧民的参与来完成,其中的专业性与技术性是最大的限制因素。但生态修复的文化产业因素不可低估,在西藏生态的未来发展中,应充分加以考虑,进行深入研究、科学规划和设计。

8. 深入做好环保业的投融资

长期以来,环保行业的投融资一般采取 BOT 的"特许权投融资方式"。这种方式一般可以满足基础设施建设的强劲需求,解决资金投入问题;同时,通过运营可以在一定程度上促进技术转化,提高效率。但是也存在着一定的局限性,比如融资成本

---

① 参见周启星、魏树和、张倩茹等《生态修复》,中国环境科学出版社 2006 年版,第 9 页。

高,要求的投资回报高,投融资周期长,而且程序复杂,主要是用于营利性的基础设施或者公共产品。对西藏而言,必须探索建立与西藏区情相符的环保业投融资模式,避免全盘BOT模式化。

有研究认为,"环保产业投融资机制创新最终目标应是,形成一个多元、绿色、市场化投融资机制,从而为绿色投资提供足够的市场激励,为环保产业发展提供足够的资金支持"①。这种"多元+绿色+市场+政府"的多元投融资模式可以避免传统单一化投融资模式的弊端,有效推进环保产业投融资的开展和效用最大化。

西藏环保产业应借鉴这一思路进行投融资创新,应主要关注以下要点:(见图7-2)

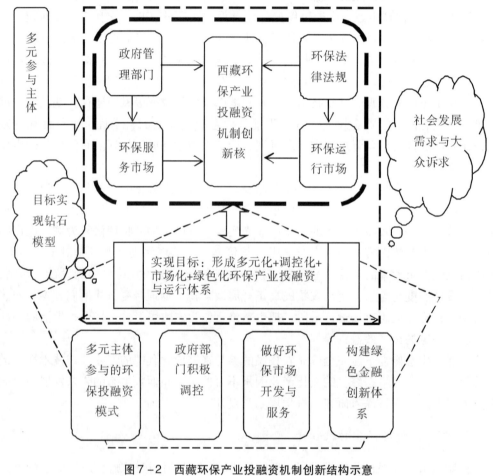

图7-2 西藏环保产业投融资机制创新结构示意

---

① 郭朝先、刘艳红、杨晓琰等:《中国环保产业投融资问题与机制创新》,载《中国人口·资源与环境》2015年第8期。

第一，政府与市场关系的处理是投融资机制创新的关键与核心问题，要充分发挥政府的宏观推动作用，并以政府采购形式产生强大的引力；同时，充分发挥市场的吸引作用，吸引治理第三方、服务第三方、交易第三方等市场主体进入产业，盘活市场要素。

第二，要强化模式的创新与绿色金融实践的创新。要在多元主体参与下实现投融资模式多元化，针对特定环节开展有针对性的投融资，相应采取最优化模式。目前，政府与市场资本合作模式主要以公私合营PPP模式为主，在西藏，要注意该模式的适用性问题，尤其是在环保产业的大项目上，应更多地突出政府作为，适度运用公私合营模式。

绿色金融实践指以优惠利率和其他优惠条件支持的贷款实践，其目标必须用于环保项目，或者具备一定的社会环保效益产出，比如绿色信贷、绿色保险、绿色证券、环保产业基金等。西藏的绿色金融实践目前还很薄弱，应根据现实状况积极探索，建立适应西藏环保产业发展需求的绿色金融实践体系。

第三，突出第三方治理。环境污染第三方治理既可以做到治理的专业性，又可以对污染企业起到警示问责作用，可以提高治污效率，降低环境风险；同时，可以让政府管理部门减少"全而广"的监管，集中精力提高执法效能。要深入研究污染的第三方治理相关政策，对第三方治理企业实施优惠税收政策；发挥行业协会、社会组织等平台的作用，逐步建立基于项目绩效的信用评价体系，完善以第三方治理为主体的社会评价体系，形成适用于西藏的环保治理第三方体系。

大力发展环保业是西藏经济社会发展的必然要求，而文化产业已经成为西藏产业发展的重要支撑力量，并将焕发出更大的生机和活力。但推进西藏环保文化产业可持续发展是一个系统工程、综合工程，既需要政府部门职能的充分发挥，也需要产业市场的进一步培育和发展，尤其是在笔者提出的八大路径的基础上形成高效、可持续的产业集群或企业集聚；另外，同样需要社会力量的不断培育和成长、参与。在这样的大背景下，应该加大对西藏环保文化产业推进的力度，从而实现"社会和谐+生态向好+产业繁荣"三位一体的多赢效果。

第八章　西藏文化产业发展重点之一：工业文化产业

2016年12月30日，工业和信息化部与财政部联合颁布了《工业和信息化部、财政部关于推进工业文化发展的指导意见》，明确提出发展工业文化产业，让工业文化产业成为经济增长新亮点。西藏工业发展虽然整体滞后，但有着工业文化产业发展独特的吸引力，是西藏整体文化产业发展的重要构成。

第一节　什么是工业文化产业

"纵观工业文化诞生至今200多年的发展历程，工业文化是人类历史文化演进：从农业文化发展到工业文化，再发展到信息文化中一个承前启后的重要阶段。它是继农耕文化之后人类必然要经过的一个文化阶段。它是伴随工业革命的兴起与发展而不断发展与完善的，是一个国家工业发展的精神产物。"[1] 下面我们简要讨论工业文化产业的相关界定。

工业文化总体可分为广义和狭义两大类。从广义角度而言，工业文化与工业文明具有相同的范畴；从狭义角度而言，工业文化指的是在推进工业发展过程中产生的文化产物，包括工业精神、思维模式、价值取向等多方面的内容，总体上可概括为物质生产、制度生产和精神生产的总和，对应着工业物质生产文化、工业制度生产文化和工业精神生产文化三个主要模块。

工业文化在现代产业发展中具备独特的社会价值和经济价值，从而形成以工业实体为依托的工业文化产业。简单而言，工业文化产业指的就是"工业+文化的产业化"，但并不是简单的三元素的相加，而是三元素的有机化，形成符合历史发展潮流的新的工业与文化产业的交叉与融合。

---

[1] 周荣喜：《国内外工业文化研究现状》，见工业和信息化部工业文化发展中心：http://www.miit-idpc.org/_d276861957.htm，2017-06-20。

但是总体而言,工业文化产业在中国还是一种兴起时间很短的产业形式。虽然早在18世纪工业革命的进程中已经出现了工业文化形式,但中国远远滞后。自近代"洋务运动"以来,中国工业发展才得以迈出实质性步伐,相伴着产生了一定的工业文化。但中国特色的民族工业文化产业长期处于隐没状态,未得到重视和有效推进。

我们简要回顾一下西方工业文化产生的历程,这对我们定位西藏工业文化产业、避开一些认识误区大有帮助。英国作为工业革命的重要发源地,其原始状态的工业主义给社会带来了严重危害,出现道德败坏以及环境污染等严重的社会问题;其掠夺性质的工业发展及资本积累也传播了殖民主义。这些后果逐步受到重视,其社会合法性受到质疑,随后,以掠夺和倾销为模式的工业主义逐渐转向竞争的有效开展、工业主义价值观的变革、技术能力的提升等方面。美国的工业发展之路吸取了英、法、德等国家的经验,利用机遇加大了工业发展中的创新元素,成为世界工业文化发展的引领者。在"二战"中战败后,日本才转向大力发展本国的工业文化,把学习与融合作为工业文化发展的重要方针,催生了以家族为重要纽带的积极吸取西方先进技术为自身所用的工业发展模式。

结合西方工业文化发展状况、历程以及中国工业文化发展现状,我们关注和推进西藏工业文化产业则具有一定的前瞻性,因为面对这一文化产业潮流,西藏有资源和能力积极参与其中,从而为西藏的发展、繁荣和稳定做出积极贡献。

第二节 西藏工业文化的产生及发展状况

西藏工业发展有其独特性。在和平解放前,西藏的现代工业几乎处于空白状态;西藏的和平解放和民主改革为西藏现代工业发展注入了活力和动力。总体而言,西藏工业发展表现出以下特征:

第一,具有一定的阶段性。李国政认为,西藏工业发展总体可分为四个阶段[①]:第一阶段为移植与嵌入阶段(1951—1965年)。虽然西藏的现代工业并不是其自身经济自然演化的结果,但是在外部嵌入力量的影响下得以产生和发展,中央和内地省市的支援是其发展的强大动力。在这一阶段,工业与农业之间的联系并不紧密,而且很少存在工业反哺农业或者农业为工业产出经济剩余的情况。第二阶段为模仿与追赶阶段(1965—1980年),这一阶段也是中央对西藏的"总体供给模式"逐渐形成的阶段。"总体供给模式"指中央政府针对西藏的综合性制度的供给安排,包括政治、经济、文化和社会等各个方面。这种供给模式在相当长的时期内成为推动西藏发展的最

---

① 参见李国政《论西藏工业化道路的阶段与特征:嵌入、模仿、回潮与内生发展》,载《河南工业大学学报(社会科学版)》2016年第1期。

强大动力,尤其是在西藏工业发展初期起到了无可替代的作用。但随着西藏发展的不断推进,"总体供给模式"的迟滞性开始显现。第三阶段为回潮与反思阶段(1980—2006 年),这一阶段市场经济体制得以确立,工业企业的改革逐步走向深化,股份制公司和上市公司出现,得到了快速发展,乡镇工业和民族手工业也有一定程度的发展;同时,由于产业化、规模化、集约化程度尚小,效率不高,且生产、经营管理中缺乏先进经验,西藏的工业发展也在市场竞争中显出了疲态。第四阶段为内生与创新阶段(2006 年至今)。2006 年之后,西藏转变了经济发展的思路,把矿产、旅游、藏药、建筑建材作为发展重点。政策法规支持力度加强,管理体制机制不断健全,产业发展不断向好。当年提出了"一产上水平,二产抓重点,三产大发展"的现代产业发展思路,有重点地发展现代工业。2007 年,胡锦涛同志提出西藏应该走"中国特色,西藏特点"①的发展路子,进一步为西藏工业发展指明了方向。2010 年,中央第五次西藏工作座谈会强调,西藏工业发展要注重统筹规划、科学布局,着重培育具有地方特色和比较优势的战略支柱产业;同时,加大基础设施建设和能源开发力度,增强自我发展能力。2015 年,中央第六次西藏工作座谈会上强调,"要全面深化改革,创新发展模式,做到'五个结合',即把政府作用与市场作用、借助外力与激发内力、对内开放与对外开放、新型城镇化与新农村建设、开发建设与生态保护更好结合起来""要突出抓好特色产业、基础设施、生态环保三项重点,提升西藏自我发展能力"②。西藏工业发展在逐步探索和形成具有自身特点的发展路子,这就是在国家战略层次和西藏综合发展的基础上,以特色产业为中心形成内生式的发展模式,以产业创新为主要动力引擎,大力推进产业创新。

第二,具有一定的结构性。这种结构性指的是随着西藏经济社会发展需求重点的改变,西藏工业呈现出的发展重心的变化。李国政认为,西藏工业的发展经历了几个主要阶段。第一阶段是萌芽阶段,从西藏的和平解放到民主改革;第二阶段是加速发展阶段,从民主改革到改革开放;第三阶段是转型发展阶段,从改革开放到 21 世纪初;第四阶段是深化和特色发展阶段,从 21 世纪初至今。正是在第四阶段,西藏的第二产业有了大幅度提高,"逐步形成了现代特色的工业体系,取得了良好的经济效益、社会效益和生态效益,由与内地同质的产业结构发展到带有西藏特点的异质结构,走出了一条有别于内地工业发展的特色道路"③。

第三,发展的动力具有一定的特殊性。虽然发展现代工业体系是西藏经济社会发展的重要组成部分和历史的必然要求,但是由于西藏特殊的地理环境和气候条件,加

---

① 苏小明:《光明日报:符合西藏实际的发展道路》,见中国共产党新闻网:http://cpc.people.com.cn/pinglun/n/2012/0905/c78779 - 18921593. html,2012 - 09 - 05。

② 新华网:《中央第六次西藏工作座谈会》,见中国西藏网:http://www.tibet.cn/special/b/xxgczylchyjs/yaowen/1477619276289. shtml,2016 - 10 - 28。

③ 李国政:《论西藏工业化道路的阶段与特征:嵌入、模仿、回潮与内生发展》,载《河南工业大学学报(社会科学版)》2016 年第 1 期。

之基础薄弱,同时还要考虑尽快改变西藏经济社会相对落后状况的现实需求,在这样的背景条件下,完全依靠西藏的内生动力开展现代工业化的诸项产业积累并不可取,也不现实。因此,西藏现代工业体系的建立和快速发展离不开国家和兄弟省市的大力支援。

下面我们具体看一下西藏近年来工业经济发展的情况。

2007 年,西藏工业实现了较快增长,全年工业实现增加值 25.71 亿元,比上年增长 17.1%,其中,规模以上工业企业实现增加值 22.54 亿元,增长幅度达到 17.6%。规模以上工业企业实现产值 41.36 亿元,比上一年增长 18.4%,其中,重工业产值 26.66 亿元、轻工业产值 14.70 亿元。国有企业实现产值 13.82 亿元,增长幅度超过 13%;集体企业实现产值 1.85 亿元,但是整体呈下降趋势,下降幅度超过 6%;另外,股份制企业实现产值 17.45 亿元,增长了 31%;其他经济类型企业实现产值 3.58 亿元,增长 1%。

全年规模以上工业企业产品销售率达到 93.6%,实现利润总额 5.61 亿元,同比增长了 42%。其中,国有及国有控股企业利润增长幅度最高,达到 66.5%,实现利润额 2.72 亿元;股份制企业实现利润额 2.5 亿元,增长率达到 47.8%;集体企业实现利润额下降了 1.8%,实现利润额 0.25 亿元。

2008 年,西藏工业实现增加值 29.68 亿元,比上年增长 15.42%,其中,规模以上工业企业实现增加值 26.34 亿元,增长幅度达到 8.9%。规模以上工业企业实现产值 46.62 亿元,比上一年增长 8.9%,其中,重工业产值 29.81 亿元、轻工业产值 16.81 亿元。国有企业实现产值 15.96 亿元,增长幅度超过 15.48%;集体企业实现产值 2.43 亿元,增长幅度为 31.35%;另外,股份制企业实现产值 20.9 亿元,增长了 19.77%;其他经济类型企业实现产值 2.98 亿元,下降 16.76%。

全年规模以上工业企业产品销售率为 92%,实现利润总额 6.14 亿元,增长了 9.44%。其中,国有及国有控股企业实现利润额 2.01 亿元;股份制企业实现利润额 1.14 亿元,下降了 54.4%;集体企业实现利润额 1.12 亿元,增加了 348%。

2009 年,西藏工业实现增加值 32.67 亿元,比上年增长 10.07%,其中,规模以上工业企业实现增加值 27.56 亿元,增长幅度达到 4.63%。

全年规模以上工业企业产品销售率为 97.2%,实现利润总额 5.63 亿元,下降了 8.3%。其中,国有及国有控股企业实现利润额 1.07 亿元;股份制企业实现利润额 3.68 亿元,增长了 222.8%;集体企业实现利润额 0.22 亿元,下降了 80.36%。

2010 年,西藏工业实现增加值 39.73 亿元,比上年增长 21.61%,其中,规模以上工业企业实现增加值 29.25 亿元,增长幅度达到 6.13%。

全年规模以上工业企业产品销售率为 96.5%,实现利润总额 9.36 亿元,增加了 66.25%;其中,国有及国有控股企业实现利润额 2.82 亿元;股份制企业实现利润额 5.88 亿元,增长了 58.42%;集体企业实现利润额 0.18 亿元,下降了 18.18%。

2011 年,西藏工业实现增加值 48.93 亿元,比上年增长 23.16%,其中,规模以上工业企业实现增加值37.15亿元,增长幅度达到27%。

全年规模以上工业企业产品销售率为97.4%,实现利润总额12.97亿元,增加了38.57%。其中,国有及国有控股企业实现利润额1.78亿元;股份制企业实现利润额10.86亿元,增长了84.7%;集体企业实现利润额0.34亿元,增加了88.89%。

2012年,西藏工业实现增加值55.11亿元,比上年增长12.63%,其中,规模以上工业企业实现增加值42.83亿元,增长幅度达到15.29%。

全年规模以上工业企业产品销售率为102.2%,实现利润总额13.07亿元,增加了0.77%。其中,外商及港澳台企业实现利润1.53亿元,增长率达到59.5%;股份制企业实现利润额13.8亿元,增长了27.07%;集体企业实现利润额0.27亿元,下降了20.59%;其他经济类型企业实现利润额2.15亿元,增长了21%。

2013年,西藏工业实现增加值61.16亿元,比上年增长10.98%,其中,规模以上工业企业实现增加值45.83亿元,增长幅度达到7%。规模以上企业新增11家,总数达到75家。工业固定资产投资额达到286.32亿元,增长幅度达到28.5%。

2014年,西藏工业生产总值15045亿元,实现增加值66.16亿元,比上年增长8.18%,其中,规模以上工业企业实现增加值48.87亿元,增长幅度达到6.63%。规模以上企业新增21家,总数达到96家。工业固定资产投资额达到357.51亿元,增长幅度达到24.86%。

全年规模以上工业企业实现利润总额12.44亿元;产业结构不断优化,轻工业增长速度比重工业高出15个百分点。当年实现工业投资357.51亿元,重点工业化项目投产63个、竣工10个、在建8个,累计完成投资212.8亿元。工业园区完成投资173.7亿元,园区功能不断完善。全年落实招商引资项目30个、开工18个、竣工投产2个,累计完成投资104亿元,实现产值17.8亿元。

可以说,西藏现代工业体系的每一次发展和完善都离不开中央政府的直接推动,在政策上、资金上给予大力支持,并设立专门项目,对西藏工业化提供直接的项目支撑。在这种强大外力作用下,西藏逐渐培育自身工业体系活力,并逐步实现从外部推动力为主到内生活力为主的转变。

但必须注意到,西藏工业体系建设必须在注重一般性、共同性的同时,还要突出自身的独特性,必须紧密结合西藏经济社会发展状况和自身的资源禀赋进行构建,变中央和各兄弟省市的"直给式"工业帮扶为"参与式"共建,走出一条符合西藏实际情况的现代化工业体系之路。

从发展进程和发展速度的规律性而言,整体上我们可以做这样的概括:工业文化滞后于工业经济的发展速度,而工业文化产业则滞后于工业经济和工业文化。对西藏而言,工业文化产业是一个全新的知识领域和产业领域,理论研究还十分欠缺,而产业实践则处于萌芽和自发状态。

第三节 推进西藏工业文化产业发展的机遇与必要性

在党和国家的正确领导下,在全国各兄弟省市的大力支援下,西藏的工业已经取得了较大的发展。目前,西藏工业和信息化建设正处于结构转型升级的关键时期,也是加快发展、良性发展的大好机遇。应该说,西藏的工业文化产业面临着良好的发展机遇。

第一,西藏工业发展有重要保障和诸多有利条件。党和国家大力支持西藏结合自身特点推进工业发展,西藏自治区党委、政府立足于保护和优化生态环境,大力推进改善民生、以特色优势产业为主体的工业发展。目前,西藏已经初步形成了以"天然饮用水产业"等三大支柱产业为核心的工业发展布局。

第二,西藏工业文化产业市场不断向好。随着西藏经济社会的全面发展,工业市场需求不断增加,在全国大众创业、万众创新大潮兴起的大背景下,西藏工业的供给侧结构性改革不断深入,内需潜力得到较好的释放,有效供给能力得到较好提升。因此,在供给侧与需求侧同时发力的国内工业发展的大背景下,西藏工业文化产业将会获得更大的发展空间,也将获得更广泛的市场认可。

第三,重要项目的拉动效应逐步显现。在中央的支持下,在各兄弟省市的大力支援下,相关的重要对口支援项目、"十三五"重点项目建设不断推进,一些项目已经产生了良好的市场反响,一批重要的招商引资项目也纷纷落地,这些重要项目已经产生了释放产能、推动供给改革的效应,将进一步推进西藏工业建设,进一步提升西藏工业化水平。

第四,实体经济将迎来更好的发展机遇。振兴实体经济已成为中国经济发展的一项重要内容,相关部门也相继出台了一系列优惠政策,在这些利好政策背景下,特色优势产业、中小微企业将获得更多支持和发展机遇。从目前西藏实体经济发展而言,特色优势产业和中小微企业将发挥越来越重要的作用,它们也必将从诸多支持政策、优惠政策中获益。

第五,生产要素的保障和流动更加顺畅。近年来,西藏大力推进公路交通建设,全力推进、提升空中交通能力建设,公路、铁路、空中航线运输网络初步形成;同时,西藏与其他省份以及其他国家和地区之间的交通运输能力也不断提升,粤—藏—中南亚班列、广东—西藏—尼泊尔公铁联运新通道等的建设为区域经济合作注入了强大动力。总体而言,立体化的综合交通网络在工业产业发展中将使各类生产要素更为顺畅地流通,从而提升产业的集约化水平和生产率。

随着西藏工业的发展和经济社会发展水平的不断提升,西藏工业文化产业将扮演越来越重要的角色,发挥出更为重要的作用,大力推进西藏工业文化产业有其内在必要性。我们主要可从以下三个方面来理解：

第一，西藏工业体系的建立是中国工业化发展的重要一环。西藏是中国不可分割的一部分，西藏现代工业体系的建立是中国现代工业体系实现不能缺少的组成部分；同时，建立西藏工业体系也不能简单地看作经济范畴问题，而是具有重要的政治意义和社会意义的重大政治事件和社会事件。

第二，西藏工业文化是西藏经济社会整体发展的重要推进力量。实践已经证明，西藏工业的发展改变了西藏传统经济模式，极大地推进了西藏经济社会的发展和进步。走中国特色、西藏特点的现代工业化路子是西藏经济社会发展的必然要求。工业文化一定程度上代表着一个社会的文明进步程度，塑造西藏工业文化体系，发展西藏的工业文化产业具有重要的经济社会意义，必然成为西藏整体发展的重要推动力量。

第三，西藏工业文化是西藏文化产业发展的重要构成。工业文化的发展伴随着现代工业体系的建立以及不断完善和深入，这既是现代工业发展的必然要求，也是现代文化产业大潮发展的必然要求。西藏文化产业的发展不能缺少工业文化产业，也不能忽视工业文化产业中蕴含的活力和动力。

关于工业文化的重要性，刘光明认为可以从多个层次来看待这一问题，他认为，"发展工业文化有利于工业会展、工业旅游、工业设计、工艺美术、拍卖业、文化创意等无烟工业的振兴和发展，有利于企业的转型升级和创新，有利于工业与文化的协同发展，有利于全社会关注长期价值、工业的可持续发展，弘扬正确的价值观。工业文化使人们认识到，我们改变人的'心'很困难，依靠伦理法律，能做到的是约束人的'行'，倡导工业文化有利于树立'思想、文化、软实力'高于'物'的理念"①。

第四节 推进西藏工业文化产业发展的要点与路径

一、大力推进文化设备制造业

随着文化产业的勃兴，文化设备制造业将面临市场的选择。可以说，文化产业的实现必须借助于一定的文化设备和装备，而文化产业与科技的进一步融合也必然通过文化设备和装备来实现，这就使文化设备需求量大大提升，对设备的技术含量也有了更高要求，可以说，"文化装备制造是推动传统文化产业转型升级的决定力量"②。

---

① 刘光明：《工业文化理论和发展》，见工业和信息化部工业文化发展中心：http://www.miit-idpc.org/_d276861945.htm，2018-01-12。

② 高书生：《我国文化产业发展的总体状况和主要特征》，载《经济与管理》2015年第3期。

因此，文化设备制造业将成为西藏工业文化产业的重要组成之一；同时，由于西藏特有的高原环境、缺氧环境等自然因素影响，一些普通的文化设备和装备并不能完全满足西藏文化产业发展的需求，这就为西藏自身的文化设备制造业提供了机遇。

首先，要紧紧围绕工业产品制造业推进工业供给侧结构性改革，提升质量和效益。突出文化产业设备制造业的地位，优化产业结构，注重把科技融入新兴文化产业领域中，结合西藏实际，引导涉文化产业设备的制造。其次，把制造端与消费端有机结合，突出文化设备制造业的品种创新—品质提升—品牌良好的生产、营销产业链。最后，要抓住四个重点工作：以文化设备制造重要项目和重要投资为支撑，做实文化设备制造业；要营造和抓住西藏优质饮用水的文化氛围，以市场消费端拉动设备制造端；要在文化设备制造中突出"互联网+"、大数据、云计算等信息，推进信息与制造业的深入融合；要营造文化设备制造业的创新氛围，形成"大众创业、万众创新"的好形势。通过综合发力，建立质量优先、创新驱动、绿色发展、有机协调的文化设备制造业新模式。

二、研究和推进工业文化产业发展的多元化融资途径

西藏的工业文化产业虽然具有良好的发展前景，但是必须注意产业发展的动力问题。由于西藏的工业文化产业尚处于起步阶段，所以，产业的启动资金格外重要。必须调动一切积极因素，形成多元化的融资格局，既要体现政府资金投入的引导性和主体性，又要引入多元市场主体，并给予适当的政策性扶持；同时，在工业文化资源保护方面，也要处理好政府资金投入和市场多元主体资金投入之间的关系，使公益性服务与市场化开发得到有效结合。

三、探索工业文化产业与其他文化产业有效结合的路径

虽然西藏的现代化工业基础薄弱，但是发展迅速，并且具备自身的特色，如何把其自身的这些特点以文化产业的形式展现出来，就需要把西藏的工业文化产业与相关的文化产业有机结合，探索有效的产业发展途径，避免孤立发展、封闭发展。

随着新兴商业模式的兴起，西藏工业应关注与各类新兴商务平台的有效结合，比如，与大型综合性商务平台、知名电商企业、新兴O2O"共享"商业模式（共享单车等）结合，扩大西藏工业生产的市场影响力，在网络空间中产生工业与文化的联动效应。比如，在具体操作中开展"互联网+西藏'非遗'阿里巴巴"等活动，加快互联网与文化产业的融合发展。

通过工业化、信息化建设突出基于电商工程的网络零售平台建设，尤其要加大在西藏广大农牧区的信息化建设，出台"农牧区信息进村入户助推网络扶贫试点方

案",加大"互联网+现代农牧业"建设,在切实为民、惠民,做好精准扶贫工作的过程中实现农牧区工业文化意识的提升。通信基础设备建设仍是西藏农牧区的重要工作,要进一步协调推进,把西藏七地市纳入国家电信普遍服务补偿试点城市。

四、进一步拓展工业文化及产业的研究和实践领域

西藏工业文化及产业尚处于探索和起步阶段,相关研究的深度和广度仍显不足。在现代工业化进程和文化产业发展不断深入结合的大背景下,西藏工业文化产业必然会带来和催生一些新领域和新专题,这些领域都有进一步深入挖掘和研究的巨大价值,比如对工业设计的研究、对工业产品质量和品牌的研究、对工业博物馆的设计和建设、对工业美术的管理、对工业文明和工业精神的研究,等等。

根据西藏目前实际,应抓住以下三项主要工作做好工业文化及产业的研究与实践领域的拓展:

第一,要抓住信息化建设机遇与平台,加大互联网与制造业的进一步融合,真正做好"两化融合"[①],实现可持续发展。要有效推进工业园区的信息化管理与信息化建设,以信息化带动资源共享效率、推进资源更有效地配置;同时,在数字矿山、建材节能等"两化融合"项目上加大力度,有效推进。

第二,要抓好"产业援藏"的好时机。目前,全国各兄弟省市都在全力支援西藏经济社会建设,产业支援是其中重要的内容。比如,2016年7月全国工信系统第三次援藏工作座谈会上明确提出,进一步推进西藏工业、通信业和信息化跨越式发展,并签订了部区合作协议、对口支援协议18个,预计在"十三五"期间将带动西藏工信领域中央投资、专项支持以及央企投资14亿元,累计带动工业、通信业和信息化实现固定资产投资40亿元。要充分利用"产业援藏"的大好机遇,推动西藏工业与工业文化进一步发展,做好研究与实践,进一步形成符合西藏实际的工业化发展路子和工业文化产业的发展模式。

第三,要抓好开放合作大方向。封闭不能实现好的发展。目前,西藏已经成功举办了西藏天然饮用水产业发展高峰会议,进行了"西藏好水·世界共享"华中地区(武汉)专场推介,并且积极参与了世界互联网大会、APEC中小企业技术交流暨展览会、中国西藏旅游文化国际博览会、中国中部投资贸易博览会、世界工业设计大会和中国品牌美国展等重要展会十余次,签订合作协议及项目多个,协议金额达40亿元。因此,要继续抓好开放合作的导向,加大吸引资金力度,在开放合作中提升西藏工业自我发展、可持续发展的能力。

[①] "两化融合"指信息化和工业化的深度融合。以信息化带动工业化,以工业化促进信息化,走可持续发展之路。

五、探索和推进工业文化人才培养模式

可在西藏有关高校设立专门的工业文化和产业课程，优化课程设置，加大工业设计、工业产品设计、工业文化、工业文化产业管理、工业遗产保护、知识产权保护等课程建设，与西藏自治区外高校合作建立健全与工业文化相关的本科、硕士、博士人才培养体系；加大校企合作，制定和实施符合现代工业文化特征的职业教育人才培养方案，提升校园工业文化建设，提升学生的工业文化素养，同时采取综合措施提高教师的工业文化素养。

第九章 西藏文化产业布局、整合的理论基础

第一节 马克思产业结构理论

马克思本人并没有明确提出产业结构理论，但是在他的经济学理论及著作中却体现出了他的产业结构的相关理论观点。这些理论观点虽然远离了那个产生它们的时代，但对现代经济发展仍然具有强大的影响力，也是指导文化产业布局和整合的重要理论基础。比如以下的理论观点：①

第一，他认为社会分工是导致产业变动的直接动因。从第一次社会大分工到第二次社会大分工，再到以专门从事商品交换的商人的出现为标志的第三次社会大分工，这种社会大分工的出现形成了农业、畜牧业、手工业和商业等生产部门。到了近代，劳动分工日益细化，机械化生产逐渐取代传统手工生产，生产部门随之增多。马克思在分析这种分工变化与生产部门细化的过程中，归纳出社会分工是导致生产部门变动的直接原因，而根本原因在于生产力的提高。

第二，产业间协调发展规律。马克思从社会总生产的角度把社会总产品划分为生产资料和消费资料两大部类，并在价值形态上划分为 c、v、m 三个组成部分。社会生产、再生产要想得到顺利开展，就必须保持部类之间的协调。他在《资本论》第二卷中深刻阐释了两大部类及其各分部类之间的比例结构和平衡关系，这也是国民经济各产业间协调发展的规律，对文化产业布局和结构调整仍十分重要。

第三，非物质生产领域在社会再生产中的地位与作用。马克思在《资本论》第三卷中对商业资本和货币资本进行了分析，他指出，交通、通讯、商业、银行、对外贸易等虽然不生产物质产品，但具有特殊的使用价值，"是在一个活动的形式上提供服务"②，并不固定于物化的物品上。他认为，这些特殊部门的独立化、专业化有助

---

① 参见张玉梅、廖海敏《马克思的产业结构理论》，见耿明斋《马克思经济理论的阐释与发展：庆祝周守正先生90华诞暨执教60周年文集》，河南大学出版社2004年版，第378页。
② 卡尔·马克思：《剩余价值学说史·第1卷》，郭大力译，上海三联书店2009年版，第456页。

于生产效率的提升，可以节省流通时间，降低生产储备，从而在整体上扩大生产规模。文化产业作为以服务业为主，服务领域与生产领域相结合的产业形式，应首先明确作为非物质生产领域的产业的内容、地位与作用，才能走出认识误区，有效做好布局与整合工作。

第二节 区域分工协作理论

区域分工协作是西方经济学界研究较早的领域之一。该理论认为，产业发展的核心之一是资源的优化配置，发展动力来自资源配置的结果，而实现资源配置的方法主要是不同区域间资源的相互流动、协作与优化组合。该理论突出不同区域的比较优势的存在与协作。

亚当·斯密在《国民财富的性质和原因的研究》（1776年）中提出了绝对成本理论，也就是分工的形成要以有利的资源禀赋或者后天有利的生产条件为基础，这样将有利于劳动生产率的提升。大卫·李嘉图在其《政治经济学原理》（1817年）中提出了比较成本理论，主张通过合理分工，各自生产具有比较优势的产品，这样能使各方均受益。这实际上是对亚当·斯密的绝对成本理论的一种继承和发展。这两种观点是西方古典经济学中关于产业布局的主要理论观点，也就是从分工与贸易的视角来分析产业布局。

在现代经济学派中，区域分工与贸易理论得到了进一步深入研究。赫克歇尔－俄林原理（H－O原理）强调的是生产要素禀赋的不同。赫克歇尔的学生贝蒂尔·俄林于1933年出版了《域际贸易与国际贸易》一书，开创了完整的资源禀赋理论，他也因此于1977年获得了诺贝尔经济学奖。该理论强调从多种生产要素的最佳配置中降低成本、提高效益，从而取得比较利益，在产业布局中突出区域分工协作的基础性。

除了以资源禀赋作为分工协作基础之外，还有诸多相关理论观点为产业布局提供理论支撑。技术差距理论强调以技术创新因素代替赫克歇尔－俄林原理中的资源禀赋，认为技术差距是产生比较优势和贸易利益的一个极为重要的因素。产品生命周期理论认为产品的生命有四个阶段：创新产品阶段、定型产品阶段、定型产品发展阶段、标准化产品阶段。第一阶段为技术密集模式，第二阶段为资本密集模式，第三阶段为劳动密集模式，第四阶段为生产标准化模式。原技术创新国逐步转为进口国，而生产成本较低的国家则占据了优势成为出口国。该理论关注的中心是生产要素在产品不同阶段发挥作用的不同，也成为以技术发展为中心的产业梯度转移的重要理论支撑。

第三节 区位理论

区位理论也称作"区位经济学""空间经济学",其关注的核心问题是产业的最优化空间组织、最优化空间区位对产业的影响。该理论的产生和发展与社会分工的细化和科技发展有着密切的联系,总体经历了古典、近代、现代三个阶段。

古典区位论以德国经济学家杜能、韦伯为代表。杜能以农业土地经营为研究对象,认为农业土地经营方式与农业部门地域分布随市场远近而变化,运费决定了这种变化趋势。韦伯提出工业区位理论,认为工业生产的区位受制于区位因子,它会把生产吸引到生产费用最小的区位之内。这两种理论显然是以技术要素不变,并以相互独立的生产单位为研究对象的,并未考虑产品的市场销售诸环节。

近代区位论伴随着资本主义向垄断资本主义过渡而出现,把古典区位论中忽略的市场因素加以考量,突出了市场的划分、成本和运费等问题。1924年,美国经济学家费特提出了贸易区边界理论,认为产业或企业的布局要以销售量为核心指标,而后者又取决于消费者的数量和市场区域的大小。(见图9-1)[①] 该理论主张,在技术水平、生产能力等其他要素处于同一水平下,产业或企业的生产费用小、运输费用低,其市场就会向外扩大;反之,市场区域就会受到挤压而缩小。德国地理学家克里斯泰勒(W. Christaller)提出了"中心地区论",该理论认为,任何产业都有一个服务半径问题,中心地规模越小,级别越低,服务半径就越小,也只能提供较低档的商品和服务;反之,服务半径就会越大,级别也越高。越是级别低,两个相邻的中心之间的距离就会越短。德国经济学家廖什提出的市场区位理论强调市场区位体系的形成以及相应的经济景观,该理论指出,产品价格随距离增加而增大,且出现需求递减,所以,单个企业的市场区最初是以产地为圆心、以最大销售距离为半径形成的销售圆,但通过竞争,圆形逐渐被挤压成六边形的市场区域,整个市场区域形成各种各样的六边形市场网。

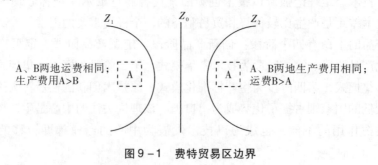

图9-1 费特贸易区边界

[①] 参见吴忠良《产业经济学》,经济管理出版社2005年版,第292页。

现代区位论与城市化浪潮有着密切联系，对空间经济研究更为关注。该理论对古典理论、近代理论中多孤立地研究区位问题进行了反思与调整，把区位中的产业环节整体综合考量，也加入了社会与自然生态的内容。研究的方法论也从经济单体视域转为区域宏观视域，加大了政府干预与调控的研究。同时，把研究的综合性与动态性结合，从纯理论的推导逐步向分析与应用相结合的模式转换。现代区位论又可划分为许多学派，比如成本－市场学派，以成本与市场的关系为关注核心；行为学派，以人的主观因素、行为对产业区位发展决策的影响为关注核心；社会学派，以政府对产业的布局进行干预和调控为关注核心。

不同发展阶段的区位理论向我们展示了该理论随着经济社会发展而呈现出的不同特点，总体是向着经济结构之间、经济与社会、人与自然等方面在动态中更好地融合，去构建区域产业的布局，在此基础上追求经济利益的实现。（见表9－1）

表9－1 不同阶段区位理论的特征[①]

特征	古典区位论	近代区位论	现代区位论
起始时期	19世纪20年代	20世纪30年代	20世纪70年代
涉及对象	第一、第二产业	第二、第三产业和城市	城市和区域
追求目标	成本、运费最低	市场最优	地域经济活动的最优组织
理论特色	微观的静态平衡	宏观的静态平衡	宏观的动态平衡

第四节 均衡与非均衡理论

均衡与非均衡理论也由多个理论观点组成。新古典区域增长理论认为，如果在完全竞争、充分就业、实现足够的技术进步、规模效益不变、要素在空间内自由流动且不必支付相应成本，而且生产要素仅包括资本和劳动力的情况下，那么可以给出结论：在一个不均衡的区域经济状态下，只要存在完全的竞争市场，仅依靠市场即可以实现区域内的共同增长。该理论对现代产业布局有一定的启发作用，即通过产业布局实现优先发展，并逐步实现带动发展效应。

瑞典经济学家缪尔达尔（G. Myrdal）于1957年提出了"地理性二元经济结构理论"，该理论利用"扩散效应"和"回流效应"两个概念来分析发达区位与欠发达区

---

① 参见吴忠良《产业经济学》，经济管理出版社2005年版，第295页。

位之间的关系问题。扩散效应强调在产业发展初期要采取非均衡发展策略，通过差别性产业布局和相关财税政策，使具备比较优势的区域产业先得到发展，并逐步把这种先发展效应向外扩散。回流效应强调对全区域内的发展差距进行调控，维持动态平衡，产业发展政策转而实行均衡发展战略，先发展区域带动、支持不发达区域的发展。

增长极理论是法国经济学家佩鲁（F. Perroux）于1955年在《略论"增长极"的概念》一文中提出的。该理论的主要观点包括：增长并不能够同时同步实现；产业的高效快速发展首先出现在一些增长点或增长极上，而后再向外扩散产生带动效应。原因就在于，具备较好潜力和创新能力、资源优势的产业和企业常集聚形成特定的经济中心，利用资本、技术等优势产生规模效应，整体效率上升，出现快速增长，并进一步产生辐射和带动作用。按此理论，在特定区域内，尤其是不发达、欠发达区域内，要通过政府的积极引导，通过强有力的政策，有选择地培育和形成增长极，以增长极为引领带动整个区域产业发展。

第十章 西藏文化产业的布局研究

传统上，在进行产业布局的规划设计时，人们多注重从产业实体本身以及依托的经济资源本身出发考虑，而忽视从环境、社会与经济协调发展的视角进行，结果对产业本身发展以及环境、社会运行带来不良影响。这里就涉及一个产业布局的优化问题。前面提到的马克思产业结构理论、区域分工协作理论、区位理论和均衡与非均衡理论是我们研究西藏文化产业布局与整合的重要理论，其中马克思产业结构理论是我们研究的理论基础和基本原则，区域分工协作理论、区位理论和均衡与非均衡理论可以为我们的研究提供有益的借鉴，与西藏经济社会发展实际相结合，一些观点可以为我们提供有益启发，甚至是重要理论依据。在我们的整体研究中，以马克思产业结构理论为指导，并以其他三个理论的有益成分为相关分析提供理论支撑。

在这里，我们需要强调西藏文化产业布局的协调性问题。曹颖认为，"完全意义上的产业布局优化应该是建立在经济、社会、环境可持续发展基础上的经济效益、社会效益、环境效益的最大化"[1]。也就是说，产业布局优化的实现是在经济资源、社会资源、环境资源基础上实现的一个综合过程。

我们再看一下现代区位论的主张。该理论认为，区域经济发展是一个动态的过程，呈现出不同的发展阶段。一方面，要注重区域比较优势的发挥，这种比较优势是利益的获取和可持续性保持的机制，其核心思想是一种文化产业要把其最能充分体现利益获取的要素进行集中，比如，把产业布局在最能充分利用资源的区域。这一观点与佩鲁提出的"增长极理论"有一定的相通性。该理论认为，区域经济发展并不平衡，并以此为基础强调既要关注经济总量的差异，又要关注结构性变化。在产业布局上，该理论强调把有限的资源配置到主导产业上，大力培养和提升"增长极"实力，然后通过"增长极"的带动、扩散以及集约效应的发挥对周边区域和产业产生较强大的影响力或者支配力。另一方面，要注重特定区域内产业发展的系统结构，即"点－线－面"的产业布局。在地理经济学研究中存在着"点－轴系统理论"，该理论把区域经济看作由"点"和"轴"形成的网络系统，其中，"点"特指具有"增长极"地位或效用的主导产业或地域，"轴"是指将各"点"联系起来的基础性设

---

[1] 曹颖：《区域产业布局优化及理论依据分析》，载《地理与地理信息科学》2005年第5期。

施,从而围绕不同的"点"形成带状发展模式,充分发挥"增长极"的优势,形成以点带轴、以轴带面的发展格局。

区域发展理论可以为我们开展西藏文化产业的布局设计提供有益的参考。2016年,西藏自治区农牧厅通过的《西藏高原特色农产品基地发展规划》提出,西藏特色农产品产业将形成"十品六园三圈一平台"的空间格局。该格局以打造重点农牧产品产业体系为主线,以青稞、牦牛、藏系绵羊、蔬菜、奶牛、林果等组成产业群,并以此为立足点,以藏猪、藏鸡、藏药材、绒山羊和皮毛绒文化旅游制品等为着力点。规划范围包括西藏7地市的74个区县,规划期限到2020年。

此产业布局将形成"十品六园三圈一平台"的空间格局。其中,"十品"指的是青稞、蔬菜、奶牛、牦牛、藏系绵羊、绒山羊、藏猪、藏鸡、藏药材和林果等十大优势特色农产品;"六园"指的是拉萨市、日喀则市、昌都市、山南市、林芝市和那曲地区的六个农牧产品加工园;"三圈"指的是三大高原特色农产品旅游体验圈,包括中部农耕文化与特色产品旅游体验圈、东南部景观农业与休闲旅游体验圈、西北部游牧文化与草原生态旅游体验圈;"一平台"指的是以现代物流设施为基础的农产品商贸流通和电子商务信息平台。①

以"十品六园三圈一平台"为格局的西藏特色农牧产业发展模式必须注意区域性差异的存在;同时,在进行有机整合时,要充分利用不同区域的独特优势,注重"增长极"作用的发挥。把格局内的资源和要素进行优化重组,实现集聚布局模型和分散布局模型的有机化,达到产业的"点-线-面"组合最优。

关于产业布局或者产业整合的必要性,这里没有必要做过多讨论。对西藏文化产业进行布局、整合的必要性也是极为明显的,对于产业本身的发展、西藏特定区域内产业结构的调整、西藏经济整体的良性发展、西藏的安全稳定、西藏社会的协调发展等均有着极为重要的意义。比如,可以更为科学合理地利用自然资源,更好地实现西藏生态保护与优化目标;可以更好地吸引、培养和提升西藏人力资本,吸纳和创新技术,提升西藏发展软实力;可以减少能耗,节约成本,促进西藏低碳经济发展;可以缩小贫富差距,促进民族团结,维护社会稳定;有助于全面落实"依法治藏、富民兴藏、长期建藏、凝聚人心、夯实基础"的治藏方略;等等。

第一节 影响西藏文化产业布局的因素

任何文化产业的布局都有一定的区域性,不受区域限制的布局是不存在的;同

---

① 参见李海霞《西藏将打造"十品六园三圈一平台"促特色农产品发展》,见中国西藏林芝网:http://www.linzhinews.com/sitesources/xzlzw/page_ pc/yw/article09160b3a9a194f5f94c42cafaf4c619f.html,2016-08-21。

时，文化产业的布局也受其他诸多因素影响，文化产业不同，影响因素作用的大小也各不相同。但总体而言，无论何种文化产业均受到一些共同因素的影响，比如就自然条件而言，自然环境和自然资源分布这二者在人类社会不同的发展阶段对经济和产业分布的影响是不同的。

在经济因素方面，主要包括区域性经济发展水平的高低、区域性社会分工状态、区域性生产要素禀赋、主要产品市场发育状态、基础设施条件、科学技术应用程度等。

在区域性经济发展水平方面，指的是在产业布局的实施范围内，经济发展水平状况对布局带来的影响。从人类社会发展的纵向角度来看，原始和初期阶段，经济因素对产业布局影响较小，而主要受制于自然因素。工业社会到来之后，经济因素的作用变得越来越突出。比如在知识经济下，高新技术的发展使诸多产业向知识密集区内集中。从横向角度来看，西藏区域性经济发展水平存在较大差异，不同的文化产业对经济发展水平有不同的需求，所以会自动选择最适合该产业的经济发展水平区域。当然，在现代经济条件下，绝大多数文化产业对经济发展水平环境是有趋同性的：在可能的情况下趋向于更高水平的经济环境。但受到区域、自然条件、社会因素、技术因素、成本因素、政策因素等诸多因素影响，产业一般不会完全实现这种趋同。所以，这一状态只是一种理想状态。

区域性社会分工对产业布局具有极为重要的影响，而产业布局的形成与发展也是区域性社会分工变化发展的一种直观体现。我们可以把区域性的社会分工看作技术分工和社会分工的统一。一般而言，区域性分工会涉及生产地与消费地、企业与市场的分离与结合问题。这也是分工存在的前提和运行的目标。根据产业梯度和交换关系，可以将区域性社会分工划分为垂直型分工、水平型分工和混合型分工三大类。垂直型分工针对的是产业分布差距较大，发达区域向不发达区域提供技术含量较高的产品，而不发达区域向发达区域提供原材料和初级产品。水平型分工多为在不存在产业梯度的区域之间的分工，区域之间多为分工合作形态。混合型分工指在某个区域分工中既存在垂直型分工成分，也存在水平型分工内容。混合型分工存在于发达区域与不发达区域之间的分工之中，既有合作又有明显的产业梯度。显然，考虑到西藏实际情况，更适合在区域间开展符合区域发展实际的混合型分工，从而定位产业布局。

生产要素禀赋指的是具备的生产资源情况，比如劳动力禀赋、能源动力禀赋、资本禀赋等。劳动力禀赋主要包括劳动力的数量、素质和价格。劳动密集型产业多处于劳动力充裕的区域内，而劳动力素质较高的区域多布局技术密集型产业或知识密集型产业。能源动力禀赋主要指燃料和动力的提供情况，它主要影响那些能源和动力需求较多的产业布局。资本禀赋主要指金融资本，比如在资本密集区域主要布局技术密集型或知识密集型创新型产业，而在资本较稀缺的区域可主要布局劳动密集型产业。

主要产品市场发育状态涉及原材料的提供情况、产品的深加工情况、最终产品的销售地情况等。一般而言，产业布局要考虑到市场的发育和运行状况，这三方面必不可少。企业与市场的距离、材料的成本、材料的供给市场竞争情况、产品成品的需求市场饱和度等要素均不能忽略。比如,最终产品销售地的市场结构决定了目标市场的需求结构,从而影响产业的合理布局和产品结构调整。总体而言,主要产品市场越发达、体系越完善、资本越活跃,那么产业布局就越容易突破资本、区域、劳动力等限制,有利于布局优化。

基础设施条件指的是交通、通信等产业发展的基础性条件。交通运输设施是其中的重要内容,一般包括交通线路的多少、交通的质量、交通工具的种类、枢纽设备等情况。在产业发展过程中,这些基础设施条件会反映在产业运输能力、运费率的水平、原材料和产品送达的速度、中转环节的多少等方面。文化产业的发展必须有足够的基础设施做保障,特别是在产业布局初期阶段更是如此。一般而言,区域基础条件越好,交通运输条件也越好,各类资本更容易汇聚,信息、物流、人才流动性更强,市场发育更完善,对产业布局也更为有利。交通运输条件的健全和完善对交通沿线的产业结构调整能够起到积极的作用。以此而言,实现西藏文化产业的科学布局,必须进一步推进相关基础设施,特别是交通运输条件的改善和完善。

科学技术应用程度也会影响到产业布局。不同区域内的技术水平会影响到产业的层次,从而造成产业梯度的存在。技术创新以及转化度也会导致具有不同生命周期的产业梯度转移,从而实现对区域内产业布局、产业结构的不断调整和优化。另外,技术水平的提升还能够通过吸引知识密集型产业向创新、技术高的区域集中,扩大对人们生产、生活的影响,并扩大知识密集型产品的社会认可度,从而逐步为产业的合理化分散布局提供技术条件,进一步实现产业布局中的集聚型布局和分散型布局的科学合理的配置,实现产业的动态科学布局。

另外,也不能忽视区域内社会因素的影响。人口方面包括人口的数量、素质、结构以及分布状态等。在西藏文化产业发展中,人口因素的影响要比其他地区更为突出一些。政治方面包括法律、政策、管理体制以及国内外政策环境、金融环境等。其中要重视政府通过相关政策调控产业结构与布局的情况,即政策导向产业布局。产业主体也是社会因素的重要组成部分,决策者、管理人员、生产者和消费者都是文化产业的主体,他们的心理、判断以及选择均对产业的布局或结构产生一定的影响。社会文化环境、法制环境对产业的布局也会产生影响,社会文化氛围良好,法制健全,社会安定有序,那么产业布局就会更为科学和灵活,有利于产业整体发展和效率提升;相反,则会产生不良影响。同时,也应充分考虑历史传统因素,不能不顾历史基础以及特定的历史文化因素而盲目布局。

以上因素是对所有文化产业布局而言,对西藏文化产业的布局也同样适用;同时,还应关注西藏文化产业布局中的其他因素。

一、西藏社会生产方式的变化

社会生产方式包括生产力和生产关系。西藏文化产业的布局必须根据生产力发展状况和生产关系科学地开展。

生产力又称为"社会生产力",是人们征服和改造自然,使其为自身服务的能力。它表明了人与自然的关系。生产力要素主要包括:①具有一定科学文化知识、生产经验和劳动技能的劳动者;②同一定科学技术相结合的、以生产工具为主的劳动资料;③生产过程中的劳动对象。生产力是社会生产中最活跃的因素,它决定着生产关系的性质,有什么样的生产力,就要求有与之相适应的生产关系。生产力有了较大发展,旧的生产关系和生产方式不适应发展了的生产力性质,就要求变革旧的生产关系和生产方式。

因此,随着生产力的发展,西藏的文化产业布局也必然要根据生产力要求进行进一步的科学构建。也就是说,当原来无法利用的一些资源、要素在生产力发展之后能够得到有效利用,限制条件可以克服,此时就要考虑对产业布局进行合理调整。

我们知道,在生产力人的要素和物的要素的发展变化中,科学技术起着重要作用。科学技术是生产力,一般是通过两种途径实现的:一是用先进的科学技术武装劳动者,提高劳动者的科学技术水平和劳动技能;二是用新的科学技术和发明创造改进劳动资料和劳动对象,从而大大提高劳动资料和劳动对象的利用范围与程度,极大地提高劳动生产率。我国的科学技术水平在不断取得新进展,西藏也"沐浴"着科学技术不断进步带来的"雨露",这就要求对产业布局进行科学评估,充分考虑科学技术因素。

生产关系也称为"社会生产关系""经济关系",指的是人们在物质资料生产过程中结成的社会关系。生产关系与生产力不可分割。一定的生产关系是在一定的生产力基础上产生的、不以人的意志为转移的客观物质关系。马克思说:"为了进行生产,人们便发生一定的联系和关系;只有在这些社会联系和社会关系范围内,才会有他们对自然的关系,才会有生产。"① 同时,生产关系反过来又促进或阻碍生产力的发展。在特定的历史阶段,一定社会占主导地位的生产关系的总和,构成该社会的经济基础;政治、法律、制度以及哲学、道德、艺术、宗教等观念,都是在经济基础上产生和建立起来的上层建筑。马克思概括为四个环节,即人们在物质资料的生产、分配、交换和消费方面的关系;恩格斯概括为三个环节,即进行生产和交换并相应地进行产品分配的条件和形式。

根据生产关系与生产力的关系,以及生产关系的主要内容、生产的性质,尤其是

---

① 马克思、恩格斯:《马克思恩格斯选集·第1卷》,中共中央《马克思恩格斯全集》编译局编译,人民出版社1972年版,第362页。

产业生产资料的归属与性质会深深影响产业的布局。总体而言，生产资料所有制是生产关系的基础，因此，文化产业内生产资料所有者的利益决定着产业布局的目的及相关可行性，这是比较隐性存在的，但影响力不容小觑。比如在产业布局中，布局的区位选择、规模大小等均深受生产关系影响，而这种影响中的重要元素就是产业中的生产、分配、交换和消费的性质问题。

在西藏，一些重要的产业布局是在特定生产力水平下，在党和国家以及自治区党委和政府的领导下，在一系列政策方针指导下实施与完成的，以使生产关系与生产力发展相适应，并调控产业布局中生产、分配、交换和消费的性质问题。

二、文化产业核心资源的类型

每种文化产业都有一种核心资源，该资源是这种文化产业的依托。文化产业核心资源的类型是产业布局的主要影响因素之一。对西藏而言，不同的文化产业，其核心资源也各不相同。地域性文化资源包括节庆文化、民俗文化、服饰文化、饮食文化等方面，这种文化具备悠久性、独特性以及丰腴性等特征；社会资源包括民间生活文化、民间理事文化等内容，是表现西藏特有的与生存环境相适应的地域文化规约下的生计方式；经济资源包括一切能够产生经济效益的资源类型。西藏的地域文化与经济发展的关系是互动的。一方面，文化为地域经济发展提供精神动力、智力支持和文化氛围；另一方面，通过文化与经济的融合，不但可以产生经济效益，而且可以更好地实现文化在市场中的发展与创新，并不断提高其社会影响力。

生态旅游文化产业的核心资源是生态旅游资源，其中的绝大多数属于不可动资源，因此，产业布局必须根据生态旅游资源的布局进行合理规划设计。

土特产产业的核心资源是各类土特产，土特产的生产、运输、销售以及产品深加工等多个方面都具有更大的灵活性，因此，可以根据科学的规划进行布局，一般更倾向于建立专门的土特产产业园区，或因地制宜进行产业链条开拓。

三、文化产业核心资源的分布与配置

文化产业核心资源的分布指的是核心资源在空间上的总体分布格局，也就是这种资源所具备的自然属性，尤其是自然分布情况。产业的布局要考虑到资源的分布格局并进行科学规划，以实现收益与成本的最优比，并考虑产业的长远发展以及可持续发展能力。

另外，还要考虑到文化产业核心资源的配置问题，这也直接影响产业的布局。资源配置指的是作为生产要素的经济资源在不同用途或不同使用者之间的分配。合理的资源配置可以使各种资源都得到充分利用，并产生最大的效能。由于资源（包括物质资源和人力资源）或者生产要素不是无限丰富的，而是稀缺的，不可能无限量地生产每一种产品，因此，就必须考虑在各种可互相代替的方法中选择最好的一种去使用资源。如何在供应商品和服务方面最佳地使用稀缺的经济资源，将它们在"生产可能性边界"上做出最好的安排，以符合"稀缺资源的最佳配置原则"就成为经济学的一个基本议题。西藏文化产业的核心资源也存在一个最优化的配置问题，而不能随意组合或开发。通过科学配置所涉及的核心资源而构建科学的产业布局是西藏文化产业发展不可忽视的一环。

四、西藏文化产业的发展特点

每种文化产业都有各自的产业发展特点，必须根据其特点科学规划布局，违背产业发展规律和发展趋势的布局必然会给产业发展带来阻碍；相反，符合产业发展特点和发展趋势的布局才会促进产业的可持续发展能力的提升。

西藏各文化产业既有一些共有的特征，也有各自的特殊性，在进行产业布局中不可能"一刀切"，也不可能对所有影响因素或特征面面俱到地进行考量，而应该从可操作性和一定的理论层次开展，我们可以从社会学中的"中层理论"得到一定的启发。

1949年，美国社会学家罗伯特·金·默顿在《社会理论与社会结构》一书中系统总结了他的关于一项社会理论的观点，并明确提出了中层理论（middle-range theory）这一著名概念。他提出，中层理论是这样的一个内涵："既非日常研究中广泛涉及的微观而且必要的操作性假设，也不是一个包罗一切、用以解释所有我们可以观察到的社会行为、社会组织和社会变迁的一致性的自成体系的统一理论，而是介于这两者之间的理论"，其目的就是"弥合经验研究和理论研究之间的鸿沟"。[①]

我们应该根据西藏文化产业发展的共同特征和独有特点，建立起合适的模型，不能完全纠缠于细枝末节，也不能盲目地宏观设计。

以旅游产业为例。西藏有统一的旅游产业，但产业内部有着一定的差异和区分，比如阿里地区的生态旅游文化产业与拉萨市的旅游文化产业的模式存在着较大的差异，游客特征、旅游吸引物、产业产品等均是如此。这时候就要从西藏整体的旅游产业内走出来，根据旅游生态资源的特征和地域特征进行中层产业带规划，或者根据产业发展需求进行集聚、分散的中层设计。这种规划或者设计，既要具备一定的理论高度，不纠缠于某处景点的细枝末节，也不是纯粹进行西藏全局的旅游文化产业的宏观掌控，而是把二者结合起来，构建出二者有效沟通的"桥梁"。

五、西藏文化产业的政策

文化规划一般指"一整套相互关联的项目和用来联结文化和经济发展的战略，

[①] 参见吴肃然、陈欣琦《中层理论：回顾与反思》，载《社会学评论》2015年第4期。

越来越被城市、市政当局、地方团体所接纳,并关系到'地方制造(place-making)'、鼓励文化旅游、文化和创意产业能力的建设以及文化可持续性发展和社会公正","在具体的发展实践中,文化产业政策与文化战略融合为一体,推动城市和区域的发展"。①

文化产业是西藏的重要支柱产业,而且"十三五"时期会得到更大的发展,这在西藏特色产业发展政策方面已经有了鲜明的体现。总体而言,西藏文化产业的布局都将从西藏的文化产业政策中受益,但不同的文化产业政策对该产业产生的影响也不同。

一般而言,文化产业政策体系涉及政策目标、政策的价值观导向、政策原则以及政策的战略实施等方面,这些构成了文化产业规划的政策体系系统。

就西藏文化产业发展而言,其政策目标可定位为促进产业良性、可持续发展,以此吸引更多的农牧民就业、转变生产方式,为西藏经济社会发展提供内在动力和活力。

政策的价值观导向可定位为保护和优化生态资源,保护好、传承好西藏文化;鼓励创新,调动社会活力;以社会主义核心价值体系为主导,尊重价值理念的多元性,尊重个性;实现并促进文化产业经济效益与社会效益的协调。

政策原则涉及西藏具体的经济、地理、就业以及文化产业结构特征;文化产业与其他经济部门以及社会管理部门的联系;文化产业在不同发展阶段资源的平衡性和可供给性、可持续性;在产业中的文化内容的有效保护、传承与开发,以及可持续发展的程度;产业中现代技术的应用程度及未来可应用程度;民众,尤其是农牧民参与文化产业的程度;文化产业对特定区域经济活力的激发度以及可保持性;特定文化产业内的文化元素与外在文化元素的相互联系状况以及未来发展趋势;文化产业与当地的艺术留存、历史遗存以及各类文化要素之间的关系。

政策的战略实施主要涉及以下方面:①文化产业发展方面,一般包括:科学规划、资金投入规模与时机、改变农牧民观念的方式与进程、鼓励就业手段、提升农牧民对文化产业依赖与参与程度。②区域化个性塑造与展现方面,一般包括:加大对当地自然生态资源的保护,协调好保护与开发的关系;加大对人文生态资源的保护、传承与发展;做好对自然生态与人文生态保护的宣传工作,打造相应的传媒网络,给予充足的经费支持;严格规范企业的开发行为;着力打造生态旅游文化产业的整体竞争力。③信息技术应用方面,一般包括:大力实施"互联网+"工程,加大与文化产业的结合;加大信息技术人才与文化产业专业人才的引进与培养,并打破机制瓶颈,充分发挥人才作用。④推进经济社会发展方面,一般包括:通过产业着力缩小贫富差距;推进社会民生基础设施建设;激发社会活力,提升社会公平,鼓励创造性的发挥。

---

① 参见安宇、田广增、沈山《国外文化产业:概念界定与产业政策》,载《世界经济与政治论坛》2004年第6期。

第二节 西藏文化产业的集聚布局模型

随着工业经济的发展,西方理论界对产业发展的区位研究逐渐增多。早在19世纪末,英国经济学家马歇尔(Marshall)就提出了生产要素的集聚现象,并将生产要素集聚的区域称为"产业区"。20世纪80年代,一些学者专注于对"新产业区"的讨论,这种形式使某些区域在西方经济普遍萧条的情况下仍实现了较好的增长。后来又有学者关注到,某一国的优势产业也往往在地理区位上产生集聚,"产业集群"研究受到了重视,它的范围也远远超越了"产业区"的区位界定和投入-产出模式,而是把地理区位与产业实体、产业链条、产业构成要素以及相关服务实体和功能均包含在内。其后,关于产业区位、产业格局、产业中心、产业贸易等的相关理论学说不断涌现,大大丰富了产业集聚的相关研究。

我国国内对产业集聚的研究也不断出现,并迅速增长。当然,这种现象是和中国经济发展状态和进程紧密相关的。市场经济兴起后,工业化逐步推进,到了20世纪90年代,关于产业集聚的研究开始增多,"区域经济一体化""高新技术开发区"等发展迅速,其总体思路是学习和借鉴西方产业集聚研究成果,而欠缺对欠发达地区的产业集聚研究。主要的研究有:从集聚经济的视角开展研究,对城市经济环境与产业集聚进行了分析;关于地方特色产业集群的研究强调,要对区域性的竞争优势进行充分发挥;关于产业集群形成机制的研究认为,集聚降低了交易费用,是报酬递增的加速器,从而提出了报酬递增的微观机制模型;对区域创新网络的研究把规模经济、竞争优势、交易成本等融入产业创新网络的研究中,并对产业集聚与创新进行了相应解释;等等。

进入21世纪,科技发展极大地刺激了知识经济的发展,产业分工更加精细化、系统化,企业合作、产业协调理念进一步提升,并在实践中得到广泛应用。2015年10月,中国共产党第十八届中央委员会第五次全体会议提出的"创新、协调、绿色、开放、共享"为产业布局指明了方向,这是在中国经济社会发展新状态下对产业布局的重要指导。同时,随着经济形态、经济协作、经济与社会效益的协调要求的不断深化,针对各个产业具体领域或领域分支的布局研究得到了拓展和深入,比如,从"农产品产地加工产业布局""职业教育服务布局""空港新城经济区产业规划""产业布局中的价值网与核心技术管理""产业布局的法律保障""效率与民生相统一的布局模型""文化产业园布局的风险管理""环境承载下的畜牧产业布局"等视角进行的产业集聚研究。

一、集聚布局模型的内涵

产业集聚一般指的是相互联系的企业或机构在特定区域内形成的产业空间上的有机关系,这种有机关系有多种表现形式,比如形成上、中、下游的产业链结构,具备完善的外围支持体系以及灵活的协作运行机制,实现规模效应和集约效应,从而实现每个企业效率的提升和区域内产业的整体效率的提升,并与社会效益有机结合,实现双赢、共赢。也就是说,集聚布局模型是把文化产业的诸多主要元素集聚在一定的地域和空间范围内,最大限度地产出规模效应和集约效应,最大限度地激发出各产业要素的作用。

目前,在不同省份开展较多的"文化产业带"(或称作"文化产业的带状发展模型")亦可以看作一类集聚布局模型。在西藏,其主要旅游资源有着较为突出的空间集聚特征,组合良好。比如,有研究者列出四大旅游资源富集区:一是拉萨及周边200千米的区域,主要包括日喀则、当雄、墨竹工卡、羊八井、山南、贡嘎以及泽当,这一区域优质旅游资源丰富,并且具有良好的开发条件,可以看作西藏生态旅游产业的核心带区,也是西藏区域旅游网络的重要节点。二是喜马拉雅山北侧的边境带,长约2000千米,平均海拔在6000米以上,有5座海拔8000米以上的高峰,有珠峰自然保护区以及著名的边贸口岸亚东和聂拉木,还有冈仁波齐、玛旁雍错、东嘎寺、曲米新郭古战场等资源。三是林芝市及周边,那里被称作西藏的"小江南",海拔相对较低,气候湿润,有着丰富的动植物资源,有雅鲁藏布大峡谷、南迦巴瓦峰、易贡茶场、鲁朗小镇等自然和人文旅游资源。四是藏北草原,那里分布着野牦牛、藏羚羊等众多国家重要保护动物,也有羌塘草原、纳木错等资源。①

产业集聚布局模型的主要特征可以概括为以下三个方面:

第一,具备一定的空间性。这种集聚的空间性是产业集聚的外在表现形式,也是其基本特征。比如,一些研究机构的调查表明,产业集聚中的企业、机构均围绕着中心保持在一定距离范围内。在欧洲的某些工业区内,大约每平方千米可以分布50家企业。这样就使集聚区内单位土地的面积产值增加,对一些高新技术产业集聚区而言,1平方千米土地面积的产值在3亿元以上。

第二,具备较好的有机的专业性。一些人完全以区域性来界定产业集聚是否存在,这是一种片面化的判断。单纯的地理同域性不一定会产生产业的集聚效果,只有该区域内产业各组成成分形成有机关系,并有助于效率提升,才能够说集聚的存在。这就是区域内的有机的专业性。这种有机的专业性一般包括企业关系、企业管理、人力资本运用等内容。

企业关系指的是区域内各企业的纵向关系和横向关系,纵向指的是产业链条上的

---

① 参见王亚欣、曹利平《论西藏旅游产品的深度开发》,载《地理与地理信息科学》2009年第2期。

上下游关系，横向指的是基本属于同类型、同生产水平上的企业关系。有机的专业性要求企业关系无论是纵向的还是横向的，都要具备有机性、适应性、灵活性，信息在产业内的企业间流通畅通，实现较好的消费信息的共享。这是一种合作、共享、共赢的关系，而不是封闭、隔绝的关系。

企业管理指的是产业内企业对新技术的吸纳力、对产品生命周期的把控与快速应对力、对消费者特定需求的满足力、对仓储力的高效运用、对物流力的充分发挥等。企业管理中的有机的专业性是对其中的各个组成部分的整合，是通过企业的高效管理、企业间的管理合作来有效实现的。

人力资本的运用指的是对人才的使用要达到有机的专业性，人才的技术水平不断提升，不同层次的人才出现一定比例的兼职，即人才质量和智力资源共享水平在提升。一方面，区域内信息流的增加使各类人才能够获得充足信息；另一方面，通过协作、交流、应对新技术新竞争等问题可以提升人才的自我施压、自我学习动力。这是一种柔性的人才资源策略。

第三，具备较好的区域人文融合性。文化产业的集聚不能简单地与把一些相关联企业放在同一个区域内相等同。除了要实现较好的有机的专业性外，还要与区域内人文关系深度融合，也就是说，要与当地人文、社会关系融合好，使产业成为当地社会生活、社会文化的有机组成部分。产业只有融入当地人文社会关系中，才能在其生存、发展的社会环境中获得理解、信任和支持，并与区域内其他非产业内的企业、机构、部门取得相互合作、支持，才能够真正发挥产业的集聚效应，获得最大的发展动力。以此而言，特定区域的相互尊重、信任与支持是产业集聚的关键点之一。

在区域人文融合中，除了正式的各种关系构建之外，也不能忽视非正式的社会网络的处理。这种社会网络是特定区域产业内从业人员、产业构成单元与地方管理部门、企业、各类中介服务组织的员工之间形成的一种非正式的协作关系或话语沟通关系，通过长期交往过程中形成的相对稳定的关系，以非合同性质的形式体现出来。这种非正式关系是产业集聚中的一种社会文化和社会资本，有助于产业内人力资本的优化、知识资本的增加，也有利于经验类信息的流通，加速知识、技术、管理的创新，提升整体产业的竞争力。

二、适于集聚布局模型的西藏文化产业的几个主要特征

1. 第一个主要特征：文化产业的核心资源可进行多种形式的整合

通过对核心资源的整合，在一定空间内发挥最大的效用，比如藏医药文化产业就可以集聚于藏医药文化产业园区，即此类文化产业可以通过产业园区的集聚，实现技术、规模以及集约性等诸多产业发展环节上的资源优化。

近年来，西藏文化创意园、产业园呈现快速增长态势，成立了西藏文化旅游创意

园区,并有"乃东县民族哔叽手工编织专业合作社"等10家产业园性质的企业。西藏电商平台、西藏藏医药创意园、智慧城、玛吉阿米广场、慈觉林藏寨等一批文化项目落户西藏文化旅游创意园;同时,该园区又凭借着"西藏文化产业的集聚、旅游服务现代构架、特色产业的创意升级、互联网电商平台落地应用、产业金融支撑以及原生态文化的保护在西藏文化旅游创意园有序的设计和互动"[①],进一步提升了文化产业整体的竞争力和可持续发展能力,并在由中华全国工商联合会房地产商会组织的全国海评"中国地产年度风云榜"中获得了"2016中国最被期待的文旅及产业园创新项目"称号,在业界产生了广泛影响。

该类型的主要特征表现为:文化产业要素能够得到集中,有利于规模效应和集约效应的发挥。

2. 第二个主要特征:文化产业的核心资源区域分布相对集中

可以根据核心资源状况在特定的区域内进行集聚模型构建,但不一定要把核心要素转移到一定的区域内,此类文化产业可以采取带状集聚模型,如一定区域范围内的旅游产业集聚模型。

该类型的主要特征表现为:有利于整合一定区域内的文化产业要素,形成规模效应和集约效应,打造精品文化产业带。

结合笔者2016年的调查,我们在这里看两个实例。首先,我们看一下阿里地区札达县四个经济实体的形成与成长。

阿里地区札达县境内拥有土林、古格王朝遗址、象泉河和托林寺等丰富的旅游资源。当地政府和各"强基惠民"驻村工作队根据当地资源优势,协助农牧民创办了家庭旅馆,兴建了无公害蔬菜基地,组建了林果业经济合作组织,发展了特色农牧业和旅游服务业,并对这四大经济实体进行有机整合,相互补益,实现了共同成长,产业成效明显。

第一个实体是依托资源优势,创办家庭旅馆。札达县每年接待国内外游客十几万人次,根据这一优势,札达县委、各乡镇党委组织当地群众创办了家庭旅馆。托林镇扎布让村针对家庭旅馆服务能力和水平不高等问题,加强对家庭旅馆的科学管理和从业人员的英汉双语培训,为游客提供优质服务,树立了良好的旅游形象。2014年,托林居委会正式挂牌成立了"扎布让家庭旅馆经济合作组织"。截至2016年年初,该旅馆已经拥有525张床,参与户数32,受益150余人,每年每户平均收入为5万多元。

第二个实体是依托综合力量,壮大无公害蔬菜基地。2009年,札达县托林居委会正式成立"无公害蔬菜基地农牧民专业经济合作组织"。在札达县党委、政府的大力支持下,居委会多方筹措资金,建成了64座高效温室,总面积占27200平方米,

---

① 次松拉姆:《西藏文化旅游创意园获2016年国内两项大奖》,载《西藏商报》2016年1月28日第9版。

配备了较为齐全的生产实施。通过对无公害蔬菜的推广，加强对农牧民无公害蔬菜基地种植技术培训，蔬菜基地每年总收入在 75 万元左右。2014 年以来，该组织进一步整合了合作社运行模式，扩大了销售范围。截至 2015 年 8 月，蔬菜基地总收入已有 50 多万元。

第三个实体是依托地理优势，组建林果业经济合作组织。为解决札达县林果销售问题，增加果农收入，抵御自然和市场的多种风险，底雅乡什布奇村聘请了阿里地区科技局专业技术人员，在辖区内进行资源调查、市场调研、产品试制等工作，得出的结论认为，札达县光照充足、水土洁净、昼夜温差较大，极有利于杏子、苹果的种植生产。这样，在札达县民族宗教事务局的大力支持下，什布奇村筹集了 70 万元启动资金，组建了"林果业经济合作组织"，相关的主要产品有杏子酒、杏子油、苹果等，这些产品统一包装并销售到阿里地区其他部分乡（镇）。2015 年，该组织纯收入 45 万元，受益群众达 156 人。

第四个实体是依托独特风景，创建民族风情园，发展特色农牧业和旅游服务业。托林镇依托古格王朝遗址、托林寺等丰富的旅游资源和独特风景，通过申请"短平快"项目等方式筹集资金 60 万元，创建了"民族风情园"，通过旅游带动农牧民增收，发展特色民族经济。截至 2015 年，民族风情园年收入 14 万多元，受益群众达 56 人。

在札达县域范围内，有许多旅游吸引物，这是打破札达县及其各乡镇与外界"壁垒"的最重要资源，也是当地产业发展的突破口和最主要的依托。实际上，通过整合札达县相关乡镇的这四个经济实体，可以有效推进当地文化产业带的建设，摆脱传统的以乡镇或者村为单位的各自为战的运营模式，提升产业的规模与集约效应。可以以土林、古格王朝遗址等优质生态旅游资源为依托和核心，大力协调推进札达县相关地域的"民族风情园"建设，并在整个县域内打破乡镇旅游阻碍，实现"无障碍旅游"，这一做法必将为家庭旅馆建设提供更好的发展平台，也会吸引更多的农牧民参与到旅游服务接待产业之中；旅游产业的发展为当地土特产产品的生产、加工和销售带来新活力和新机遇，为无公害蔬菜基地和林果业生产基地的产品销售铺平了道路，拓展了平台；而四个经济实体的有益互动又必然极大提升札达县的生态旅游吸引力。比如，优质的旅游服务、当地优质的蔬菜和水果等土特产将巩固老游客，同时会通过各类传播媒介吸引更多的潜在游客到札达旅游，旅游业竞争力进一步提升；旅游业的繁荣，又进一步为当地旅游服务业和土特产产业拓展了发展空间……如此循环往复，札达县的文化产业链条越拓越宽，产业质量也不断提升，最终实现的就是一种良性的产业集聚。

我们再以行政村为单位进行集聚模型的构建与探讨。下面这一实例来自林芝市巴宜区米瑞乡的色果拉村，时间截点为 2016 年年初，资料来源于与该村驻村工作队队员的研讨。

色果拉村位于林芝市巴宜区米瑞乡，全村共有36户170人，其中"五保户"有2户，共2人，低保户有2户，共8人。全村拥有草场面积3497亩，拥有耕地面积882亩。牲畜总数共1311头（匹、只），其中大牲畜564头（匹）。村民以农牧业为主要收入来源，主要种植青稞、油菜、玉米等。色果拉村气候湿润，雨水充沛，适宜藏鸡、绵羊等家禽和家畜的饲养。

林芝的藏鸡生活在海拔1500～3500米的区域，那里分布着成片的天然灌木林和草地。密林藏鸡体形小巧匀称，公鸡体重在1.0～1.5千克，母鸡体重在0.75～1.00千克，其肉质鲜美，营养丰富，市场前景广阔。

当地的绵羊也以肉质鲜美、毛质优良而享有盛誉。

同时，当地的气候条件也非常适宜蔬菜的生长，蔬菜以口感鲜美而著称。

结合色果拉村的这三大优势，对其进行适当融合、整合，提升整体竞争力，具有重要的产业融合意义；同时，对提升当地的经济发展水平、提高群众的收入水平也具有重要的意义。我们尝试对这些产业进行集聚模型的构建。

（1）产业融合实施主体情况。

主体名称：色果拉村"两委"和全体村民、色果拉村驻村工作队。

成立时间：稳定的长期性。2011年11月工作队进驻色果拉村。

辐射带动能力：一是工作队来自巴宜区商务局，拥有丰富的项目开展经验，项目能够在整个巴宜区有效推广；二是色果拉村拥有多项集体经济产业，以藏鸡养殖产业为中心，积累了丰富经验，已经产生了良好的示范效应；三是米瑞乡整体具备产业发展的交通、运输条件，可保证产业的辐射效应；四是米瑞乡政府和色果拉村"两委"对藏鸡、绵羊养殖产业高度重视，提供了许多政策支持。

（2）产业融合具备的基础条件。目前，村中建有一个藏鸡养殖合作社和一个绵羊养殖合作社，另建有温室蔬菜大棚，并且有较好的管理制度。

硬件设施：

1）藏鸡养殖合作社占地面积为3000平方米，共投资57.25万元，其中，国家扶贫资金47.25万元，另外的10万元由色果拉村群众自筹。建有饲养厂房、饲料配制厂房和饲养工人宿舍。

2）绵羊养殖合作社共占地6000平方米，总投资100万元，其中，国家扶贫资金投入80万元，色果拉村群众自筹20万元。建有围圈4个、围墙400米、消毒池1处、大门1个，另建有消毒室和兽医室各20平方米、饲料库200平方米、堆粪场300平方米。

3）村中还建有37个温室蔬菜大棚。

软件设施：

1）村民都有一定的藏鸡、绵羊养殖技术，对养殖业有一定的热情和积极性，而且配备专业的藏鸡和绵羊养殖技术指导人员。

2）目前藏鸡养殖场配备电脑、网络，可以开展网上营销。

3）有较为完备的管理措施，结合"联户平安，联户增收"双联户创建工作，创新思路，由户长带头，针对藏鸡和绵羊的喂养以及卫生、防疫等方面的情况，实行三天轮班制度，并由驻村工作队和村"两委"进行监督考核，较好地保证了藏鸡和绵羊养殖产业的开展。

（3）相关的实践与探索。色果拉村2013年开始养殖藏鸡，发展良好，当年藏鸡总产量1865只、蛋5300余枚，藏鸡、鸡蛋主要销往八一市场。全年销售藏鸡752只、藏鸡蛋4769枚。在八一市场，藏鸡以每只150元价格销售，藏鸡蛋以每枚2.5元的价格销售。

2015年共有种鸡800只。共销售藏鸡（含小鸡）551只，销售藏鸡蛋7200余枚。市场按每只藏鸡250元、每枚藏鸡蛋2.5元的价格销售，共获利16万元。每户家庭实现增收4200元，比上一年增加200元。

绵羊养殖合作社于2015年正式成立，当年有绵羊525只，市场平均价格为每只1000元，每年为村集体增加15万元左右的收入。

目前，温室蔬菜大棚利用尚不充分，缺少技术指导；一些农民存在着"不杀生"观念，导致虫害比较严重。

色果拉村利用藏鸡养殖和绵羊养殖获得的收入资助考上大学的学生，对于考上专科、本科和重点本科的学生，分别给予600元、800元和1000元的奖励；同时，村"两委"也利用这些收入，在节假日慰问村中的"五保老人"、贫困户和优秀党员。这些做法极好地营造了社会氛围，由经济效益中产生了良好的社会效益。

（4）产业融合的具体思路、目标和任务。具体融合思路应包括以下四方面内容：

第一，有效整合目前村中的藏鸡养殖合作社、绵羊养殖合作社以及温室蔬菜大棚，使三者结合成为"色果拉村种养产业基地"，并逐渐扩大规模，使其成为村中的支柱产业、龙头企业。鸡粪和羊粪用来作为温室蔬菜大棚的肥料，同时，在冬天，羊粪也可以作为燃料出售；温室蔬菜大棚的劣质菜也可以作为鸡和羊的食物。这样，在基地内就可以实现能量的自循环。

第二，以"色果拉村种养产业基地"为依托和核心，凝练与优化村中现有技术人员，做到人尽其才，最大限度地发挥每个村民的积极性和特长，并做好技术培训和产业发展相关知识的培训，同时节约人力成本。另外，在尊重当地群众信仰、习俗的基础上，由专门的技术人员对蔬菜大棚的虫害进行治理。

第三，加大种养产品的深加工力度。一方面，要开展相关的产品深加工基础设施建设，比如厂房建设、机器设备购置等；另一方面，要引进相关技术人员，加大对相关产品深加工的研究，拓展产业链条。基地的主要商品包括：藏鸡肉、绵羊肉、种藏鸡、种绵羊、藏鸡蛋、绵羊毛、藏鸡肉深加工产品、绵羊肉深加工产品、藏鸡蛋深加工产品、温室蔬菜深加工产品以及鸡肉、鸡蛋、羊肉、蔬菜等相结合或搭配开发出来的新产品。

第四，在以上基础上，尝试开展村中的农家乐旅游项目。以"色果拉村种养产业基地"为核心资源和重要的旅游吸引力，以基地的主要商品为重要抓手，做好农家乐旅游的整体规划和基础设施相关建设。

实现目标可从以下三个方面进行设定：

第一，最大限度地整合色果拉村的现有重要种养资源，即藏鸡、绵羊和温室蔬菜大棚，实现资源效用的最大化，避免低水平重复建设或者相互恶性竞争。

第二，实现色果拉村种养产业基地的可持续发展，尤其是大力开发和推广以藏鸡、绵羊和当地绿色蔬菜为依托的相关产品，拓展产业链条，使其成为当地最主要的支柱产业和龙头企业，为村集体经济进一步增收，提高每一户群众的家庭收入。

第三，通过色果拉村种养产业基地推进色果拉村的旅游开发，尤其是带动农家乐旅游的开展，使当地成为种养业发达、农家乐旅游兴盛的特色小康村。

主要任务可包括八个方面：

第一，做好每一位村民的思想工作，使大家思想统一，劲儿往一处使，产生强大的凝聚力。

第二，对藏鸡养殖场和绵羊养殖场的相关设施、场地进行维修，进一步整合；对已经损坏的温室蔬菜大棚进行维修。

第三，进一步加大交通设施建设，做到进村和出村方便快捷，使村中生产的产品能够及时运出。

第四，开展村集体的旅游农家乐设施建设；同时，帮助村民改造自有住房作为农家乐场所，帮助他们做好规划，并提供技术指导。对一些贫困家庭提供一定的资金支持。

第五，做好村中主要从业人员的技术培训；同时，考虑在有可能的情况下引进相关技术人才和管理人才。

第六，进一步加大规章制度建设，建立健全人事制度、管理制度和财务制度。

第七，做好市场的调研与营销，把握市场脉搏，把好质量关，扩大销售渠道，在市场中保持可持续发展能力。

第八，成立专门的领导小组，科学规划，全力推进；同时，严格规章制度的执行，加大管理力度，严防工程烂尾现象发生。

实施路径：以种植、养殖业为基础，以畜牧产品深加工业和蔬菜深加工业为引领，以物流业为枢纽，将藏鸡产业和绵羊产业与农家乐旅游有效地结合，实现种养业和旅游业的交叉重组，相互渗透，优势互补，有效地延伸产品价值链。

利益连接方式：在产业利益连接层次，在产业发展规模化、标准化和专业化基础上，大力发展"订单产业"。通过畜牧产品和蔬菜产品产生吸附力，带动农家乐旅游的开展；同时，农家乐旅游的有效开展又可以带动畜牧产品和蔬菜特色产品销售链条的延伸。在农户利益连接方式上，通过每一户全员参与、业务合作，实现共同获益，共享产业发展成果。

3. 第三个主要特征：临时集聚模型具有广泛的应用性

在文化产业元素的临时集聚模型中，产业博览会是最重要的一种。2014年雪顿节期间，西藏成功举办的第四届西藏唐卡艺术博览会就是唐卡文化产业的一次临时集聚模型的应用。博览会集中展示了65位西藏唐卡画师的65幅作品和其他作品，在5天的集中展示期间，观众总流量在5万人次以上，充分发挥了西藏唐卡文化产业的诸多要素作用，产生了积极效果。

旅游产业的博览会近年来取得了长足发展，成为文化产业元素的临时集聚模型的典型代表。我们以2014年举办的中国旅游产业博览会为例简要说明。此次博览会由国家旅游局和天津市人民政府共同主办，联合国世界旅游组织和亚太旅游协会特别支持，主题为"旅游产业的盛会、合作共赢的舞台"，搭建了旅游产业和旅游装备制造业交易的平台、旅游推介和旅游演艺展示的舞台、旅游创新和旅游产业发展研讨的讲台。设置的专题活动包括：2014年国际智慧旅游高峰论坛、区域旅游合作论坛、第9届东亚经济交流推进机构旅游分会会议、第四届天津市旅游纪念品大赛、博览会专项活动和旅游活动嘉年华。在会上，实现了旅游与科技相融合，智慧旅游得到了充分展现，成为新热点。展销一体的模式也让旅游产业的能量得到了充分释放。期间入场参观近25万人次，为六届中国旅游产业博览会的最高。[①]

文化产业元素的临时集聚模型的主要特征为：文化产业要素具备流动性，可以进行营销的临时多元组合。

三、阿里旅游文化产业集聚布局模型

1. 一级集聚布局

（1）核心资源（要素）：普兰县"神山"冈仁波齐、"圣湖"玛旁雍错，日土县白绒山羊畜牧及产品加工，札达县札达土林与古格王朝遗迹。

涵盖自然生态资源、人文生态资源和畜牧文化产业资源，均具有唯一性，有"象雄文明""古格文明"和"苯教文化"等文化资源。

（2）其他资源（要素）：芝达布日寺、穹窿银城、班公错、贡珠温泉、普兰边贸口岸、科迦寺、斜尔瓦边境口岸、东嘎皮央遗址、多香古堡遗址等，以及独特的民间服饰和各种各样的风土人情。

涵盖自然生态和人文生态旅游两大类资源，把独特的地域民风民俗融合到其中。

（3）布局的文化产业战略核心：以自然生态和人文生态旅游文化产业为核心，把土特产产业深入融合，同时为其他文化产业搭建平台。

---

① 参见吕宣《旅游博览精彩纷呈——2014中国旅游产业博览会综述》，载《天津人大》2014年第9期。

(4) 布局的目标定位：以自然生态和人文生态旅游资源为核心，充分发挥其辐射带动作用，科学构建独具特色的文化产业脉络，拉动产业整体发展，提升可持续发展能力，形成"藏西秘境·天上阿里"文化产业集群。

(5) 构建三大产业带：以狮泉河镇为文化产业的服务枢纽和集散地，并向南、北和东部辐射，以公路交通为主连接主要的生态资源，形成三大旅游廊道：历史文化探秘核心旅游区、高原休闲度假体验区、自然生态观光及自驾体验旅游区，并在此基础上构建文化产业带。

(6) 实施路线：依托阿里快速发展的交通优势，首推旅游文化产业，科学规划现有的旅游资源，并进行有效整合和开发。

科学规划与整合普兰县的"神山""圣湖"、札达县的古格王朝遗址、札达土林等景观，以高端体验旅游、生态旅游为主打，突出"藏西秘境"之观光、文化探秘与边境体验；科学规划与整合革吉县、改则县、措勤县的草原和湖泊可利用资源，突出野生动物特色，以301省道和206省道串联那曲地区，有步骤地开展羌塘文化体验旅游、自然生态旅游与野生动物观光旅游；在噶尔县和日土县打造西域风格的休闲度假模式，联动新疆相关区域，突出文化体验导向；利用西藏丰富的节庆文化，开展形式多样的西藏节庆文化参与游，打造节庆文化的全产业链，形成独具特色的节庆品牌。

在规划与整合过程中，要构建主题鲜明的旅游产品体系，突出文化消费产品的创意与创新，鲜明定位阿里地区文化产业，尤其是旅游文化产业的特色与品位。

要以旅游文化产业为引导，大力开发各产业带的特色文化产品和土特产产品。探索其他文化产业与旅游文化产业、旅游文化产品、土特产产品的结合方式，探索新的营销模式，促进文化产业带的融合发展，促进各个文化产业的融合发展。（见图10-1）

图10-1 阿里旅游文化产业构成模块

2. 次级集聚布局：措勤县旅游文化产业集聚模型

(1) 核心资源：

各种各样的湖泊——迷人风光：措勤县大小湖泊共有53个，其中，扎日南木错是措勤县境内最大的湖泊,也是西藏第三大咸水湖。

神秘的象雄文化——魅力无穷:三石阵遗址、拉康嘛布、琼宗山古岩画与古建筑等成为象雄文化旅游的重要代表。

优美的自然生态——别具风味:包括雪山、湖泊、草原、温泉、野生动物等各种各样的自然资源。

(2) 总体定位:措勤县是高原湖泊观光旅游的重要城镇、阿里地区东部三县自然生态观光旅游区的重要支撑板块。

(3) 空间布局:根据规划依据和规划原则,结合旅游开发的现实基础和目标市场群体,将措勤县的旅游整体空间划分为"1113"格局,即"一核牵引、一心驱动、一线延伸、三节点支撑"。

"一核牵引":凝聚核心吸引力。以扎日南木错为重点,整合周边的旅游资源,组建扎日南木错生态旅游景区,并通过适量的基础设施和接待服务设施建设,使其凝聚措勤县的核心旅游吸引力。

"一心驱动":打造旅游服务补给中心。重点完善措勤镇的餐饮、住宿、购物、娱乐等相关产业,加强医疗救助、汽车维修、能源供应,使措勤镇成为措勤县旅游的集散地、游客接待中心和自驾游补给中心。

"一线延伸":发展纵向游览轴线。重点提升 S206 道路的等级,提高措勤县的交通便捷度,并适度开发省道沿线的旅游资源,增加交通沿线的看点,丰富游客的旅游活动内容,也延长游客的停留时间。

"三节点支撑":丰富旅游活动内容。以嘎仁错、敌布错为重点的江让乡旅游节点,以齐格错为重点的磁石乡旅游节点,以夏岗江雪山、达瓦错为重点的达雄乡旅游节点,三节点整体联动,丰富措勤旅游活动。

(4) 战略思路:充分利用 G219 路面黑色化竣工为阿里地区旅游业发展带来的机遇,紧紧围绕高原湖泊旅游这一主题,对县域全境的旅游资源进行深度挖掘,以重点项目为载体,发展专项特色旅游,并联合日喀则地区、那曲地区全面拓展大旅游,逐渐将措勤县旅游产业做精做强。

3. 阿里旅游产业开发评价指标选择

旅游产业或者旅游地的开发应遵循一定的原则,其中有三点不可忽视:旅游地拥有的旅游资源特点和价值、旅游地的市场条件以及旅游者的行为特征。对阿里而言,旅游资源与价值具备独有性,特征明显,吸引力强,显示出特有的旅游价值。市场条件正在逐步形成和进一步规范,基础设施和旅游配套服务能力均在不断提升。而作为市场条件重要组成部分的价格与引力因素也同样具备独特性,或者说阿里旅游资源的独特性以及价值独有性使其旅游需求价格影响减弱,而同时旅游引力却不会因价格而受到较大影响,从而保持相对独立性。旅游者的行为特征是一项不可忽视的重要因素,在阿里旅游开发中应高度重视。不同的旅游类型会导致旅游者不同的行为特征,但也存在一些共同性,比如,对所有旅游者而言,他们一般会持有这样的心理取向:用尽可能短的旅程享受到尽可能长的旅游时间,也就是实现最大化的"旅程-旅游"比;通过旅游获得尽可能大的信息量,从而实现最大的旅游质量感。这就需要在阿里旅游设计开发中科学构建旅游资源有机链条,把旅游者的这些共同心理取向元素作为重要的评价指标,在旅游资源自然分布的前提下,科学设计旅游元素布局、产业的一级布局和二级布局。旅游者的心理特征取向指标一般呈现出一些具体特点,这些是阿里旅游开发中不可忽略的内容。

到阿里旅游的旅游者依来源地可主要划分为当地旅游者和阿里之外的旅游者两大类。对于前者,由于身居阿里地区境内,所以,可以视作中短途旅游,这类旅游者一般采用节点状旅游路线,呈现以下特征:居住在旅游地附近的旅游者,一般会选择一天内完成旅游而不在外留宿,并且在空间上表现为节点状旅游路线,通过单日向不同方向完成旅游计划;一般而言,中短途旅游者会根据旅游线路而观看附近景观,所以旅游线路的选择一般会影响到旅游效果,要安排好旅游线路,否则会削弱旅游者的正面评价。对长途旅客而言,如果其在暂住地附近旅游,且其暂住地距旅游地(景点)的距离可以保证旅游在一天内完成,他们也多会选择节点状旅游路线来完成附近各旅游地(景点)的旅游计划。

阿里之外的旅游者属于长途旅游范畴,这样的旅游者一般呈现如下心理特点:旅游目标明确,多会选择名气较大、级别较高的旅游景观或景点,在目的地附近做自由选择时同样多采用这样的原则;在时间、费用能够得到保证的情况下,会尽可能多地选择感兴趣景观或景点,同样会根据景观的名气、级别进行筛选;多采用"闭环状旅游线路",很少走回头路、重复路。

四、藏医药文化产业布局与路径

2016年,《中医药发展战略规划纲要(2016—2030年)》发布,明确提出了大力发展中医药文化产业战略要求。其中提到要大力推动中医药与文化产业的融合发展,将中医药文化纳入文化产业发展规划重点推进;要大力推进中医药文化产业的相关产品,推出中医药文化精品和创意产品,促进中医药文化产业与广播电视、数字出版、动漫、旅游、餐饮、体育演出等产业的有效结合。

另外,探索中医药健康旅游服务,在实践中探索和推动中医药健康恢复产业与生态旅游文化相结合的路径,在推动中医药文化传播和体验展示的同时,把中医药健康服务融入生态旅游文化传播等产业,甚至开发具有地域特色的中医药健康旅游精品线路和相关产品;建设中医药健康旅游示范基地或者旅游综合体验中心;加大中医药旅游商品的开发力度;举办与中医药文化相关的各类展览、展会、论坛、学术交流会等文化产业活动;推进中医药文化产业旅游指标体系建设,提升专业化和标准化水平。①

藏医药是中华医药文化的重要组成部分。相传,早在公元前3世纪前后,在藏族的先民中就已经流传着"有毒就有药"的说法,当时人们已经掌握了以酥油止血、以青稞酒解毒等原始方法。公元7世纪,文成公主入藏,带去了许多医学论著,诸多医方、诊断法以及医疗器械等,对藏医药文化发展起到巨大的推动作用。公元8世纪上半叶,由毗卢遮等译著的《月王药诊》是现存较早的一部藏医药经典专著。公元8世纪末,由宇妥·云丹贡布完成的《四部医典》标志着藏医药理论体系的形成。公元18世纪,著名藏药学家第玛·丹增彭措通过实地调查,对诸多药物进行核实考证,历时20年完成了《晶珠本草》,收集、记载了大量的藏药;同时,他还对许多同名异物、同物异名以及一名多物的现象做了考证。书中还提出了药材的适地适时采集、加工炮制和使用期限等理论,也提出了一些关于药物的分类方法,至今仍有重要的参考价值。其内容和价值可与《本草纲目》媲美。

近年来,在国家相关部门的大力支持下,藏医药文化得到了有效的保护和传承,也取得了巨大进展,藏药的开发研究和保护成就显著。目前,"国内先后抢救挖掘藏医药古籍文献2000多部(函),整理出版800多部,完成《藏医药经典文献集成丛书》(100部)、《藏医药大典》(60卷)、《四部医典唐卡大详解》(18卷)等重大古籍文献整理出版工程"②。

目前,西藏建有专门的藏医学院,西藏大学和西藏民族大学分别设有医学院,其中也有专门的藏药研究科室。藏医藏药的医疗效果以及社会效益已经得到普遍的认可,具备了进一步推广和开展藏医藏药文化产业的前提条件;同时,在藏医藏药文化产业中也存在着一定的不足和问题,比如,关于藏医药古籍的整理、保护以及电子化方面有待进一步加强。总体而言,藏医药古籍是不可再生的知识资源,若保护措施不力,就容易破损或者出现老化现象,虽然相关部门已经不同程度地开展了有关工作,许多科研机构也意识到了进行保护的重要性,但是总体而言,数字化程度还处于初级阶段,主要停留在通过扫描进行数字化录入的阶段,对这些资源开展的深入的数据挖掘和开发利用还不够。笔者认为,大力推进藏医藏药文化产业应着重从产业集聚进行布局,突出集聚优势,做好联合攻关和研发,避免产品和服务处于低端和游离状态,更要避免大量中小企业或机构在中低端无序、恶性竞争,通过产业的有效集聚提升产业的可持续发展能力和市场竞争力。整体而言,做好西藏的藏医藏药文化产业的集聚布局必须从以下九个方面着手,这也是产业可持续发展的必然要求:

第一,继续加强对藏医的保护和传承,加大对藏药的研制开发力度。加大对藏医藏药的古籍整理,抢救濒危的珍稀古籍文献,系统总结、整理目前的藏医藏药理论流

---

① 参见国务院《国务院关于印发中医药发展战略规划纲要(2016—2030年)的通知》,见中华人民共和国中央人民政府:http://www.gov.cn/zhengce/content/2016-02/26/content_5046678.htm/,2018-05-22。

② 聂佳、张艺、邓都等:《藏医药古籍文献抢救性收集整理及数据挖掘模式研究》,载《中国民族民间医药》2015年第4期。

派以及相关学说,利用现代科技加大对藏医藏药文献的数字化保护与传播。

有研究者认为,对藏医药古籍的整理和保护应从确定调研对象、确定调研范围、文献征集、数据汇总、编目、古籍扫描和图片处理等方面着手。在古籍的深入挖掘方面,应从藏医药古籍文献书目数据库、藏医药古籍图片数据库以及数据挖掘模式研究三大方面进行着手,在数据挖掘模式研究中要实现对书名、著者、病症、症候、方剂、药物等显性信息的挖掘,以及以 Access 基本数据表为来源,实现对潜在的价值信息等隐性信息的挖掘。①

第二,继续加大藏医藏药人才的培养。创新模式培养多层次的藏医藏药人才,加大高等院校人才培养,拓展研究生教育。大力鼓励师承教育,探索建立藏医藏药师承制度体系,给予著名藏医藏药专家特殊的政策支持,鼓励他们开展传承教育,并加强专门的藏医藏药工作室建设。"藏医药人才培养与医学人文素养密切相关,藏医药学不仅是治病的医学,而且是治人的医道。"② 因此,要加大藏医医德医风建设,提升藏医藏药人才的整体人文素养。

第三,加强藏药资源的保护开发。由于一些藏药的生物学特征以及生态气候变化、环境恶化和藏药市场拓展等多方面的情况,"许多藏药都处于濒危状态,因此必须加强对濒危藏药的保护,为以后的开发利用创造条件"③。

要进一步提升藏药资源保护意识,改变对藏药资源保护观念薄弱的现象,相关政府部门应根据藏药濒危的具体情况,进一步制定和完善相关法律法规;同时,建立濒危藏药资源保护区或者植物园,使濒危藏药资源能够得到休养生息的机会。

要加大藏药一级药材的分级保护制度,完善藏医药材的资源升级保护,建立藏医药材人才培育基地。加大藏药品种的开发,鼓励社会力量投资建立藏药科技园、博物馆。

第四,鼓励探索藏医藏药的养生保健服务,成立专门的藏医藏药医疗机构、养生保健机构,普及藏医藏药保健知识,大力研发藏医藏药保健食品、保健用品和保健器材,通过各种形式的活动推进藏医藏药走进企业、社区和农村。

推进藏药浴产业良性可持续发展。藏药浴是依据藏医药的基础理论,在温泉浴疗法实践的基础上形成的一种独特的药物外治方法,是藏医重要的外治疗法之一。在藏医的养生理论中,一直把藏药浴作为养生、保健的有效手段,这与其出色的"排毒"功能是分不开的。藏药浴中,藏药进入人体毛细血管后,药物的有效成分开始发挥作用,产生活血化瘀的功效,可以有效分解血管中的沉积物质;同时,在藏药浴的热能与药物作用下,有害物质可以随着汗液排出体外。④

---

① 参见聂佳、张艺、邓都等《藏医药古籍文献抢救性收集整理及数据挖掘模式研究》,载《中国民族民间医药》2015 年第 4 期。
② 杨宏权:《谈藏医药人才培养与医学人文素养的关系》,载《中国民族民间医药》2012 年第 16 期。
③ 德吉曲珍:《濒危藏药资源保护分析》,载《西藏科技》2015 年第 8 期。
④ 参见马拉毛措《藏药浴的养生保健之道》,载《医学信息》2016 年第 21 期。

第五,积极推广藏医藏药对老年人健康服务的作用。藏医藏药对高血压等病症有着特殊的疗效,要大力探索藏医藏药在养老医疗中的作用,支持其与养老机构和医疗保健机构合作,积极面向老年人开展上门体检、健康咨询等活动;同时,鼓励社会资本进入老年人健康服务领域,并大力推广藏医藏药在其中的作用,在拉萨等大中城市探索藏医藏药特色养老机构和示范基地建设。

第六,大力推进藏医藏药文化建设。系统地调研藏医药文化内容,形成文化体系,并加大对相关设施和非物质文化遗产的传承保护,推动符合条件的藏医藏药内容申报国家以及联合国教科文组织非物质文化遗产,开展相关的藏医藏药文化传播工作,推动藏医藏药文化的国际传播,提升文化软实力。

第七,探索和推动藏医藏药文化产业。探索把藏医藏药文化与西藏其他文化产业相融合的路径,尤其是利用西藏土特产文化产业和生态旅游文化产业为其提供良好的展示平台和发展平台,在探索中推进藏医藏药文化有关的产品创意和文化精品,并大力培育一批知名的藏医藏药文化产业品牌和企业,推动规模发展、集约发展。

第八,构建藏医藏药健康旅游产业。把藏医藏药产业及其产品融入生态旅游文化,大力推广藏医藏药体验文化旅游,融藏医疗养、康复、养生、文化传播、会展于一体,开辟具有地域特色的藏医藏药健康旅游线路和相关产品。

第九,加大藏医藏药与其他领域的交流合作。加大与中医中药的交流合作,共同探索合作模式,扩大影响。深化与世界卫生组织等机构的合作,加大与各国政府相关部门的合作,积极推广藏医藏药文化,探索在海外建立藏医藏药中心的路径和方法,积极开展对藏医藏药留学生的培训,大力推进与国外高校或研究机构联合开展的藏医藏药学历教育、非学历教育、短期培训或者临床实习等多种形式的教育领域的合作。

第三节 西藏文化产业的分散布局模型

一、适用于分散布局模型的西藏文化产业的特征

分散布局模型是指文化产业的主要元素或产业整体根据特定因素呈分散状态,此状态符合产业发展的实际与需要,有利于在特定地域和空间范围之内最大限度地发挥产业效用,最大限度地发挥产业要素的作用。

(1)适用于该模型的文化产业的核心资源有很强的天然分布特征,丰裕度较低,一般以核心资源分布确定产业的分布。赫克歇尔-俄林原理(H-O原理)强调资源的禀赋差异,这些资源包括土地和矿产资源、资本、劳动力、技术水平、经营管理水平。该理论认为,应从资源禀赋入手,通过优势资源和资源禀赋的最佳配置来降低成本,提高效益。我们所说的文化产业的核心资源就是产业发展的最大的资源,也是最

大的优势资源。

以西藏的生态旅游资源为例,要考虑该分散布局模型下特定区域内生态旅游资源的单体数量、单体旅游资源的优次等级、单体所占资源总量以及该区域所属的层级等方面。再按综合指数评价法等方法计算出不同等级层次的旅游单体分布的综合指数,从而划分出各类旅游资源单体的空间分布丰裕度类型,一般可划分为四个等级:极丰富、丰富、贫乏和极贫乏。在"贫乏"和"极贫乏"中归纳得出丰裕度较低的单体。

旅游资源单体的分布综合指数计算如下。

以公式 $S_j = \sqrt{\frac{1}{n}\sum_{i=1}^{n}(X_{ij} - \bar{X}_j)^2}$ 分别求出各类旅游资源地区分布的标准差。式中:S_j 为 j 类旅游资源分布的标准差;X_{ij} 为 i 地区的 j 类旅游资源单体的数目;$\bar{X}_j$ 是 j 类旅游资源单体空间分布均值。

利用公式 $R_j = (X_{ij} - \bar{X}_j)/\bar{X}_j$ 对旅游资源单体分布数据进行标准化,对 i 地区的 j 类旅游资源单体数目与相应的旅游资源单体空间分布均值之差进行再处理,得到的 R_j 是 i 地区的 j 类旅游资源单体的分布指数。

再按照系数加权计算公式 $R = \sum_{j=1}^{6} K_j R_j$ 得到各地区旅游资源单体的分布综合指数 R。式中:K_j 代表各要素的权重系数。

(2)文化产业的核心资源不具备可移动性,不可转移或转移后失去产业特色。当然,其中应该注意的重要一点,即交通因素、技术因素对该分散布局产业模式的影响。早在 19 世纪初,德国经济学家杜能就提出了关于农业布局的区位理论,充实了他的经济活动空间理论。1826 年,杜能的《农业和国民经济中的孤立国》一书的出版成为其产业布局区位理论的重要标志。杜能关于农业布局的区位理论指出,某地农作物的种植不能完全由自然条件决定,相应地,某地的农业经营方式也不是集约度越高越好,而是要考虑交通因素来确定农业活动的最佳区域。他提出农业圈层模型,把生产成本、产品的价格、运输成本以及利润等因素纳入分析,提出按集约化程度,农业土地的经营方式出现同心圆状的分布规律。虽然杜能的理论是建立在 19 世纪初期经济社会发展背景下的产业区位分析,并且受限于严格的假定条件,但其中关于农业布局受交通、成本、市场、利润等影响的观点仍有助于我们进行现代产业布局研究。

西藏广大农牧区内涉及文化产业内容的核心资源基本不可转移或转移后失去特色或吸引力,并且与农牧业有着密切的关系,因此,必须根据特定区域内的核心资源进行分散布局,并充分考虑交通因素、技术导向和技术溢出效应,科学布局,注重产业的层级分布,实现分散布局的灵活性、层次性、高效性。以西藏生态旅游为例,一般而言,生态旅游资源都具有不可移动性,或者很难实现空间转移。结合这一特点,对西藏偏远的农牧区而言,可以考虑运用分散布局模型,利用当地的生态旅游资源,组织农牧民开展形式多样的旅游服务项目,构建乡、村集体性质的当地旅游文化产业,并统筹特定区域内的产业发展层级,有效畅通各产业要素,推进区域内的无障碍旅游。

（3）应该注意的是，文化产业的分散布局是相对的，以独立的核心资源或区域形成的产业亦可归入分散布局之中，即在特定区域内是集聚性的，但在更大范围内则呈现分散布局特征；或随着交通能力的提升、技术水平的不断提高，区域集聚的半径在扩大，原来的分散布局进而形成更大区域内的整合。关键在于是否与其他区域或更大区域的产业核心元素通过交通、技术或其他纽带进行了有效整合。

分散布局模型向集聚模型的转换是与交通运输能力的大幅度提升和科学技术水平的提升及应用紧密相关的。在这种转换过程中，会涉及该区域内的"中心地"，也就是说，区域中心地提供商品、服务以及支持其他产业的能力必须得到提升，而且也经常会涉及"副中心地"的出现及其作用的有效发挥。随着区域集聚半径的增大，会出现多个不同层次级别的中心地。通过中心地这种关键节点，再把原来分散布局的产业进行有效整合，形成集聚网络。但也应注意，中心地的增加并不一定代表产业布局的转换，因为一种产业布局模型的转换是与多种因素相关联的，也有其诸多条件、要求与限制。

二、GZ村生态资源与文化产业的开展

本案例来自笔者在阿里地区普兰县GZ村的半年调查及西藏民族大学驻村工作队在该村长期的调查走访，数据截至2016年年初。

1. GZ村概况

GZ村位于普兰县西南部，总面积为3200多平方千米。经、纬度为北纬32°16′4.94″，东经84°24′44.48″，村委会位于乡人民政府西北方向，距乡政府所在地1千米，距普兰县城110千米，平均海拔4700米。

GZ村地处羌塘高原大湖盆地带，属高原丘陵型和高原宽滩型地貌，地形以高原大山为主，地势南北高东西低，周围为高山、丘陵，湖岸平缓，次一级的地貌单元有湖积平原和洪冲积平原。区内第四纪地层分布广泛，多为洪冲积河流相沉积、湖相沉积及少量的风成沉积。

GZ村属高原亚寒带季风半干旱气候类型，主要特点为气压低，光照充足，辐射强，寒冷干燥，多风沙，降水稀少，年平均气温4摄氏度，最热月平均气温20摄氏度，最冷月平均气温-24摄氏度，年平均降雨量不足70毫米，年蒸发量2430毫米，年平均风速3.9米/秒，日照时间8～10小时，无霜期120天。

辖区内分布着2处湖泊，分别为贡珠错和玛旁雍错，大小河流8条，较大的河流为拉孜拉河，该河是西藏雅鲁藏布江的较大源头之一，幅员辽阔，径流年内变化大体可分为四个时期：冰期，从每年的11月中旬至来年的4月中旬，约5个月，此期间河面封冻，冰冻厚度0.8～1.0米，为全年最枯水期；低水期，从每年的4月中旬至

7月中旬，河面已解冻，流量略有上涨；汛期，从每年的7月中旬至9月中旬；平水期，从每年的9月中旬至11月中旬，此间流量变化微小。

2. GZ村生态概况

GZ村周边植被以高寒荒漠草原为主，境内有多种珍稀药材和高等植物。主要植物有锦鸡儿、野葱、野蒜等。野生动物有野牦牛、棕熊、藏羚羊、藏原羚、岩羊、盘羊、野驴、雪鸡、狐狸、狼、黑颈鹤、秃鹫、斑头雁、黄鸭、白鸥等，鱼类主要有高原裸鲤。主要矿产有银金矿、沙金等。

GZ村所辖范围内主要自然保护区有"圣湖"玛旁雍错、贡珠错及其周边部分湿地，拥有著名的"曲灿隆巴沸泉"。村内专门有湿地管护员和野生动物保护人员负责对辖区内野生动物、湿地的保护和日常管理。

我们从GZ村以下方面来看一下其生态情况：牧民安居工程、饮水安全工程、人居环境整治工程、人工种草工程、乡村公路规范化建设工程、保护水源和野生动物工程。详见表10-1。

表10-1 GZ村按西藏区级生态村建设指标对比情况①

内容	序号	指标名称	指标	实际指标值	完成情况
环境质量	1	集中式饮用水水源地水质达标率/%	100	100	完成
				100	完成
	2	饮用水卫生合格率/%	95	达标	完成
	3	地表水环境质量	达到环境功能区或环境保护规划要求	达标	完成
	4	空气环境质量			
	5	声环境质量			
污染防治	6	生活垃圾无害化处置率/%	≥80	90	完成
	7	生活垃圾定点存放清运率/%	100	100	完成
	8	户用卫生厕所普及率/%	≥80	3.1	未完成
	9	清洁能源普及率/%	≥70	85	完成
	10	农药、化肥平均施用量	低于所在县平均水平	达标	完成
	11	畜禽养殖废弃物综合利用率/%	≥80	80	完成
	12	农作物秸秆综合利用率/%	≥70	100	完成
	13	林草覆盖率/%	高于全县平均水平	达标	完成
公众参与	14	村民对环境状况满意率/%	≥95	95	完成

---

① 数据来源：西藏民族大学驻GZ村工作队调查整理。

指标1：已实施人畜饮水安全工程。基本解决了全村人畜饮水的问题，保证了饮水的安全、适用和洁净。县环保部门监测数据显示，村民饮用水都达到《地表水环境质量标准》（GB 3838—2002），达标率为100%。

指标2：饮用水卫生合格率为100%。目前，乡政府所在地已经建有6个饮用水取水点，并建有取暖棚保护，暖棚钥匙由专人保管，定时开放。偏远牧区也根据居住特点建有水井。小部分村民以附近河流为主要饮用水源，这些水源地处偏远，没有受到工业和生活垃圾的污染，水质优良。

指标3：普兰县环保局监测数据显示，村地表水环境质量达到环境功能区要求，无工业污染，个别地方地表水在夏季存在少量生活污染（主要是村民在河水中洗衣服造成的）。

指标4：普兰县环保局监测数据显示，村空气环境质量达到环境功能区要求。每年某时段少量空气污染主要来自尼泊尔境内焚烧秸秆产生的烟雾。

指标5：普兰县环保局监测数据显示，村声环境质量达到环境功能区要求。村内及周边无大型噪音来源。

指标6：村30千米范围内无城乡生活垃圾卫生填埋场，在村委会所在地建有300平方米的垃圾收集池一座，各作业组都有相应的垃圾集中收集处理点，并安排专人负责垃圾运送和处理。村生活垃圾产生量为25吨/年，生活垃圾处理量为24.3吨/年，各垃圾收集和处理点运行管理正常，生活垃圾及建筑垃圾处置率在90%以上。

存在的主要问题是一些村民环境保护意识仍然薄弱，存在着乱扔垃圾的行为。

指标7：在各自然组成立了环卫清扫队伍，并配齐了环境监管员。从2016年开始进行市场化管理，由专人负责全村生活垃圾的收集与清运，生活垃圾定点存放清运率达100%。

指标8：2015年，全村建有户内厕所的有8户，主要集中在乡政府所在地。另外，乡政府所在地还建有6个公共厕所。边远牧区百姓户内基本没有室内厕所。

指标9：据普兰县电信公司、移动公司、网通公司、县农牧局提供的数据显示，村通信网络覆盖面为85%，太阳能电入户率为100%，安装太阳能路灯32盏，液化气使用率为55%，大部分村民利用太阳能、风能、牛粪、羊粪取暖。清洁能源普及率为85%。

指标10：GZ村是个纯牧业村，农药化肥使用户少。县农牧局调查统计数据显示，村每年人工种草5000亩，但并不使用农药灭虫，施用化肥不超过800千克。普兰县不使用农药灭虫，人工种草和大棚温室使用化肥量大约每年为10000千克，普兰县共有10个村，平均每个村化肥用量为1000千克，GZ村化肥施用量低于全县平均水平。

指标11：村辖区内无畜禽养殖场，牧民各家所养牛、羊、马等畜禽数量较多且全部白天放养、晚上圈养，散落在山地里的牲畜养殖圈内肥料、村道路两旁牲畜粪便均已收集，用作温室、人工种草田的主要肥料和常年取暖原料。畜禽粪便产生总量

78吨，综合利用量63吨，畜禽粪便综合利用率为80%。

指标12：全村年农作物总产量大约为0.5吨，但由于高原特殊气候环境原因，农作物不结果，秸秆量为13吨，秸秆均用于牲畜过冬和防灾抗灾饲草，利用量为13吨，综合利用率为100%。

指标13：该村所在乡地处高寒地区，境内无树木，主要为山地和草原。普兰县农牧局、发改委等提供的数据显示，2015年，全乡可利用草场面积为4675297亩，全乡人数为1987人，人均草场面积为2352亩。GZ村可利用草场面积达2316742亩，全村人数为1115人，人均草场面积为2077亩。全县可利用草场面积为10753824亩，全县人口为9887人，人均草场面积为1087亩。因此，GZ村人均草场占有率高于全县平均水平。

指标14：村委会对本村674人进行了抽样问卷调查，问卷数据显示，村民对环境状况满意度为95%。图10-2为笔者和驻村工作队成员走访GZ村牧民家庭。

图10-2 笔者和驻村工作队成员走访GZ村牧民家庭

3. GZ村文化产业现状

整体而言，GZ村畜牧业土特产产业未得到有效开发。畜牧业土特产以牦牛肉、羊肉等鲜肉类为主，其他产品很少。

2015年建成了手工编织厂，但是编织厂建成后未落实具体的编织项目，也没有村民愿意到编织厂工作，造成了场地闲置。

旅游文化产业资源得到了一定的开发，但也只是把以"圣湖"玛旁雍错为代表的生态旅游景观对外承包,缺乏科学而长远的规划。另外,在西藏民族大学驻村工作队的规划下,建成了旅游宾馆项目,主体建筑为两层楼,含11个房间,并配备有辅助房,项目建成后,设置亦配备齐全;但村集体不愿经营,村民也不愿承包,最后只能对外承包,而承包出去之后,无人愿意去那里工作。这两则案例凸显了GZ村的村干部以及村民在观念上存在的困惑,成为该村文化产业发展的巨大阻碍。

曲灿隆巴沸泉是GZ村最重要的生态资源,在阿里甚至西藏享有盛誉,温泉泉水之大、水温之高均十分罕见。远观曲灿隆巴沸泉,烟雾缭绕,尤其是在冬季,犹如仙境一般。一直以来,该温泉并未开发,只是HER乡、巴嘎乡或普兰县的人们会去那里泡温泉,也偶有慕名而来的游客。

然而,存在一个问题,温泉水自然流出后汇入旁边的河道,而GZ村温泉边的村民常从河中取人畜饮用水,这给他们的用水安全带来了威胁。

应考虑把曲灿隆巴沸泉开发列入冈底斯国际旅游开发区的整体规划之中,深入科学规划,保护好、开发好、利用好这一突出的生态资源,提升旅游文化产业档次,促进当地文化产业发展,并与相关产业进行整合。图10-3为笔者考察位于GZ村的曲灿隆巴沸泉留影。

图10-3 笔者考察位于GZ村的曲灿隆巴沸泉留影

4. GZ村文化产业发展要点

科学规划畜牧土特产产业发展,拓展土特产产品种类,推进相关产品创意和文化创意,加大集体经济在土特产产业中的作用,从养殖、产品加工、产品销售、市场营销等各个方面加大集体的参与力度，尤其要帮助农牧民设计地方特色产品，如奶酪、酸奶、风干肉等，增加农牧民收入。

充分利用玛旁雍错等重要的生态旅游资源，做好生态旅游产业，加大对 GZ 村旅游依托资源冈仁波齐、玛旁雍错的对外宣传，创建人文自然风光旅游产品品牌；挖掘高原牧区藏族传统特色民族文化和游牧文化，创建人文生态旅游产品品牌；筹措资金改善 GZ 村旅游服务设施；宣传动员贫困农牧民转变意识，积极从事旅游服务行业；实施"领头雁"工程，为农牧民参与旅游服务业提供相关培训，如驾驶培训、导游培训、餐饮住宿服务技能培训等。

三、XD 村白糌粑产业调查与问题应对

本案例来自笔者在阿里地区普兰县的半年调查及普兰县 XD 村驻村工作队在该村的长期调查走访，数据截至 2016 年年初。

1. XD 村概况

阿里地区普兰县 XD 村位于孔雀河中游，是普兰县以农业为主的半农半牧村，也是该县白青稞的唯一产区，其盛产的白糌粑在全县乃至全地区均享有盛名，在西藏也有一定的知名度。XD 村离县城约 9 千米，下辖 3 个村作业组。2015 年年底，全村共有 137 户 617 人，劳动力 425 人，耕地面积 1244.25 亩，农作物播种面积 1244.25 亩（其中青稞播种面积 951.58 亩），粮食产量达 436.8 吨（其中青稞产量 382.5 吨），年末牲畜存栏数为 4207 头（匹、只）。

2. XD 村白糌粑产业发展状况

XD 村建有一座白糌粑加工厂，于 2002 年由西藏国税局投资 10 万元兴建。2005 年得到阿里地区农牧局、扶贫办的大力支持，先后投入扶贫资金 36 万元修建厂房，购置相关加工设备；2009 年，民政部门投资 24 万元新建了 12 座水磨房并添置了相关配套设施；2015 年年底，糌粑加工厂共有 17 名人员，厂房面积 700 平方米，有水磨房 14 间、机房 2 间，青稞种植面积 1020 平方米，产青稞 612000 斤，有简易厂房，内有炒青稞房，还有糌粑加工机械设备等，主要以加工糌粑为主，同时也对油菜籽进行加工；2016 年，对部分厂房进行了改扩建。

白糌粑加工厂由 XD 村委会经营，属集体经济，由 XD 村委会集体负责青稞收集、加工、贮存、销售等各个环节。

XD 村白糌粑产业存在如下四个问题：

第一，规模小，产量低，无法满足市场需求。糌粑一直是西藏人民特别是农牧区群众的主食，农牧区群众一日三餐基本都有糌粑。许多外地农牧民非常喜欢 XD 村白糌粑，目前，XD 村白糌粑加工厂年生产白糌粑只有 35 吨，远远无法满足市场需求，

为卖方市场。

第二，设备落后，加工生产过程原始，劳动成本过高，影响了白糌粑的加工质量及销路。以XD村白糌粑加工厂的设备生产出来的糌粑仍达不到目前市场上销售的精良品质要求，加之加工程序仍然处于较为传统的模式，劳动力消耗大，生产周期长，加工方式粗放，大大增加了劳动成本。

第三，管理人员缺乏先进管理经验及市场经济意识，开拓市场能力不强，影响白糌粑的市场拓展。虽然XD村白糌粑加工厂由村委会负责经营，经营者、管理者均为村委会组成人员，但他们文化水平普遍较低，对市场经济缺乏较深的理解，管理不到位现象时有发生，严重影响白糌粑产业的发展前景。

第四，经营模式采取传统的集体经营方式，由集体负责生产和销售等环节，总体上缺乏专业人员的组织协调，更缺乏具有突出开拓能力的经营带头人。

3. XD村白糌粑产业的发展策略

第一，积极通过项目等形式争取资金，扩大生产规模。目前，XD村白糌粑加工厂业务规模相对较小，产量较低，远不能满足市场需求，主要原因是生产规模有限，没有足够的资金扩大生产规模、增加销量。因此，普兰县农牧局应进一步加大调研力度，积极协调相关部门，通过项目等形式向相关部门争取资金投入，同时引入社会资金，增加投入力度，扩大生产规模。

第二，改进生产设备，提高产品质量，进一步提升市场信誉。质量是产业发展的生存之本，普兰县农牧局应积极协调普兰镇，通过各方力量和资金对XD村白糌粑、青稞、油菜加工厂设备进行升级换代，改善生产能力，提高产品质量，巩固现有市场，积极开拓潜在市场。

第三，改变田间耕作粗放模式。粗放模式导致低产量，因此，要积极做好白青稞、油菜种植的田间管理，精耕细作，做好土壤改良、除草净土、种子精选、病虫害防治等各项具体工作，切实提高青稞、油菜单亩产量，确保白糌粑、青稞、油菜原料的有效供给。

第四，加大宣传力度，提升品牌知名度，拓宽市场销售渠道。宣传是提升品牌、拓展市场的必要手段。在保证产品质量的基础上，充分利用电视台、报纸、网络等传媒，对XD村白糌粑的绿色无污染、突出的优良品质以及丰富的营养进行积极宣传，营造浓厚氛围，实现营销环节的突破。

第五，进行模式转变，变村委会集体经营为集体参与的专业合作组织，充分调动农牧民的积极性。事实证明，传统销售方式已无法适应现代销售理念的需求，只有从根本上改变落后的生产、销售模式，才能为专业合作组织创造更大的利润和财富。为此，普兰县农牧局应联合相关单位，对XD村白糌粑加工厂进行调整，在条件成熟后将其从村委会集体经营转向集体性的专业合作组织经营模式，在保证集体所有的前提下，走"组织+公司+农户"的专业化、链条化、组织化之路，由专业合作组织指定专业人员负责产品的产、供、销等环节，从而提升市场竞争力，保证其可持续稳定发展。

第六，积极协调相关技术部门进行白糌粑成分鉴定，用科学数据进一步提升白糌粑的品牌效益。白糌粑的优良品质靠口口相传的口碑效应只能在一定区域内产生效果，不足以支撑 XD 村白糌粑产业在更大范围参与市场竞争，必须要用科技数据作为支撑，才更加有说服力。因此，普兰县农牧局应积极协调内地的权威鉴定部门对 XD 村白糌粑、青稞、油菜进行质量、营养成分、营养价值等相关技术鉴定，用科学依据进一步提升白糌粑的品牌效益。

第七，狠抓专业技能培训，提高加工生产过程的技术支撑水平。把有能力、有基础的乡土科技人员和村民能手充实到加工厂中，坚持"走出去、引进来"的原则，引创结合。向拉萨、日喀则等地的一些做得较好的专业合作组织学习经验，让管理人员学习先进的专业合作组织经营模式和管理办法，加大对白糌粑、青油加工过程的技术培训力度，提高工作人员和技术人员的操作技术含量。

普兰县具有强有力的白青稞原料储备和白糌粑销售市场，应善加利用，科学化管理，充分挖掘其市场潜力，为糌粑产业及其相关产业的发展创造良好的外部环境。通过以上分析可以发现，XD 村白糌粑产业具备较好的基础，也有进一步做强做大的市场需求和市场空间，应紧紧围绕白糌粑作为产业核心，做好村级产业的整合与发展。

第四节　西藏文化产业布局评价与指标选择

西藏文化产业的布局必须反映出整体效率，在产业的多样性、协调性、层次性等方面体现出较好的效率产出。在西藏文化产业结构方面，对自然资源的利用程度和有效性是其结构合理性的重要指标之一。在产业内部或者产业之间的生产、分配、交换、消费等诸多环节能够有序运转，实现较好的转换和发展是产业协调发展的重要指标。通过较好的布局，能够实现较好的应变能力，保证及时有效地提供社会所需要的产品和服务；通过合理的布局，在保持和优化生态的基础上实现最佳经济效益。主要指标如下。[①]

1. 指标1：资源供给指标

我们以 ΔR_k 表示全部产品对第 k 种资源的需求总增量，以 R_k 表示需求基数，那么：

---

① 参见徐树龙、张洪《产业布局学原理》，云南大学出版社1991年版，第19~22页。

$$\Delta R_k = \sum_{j=1}^{n} \Delta D_j A_{kj}$$

式中：ΔD_j 为第 j 种产业最终产品的需求增量；A_{kj} 为第 j 种产业的最终产品对第 k 种资源的完全消耗系数。

我们再以 ΔS_k 表示第 k 种资源的供给能力增量，以 S_k 表示供给能力基数，以 F_k 表示产业对第 k 种资源需求的供给弹性，那么：

$$F_k = \frac{\Delta S_k / S_k}{\Delta R_k / R_k}$$

当 $F_k = 1$ 时，表明文化产业的布局与资源供给之间保持了整体适应状态。当 $F_k \neq 1$ 时，表明文化产业的布局与资源供给之间存在着适应性问题，其中，当 $F_k > 1$ 时，表明第 k 种资源的供给过剩，生产能力超过产业布局或产业结构的合理承受能力，或者表明文化产业对第 k 种资源的需求出现萎缩，导致产业中第 k 种资源出现过剩状态。此时，应考虑适当调整该文化产业在布局中的比重，进行相应压缩或调整方向，也可考虑通过拓展、整合营销增加产品销量进行调整。当 $F_k < 1$ 时，表明针对文化产业而言，第 k 种资源存在着供给不足的情况，无法满足该文化产业的发展需求。此时，应考虑加大对该种资源的供给，如果无法进一步实现，那么就应该考虑适当调整产业布局或结构，减少对该资源的依赖，或者通过技术进步寻求替代资源。

在指标中，k 也可代表文化产业中的劳动性，那么，F_k 就直观地反映文化产业内就业情况的实现度。比如，当 $F_k = 1$ 时，代表产业内劳动力实现了充分就业；当 $F_k > 1$ 时，代表文化产业内的劳动力供给过剩；当 $F_k < 1$ 时，代表文化产业内的劳动力供给不足。

在进行指标解读时，当 $\Delta R_k < 0$ 时，即出现文化产业对第 k 种资源的需求不增反降的情况，那么，可能是因为在该文化产业中第 k 种资源正在被新资源所替代，或者以该种资源为对象的产品在市场中出现了需求萎缩，也就是说，$\Delta D_j < 0$；也可能是因为技术进步，该文化产业对第 k 种资源的完全消耗系数（A_{kj}）出现了较大幅度的下降。

2. 指标2：产业协调发展指标

我们以 B_i 表示第 i 种文化产业实有的生产能力和社会总需求量之间的差值，A_{ij} 表示第 j 种产业最终产品对第 i 种产业产品的完全消耗系数，那么：

$$A_{ij} = (I - a_{ij})^{-1}$$

$$B_i = PA_i - \sum_{j=1}^{n} A_{ij}(D_j + \Delta D_j)$$

式中：a_{ij} 为第 j 种产业对第 i 种产业产品的直接消耗系数；I 为单位矩阵；PA_i 为第 i 种产业实有的生产能力；D_j 为第 j 种产业产品的国内最终需求量；ΔD_j 为第 j 种产业的净进出口量。

那么，当 $B_i = 0$ 时，表明第 i 种文化产业的供给能力与社会总需求（含进出口因素，下同）相匹配；B_i 越接近于 0，表明产业发展的协调性越好。当 $B_i > 0$ 时，表明第 i 种文化产业的供给能力大于社会总需求，应深入分析原因，找到问题所在，并对产业布局进行适当调整，寻求产业整体的可持续发展。当 $B_i < 0$ 时，表明第 i 种文化产业的社会总需求大于产业的供给能力，存在着扩大产业供给的空间。此时，应在深入分析市场可增长量的基础上，适当增加产业发展的动力，比如增加投资或扩大规模。

3. 指标3：需求-收入弹性

我们以 C_i 表示需求-收入弹性的差值，Q_i 表示第 i 种产业产品和服务的需求收入弹性，P_i 表示第 i 种产业产品和服务的生产收入弹性。那么：

$$Q_i = \frac{\Delta D_i / D_i}{\Delta N_p / N_p}$$

$$P_i = \frac{\Delta S_i / S_i}{\Delta N_p / N_p}$$

$$C_i = Q_i - P_i$$

式中：ΔD_i 为社会对第 i 种产业产品和服务的需求增量，D_i 为社会需求基数；ΔN_p 为国民收入增量，N_p 为国民收入基数；ΔS_i 为第 i 种产业产品和服务的生产增量，S_i 为生产量基数。在需求量和供给量中均包括进出口量。

当 $C_i = 0$ 时，表明第 i 种文化产业产品和服务的供给与社会需求之间契合，产业布局合理。当 $C_i > 0$ 时，表明该文化产业产品和服务的供给无法满足社会需求，出现产品或服务供不应求的局面，此时，应及时深入地分析原因，进行产业调整。如果 C_i 的值较大，那么就更要慎重，查找问题所在，根据关键问题可以考虑调整产业布局，从而提升规模效率，提高生产力，或加大技术投入，提升技术效率水平，提升整体生产能力。当 $C_i < 0$ 时，表明该文化产业产品和服务的供给超过社会需求量，出现供过于求的情况，此时，也应该深入分析原因，调整产业布局，一般应适当调整产业生产和服务提供的重点，并适当压缩规模。

4. 指标4：结构效果指标

我们用 E_r 代表产业结构（投入结构）的变化使国民经济总产出产生的增量，E_s 代表产业结构（产出结构）的变化引起的投入要素的节约量。那么：

$$E_r = \sum_{i=1}^{n} T_{ti} \cdot \frac{G_{0i}}{T_{0i}} - T_t \cdot \frac{G_0}{T_0}$$

$$E_s = G_t \cdot \frac{T_0}{G_0} - \sum_{i=1}^{n} G_{ti} \cdot \frac{T_{0i}}{G_{0i}} - T_t \cdot \frac{G_0}{T_0}$$

其中：

$$T_0 = \sum_{i=1}^{n} T_{0i}$$

$$T_t = \sum_{i=1}^{n} T_{ti}$$

$$G_0 = \sum_{i=1}^{n} G_{0i}$$

$$G_t = \sum_{i=1}^{n} G_{ti}$$

式中：T_{0i} 为基年对第 i 种产业的投入，T_0 为基年国民经济总投入；T_{ti} 为第 t 年对第 i 种产业的投入，T_t 为第 t 年国民经济总投入；G_{0i} 为基年第 i 种产业的产品，G_0 为基年国民经济总产出；G_{ti} 为第 t 年第 i 种产业的总产出，G_t 为第 t 年国民经济总产出。

我们可以这样分析，当 $E_r>0$ 时，表明新的产业布局和结构在同样的要素投入下可获得更多产出，也就是这种产业结构的变化可带来更多的国民经济产出，E_r 越大表明这种增量效果越好；当 $E_r<0$ 时，表明新的产业布局和结构在同样的要素投入下产出减少，国民经济总体并未从中受益，说明产业布局、结构存在一定的问题，应深入分析进行解决。

当 $E_s>0$ 时，表明在获得同样产出额的情况下，新的产业布局和结构比原有布局和结构能够带来投入要素的节约，能耗下降，效率提升；当 $E_s<0$ 时，表明在同样产出额的情况下，新的产业布局和结构比原有布局和结构所需要的能耗增加，效果下降，此时，应深入分析产业布局或者结构的问题所在，调整布局，提升效率。

第五节　西藏文化产业布局的整体规划与实现架构

一、优秀传统文化的进一步保护、挖掘和利用

启动对西藏各项文化的系统调查和统计工作，形成系统数据，对濒临灭绝和无继承者的传统文化要加以抢救。大力推动非物质文化遗产（简称"非遗"）重点项目的保护，推动传统歌舞、藏戏、手工技艺等"非遗"项目的传承与保护，启动和推进"非遗"传承人的培训；同时，利用互联网推进各类传统文化的数字化建设与保护。加大对保护和传承优秀传统文化资金的监督与使用，明确责任，对违反管理规定的单位和个人进行严肃处理。

以藏戏为例，要对藏戏的重点曲目名称、艺术渊源、流传地区、表演形式、代表人物、表演团队的生存状况等方面进行系统的普查，加强抢救性工程建设，加大重点藏戏表演团队的培育力度，以学校教育或者师承形式加大对传承人的培养，创造积极

的条件为藏戏的展示、演出提供平台,保证专项资金的落实和规范使用。

二、过度分散的特色文化的人工再生与展示

针对知名度小,或过度分散以及受地理、交通等环境因素制约而不被外界所知或很少为外界所知的特色文化,要进行积极的人工再生与展示。展示的方式既可以通过集聚该文化的核心要素,比如在工业园区或展会、博览会上展览、展出等,也可以采取分散布局模型,在特定的区域开展,总之,最终要根据该特色文化的特点和核心要素的特征进行。

比如,西藏有着丰富的农牧民民族手工艺资源,但在西藏民主改革前,手工业者和各类加工金银器的工匠社会地位非常低,被认为是社会地位最低下的人,被称为"贱人",祖祖辈辈为贵族和上层僧侣们无偿服务。没人会关心他们的技艺的保护和传承问题,而只能靠他们自己为了谋生而一代代地传下来。所以,长期以来,这些技艺、技术大多数散落在民间,没有得到系统的整理和保护。

现在,通过成立相关的手工艺公司,可以把优秀的技术工人集中在一起,实现手工工艺和技术的保护与有效传承,并为这些群众创造更好的增加经济收入的平台,实现双赢。在类乌齐县,有一家"吉多乡彩虹农牧民民族手工艺有限公司",这家公司属于私营经济性质,公司的创始人原来也是一名地道的工匠。公司主要制作酒具、法器以及建筑装饰品等,营业额每年可达70万元。公司在创造较大的经济利润的同时,也培养了18名工匠,实现了利润、人才培养、技艺传承的"三赢"模式。他们的制作工艺也被列入昌都市市级"非遗"名录。通过这种公司形式,西藏独特的手工艺文化得到了有效保护与传承,也极大地提高了手工艺工匠们的经济收入,彻底摆脱了其在西藏民主改革前屈辱的身份标签,为西藏文化产业发展注入了强大的正能量。

我们再以西藏古老的民间乐器石琴为例进行简要分析。西藏石琴可以演奏出很多乐曲,其音色质朴且极具灵气,具有典型的西藏特色和民族特色。但是这种乐器现存数量已经很少,会演奏的人更是寥寥无几。那么,就应该根据这一实际情况,加大对民间散落的石琴的搜集力度,并进行相关的学术研究,大力培养石琴弹奏艺术的传承人。可以考虑为目前会弹奏石琴的民间艺术家开办相关的培训机构和艺术公司,给他们创造良好的平台,并加大资金投入;或者积极开展相关的培训,通过短期培训,吸引越来越多的人关注和喜爱这一文化,通过长期培训,培养造就专业的继承人才。

三、实现整体的集聚模式效应

要充分考虑到集聚分布模型的应用以及分散布局模型的应用,根据文化产业的特点和核心资源要素的特征进行科学规划布局;但作为西藏文化产业的整体,必须要有大局观和整体意识,最终实现西藏文化产业整体的集聚模式效应。

以"互联网+"和"绿色+"为引导,实现西藏文化产业的交叉融合发展。以"互联网+"为纽带,是实现文化产业整体发展的不可缺少的平台与动力;以"绿色+"为理念,是西藏文化产业发展的基本原则之一。交叉融合发展就是要破除各产业之间的壁垒,实现产业文化的交叉、产品的交叉、服务的交叉,共同实现可持续良性发展。

打造几条重要的文化产业带,比如,西藏中南部藏源文化产业集聚区、东部"三江"文化产业集聚区、西部"神山""圣湖"文化产业集聚区以及北部羌塘文化产业集聚区等。并以此为引领和动力,推动西藏整体文化产业的规模效应和集约效应的充分发挥。

四、集聚模式的有机化

有机化指的是事物构成的各部分互相关联协调,具有不可分的统一性,就如同一个生物体那样。西藏文化产业集聚模式的有机化可分为三个细层,这三个层次围绕最核心资源与区域展开,最终实现西藏全区的产业发展有机化。当然,在实际操作中,集聚模式的有机化主要针对的是以核心资源为核心的市场要素的有机化。

第一层,要实现集聚模型文化产业内的有机化,真正发挥集聚模型的规模化、集约化效应,提高产业要素效率;第二层,要实现各类集聚模型文化产业之间的有机化,即不能隔断不同集聚群之间的有机联系;第三层,要实现西藏文化产业整体的集聚效应以及在西藏文化产业内部形成有机联系。

这三个层次都具备相应的市场要素,这些要素指标绝大多数是相同的,但是指涉的具体内涵及表现形式存在着差异。一般而言,层级越高,要素内涵越丰富,指涉的内容目标也越多,即每一层级有其特定要素,其总体内容却是包含关系,即第三层级的要比第二层级的丰富,第二层级的包含第一层级的。但是,这种集聚模式的有机化层级与产业要素的构成及层级有机化存在着差异,不能混为一谈。

产业市场要素的有机化指的是整合市场要素,达到效用最大化。在特定层级的集聚模式下,产业市场要素的构成及有机化也可以用层级来表示,但这种层级只是针对要素而言的,是特定文化产业的市场运行机制的基础。实现产业集聚模式的有机化,离不开市场要素作用的充分发挥,或者可以说,特定文化产业市场要素的构成及层级运行状态是实现该文化产业不同层次集聚模式的基本机制。下面,笔者以自助游涉及的集聚模式的三个层级进行简要分析。

我们这里所说的自助游即一般意义上的狭义自助旅游,指的是户外自助游,即旅游者主要以自身能力(主要指交通方面)开展的一项休闲观光活动,在这一过程中参与并体验户外运动项目,它以休闲娱乐、健身、回归自然、保护环境、增长见识等为旅游主要目的。根据自助游类型的不同,其中的风险程度存在差别。

总体而言,西藏自助游围绕着旅游的核心资源形成三个层次的市场要素组合,我们先来看一下自助游涉及的关联型供应者的类型。半自助旅游服务类（Ⅰ）中包括传统旅行社（$Ⅰ_1$）和非传统旅行社（$Ⅰ_2$）两大类，其中，非传统旅行社中的基本类型又包括旅游预定网站（$Ⅰ_{21}$）、包机公司（$Ⅰ_{22}$）、差旅服务公司（$Ⅰ_{23}$）和自助游俱乐部（$Ⅰ_{24}$）。全自助旅游服务类（Ⅱ）包括传统支持行业（$Ⅱ_1$）和新兴支持行业（$Ⅱ_2$），前者主要包括六类传统类型，后者主要由四项构成。保障服务类（Ⅲ）包括三个亚类，即保险咨询机构（$Ⅲ_1$）、救援救助体系（$Ⅲ_2$）和心理咨询机构（$Ⅲ_3$）。（见表10-2）

表10-2 自助游关联型市场供应者类型①

主类	Ⅰ半自助游服务类		Ⅱ全自助旅游服务类			Ⅲ保障服务类		
亚类	$Ⅰ_1$传统旅行社	$Ⅰ_2$非传统旅游行社	$Ⅱ_1$传统支持行业		$Ⅱ_2$新兴支持行业	$Ⅲ_1$保险咨询机构	$Ⅲ_2$救援救助体系	$Ⅲ_3$心理咨询机构
细类	—	$Ⅰ_{21}$旅游预定网站	$Ⅱ_{11}$食	$Ⅱ_{14}$游	$Ⅱ_{21}$旅游图书出版者	—	—	—
	—	$Ⅰ_{22}$包机公司	$Ⅱ_{12}$住	$Ⅱ_{15}$购	$Ⅱ_{22}$旅游用品提供者	—	—	—
	—	$Ⅰ_{23}$差旅服务公司	$Ⅱ_{13}$行	$Ⅱ_{16}$娱	$Ⅱ_{23}$专业培训机构	—	—	—
	—	$Ⅰ_{24}$自助游俱乐部	—	—	$Ⅱ_{24}$自助游咨询网站与论坛	—	—	—

西藏自助游的开展以其核心旅游资源为吸引力之本。图10-4表明，第一层级要素主要包括四种：自助游俱乐部（$Ⅰ_{24}$）、旅游图书出版者（$Ⅱ_{21}$）、咨询网站与论坛（$Ⅱ_{24}$）、旅游用品提供者（$Ⅱ_{22}$），它们主要为自助游人群提供指导性、组织性和交流性的服务，属于自助游的微观环境。第二层级要素主要包括：专业培训机构（$Ⅱ_{23}$）、心理咨询机构（$Ⅲ_3$）、救援救助体系（$Ⅲ_2$）、旅游保险咨询机构（$Ⅲ_1$），它们为自助游人群提供专业指导，提供生命安全保障和调整旅游心理等一系列服务，属于中间层次。第三层级要素主要指在食、住、行、游、购、娱等方面的宏观环境，比如基础设施建设及配套情况，以及具有宏观性质的个性需求的满足。实现这三个层级的有效互动，最大限度地发挥其中要素的作用，是实现西藏自助游文化产业集聚模式的基础与保障。

---

① 参见梁佼佼《以广州城区为客源地的自助旅游人口行为研究》，华南师范大学2007年硕士论文。

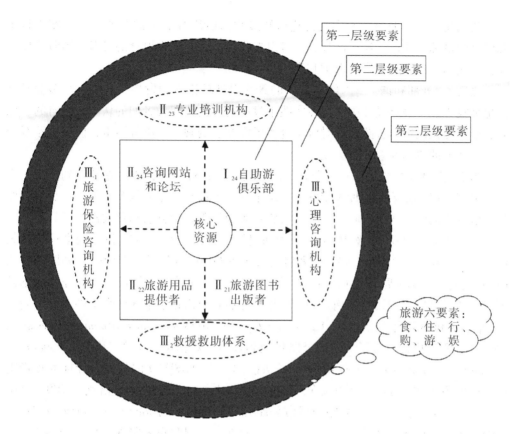

图 10-4　自助游涉及的主要旅游要素及层次分布

五、交通景观构建

公路和铁路是西藏文化产业发展的纽带和基础，只有保证了公路和铁路等交通设施的健全，有优质的交通做保障，才可以真正发挥文化产业的集聚效应。可以说，没有到位和健全的交通，就不可能实现西藏文化产业的科学布局，即使形成了科学的布局，也会限制效应的真正发挥。

广义的交通景观指一个特定区域内或城市范围内交通系统、设施的布局及建设的整体情况，一般包括静态交通和公共交通两大方面。狭义的交通景观的构建是围绕公路两旁进行的视觉效应的设计，是交通系统的重要组成部分。交通景观的构建一方面可以为司机和乘客带来视觉上的舒适感，另一方面是公路景观的重要组成部分。交通景观实际上也是西藏生态资源展现和文化产业构建的重要组成部分。

在对交通景观进行设计时经常存在一些认识误区，比如把公路景观的设计简单地界定为公路用地范围内的绿化美化工作，这种认知容易导致在公路景观价值上的认识、景观优劣的评价、景观规划理论与方法、景观建设目标等方面出现问题或偏差。

我们先看一下美国交通景观构建认知过程。1907 年，美国开始组织公路工程师和园林建筑师协作设计风景区公路，可以看作美国公路景观设计的雏形，当时主要考虑公路线形与地貌的配合，保护和利用沿线景物。

之后，"外部和谐""内部和谐"的景观设计理论得到发挥，其中，很多美学观点也被吸收进了公路设计中，但在实践中没有得到公路建设者们的认同。当时的公路委员会已经强调进行公路建设时应综合考虑安全、美观、经济等因素，但对公路线形与周边环境的协调问题并不关注。

20 世纪 50 年代之后，美国公路的环境问题、景观与视觉质量逐渐得到重视。人们认识到，仅靠简单地栽种大量乔木、灌木并不能提高公路的景观质量，对缓解公路给环境带来的巨大压力也收效甚微。公路景观建设理论及方法问题被提上了日程。

美国国会于 1965 年及 1969 年分别通过了《公路美化条例》和《国家环境政策法》。1961 年，美国各州公路工作者协会（AASHTO）编制了《美国州际和国防公路（技术上属于高速公路）景观发展方针》；1965 年，在总结以往景观设计经验的基础上编制了《公路景观设计指南》；1970 年，先后补充修正了上述两个文件，并编制了《公路景观和环境设计指南》（*A guide for highway landscape and environmental design*）；2002 年，重新修订出版了新的《公路景观和环境设计指南》（第二版）（*A guide for transportation landscape and environmental design*）。在 AASHTO 的其他设计标准和指南中，也提到了景观设计的相关原则和方法，比如，《路侧设计指南》2002 年版（*Roadside design guide*）、《公路与城市公路几何设计》（*A policy on geometric design of highways and streets*，俗称"绿皮书"）等。此外，美国联邦公路管理局（FHWA）也出版了《公路设计灵活性》（*Flexibility in highway design*）一书，明确指出"在保护甚至是加强对环境、自然风景、人文历史及社会资源建设的同时，为公众提供安全、高效的交通运输服务是一个巨大挑战"。美国各个州也据此分别制定了相应的景观设计准则和规范。

西藏的交通情况对经济社会发展具有极为重要的意义。有研究者以 1992—2003 年的数据为基础，研究了西藏 GDP 与交通发展（公路里程）之间的关系，得出两者的相关性为 0.98，其中，第一产业与交通发展情况的相关系数为 0.67，第二产业为 0.83，第三产业为 0.88。[①] 可见，西藏交通情况极大地影响着经济的发展；同时，交通情况与第三产业之间的相关系数最大，表明交通发展对第三产业的推动作用最大。

西藏的交通景观构建正在发展之中，也逐步得到了重视，并在实践中得到了一定程度的应用。其构建过程需要因地制宜，总体上至少应遵循以下三个原则：

第一，要根据当地的地理条件，结合城乡发展取向与规划具体设计，而不能照搬某些公路景观设计模式。

第二，要以公路交通景观的实用性、有效性和舒适性为原则，不搞铺张浪费。

---

① 参见潘久艳《交通与西藏经济发展实证研究》，载《贵州民族研究》2005 年第 6 期。

第三,要结合西藏各类文化产业与特色资源,使公路交通景观真正起到绿色展示和宣传的作用。

另外,需要注意的是,交通景观是综合交通系统的重要组成部分,应把交通景观建设有机融入交通系统规划中。下面,我们以普兰县综合交通系统(景观)的设计规划(2016—2030年)为例进行说明,无论是在规划的发展目标、子系统的规划、发展策略、内外交通系统,还是静态设计中均应有所体现。

1. 交通发展目标

建立与普兰城镇职能相适应的城镇综合交通系统,建设联系便捷、高效的区域交通网络,规划客货分流、人车分行、等级分明的城镇道路网络。在方便出行的基础上,以交通促进普兰县产业宣传、产业产品高效流通,促进产业经济可持续快速发展。

2. "六个系统"

要完成"六个系统"的建设:
第一,功能完善、快捷发达、内外协调的公路交通运输系统。
第二,结构合理、运营高效的城镇道路网络系统。
第三,布局合理、与动态交通相协调的停车系统。
第四,科学先进的交通管理与指挥控制系统。
第五,灵活便捷、补充有力的非机动车交通系统。
第六,以人为本,连接城镇公共服务设施的绿化景观步行系统。

3. 交通发展策略

根据发展目标,普兰县未来的交通发展策略应主要包括以下五个方面:
第一,加强区域交通基础设施的联结,全面推进普兰城乡间的区域交通网络的形成。
第二,坚持公众利益优先、城镇资源利用效率优先、社会环境优先的原则,保持城镇的可持续发展。
第三,优化城镇交通结构,开辟城镇公交线路,完善非机动车交通,创造良好的步行交通环境,建立公共交通、非机动车交通、小汽车交通等多种交通方式并存的城镇交通发展模式。
第四,加强城镇内部的交通联系,提高道路网的整体交通能力和应变能力。
第五,持续进行城镇交通基础设施建设,加强交通与土地利用的互动合作,促进交通发展与土地利用的进一步融合。

4. 对外交通系统

可把207省道结合孔雀河改造工程选址改线于孔雀河西岸,以疏解过境交通对城区的交通干扰。保留北部地区客运站现状，完善功能和配套设施。规划期末，对外交通用地0.48公顷，占城镇建设用地比例为0.38%，人均对外交通用地面积0.69平方米。

5. 城镇道路系统

第一，发展目标：建设功能清晰、等级结构合理、布局完善、联系便捷的城镇道路网络，优化道路功能、等级结构配置和交通景观，提高城镇交通效率，降低城镇运营成本。

第二，发展规划：城市道路系统按二级划分，即干路和支路。规划形成"四横一纵"状干路网结构。"四横"分别为古宫路、强拉路、神山路和科迦路；"一纵"指贡嘎路。

规划期末，道路用地24.69公顷，占城镇建设用地比例为19.63%，人均道路用地面积35.27平方米。

6. 城镇静态交通规划

第一，城市广场规划：保留城市广场现状，并进行适当景观整治，塑造城镇新地标，提升城镇文化形象，重点体现当地文化品质，形成以庆典、公共活动为中心的城市广场。另外，在孔雀河西侧建设城市广场，围绕其地势较高的特点，形成县城重要的眺望景观控制点。

第二，停车设施规划：结合中小学、行政办公用地和其他公共设施建设5处社会停车场。规划期末，停车场用地1.01公顷，占城镇建设用地比例为0.80%，人均停车场用地面积1.44平方米。

第三，加油站布局规划：加油站按服务半径0.9～1.2千米设置，选址应符合国家标准防火规范的要求，加油站进出口宜设在207省道两端。

7. 公共交通规划

第一，发展目标：建立以公共汽车为主体，以出租车、三轮车为补充的公共交通体系，为居民提供便利的公共交通服务，确立公共交通在城市客运交通体系中的主导地位。

第二，发展战略：在充分考虑城镇居民生产、生活需要的基础上，开辟1～2条公交线路，体现公共交通对改善城镇居民生活质量的促进作用。加强公交系统与居住区、公共设施、商业设施之间的联系，提升城镇公交系统的运营效率。

推行环保型公共交通工具，采取灵活的公共交通方式，提高汽车排放标准，适当控制摩托车数量。

强调公共交通的公益性，保证居民出行低成本。建设好交通景观，营造舒适的交通观感。

8. 非机动车系统规划

非机动车交通系统是指主要为摩托车、电动车、自行车等日常交通工具提供交通服务的系统，主要结合城市道路进行建设。

第一，非机动车交通系统：为提高非机动车交通的吸引力，保护生态环境，营造城镇特色交通形式，在孔雀河两岸规划非机动车交通系统特色景观。

第二，步行交通系统：分为普通步行系统和绿化景观步行系统。普通步行系统是指结合城镇道路建设的步行道，是城镇步行系统的主要组成部分。绿化景观步行系统是结合城镇绿化公园、河道以及道路绿化带建设的景观性较强的步行系统，规划该系统串联城区内大部分景观节点，展示普兰特色景观环境，提高城镇景观环境质量。

西藏道路交通目前还不发达，以公路交通为主，一些地区地势起伏大，公路穿越的山岭、河谷较多，比如阿里地区普兰县沿219国道进入札达县或者进入噶尔县均要穿越许多沟谷和山岭。这样就对交通安全设施有较高的要求，尤其要注重挡土墙的设计。

在规划设计中，交通工程设施要按照规范要求完成，在施工过程中必须达到最基本的要求。里程碑、百米桩应埋设牢固齐全，无损害倾斜，位置标准，白底红（黑）字，弯道处设警示桩，涂红白相间的颜色；指路牌采用各式标准，字迹工整，指示准确；标线应清晰鲜明，尽量采用耐磨或反光涂料喷刷，突出路中线、行车道线、路沿线、边沟外沿线等特征，保证连续、流畅，充分体现线形美感。

挡土墙是道路上的垂直要素，对环境景观和人们的视觉心理影响要比其他工程强烈，因此，在运用力学原理选择其结构形式、构筑材料的同时，也要注意其外部形态的美观性和与环境的协调性，使挡土墙这一工程结构物既满足结构功能要求，经济可行，又不显得生硬、呆板，与周围环境协调统一。一般而言，挡土墙设计原则为：化大为小、化陡为缓、化直为曲、化硬为软。（见图10-5）

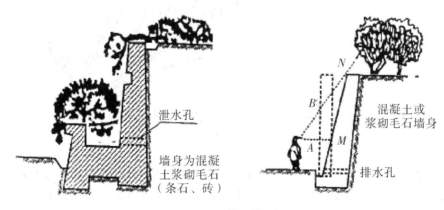

图10-5 挡土墙示例

（李浩 绘图）

对于西藏交通景观的设计,尤其是对文化产业集中区域的交通景观设计,公路沿线视觉资源是重要的因素之一。视觉资源就是环境景观资源,包括自然风景资源和人文景观资源两大类。实际上,视觉资源也是环境因素的一部分。一方面,因为这些视觉资源是沿线的自然地理环境、生态环境以及沿线居民的生活环境的一部分,同时对这些元素也会产生多种影响,所以,要考虑视觉资源的存在带来的公路与沿线自然环境的协调性以及对沿线的视觉资源的影响等方面,从而促进保护沿线自然环境和视觉资源,进一步开发利用,造福沿线居民。另一方面,出于交通安全方面的目的,视觉资源可以调整驾驶人员的驾驶状态。比如以驾驶员的体验为标准,充分营造可以作为行车时聚焦点和兴趣点的景观和标志物,调节驾驶员的工作状态,降低行车的单调性,避免交通事故的发生。

另外,对于交通沿线不雅的景观,比如垃圾堆、废料场等要进行适当遮挡,降低其可见度。一般而言,选择线路时要远离不雅景观的工商业用地,使其在有效视野范围内不可见。图10-6向我们展示的是工商业用地紧挨道路,那么应预留最少20米宽的空间作为绿化缓冲带。如地形允许,也可以采用填筑高土方的方式进行隔离。同时,在不雅景观附近设置优美景观,也可以转移司机注意力。一般要实现视线1.5千米范围内不出现不雅景观,或将其遮蔽起来。

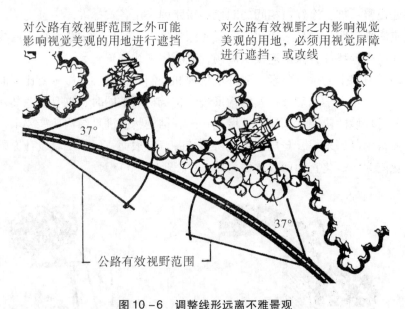

图10-6　调整线形远离不雅景观

(李浩 绘图)

一般通过栽植树木等进行遮挡,而且栽植也是遮挡公路沿线容易使人不愉快的视点,或试图展现某些优美景观的一个重要办法。我们对视线遮挡的一般条件及相关问题进行简要介绍。视线遮挡的一般条件与遮挡树木的高度、视点与遮挡树木的水平距离、视点与被遮挡物的水平距离、被遮挡物的高度以及视点高度等有关。具体如图 10-7 所示。

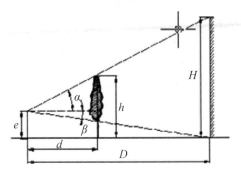

图 10-7 遮挡的一般条件

(李浩 绘图)

遮挡的范围与树木及视线的高度有关。因为：

$$\mathrm{tg}\beta = \frac{e}{D}, \quad \mathrm{tg}\alpha = \frac{H-e}{D}$$

则：

$$h = d \cdot \mathrm{tg}\alpha + D \cdot \mathrm{tg}\beta = \frac{d}{D}(H-e) + e$$

式中：h 为遮挡树木的高度；d 为视点与遮挡树木之间的水平距离；D 为视点与被遮挡物体间的水平距离（实测）；H 为被遮挡物的高度；e 为视点高度（人站立 1.5～1.6 米，小车 1.1～1.2 米，大客车 2.2 米）；α 为水平视线与被遮挡物上部连接的仰角（可实测）；β 为水平线与被遮挡物下部连接所成的俯角。

从遮挡的一般条件可研究树木遮挡的范围，以及需要遮挡时树木的高度。但这只是一种理想型状态，因为一般在行驶速度不快或行驶条件较好的情况下，驾驶员和乘客一般不会一直平视或直视，而是通过左顾右盼等形式摆脱旅途寂寞以及单调感。此时观察视轴不再平行于行道树，人们可以透过树木间隙看清楚路旁景物。因此，在公路环境景观设计中，只满足上述条件是不够的，还要关注树木密度。

车辆在高速行驶中，如果行道树靠近行车道，那么在视觉暂留的作用下，行道树会连成一片并和后面的风景重叠。这种物象在极短的出露时间内不断重复而在视觉中连成一体，并融合于背景中。这时对驾驶者和乘坐者而言，树木景观已经模糊，而且极易产生视觉疲劳。这一现象的发生有一个临界条件，即临界融合频度（CFF），一般在 50～60 周波/秒。在中心视觉条件下，树木的重复出露速度是否能达到融合频度与三个因素有关：车速、行车道与行道树的距离以及株距。因此，要考虑有目的地遮挡和展示视觉资源有机结合的问题。有关研究认为，同时具备下述条件就可产生良好效果：

第一,树木的重复出露频率应在 CFF 值以下,当中心视觉为 1.5°时,其值在 18 周波/秒以下。

第二,单株树的出露时间应大于人们能够意识到树木整体出露形状的感观反应时间,即时间为 0.03 秒以上。

第三,如相邻树不重叠,则树木间休止时间也应保留在一定值以上,即为 0.25 秒以上,大体相当于视觉辨析反应时间。

另外,还要考虑侧向遮挡与防眩问题。从人的视觉特性可知,正常人的视觉清晰区是偏离视线中心 1.5°左右范围。虽然人视野范围的左右水平张角可达 160°,但只有在 60°的范围内物体才是清楚可辨的,超过此范围,物体清晰度会迅速下降。

在理想的情况下,在快速行驶中,驾驶员或乘客只注视前方,此时能否从树木间隙看到路旁的景物不仅与树形、树冠大小有关,更取决于树木的间距 S(见图 10-8)。

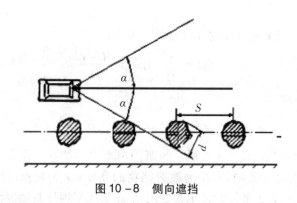

图 10-8 侧向遮挡

当树冠直径为 d,树木遮挡视线的间距为 S,则有如下关系:

$$S = \frac{d}{\sin\alpha}$$

式中:α 为汽车行驶方向的平面角。当平面偏角为 60°(即 $\alpha = 30°$)时,$\sin\alpha = 0.5$,$S = 2d$。那么,我们就可以认为,当 $S \leq 2d$ 时,在司机只注视前方的条件下,侧方视线可以被遮挡。

在高速行驶时,由于驾驶员的注意力高度集中,所以,其视野有缩小的趋势,因此,只要灌木超过视线高度,并且植株间距满足上述要求时,即开始具有一定的防眩效果。当然,如果对防眩效果要求更高,则需要专门设计。如果考虑汽车前大灯的照射角度,一般在株距为树冠直径的 5 倍时,即具有防眩效果。[①]

---

① 本部分关于公路沿线的遮挡资料与数据主要由西安文理学院李浩教授提供。

第十一章 构建特色县域文化产业结构体系

第一节 西藏特色县域的发展机遇

综合西藏近年经济社会发展情况，以下方面为西藏特色县域的发展提供了良好的机遇：

第一，西藏文化产业取得了巨大发展，旅游产业更是突飞猛进，特色县域则是西藏文化产业，尤其是旅游产业的基础和最重要依托，这为西藏特色县域的发展提供了最佳机遇。

第二，特色县域成为连接农牧区和大城市（地区）的重要纽带。随着西藏经济社会的发展，农牧民的生活水平不断提高，生活需求也变得越来越多样化、丰富化。但是由于西藏地广人稀，交通不便，农牧民群众的许多需求主要由县城提供满足，县城在广大农牧区和大城市（地区）之间搭建起了沟通的桥梁。

第三，特色县域成为符合条件的农牧区开展城乡一体化的核心区。县城作为县域的核心区域，是城乡一体化发展的关键环节和动力所在。西藏正处于城乡一体化发展的重要时期，围绕县域开展的城乡一体化建设也正在探索之中。

第四，县域是国家精准扶贫政策实施的目标依托。西藏的贫困人口主要集中在县域之内的农牧区，因此，精准扶贫目标的实现主要在于县域范围的落实。国家的扶贫政策和产业扶贫的落实必然会给县域发展带来巨大发展机遇。

第五，西藏乡村牧区旅游以城镇为重要支撑。西藏乡村牧区旅游已经成为西藏最重要和最具特色与发展空间的旅游形式，而这些乡村牧区旅游的相关服务设施主要集中在与之相对应的农牧区的中心城镇。在可预期的未来，西藏对重要县域城镇建设力度将继续加大。（见图11-1）

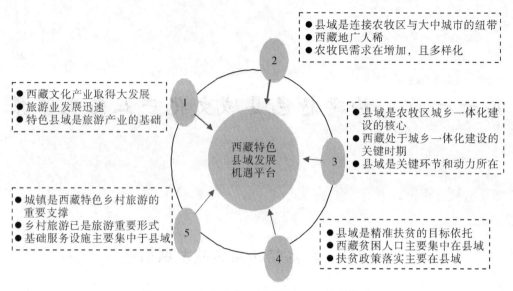

图 11-1 西藏特色县域发展机遇平台的构成

第二节 西藏特色县域的特征

目前,中国的县域小城镇在规划与开发中存在着一定的不足和问题,比如,定位同质化现象严重,缺乏结合县域实际特点深度开发的创意,最终结果导致利益短期化,县域发展内生动力不足,发展的承载能力和可持续性差。

特色县域仍主要以行政区域为划分界限,以行政组织架构进行管理,由行政区域内所有社区和农牧村庄构成。特色县域是一个复杂系统,其中最重要的一个特点就是可以包括若干特色小镇系统。特色小镇并不等同于行政镇,而是一种文化产业上的概念,但也不同于产业园区或旅游风景区等概念。特色小镇本质上是一种相对独立的产业平台,一般有一个中心点,围绕中心形成特定的功能系统,比如文化功能、旅游功能、社区功能、产业功能等,在功能系统中以某类功能为主要功能。

特色县域必须能够集聚较充裕的资本、技术、人才等各类产业要素,能够把县、乡镇、村的诸多地域特征与高新技术和专业人才有机结合在一起,并且要探索建立参与主体多元和受益主体多元的现代产业资本治理体系。

特色县域要注重整体规划,适当控制县域规模,摒弃以行政化规模效应和扩张效应为核心的发展理念,通过产业融合发展,提升全要素生产率,更要注重集聚效应的发挥,成为内聚力强的产业拓展空间,发挥特色产业的引擎作用。

西藏特色县域建设必须与生态旅游相结合,根据县域旅游资源特征确定目标游客群体特征,细分游客市场。在旅游活动中,细分游览、体验和参与、朝圣等活动,确定主体旅游活动。在旅游构建模式上,特色县域更强调旅游目的地建设和中心地服务设施建设的有机发展模式,突出旅游要素的有机互动,助推县域产业快速良性发展。

西藏特色县域的发展模式应结合自身资源禀赋确定,绝大多数特色县域应以休闲、文化体验、生态度假为主打产业方向,重点打造县域的文化、旅游功能,深入开发休闲服务领域产业。

总体而言,西藏特色县域必须以特定的自然资源、人文资源、产业禀赋为基础;以营造创新创业的体制机制为导向;以创新投融资机制为保障;以特色产业的培育和发展带动人口集聚与人力资源的合理配置为推动力;以旅游消费为产业引擎,实现消费集聚效应;以产城融合①综合开发与运营为主要实现机制手段;以城乡牧区相结合的新型县域可持续高效发展为目标。(见图11-2)

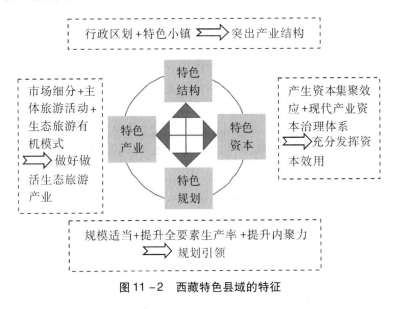

图11-2 西藏特色县域的特征

第三节 西藏特色县域的发展基础与利益逻辑

西藏特色县域的建设和发展必须有一定的基础。

第一,特色县域必须具备特色产业,这是特色县域发展的内在动力,也是资源要素集聚的基础。

---

① "产城融合"指产业与城市的融合发展模式,城市为产业发展提供基础与空间,产业则为城市发展提供保障,驱动城市更新和完善服务配套,以达到产业、城市、居民之间有活力、持续向上的发展。

第二，特色县域要有足够的人口集聚，从而带动县域中心城区的体系化规划和建设，比如催生居住社区、商业街、商业综合体、度假社区、学校、医院、银行、邮局等生活配套设施以及工商、市政等政府公共管理服务机构，形成完善的基础设施配套和健全的社会公共服务体系。

第三，特色县域要有一定的人流集聚，这样可以产生足够的消费集聚，从而推进"旅游+"与特色产业的不断融合发展。

另外，西藏特色县域发展必须处理好其中的利益逻辑。必须明确，特色县域建设既不是短期行为，也不是政绩工程，而是在市场机制下促进西藏基层经济社会可持续快速发展，农牧群众实现安居乐业的重大举措。鉴于此，就必须处理好政府、企业与农牧群众三方之间的关系和利益。

对政府而言，特色县域是推进供给侧结构性改革的重要平台和有效引擎，是实现西藏新型城镇化的重要抓手，是落实城乡牧区统筹发展的重要手段，也是推进西藏经济和产业转型发展的重要活力。

企业是特色县域建设的主体，是在市场化运作体制下弥补政府短板、激发市场活力不可缺少的环节；同时，企业也是特色县域旅游与其他产业发展的依托，没有企业的参与，就失去了特色县域建设的基本要素。

特色县域建设最主要的目标就是让人民群众过上更美好的生活，有效提升居民的幸福感，这就需要在特色县域建设中始终贯彻以人为本的原则，实现经济、社会、文化的全面进步。（见图11-3）

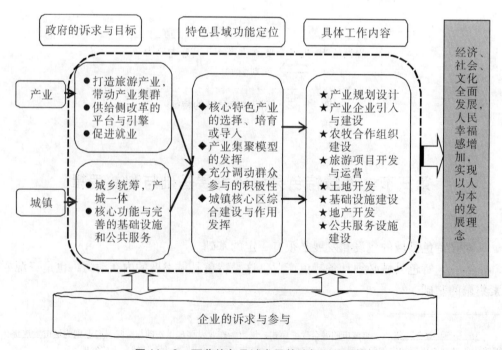

图11-3 西藏特色县域发展基础与利益逻辑

第四节　西藏特色县域文化产业结构体系的关键环节

一、抓准产业定位，突出特色文化产业，实现"特+强"

西藏特色县域建设必须抓住特色产业，以产业作为特色县域建设和发展的重要引擎，实现产业、社区、文化、旅游的有机整合。县域主导特色产业的建设与发展要以"特+强"为中心指标，"特"就是抓准核心特色产业，围绕核心构建特色产业体系，"强"就是围绕核心特色产业加大科学规划，以旅游产业为纽带，加大投入力度，把特色产业做大做强做精。

二、全力做好县域"旅游+"，适应西藏生态大休闲时代的发展趋势

科学规划县域"旅游+"体系，打造精品旅游品牌，提升旅游资源品质，培育战略性旅游支柱产业，使县域成为以特色旅游文化产业为引擎的综合性、多业态、多功能平台，重点发挥生态和文化旅游功能、体验度假功能、产业培育功能、生态宜居功能。

根据县域资源要素特点和居民的居住分布特征，确定"旅游+"的主体架构。一般有两种模型可供选择。一是把旅游作为串联要素，连接居民生活和产业发展的模式，可简要概括为居民生活－生态旅游－产业发展的"三位一体"模式。这是一种宏观的"旅游+"模型。二是把旅游要素作为参与因子融入产业发展之中，注重"休闲驿站"功能的发挥，推进休闲、商务、度假等重点领域发展。这是一种微观的"旅游+"模型。

在宏观的"旅游+"模型中，以当地独具特色的建筑、民居、公共设施为基础，以特色农牧文化、民俗文化、生活文化（包括饮食文化）等为吸引核，以周边特色自然旅游资源、人文旅游资源的综合利用为引擎和突破点，以区域内特色核心产业为支柱，形成民俗气息浓郁，生态风格独特，既能自适和协调发展，又能有效实现生态旅游的特色格局。

在微观的"旅游+"模型中，注重把县域资源与旅游要素相结合，吸引相关人才及特色产业经营者和从业者，打造商务、运动、休闲、娱乐以及各类馆、吧、酒店，形成驿站式休闲服务基地。

显然，两种模型关注的层次和侧重点并不相同，但二者在实践中是紧密结合的，任何把二者分裂或对立的做法都不会收到好的效果。

在实际操作中，要特别强调乡村旅游与文化旅游综合体开发模式，其中要做好"四个结合"。一是要把乡村旅游开发与其他旅游开发相结合，乡村旅游不能理解为一种纯粹的农业资源开发，而要与区域内其他旅游资源和旅游景点的开发结合起来，借助已有旅游景点的吸引力，争取客源，以形成资源共享、优势互补、共同发展的格局；二是要与农村扶贫相结合，开发乡村旅游要增加旅游就业机会；三是要实现乡村旅游开发与小城镇建设相结合，小城镇的建设要按旅游城镇的风貌进行控制，使小城镇本身就成为旅游吸引物之一，也可以依托小城镇发展乡镇企业、旅游商业，如农副产品的深加工、旅游纪念品的生产等；四是要实现与资源保护和打造生态个性相结合，在乡村旅游开发中要注意资源开发与环境保护协调的问题，防止旅游开发造成环境污染和资源破坏，加强与生态资源的有机结合，坚持在旅游资源开发中"保护第一，开发第二"的原则，走可持续发展的道路。

第五节　西藏特色县域产业投融资原则

投融资规划也是特色县域产业规划顶层设计的重要组成部分，任何特色县域产业建设都必然有投融资规划，投融资情况和结构直接与县域发展和产业相关。

应根据实际情况，有效利用政府平台开发和企业参与开发之间的关系，尤其要关注民营机构和企业的深度参与。

针对县域特色文化产业，可以考虑引入金融服务新机制。积极寻求专业征信机构支持，为中小文化企业发行中期票据、短期融资券、中小企业私募债券等债务融资工具提供便利。

探索与保险机构的深度合作，开展对知识产权的保险，尝试和探索演艺、会展、动漫、游戏、出版物等的相关险种，以及团体意外伤害保险、特定演职人员人身意外伤害保险等险种和业务。

通过融资性担保机构和其他各类信用中介机构开展直接担保、再担保、联合担保、担保与保险相结合等方式为文化企业提供融资担保服务，多渠道分散风险。利用中小企业发展专项资金，并对符合条件的融资性担保机构和担保业务予以支持。

第六节　西藏特色县域产业市场要素的引入

产业市场要素包括金融市场（资金市场）、劳动力市场、技术市场、地产市场、信息市场、产权市场等内容。产业市场要素的培育和发展是发挥市场在资源配置中的基础作用的必要条件,是发展市场经济的必然要求。

为了培育和发展县域产业市场要素,需要引入开发商、投资商、服务商和运营商等市场运行主体;同时,要引入相应的市场资源,主要包括资金资本、人才资本、智库平台、IP项目、品牌企业。

市场要素、市场主体与市场资源三者之间形成的关系如同一颗钻石。金融市场(资金市场)、劳动力市场、技术市场、地产市场等产业市场要素是吸引市场主体与市场资源的核心,存在相应的市场需求与发展空间,即可以带来市场中相应的主体与资源;同时,市场要素的孕育与发展又可以相应推进市场主体发展,提升主体质量和竞争力,也可以起到不断优化市场资源的作用。因此,市场要素处于"钻石"的核心地位;市场主体处于市场要素与市场资源之间,在二者中间发挥着纽带与中介作用,没有高品质的市场主体,市场要素和市场资源均无法真正发育与可持续发展;市场资源是"钻石"的根基所在,市场资源的引入关系着产业市场整体的发育发展程度。(见图11-4)

图11-4 产业市场要素引入机制及关系

第七节 西藏县域产业的管理与服务支持

西藏县域产业发展模型的构建不可缺少评估引导服务和运营支持服务。前者主要包括产业科学规划、产业项目创建、产业绩效评估与辅导、适时调整产品策略和营销策略、不断引入资源和要素等方面,可以说关系着县域产业发展的机制定位和先前创建、运行与适时调整的关键环节；后者包括持续精选和支持重点项目、持续优化运营合作、持续优化运营方案、做好人力资源支持、做好品牌营销推广、持续做好其他方面的运营支持等方面，这些方面关系着产业发展的内动力和可持续力。

评估引导服务和运营支持服务围绕产业体系，尤其是核心产业发挥作用，并根据产业发展情况，尤其是新需求而调适和优化自身。

第八节　保持县域特色的鲜明性

西藏特色县域重要的特质之一就是"特色"，其魅力也在于"特色"，其可持续发展能力同样在于"特色"。因此，必须保持和推进西藏县域特色的鲜明性，这也是打造西藏特色县域的原则之一。

第一，必须保持地域特色的鲜明性，自然资源特色、人文资源特色、社会资源特色都应得到有效保护。地域特色要突出"原生性"，要进行科学规划和开发。

第二，必须保持生态特色的鲜明性，保持和优化生态环境是西藏经济社会发展的重要原则之一。

第三，必须保持产业特色的鲜明性，特色产业是支柱，必须在产业的特色和可持续发展上下足功夫。

第九节　县域特色产业体系运行模型构建——以普兰县为例

一、普兰县域规划中应突出文化产业

（一）普兰县文化产业要素简介

普兰县位于中国西藏自治区阿里地区的南部，紧邻印度、尼泊尔，有多条边界自然通道，可以说，普兰县既是旅游大县、资源大县、文化大县，也是阿里地区的"南大门"。"普兰"也译作"布让"，是藏语的音译，一种说法认为，"布"最初是指"头"，"让"是"马"的意思。另一种说法是，"布"在象雄语中为"雪"的意思，"让"意为"山"，"布让"指的是被雪山包围的地区。公元7世纪初，普兰属西藏高原"十二小邦"之一的象雄管辖，7世纪中后期，普兰随阿里归吐蕃政权管辖。

普兰近年来经济社会发展呈现出良好势头，三次产业均出现大幅度增长态势，年增幅在 10% 以上。笔者在前文已经简要介绍了普兰县具备的独特文化和相关产业要素，比如独特的传统服饰文化、氆氇、牦牛毛帐篷、普兰木碗、普兰陶器、青稞酒、糌粑等。

农牧业是普兰县最重要的文化产业支撑，农牧产品及相关文化产品也是普兰文化产业的重要元素。退牧还草工程、边境动物疫病观测哨所建设项目、人工种草与天然草场改良等农牧项目的有效推进成为当地文化产业发展的重要基础。

种植业是普兰县重要的产业支撑之一，种植业产品也是文化产业的重要元素。普兰县现代农业青稞生产基地等相关产业项目的建设和投入使用进一步优化了普兰县土地利用结构，提高了农业生产效益，改善了农民生产条件，同时也促进了生态建设与保护，增加了农牧民群众的收入。

旅游业则是普兰县的核心产业。冈仁波齐与纳木那尼雪峰相呼应，两者均白雪皑皑，却承载着不同的文化内涵，更成为冈底斯和喜马拉雅两大山脉的重要坐标。两者之间是碧蓝的玛旁雍错，湖水拥有极高的透明度，更是无数信众朝拜的圣地。玛旁雍错的湿地开阔无垠，成群的牦牛点缀其中，仿佛触手可及的如棉絮般的一朵朵白云飘浮在头顶。普兰县的自然景观成为生态旅游业的最重要基础。从 2015 年起，仅"神山""圣湖"旅游景区年接待游客就在 12 万人次以上，实现旅游收入 5000 万元以上。

近年来，普兰县立足于优良的生态环境，着眼于宜居生态旅游的定位，加强县城和巴嘎、HER 两乡的基础设施建设，加大生态环境保护力度，取得了显著成效，并成功入选国家原旅游局的第二批全域旅游示范区建设单位。

除了自然景观之外，普兰县还拥有众多的人文景观。位于科迦村的科迦寺是历史悠久的名寺，也是中外信众朝拜的重要寺庙。距西德村约 1000 米处是"观音碑"的坐落地。碑的正面是高 175 厘米的菩萨像，碑的两侧刻有古藏文文字，经藏文学者释读，东侧文字为"马年秋初，桑格祥·卓·赤赞扎贡布杰为普天众生之福祉，特立浮雕观音菩萨像，愿此举利益众生"，西侧文字为"南无观世音菩萨，愿除尽罪孽，增益福泽，清除二障，福智圆满。愿我桑格祥·卓·赤赞扎贡布杰并无尽众同至上佛"。一些藏族学者认为，这块观音碑产生自 10 世纪之前。

另外，普兰县还是森巴战争发生地，还保存着战争遗址。森巴战争的本质是一场侵略与反侵略的战争，在西藏乃至整个中华民族反侵略斗争史上具有重要的地位和重要的历史意义。"森巴"是西藏对印度锡克族的属部之一道格拉族统治者的藏称。1841 年，以道格拉人为主的森巴军队入侵我国西藏，西藏地方政府坚决给予反击，并击退敌军，巩固了边防。

总体而言，普兰县有优良的旅游资源，其他产业均可以围绕旅游产业进行构建和推进，旅游产业要素是普兰县域文化产业发展的核心要素。

（二）县域发展规划的意义

在西藏，小城镇（或者县域）的发展规划对文化产业有着重要的意义，因此，我们在这里专门列出进行介绍。

在西藏，小城镇一般规模小，但是功能复合，因为是周边农牧区的中心和文化、商业的中心，所以，承担着文化中心、经济中心、政治中心等诸多功能；同时，由于小城镇是介于大城市与农牧区之间的过渡体，因此，小城镇又是一种重要的缓冲带，城镇文化产业与农牧产业得到较好体现，地理特征、民俗风情都有体现，这种复合的存在状态成为产业发展的重要依托。科学规划小城镇建设，推进小城镇科学发展具有重要的意义。

第一，小城镇建设规划直接关系着其行政区划内的经济社会发展全局，具有典型的带动作用与引领作用。在西藏，县域作为农牧区的中心，具有强大的集聚效应，在促进农牧区经济规模化发展以及农牧区传统生产方式的转换上发挥着重要作用，比如可以集聚生产要素，推进农牧产业体系建设，形成集约效用。

第二，可以更好地解决就业问题。农牧区就业问题日显突出，通过科学规划小城镇，促进小城镇发展，扩大内需，拉动消费市场，可以有效带动城镇以及周边农牧区群众的就业，尤其是可以更好地突出文化产业对就业人口的吸纳作用。

第三，可以有效促进新农村建设的各项政策落到实处。通过科学规划和积极建设，可以有效改变农牧区相关设施利用率低的局面，提高投资效益，为新农村建设中的教育、医疗、文化以及养老等相关政策的落实提供更好的氛围。

总体而言，小城镇的规划与建设具有全局性、前瞻性的特点。也就是说，小城镇的规划必须具备一定的战略意义，不应是短期行为，而是长远的、目标明确的。在规划上要注重根本性，以小城镇的科学、可持续发展为目标；同时，也要充分考虑文化产业在城镇发展中的空间以及位置，为其特色文化产业可持续良性发展创造条件。

我们在这里所强调的小城镇或县域指的是在文化产业发展中占据重要位置，或者扮演了重要角色的县级行政区域。正是因为重点县域在西藏文化产业中占有重要地位，因此，重点县域的科学规划与有效实施对文化产业带的形成与布局发挥着重要的作用。

（三）普兰县域发展规划的基本遵循

下面我们以普兰县域为例，以历史中的普兰状况为基础进行涉生态、涉产业发展的探索式规划，时间从2017年至2030年，从中发现科学发展规划对文化产业的影响及如何在规划中突出生态及文化产业特色。为了突出与文化产业关系密切的规划内容，我们对一些关系不密切及不宜公开的内容不做讨论，比如，综合防灾减灾规划的部分内容、市政基础设施规划的相关内容、环境保护的部分内容、城镇远景规划中的近期重点发展方向和建设区域规划相关内容等。①

普兰县域发展规划的制定，要严格遵循国家相关城乡规划、环境保护等法律法规，同时还要遵循《西藏阿里地区城市总体规划（2008—2020年）》《阿里地区国民经济和社会发展"十三五"规划》《阿里地区普兰县国民经济和社会发展"十三五"规划（纲要）》《阿里地区普兰县交通发展"十三五"规划》，以及国家、西藏自治区和阿里地区其他相关的法律、法规和规章。

规划必须遵循以下四个原则：①科学编制原则，即突出城市规划的公共政策属性和科学决策的原则；②可持续发展原则，即以科学发展观和"创新、协调、绿色、开放、共享"五大发展理念为指导，促进全面协调可持续发展；③健康发展原则，即有利于满足当地群众需要，改善人居环境，提高生活质量，维护社会稳定和公共安全；④生态安全原则，即作为国家生态安全屏障的重要组成部分，要统筹考虑综合承载力，保证生态安全，优化生态环境。

（四）普兰县域发展规划的基本范畴

在规划范围方面，应包括两个层次，即城镇体系规划和县城总体规划。城镇体系规划范围包括普兰镇、巴嘎乡和HER乡3个乡镇10个行政村，总面积13179平方千米。县城总体规划范围为普兰县城区，面积约4平方千米。

在规划期限中，应进行近、中、远期的区分。近期为2017—2020年，中远期为2021—2030年，2030年以后为规划远景。

在发展总目标方面，应充分关注县域内的生态资源特色和优势，紧密结合文化产业发展。因此，目标定位应包括：

第一，使普兰县域成为区域示范县域，以生态旅游为牵引力，实现经济、社会和生态全面协调发展。

第二，推进综合服务业的繁荣、生态环境持续向好、特色产业比较发达、城镇功能完善健全、高原文化特色突出、社会安定团结的现代化边境县域。

第三，结合普兰县国民经济发展现状和趋势，可设定如下具体指标目标值：2020年，地区生产总值达到3.0亿元，人均生产总值达到2.7万元，农牧民人均纯收入10500元，第一、第二、第三产业结构比为40:23:37；2030年，地区生产总值达到6.5亿元，人均生产总值达到5.5万元，农牧民人均纯收入22500元，第一、第二、第三产业结构比为35:25:40；2015年，城镇化水平为45%；2030年，城镇化水平为70%。

---

① 感谢阿里地区住房和城乡建设局、河北省城乡规划设计研究院、西藏建筑勘察设计院对本部分的完成给予的帮助。

（五）普兰县域发展规划阶段目标的设定与举措

第一，近期发展目标（2017—2020年）可做如下设定：凭借普兰"阿里江南"的知名度和影响力，探索建构以商贸市场－生态旅游－特色产业为核心的经济架构。不断优化、创新和壮大畜牧产品深加工，扩大规模，突出高原文化旅游和边境贸易为主体的经济架构，在此基础上，进一步探索构建多元化文化产业体系，创建生态宜居的边境小城。

第二，中远期发展目标（2021—2030年）可做如下设定：创建优质品牌企业，带动经济全面发展，形成较为稳定的文化产业体系，实现特色产业具备较强的技术创新能力，第三产业发展走向规模化，旅游经济全面繁荣。

打造区域性的商贸流通中心，形成高原特色旅游和边贸市场共同繁荣的高原节点城镇、现代城镇景观与生态环境良好的魅力城镇、适宜居住和生活的人文和谐城镇。

普兰特色产业，尤其是文化产业是阶段性目标不可缺少的有机组成部分，也显示了文化产业作为西藏县域发展组成部分和重要动力的现实。在基本举措上，应结合普兰边境县的事实针对性设定，包括以下方面：首先，强化边境防控，保持社会和谐稳定。这是规划的前提条件。其次，完善设施，建设特色城镇。加大对太阳能的利用程度，推进水电开发；加快推进集中供水厂和污水处理厂建设；完善公共服务设施建设，加快中心城镇建设，完善社会保障体系，积极拓展就业渠道和增收计划，提高农牧民的生活质量；充分挖掘和利用优秀文化，促进文化事业全面繁荣和文化产业快速发展；把地方文化符号融入城镇建设之中，塑造具有明显地域文化特征的城市形象。再次，做好生态资源的保护和优化，这是规划的基础之一。大力推进区域生态屏障体系建设，强化孔雀河流域治理，强调生态环境保护与产业协调发展，提高全民生态环境保护意识。最后，整合内部资源，加强资金支援、技术支持，探索推进"构建差异化可持续造血机制"，加大区域间的合作开发和利用；深化外贸体制改革，加强示范性致富的影响，以旅游为经济增长点，大力发展综合服务业和民族特色文化产业；加强同印度、尼泊尔两国的经贸合作。

（六）普兰县域发展规划

1. 产业发展规划

普兰的产业发展规划必须结合其自身的资源特点制定，应包括以下方面：

第一，推进种植业发展，充分利用气候和水资源条件，发展以高效生态农业为主的种植园示范产业，大力发展种植业土特产产业，带动广大农牧民走上致富道路。

第二，推进畜牧业发展，加大畜牧业土特产的加工和开发力度；同时，结合民族特色手工业，构建畜牧业与特色手工业相结合的产品加工体系，特别要加大对畜牧产品深加工业的扶持与培育。

第三，全力推进旅游文化产业，充分挖掘旅游资源，以旅游服务业为主导产业，大力发展观光旅游和农（牧）家旅游，积极培育发展科考旅游和探险旅游，促进普兰成为阿里乃至西藏旅游业的重要节点。

第四，积极推进边贸发展，积极探索普兰口岸与樟木口岸、吉隆口岸等周边口岸错位发展道路，寻求与腹地间的合作共赢，构建边境贸易发展联盟。

2. 城镇体系空间结构与定位

（1）实现"一心两轴两节点"空间结构，通过"连点成轴，以轴带面"，采取"点轴开发"的渐进发展模式。这一城镇体系结构也是与其产业特色和发展取向相结合的。

"一心"：指普兰县城。

"两轴"：第一轴为 G219 区域旅游、物流产业发展轴。区域经济流向决定了该通道作为支撑普兰开发旅游资源和发展边贸物流产业的主要轴线。第二轴为 S207 边贸发展轴。该轴线与发展边境贸易和旅游产业紧密相关，是未来支撑普兰边贸和旅游经济发展的次要轴线。

"两节点"：指巴嘎镇区和 HER 镇区。著名的"神山"冈仁波齐位于巴嘎乡境内，著名的"圣湖"玛旁雍错位于 HER 乡境内。

（2）在城镇体系层次结构与定位中，应充分考虑城镇特色和可发展产业特点与优势，可分为"两类四种"，具体可按如下规划进行：

中心城镇：普兰县城（普兰镇），定位是旅游＋边贸城镇。

一般乡镇：巴嘎乡、HER 乡，巴嘎乡定位为专业的旅游产业小城镇，HER 乡定位为旅游＋畜牧土特产加工小城镇。

中心村：科迦村和雄巴村，围绕中心城镇和一般乡镇开展旅游和边贸加工。

一般村庄：除中心村庄之外的其余行政村，主要输出劳动力和提供农牧业初级产品。

（3）结合普兰生态特色、文化特色和旅游优势，在重点城镇发展规划方面可按如下三个方面开展：

第一，加快普兰县城基础设施的改造和建设，打造商贸旅游一条街，营造浓郁的高原藏式边境小镇氛围，形成独特风貌。加强县城的服务设施建设与完善，为文化旅游业和边贸市场的良性发展提供基本保障；同时，加大国际化边贸市场建设，加大水电网络与通信网络建设，注重孔雀河二级水电资源的开发。

第二，依托"神山""圣湖"等旅游资源，以塔尔钦为核心，巴嘎乡应重点发展旅游服务业，打造阿里地区重要的旅游服务节点和旅游品牌。

第三，HER 乡要依托紧邻"圣湖"的旅游资源优势，利用较好的区位和便利的交通条件，积极引导特色旅游产品加工、销售以及畜牧业产品加工。

3. 城镇化战略规划

第一，城镇化是普兰县域发展的总体趋势，要加快产业和人口的城镇化。要大力推进普兰县城的建设，增强实力、壮大规模，巩固和优化其在普兰县域内的经济和文化中心地位。

第二，要提升巴嘎乡和HER乡的城镇建设水平，发挥联结纽带和四级城镇中心的作用。做好太阳能、水能、风能等的综合利用，探索冬季取暖新模式。

第三，利用城镇的带动效应促进产业化形成和不断发展，大力推进集体经济发展，积极引导农牧民采取定居为主的方式。对游牧生活方式要认真规划，积极引导，形成特色的畜牧产业模式。

第四，注重城乡环境建设，积极引导和大力实施环境保护工程，保护和优化优良的生态环境。

第五，注重当地农牧民与外来经商者的融合发展，推进当地商业不断取得进步，积极引导农牧民转变"等、靠、要"的思想观念，增强其市场意识。

4. 城乡统筹发展规划

第一，坚持环境保护和优化，科学合理地确定适宜建设用地、限制建设用地和禁止建设用地的规模与范围，统筹城乡空间用地布局，加强城乡之间产业协作。

第二，加大农牧区基础设施建设，改善农牧区住宅建设，提高土地的利用率和集约程度，推进城乡之间的交通联系，努力缩小城镇和农牧区之间的服务差别。

第三，积极利用各种力量推进农牧区社会建设，通过各类援助项目改善农牧民生活，增加他们的收入，尤其要积极创造条件改变他们"等、靠、要"的思想和传统的生活模式，增加技术培训和就业培训，做好富余劳动力的转移就业和社会保障工作。

第四，积极利用旅游资源和特色土特产产业资源，探索农牧区集体经济发展，或者尝试股份制公司模式，改变传统农牧民的收益结构，实现收益多元化。

5. 新牧区建设总目标与要点

实施"五改三建五进村"（改路、改水、改房、改厕、改灶，建文化室、建卫生站、建垃圾收集点，科学规划进村、民主法治进村、科技文化进村、医疗卫生进村、商贸服务进村），以实现"乡村风情浓郁、村庄结构合理、功能配套完善、交通便捷畅达、生产生活便利"的总体目标。

实施社会主义新牧区建设的要点应该包括如下九个方面：

第一，按照阿里地区社会主义新农村（牧区）建设的总体部署和安排以及普兰县的整体规划,各个乡镇根据自身实际情况编制建设要点,既要体现出新牧区建设的特色,又要尊重当地的民风民俗。

第二,大力提升乡村两级党政领导班子的能力,切实有效地开展综合素质培训和科学技术培训,提高其综合素质。扭转基层公务人员中存在的不良风气,建设廉洁高效、为民无私的基层政府。

第三,加大对农牧区基础设施建设的投入力度,在科学规划的引导下,着重做好农牧区群众急需的基础设施建设,并在能源使用和环境卫生方面做好试点和推广工作。

第四,农牧区建筑的整体规划和布局要根据当地的地理条件和使用要求进行合理设计,农牧民居住的建筑应符合相关技术规定,建筑的间距和通道的设置应符合村镇防灾的要求。

第五,积极推进农牧区经济增长,打造旅游产业和畜牧业土特产产品的营销网络,大力打造集体经济和股份制经济形式,以多种形式增加农牧民收入;同时,加大技术和资金支持,通过多元渠道引进产业资金,加强生态保护和优化,改变财富观和生产方式。

第六,切实做好新增农牧户的畜牧和草场比例工作,做到畜牧-草场平衡,切实解决畜草不平衡问题,积极调整畜牧产业结构,提高牲畜的出栏率;同时,加强畜牧草场的水利建设、牲畜棚圈以及退牧还草等基础性建设。

第七,大力发展生态旅游业,积极融入冈底斯国际旅游合作区建设之中,大力加强旅游基础设施建设,深入挖掘人文景观、自然景观的文化内涵,形成观光-探险-体验-教育-学习有机结合的新型旅游结构体系。积极引导和吸收农牧民参加旅游服务和旅游产品的开发、销售等产业链条中。

第八,切实做好精准扶贫和扶贫开发工作,落实各项惠民政策,积极寻找致富门路,落实精准扶贫的各项举措,确保在2020年之前全面实现小康社会,保证实现脱贫的可持续性和小康生活的可持续性,避免返贫现象的发生。

第九,积极推进、大力发展农牧区的社会事业,积极改善医疗条件,改善教育环境和社会保障环境,全面提升农牧民的受教育程度和农牧区医疗卫生水平,进一步提升小学、中学和高中的教育水平,提升教育质量,全面提高学生素质。

6. 边境贸易发展规划

提高边贸口岸基础设施的服务水平,争取把普兰建设成为国家级普兰特区,成为西藏自治区国际口岸贸易物资集散中心和南亚陆路商贸大通道中的一条重要通道。应重视如下两个方面:

第一,大力建设大规模、统一的边贸市场,形成"普兰口岸"著名边贸品牌。

第二,建立二级边贸市场:边民互市贸易点。积极引导农牧民开展形式多样的边贸经营活动，改变边民自发建市的经营状况，积极进行内部挖潜，扩大交易规模和交易商品种类。

7. 旅游发展规划

1996年，阿里地区行署批准冈仁波齐、玛旁雍错为旅游风景保护区，由普兰县人民政府负责保护管理和开发利用。

要以这两大优势资源为核心旅游吸引物，精心打造旅游品牌，把普兰建成中国西部民族地域文化、高原观光与生态旅游目的地。形成"一心一区两带"的旅游空间结构。

"一心"：指普兰县城，把普兰县城打造成为文化产业服务基地和边境贸易中心，使其成为普兰县域内旅游文化的中心。

"一区"：指"神山""圣湖"旅游区，以此打造普兰县域内的精品旅游文化区。

"两带"：指G219国道周边的文化生态旅游带，S207省道串联县城与"神山""圣湖"景区的高原农牧区风光带。

8. 区域供水规划

规划目标可设定为：加快农牧区水利化工程建设，解决全县城乡以及牧区饮水问题，保证牧区人、畜饮水安全，县城及乡镇镇区、牧区供水普及率达到100%。

普兰县境内主要河流有马甲藏布河（孔雀河）、朗钦藏布河（象泉河）以及达却藏布河（马泉河）。其中，后两者属于河源部分。

马甲藏布河是普兰县境内最大的一条外流水系，也是境内草场、农田灌溉的重要水源。在普兰县境内全长110千米，流域面积3020平方千米，年平均净流量3亿立方米，年平均流量9.6立方米/秒。主要支流有章杰河、多油河、赤德曲、加兴曲、科迦纳瓦隆巴曲、西德龙木河等。这些支流发源于喜马拉雅山北麓冰川，大多是季节性河流，冬季枯水季时河床干枯。

普兰县境内有三个湖泊，即玛旁雍错（"圣湖"）、拉昂错（"鬼湖"）和贡珠错，均为内陆湖。前者为淡水湖，后两者为内陆咸水湖。

玛旁雍错湖水面积412平方千米，实测最大水深81.8米，平均水深约46米，蓄水量达200亿立方米，是世界上高海拔地区少有的巨大淡水湖之一。流域面积4560平方千米，入湖的河流有扎藏布、萨摩藏布、巴穷、巴钦和足马龙。

在具体规划措施中，应强调对现有水渠、水库的充分利用，并进一步加强水资源管理。

（1）水渠方面。现有水渠主要有胜利水渠、多油水渠、科迦水渠和岗孜水渠等。应加大对这些已有水渠的利用，同时做好水渠的维护。

胜利水渠是普兰灌区的主干渠，水源头位于马甲藏布干流，于1974年8月动工，

1977年11月竣工使用，1979年改扩建，1989年4月再度维修，1991年12月底改建维修。

多油水渠位于普兰县多油村，水源为马甲藏布的支流仁贡沟，发源于纳木那尼雪峰，为常年性河流。多油水渠于2000年10月建成完工并投入使用。

科迦水渠位于科迦村，1999年10月竣工，长约4千米。

岗孜水渠位于岗孜村，1996年在原有水渠基础上改扩建，长约4千米。

（2）水库方面。主要蓄水工程为水库、水塘，1960年新修水塘6个，整修水塘73个；1967年共兴修水库和蓄水池49个；2000年共新修水塘、水库36座，总库容35.97万立方米。

普兰县西德村洛巴组加热水塘约5000立方米，因年久失修，淤积严重，应对该水塘进行全面清淤，后用土工膜做防渗措施，进水口和出水口重新设计，引水渠道抬高，向上游扩建。充分维护后，能够有效灌溉340亩农田和560亩林草地。

（3）水资源管理方面。以马甲藏布等河流和玛旁雍错等湖泊为重点，加强水资源管理，加大水资源基础设施建设，加强水井的科学论证，尤其在牧区要科学安排、合理布局，满足广大牧民饮水和牲畜饮水需求。

（4）在水电开发建设中，应注重加强水资源保护，建立健全人畜饮水工程水源点保护措施，加快实施草原生态保护、水资源保障工程。

9. 环境保护规划

第一，进一步科学规划草场生态建设，做到畜牧平衡；同时，加大人工种草力度，大力推行草原生态的保护奖励机制和生态补偿机制。

第二，严格控制土地沙化，增加植被面积、绿化面积，涵养土地，改善土壤质量。

第三，成立不同层次的环卫机构，引入卫生环境的市场机制，对各类垃圾进行分类，集中处理，大力推进清洁能源的使用。

第四，加大力度保护水源水质不被污染，加大对各类污水的处理力度，严禁在水源地的控制范围内设置任何污染企业。

第五，进一步加大舆论宣传力度，引导农牧民形成良好的生态环境保护观念，形成人人爱护环境、保护环境的社会氛围。

第六，对生态环境法律制度进行修订和完善，加大环境执法力度，严格执行环境准入制度，加强牧草场的退化防治和保育工作，修复原本脆弱的生态环境。

第七，建立草原生态环境动态监测与预警系统，随时掌握草地资源的动态变化信息和草地发育的动态趋势，及时将这些动态变化信息进行分析研究并向上级主管部门和科研部门反馈，以便及时做出信息评估，为进一步采取可行的生物措施和技术措施提供科学依据，保证高原地区牧业生产的稳定发展。

第八，禁止擅自排放湿地水资源及开耕湿地，禁止向湿地排放有毒有害物质或倾倒固体废弃物，禁止破坏水禽等鸟类的栖息繁衍场所和生存条件，禁止擅自采砂、采石、采矿及其他破坏湿地的行为，除抢险救灾外，应截断湿地水系与外围水系的联系。禁止湿地内的一切开发建设活动。

第九，应当对湿地资源进行定期调查，建立湿地资源档案，实行信息共享。对湿地的生态状况进行动态监测，采取有效措施，维护湿地生态功能和生物多样性。应当按照湿地保护规划，对退化的湿地采取补水、限牧、退耕、封育等措施进行恢复。

二、普兰县域特色产业体系运行的机制模型

结合普兰县域实际情况，普兰县域特色产业体系运行的机制模型包括"引擎核""动力双翼""推进器""三大平台"等内容。

（1）产业体系的"引擎核"：旅游产业。把旅游产业作为普兰县域建设和产业发展的引擎，并成为引擎的中心动力，为普兰各项事业发展注入活力，拉动普兰经济社会的全面进步。

（2）产业体系的"动力双翼"：特色文化产业、农牧土特产产业。科学规划普兰县域内宗教文化、饮食文化、口岸文化、民族服饰文化、生产技术文化等各文化元素的保护和发展，构建特色文化产业，推进产业创意和产品深加工，延伸产业链条，促进交叉融合发展。进一步科学规划农牧业发展，大力发展农牧合作组织，加大资金投入力度和农牧人才培养力度，加大土特产产品开发力度和深加工力度，加大产品营销力度。

（3）产业体系的"推进器"：智慧化与"互联网+"。加大县域建设和发展要素，尤其是文化产业、旅游产业要素的宣传和展示，加大科技投入，尤其要重视要素的智慧化展示和产品的智慧化营销，加大互联网营销平台的建设。

（4）产业体系的"三大平台"：县域顶层发展规划、农牧区经济社会稳定、旅游资源保护与优化。做好县域发展规划，确保发展的科学性。农牧区经济社会稳定是县域发展和产业发展的基础和根本保障。自然旅游资源和人文旅游资源的保护与优化是普兰县域发展和产业发展的前提。

在特色产业体系运行机制的前提下，要注重产业链的科学构建，尤其要注重O2O（online to offline）模式的运用。O2O模式即从线上到线下的商业运营模式。

在发展的初期阶段，线上线下实现初步对接，线上商业推广的便捷性与线下消费的实体性相结合，比如以美团为代表的线上团购和促销。这一阶段，线上平台和消费用户的互动较少，消费行为主要受价格因素影响，以交易的完成为终结点。

发展到第二阶段后，O2O升级了服务性电商模式，把之前简单的电商模块转移到更加高频和生活化场景中来。在新模式的推动和资本的催化下，出现了O2O模式热潮,上门送餐、上门化妆、滴滴打车等各种O2O模式层出不穷。移动终端、微信支付、数据算法等环节加速成熟,不仅用户数量大幅度增加,而且消费频率和忠诚度大幅上升,O2O越来越多地与消费者的日常生活融合。

随后,O2O模式下垂直细分领域的专业化趋势加强,比如,专注于快递物流的企业、专注于高端餐厅排位的企业、专注于白领快速取餐的企业等。另外,垂直细分领域的平台化加强,强化横向扩张,对接第三方团队,提升了效率。这一平台模式甚至覆盖到整个行业。(见图11-5)

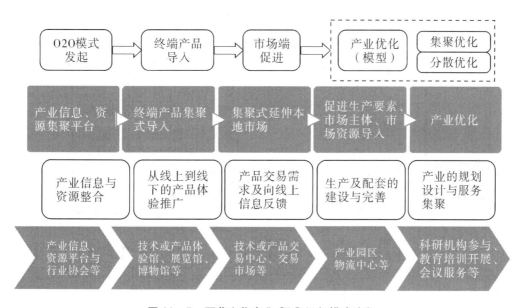

图11-5 西藏文化产业O2O运行模式流程

三、普兰县域特色产业体系运行的功能发挥模型

普兰县域特色产业体系运行的功能发挥模型包括旅游产业"引擎核"、"动力双翼"(特色文化产业、农牧土特产产业)、产业体系的"推进器"(智慧化与"互联网+")、产业体系的"三大平台"(县域顶层发展规划、农牧区经济社会稳定、旅游资源保护与优化)、农牧产业集聚区、休闲产业集聚区、口岸边贸集聚区、产业延伸环、居住发展带、社区配套网。普兰县域特色产业体系运行的功能发挥模型见图11-6。

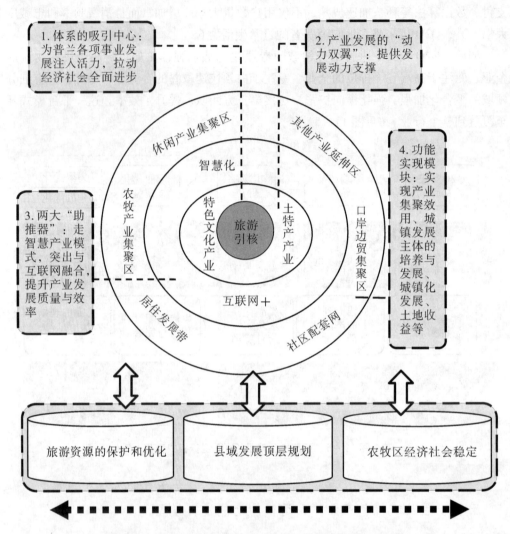

图 11-6 普兰县域特色产业体系运行的功能发挥模型

第十二章 西藏文化产业整合研究

第一节 整合的界定与范畴

一般而言,整合指的是把一些零散的东西通过某种方式进行衔接,从而实现信息系统的资源共享和协同工作。整合的精髓在于将零散的要素组合在一起,并最终形成更有价值和效率的一个整体。在社会科学中,整合是指几个不同部分联合成整体的过程。已形成的系统或未形成系统的各部分形成新系统,都要经过整合过程。通过整合,系统能够提高自身的完整性和组织性水平;联成整体的各部分可以具有不同的自主程度;几个部分之间相互联系和相互作用的量和强度在系统中加大,由此提高了管理水平。有时,整合被理解为整合过程的某种结果或达到整合部分的有序状态。在分析整合时应区别被探究的整合对象。社会整合是指个人、团体、组织和国家等之间达到有序状态,它是以强制或互利的方式并在社会经济制度相似,个人、社会团体、阶级和国家的利益、目的与价值观相同的基础上得以实现。

在人类学、社会学中,常把"一体化"与"整合"两个概念相通使用。在功能主义理论中,整合指文化特质与整个文化体系之间、文化与其他因素之间的功能关系都倾向于相互紧密配合,因而,也称为"功能关联性"(functional inter relatedness)或"模式维持"(pattern maintenance)。有时则与"解体"(disintegration)一起,分别用来指特定民族的社会关系和文化系统的内聚力或瓦解程度。一般认为,社会文化系统可能具有不同的一体化程度,特别是在同化或文化变迁的情况下。美国社会学家、经济学家萨姆纳认为,一体化是建立社会文化均衡的平衡力,是造成一种新的一体化的变化,但一体化不可能完全实现。英国人类学家、民族学功能学派创始人马林诺夫斯基则认为,一体化是统摄文化的所有部分,并因此而达到完满状态的那种本质。美国社会学家索罗金在《社会与文化变迁研究》(Social and cultural dynamics, 1937—1941)一书中,将一体化分为表现文化特性的"有逻辑意义的一体化"和表现社会体系特性的"因果功能一体化"。[①]

---

① 参见汝信、黄长《社会科学新辞典》,重庆出版社1988年版,第1083~1084页。

第二节 西藏文化产业整合的必要性

1. 西藏文化产业整合有利于实现产业内与产业外产业要素的效用最大化

实现不同产业核心资源的结合，实现对资源的激活与融合，一方面是对某一产业内的各种资源要素和经营要素的激活，比如人力资源、智力资源、财务资源、产品资源、客户资源等；另一方面是不同产业之间的资源融合，实现各类资源的效用最大化，达到双赢甚至多赢的效果。

对市场中的文化产业生产者而言，这些资源要素同时是消费要素，所以，必须考虑在投入一定资本的情况下，当货币收入、商品价格既定，获得或者购买这些要素时如何获取最大满足，实现效用最大化。当消费支出固定，且要素价格已知时，实现效用最大化的均衡条件是：消费者购买各种要素商品的边际效用与其价格之比相等，即等于同一个常数。假定消费者总收入（即生产者的生产投入）已定，购买几种要素商品（商品1，商品2，…，商品n），价格分别为P_1，P_2，…，P_n，边际效用分别为MU_1，MU_2，…，MU_n，则消费者均衡条件可用下式表示：

$$\frac{MU_1}{P_1} = \frac{MU_2}{P_2} = \cdots = \frac{MU_n}{P_n} = \lambda$$

如果$\frac{MU_1}{P_1} < \frac{MU_2}{P_2}$，则说明用同样的钱购买商品1所得到的边际效用小于购买商品2的边际效用，这样，消费者会调整购买这两种商品的数量，即减少对商品1的购买而增加对商品2的购买。由于边际效用递减规律的作用，商品1的边际效用会随其购买量的不断减少而增加，而商品2的边际效用会随其购买量的不断增加而减少，当$\frac{MU_1}{P_1} = \frac{MU_2}{P_2}$时，消费者获得最大的效用。同理，当$\frac{MU_1}{P_1} > \frac{MU_2}{P_2}$时，消费者会做出相反的购买组合调整，最终使$\frac{MU_1}{P_1} = \frac{MU_2}{P_2}$，消费者获得最大效用。这样，在市场中，文化产业中的生产者则要在购置和使用各类资源要素中寻求效用最大化，即寻求资源要素的最优化组合，避免把有限的货币资本投放到某一个资源要素上。

2. 西藏文化产业整合在新的文化产业与传统的文化产业之间架起一座沟通的桥梁

在西藏文化产业大发展的前提下，新的文化产业必将涌现，但新的文化产业的出现与传统的文化产业之间必然存在着一定的联系：或者是相辅相成，或者是延伸扩展，或者是相互竞争。通过文化产业的整合可以有效地促进新的文化产业的发展和提升传统文化产业的竞争力,实现二者的有益互补,达到双赢的效果。

比如,唐卡艺术是西藏传统艺术形式之一,有着悠久的历史,享有盛誉。艺术品数字化技术则是新兴的文化产业要素,是通过现代科技把传统艺术通过数字化处理更好地保存、展示,赋予传统艺术新的生命力。显然,把西藏唐卡艺术与艺术品的数字化技术进行有效融合,从产业发展的视角进行整合,是推进西藏唐卡艺术有效传播,创新相关艺术产品和拓展产业链条的有效途径。

3. 西藏文化产业整合是保护和传承西藏濒临消亡的优秀文化和资源的必然要求

西藏有许多优秀传统文化正面临着严峻的挑战,有的濒临消失,有的传承人严重匮乏,需要加大力度进行保护和传承。只有加大对西藏文化产业的整体投入,优化产业要素,并有倾向地进行保护、发掘和传承,大力推进西藏文化产业的发展,才能够为濒临消亡的文化和艺术提供可靠的平台和保障,使其重新焕发生机和光彩,为传承人才的培养搭建平台,创造出好的氛围和环境。

显然,分散的、割裂的产业发展模式不利于西藏文化产业整体的发展,对那些濒临消亡的优秀文化和资源不但起不到有效保护作用,有时甚至由于缺乏整体的、科学的规划而加速这些文化和资源的消亡。

4. 西藏文化产业整合是西藏文化产业实现整体可持续发展的必然要求

西藏特色文化产业的整合可以收到以下三方面效果:

第一,可以增强西藏文化的吸引力,提升文化产业的竞争力和整体实力,从而提升产业地位。文化产业的发展壮大以及整合必然提升西藏文化的吸引力,并为其提供充分展示自己的平台,成为西藏文化对外传播的最重要纽带。进一步而言,西藏文化吸引力的增强,必然推进西藏文化产业的发展,二者相互促进,相得益彰。

第二,西藏特色文化产业的整合可以增强西藏文化产业的整体实力。只有最大限度地实现相关资源的整合和产业的整合,以规模发展、集约发展和提高生产率为目标,才可能真正提升西藏文化产业的实力。产业发展的整合是市场的必然要求,也是自身可持续发展的必然要求,只有在整合中才能不断提高西藏文化产业的整体竞争力,实现可持续发展。

第三,西藏特色文化产业的整合可以提升文化产业的营销水平。传统的营销模式已经越来越无法满足产业发展的需求,而产业的整合对产品的营销提出了更高的要求,新的营销模式和营销手段不断出现,而营销水平的整体提升也必然会促进文化产业的进一步整合,提升可持续发展能力。

第三节 西藏文化产业的区位整合

区位整合是西藏文化产业发展整合的重要内容之一，从传统意义上说甚至是文化产业发展整合的基础。虽然随着经济社会的全面进步，尤其是随着科学技术水平的不断提升，产业发展智能化程度的不断加强，以传统区位整合的产业发展思路受到了一定的挑战，其基础性的意义远不比从前，但必须承认，在任何时候，文化产业的区位分布都具有非常重要的意义，这是产业发展本身实体构成、空间构成的最重要组成部分。在西藏独特的地理环境、生态发展要求等诸多因素条件下，对地域性的布局整合必须给予高度重视。推进西藏文化产业区位整合发展，必须重视以下两个方面：

第一，必须根据西藏文化产业各类产业要素的具体情况进行科学布局。这些要素主要包括原材料、燃料和动力，市场、劳动力、交通，技术要素、资本要素等。如果产业需要较多能源、材料，那么就必须把能源供给、原材料提供、动力来源等要素放在重要位置加以考虑。任何文化产业的布局必须考虑市场发育情况以及主要市场指向，也就是客户源，做好市场细分，从而为产业地域性整合做好基础性工作。劳动力、交通等要素指向的是产业整合所必需的人才资本以及运输便捷性和成本问题。技术要素和资本要素是西藏文化产业布局中必须重视的内容，因为在文化产业的发展中，这两类要素发挥的作用越来越大，越来越明显，对西藏文化产业而言，其意义和作用更为突出。

另外，要注意以服务业为基础的文化产业的区域化布局与社会生产、专业化分工紧密联系，随着服务业的繁荣，新兴职业不断出现，对服务质量和覆盖度有了更高要求，因此，服务的社会化、整体性速度将不断提升。这也是西藏文化产业区位整合发展不容忽视的问题。

第二，西藏文化产业的区位整合必须充分考虑生态环境因素，以生态保护和优化为基本前提和主要目标之一，把优质的生态环境作为文化产业区位整合的主导指标之一。产业发展的传统模式常常把环境作为次要因素进行考量，或者忽略不计，或者事后治理，这种发展模式绝对不能应用于西藏产业的发展之中。西藏是中国内地、南亚、东南亚的"江河源""生态源"。在中央第六次西藏工作座谈会上，习近平总书记强调西藏"要坚持生态保护第一"；李克强总理指出要严格执行生态安全底线、红线和高压线，完善生态综合补偿机制，切实保护好雪域高原，筑牢国家生态安全屏障。① 西藏生态的保护和优化永远是文化产业发展的基础、目标，也是动力。

在综合考量时，以生态保护与优化为基本原则，必须把区域内的经济、社会、文

---

① 新华社：《中央第六次西藏工作座谈会精神：坚守生态安全红线，共同保护碧水蓝天》，见中华人民共和国中央人民政府：http://www.gov.cn/xinwen/2015－08/27/content_2920870.htm，2015－08－27。

化等诸多因素进行并项评估和整体评估，以最优化的整合方案开展区域产业整合。如果有违生态环境保护和优化原则，那么就不能进行整合，而是根据情况推行分散布局或维持原状等方案。如整体评估后，虽然符合生态要求，也有利于推进该文化产业发展，但对社会、文化等方面会带来负面影响，那么在整合选择时也必须慎重，一方面，可以重新制定方案，以消除这种负面影响；另一方面，也可以改变思路，变整合为分散布局。

第四节　文化吸引的传播整合

一、文化吸引的界定

社会心理学认为，"吸引"是人际关系亲密或疏远的情绪因素，指发生人际关系的双方能满足对方需要的程度。凡一方能满足对方的需要，则对另一方吸引力大，对方必然呈现喜欢、爱、满足等情绪反应；反之，则对另一方吸引力小，对方呈现不喜欢、厌烦等情绪反应。当一方对另一方有吸引力，而后者对前者没有吸引力，人际关系也不会很亲密。只有当交往双方相互之间都具有较大吸引力时，双方的关系才容易密切。吸引力大小反映交往双方的心理距离。交往双方心理距离越近，相互吸引力就越大，人际关系越亲密；反之，则越疏远。

我们这里所说的文化吸引指的是文化的各种形式，包括文化内涵、文化外在、文化产品等产生的吸引力，即拉近与消费群体或潜在消费群体的心理距离。一般认为，文化吸引力是文化产业软实力的一个重要组成部分。

我们以旅游产业为例简要分析文化吸引力如何提升旅游产业的市场竞争力。

第一，文化吸引可以直接影响旅游者的选择，因为文化可以促进旅游目的地旅游资源的开发，有效提升旅游资源的附加值，增强旅游文化的吸引力，从而达到有效提升旅游目的地竞争力的目的。

第二，文化吸引可以增加旅游者的认知程度。文化的强大吸引力可以提升旅游者的兴趣程度，并在这一过程中加大对目标旅游地的认知程度。也就是说，只有对文化资源进行深入挖掘与广泛传播，才能真正提升旅游目的地的特色和持久竞争力，实现旅游与文化的共生共荣。

第三，文化吸引可使旅游产业保持持久的竞争力。虽然随着物质生活水平的提高，人们对旅游的需求在增加，但旅游市场竞争激烈，旅游模式从传统旅游逐渐向生态游和文化游转移。世界旅游发展的历史和经验告诉我们，只有打造厚重的文化，把民族文化、地方文化、地方特色在旅游目的地中有机结合，才可以保持较好的可持续性，从而保证竞争力的可持续性。

二、文化吸引的作用

1. 文化吸引是文化产业发展的前提和基础

只有具备一定的文化吸引力，才能够为该文化产业带来一定的消费者和市场空间。文化吸引力弱，那么该文化产业发展动力则不足。如果丧失了文化吸引力，该文化产业也就失去了发展的动力，必将在市场中被湮没或者淘汰。

整体而言，文化吸引也是整个文化产业可持续发展以及提升竞争力的前提和基础。比如，文化产业中核心文化所具有的文化吸引力的大小、作用方式、持续性与该文化产业消费群体的选择直接相关，甚至可以直接左右人们的消费选择；通过核心文化吸引作用的发挥，不但可以巩固原有消费群体，加强其对产业内产品的消费忠诚度，而且可以拓展新的消费群体，不断壮大产业消费群体规模；通过作用于消费群体的选择与巩固消费者的忠诚度，该文化产业才可以得到有效发展，并获得强大的内生力量。

2. 文化吸引力是一个地区，甚至一个国家吸引力的最重要体现

2014年7月29日，英国文化协会总部公布了题为《英国文化吸引力和软实力》的报告。该报告数据采集于2013年12月至2014年1月，基于对巴西、中国、德国、印度、美国、英国6个国家6051名18～34岁的年轻人（其中，巴西1003名、中国1007名、德国1003名、印度1006名、美国1010名、英国1022名）的调查，共形成了24个子报告。

该报告显示，人们最先选择的影响一个国家吸引力的因素如下：文化（31%）、经济（15%）、自然环境（15%）、社会（15%）、教育（10%）、人（8%）、城市（7%）。这个结果表明，文化已经成为国家吸引力的最重要影响因素。[①]

三、传播整合的界定

传播学是研究人类信息传播行为及其规律的学科。简而言之，传播就是人们的信息传递活动，是表情达意的一种交往。它在人类社会活动中发挥着组织、维系和推动社会发展的重要作用。人类社会的信息传播是一种无处不在、永不停息的人类活动。信息传播状况由社会发展程度所决定，它也对社会进步起到非常重要的促进作用。

现代社会中，传播与文化产业发展有着极为密切的关系。陈庆德、郑宇、潘春梅

---

① 参见王少波编译《英国发布文化报告：文化成为国家吸引力最重要因素》，载《中国出版传媒商报》2014年9月2日第14版。

这样界定现代文化产业中传播的存在与作用："文化产品的成果不可预知性所产生的对信息的巨大需求和依赖，直接促成了传播在文化产业中的新军崛起，从而造成了文化产业的动态性结构转变。"[①] 他们以广告业为例说明了在这个动态性结构中，传播是如何推动一项非商品化的东西成为市场的一部分；同时，商品化过程是怎样渗透到传播的过程与传播制度之中的。简而言之，文化产业的可持续发展需要有效的传播。

我们这里所说的传播整合指的是西藏文化吸引的信息传播整合，是一切有利于西藏文化吸引力提升的相关信息的传播，包括传播方式、传播媒介、传播范围、传播效果等各个方面，通过合理的搭配、有效的组合，实现西藏文化吸引力的提升，达到最优效果。

四、文化吸引传播整合的作用

1. 文化吸引传播整合有助于提升西藏文化和文化产业的吸引力

西藏有丰富的文化资源，有着独特的文化魅力，但如果对这些文化的信息传播不到位或者出现偏差，就会严重影响这些文化资源的吸引力，甚至影响西藏整体的文化吸引力。通过信息传播的整合，实现正能量传播、有效传播，不但能够加大传播力度，提升传播效果，而且能够有效避免个别信息传播媒介的假信息传播或者误传播的出现。

2. 文化吸引传播整合有助于直接提升西藏文化产业的实力

信息的传播借助于传播媒介。传播媒介又称"传媒"，是传播学基本概念之一。传播意义上的媒介是指承载传递信息的物理形式，包括物质实体和物理能。物质实体指文字、印刷品、通信器材等，物理能指电波、光波、声波等。总体而言，传播媒介是传播赖以实现的中介，是传播活动中具有自身内在特性与规律的客观存在，对社会的发展起着直接而有力的影响。传播媒介的发展经历了原始媒介、语言媒介、印刷媒介、电子媒介等几个大的历史阶段。传播媒介可以按不同的标准划分为多种类型，按表现方式可分为：口头媒介、印刷媒介和电子媒介。按对人体感官的作用可分为：听觉媒介，如语言、广播、电话；视觉媒介，如文字符号、图书、照片等；视听兼备的复合媒介，如电视、电影等。按使用对象又可分为：个人媒介，如私人信函、私人电话等；大众媒介，如报纸、杂志、广播、电视、电影和图书；新兴媒介，如微信、微博等。传播媒介本身就是西藏文化产业的重要组成部分。

面对种类繁多的传播媒介，实现传播的整合就意味着对西藏信息传播业进行资源整合、方式整合，使其自身产生更大的经济效益和社会效益，其中的西藏整体文化产

---

① 陈庆德、郑宇、潘春梅：《民族文化产业论纲》，人民出版社2014年版，第105页。

业当然受益。

五、文化吸引传播整合的实现

文化吸引传播整合的实现要从以下五个方面进行：

第一，给予足够的政策支持和资金保障，进行科学的规划。为了更有效地利用相关政策和各级资金、民间资金，更好地展示、宣传西藏文化资源，推进文化产业，从而提升文化吸引力，一方面，要以政府资金对优势产业发展给予资金支持，做好产业发展规划，推进基础设施建设；另一方面，要保证积极调动各类资金参与到西藏文化产业的宣传、建设之中，并给予相应的政策保障。

第二，推进传播媒介的整合，把传统的传播媒介和现代的传播媒介相结合，在不同的领域发挥各自的作用，注重手机、网络等现代传播媒介的运用。"语言媒介是现代社会运用最广泛的传播媒介，也是公共关系传播中最主要的媒介，被许多人称为'公共关系的第一媒介'。"[1] 要发挥好有声语言媒介、无声语言媒介、有声非语言媒介和无声非语言媒介在西藏文化吸引力整合中的作用。

第三，推进传播方式的整合，把传统的传播方式与现代的传播方式结合，注重运用微信、微博等现代传播媒介和方式。要充分发挥产业（行业）协会的作用，根据产业特点合理运用报纸、图书等传统传播方式和网络、微信等现代传播方式，构建合理高效的传播网络，提升传播能力。

第四，加强传播人才的培养，同时强化产业内和相关企事业单位人员的科学传播能力的培养和培训。在西藏各高校加强传播人才，尤其是文化产业中传播人才的培养；同时，注重对文化产业内从业人员以及相关企事业单位人员的科学传播能力的培养和培训，比如对领导干部、科技人员、教师、公务员、管理工作者等进行科学传播能力的培训，使他们具备基本的科学传播能力，掌握必要的科学传播方法和技巧，通过共同参与不断提升西藏文化的吸引力。

第五，推进传播方式的创新。实现传播的整合还必须注重创新传播方式，根据不同的受众、不同的地区、不同的文化背景探索新的更为有效的传播方式。比如，开展体验式科普，让每一个人成为西藏文化科普活动的参与者，亲身体验，有效激发公众的兴趣和热情，从而提升西藏文化传播效果，促进产业发展。另外，开展游戏式科普，可以以轻松快乐的形式、多样的内容吸引人们对某类文化或产业发展的关注与参与，在分享快乐的同时达到传播整合的效果。

---

[1] 黄栋法：《公共关系传播媒介的分类及其特点》，载《新闻知识》2011年第4期。

第五节 文化产品的营销整合

一、文化产品的范畴

文化产品是文化创造的结果,包括文化精神产品和文化物质产品两种形式。前者不具有物质外形,直接体现在人们的精神生活之中,并作为人的文化素质得以保存和巩固下来;后者指具有物质形态的文化产品,比如藏医药文化产品、旅游纪念品以及土特产产品等。

另外,需要注意的是,文化创造是一种生产活动,在这种生产活动中,一方面,生产出满足需要的对象;另一方面,生产出占有对象的需要本身。例如,审美的创造活动既造就了美的存在物,也造就了能够欣赏美的人类的眼睛和耳朵。审美对象和审美能力都是一定的文化产品。不同的文化产品具有不同的社会作用,有进步的文化产品,也有落后的文化产品,甚至还有反动的文化产品。例如,在社会发展中起阻碍作用的规章制度、风俗习惯、兴趣爱好,就是落后的甚至是反动的文化产品。只有进步的文化产品,才能称之为社会的文化财富。

二、营销整合的界定

营销学也称作市场营销学(marketing)、市场学、销售学以及市场管理学等,是发源于西方发达国家的一门比较接近实务的经济管理类学科。关于营销的权威概念存在一定的争议,国外一种狭义的解释认为,市场营销是引导商品与劳务从生产者到达消费者或使用者所实施的一切企业活动。[1]

总体而言,市场营销是通过市场交换满足现实或潜在需要的综合性经营销售活动。依据这一定义,市场营销的目的是满足消费者的现实或潜在的需要,市场营销的中心是达成交易,而达成交易的手段则是开展综合性的营销活动。[2] 在此认知基础上,我们可以这样认知营销学:一般是关于企业如何发现、创造和交付价值,以满足一定目标市场的需求,同时获取利润的学科,用来辨识未被满足的需要,定义、量度目标市场的规模以及利润潜力,找到最适合企业进入的市场细分和适合该细分的市场供给品。

营销学中的营销指的是企业发现或挖掘准消费者的需求,从整体氛围的营造以及

---

[1] 参见姚小远、康善招《市场营销学》,华东理工大学出版社2015年版,第6页。
[2] 参见姚小远、康善招《市场营销学》,华东理工大学出版社2015年版,第7页。

自身产品形态的营造去推广和销售产品,主要是深挖产品的内涵,切合准消费者的需求,从而让准消费者深刻了解该产品进而购买该产品的过程。主要包括五个流程:机会的辨识、新产品开发、对客户的吸引、保留客户、培养忠诚度、订单执行。因此,营销整合应包括营销中的要素的整合以实现营销效果的最优化。

营销的每一个流程都与企业的发展壮大有着密切的关系,在营销过程中,任何一个环节出现问题都会危及企业的生存,营销整合就是对营销过程中主要环节的优化和整体效用最大化的过程。根据营销学理念以及营销的五个流程,西藏文化产品营销整合应主要关注以下四个方面:

(1)市场机遇与平台的整合。西藏各类文化产品面临着巨大的机遇,但又存在着一定的差异,面临的机遇与平台各不相同,产品市场口碑、市场影响力、市场效益等存在着较大的差别,因此,要加大对市场机遇和平台的整合,产生连锁带动和辐射作用,实现相互补益,推进各类文化产品的市场营销和市场成长。

(2)新产品的开发。要以新产品作为纽带加大产品的关联性,以此加大各类文化产品的推广力度,创新推广方式。一般而言,新产品中要注入西藏特定文化产业的重要元素,并让这些元素在市场中充分展示,能够产生强大的文化吸引力,在这种吸引力的作用下,拓展和拓深消费者对该文化产业的认知度。

(3)营销方式的整合。注重传统的媒介渠道以及新兴的媒介渠道的综合应用,充分发挥二者的长处,同时做好结合,做到相互补益,相互渗透,采取综合措施进行关联式营销。

另外,西藏文化产业营销方式的整合不能忽视产业作为利益获取者以及公共利益责任者的双重身份。在产业运行过程中,尤其是营销过程中要十分注意每一个环节的利益相关者。

一般而言,任何一个产业、企业的运行都离不开各种各样的利益相关者的参与和投入。一个产业和企业不可能只注重眼前的利润,而必须以长远的眼光平衡各种利益诉求。这就涉及一种"事业关联营销"。"事业关联营销作为企业利益与社会利益的结合体、企业承担社会责任的具体表现形式,正是企业在营销领域对上述思潮的奉行与实践。在此过程中所取得的成就影响着企业每一个利益相关者。"[1] 而这些利益相关者主要包括企业的股东、投资者、员工和管理人员以及企业外部的消费者、供应商、债权人、政府、媒体、社区等。总体而言,"事业关联营销作为一种'多赢型'的'慈善营销战略',已被企业广泛应用,它不仅可以最大限度地为利益相关者谋求长期经济利益,同时也能使企业更好地承担社会责任、积极为社会慈善事业服务,从而提高自身的整体形象和品牌资产价值"[2]。

在西藏文化产业发展过程中,尤其是在进行营销方式的整合中要注重对"事业

---

[1] 刘馨月:《企业事业关联营销行为探讨——基于利益相关者视角的分析》,载《财经界》2014年第6期。
[2] 刘馨月:《企业事业关联营销行为探讨——基于利益相关者视角的分析》,载《财经界》2014年第6期。

关联营销"的运用。

（4）营销对象的整合。要在保证传统文化产品消费群体和固有消费群体的基础上，培养和拓展新的消费群体客户群。首先，要保证产品质量，这是基础；其次，要保证消费者对产品的满意度，这是前提；再次，要利用新产品使不同产品的消费者之间产生关联，构建不同顾客群体之间的纽带，这是重要环节；最后，要通过产品的升级换代或拓展产品外延来不断吸引潜在消费者。这里涉及的就是对产业市场的细分以及结合市场细分进行的营销整合问题。

市场细分译自英语 marketing segmentation，也译成"市场分片""市场划分""市场分割"等。具体说来，市场细分是指根据整体市场上顾客需求的差异性，以影响顾客需求和欲望的某些因素为依据，把某一产品的市场整体划分为若干个需求不同的营销组合的分市场或子市场，即若干个不同的顾客群的过程。每一个相类似的消费者群，就是一个细分市场。每一个有效的细分市场，其基本要求是：组成细分市场的消费者群体具有类似的消费特性；细分市场尚未被竞争者控制、垄断，企业能够占领市场；细分市场上有一定的购买力，企业可以获得足够的销售量和利润。然后根据市场细分的结果，采取相应的营销对象整合策略。

如果把整个市场看作一个大目标市场，可以只注重各细分市场的共性，采用单一的市场营销组合去满足整个市场大多数顾客需求的无差异市场营销战略；如果把整个市场划分成若干个细分市场，从中选择多个细分市场作为营销对象，并针对若干目标市场需求的差异性，采用不同产品、不同营销策略去分别满足各个目标市场消费者需求的差异性市场营销战略；如果在细分市场的基础上，只选择某一特定购买者阶层或某个地区市场、某一特定购买者群体作为目标市场，可采用只适于该特定目标市场特殊需要的产品营销组合集中经营的营销战略。当然，上述三种营销策略各有所长，也各有所短，应根据实际情况综合运用。

三、营销整合的作用

第一，有利于更好地把握市场机遇。成功的营销不但可以巩固原有消费群体，而且可以有效拓展新的消费群体，消费群体是市场应变能力和进行市场开拓的基石。在面对市场选择和市场机遇时，通过营销整合可以更为有效地加以把握和利用。

第二，有利于新产品的开发。营销整合不但可以有效扩大原有产品的知名度，提升市场竞争力，巩固并拓展市场占有率和市场效益，而且在综合营销过程中产生的信息反馈，尤其是产品信息的市场反馈是开发新产品的重要支撑，即根据市场需求设计新产品以满足不断变化的市场需求。

第三，有利于巩固原有消费群体和吸引新的消费群体。消费群体的概念是从社会群体的概念中引申而来的，也是社会群体的一个子类。总体而言，消费群体指的是具有共同消费特征的一些消费者形成的群体，是消费个体的对称。按照不同的标准，可以把消费群体划分为许多类型,比如,按照消费者之间的联系情况,可以分为正式消费群体和非正式消费群体;按照消费者对商品的爱好和需要程度,可以分为爱好型消费群体和非爱好型消费群体;按照消费者的年龄,可以分为儿童消费群体、青年消费群体、中年消费群体、老年消费群体;按照消费者的收入水平,可以分为高收入消费群体、中等收入消费群体和低收入消费群体;按照消费者的性别,可以分为男性消费群体和女性消费群体。此外,还可以按照消费者的职业特点、受教育程度、地理位置等进行划分。

总体而言,消费群体是产品在市场中存在与生存的根本依据,没有消费群体,那么产品也就失去了价值,失去了在市场中存在的必要性。因此,巩固原有消费群体并拓展新的消费群体是营销的主要任务之一,而营销整合正是针对消费群体开展的综合营销、科学营销的策略。

第四,有利于文化产业的拓展和可持续发展。营销整合的最终目的就是在推动产品营销、扩大市场、巩固消费群体的基础上,进一步扩大文化产业所依托的文化产品的影响力,从而推动文化产业影响力的提升,实现文化产业的可持续发展。

四、西藏文化产品营销整合的多维度实现策略

1. 产品策略

产品是营销开展的基础,要在相关文化产业产品的质量、功能、品牌、款式、包装等方面进行整合。质量是消费者认可营销的基础前提,功能是吸引消费者的必要条件,品牌是产品价格与消费可信度的推进器,款式是促进多元消费、扩大消费量的重要元素,包装是产品文化吸引力的重要载体,而这些正是文化产品营销整合不可缺少的基础。

以旅游网站的产品策略为例,旅游信息产品主要包括旅游产品信息、旅游常识及旅游保健知识、景点信息、交通信息、住宿信息、饮食信息、购物信息、娱乐信息、网络广告及相关链接。同时,要推进网站新产品的开发:一方面是网站旅游新信息产品的开发,另一方面是旅游常识及旅游保健知识、新开旅游景点介绍,新的旅游交通信息、住宿信息的更替,饮食新产品的开发,旅游物品及娱乐产品的开发信息报道等。产品策略可以采取以下三种信息产品组合策略,即以主体消费群体为中心设计组合;信息产品差异化策略,包括质量形象差异化、信息传递差异化以及服务差异化;网站不同生命周期的产品策略,即在网站的介绍期、成长期、成熟期和衰退期采取不同的策略。①

对西藏整体文化产业产品整合策略而言,应把关注中心置于品牌的塑造、整合

---

① 参见杨锁强、王国玉、张梁《旅游网站的信息产品策略与营销模式》,载《情报杂志》2003 年第 12 期。

上，避免大量品牌处于低端化、零散化，甚至恶性竞争；同时，处理好不同区域之间产品的种类、产品层级、产品的主要消费群体等关系，协调"产品网"的布局，避免过度内耗，提升整体竞争力。

2. 价格策略

价格是营销开展的最重要组成元素，也是任何营销策略不能回避的因素。在改革开放初期，当时把价格策略定位于"实现定价目标"："企业根据产品或劳务的特点及市场供求情况，制定合理的产品或劳务的销售价格，以实现企业定价目标的营销手段。价格策略在销售因素组合中具有重要的地位和作用，是主要的竞争手段之一。企业要做好定价工作，必须采取三个步骤：明确定价范围、确定定价目标、制定定价策略"[①]。

但是，在高度竞争的市场上，产业或企业的价格策略显得更为重要，已经成为产业或企业生存、发展的重要因素之一。一般而言，产业或企业要根据竞争市场情况、消费群体情况以及产品研发阶段等因素来制定特有的策略，当然这些策略并不是完全无关的，而是在特定情况下以某一类策略为主，并可以以其他策略进行辅助。价格策略主要有以下三类：

（1）心理定价策略。这是一种运用心理学原理，根据不同类型顾客购买商品时的不同心理来确定价格，引导消费者购买的价格策略。具体方法有很多，比如尾数定价法、整数定价法、声望定价法、招徕定价法、习惯定价法、分级定价法、幸运数字定价法等。

（2）折扣与折让策略。这种策略是指企业为鼓励顾客早日付款、大量购买、淡季购买而将一部分价格让利于顾客。这种策略常用的方法主要有现金折扣法、数量折扣法、职能折扣法、季节折扣法、折让法、跌价保证法等。

（3）阶段定价策略。这种策略是根据产品生命周期中不同阶段的产量、成本、质量、利润以及市场竞争状况的特征而进行定价的。阶段定价策略主要包括以下四种：

第一，投入期定价策略。投入期是新产品刚刚投放市场的时期，所以，这一策略也叫新产品定价策略。常用的方法有三种：①"撇脂"定价，指新产品刚投入市场时采用高价出售，以期在短时间内获得最大利润，就像从牛奶中撇取奶油一样；②渗透定价，即产品在刚进市场时采用低价，以打开销路和阻止竞争者进入；③满意定价，这种定价介于"撇脂"定价与渗透定价之间，吸取了两种定价的优点，同时兼顾了企业和顾客的利益。

第二，成长期定价策略。在这一阶段，如果市场上竞争者不多且消费者已接受了现有价格，则企业最好维持原有价格水平；如果市场上竞争者多，那么企业最好适当

---

① 刘筠谦：《中国乡镇企业管理百科全书》，农业出版社1987年版，第112页。

降低价格以提高竞争力。

第三，成熟期定价策略。在这一阶段，由于市场饱和，竞争者多，企业最好采用低于同类产品的价格策略，以抵制竞争者，保持原有销量。

第四，衰退期定价策略。在这一阶段，产品即将被淘汰，此时企业可采取"削价处理"的策略。

通过对相关的文化产品进行恰当的定价，吸引消费者的关注，引起他们的消费欲望，并且在市场中能够维持这种价格的可持续性，使其具备市场吸引力与市场合理性的有机结合；同时，要注意在产品不同的生命周期内制定相应的价格，在符合市场规律、相关法规的前提下，抓住消费者心理，在不同环节适当实行错位价格。

3. 渠道策略

营销渠道也称作"分销渠道"，指的是产品或服务从生产领域向消费领域流转所经过的一整套相互依存的组织或结构。营销渠道的起点是生产者，终点是最终用户或消费者，商品在营销渠道的流转过程中要发生商品所有权的转移。

按是否有中间商，可以把营销渠道分为直接销售渠道和间接销售渠道；按产品流通过程中间环节的多少，可以分为长渠道和短渠道；按参与销售渠道的中间商的多少，可以分为宽渠道和窄渠道；按产品的性质，可以分为消费品销售渠道和生产资料销售渠道；等等。

产品营销渠道主要可分为四种形式：生产者→消费者，生产者→零售商→消费者，生产者→批发商→零售商→消费者，生产者→代理商→批发商→零售商→消费者。当然，随着现代商业形式的多样化，营销渠道也呈现更多的形式。O2O模式把互联网等智能渠道进一步拓展，实现了渠道便捷化、多样化、生活化。

营销渠道的应用应主要关注以下四个方面：

第一，健全营销链条，加速商品流通，提高市场交换效率。通过建立高效运转的营销渠道，将生产者与消费者连接起来，使产品价值得以实现，并在商品流通过程中，利用中介机构的功能，缩短商品流通时间，有效地把产品提供给消费者，从而提高市场交换效率。

第二，加大宏观调控力度，并促进企业拓展营销渠道，加速商品流通和资金周转，降低企业营销费用。生产者利用有效的营销渠道销售产品，从而实现缩减自己的营销机构、减少库存量、减少流动资金占用的目标，加速商品流通和资金周转。

第三，增强营销渠道在生产者与消费者之间信息沟通的功能，促进产品销售，方便顾客购买。生产者可以通过营销渠道获得许多市场信息，为企业调整产品结构、改进产品设计、提高产品质量提供依据，更好地促进企业的生产与销售；同时，消费者也可以通过营销渠道了解企业及产品信息，从而方便购买。

第四，充分发挥营销渠道调节产销平衡、平衡供求关系的作用。通过营销渠道可以解决产品供求中的各种矛盾，调节产销平衡。

所以，营销渠道是任何营销开展的必备要素，而且在很大程度上，营销渠道的多少、优劣直接决定了营销是否能够成功，也就是说，直接决定了营销所能带来的最大收益程度。渠道策略就是要通过打通主营销渠道，使之保持畅通，同时建立统一高效的分销渠道，来推进产品有效快速流转，推进产品的销售。

4. 促销策略

促销一般指的是以一定的方式将产品的信息特征传递给消费者，影响消费者的购买决策，诱发消费者的购买欲望，从而实现企业产品销售的一种经营活动。

促销活动实际上是在企业与消费者之间的一种双向的信息流动过程。一方面，企业通过促销将产品的信息传递给消费者，引起消费者的注意，并产生购买的欲望；另一方面，企业通过促销可以获取消费者对商品的消费态度等相应的信息反馈，有利于企业调整生产经营，使产品更加符合市场需要。因此，促销策略的实现不但可以直接推进产品的销售，而且可以建立起良好的企业形象，增加产品的知名度，有利于企业和产业自身的成长壮大，促进产品不断完善和提升质量。

因此，要实现产品的营销整合，不能缺少促销策略的运用。要制定科学有效的促销策略，运用网络和其他媒体，运用广告宣传，做好文化产品的信息传播。

一般而言，产品促销策略的有效运用可发挥如下作用：①直接促进产品的销售，增加市场需求，加快商品流通，为企业带来更多的利润；②帮助企业收集相关的市场信息，以便更好地安排企业的生产经营活动；③增加产品的市场占有率；④延长产品的市场生命周期；⑤向消费者提供相关企业和产品的信息，促进消费者更加深入地了解企业及其产品的状况；⑥销售的淡季开展促销活动，可提高销售量，稳定产品销售。

显而易见，通过以上六个方面目的的实现，可以有效提升产品的市场竞争力，提升企业竞争力和活力，从而有助于企业实现可持续发展，这也正是文化产品营销整合的目的所在。

就促销方式而言，一般包括广告、营业推广、人员促销、公共关系促销、智慧化促销等。不同促销方式之间并非彼此孤立，而是应该相互结合、相互促进，这样才能产生更好的促销效果。

5. 智能营销策略

在现代消费机制下，传统营销模式面临着诸多困境，比如传统的大众媒体受众规模大大缩水，多元的新媒体形式吸引力大幅提升。另外，传统优质媒体的价格在不断攀升的同时，传统式的广告边际效用出现递减趋势。总体而言，传统营销模式在消费目标群体的确定、消费信息的传达和反馈、消费者的体验、新产品的推广、营销平台的运用等方面都显得力不从心。在现代营销理念下，企业营销和产品营销的目的就是突出自身的优势，强化对消费者的吸引力，恰到好处地运用消费者的接触和体验，这也是现代营销的精髓所在。

智能营销是适应产业发展要素的智慧化以及"互联网+"趋势而产生的现代营销方式，其中最重要的元素就是智能手机的普及和应用。利用智能手机开展营销最大的特点和优势就是可以走出传统营销模式的多种困境，避免把信息强加给消费者，实现销售方与消费者之间的有效互动，尤其是对产品质量和后续服务的交流，最终实现情感上的交流和相互理解，让消费者感受到信息和娱乐的正向价值。

西藏文化产业和产品的营销应加快智能化步伐，适应智能营销时代要求，这也是西藏文化产业发展的必然趋势，是西藏文化产业良性、高效、可持续发展的必然要求。要通过智能营销使营销渠道更加细化，内容更加垂直，场景更加动态逼真。

洞察分析技术在智能营销中将发挥越来越重要的作用，西藏文化产业产品的智能营销必须进一步拓展和运用洞察分析技术，加大商业分析工具等洞察平台建设，加大对消费者行为过程分析，加大物联网分析和消费路径分析，从而大大提升产品营销的针对性和效率。

第十三章 西藏文化产业发展策略的基础要素

第一节 产业发展策略的内涵

一般而言,产业战略针对的是产业发展的方向和目标问题,而产业发展策略指的是为达到既定的产业发展目标所应采取的发展策略和产业政策,为各产业职能部门提供最直接的工作方向和思路。可以说,产业发展策略是产业战略的重要组成部分之一,同时也是实现产业战略的最重要部分。就包含的内容而言,产业发展策略包括产品发展策略、市场发展策略、产业竞争力策略等子类,而各子类下还可以划分细类,如产品发展策略按产品的阶段性可以划分为新研发产品发展策略、成熟产品发展策略等,按产品的门类可以划分为单一产品的发展策略、综合产品的发展策略等。从产业发展策略的层次性而言,可以划分为微观层次的发展策略和宏观层次的发展策略。

第二节 西藏文化产业发展策略的优势因素

第一,西藏有着众多的优良生态资源,这是实施特色文化产业发展策略的重要基础和前提条件。这些特色文化对众多的旅游爱好者、文化体验者和爱好者、研究者以及其他许多群体都有着巨大的吸引力。而且随着生态旅游、人文旅游、文化旅游等旅游模式的勃兴,西藏的优质自然生态资源和人文生态资源、文化资源的吸引力将进一步提升,这些均有助于文化产业发展策略的实施。也可以说,这正是西藏文化产业发展的基础之一。

第二,西藏文化产业已经取得了较大的发展,有着良好的基础,并且有着巨大的发展潜力。近几年,西藏旅游热大兴,以旅游为牵引和核心,第三产业中的各类相关行业、产业均得到了较好发展,带动和推进了西藏文化产业的整体发展,并使其逐渐成为国民经济的支柱产业。这正是西藏文化产业大发展的前提之一。

第三,党和国家以及西藏党委、政府十分重视西藏文化产业的发展,加大科学规划,出台了许多优惠政策,扶持力度不断加大,相关制度不断完善。在这些政策的保障、支持与引导下,各类自然、人文资源得到了有效保护,各类非物质文化遗产和散落民间的民族技艺、技术得到了有效保护和传承,民间资本也越来越多地被吸引到产业发展之中,人才资源不断丰富,西藏文化产业正在逐步走向科学发展、可持续发展之路。所以,制度和政策保障正是西藏文化产业发展的强大后盾。

第四,多元化的市场资本对西藏文化产业越来越关注,大量资本的涌入为西藏文化产业的发展注入了强大的活力。良好的民间资本在西藏文化产业领域的成功运作,不但为盘活民间资本开辟了新路径,增加了民办企业的利润,提升了市场竞争力,而且为西藏整个文化产业的发展带来了新鲜血液,多元-竞争-合作的工作模式必将激发出产业发展的内在动力,自我发展、自我突破的产业氛围被不断营造。这正是西藏文化产业发展的活力保障。

第三节 西藏文化产业发展策略的限制因素

一、地理气候条件的限制

高海拔的地理环境以及冬季高寒气候对西藏文化产业的发展有一定的消极影响。西藏地处青藏高原西南部,位于北纬26°50′至36°53′、东经78°25′至99°06′,平均海拔在4000米以上。随着海拔增高、气压降低,空气密度相应减小,空气中的氧气含量也逐渐递减,当海拔达到3000米时,氧气的含量相当于海平面的73%左右,4000米时为62%~65.4%,5000米时为59%左右,当海拔在6000米以上时,氧气则低于52%。海拔过高,氧气不足,就会导致人们产生不同程度的高原反应,严重者甚至危及生命。

位于"圣湖"玛旁雍错旁的HER乡是一处旅游点,许多到达"神山"冈仁波齐的游客偶尔在当地用餐或者住宿,但多数游客只是路过。

HER乡设有一处边防派出所,派出所在2005年成立了"爱民诊所",以成本价为当地群众和游客看病,至2016年年初,诊所共接诊各类病人3万人次,其中各类危重患者122人次。在这122人次当中,很大一部分是每年夏季到当地旅游或者路过的高原反应患者。

二、交通基础设施的限制

近年，西藏交通基础设施建设有了很大发展，比如空中交通、铁路交通和公路交通。

空中交通是西藏交通的重要组成部分，目前已经建有拉萨贡嘎机场、昌都邦达机场、林芝米林机场、阿里昆莎机场和日喀则和平机场。正在规划建设普兰机场，并扩建拉萨贡嘎机场。

铁路交通建设近年来也有了较大发展，2006年7月，青藏铁路正式开通，2014年8月，拉日铁路（拉萨—日喀则）正式运营。目前，正在规划连接南亚大陆的铁路建设。

公路主要有：青藏公路，全长1214千米，从青海西宁至西藏拉萨；新藏公路，全长2841千米，从新疆叶城到西藏拉萨；川藏公路，从四川成都至西藏拉萨，是中国最险峻的公路之一；滇藏公路，从云南下关至西藏芒康县；中尼公路，全长2415千米，从尼泊尔的加德满都，经樟木友谊桥，至中国西藏拉萨。

整体而言，西藏公路密度小，仅为全国平均水平的1/7，通达深度低；在国道及省道中仍有一些道路技术标准低，而且路面铺设少；由于特殊的气候环境导致公路的抗灾能力减弱，失养情况较为突出。民用航空港少，航线的覆盖面过窄，整体上飞往西藏的航线少，航班有限，导致到西藏的机票费用也比国内其他航班要高出许多。

这样的交通设施状况无法与西藏地域广袤的状况以及越来越强烈的交通需求相匹配，公路交通、铁路交通尚待进一步扩展，农牧区的交通和其他硬件设施亟待加强。这就造成一些文化产业的发展受到交通状况的抑制，如物流产业的发展受到抑制。由于交通基础设施的限制，相应地出现了较明显的区域交通发展之间的不平衡，并伴生较严重的交通服务不到位和不完善现象。

三、社会基层治理仍然存在不足

西藏的社会管理已经取得了长足的进展，社会安定有序，人民安居乐业；但不可否认在一些地区，尤其是牧区仍然存在社会管理不到位问题。

比如，偏远的农牧地区乡村一级的社会管理中，仍然存在基层行政管理不到位、基层干部综合素质低、管理制度不健全等问题；有些也存在制度挂墙，但无人执行的问题；仍然存在较多的环境问题，一些农牧民生活仍然十分贫困，"等、靠、要"思想比较严重；等等。因为农牧区群众是西藏文化产业发展的重要根基之一，所以，社会基层管理出现问题将极大地削弱西藏文化产业发展的策略执行力。

第四节 西藏文化产业发展策略的原则

一、不破坏生态资源与环境

第一,无论是自然生态资源还是人文生态资源,都是西藏文化产业发展的基石,没有这些资源,西藏文化产业的发展就无从谈起。因此,从某种意义上而言,西藏生态资源保护的环节也是文化产业最重要的组成部分,而且是最大的、影响最深远的文化产业。

第二,进一步而言,不破坏生态资源和环境,保护好自然生态资源与人文生态资源并不是说"不许动、不能动",并不是僵化地保护,而是要在科学保护、宣传、传承中进行适度开发和利用,做到在保护中传承和发展,在传承和发展中更有效地保护。最终目的是更好地保护和优化环境,并发挥经济效益和社会效益。

二、有利于西藏文化保护、传承与创新

西藏的各种优秀文化元素与西藏的各类自然生态资源、人文生态资源紧密相关、不可分割,其也是西藏文化产业发展的基础之一。因此,西藏任何文化产业的发展策略都不能破坏文化的保护、传承与创新,否则就成了"无源之水,无本之木"。

从本质上讲,推进西藏文化产业发展策略实施的过程同时也是推进西藏文化保护、传承与创新的过程,二者不能彼此孤立,更不能相互割裂,而应该是两个过程融于一体,实现最大经济效益与社会效益的有效结合,这也是文化产业发展内容的重要组成部分。

三、有利于西藏经济社会发展

西藏的稳定和经济社会的全面发展是西藏人民的最大福祉,没有稳定的社会环境和良好的经济社会发展,其他一切都是空中楼阁,丧失了存在的坚实根基。

因此,从根本上而言,西藏文化产业发展的落脚点也是促进西藏社会的进一步稳定和经济社会的进一步发展。这种稳定和发展是具备活力的,是受到广大西藏人民支持和由衷拥护的,而不是僵化的一时的稳定和发展。

四、有利于西藏精神文明建设

精神文明是一个国家和地区人民生活状况的重要指标,物质发达而精神堕落的所谓发展或者成就都经不起历史检验,文化产业的发展也就失去了其社会价值,丧失了可持续发展的动力。

因此,西藏文化产业发展的策略必须以社会主义核心价值体系为指导,与社会主义精神文明建设相适应。只有有利于社会主义精神文明建设的发展策略才具有可实施性和强大的生命力,任何有悖于社会主义精神文明建设的文化发展策略都是失败的,任何有悖于西藏整体发展需要和西藏人民整体利益的需求的策略都必然丧失可持续发展的基本保障。

第五节 西藏文化产业发展策略的有机构成与基础

一、合理的布局与整合

西藏文化产业的合理布局是产业发展的重要手段和策略,只有科学的、合理的布局,才能够充分发挥文化产业的特点,更有效地开拓市场,提升市场竞争力,实现可持续发展。

同样,西藏文化产业的整合是与科学、合理的布局相结合的,只有有效地整合资源,壮大规模,提高生产率,实现产业内和产业间的规模效应和集约效应,才能真正壮大和发展西藏整体文化产业。

另外,合理的布局和有效的整合并不是割裂的,而是系统性的和有机的,即要在布局中实现整合,在整合中科学布局,二者同时进行,并行不悖。只强调布局而否定或忽视整合,或者只注重整合而忽视特定条件制约下的布局特点都不是成功的发展策略,也为其可持续性埋下隐患。

二、安居乐业的社会秩序

西藏安居乐业的社会秩序是一切事业的基础,也是西藏文化产业发展的基础和前提,任何西藏文化产业发展策略的设计都必须以此为前提;同时,任何发展策略的实施也都必须围绕着有利于构建安定有序、安居乐业的社会秩序进行。最终实现以西藏文化产业的繁荣发展进一步巩固西藏安居乐业的社会秩序,以良好的社会秩序保证和推进安居乐业的社会氛围的良性局面。

三、政府职能部门的积极作为

西藏文化产业的发展需要政府职能部门的积极作为,没有政府的支持和引导,文化产业将失去发展的基础和动力,甚至失去发展的基本保障。在相关职能部门的积极作为下,吸引社会资本参与西藏文化产业发展和建设是不能缺少的重要环节,也是必由之路。在其中,职能部门的作用主要是:文化产业发展策略中的重大项目,其关系全局的环节要由相关职能部门主持完成,职能部门是第一责任人;在政策的制定、方向的引导、秩序的规范方面,职能部门是直接责任人,对市场化的行为起监管作用。

第六节　西藏文化产业发展策略的评价

对西藏文化产业发展策略的评价是在发展的原则之下考量实际产出的一种方式,也就是说,考量发展策略的实际效果如何,从哪些方面去分析和检验。在实际操作中,这是一个复杂的问题,其本身既有外在表现,比如企业盈利能力增加、产品市场占有率提高等,也有内在逻辑,比如规模效率提升、可持续发展能力增加等。总体而言,我们应把握以下四个主要方面:

第一,要明确发展策略对再分配产生的影响。发展策略主要以政策为主导,形成相应的政策体系,并且需要产业内企业积极参与,主动探索,通过调整资源配置来实现优化效益,因此,实际上我们所提到的发展策略也是一种直接影响再分配的策略。但是如何评价其对再分配产生的影响,我们不能拿经济学的一般观点或理论去套用,而应该关注所有制问题。在以公有制为主体的多种所有制经济形式并存的情况下,我们的目的是共同富裕,因此,应该关注西藏整体的经济效益与社会效益是否得到提升,而不是产业中的一个或几个企业效益的问题。

第二,发展策略的合理性评价应主要集中于三个方面:目标的实现程度、方式的合理性以及效果检验。目标的实现程度指的是推行某种文化产业发展策略时设定的目标是否得到有效实现。当然,产业目标有多种,比如有短期目标、中期目标和长期目标,也有盈利水平的阶段性目标,还有局部目标、整体目标,等等。实现了目标,表明策略是有效的,但同时,目标的设定是否合理也是检测发展策略的重要方面,二者不可偏废。方式的合理性指的是发展策略实施中的手段是否合理、合适。一般而言,推行发展策略多会运用政府调控措施,这时就需要注意这种调控与市场机制运行之间的关系,要尊重市场规律,形成调控与市场的补益,而不能有所偏废。效果检验指的是发展策略的推行后果的检验,通过检验来评价策略的合理性,其中涉及发展策略的理论依据的适用性、目标确定的合理性、保障措施的可行性诸多方面,也是对发展策略制定与执行的外部环境、条件、群众基础的检验,这是发展策略评价的最重要检测和评价。

第三,要关注成本与收益问题。文化产业的发展策略有时会损害到政府或企业的既有利益,在推行策略的过程中会付出一定的成本。企业是产业发展的单元,发展策略在推行过程中应关注每个企业的现状与需求,但对产业整体而言,这一点显然无法实现,因此,可能会损害到一些企业的利益,使其付出一定的成本,比如,出现原材料供应紧张、缴纳更多的交易费用、自主权减少、付出更高的技术或管理成本,甚至损害口碑、信誉,等等。作为管理、调控部门的政府可能涉及如下内容:基层政府权力缩减,失去一部分财权、事权;工作量增加,工作难度加大;等等。

当然,成本也伴随着收益,而且这正是文化产业发展策略的最重要目标。这种目标一般指向产业,也指向产业单元的企业;同时,在全局上指向国家和地区经济社会的全面进步。对企业而言,其收益包括:直接提升市场竞争力、直接获得更多收益、获得更为优越的外部发展条件、获得更大的内部发展动力、提升企业或自有品牌的知名度,等等。对政府而言,其收益包括:区域产业的发展提升了政府形象、管理权限增加、财政拨款增加,获得更多的上级嘉奖,获得更大的群众信任和支持,等等。

第十四章 微观视角的解析：西藏文化产业发展策略的核心构成与运行方式

从文化产业的构成要素，尤其是可持续发展的影响因素而言，解析西藏的特色文化产业发展策略的核心构成与运行方式必须认真研究产业的微观视角，当然，微观视角的研究与宏观视角的研究绝不是割裂的，而是相互结合，形成一个有机体。这种一体化的关系直接决定了西藏文化产业的可持续发展能力以及在市场中竞争力的大小。

第一节 产业有机度及联通景观视角

一、合理规划交通

合理的和方便的交通是西藏文化产业发展的基础条件之一，推进西藏文化产业发展必须建立在合理便捷的交通网络之上。公路、铁路以及空中交通网络相当于西藏文化产业的脉搏。

合理规划交通，要结合西藏不同地域的地理环境特点、产业布局和整合的总体规划进行。一方面，要根据西藏产业的布局以及整合需要进行交通规划，比如，文化产业带的布局直接影响公路、铁路的规划设计，"一带一路"倡议合作框架则需要西藏公路、铁路和航空建设以建成"南亚大通道"标准来进行规划建设。另一方面，要根据区域之间的城市发展规划进行交通规划，把一个城市点的交通建设与另一个城市点的交通建设相结合、匹配，把交通纽带设计作为产业布局和整合策略中的一个重要元素进行考虑，突出带状发展需求的满足。同时，要注重单元区之内的交通规划，以合理、科学的交通网络充分调动区域内文化产业的发展。比如，拉萨市作为西藏自治区的首府，有着众多的文化产业，形成了一定的文化产业集聚模型，这就需要在交通上做好保障，最大限度地调动集聚模型效用的发挥。

过去，拉萨市在交通建设中遇到了一定的瓶颈，即随着"东延西扩"跨河发展模式的形成，拉萨市区出现了"东西拥挤、南北不畅"的现象，不但影响了城市的形象，而且阻碍了西藏文化产业的发展，限制了集聚效应最大限度地发挥。因此，推进拉萨市的环城路建设，不但可以彻底解决拉萨市没有返程路的历史，而且可以进一步完善城市交通空间布局，从而构建合理高效的城市道路系统，加强人口分流，尤其是可以带动东嘎新区、柳梧新区、夺底乡、娘热乡等周边地区文化产业的蓬勃发展。

二、构建并优化交通景观

要结合特定区域的地理环境、人文环境、产业状况以及发展规划进行科学规划，在尽量减少工程量的前提下，达到最佳的视觉效果和环境效果，实现社会、经济、人文的和谐相融。

要根据实际情况，尽量做到每条道路都有所区别；同时，任何一条道路都要视作一个整体，科学规划道路两旁的建筑、景观、色彩、绿化等方面，避免成为片段的堆砌或者拼凑，充分发挥交通景观对特色文化产业的宣传效果，并努力在其中体现出某类文化产业的特色，突出生态资源的特色和提升文化产业带来的人文之美。

要突出快速路规划的科学制定，避免快速路与周围环境产生冲突，尤其是在路的限行高度、宽度以及周围景观的布局方面要综合考量。另外，还需要考虑到高速路形式单一、交叉路口少、容易形成视觉疲劳的情况，因此，要注意景观、建筑设计的协调性，尤其要突出标志性建筑的重要性，在除去枯燥感的同时产生一定的兴奋点和小节奏感。还要重视公路两旁的辅助性基础设施，比如标志性广告牌以及照明设施、信息显示牌、护栏等，这些辅助性基础设施除了是公路交通功能充分发挥的重要保证之外，其本身还是交通景观的重要组成部分。

在城市中，交通型为主的道路除了要保证人流、物流的运输畅通之外，还要考虑到舒适性、安全性、可识别性和可观赏性等要求。除此之外，还要在道路两旁间隔适当的距离设置作业垃圾桶、公交车停靠站、出租车停靠站等设施。

在绿化景观设计上，要注重草坪、花坛、绿篱等的间隔以及节奏变化，同时要考虑季节变化对绿化景观产生的影响。设计的基本原则是不能对行车或者行人产生视觉上的障碍，在保证绿化交通环境的同时，突出视觉上的舒适感、层次感和节奏感。

以生活为主的道路主要指的是商业街、居民居住区街道以及行政办公区街道等。这样的街道一般人流量大，车辆种类繁多。在设计过程中，要注重场所感的营造，增强人们的归属感，要注意利用曲折婉转的形式来设计街道，同时注意适宜的空间绿化，发挥装饰功能。广告的设计与运用要适当，不能过大，不能影响建筑的体量以及城市景观风格。艺术品的运用要强调风格、人文性、体量和易亲近性。

第二节 产业利益链条的有机视角

旅游产业链指的是旅游者从客源地到目的地、再回到客源地的空间转移及活动过程中,旅游产业及相关产业各部门之间以旅游者活动为纽带,为其提供旅游产品,并基于一定的技术、经济关联,依据特定的逻辑关系和时空布局关系,客观形成的链条式关联关系形态。其涉及价值链、企业链、供需链和空间链四个维度。可主要分为三种类型:基于旅游者需求的、基于旅游产品供应的和基于空间移动范围内旅游产品供应的旅游产业链。①

一、实现生态资源与文化产业的相互推进与优化

要以生态资源为基础和前提条件发展西藏文化产业,杜绝任何不顾西藏生态资源现状以及可持续发展需求,或者直接、间接破坏生态资源的产业。

特色文化产业的可持续发展是西藏生态资源保护和优化的目标之一,只有实现西藏特色文化产业的可持续发展,才能不断提高西藏的经济社会发展水平,提高所有人的生活水平,这是西藏人民的巨大福祉。

第一,在政策导向上要同步推进西藏生态资源的保护与西藏文化产业的发展,在政策制定的过程中要明确二者的地位和有机关系,把好政策导向,充分发挥政策导向以及舆论的影响力。

第二,在文化产业项目规划上,要做到科学规划和长远规划有机结合。必须首先进行必要的生态资源环境评价,有利于生态资源保护的可以开发,有违这一原则的,坚决制止;要引入规范的、科学的文化产业项目评估机制,明确责任,责任到人,落实问题追究机制。

第三,重点扶持和推进与生态资源保护和优化有关的文化产业,重中选优,充分发挥示范和引领作用。

第四,充分调动农牧民的积极性,利用优质的生态资源开展相关的文化产业;同时,让他们深刻认识到生态资源就是宝,积极培养他们良好的生态资源保护和优化的意识以及开展和参与文化产业的意识。

---

① 参见邵琪伟《中国旅游大辞典》,上海辞书出版社2012年版,第281页。

二、形成产业间有机的产业利益链条

根据西藏文化产业的布局以及整合现状,要加大各个文化产业之间的沟通和联系,实现信息互通、产品互通、服务互通,实现文化产业的共同发展,推进多赢目标的实现。

第一,信息互通。不同文化产业之间的信息互通是产业间利益链条的基础,要构建产业间信息互通新模式,充分发挥产业协会的核心作用,加强不同协会之间的沟通协调,实现信息互通,资源共享。

第二,产品互通。一方面,不同产业中的产品可以相互融合进行展示、销售;另一方面,加大不同产业之间混合产品的开发力度,推进产业融合的产品开发。

第三,服务互通。服务是文化产业发展的活力之一,西藏文化产业发展最重要的一个环节就是提升服务质量,在提升本产业内服务质量的同时,还要加大不同文化产业之间服务的交流和沟通,推广先进经验,总结不足,推广"链条式无障碍"服务模式。

三、形成产业内有机的产业利益链条

产业链是产业经济学中的概念,指的是各个产业部门之间基于一定的技术、经济关联,又是具备某种内在联系的企业群结构,一般具备结构属性和价值属性。同时,产业链从维度上是一个包含价值链、企业链、供需链和空间链四维度的概念。这四个维度在相互对接的均衡过程中形成了产业链,这种"对接机制"是产业链形成的内模式,作为一种客观规律,它像一只"无形之手"调控着产业链的形成。

产业链中大量存在着上下游关系和相互价值的交换,上游环节向下游环节输送产品或服务,下游环节向上游环节反馈信息。基于上下游关系存在的延伸产业链,指的是将一条既已存在的产业链尽可能地向上下游拓展延伸。产业链向上游延伸一般进入基础产业环节和技术研发环节,向下游拓展则进入市场拓展环节。

因此,任何一个文化产业的产业链都必须考虑每一个环节的利益构成,保证产业链条的有机性和可持续性。

第一,要保证文化产业链条最底层的合理利益收入,这是文化产业发展的基础和前提。

第二,要保证商业流通环节利益链条的健全和公平,保证流通环节利润的合理空间,不能太高,也不能太低。

第三,保证最终的零售环节、销售环节中利润的合理空间。

第三节 产业从业者视角

一、构成的多元化

在社会科学中,"多元"一词指的是在一个文明共同体或共同社会的框架下,不同的种族、民族、宗教或者社会群体等的构成状态。"多元"是现代社会的重要特征之一,也是现代社会发展的重要推动力量,是科学、经济、社会发展的重要动力。在多元社会中,不同的构成部分之间应该相互尊重、包容,共同发展。

在一个产业中,从业者的"多元构成"指的是从业者并非来自单一的群体,而是来自不同的地区或者不同的民族,或者信仰不同的宗教,有着不同的年龄层次、不同的文化背景。其本质内涵是建立在社会科学视野中的"多元"概念的,强调相互尊重、包容与共同发展。

产业中的从业者也可以称为"劳动力资源",或者"人力资源",指的是在劳动年龄范围内,有劳动能力的人口,包括已参加劳动,或者可能参加劳动的人。根据我国现行劳动就业制度,具备劳动能力的18岁到60岁的男性及具备劳动能力的18岁到55岁的女性都列为劳动力资源。

文化产业是第三产业最重要的构成。我们根据西藏目前从业人员的构成来看一下文化产业从业人员的现状,详见表14-1。

表14-1 西藏三次产业从业人员情况①

年份/年	从业人员/万人				构成/%		
	合计	第一产业	第二产业	第三产业	第一产业	第二产业	第三产业
2009	169.07	92.17	18.18	58.72	54.5	10.8	34.7
2010	173.39	92.96	18.85	61.58	53.6	10.9	35.5
2011	185.55	93.41	22.57	69.57	50.3	12.2	37.5
2012	202.06	93.60	27.10	81.36	46.3	13.4	40.3
2013	205.54	92.82	28.92	83.80	45.1	14.1	40.8
2014	213.68	93.38	31.44	88.86	43.7	14.7	41.6

---

① 数据来源:根据多吉战都《西藏统计年鉴2015》(中国统计出版社2015年版)整理得出。

西藏人口不多，截至 2014 年年底，西藏共有人口 317.55 万，其中，男性 160.99 万、女性 156.56 万。2014 年年底，共有 213.68 万人从事三次产业，其中，从事第一产业的人口 93.38 万，占 43.7%；从事第三产业的人口 88.86 万，占 41.46%。整体而言，从事第三产业的人员数量仍略低于从事第一产业人员数。当然，如果纵向比较的话，西藏第三产业的从业人员呈逐年上升的态势，所占比重也是呈上升趋势的。因此，无论是从发展需求还是整体发展趋势而言，都要最大化地使相关群体参与到文化产业之中，尤其是充分利用劳动力资源，使各阶层、各群体，尤其是社会基层群体从中受益，这是推进社会经济发展，提升人民生活水平，实现共同富裕的必然要求。

同时，积极吸收其他省份和地区的从业者，通过从业者的流动，既可以加大与全国其他地区的人口流动和经济社会往来，也可以为西藏文化产业注入活力，带来新的理念和经营方式，有助于实现西藏文化产业的可持续发展。而且积极吸引内地高层次、高水平管理技术人才进入产业，是西藏文化产业发展的巨大动力，也是必然选择。

二、提升从业者综合素质

"素质"一般指的是一个人在社会生活中体现出来的思想、行为等，一般包括文化水平的高低、身体的健康程度、受遗传影响的惯性思维能力、对事物的洞察能力和管理能力以及智商、情商的高低，也包括职业道德、职业纪律等的综合表现。

总体而言，素质可以分为三大类，即自然素质、心理素质和社会素质。综合素质又可具体分为政治素质、思想素质、道德素质、业务素质、审美素质、劳技素质、身体素质、心理素质等。当然，素质也有其他分类方法，比如也可分为社会素质和专业素质等。

人的素质是在遗传生理的基础上形成的，也就是在遗传因素与环境、教育相结合的过程中形成并逐渐稳定的。因此，环境和教育因素可以影响人的素质，营造适当的环境、提高教育质量和提升培训质量可以提升从业者的综合素质。

高素质的从业者是西藏任何文化产业发展的必要前提和基础，是文化产业在市场经济中发展壮大的必然要求。提升西藏文化产业中的从业者素质，应主要考虑以下四个方面：

第一，要提升从业者的科学文化素质，尤其是对来自农牧区的从业者要加大培训力度，以科学知识武装他们的头脑。

第二，要提升从业者的综合人文素质，包括政治素质、对西藏文化的审美素质以及心理素质。实现方法可采用以培训为主，以参观学习、交流学习为辅的形式。

第三，要提升从业者的专业素质。加大文化产业知识的培训，使从业人员能够深入了解文化产业的相关知识，成为文化产业中的一部分和一道亮丽风景。比如，西藏的民族服饰文化产业从业人员既是民族服饰的生产者,也是民族服饰文化的展示者。

第四,提升从业者的职业道德,强化职业纪律。职业道德是指从事一定职业的人在进行职业活动时,应该遵循的具有本职业特征的道德准则和规范的总和。职业纪律是从事职业活动所必须遵守的行为规则,从组织制度上约束人们的思想行为,以保证正常的生产、工作和学习秩序,从而维持社会生产活动的正常进行。职业纪律是在社会生产活动中形成的,同时它又随着职业活动领域的扩大、深入而不断变化发展,并不断完善。在现代化生产管理中,职业纪律尤为重要。职业纪律的显著特点是具有一定的强制性。职业纪律和职业道德同属于职业行为规范的范畴,但职业道德是依靠社会舆论、良心、传统习惯和教育力量来维持职业活动的正常进行,而职业纪律则是依靠规章制度等组织手段来维持职业秩序,两者目的一致而手段各异。①

在西藏文化产业市场中,还存在着一些制假售假和欺诈顾客现象,严重影响了文化产业市场的信誉和秩序。全面提升从业者的职业道德,进一步强化职业纪律成为西藏文化产业良性、健康发展的必然要求。

三、充分吸收当地居民参与

积极吸收文化产业核心地带及辐射的周边地区的居民参与其中,既是文化产业从业者多元化的要求,也是推动当地经济发展,改变农牧民"等、靠、要"的思想观念的重要举措。

文化产业核心区域的当地居民是产业发展的重要支撑和保证。目前,一些农牧区的社会管理不到位,基层社会文化发展状况还有待于进一步改善和加强。吸收当地居民参与到文化产业建设当中,一方面,可以给农牧民提供更好的就业机会,实现增收致富,提高经济生活水平;另一方面,通过参与文化产业,可以有效开拓他们的视野,增长见识,提升市场意识,从而营造有利于文化产业发展的基层环境。

在充分吸纳当地农牧民参与文化产业建设的同时,还要引入科学的管理,相关管理部门要进行专业的指导,积极调动农牧民的积极性和能动性。现在,西藏一些农牧区的村级合作社组织在不断成长,成为最基层的文化产业的重要组成部分。但一些合作组织在管理的科学性、人员的专业性、市场的开拓能力、盈利增收能力等方面还存在着诸多问题,导致可持续发展能力差,有的合作组织甚至很快倒闭,大大削弱了当地农牧民参与的积极性。因此,文化产业自身的发展能力直接决定着当地居民的参与程度,这就需要相关管理部门积极作为,为基层的农牧民合作组织的生存与发展做好指导、搞好统筹,并通过多种方式做好智力支持,让农牧民在这些合作组织中切实得到好处,享受到实惠。

---

① 参见车文博《心理咨询大百科全书》,浙江科学技术出版社2001年版,第554页。

第四节 产业营销策略视角

一、产业营销的基本要求：产品来源与质量保证

产品是产业的核心支撑，同时，产品又是"过程的结果"。产品一般可以分为四大类型：服务产品、软件产品、硬件产品、流程性材料。产品的质量可分为三大衡量范畴，第一种指的是符合现行标准的程度，第二种指的是适合顾客需要的程度，第三种指的是一组固有的特性满足需要的程度。

另外，产品质量还有广义和狭义之分。广义的产品质量指关于产品四大类型的服务，狭义的产品质量指产品成品的质量，比如衣服、鞋子、水杯、电视机等的质量。

从广义而言，产品质量不仅包括实物产品的质量，还包括诸多无形产品的质量，尤其是某一产业的服务质量。以此而言，关注产品来源和质量，就必须以多维视角关注产品的社会元素，比如产品所具有的经济元素、技术元素等。

产品的质量是通过产品本身所具有的各种特征和特性表现出来的，而这些特征和特性就是产品质量的内涵所在，因此，不同产品具有的不同特征或者特性展现出该产品的质量特征和特性，是产品满足顾客或者其他相关要求的重要指标。

需要注意的是，对产品质量的要求是随着时间变化而变化的，与社会生产力与科学技术的进步有着密切的关系，因此，随着社会的进步和顾客对消费品质量要求的不断提高，产品的质量应逐步完善。

西藏文化产业的基础是文化产品和服务，只有保证了产业的产品质量和服务质量，才能够使产业可持续发展。要保障产品的来源可靠，拥有上乘的质量，坚决杜绝假冒伪劣产品和质量不达标的产品进入流通和销售市场。

西藏文化产品来源和质量保证的影响因素或注意的方面主要涉及四个方面：①实物方面，如物理性能、化学成分等；②操作运行方面，如操作是否方便，运转是否可靠、安全等；③时间方面，如耐用性（使用寿命）、精度保持性、可靠性等；④外观方面，如外形是否美观大方、包装质量是否好等。

具体的指标要求主要包括使用性能、安全性、可用性、可靠性、可维修性、经济性和环境相容等几个方面。

二、文化的认知形象塑造与传播

形象是指客体行为的外在表现在主体意识中产生的印象的总和。它是主体多次心理反应的结果，具有很强的主观性。就此意义而言，形象是可塑的。组织形象塑造就

是利用有效的传播、沟通手段，使组织在公众心目中树立起良好形象，为公众所认同。这是公共关系工作的主要职能，公共关系活动就是"塑造组织形象的艺术"。

文化的认知形象塑造与传播指的是通过视觉设计感知、设计整体以及体验设计等，运用整体的传达沟通系统，向消费者和用户展示该文化，传递文化的内容、理念以及与之相关的产业，从而凸显出文化的特色，扩大文化的影响力，提升社会大众对文化的认同感和价值认同感，这实际上是一种营销的战略活动。

可以说，文化的认知形象塑造与传播是一种重要的无形资产，可以树立和传播一种文化的形象，提升大众对该文化的认可，也是文化产业提升市场竞争力的重要战略。

西藏有着突出的自然景观和人文景观特色，这些特色文化是西藏文化产业的核心要素与重要依托，因此，要加大对西藏文化的形象塑造，并加大对外传播力度，使其作用进一步得到发挥。西藏文化的形象塑造与传播对西藏文化产业的作用可以体现在以下七个方面：

第一，有利于提升西藏文化的知名度和影响力。

第二，有利于提升相应文化产品的知名度，增强市场竞争力。

第三，有利于提升西藏文化产业的整体竞争力，为产业内的积极元素提供更好的平台。

第四，有利于提升西藏文化企业，甚至文化产业链上的每一个单位细胞的凝聚力和自豪感，激励员工士气。

第五，有利于扩大企业的影响及塑造良好的企业形象，从而吸引更多的人才，增强企业发展的软实力。

第六，有利于提升产业和企业的信誉，增强银行贷款和投资者的信心。

第七，有利于产业内企业单位之间加强团结合作，建立更好的互信互助的合作关系。

加强西藏文化的认知形象塑造与传播的方式主要涉及以下四个方面：

第一，加强文化的内容塑造与传播，这是西藏文化形象塑造与传播的基础。西藏有众多的有着独特魅力的传统文化，但是要注意对内容进行分辨，不能眉毛胡子一把抓，更不能优劣不分；同时，对优秀传统文化在保护、传承的基础上也要进行现时代的创新，以社会主义核心价值观为指导，加强文化内容的建设，使其在新时代下焕发出新生机。

第二，加强文化的物质形式塑造与传播，这是西藏文化形象塑造与传播的外在依托之一。其内容主要包括产品的品质、外观、包装以及相关的办公设施设备、环境、标示等。其中，产品质量是核心，是西藏文化物质形式塑造与传播的根本点。

第三，加强文化的社会形式塑造与传播，这是西藏文化形象塑造与传播的重要软件。其内容主要包括文化企业的职工队伍和人才状况、技术力量、社会效益和经济效益、工作效率、公共关系、管理水平等方面。其中，提升产业中从业人员的素质是最重要的环节。

第四，加强文化的精神形式塑造与传播，这是西藏文化形象塑造与传播的重要动力。其内容主要包括产业发展的诸多理念，尤其是企业的发展理念、企业文化、道德水准等。西藏文化精神形式的塑造与传播并不是终点，而是进一步转化为产品形象、企业形象、员工形象、企业家形象、公共关系形象、社会形象等为社会大众更为直接的认知形象，对文化产业的发展产生积极的推进作用。

三、文化产品营销平台建设

在西藏文化产业发展中，营销平台发挥着重要的作用。营销有多种形式，比如个人营销、团队营销、一次性销售服务、终身服务、业务流程式营销、大客户营销等。无论使用哪种营销形式，都必须注重营销平台的建设和作用的充分发挥。营销平台指的是开展销售、推广和宣传的各类机构和媒介，我们现代生活中使用最多的而且最重要的营销平台就是网络平台。

西藏文化产业发展需要大力发展文化产品的营销平台建设，注重文化产业带中营销平台的综合布局，加大在拉萨等城市的综合营销平台建设，比如建设专门的文化产业特色商场等；同时，大力发展网络营销平台，打造大规模、集约型的品牌性网络营销平台。

网络营销（on-line marketing 或 e-marketing）指的是以国际互联网络为基础，利用数字化信息和网络媒体的交互性来辅助营销目标实现的一种新型市场营销方式。

网络营销平台具备许多优势。随着互联网技术的不断发展和成熟，与其他营销平台相比，其成本非常低廉，在这种低廉的成本优势基础上，互联网已经成为把产业－企业－团体－个人跨时空联系到一起的"万能胶"：以最小的成本、最快捷的方式在文化产品与消费者之间架起了一座桥梁。建设西藏文化产业网络营销平台，推进网络营销应注重以下五个方面：

第一，要加大网络营销平台建设与推广的整体规划，做好前期准备工作，特别要多视角对受众、市场现状、竞争程度等方面进行分析，对相关品牌与产品的现状与开发程度进行分析，制订科学的运营方式和步骤，并进行科学的投入和产出预期分析。

第二，制作相应的营销网站，根据产业特色设计网站结构、视觉风格以及相应的栏目、页面布局和功能等。

第三，要做好文化产业传播内容的策划，比如品牌形象策划、产品销售策划、文案策划、新闻内容策划以及各种广告策划等，要与营销网站有机结合，突出特点和重点。

第四，进一步合理整合传播途径，利用网络营销平台，推广微信营销、博客营销、微博营销、口碑营销、视频公关活动等。

第五，加强数据监控，利用大数据技术，对相关的数据进行监控和分析，比如网站访问量统计、访问人群数量分析、咨询统计分析等。

在西藏文化产业平台建设中，尤其要突出旅游（餐饮）网络营销平台的建设。

旅游（餐饮）网络营销指的是旅游（餐饮）产业或者企业通过计算机网络对与旅游（餐饮）相关的产品、服务和活动等在网络上进行销售的营销模式。通过网络平台的营销，可以实现跨空间销售，既方便又快捷，而且可以实现营销的规模效应。

旅游（餐饮）网络营销主要有两种形式。一是旅游（餐饮）企业直接提供网络营销平台。这样，该企业就可以直接在自有网站上宣传企业形象，向市场发布企业自身的相关信息、相关营销活动，以及进行会员管理和预定、咨询等各类活动，等等。消费者可以直接通过网络平台实现多种旅游（餐饮）项目预定，并可以完成与企业的直接互动，实现在线的意见反馈，并进行点评。二是旅游（餐饮）第三方提供网络营销平台。这种平台一般是专门的计算机网络公司为旅游（餐饮）业营销打造的平台，是市场细分和计算机网络发展的产物。第三方网络营销平台可以为旅游（餐饮）企业提供多种服务，同时也能够提供相关旅游（餐饮）网页的链接服务，通过链接，消费者可以进入旅游（餐饮）企业网站。旅游（餐饮）第三方网络营销平台在消费者和旅游（餐饮）企业之间架起了一座桥梁，是旅游文化产品营销的巨大平台。

四、合理运用地域性有机营销策略

西藏的文化产业一般都具有一定的地域性，地域特色明显。另外，在分散布局和集聚布局中，也存在着一定的文化产业地域关联性，可以构建出地域产业带。要充分利用地域的特色以及交联性实现扩大宣传影响，实现有机性营销，比如，依据地域性的特色生态资源进行文化产业不同版块、不同内容的宣传与推广，并在宣传与推广中进行相关产品的营销整合，既强调个性特色，又突出整体吸引力。

西藏文化产业的地域性有机营销策略在微观上应主要考虑以下五个方面：

第一，营销所针对的传播对象，这是地域性有机营销设计的前提之一。只有科学地确定传播对象，才能精确地确定目标消费者，比如目标传播对象的年龄、性别、民族、文化、社会地位、经济收入、居住区域、数量、接触的媒体、接触媒体的习惯与方式等，这些信息都应该在营销传播分析中清晰地掌握和定位，这样就可以有的放矢地选择策略所使用的媒介。

第二，营销和推广的内容，这是地域性有机营销设计的核心之一。以茶叶产业相关产品的地域性有机营销为例，要考虑推广的是茶叶中的主要物质型产品还是服务型产品，甚至是特定的企业，内容不同，选择的媒体也应该有所区别。要根据产业内的细化和相关产品的特点选择主要媒介，也要注重其中的区别。比如，生产资料、贸易货栈、房地产、服装业等常选择报纸做广告；出版物、工艺品、饮料及室内设施常选择杂志做广告；农业、畜牧业用品多选择广播做广告；化妆品、食品、家用电器、卫生用品常选择电视做广告；企业形象信息、观念性信息等常选用报纸、电视、交通、户外广告等媒介做广告。同时，由于网络越来越成为人们日常生活中不可缺少的信息媒介，因而，任何推广和营销的内容都可以使用网络媒体。

第三，宣传和推广媒介的特性，这是地域性有机营销效果的重要影响因素。宣传和推广媒介的特性一般指的是选择的媒体的发行数量、发行范围、视听率、各自的特性、费用的多少、媒体的质量和声誉等。比如，中央电视台覆盖面广，收视率高，播出质量好，声誉也高，但广告费用很昂贵；网络媒体方便快捷，而且影响面也很广，费用根据所选网络媒体的不同有一定的差别，但总体较为低廉。

第四，宣传媒介的传播信息构成，这也是地域性有机营销效果的重要影响因素。要根据信息的不同构成形式而选择相应的媒介，比如，信息是文字性还是图片性，抑或是图文并重的，有无特别的质感、色彩、形状显示，以及有无情节、情感贯穿，等等。当然，网络信息传播更直接、更迅捷，而且信息构成具备多样化，可以满足多种信息传播需求。

第五，还要考虑到营销费用，这是地域性有机营销选择的重要依据。根据营销费用的情况选择营销的方式、时间以及适当的媒体，把营销内容科学地安排在媒介的不同位置、不同版面，包括不同时间和空间的结合。

第五节　对消费者呵护的视角

一、对产品质量的保证

产品质量指的是产品能够满足生产、生活需要所具备的自然属性或特性。一般而言，不同的产品有不同的质量特性和不同的使用价值，能满足不同的需要。

好的产品质量是对消费者最大的呵护，也是给消费者带来最大消费满足感的关键因素之一。消费者消费西藏文化产业的相关产品就是要从中获得产品的使用价值，而产品的使用价值指的是物品的有用性，即能满足人们的某种需要的属性，如粮食可以充饥、衣服可以御寒等。一件物品要成为商品首先必须具有使用价值，因此，通过使用价值的实现带给消费者的获得感与满足感就是消费者在产业消费中受到了呵护的最主要评价指标。

同时，产品质量直接关系着其使用价值的大小和实现程度，产品质量高，使用价值就越大，对消费者的有用性实现程度也越大；相反，产品质量差，对消费者而言使用价值就越小，对消费者的价值实现程度也越小，削弱消费获得感和满足感，甚至给消费者带来负面情绪，侵蚀消费者对产业和产品的信心。

二、产生足够的消费乐趣

消费乐趣指的是通过消费而获得的满意感、获得感、愉悦感等心理的积极导向与状态,消费者从中得到快乐和存在感。一般而言,消费乐趣的获得主要来自以下三个方面:

第一,产品的实用性带来的乐趣,也就是说,某类消费品在使用过程中满足了消费者的某种需求,从而使消费者产生了快乐和存在感。

第二,特定的"消费行为"过程带来的心理安慰,即消费者由于获得了某类消费而满足了心理需要,获得了心理上的安慰感和快乐。

第三,无论是通过消费品实体还是通过消费行为过程,消费者都提升了存在感,加强了自我肯定。这是一种更深层次的消费乐趣。

因此,从满足消费者的消费需求,带来消费乐趣的角度而言,西藏文化产业的发展必须重视提升产品的质量,因为产品质量是消费乐趣产生的根本,可满足消费者的消费需求。另外,还要提升服务质量,使消费者在消费过程中体会到强烈的收获感和存在感,增加消费乐趣,因为服务质量也是广义的产品质量的组成部分,是消费乐趣的主要依托之一。

三、产生足够的消费吸引力

消费吸引指的是通过各类媒介吸引消费者和潜在消费者进行消费的动力,也指通过向消费者提供相应的文化产品、服务等的实现使消费者产生消费冲动的过程。

消费吸引力的产生除了与消费品的消费特征和提供的相应服务紧密相关外,还与消费者的消费心理有着密切的关系。消费心理即消费者的消费心理需要,它受地理、气候、民族、文化、宗教、传统习俗等众多因素的影响,具有变化性、多样性等特点。一般而言,消费心理主要有四种:从众、求异、攀比和求实。

从众指的是效仿其他人而产生消费行为。求异指的是标新立异,突出自己的与众不同。攀比指的是与别人进行对比,从而进行选择。求实是一种根据自身需求,综合多种影响因素而进行的消费选择。

在消费心理的作用下,消费者选择和消费商品的过程一般要经过七个阶段,即产生需要、形成动机、搜集商品信息、做好购买准备、选择商品、使用商品、对商品使用进行评价和反馈。

基于以上分析可以发现,西藏文化产业产品与服务消费吸引力的产生和提升要从以下三个方面进行:一是要提升自身的市场竞争力,其主要落脚点就是提升产品的质量和服务的质量;二是要抓住主要消费群体的消费心理,由于消费心理受到消费环境、消费引导以及其他相关因素的影响,因此,应加大对消费氛围的营造,制定相应的营销策略；三是要注重消费者对商品选择和消费的阶段性特征，根据不同阶段制定相应的策略，从而巩固原有消费群体，拓展新的消费受众。

四、不断吸引潜在消费者和消费需求

潜在消费者指的是还没有大规模成为某类消费品的消费者，但是具备成为此类消费品受众的诸多特征，在条件具备的情况下可以转化为这类消费品的受众。他们是潜在消费市场的重要组成部分之一。潜在消费者又是潜在消费需求的最主要承担者。

消费需求可分为潜在消费需求和现实消费需求。潜在消费需求指在未形成分配以前就具有的需求，是生产发展水平引起的消费欲望。现实消费需求是实行分配之后形成的需求，表现为有支付能力的购买行为。

一般而言，人们的潜在消费需求大于现实消费需求，其转化程度主要取决于人们的收入水平。潜在消费需求是社会生产发展的原动力，而现实消费需求是社会购买力的表征。

在消费水平一定的条件下，人口数量的增减、人口质量的差异、人口构成的不同以及人们消费习惯和价值观念的不同都会引起现实消费需求量及消费构成的变化，而现实消费需求及其构成的变化又会影响人口的再生产。一般来说，年轻夫妇为追求新型消费品和更高的消费水平而降低多子女的需求；文化水平高的知识分子家庭由于同其他家庭在消费构成上的差异，培养子女的费用较高，也会产生提高子女质量而减少子女数量的要求；相反，消费需求较低，抚养子女费用较少的家庭，则会产生多子女的要求，从而影响整个社会人口再生产过程。

人口的变动具有一定的规律，总体而言，一定时期一定区域内的人口保持相对稳定。对更大范围的人口变动而言，人口数量同样不会出现大起大落现象，而且根据家庭生命周期和人口的生命演变规律，任何的变动都是长期的过程。因此，人口的变动在短期内对消费的现实需求影响并不显著，但在长期内则会产生深远的影响。

总体而言，应该看到，随着经济社会的发展，人们的潜在需求必将越来越旺盛，开拓潜在的消费者，满足人们潜在的消费需求，是现代商业发展的必然趋势和要求。

美国BBDO广告公司著名的"四点法"指的是处理国际广告的要求、方法和标准。所谓"四点法"包括：认清自己的主要潜在顾客、认清自己的潜在顾客的问题、认清自己的商品、突破烦恼的障碍。前两点针对的就是潜在消费者和潜在消费。BBDO公司认为，透彻了解潜在消费市场情况是开展一切工作的前提。

对潜在消费市场的研究通常包括人口分布、消费态度、消费行为、生活方式以及购买形态等方面。BBDO公司特别创制了一套研究程序，即"问题探究系统"（P.D.S.）。该系统可分为两个阶段。第一阶段，事先请消费者列出潜在的问题，尽量让他们发表不满和抱怨，而不收集正面的意见。收集的意见无论是关于产品的真正缺陷还是出于消费者的心理作用，都要认真整理，发现其中有用的价值。第二阶段，请消费者按顺序回答问题,并认真记录:①潜在问题的重要性;②该问题发生的频率如何;③如何能解决该问题。从而抓住潜在消费市场的关键点。

基于潜在消费市场的重要性,西藏文化产业应形成自己的问题探究系统,探索建立西藏文化产业潜在消费市场的开拓机制,不断吸引潜在消费者,增强满足潜在消费需求的能力。

第六节 充分发挥产业协会的作用

一、各产业根据布局和整合状况成立产业协会

行业协会也称为"同业公会",指从事相同行业的人或组织出于共同的目的而形成的有一定规章制度和行为规范要求的团体。行业协会介于政府与企业之间以及商品生产者与经营者之间,发挥着服务、咨询、沟通、监督、自律和协调的作用。所以,行业协会是一种民间组织,属社团法人,是民间组织社会团体的一种,属非营利性机构。

行业协会的积极作用主要表现在两个方面:一是避免同行业之间的过度竞争。同行业之间的过度竞争会使该行业中的所有经营者利益受到损失,行业协会协调各个经营者之间的关系,可以使大家的利益都受到保护。二是使本行业的力量由分散变为集中,从而加强本行业在市场中的竞争力。行业协会可以使行业中所有经营者结为一个整体,采取共同行动,执行统一的市场策略,这样,该行业在市场竞争中就会处于较为有利的地位。同时,对市场而言,行业协会也会引发一定的消极作用,它在一定程度上制约了竞争的活力,限制了生产的发展。

产业协会是行业协会的升级版本,具备行业协会的诸多特征;同时,在产业发展方面的协调、沟通作用更为明显。产业协会作为政府与企业之间的桥梁,其作用主要表现在两大方面:一方面,产业协会可以把产业发展的诉求传递到政府相关管理部门;另一方面,可以把政府管理部门的相关决策传递给产业内的各个组成部分。而且产业协会可以协调协会成员之间的利益,通过沟通、协调产业内所有的组成部门和企业,促进产业整体的可持续发展。

正是因为产业协会在一个产业的发展中扮演着极为重要的作用,所以,西藏文化产业的可持续良性发展必然要有产业协会充分发挥作用。目前,西藏文化产业的发展仍有一些不规范之处,究其原因有很多方面,但缺少相应的产业协会是不可忽视的因素。

根据产业发展现状和趋势,在科学、合理布局与整合文化产业的基础上,成立相应的文化产业协会,是西藏文化产业整体健康可持续发展的必然要求。比如,为了进

一步推广西藏茶文化，推进西藏茶文化产业的发展，2016年成立了西藏茶文化协会。协会成立后，举办了一系列宣传西藏茶文化活动，在短期内显著提升了西藏茶文化的影响力，吸引了更多关注的目光。

二、加强协会间的沟通和联系，健全作用发挥机制

产业协会虽然在政府管理部门与企业之间发挥着重要的桥梁和纽带作用，但并不是说各行业协会之间就可以彼此孤立，互不往来；相反，各协会之间的沟通、协作对西藏文化产业的整合发挥着极为重要的作用。一方面，西藏文化产业之间必须打破壁垒，加大不同产业之间的信息合作、产品合作和服务合作，这就要求相应的行业协会之间必须加大合作力度，发挥好协调、统筹的作用；另一方面，各行业协会之间的沟通、协作是产业发展的重要基础，也就是说，在现代商业发展中，没有一个孤立存在的产业可以实现长久可持续发展，只有不同产业之间相互支持，甚至相互渗透，才可以具备强有力的市场生存能力和竞争能力，各行业协会之间的沟通协调则是不同产业之间实现这种相互支持、相互渗透的引导力量和规范力量。

因此，西藏各产业协会之间必须加强沟通和联系，搭建起相应的沟通协调桥梁，建立科学、规范的联系沟通机制，提升在产业协会协调统筹下的西藏文化产业发展的凝聚力。

第十五章　宏观视角的解析：大视角大战略

第一节　西藏文化产业发展与"一带一路"倡议

针对文化产业与"一带一路"倡议的关系，李孝敏认为，"'一带一路'格局中的文化资源更加丰富、更加多元、更易进行价值的整合，拓展了文化产业发展的新领域，更有利于推动中华文化走向世界。根据合作国家的文化资源特性，建构不同价值形态的文化产业合作发展平台，通过产业资本来发展不同国家与民族之间的有竞争力的文化业态，从而实现互联互通，这是我国文化产业拓展极为重要又极具战略前瞻性的突破口与重要抓手"[①]。西藏文化产业的大发展大繁荣需要"一带一路"倡议，"一带一路"倡议也为西藏文化产业的发展提供了机遇与平台。

一、全面客观认知"一带一路"倡议

进入2016年，"一带一路"倡议合作框架进入了全面实施时期。无论是国内还是国际社会，对"一带一路"倡议都给予了高度评价。但也有一些人对"一带一路"倡议的可实施性以及建设进程心存疑虑。因此，必须对"一带一路"倡议有一个全面客观的认识。

"一带一路"倡议立足于国家层次，是一项以国家之力推进的宏大合作框架。可以说，自"一带一路"倡议提出后，中国已经进入了"一带一路"倡议作为时代引擎的新的发展时代。

我们从更宏观、更高的层次去看待"一带一路"倡议的话，它也绝不是简单的升级版的改革开放。"一带一路"倡议已经成为一种全新的国际公共产品落地生根，它传达的是以和平合作、开放包容、互学互鉴、互利共赢为核心的丝路精神，是和平之路、繁荣之路、开放之路、创新之路和文明之路。

习近平总书记在多个国际场合明确表示，"一带一路"倡议不搞势力范围，而是

[①] 李孝敏：《"一带一路"背景下我国文化产业拓展探析》，载《求实》2016年第7期。

推动大家一起加入朋友圈,编织互利共赢的合作伙伴网络。① 有学者认为,虽然"一带一路"倡议针对的是共商、共建和共享,但并非没有风险。必须处理好三个关系:一是处理好政府与市场的关系,即实现"由政府推动、以企业为主体、坚持市场化运作、遵循国际标准"。二是处理好建设初期取与予的关系。现阶段需要更多投入,投资回报期可能较长,多予少取是"一带一路"建设初期应有的姿态。合作共赢的思维将贯穿始终,它的推进与我国的外交工作将互相促进。只有坚持正确的义利观,坚持利我与利他结合、双边与多边结合、取与予结合,才能不断延伸国内市场,建设亚欧非大市场。三是尊重不同国家的政治体制,处理好与当地政府及社会组织、公众的关系。让"中国制造""中国建造""中国服务"等进入沿线各国寻常百姓家,并逐步向本土化的方向发展。②

从 2013 年至 2017 年,历经 4 年,"一带一路"倡议已经由理论化作行动,由愿景变为现实。4 年来,全球有 100 多个国家和国际组织积极响应,支持和参与到"一带一路"倡议之中。"一带一路"合作倡议中的"政策沟通、设施联通、贸易畅通、资金融通、民心相通"已经逐渐传播、开枝散叶。习近平强调:"要坚持在开放中合作,在合作中共赢,不画地为牢,不设高门槛,不搞排他性安排,反对保护主义。"③在开放合作、合作共赢的思想指导下,中国这一伟大的方案正惠及世界:非洲大陆首条跨国电气化铁路、中巴经济走廊已成燎原之势的电力建设、中欧班列、海上丝绸之路远洋货轮等一系列建设成果让世界人民从中受益。2014 年至 2016 年,中国同"一带一路"沿线国家贸易总额超过 3 万亿美元。中国对"一带一路"沿线国家投资累计超过 500 亿美元。中国企业已经在 20 多个国家建设 56 个经贸合作区,为有关国家创造近 11 亿美元的税收和 18 万个就业岗位。因此,可以说,"一带一路"倡议已经成为引领世界发展的新动力,中国倡议激荡全球回响。

"一带一路"倡议不是另起炉灶,不是与其他国家的发展战略相冲突、相矛盾,"而是实现战略对接、优势互补"。习近平在 2017 年"一带一路"国际合作高峰论坛上说:

> 我们同有关国家协调政策,包括俄罗斯提出的欧亚经济联盟、东盟提出的互联互通总体规划、哈萨克斯坦提出的"光明之路"、土耳其提出的"中间走廊"、蒙古提出的"发展之路"、越南提出的"两廊一圈"、英国提出的"英格兰北方

---

① 参见求是网《习近平为"一带一路"正本清源》,见中国新闻网:http://www.chinanews.com/m/gn/2018/09-02/8616671.shtml,2018-09-02。
② 参见王德华《试论复兴麝香之路与环喜马拉雅经济合作带建设》,在第二届"'一带一路'背景下中国西藏与南亚关系学术研讨会"上的发言,2016-10-16。
③ 习近平:《开辟合作新起点 谋求发展新动力——在"一带一路"国际合作高峰论坛圆桌峰会上的开幕辞》,见中华人民共和国中央人民政府:http://www.gov.cn/xinwen/2017-05/15/content_5194130.htm,2017-05-15。

经济中心"、波兰提出的"琥珀之路"等。中国同老挝、柬埔寨、缅甸、匈牙利等国的规划对接工作也全面展开。中国同 40 多个国家和国际组织签署了合作协议，同 30 多个国家开展机制化产能合作。本次论坛期间，我们还将签署一批对接合作协议和行动计划，同 60 多个国家和国际组织共同发出推进"一带一路"贸易畅通合作倡议。各方通过政策对接，实现了"一加一大于二"的效果。①

虽然"一带一路"倡议的目标是要实现"一加一大于二"的效果，但我们也应该注意，大国间的政治博弈、经济博弈、文化博弈也会对"一带一路"倡议的实施带来一些不确定因素。必须认识到"一带一路"倡议的国家层次性，必须以国家力量为牵引与导向，必须把"丝路精神"贯彻始终。西藏文化产业发展必须在这一大背景下设计与推进。

要客观看待"一带一路"倡议实施中的各类风险问题。政治风险具有很大的破坏性，指的是关联国或者东道国由于政权更迭，或者相关变动、改革等事件的发生而产生的影响，尤其是在这些变动的进程和强度超出了预期的情况下更为明显。所以，首先要考虑相关国家存在的地缘政治冲突、宗教或者民族冲突情况。经济风险也不可忽视，指的是相关国家或东道国的经济结构、基本经济指标等存在固有缺陷或者出现意外的变化，从而给投资者带来损失的可能性，也包括由于区域经济政策差异、贸易壁垒等造成损失的可能性。金融信贷风险应受到进一步重视，因为"一带一路"倡议的实施必然要求企业进入国际资本市场，这样，相关国家或东道国财政金融、汇率政策的波动就会给投资者带来风险。

国家主权信用风险问题也是不可避免的一个环节。国家主权信用风险本质上是指国际资本流动中面临的，因受特定国家事件影响而使资本接受国不能或不愿履约，造成债权人资本损失的可能性。"主权信用是全球信用体系的重要组成部分，成为国家和世界金融体系赖以存在和发展的根本基础。"② 毛振华、阎衍、郭敏主认为，首先对国家主权风险进行识别具有极为重要的意义，是"一带一路"倡议成功实施的必要前提。③ 因为真正开展"一带一路"建设，必须实行资本的市场化运作，而且是国际化的资本运作。"一带一路"沿线涉及国家众多，各国发展水平及投资环境又有着巨大的差异，贸易壁垒及准入条件各异，所以，虽然蕴藏着巨大的机遇，但走出去后就面临着很难左右的信用风险。

比如，资本运作当中，企业要追求现实收益的最大化，但国际直接投资以及国际

---

① 习近平：《携手推进"一带一路"建设——在"一带一路"国际合作高峰论坛开幕式上的演讲》，见新华网：http://www.xinhuanet.com/politics/2017-05/14/c_1120969677.htm，2017-05-14。
② 毛振华、阎衍、郭敏主：《"一带一路"沿线国家主权信用风险报告》，经济日报出版社 2015 年版，第 6 页。
③ 参见毛振华、阎衍、郭敏主《"一带一路"沿线国家主权信用风险报告》，经济日报出版社 2015 年版，第 6 页。

资本市场上的股票、债券、金融衍生品等几乎一切国际资本流动都面临着因债务国"不能"或"不愿"履约而产生违约的风险。国家风险是资本流动中的重要因素,并且国家风险的增长将降低资本流动。

以此而言,任何想借助"一带一路"倡议走出去或承担了相应的建设任务的企业,必须为其应对在新市场运营下的潜在威胁做好充分准备。在看到"一带一路"倡议带来巨大机遇的同时,西藏也必须看到其中的不确定性和潜在风险,依托"一带一路"建设,做好充分的应对准备,而不能一味盲目乐观。表15-1为"一带一路"沿线国家主权信用评级结果。

表15-1 "一带一路"沿线国家主权信用评级结果[①]

大区域	国家	信用级别	评级展望
中亚5国	哈萨克斯坦	BBBg$^+$	稳定
	乌兹别克斯坦	BBBg	稳定
	土库曼斯坦	BBg	稳定
	吉尔吉斯斯坦	Bg	稳定
	塔吉克斯坦	Bg	稳定
东盟9国	印度尼西亚	BBBg$^-$	稳定
	马来西亚	Ag$^-$	稳定
	泰国	BBBg$^+$	负面
	菲律宾	BBBg	稳定
	新加坡	AAAg	稳定
	越南	Bg$^+$	稳定
	老挝	Bg$^-$	稳定
	缅甸	Bg$^-$	稳定
	柬埔寨	Bg	稳定
欧洲7国	荷兰	AAg$^+$	稳定
	比利时	AAg$^-$	负面
	德国	AAg$^+$	稳定
	法国	AAg	稳定
	希腊	CCCg	负面
	俄罗斯	Ag$^-$	负面
	土耳其	BBg	负面

[①] 毛振华、阎衍、郭敏主:《"一带一路"沿线国家主权信用风险报告》,经济日报出版社2015年版,第10~11页。主权信用等级符号从高到低分别用 AAAg、AAg、Ag、BBBg、BBg、Bg、CCCg、CCg、Cg 表示。AAAg级到CCCg级可用"+"和"-"表示强弱。除AAAg级、CCCg级及以下等级外,每一个信用等级可用"+""-"进行微调。

续表 15-1

大区域	国家	信用级别	评级展望
南亚、中东、非洲7国	印度	BBBg	稳定
	巴基斯坦	CCCg	负面
	斯里兰卡	Bg$^+$	稳定
	沙特阿拉伯	AAg$^+$	稳定
	伊朗	Bg$^+$	正面
	肯尼亚	Bg$^+$	稳定
	埃及	Bg$^-$	稳定

二、进一步打通南亚大通道，深入参与环喜马拉雅经济带建设

把西藏建设成为南亚大通道，并深入参与环喜马拉雅经济带建设，意味着至少在立体交通、边境贸易及口岸建设等方面会有进一步突破，为西藏文化产业的发展注入强大活力。

伴随着青藏公路、川藏公路、青藏铁路、拉林铁路、拉日铁路以及民用航空等综合立体交通的建成和运行，西藏不断加快着对外开放的步伐。

中央第五次西藏工作座谈会召开以来，西藏边境贸易稳步增长，至2015年年底，外贸进出口总额累计实现759.53亿元，边境小额贸易额累计达470.38亿元，占外贸进出口总额的62%，凸显了与南亚贸易的重要性；同时，西藏与全世界100多个国家和地区建立了贸易往来关系，从事进出口业务的企业达到486家。

2015年8月，中央第六次西藏工作座谈会明确提出了在"两屏四地"基础上，建设"面向南亚开放的重要通道"的重大决策，西藏又迎来了重大的历史发展机遇。

西藏与印度有着悠久的通商历史，也有着悠久的文化往来历史。20世纪60年代，因中印边境冲突而关闭的亚东乃堆拉山口是中印最重要的通商口岸，该口岸于2006年恢复开通，并在沟通中国与南亚的贸易往来和文化产业往来中扮演了重要的角色。

2014年12月，中国吉隆—尼泊尔热索瓦双边口岸正式开通，吉隆口岸作为昔日西藏最大的陆路口岸又重现繁华。2015年，吉隆口岸进出口货物的总值达5.99亿元。2015年"4·25"地震前，我国大量的劳动密集型产品通过樟木口岸出口，但地震使樟木口岸遭到严重破坏，导致樟木口岸贸易长期停滞。在樟木口岸尚未恢复正式通关前，尼泊尔对我国商品的需求主要通过吉隆口岸满足，吉隆口岸的贸易量随之急剧增加。

2015年4月25日，尼泊尔发生了8.1级强烈地震，大地震使我国西藏聂拉木县

的樟木口岸成了一座孤岛。从"一带一路"倡议以及西藏文化产业发展的现实需求和发展趋势而言，恢复并加大樟木口岸的建设势在必行。截至2016年3月，聂拉木县已完成整村推进36个点的前期工作，有3个特色小城镇建设方案通过了日喀则市审查，整体上，灾后恢复重建有序推进。

普兰口岸是阿里地区唯一的对外口岸，但长期以来建设力度不足，贸易量低。要真正发挥其作为文化产业通道的作用，深入融入"一带一路"倡议中，必须科学规划，加大建设力度。

2015年，阿里边贸口岸商品成交额为9000万元，同比增长0.05%。其中，进口商品6110万元，同比增长0.03%，以红糖、卡垫等尼泊尔和印度特产为主；出口2890万元，同比增长0.02%，以酒类、羊绒、毛毯、服装等为主。虽然进出口均有小幅增长，但是规模仍然很小。

2015年，普兰口岸唐嘎边贸市场建设项目获批通过，总投资1.95亿元，这开启了普兰口岸建设的新序幕。

除了传统的贸易口岸建设外，中印两国正在积极筹划中印铁路建设：拉萨—日喀则—亚东—印度大吉岭—西里古里—加尔各答。在商贸往来中，中国可实现与印度的互补：中国输出制造业以及基础设施建设，而印度有廉价的劳动力和巨大的市场。该铁路的建设成功将为西藏的文化产业输出提供巨大的便利，创造更大的机遇。

为了进一步推动"一带一路"倡议在西藏的实施，除第一亚欧大陆桥、第二亚欧大陆桥之外，目前中国正在积极筹划第三亚欧大陆桥建设。这样，将形成贸易口岸、中国西藏至印度再加上第三亚欧大陆桥的点、线、面经济圈：中国—环印度洋经济圈。西藏将成为"一带一路"倡议中最具战略位置的地方，"一带一路"倡议也将为西藏文化产业的发展提供最佳机遇与平台。

当然，在积极乐观地开展南亚大通道建设时，也必须正视一些难点和瓶颈。比如，孙勇提出印度政界、学界、工商界以及军界中存在对"一带一路"倡议的负面解读问题，但是他也主张："即使如此，西藏自治区也应该并完全可以借国家之力乘势而上，首先将区内的基础设施建设好，把产业结构调整好，打下自身良好的基础，通过对尼泊尔的文化、经济和贸易等方面的交流，实施积极的影响，为下一步加大对外开放力度，促进南亚大通道的建设奠定好基础。"[①] 从历史发展大势而言，通过西藏与南亚的交往、交流的强化趋势是必然的，因此，开展南亚大通道建设，以南亚大通道建设壮大和推广西藏文化产业、传播文化影响也有其足够的动力与现实依据。

---

① 孙勇：《试析建设面向南亚重要通道的障碍问题》，在第二届"'一带一路'背景下中国西藏与南亚关系学术研讨会"上的发言，2016-10-16。

三、利用"一带一路"倡议拓展西藏文化产业的空间优势

"在新的历史时期,'一带一路'是用文化将中国与世界的历史、现实与未来连接在一起,成为中国面向全球化、应对新常态的一个战略架构。"①"一带一路"倡议的实施,必将推动文化产业走向国际,拓展其国际参与的空间。对西藏文化产业而言,"一带一路"倡议的推进带来的交通之极大便捷将有利于西藏文化产业在国际范围内吸引力的增强,也将有利于推动其自身走向世界。

"一带一路"倡议使不同的文化背景、不同的宗教信仰、不同民族、不同国家和地区的人们联系到一起,西藏文化产业在这种多元化的文化、社会背景下将获得更加多元的机遇与发展平台。经济、文化、社会需求的多元性将为文化产业发展构建多元的需求,同时带来多样的挑战,这正是西藏文化产业实现可持续发展所必须面对和解决的问题。

"一带一路"建设将有助于西藏文化产业与其他国家和地区相关产业对接,这属于文化产业发展的关联性,在西藏文化产业走出去战略中具有重要的地位和战略意义,最终实现产业的地域性突破。也就是说,西藏文化产业元素可以融入其他国家和地区的相关产业之中,增强产业发展的可持续性,提升竞争力。

另外,要借助"一带一路"倡议,创建内外贸易融合发展平台,积极推进环喜马拉雅经济合作带、冈仁波齐国际旅游合作区、吉隆跨境经济合作区,整合各项资源,打造好中国西藏旅游文化国际博览会等具有区域带动力和国际影响力、辐射力的高端合作交流平台。推进沿"边"沿"路"物流园区建设,重点打造日喀则综合物流园区。该园区位于西藏自治区日喀则市桑珠孜区,规划占地面积为8.02平方千米(约12028亩),总投资人民币约75亿元。该物流园区作为西藏投资体制改革示范区,以市场化手段筹集资金,由公司主导投资、开发、运营、管理,将成为日喀则综合物流园区、西藏物流产业的重要发展基地,并进一步打造成为沟通中国与南亚的重要国际贸易和物流节点。

第二节 西藏文化产业与"藏羌彝文化走廊"

一、西藏是"藏羌彝文化走廊"不可缺少的组成部分

在青藏高原东南角,存在着一条重要的民族文化"走廊"。1980年,费孝通先生

---

① 李孝敏:《"一带一路"背景下我国文化产业拓展探析》,载《求实》2016年第7期。

曾提出过"藏彝走廊"的概念，后来，许多学者进一步深化了这一概念，并对该文化走廊进行了深入研究。最终，这条位于青藏高原东南角，沿岷江、雅砻江、安宁河谷至金沙江流域的历史悠久的民族文化走廊被定名为"藏羌彝文化走廊"。

2014年文化部、财政部联合印发的《藏羌彝文化产业走廊总体规划》中明确，该文化走廊涉及青海、四川、云南、贵州、西藏、陕西、甘肃等七省区，并进行了细化，进一步划分为核心区域、辐射区域和城市枢纽三部分，其中，核心区域覆盖面积超过68万平方千米，藏、羌、彝等少数民族人口超过760万，规划期限为2014—2020年。

随着《藏羌彝文化产业走廊总体规划》《藏羌彝文化产业走廊（四川区域）发展规划》等一系列规划与支持政策的出台，"藏羌彝文化走廊"的民族文化产业集群式的规划、构建与发展开始起步，并进入实质性建设阶段。

该文化走廊包含诸多特征：一是具有多民族生活的地理空间性，以多民族共同生活为纽带，突破行政区域局限；二是具有文化多样性，具有鲜明的民族特色文化载体特征。"藏羌彝文化走廊"的文化产业建设成为"十三五"时期国家西部大开发的重大建设项目。

二、延续与拓展"藏羌彝文化走廊"文化产业链条

"藏羌彝文化走廊"具备大量的优质文化资源与市场商品资源，这成为西藏文化产业与之进行有效对接，甚至是延续和拓展的有力基础。

从文化产业发展的潜力与趋势而言，与民族特色相结合的文化旅游业具有基础性的地位。范建华认为，"文化资源是文化产业发展的基础，浓郁的民族文化风情资源将是该文化产业带的根本生命力所在，将具有民族特色的文化资源转化为差异性的富有特别吸引力和市场价值的文化产品，形成具有藏羌彝特色的旅游景区（景点），升级改造本区域内的历史文化名城名镇名村等将是该文化产业带上产业发展的主要方式"[①]。但该文化走廊对许多民族特色文化产业的保护和发掘，尤其是非物质文化遗产的保护、传承仍显不足，制约了文化产业链条的延伸以及与市场的深入结合。因此，仍需加大力度对民族工艺产业的发展进行产业化、集约化、规模化、市场化发展的宏观设计；同时，要加强品牌意识，强化品牌建设，注重知识产权建设，走科学化可持续发展道路。

另外，该文化走廊建设尚处于起步阶段，同样存在着民族特色文化的创意不足，以及与创业市场接轨力度不够等问题。这就需要引入现代文化市场建设机制，在保证原有民族文化特色的基础上，结合市场需求，加大创意设计。"因而该文化走廊在发展特色文化产业的同时，一定要促进民族文化元素与现代设计的结合，大力推进文化

---

① 范建华：《"十三五"中国文化产业带状发展新趋势》，载《中国文化报》2015年5月20日。

创意和设计服务业，开发具有民族特色的动漫游戏、网络音乐、演艺、广告的创意设计，以及其他增值服务业，实现文化产业发展的升级跨越。"①

可以说，以上几个方面注定了"藏羌彝文化走廊"要不断在机制构建、运行模式以及产业链条等诸多方面进行完善，突出建设的有机性。对西藏文化产业而言，"藏羌彝文化走廊"的这种建设与完善过程既是自身文化产业发展与完善的过程，也是西藏文化产业与该文化走廊产业进一步进行对接的有利时机，而不只是把自身的某些元素作为"藏羌彝文化走廊"的组成部分，这也是西藏"十三五"时期文化产业发展的必然要求。封闭发展的文化产业发展模式只会被历史淘汰。我们可从以下三个方面来看待西藏文化产业与"藏羌彝文化走廊"的对接：

第一，西藏是"藏羌彝文化走廊"地理区域的组成部分和进一步延伸，而地理区域的延伸则是文化产业拓展和延伸的基础，所以，西藏完全可以借助这种地理区域的优势实现文化产业的拓展和延伸。

第二，西藏拥有独特的民族文化产业，这正是"藏羌彝文化走廊"延伸的文化基础与诱惑力所在。以西藏生态旅游为纽带和重要形态的文化产业不但能够有效对接该文化走廊的相关产业，而且能够在视觉、听觉、味觉等方面进一步进行拓展，这也正是西藏文化产业巨大魅力和吸引力的重要体现。另外，实践已经证明，西藏文化产业的拓展并不是简单的商品链条或者文化的延续，而是具备显著的自身特色，在产业宽度、深度和内涵上全方位拓展，其他文化产业无法取代。

第三，从更大区域的有机整合与产业合作方面而言，结合无障碍旅游区建设，进一步延伸"藏羌彝文化走廊"，推动陕、甘、青、藏经济合作区和大香格里拉生态旅游区建设，进一步整合七省（区）文化产业资源，提升规模效应与集约效应，西藏文化产业主动积极作为不可缺少。

第三节　实现产业"精准融合"

一、产业核心要素的精准融合

第一，确定文化产业的核心要素至少应该包括西藏生态资源的保护和开发，这是文化产业可持续发展的前提。以土特产为基础的西藏文化产业特色产品是西藏文化产业可持续发展的基础，生态文化旅游的可持续开展是西藏文化产业可持续发展的有机纽带和重要实现形态，在保护、传承优秀传统文化基础上的优秀文化创意是西藏文化

---

① 范建华：《"十三五"中国文化产业带状发展新趋势》，载《中国文化报》2015年5月20日。

产业可持续发展的重要活力，继续加大基础设施建设投入和科技投入是西藏文化产业可持续发展的重要保障。

第二，要根据西藏文化产业发展现状和需求，实现核心要素的精准融合。比如，以西藏生态资源的有效保护为核心，可以实现多种精准融合：生态资源的有效保护与土特产产品开发的精准融合，生态资源的有效保护与生态文化旅游的可持续开展的精准融合，生态资源有效保护与大力推进优秀文化创意之间的精准融合，等等。当然，这种融合是根据不断变化的文化产业发展状况而确定的，既要实现精准又要保持动态。

第三，我们应该看到，虽然与西藏文化产业有关的基础设施建设已经取得了很大的进步，投入也逐年递增，但是与西藏文化产业发展需求相比，整体基础设施水平仍然较为落后，影响了文化产业的高效可持续发展；同时，文化产业的发展不能缺少科技，产业的科技创新发挥着越来越重要的作用，可以说，提升西藏文化产业的科技含量是产业发展的现实需求，也是提升市场竞争力，形成可持续发展的必然要求。在产业核心要素的精准融合中，基础设施建设和科技创新具有重要而独立的地位，并需要持续不断地推进。

二、破除文化产业区域壁垒

"壁垒"指的是军营的围墙或防御工事，用来比喻对立的事物和界限。就文化产业而言，打破产业内的，尤其是不同区域之间的产业壁垒早已被提了出来，比如，2009年审议通过的《文化产业振兴规划》就已经明确提出了"推动跨地区、跨行业联合或重组"。该产业振兴规划是中国第一部文化产业专项规划，这个规划的颁布标志着中国的文化产业已经上升为国家的战略性产业。对西藏文化产业发展而言，打破区域壁垒是产业发展的必然要求。

整体而言，目前，西藏的文化产业发展仍然是以行政区域为划分界限，这是传统的文化产业发展模式，而这种发展模式存在着一定的局限性，比如，文化产业发展水平低、科技含量低，存在一定的重复建设，高水平文化创意缺乏，生态旅游基础设施建设不完善，产业的规模化、集约化程度低，等等。

破除西藏文化产业的区域壁垒，必须进行宏观设计，整合文化产业资源，提升规模化、集约化和市场化水平，并进一步拓展产业链条，形成统一的西藏文化产业品牌。以西藏旅游业为例，应破除旅游景区的条块分割，打造西藏精品旅游线路和无障碍旅游区。

"西藏无障碍旅游区"概念正式提出于西藏自治区十届人大四次会议，并写入了2016年的政府工作报告。此概念指的是在西藏全区内涉及的各方推出旅游便利化措施，在保证各构成区域相对权益的基础上，为其他旅游企业、游客提供便捷的措施和服务，最大限度地消除各个构成区域之间的壁垒，在西藏全区范围内实现区域间旅游经济的协调、协作、共赢的目的。

西藏无障碍旅游区的建设将使旅游资源、产品市场和旅游信息实现充分共享，破除传统旅游中存在的区域之间的壁垒现象，实现旅游要素的畅通无阻，在旅游交通、服务、投诉、资源、品牌等方面实现一条龙服务，最终提升西藏旅游文化产业整体的规模化、集约化和市场化水平，增加市场竞争力。

第四节 大力推进"互联网+"

概要而言，"互联网+"就是促进互联网与各行各业的融合与发展，把互联网的创新成果与经济社会各领域深度融合，推动技术进步、效率提升和组织变革，提升实体经济的创新力和生产力，形成更广泛的以互联网为基础设施和创新要素的经济社会发展新形态。①

一、在大数据时代，利用"互联网+"推进文化产业发展已成为时代的必然要求

互联网已成为人们日常生活的必备要素，其为人们提供的便利已经为世人所瞩目；同时，互联网也为文化产业的发展带来并创造了巨大的机遇。随着大数据时代的到来，文化产业要想有大突破、大发展，跟上时代的步伐，就必须使用互联网，充分利用互联网获得鲜活的动力。简而言之，在大数据技术背景下，互联网可以为传统民族文化资源的活态传承提供大数据支撑，为民族文化产业的创意提供鲜活的素材与灵感，为产业走出去战略提供有利的平台与媒介。

在大数据技术背景下，以大数据为基础推进西藏文化产业发展，要注重对文化市场中的受众进行分析，这是提升效率、应对竞争，从而找准明确的市场定位，并拓展潜在消费群体的有效举措之一；同时，推进西藏文化产业的营销，也需要借助网络的互动性和有效性充分进行展示和宣传，不断提升西藏文化的吸引力，并获取受众行为数据，制定符合文化产业发展的营销方案，从而达到整合、创新营销模式的目的。

"创新""经济新常态"这两个词已经成为文化产业发展的核心要素。我们可以这样理解"互联网+"在西藏文化产业创新中的地位、作用以及如何实现发展新常态问题：文化产业与互联网的深度结合是文化产业与科技相融合的最好体现，而现代文明的发展历程已经表明，文化与科技的融合会带来更多的创新和更多的需求，也将成为新的经济增长点和社会繁荣的重要动力，因此，科技对文化产业的推动将产生几

---

① 参见王兴伟、王丹、崔勇《前言》，载《计算机研究与发展》2016 年第 4 期。

何级数的效应，也必将引领经济新常态。

二、利用"互联网+"推进文化产业的要点

第一，在大数据时代背景下，要对西藏文化产业进行科学合理的定位、归类与总结，找到西藏文化产业要素与"互联网+"的契合点、具备的优势、目前状态下存在的不足以及未来可能存在的风险。

第二，要尊重、理解互联网的内部体系，"互联网+"是推进文化产业创新的重要基点。网络技术呈现出不同以往的诸多特征，如网络信息海量化、云计算常态化、互联网演进持续化、互联网移动化等。要关注互联网的发展特征，并推动互联网由消费领域向生产领域拓展，加速提升产业发展水平，增强产业创新能力，构筑经济社会发展新优势和新动能。特别要结合西藏特色文化产业内在价值规律与发展规律，构建适合西藏文化产业特征的互联网价值链及传播交流机制，最大限度地发挥互联网对西藏文化产业的推动传播作用，遏制其带来的不良影响。

第三，结合西藏无障碍旅游区建设，借助"互联网+"平台推进西藏文化产业资源的整合以及多元融合。互联网的方便快捷将是实现无障碍旅游的最重要保障和推动力量。目前，借助互联网推进旅游发展的模式已经在国际旅游研究以及实务中得到了充分验证，其作用显而易见。比如，在"藏羌彝文化走廊"建设中，互联网不仅推进和开拓了市场，而且整合了资源，逐步实现区域内文化元素的融合，打造出了一些多点联动、互相带动的高质量文化旅游产品。

第四，借助"互联网+"积极拓展市场，实现文化产业的可持续发展，并努力推进新业态发展。互联网是文化产业及其产品最便捷最有效的展示平台，从某种意义上说，互联网已经成为新时期文化产业发展不可缺少的要素。文化产业新业态的出现与发展是产业发展的必然规律，也是互联网时代发展的必然要求。文化产业的创意—创新—再创新从来不会停止，只有在保证传统的基础上不断推进新业态发展，不断实现创新，才能找到可持续发展的动力，在国际市场上才不会被淘汰。

第五节 推进全民参与文化产业建设

一、只依靠政府的文化产业发展模式面临巨大挑战

第一，要正确界定文化和文化产业概念，突破传统的文化认识局限。对文化的界定，一些人仍然停留在以往把文化作为一种精神享受的概念去理解，认为文化是一种公益性的事业，对文化产业的概念缺乏科学的认识，没有将文化与经济效益联系起

来;另一些人则只看到文化可以产生经济效益的一面,而忽视了文化给人们带来的精神满足。针对这两种极端现象,要突破传统的狭义的文化和文化产业概念,用全局性的眼光看待和分析文化及其产业在现代社会中的地位和作用。在注重产业经济效益的同时,必须首先保证其社会效益的发挥,积极推进社会公益文化事业与文化产业齐头并进,使二者相得益彰。

第二,不能"谈虎色变",强调保护西藏的自然生态资源和人文生态资源并不是原封不动,不能越雷池一步,而应该是结合现代社会发展,用发展的眼光保护、传承,甚至实现一定的创新,即在市场中和产业中推进保护,在与现代社会结合中实现传承,并与社会主义核心价值观相结合实现创新。

第三,虽然前两方面要求政府相关管理部门发挥更好的监督管理功能,但并不能仅依靠政府来完成产业发展的一切环节,而应该把产业放到市场中去健全和发展,这既是现代产业发展的必须选择,也是市场经济发展的必然要求。

实际上,我们从文化需求的划分以及满足情况可以更好地定位政府与市场的角色:一部分文化需求是体现人民群众文化权益的基本需求,主要通过政府发展文化事业,构建公共文化服务体系,为群众提供免费或优惠的文化服务得以实现;另一部分文化需求是多样化、多层次、多方面的文化需求,要以文化企业为主体,大力繁荣文化产业,通过市场的手段和商品的形式,为群众提供更加多样、更高层次的文化服务来实现。

总体而言,市场可以为产业发展提供更好的平台和机遇,这一点政府难以兼顾;市场可能吸引更多的社会资本进入产业,可以为产业发展解决资金问题,并注入活力,这一点政府也难以全部实现;市场可以吸引各族群众最大限度地参与产业发展,分享红利,这一点政府应尽到鼓励和规范的职责;等等。

但同时也应该看到,市场也有消极的一面,比如,放大经济利益的诱惑,可能给生态资源带来更大的威胁,也可能带来产业开发的短期行为,等等。这就需要充分发挥政府相关管理部门的规划、管理和监督职责,做好规划和引导,克服市场带来的误区和缺陷,避免威胁的发生或消减风险成本。

二、积极吸收社会资本,推进文化产业创意、创新

我们这里所说的"社会资本"又称"社会总资本",是"个别资本"的对称,同时也认为是"政府投入资本"的对称。"社会资本"一般指在市场经济中相互联系的所有个别资本的总和。在市场经济条件下,资本首先表现为彼此独立的个别资本,它们各自有自己的循环运动;但是所有个别资本又都是相互联系、相互制约的,它们共同构成社会资本。同个别资本一样,社会资本在其循环过程中采取货币资本、生产资本和商品资本的形式。而在社会再生产过程中,社会资本与个别资本的区别在于:个别资本运动只包括直接生产过程和资本流通,不包括个人消费过程和一般商品流通;

而社会资本运动则包括个人消费过程和一般商品流通。关于如何吸引社会资本进入西藏文化产业，从而更好地激发创意、创新活力，推进西藏文化产业供给侧结构性改革走向深入，可以从以下三方面考虑：

第一，积极吸收社会资本，把多元资本引入文化产业。也就是说，西藏文化产业的发展既要强调政府资本的角色，也要注重社会多元资本在产业发展中发挥的作用，这种作用并不是简单地表现为辅助和参与文化产业的运营，而是在市场中探索政府与社会多元主体之间的利益整合机制与成长机制。

第二，在市场中推进文化产业的创意和创新。其一，社会资本的参与可以为一个企业、一个产业注入活力，也可以带来智力财富；其二，要注重引入和培养文化产业高层次的专门人才，建立人才库，充分发挥人才优势；其三，要建立健全文化产业的创意、创新机制，提供政策保障和待遇保障，充分激发产业的创意、创新潜力。

第三，要调动全民参与和开展文化产业的热情，营造良好的氛围。人民群众是产业创造力的根本，他们的积极参与可以带来无尽的能量与智慧。目前，西藏文化产业发展的群众参与还较为薄弱，许多蕴藏于民间的积极性、创造力还没有真正发挥，这既是西藏文化产业发展的潜力，也是目前产业创意、创新的短板之一。

第二编　西藏文化产业实证研究

第十六章 阿里地区文化产业的构建、整合与发展对策

第一节 阿里文化产业的基础

西藏阿里地区有着"天上阿里"之美誉。其文化资源底蕴深厚、特色鲜明。

阿里有独特的地质条件。1980—1982 年,中国地质大学(原武汉地质学院)和西藏自治区地质矿产局第二地质大队共同组建的青藏高原地调四分队对阿里开展了为期近 3 年的野外考察。在地质上,阿里位于青藏高原各主要构造带向帕米尔山结汇聚的地段。其地质条件得天独厚,在南北不到 1000 千米的距离内,即可穿越喀喇昆仑、冈底斯、北喜马拉雅、高喜马拉雅等四个地质构造各异的构造单元,以及令地质界瞩目的拉竹龙、班公湖、雅鲁藏布江和北喜马拉雅等四条地缝合线。在这里可观察到前寒武纪和寒武纪、奥陶纪—新生代不同构造背景下形成的多种沉积类型及代表性的地层剖面,分属不同生物区系的古生物化石及其在时空分布上的特色,以及大陆裂解 - 聚合演化过程中留下的构造变形、蛇绿岩带、中酸性侵入岩、火山岩和变质岩等方面的地质记录。可以称得上观察和研究青藏高原地质构造和大陆岩石圈构造演化的上佳窗口与找寻矿产资源的理想地区。①

撰写于公元 636 年的《隋书·女国传》中的"女国"就是指阿里地区或者当时阿里的一部分,其中也提到朱砂、麝香、牦牛、骏马等物产。清朝的驻藏大臣和宁曾写就了一篇《西藏赋》,于 1794 年刊行,里面也记录了阿里的一些物产,如"仙山宝矿"等。

早在 1812 年,英国人穆尔克罗夫特(Moorcoft)就曾进入西藏阿里地区进行考察活动。后来,其他一些外国人也进入阿里,比如,1815 年的埃尔芬斯通(Elphinstone),1848 年的斯察切(Stmchey),1863 年的奥斯汀(Austen),1895 年的利特代尔夫妇(Mr. & Mrs. Ltfledle),1906 年的齐格迈耶(Zugmayer),1906—1908 年的赫

---

① 参见杨遵仪、聂泽同《西藏阿里古生物》,中国地质大学出版社 1990 年版,第 3 页。

定（Heditl）、1932年的勒德洛（Ludlow）、1945年的阿利（Ali）等人。这些人进入阿里地区，不仅记录了大量关于阿里的地理、人文情况，而且直接带走了大量的珍贵动植物标本。[①]

1974年5—8月，由青海省生物研究所、新疆生物土壤沙漠研究所的6个专业16人组成的综合考察队对阿里地区的动植物资源进行了考察。当时就已经发现阿里地区有植物349种，其中药用植物37种、牧草植物74种；有鸟类91种和亚种，兽类25种和亚种，鱼类12种和亚种，爬行动物2种；另外，还发现了一些新的昆虫和水生生物。[②]

整体而言，阿里既有着得天独厚的生态资源，拥有"神山""圣湖"、奇峰怪峡、名宫古殿、石窟壁画、草原大漠等自然文化遗产，又有许多独特的民族风情、服饰文化、舞蹈文化等人类文化遗产。这些旅游资源既瑰丽多姿，又扑朔迷离，在生态旅游产业中有很高的开发价值。而生态环境保护工作又是阿里地区文化产业发展的基础和保障。截至2015年年底，阿里共建立国家级自然保护区1个，自治区级自然保护区4个，地市级自然保护区9个；国家级森林公园2个，国家级湿地公园1个。二者的总面积达到16.7万平方千米，占阿里地区国土总面积的49.12%。

以此为基础，2015年，阿里地区共接待海内外游客379678人次，同比增长8.1%，实现旅游收入4.92亿元，同比增长10.1%。

第二节 中央以及西藏的宏观政策与举措

随着西藏文化产业的不断发展，相关的产业政策与举措不断出台，且二者呈现相互促进的状态。2011—2015年，中央以及西藏自治区在西藏的文化遗产保护、公共文化事业发展等文化建设工程方面投入的经费近25亿元。

加强重点文物保护、非物质文化遗产保护、珍贵古籍保护整理以及贝叶（页）经保护等工作，出台了系列相关法规，建成了国家、自治区、市、县四级文化遗产分级保护体系。不仅重点文物得到了有效保护和维修，而且诸如藏戏、格萨尔说唱艺术、民间歌舞等传统艺术形式重新焕发了生机；唐卡、藏纸、藏香等特色技艺实现了活态传承，在文化市场中再次迸发活力。

目前，西藏自治区有文物点4277处，"非遗"项目1000多项，珍贵古籍100余万部，贝叶经2000多函近6万叶（页）。其中，国家重点文物保护单位55处，国家级"非遗"项目89项，国家珍贵古籍158部，"中国历史文化名城"3座，"中国民

[①] 参见青海省生物研究所《西藏阿里地区动植物考察报告》，科学出版社1979年版，第1页。
[②] 参见青海省生物研究所《西藏阿里地区动植物考察报告》，科学出版社1979年版，第5页。

间文化艺术之乡"4个,"中国传统村落"6处,"名镇名村"5处;自治区级文物保护单位391处,自治区级"非遗"项目323项,自治区级"民间文化艺术之乡"65个;市、县级文物保护单位和"非遗"项目2000余个,"非遗"传承队伍近3万人。

公共文化事业也取得了快速发展,成绩显著。2015年,西藏已经建立了6个公共图书馆、5个博物馆、8个群艺馆、74个县综合文化活动中心、1600余个文化广场,人民群众充分享受到公共文化设施带来的便利;形成了如拉萨雪顿节等90多个常态文化品牌。

第三节 阿里的政策、举措与成效

随着西藏文化产业的发展,阿里地区高度重视对自身优势生态资源的保护、利用和开发,也逐步加大对文化产业的支持力度,逐步填补了地区产业发展的空白,产生了积极效果。可以说,目前,文化产业已经成为阿里地区经济社会发展的"软环境"、全面提升竞争的"软实力"、社会和谐的"推进器"和精神文明的"明信片"。

第一,政策、举措先行。阿里地区先后制定了《关于推动文化大发展大繁荣的实施意见》等6个政策性文件,进行宏观规划、统筹,助力文化产业发展,尤其是引导和吸纳社会力量积极参与文化事业和文化产业建设。

第二,加大资金投入力度。积极落实扶持文化产业发展的优惠政策,2012—2013年,区财政每年度安排文化产业基金200万元,2014年增加至300万元。

第三,重点推进文化、旅游融合发展,围绕重点项目下功夫。札达托林寺白殿壁画数字化项目、阿里地区博物馆项目、象雄文化节项目正在大力推进。象雄文化节充分发挥阿里作为象雄文化发祥地的优势,已经成功举办多届,并成功召开了象雄文化发展论坛和象雄文化研讨会等活动,札达县也成功举办《梦回古格》情景剧的演出。象雄文化扩大了影响,品牌形象也在不断提升。大力推进"天上阿里"系列文化丛书的创作与出版,推进"象雄文化工作室"建设,使其成为开发、创作、宣传阿里地区民族手工艺品等文化产业产品的重要平台。

第四,加大文化保护力度,成为全国古籍保护工作先进单位。在国家级非物质文化遗产项目(如普兰果尔孜舞、科迦服饰及札达宣舞)、自治区级非物质文化遗产和县级非物质文化遗产等非物质文化遗产保护上加大力度,重点培养了各级"非遗"项目传承人,扩大了宣舞和果尔孜舞等"非遗"项目的对外宣传,并有效推进了数字化保护。

第五,加强文化市场管理,净化文化市场环境。积极开展"清源固边"等工作,对"藏独"反动出版物及宣传品进行严厉打击,严把出版物以及相关文化产品的审查关;同时,加大对正版文化产品产权的保护,严厉打击盗版走私。

在诸多政策和举措的合力之下，截至2015年8月，阿里地区拥有国家级非物质文化遗产项目3个，自治区级17个，县级48个，培养自治区级"非遗"项目传承人4名，申报国家级"非遗"传承人2名；与浙江大学合作完成了札达托林寺白殿壁画数字化保护工程；申报珍贵古籍1315件。文化产业的保护开发工作取得了显著成效。

与民生相关的文化事业建设也成绩突出，《梦回古格》情景剧连续演出，获得了良好的成效，在旅游者和普通群众中产生了良好反响；"天上阿里"等系列丛书的编印出版以及《阿里文化源流》《从象雄走来》《醉美阿里》《阿里服饰》等12种以光碟、书籍为载体的特色文化、文艺产品的出版发行极大地丰富了人民群众的文化生活。

第四节 阿里文化产业中存在的不足

一、重点文化产业区基础设施建设尚显欠缺

交通是制约阿里文化产业发展的重要因素。目前，阿里地区尚未开通火车，乘坐飞机的旅游成本过高，铁路、航空业整体发展较慢；同时，公路交通网密度过低，旺季时往往出现旅游者进不来、散不开、出不去的现象。一些文化产业区的基础设施建设还不到位，无法满足文化产业发展的需要，尤其是在一些重点文化产业区以及重要的旅游景区，还有一些基础设施破坏严重，维修不力。2016年1—8月，笔者考察了西藏著名的"圣湖"玛旁雍错的旅游情况，湖畔及周围几乎没有相应的基础设施，除了传统的"沐浴"和"转湖"活动之外，缺少相关的旅游和其他文化产业项目。位于普兰县境内的"神山"冈仁波齐，与之相关的文化产业面临着相似的情况。据普兰县HER乡的一位村民介绍，2015年旅游季节，有一对姐妹在冈仁波齐山脚下开了一个茶馆，短短几个月净收入就达70万元。这一现象深刻地揭示了当地文化产业发展中基础设施建设缺失，缺乏科学的、前瞻性的文化产业规划。

二、与"一带一路"倡议结合的深度和广度存在一定欠缺

西藏与"一带一路"倡议有着密切关系，是其重要的组成部分，而阿里作为"西藏中的西藏"，与"一带一路"倡议更是不可分割。阿里紧邻南亚地区，有许多边境乡、村，这是进一步打通南亚大通道的基础条件；同时，阿里有传统的普兰边境口岸，是通往南亚的要道，也是西藏与南亚贸易往来、文化往来的要道。但整体而言，阿里地区文化产业建设融入"一带一路"倡议的速度较慢，推动力度不足。比

如，已经规划的冈底斯国际旅游合作区①等众多重大文化产业项目虽然具有巨大的产业吸引力，成为助推"一带一路"倡议的重要动力，同时，对阿里自身产业发展或者产业走出去战略而言都具有重要意义，其本身也能从"一带一路"倡议实施中受益，但整体推进较慢，在财力资本与智力资本的筹措上路子仍显单一，办法仍不多。

三、条块分割比较严重，存在着一定的区域壁垒

目前，阿里的文化产业发展并未形成系统化的产业链条，存在着较多的产业分割现象，在生态旅游业方面表现得尤其明显。旅游资源的开发、利用以及整体可持续性规划并不完善，存在着以景点为中心的独立开发现象，有的景点甚至完全承包给独立的个人进行运作，经营状况良莠不齐，甚至由于短期利益诱惑出现破坏性开发现象。以区域划分的文化产业存在着低水平重复建设，彼此之间也存在着一定的信息壁垒、经营壁垒，甚至恶性竞争。

四、文化产业发展的微观基础有待改善和加强

阿里有着丰富的文化产业资源，文化产业发展潜力巨大，但是作为产业依托与核心的文化产业资源的存在状况以及微观环境仍有着诸多不足之处。一些偏远牧区的社会、经济、文化建设仍然落后，产业资源环境的保护存在着漏洞和不足，个别地区农牧民的文化产业发展意识严重滞后。

产业内的从业人员多以当地普通农牧民为主，专业人才严重短缺，而且从业人员整体素质普遍较低，没有受过专业的技能培训或管理培训，管理水平、服务质量有待提高。在旅游、服务等行业中，普通话普及程度低，一些服务人员和管理人员根本不会讲普通话，造成与游客交流障碍。另外，一些产业的卫生与安全条件不到位，一些旅游景区的环境卫生不达标，一些外文类标识、旅游标志不完善等。这就对改善和加强文化产业发展的微观基础提出了迫切要求。

五、一些文化资源的开发缺少科学规划，产业设计滞后

虽然阿里有许多文化产业资源，但是在资源开发上尚缺乏科学的论证和规划。一是存在着市场的短视行为，过于注重眼前利益，缺乏长远规划；二是缺乏环保意识，

---

① 冈底斯国际旅游合作区的基本范畴为：核心区围绕普兰县的"神山""圣湖"景区，沿国道219线进一步延伸，把古格土林景区、班公湖景区纳入其统一开发范围；围绕羌塘自然保护区还可以进行野生动物保护观赏。整体范围是环喜马拉雅山脉相关区域；在西藏自治区内，以阿里地区为主，覆盖日喀则市、山南地区，以普兰县、樟木镇、亚东县、吉隆县和错那县为主要节点；在国际合作区域方面，延伸至与印度和尼泊尔等国家毗邻的地区。

造成了一定的环境污染;三是缺乏产业资源的统筹规划,产业的协调发展性不足,以景点为中心而忽视区域内文化产业带的建设。

在产业的产品设计与开发上过于单一,不但产品多集中在初级的生产加工阶段,而且对当地的"神山""圣湖"、札达土林、古格遗址、班公湖鸟岛等著名旅游景区的利用不充分,相关旅游产品匮乏。反映和表现阿里地区民族文化、历史文化、民族风格的特色博物馆、美术馆、民俗展览馆的建设和投入还不到位。在生态旅游中开展的娱乐活动少,游客可参与、可体验的民俗活动和体育活动设计不足。

第五节 微观层面的产业支撑:阿里基层社会的综合建设

20世纪70年代末,伴随着中国农村体制改革,各地人民公社相继解体。在这个大背景下,西部藏族农牧区的乡村基层政权结构也随之发生了变化。牧业乡和牧业村作为基层社会的政治活动单元,其机制和作用整体调控着乡村社会的运作。同时,为了推进牧业乡村的发展,政府做了许多努力,一方面,加大了对牧业乡村社区的关注、关怀;另一方面,也给予了牧区更为宽松的政策环境,这样就使一定程度上仍保持着传统生产生活方式的"藏族牧区乡村自发恢复了社区精英组织和民间传统宗教等组织,形成了与村民自治体制互动的共事关系"[①]。

特色文化产业的根基在人民群众之中,最大的动力也来自最基层。比如,服饰文化产业没有普通老百姓的参与和创造就不会存在,生态旅游业的开展必须全心全意地依靠当地旅游资源和基层群众的积极配合,特色农牧业文化产品的开发利用也需要建立在农牧区建设与发展之上。

一、HER乡概况

笔者从综合视角对西藏阿里地区的牧业乡村进行了调查,该调查可以在一定程度上反映阿里文化产业发展的微观环境及可提升空间。调查地点为阿里地区普兰县HER乡,调查中心为HER乡GZ村,调查的时间截点为2016年7月。

HER乡是阿里地区的一个牧业乡,包括两个牧业村:GZ村和BR村。HER乡有一家邮局、一家农业银行、一家养老院、一所乡卫生院,还有一家便民诊所。便民诊所是HER乡边防派出所开设的,至2016年已有8年时间,有一名工作人员,云南人,可以用藏语与当地百姓进行简单交流。

[①] 万德卡尔:《牧区乡村的基层政权与民间制度的互动——以安多藏族牧村之实地研究为例》,载《中国藏学》2007年第2期。

（1）GZ村下辖4个作业组，共14个自然组。一组有5个自然组，分别为尼玛边卓、大达热、小达热、加达、巴热，面积分别为192、163、202、305、317平方千米，截至2015年年初，各自然组户数分别为15、19、18、22、27，人口分别为66、78、73、96、101；二组有3个自然组，分别为康空、康巴、古来，面积分别为187、166、213平方千米，截至2015年年初，各自然组户数分别为4、13、15，人口分别为15、68、76；三组有3个自然组，分别为巴琼、格来、卓萨，面积分别为244、286、233平方千米，截至2015年年初，各自然组户数分别为20、24、19，人口分别为79、94、84；四组有3个自然组，分别为卓桑、卓松加、康扎，面积分别为255、232、207平方千米，截至2015年年初，各自然组户数分别为17、18、28，人口分别为83、79、123。其中，劳动力836人（男性431人、女性405人），劳动力比例为74.97%，适龄儿童入学率为100%。全村共建有33个联保单元。

2014年，GZ村经济总收入为8175351元。人工种草饲草产量52000斤，牲畜存栏总数84121头（匹、只），核定载畜量为84200头（匹、只），村民主要收入来源于牧业。

（2）BR村位于普兰县东北部，介于冈底斯山脉和喜马拉雅山脉之间。与普兰县巴嘎乡岗莎村交界，东与日喀则仲巴县毗邻，南与尼泊尔边界相连接，北与革吉县接壤。BR村的地貌主要由高山宽谷、高山冰川、高山草甸、湖盆地貌组成，四季不明显，气温偏低，昼夜温差大，温度日变化大，干湿季分明，降水较少，多风少雨，日照充足。截至2015年年初，全村共有4个村组236户，共计851人。全村年出生率为1.08%，死亡率为0.41%。

2015年，BR村总收入为9784889元，其中，牧业收入5117575元，人均收入9125.08元，牲畜存栏控制数为29753头（匹、只），牲畜出栏数为1175头（匹、只），羊毛产量6559.4斤，羊绒产量614.2斤，酥油产量4977.6斤，劳务输出创造收入111万元。

二、HER乡基层建设的成绩

第一，在党和政府的领导下，在全国兄弟省市的大力支援下，在西藏各族群众的共同努力下，西藏的社会、文化与经济建设取得了举世瞩目的巨大进步。

牧区建设同样成绩斐然。在HER乡，"安居工程"为牧民群众提供了可定居的温暖的家；70多项实实在在的财政补贴为农牧民提供了生活保障；社会管理的"网格化"促进了牧区的社会稳定，也加强了农牧民之间的交流；"六零[①]创建"活动有力地维护了牧区社会的秩序；适当数量公共厕所的投入使用方便了群众生活；"强基

---

① "六零"指分裂活动零参与、边境山口零出入、公共安全零事故、刑事案件零发生、矛盾纠纷零积累、辖区群众零非访（零非访指没有非法上访）。

础惠民生"活动的开展为农牧民做了大量的好事实事。

第二，基层经济建设取得了长足进展，农牧民生活水平显著提高。至 2015 年年底，HER 乡新生仔畜成活率达 89%，成畜死亡率控制在 2% 以内，肉产量 17485 斤，奶产量 856 斤，乡内收购羊绒 2825 斤，羊毛 6485 斤。GZ 村农牧民人均纯收入 5600 元。

第三，社会保持了稳定，牧民幸福指数有了显著提高。在"六零创建"与"联防联富"（"双联"）等相关举措下，HER 乡保持了良好的社会秩序。从 2016 年 3 月 8 日开始的连续十多天的时间里，阿里地区 HER 乡 GZ 村驻村工作队走村入户，详细深入地了解每一户家庭的情况，除个别新增家庭在草场和牲畜方面存在着一些问题外，基本不存在纠纷与矛盾。在走访中，我们也深刻感受到老百姓对党和国家的感恩之心，感谢党和国家的好政策。

第四，当地政府加大资金统筹，推进民生项目，积极谋划致富门路。在县政府、县农牧局、县民政局、县扶贫办等部门的大力支持下，HER 乡投资 2800 万元，重点建成了乡便民服务站、乡自来水及排水工程、农牧区饮水工程等项目。并与两个驻村工作队积极配合，完成了"旅游宾馆""驾驶员培训"等多个项目，一定程度上提升了老百姓的工作技能，拓展了致富门路。

第五，整体人居环境有了较大进步。GZ 村村委会所在地路面全部硬化，安装了太阳能路灯 32 座，建设了垃圾收集池 1 座，配备了垃圾收集拖拉机 1 辆。在各作业组也划定了生活垃圾集中收集和填埋点。2012 年，投资 10 万元适度开发了 GZ 村的曲灿隆巴沸泉（温泉沟温泉），向农牧民免费开放，引导农牧民摒弃陋习、讲究卫生。

三、HER 乡基层建设存在的问题

虽然西藏农牧区基层建设取得了较大的成绩，但是牧业乡镇和牧业村建设还存在着一定的问题，必须引起足够重视，才能够在做好精准扶贫的同时推进牧区综合建设，在社会、文化与经济的范畴真正实现全面小康社会。这正是当地特色文化产业发展壮大的坚实基础。

1. 牧业发展问题

第一，牧业发展缺乏科学规划，效益低下。乡政府对牧民的养殖行为与经营行为缺乏统一指导，其作用主要体现在应急饲料发放和重大雪灾、地震灾害的急救和协调上。牧民自由经营、小规模经营、自谋销路模式导致了产能低、效益差、增收难的局面，基本保持着较为落后的传统牧业生产经营模式。

第二，畜牧品种退化，缺乏改良。由于长期处于高寒地区，未引入优质种畜，加之牧民放任配种，缺乏科学统一的指导，导致 HER 乡牛羊等品种出现退化，长速慢，个头小，市场竞争力差。

2. 脱贫开发问题

第一，贫困人数多、比重大，脱贫任务重。截至 2016 年 6 月 1 日，普兰县共有"建档立卡贫困户" 625 户 2075 人，其中 HER 乡有 208 户 699 人。在这 208 户中，GZ 村 115 户 412 人，BR 村 93 户 287 人，按人数，在普兰县的"9 村 1 社区"中分别列第 1 位和第 2 位。在普兰县 464 户（共 1323 人）低保户、"五保户"中，HER 乡有 124 户 381 人。在这 124 户中，GZ 村 58 户 198 人，BR 村 66 户 183 人，按人数，在普兰县的"9 村 1 社区"中分别列第 1 位和第 2 位。

第二，脱贫开发方式不多，"造血"能力依旧不足。在精准扶贫方式"五个一批"中，HER 乡主要采取"生态补偿脱贫"方式，而能够产生"真脱贫"作用的"生产脱贫""教育脱贫"则非常薄弱。"坚持行政推动与市场驱动相结合，走开发扶贫的路子"不到位，市场作用发挥不明显。

3. 基层组织建设与管理问题

基层组织建设仍不健全，一些制度成"空文"，管理不到位。

第一，乡镇班子、村"两委"班子能力有待提高。HER 乡工作人员以专科学历为主，无研究生学历人员，整体学历不高。对政策的理解和把握不够精准，开展科学合理的中长期发展规划的能力有待提高，推进发展的魄力不足，甚至存在着一定的应付现象。

第二，HER 乡工作管理中存在着一定的不规范现象。我们调查时发现，在严寒的冬季，HER 乡办公室管理不规范，工作人员未到办公室上班，有事时再电话联系，或者在乡食堂的暖棚中处理事情，在这期间，许多办公室甚至不上锁，文件随意堆放。工作人员中，一定程度上存在着小团伙问题，存在着较突出的酗酒问题。

第三，个别工作人员存在生活作风问题；还存在大吃大喝问题，节假日更为明显；聚众酗酒现象较突出。一些人还有进"朗玛厅"酗酒的习惯，个别工作人员甚至在"朗玛厅"酗酒后与人发生冲突，发生打架事件。

4. 社会治理问题

HER 乡政府工作人员以及普通百姓面对社会治理问题，存在着一定的"等、靠、要"思想。

第一，对"五保户"、低保户等弱势群体的问题缺乏积极作为，尚待解决。GZ 村目前只有一位"五保户"，但她既不愿住保障房，也不愿集中供养，只住在救灾帐篷中。乡政府和村"两委"班子针对这一状况进行积极作为的意识不足。

第二,一定程度上缺乏对农牧民活动和牧业发展统一的、科学的指导与规划。虽然牧业是 HER 乡的主要产业,但乡政府缺乏对牧业的整体规划,牧业产品销售也由牧民自发进行,缺乏统一规划,一些农牧民甚至上当受骗。

第三,乡镇发展规划尚欠科学、主动,在整体规划与发展上存在与牧民沟通不畅的现象。比如在是否保留、如何保留牧民原有的土坯房问题上没有达成一致,有些牧民想保留原有的土坯房来圈养牲畜,但零星分散,与乡镇周围的建筑并不协调。

第四,HER 乡环境卫生问题仍然较为突出,一些居住在乡政府所在地的牧民随地大小便现象较多;而厕所脏乱差,利用率低。2016 年下半年,乡政府每年投入 58 万元,把环境卫生承包给环保公司,整体情况有所好转。

5. 农牧民的观念问题

思想观念问题是 HER 乡牧区社会、文化和经济发展的较大障碍之一。

第一,安居房利用不充分,甚至出现闲置现象。截至 2015 年,GZ 村新建牧民安居房 172 套房,共 259 户 1115 人实现了从游牧到定居;但一些牧民不愿入住。有些房屋质量较差,甚至出现了裂纹、漏风漏雨问题。在调查中,有村民反映安居房存在着一定的质量问题,出现问题后维修又无法得到有效保障。

第二,牧民环境卫生意识不到位,厕所利用率较低。至 2015 年年底,HER 乡政府所在地共建有 6 个公共厕所,但厕所内垃圾遍地,缺乏专门人员管理和打扫。

第三,法治观念尚显薄弱,男女关系问题较多,偶发强奸现象。另据村民反映,一些人进入"朗玛厅"过度饮酒,易发生语言摩擦甚至出现打斗情况。而在该乡中,中青年聚众酗酒现象较为严重。

第四,在当地一些男青年中存在着一定的不良思想,如家庭观念薄弱,男尊女卑,缺乏责任感与担当,过分追求享乐,等等。在我们走访的 3 户家庭中,青年妇女是弱势群体,均受到了不同程度的伤害。

第五,市场和发展意识薄弱,进取意识不强,"等、靠、要"思想较为严重。在有良好的就业机会时,一些村民仍然选择"失业",理由是工作"很累",不愿吃苦。GZ 村拥有集体经济的超市和茶馆,但没有村民愿意承包和经营,后来终于承包出去,却因为经营不力而倒闭。

第六,商品经营意识不强,主要关注盖房问题。正因为如此,许多村民希望村子里自建砂石场,以方便盖房。这一看似合理的需求却反映出了很多问题。自建砂石场成本较高,而当地盖房的使用率不高,很少能够对外出租或者营业。即使一些场子对外营业,产生一定的经济收入,增加了农牧民收入,也一定程度上提升了人们的市场意识,但是多为短期行为,与生态保护和优化、推进旅游文化产业发展存在一定的矛盾。这一状况在 HER 乡以及周边乡镇、村中都存在,比如,普兰县 JR 居委会预制厂合作组织、普兰县 DY 村岗拉梅朵扶贫砂石料场均在一定程度上存在生态瓶颈、效益瓶颈和规模瓶颈。①

四、HER 乡基层建设的思路与对策

1. 畜牧业发展的思路与对策

第一，提升畜牧业项目效率，做好设施建设的落实工作。严格落实项目建设的投资问责机制，狠抓责任落实，同时加强对项目建设过程的监督、指导、检查，尤其要确保重点项目建设进度和建设质量，保证资金规范使用，坚决杜绝违反政策和财经纪律现象的发生。做好项目完工后的管理和运行评估，确定考核、奖惩机制，确保项目可持续发挥作用。

第二，深化牧区改革，创新畜牧业管理模式。进一步落实牧区的各类补贴政策，尤其强化对"畜牧良种补贴"，把牦牛、绵羊、山羊的种公畜和奶牛等均纳入畜牧良种补贴范畴，并进一步加大宣传和落实，推进种畜群品质的提升。

继续积极鼓励牧业合作组织发展，因地制宜探索牧业专业化合作组织的运营规律，建立绿色环保、效益好、增收快、具备可持续能力的专业化合作组织的运行机制。

推进草原承包经营权、确权登记试点工作，探索建立健全科学化的草原确权承包管理与运行机制。通过开展草场确权，明确草原所有权和使用权，保障广大农牧民承包经营草原的合法权益。

探索规模化生产、产业化经营、市场化运行的牧业产业化之路，扶持典型的养殖大户和家庭农场进行产业化探索，充分发挥其积极带动作用。

第三，以灵活多样的形式形成面向牧区的职业培训模式。探索推进一批面向牧区的职业学校建设，或者在拉萨等市利用现有学校进行资源、人才的整合，专门对农牧民进行培训，培训内容包括专业技术培训、市场意识培养、转移就业培训、劳务输出培训、旅游服务行业知识培训等。

加大对相关服务机构、管理部门管理人员和技术人员的培训，引入竞争和奖励机制，制定管理人员和科技人员的"包片责任状"，提升管理和服务水平。

第四，加强畜牧业科技推广力度。通过建立健全区、地（市）、县、乡四级农牧业技术推广服务体系提高畜牧业发展的整体科技含量，以解决县级牧业科技投入不足、乡镇牧业科技人员待遇低以及跳槽改行的问题为重点和抓手，首先提高乡、村两级技术人员的补贴标准。

第五，进一步加大畜牧业执法力度。加强对相关执法人员的业务培训，强化其责

---

① 资料来源于笔者 2016 年上半年对普兰县农牧合作组织的调查。

任意识，提升其素质，规范执法、严格执法。加大对全区饲料生产企业、饲料经营单位向饲料中添加违禁物的查处力度。对制售假冒牧草种子，贩卖以劣充好种畜的违法行为进行严厉打击。加大草原执法宣传，对超载放牧、草原"三化"① 严重的责任人进行查处，严格做好草原的征、占、用审核工作。

第六，在科学规划的基础上，推进畜群改良，尽快提升市场效益。请专业设计机构进行畜牧业发展与当地旅游业发展相结合的产业发展模式设计，确定方向，明确思路。在 HER 乡，有重点地推行"家庭牧场"集约化生产经营模式，以优质牛羊肉为依托，延伸牧业产业链条，发展一家肉制品加工厂。

2. 脱贫开发的思路与对策

第一，以"五个结合"指导脱贫开发总体工作，即实现脱贫开发与经济社会发展全局相结合、连片开发与分类扶持相结合、行政推动与市场驱动相结合、"三位一体"与自力更生相结合、资源开发与生态保护相结合。不能搞"片面脱贫"，也不能搞"面子脱贫"，而要提升"造血"能力，实现内生式脱贫，确保不会再返贫。

HER 乡尤其要结合当地畜牧业发展和具备优质旅游资源的实际，搞好畜牧业产业，大力发展职业教育，充分发挥"生产脱贫"和"教育脱贫"的作用。大力推进"公司+贫困户"或"公司+合作社+贫困户"的扶贫模式，把"技术/资金服务+订单生产"落到实处。

第二，HER 乡要大力发展生态旅游业，实现旅游富乡。依托"神山""圣湖"旅游优势，与 BG 乡的冈仁波齐旅游相结合，加大旅游基础设施建设，围绕吃、住、行、游、购、娱六要素，提升旅游服务能力和水平。扶持发展 4～5 家具有藏族牧民特色的现代"牧家乐"，建设 1 个小型集吃、住、购为一体的商贸中心，引进 5 名以上旅游管理服务人才。

3. 基层组织建设与管理的思路与对策

第一，整顿和加强基层建设，尤其要做好基层党组织建设，提高执政能力和服务水平。坚持依法规范基层政府活动，实现依法履职，法定职责必须为，法无授权不可为。加强基层党组织的党风廉政建设，自觉接受人民群众的监督。

第二，不断提升基层党组织的执行力和公信力。坚持勤勉履职，提升工作人员的政治意识、大局意识，强调工作作风，提升能力，打造高素质、专业化的基层公务员队伍。健全并严格执行责任制制度，确保各项政策和任务落到实处。建立健全问责制度，对拖拉和不作为行为进行相应的问责。

第三，基层组织建设的具体建议：以 HER 乡为切入点。把"两学一做"学习教

---

① 草原"三化"指草原退化、沙化、盐碱化。

育活动落到实处，杜绝"走形式、搞过场"现象，以严明的党章党规学习教育活动规范乡工作人员、村"两委"班子成员，用习近平同志系列重要讲话精神武装他们的头脑，使他们踏踏实实地做好实际工作。

2015年，HER乡60余名工作人员中只有2名汉族同志。要根据实际情况，适当协调牧业乡镇中汉族和藏族工作人员的比例。在工作中，促进各民族干部相互学习、取长补短，提高工作效率。

提升乡工作人员整体素质，权利、责任、义务明晰化。一是要树立公务人员形象，严禁大吃大喝，严禁进入"朗玛厅"聚众饮酒；二是要以优秀的"大学生村干部"优化乡村干部的年龄结构和知识结构；三是要选拔任用有魄力、有能力、有责任心的一把手。

一把手应具备的能力包括：不偏不倚贯彻中央精神的能力，领导村民自治、加强农村基层民主建设的能力，全心全意带领老百姓致富的能力，丰富农村文化生活、推进乡风文明建设的能力。

做好民主选举制度、民主决策制度、民主管理制度、民主监督制度的整体推进和落实工作。不能使涉及村民利益的民主决策、民主管理流于形式，要统一协调，落到实处。努力克服民主监督制度安排上的缺陷，发挥其应有的监督制约作用。

切实强化村民委员会作用的发挥。村民委员会是农村群众性自治组织，要充分发挥其在办理本村的公共事务和公益事业，调解民间纠纷，协助维护社会治安，向人民政府反映村民的意见、要求和提出建议等方面的作用。防止村民委员会的自治职能完全让位于行政职能和经济职能。

肃清各种小团伙，规范办公管理，严肃组织纪律，实行必要的奖惩措施。切实做好牧区乡、村中的"老板书记"（乡、村书记兼有较大的"私营企业"）工作，充分发挥"老板书记"在新牧区建设中的积极作用，防止其潜在"危险"的出现。

4. 社会治理的思路与对策

第一，采取综合举措加强和创新社会治理。2016年政府工作报告明确提出"加强和创新社会治理"，"切实保障妇女、儿童、残疾人权益，加强对农村留守儿童和妇女、老人的关爱服务。开展法治宣传教育，做好法律援助和社区矫正工作"[①]。

整合社会治理的多主体并形成合力，变被动为主动进取。探索形成主动进取型基层社会治理模式，而且这种模式的探索改革已经到了非常必要、非常紧迫的时候。首先，要积极主动地认识基层社会治理中的问题；其次，要培育多元主体的成长，促进社会治理的多元化参与，加强不同主体之间的整合。

第二，加大社会治理的具体举措有（以HER乡为例）：积极主动地解决"五保

---

① 李克强：《政府工作报告——2016年3月5日在第十二届全国人民代表大会第四次会议上》，见中华人民共和国中央人民政府：http://www.gov.cn/premier/2016-03/17/content_5054901.htm，2016-03-17。

户"等弱势群体的问题,不拖拉,不推诿。加大对乡卫生院、"爱民诊所"、养老院的利用程度。

利用基层"四制"① 进一步畅通基层民众救济的渠道。党的十八届四中全会明确了"健全公民权利救济渠道和方式"的总体方向,在立法、执法、司法、守法等法治工作基本格局上做了具体部署,要切实践行,有效保障基层农牧民的权利。

对放牧和牧业产业进一步科学规划,改变单打独斗现象,形成产业链条,进一步加大乡政府作用的发挥。

发挥集体消费作用,探索以集体消费为重要抓手的牧区治理新机制,统筹关系、组织协调,在集体消费中增加农牧民的存在感,增加对集体生活、产业发展的参与度。注重乡、村精英在集体消费中带头作用的发挥,凝聚人心,形成合力。

科学、长远规划乡镇的建设与发展,充分利用特色资源发展集体经济。大力探索牧业产业集体经济形式,农牧民专业合作社、生产合作社、供销合作社、股份合作社等集体经济形式要充分重视农牧民的意愿,做好论证,慎重而恰当地使用乡、村班子的行政力量。不能搞"一刀切"模式。

加强乡镇卫生环境建设,规范外来人口管理。成立"公共卫生工作委员会"和"精神文明建设工作委员会",分别负责村容整洁和乡风文明建设工作。设置"外来人口管理工作委员会",杜绝外来人口管理游离于村级组织之外,不断增加村干部的权威性、村民自治规则的合法性在外来人口中的认同,规范外来人口的利益和意见表达渠道。

5. 转变思想观念的思路与对策

第一,进一步规范安居房建设,加大建设的监管力度,严把工程质量,严格落实责任,排除安全隐患。加大对安居房的利用,或引入市场机制推进安居房流转,使其产生足够的生活吸引力和市场吸引力,切实成为牧民的生活财富。

第二,加大宣传教育,引入环境保护的市场机制,对环保公司的承包行为切实进行监督,对当地牧民进行教育、引导和示范,逐步改变农牧民的卫生和环保观念。

改善乡卫生院清洁卫生管理,配备相应的清洁人员,把病区清洁卫生当作医院防止感染的重要内容来抓,改革管理模式和办法,达到病区清洁卫生专业化标准。防止病区感染,降低卫生院的感染率。

第三,加强法制化建设,在加大法制宣传力度的同时要加大执法力度,尤其要以法律知识武装牧区女性,加大强奸案件的侦查力度,杜绝"打狗"现象的发生,切实保障女性权益。

以乡镇政府"购买服务"的方式,聘请律师形成乡级"律师顾问团",根据牧区

---

① "四制"指清单公示制、定期督导制、民主评议制、问责通报制。

实际情况建立村级"法律诊所",实施"法律顾问进村工程"。做好法律宣传、法律咨询,做好矛盾纠纷调解,做好法律援助服务,防患于未然。

第四,引导社会风气,尤其是引导青少年健康向上的生活方式,要特别考虑牧民文化生活的需求,丰富乡镇文化生活,建立相应的文化娱乐设施,加大牧民书屋建设力度。引导牧民选择现代婚姻形式。

要注重充分发挥乡、村干部的模范带头作用,他们不仅是牧区基层党风建设的组织者、领导者,更是实践者。领导干部所表现出来的精神风貌、行为方式和领导作风本身就是社会风气的重要组成部分。

第五,以学习、培训、参观等多种形式,加大牧区与内地乡镇之间的交流力度,在人员交流、文化交流以及经济交流方面开拓新渠道,开阔牧民群众的眼界,促其进一步转变观念。

做好观念转变的具体落实,避免流于形式。以乡为单位开展交流、汇报和谈体会活动,做到学有所思、学有所想、学有所得、学有所进。并通过多种形式,让村民出点子、找路子,充分调动他们的积极性和参与性。

第六,结合当地产业,大力推进乡镇集体经济发展。一是以集体力量推进牧业产业化、规模化,以村组和"双联户"① 为基础,建立集体牧业,让牧民切实享受到实惠;二是利用旅游和其他优势资源,建立多样的集体经济形式,比如旅游宾馆、旅游产品加工厂以及集体餐饮设施等,推进现代乡镇建设,增加集体收入,改善百姓生活。

第七,加大基础教育力度,适当拓展职业教育。目前,阿里牧区整体受教育水平为8.56%。教育的缺失是牧区发展的重大阻力之一。因此,一方面,要大力发展乡小学建设,提升师资力量;另一方面,要进一步合理布局中学教育,丰富教育形式。另外,要适当加大职业教育,推进政策性职业院校发展。

第八,结合当地实际,在农牧民中大力推进生态旅游服务业,扶持家庭旅馆和农家乐等形式的旅游产业形式。结合"神山""圣湖"等旅游资源推行现代农场机制,大力推进当地畜牧土特产产业的发展,把生态旅游业与特色畜牧业有效结合,探索相应的旅游-畜牧产品开发与营销模式。

2016年2月2日,西藏自治区党委、政府召开全区扶贫开发工作会议。会议要求,扶贫开发要把重点放在"贫困人口最集中、贫困类型最多、脱贫难度最大的地方,突出地方病高发区、深山峡谷区、高寒牧区、易灾多灾区、边远边境区等重点区域,突出一般贫困户、低保贫困户、五保户、低保户等重点人群"②。而这些地区和

---

① "双联户"指"联户平安、联户增收",是加强基层社会建设、创新基层社会管理、拓展基层致富门路的重要举措。

② 头版要闻:《全区扶贫开发工作会议强调:咬定目标精准扶贫精准脱贫 举全区之力打赢脱贫攻坚战》,载《西藏日报》2016年2月3日第1版。

群体恰恰是文化产业发展基层的支撑。会议确定的目标和任务是：

> 确保到2020年稳定实现贫困人口"三不愁"（不愁吃、不愁穿、不愁住）、"三有"（有技能、有就业、有钱花）、"三保障"（义务教育、基本医疗、社会保障），享有稳定的吃、穿、住、行、学、医、养保障，享有和谐的安居乐业环境，享有均衡的基本公共服务，享有较为完善的社会保障体系，享有充分的宗教信仰自由和宗教需求保障，享有较高的获得感和幸福指数，全区贫困人口与全国7000多万贫困人口一道全部脱贫。①

从会议确定的目标和任务可以看出，会议虽然针对的是西藏全区扶贫脱贫工作进行的部署，但包含了经济、社会、生活、文化等诸多方面，这些举措将对基层百姓的生活产生直接而重大的影响；同时，对微观上的文化产业支撑，即最基层的综合建设产生直接而重要的影响，发挥积极的作用。

第六节　阿里文化产业发展的架构与要点

一、科学构建文化产业

1. 进行文化产业资源的调查与科学划分

对阿里地区的文化产业资源进行系统的调查，建立"阿里地区文化产业资源专项数据库"，在基础数据完备的基础上进行科学的归类，形成系统的资源数据，并通过经济学模型等进行深入的数据挖掘。这是科学构建阿里文化产业规划和布局的基础。目前这项工作已经取得了较大进展，一些相关的学术研究成果也为产业资源数据的建立提供了有力的支撑。

2. 文化产业的科学构建

一是要加强产业规划和资源开发的政策性指导，做好政策保障和引导，避免低水平重复建设；二是要在进行产业资源数据关联性分析，深入挖掘内在特征与联系后，对现有的文化产业资源进行合理的筛选与组合；三是在筛选、组合过程中，要注意进行构建的文化产业链条要具有可拓展性和可深入性，避免产业构建中的短期行为；四

---

① 头版要闻：《全区扶贫开发工作会议强调：咬定目标精准扶贫精准脱贫　举全区之力打赢脱贫攻坚战》，载《西藏日报》2016年2月3日第1版。

是要注重在选择核心产业依托资源时保护与开发相结合策略的可运用性，以构建的产业竞争力高低以及可持续发展能力为标尺。

二、科学整合文化产业

1. 用发展的眼光适时打造文化产业园区

产业园区这一概念属于产业地产（industrial estate）范畴。在 20 世纪 20 年代，英国和美国出现了世界上第一批产业地产。在发达国家，1945 年之后，产业地产的开发成为不少国家的经济发展战略。到了 20 世纪 50 年代中期及之后，对城市郊区的产业地产开发成为解决内城问题的重要渠道，它与信息技术的出现和高速公路的发展相伴而生。在发展中国家，20 世纪末开始的出口加工区是随着新国际分工的深入以及产业转移而设立的。在中国，"园区"是一个集合名词，包括产业发展更广泛的内容，而且有各种新的类型。[1]

文化产业园区是整合一定区域内文化产业资源的有力武器，但是目前阿里并没有相应的产业区园，而且就目前阿里各类文化产业发展水平而言，还存在着园区建设的限制因素，比如地理环境因素、产业发展因素、管理人才因素等。

若用发展的眼光分析，阿里地区建设产业园区必须首先了解企业进入园区和选择园区区位时最主要的考量因素。法国产业园区环境特许的组织经过研究得出了两项主要因素：一是接近市场和供应商，二是高质量的环境和基础设施。[2] 由此可以给我们一定的启示，产业园区必须建立在适合企业的区位要求以及市场运作的基础上，由市场带动产业的发展，才可以保证产业园区发展的永续性，并充分发挥对文化产业的整合作用。

随着西藏经济社会的全面进步，阿里将获得越来越好的发展机遇，目前正在大力推进的冈底斯国际旅游合作区、珠峰生态文化旅游圈、羌塘草原文化旅游圈以及象雄文化旅游圈建设为阿里产业园区规划和建设提供了良好机遇与发展平台。笔者认为，阿里可以结合产业发展，尤其是旅游文化产业的发展适时推进产业园区建设。

产业园区建设要充分调研，深入研究，科学规划。企业是产业园区的行为主体，要了解和重视入驻企业的实际需求，防止把园区看作无生命的"容器"，进行简单的企业捆绑。要注重本地企业家和创意人才的培养，并积极吸引各类人才。不能仅仅关注单位面积的经济指标，还要重视园区的质量指标，包括对企业竞争力的提升、园区企业发展的可持续性和创新能力等。要利用各种措施最大限度地降低产业园区的风险。

---

[1] 参见王缉慈《中国产业园区现象的观察与思考》，载《规划师》2011 年第 9 期。
[2] 参见王缉慈《中国产业园区现象的观察与思考》，载《规划师》2011 年第 9 期。

2. 科学整合文化产业带

带状文化产业发展模式已经成为文化产业发展的新趋势和主流,带状发展也是西藏文化产业整合的主要代表。阿里的生态资源具有明显的带状分布特征;同时,目前正在推进的冈底斯国际旅游合作区等重大项目也是按带状产业进行建设的,显示出了其生命力。因此,科学构建阿里文化产业带具有非常重要的意义。在整合过程中,一方面,要考虑阿里文化产业资源的整体分布;另一方面,要考虑与"一带一路"倡议紧密结合。

在不断创新和重塑产业机制的基础上,要有力调动和激发产业带中不同企业、政府和行业协会等行为主体的积极性和创造性,构造有效的利益共享和协调机制,从整体上推动产业效率的提升和产业的进一步发展。

三、阿里文化产业发展策略

1. 进一步加强对特色文化产业的政策支持

第一,要完善相关基础设施,加大基础设施建设力度。加大普兰机场的建设力度,建设空中交通网络。保证公路交通设施建设,阿里"十三五"规划已将公路基础设施建设列入重要议程,在"十三五"时期,阿里地区交通运输规划项目投资规模预计达169.5亿元,是"十二五"期间的1.58倍。到"十三五"期末,全地区基本实现国、省干线公路"黑化"①,所有寺庙通公路,90%的乡镇和40%的行政村通硬化路。

第二,在文化产业的构建以及整合方面做好政策引领,重点推进生态旅游业发展,走特色、高端、精品路线,避免不同地区相类似的产业资源低水平重复建设。

第三,要注重加大以政策解决文化产业发展的微观环境问题,在政策的健全性和执行力度上下功夫。结合农牧民补贴"明白卡",对专门从事文化产业的农牧民另设补助项目,从农牧民自身需求与发展角度着手,避免只顾及宏观产业和大企业需求。

要积极而有效地引导对农牧民的各项政策性补助与当地产业发展相适应,并起到引导与激发农牧民积极性的作用,比如,对草原生态保护的六大项补助,在制定与实施的过程中,要注重既能起到保护草原生态、实现畜牧平衡的目的,又能通过补助的形式引导农牧民认识到草场的重要性,激发他们利用优越的自然条件创收、增收的想法,更能与当地已经开展的创收实体,比如农牧合作组织相结合,实现双赢目标。

---

① 道路"黑化"指路面铺设沥青砼。黑化道路不仅美观,而且有利于延长道路的使用寿命,是道路发展的总体趋势。

2. 围绕文化产业核心区域进行科学的产业规划

根据文化产业的不同类别、文化产业构建的特点以及文化产业整合的需要，进行科学的产业规划。其中最重要的一个考量因素是文化产业的核心区域和核心资源要素特征。

由于阿里地区以农牧业为主，所以，在规划中涉及人口迁移的概率很高，尤其是在进行生态区域文化产业的构建时更要科学合理地开展人口迁移。人口迁移涉及多层次关系，是一个复杂的系统工程，必须与精准扶贫相结合，尤其要注意以迁移方式实行精准扶贫，同时做好社会稳定工作，做好迁移群众的思想工作，以科学有效的方式把人口迁移、扶贫、开发与文化产业发展有机结合。

根据文化产业带的建设需求和规划以及与"一带一路"倡议相结合的需求，科学规划若干西藏文化产业专线铁路，既可以串联起文化产业带中的各产业"点"，又可以形成产业"线"，推进产业的带状发展；在突破区域文化产业各种壁垒的同时，又可以作为观光、旅游的"干线"；同时，注意围绕文化产业专线铁路不断拓展产业链条，催生文化产业创意，最终促进产业的科学整合。

环境问题是目前阿里基层乡村的一个较突出问题，与文化产业的构建、整合与发展要求存在着较大的冲突，一定程度上阻碍着以生态旅游业为基础和核心的文化产业的可持续发展。因此，对阿里基层社会而言，开展扶贫开发与美丽乡村建设、打造"特色小乡镇"应该紧密结合，注重以特色小乡镇为中心的文化产业"点"的建设，夯实文化产业的根基。

除了高海拔和高寒缺氧之外，阿里其他的自然条件可以说是很优越的，比如，晴天多，无雾霾，空气透明度高，水汽低，视宁度比较稳定。正因为如此，阿里受到了越来越多的天文学家的青睐，国际天文学会组织也格外推崇之。2012年，由中国海峡两岸、日本、韩国天文学家组成的东亚核心天文台联盟（EACOA）将阿里西南部作为东亚地区联合建设世界级天文观测站的候选地区。

目前，阿里地区已经建立了阿里暗夜保护区，该保护区占地2500平方千米，在其中又开辟出阿里暗夜公园，该公园海拔4200米，位于狮泉河镇以南约25千米处，包括星空体验区、望远镜观测区和旅客服务区等几个主要板块。公园的硬件建设正在进行当中。

可以说，阿里的暗夜保护区和暗夜公园具有非常大的科学研究价值和文化产业发展价值，也是当地文化产业发展模式探索的一个典型案例。截至2015年年底，亚洲尚没有被国际暗夜协会批准的暗夜地区，而阿里的暗夜保护区有望打破这一现状。目前，保护区内已经严格控制光污染，同时进一步加大开发力度，比如联合国家天文台北京天文馆以及相关大专院校、科研机构正在开展科学规划等。暗夜保护区与暗夜公园的建设将有助于创新阿里产业发展模式，引入多元建设和参与力量，提升阿里生态资源的吸引力，加大文化产业的文化附加值。当然，其今后的建设还要在探索中进行，如何进一步把它的建设与阿里其他生态资源和文化产业有机结合是探索的重点。

根据阿里地区生态旅游资源的分布特征以及地理环境、行政区划等因素，可考虑在阿里地区实行旅游文化产业的一级集聚布局模型，一级模型建立在二级集聚布局模型基础之上，也就是与县域分布相结合布局。在具体实施中强调分散布局的应用。根据需要，我们引入旅游区划分析，展示特定区划内的依托旅游资源，在特定区划内划分出旅游层次构成，从而为推进无障碍旅游以及带状旅游产业带打下基础。古格·其美多吉、索朗仁青把阿里地区划分为 5 大生态旅游区和 22 个生态旅游亚区。具体如下[①]：

"神山""圣湖"生态旅游区（Ⅰ）
  冈底斯"神山"徒步旅游亚区（$Ⅰ_1$）
  玛旁雍错"圣湖"旅游亚区（$Ⅰ_2$）
  科迦寺—贤柏林寺旅游亚区（$Ⅰ_3$）
  直达布日温泉旅游亚区（$Ⅰ_4$）

古格土林生态旅游区（Ⅱ）
  古格王朝遗址—托林寺旅游亚区（$Ⅱ_1$）
  喀孜—萨让旅游亚区（$Ⅱ_2$）
  皮央—东嘎旅游亚区（$Ⅱ_3$）
  芒囊—达瓦—穹窿旅游亚区（$Ⅱ_4$）
  香孜—迪亚旅游亚区（$Ⅱ_5$）

岩画鸟岛生态旅游区（Ⅲ）
  班公湖鸟岛—乌江旅游亚区（$Ⅲ_1$）
  日土宗山—伦珠却德林寺旅游亚区（$Ⅲ_2$）
  多玛—东汝金丝野牦牛旅游亚区（$Ⅲ_3$）

狮泉河镇红柳生态旅游区（Ⅳ）
  森格藏布河源旅游亚区（$Ⅳ_1$）
  热拉喀玛—扎西岗寺旅游亚区（$Ⅳ_2$）

羌塘高原游牧生态旅游区（Ⅴ）
  扎日南木错旅游亚区（$Ⅴ_1$）
  洞措—洛玻德庆寺旅游亚区（$Ⅴ_2$）
  如色玛米寺—扎江木寺亚区（$Ⅴ_3$）
  雄巴—亚热旅游亚区（$Ⅴ_4$）
  先遣乡—察布乡旅游亚区（$Ⅴ_5$）
  羌塘北部探险旅游亚区（$Ⅴ_6$）

[①] 参见古格·其美多吉、索朗仁青《西藏阿里地区生态旅游区划及分区开发策略》，载《西藏研究》2011 年第 5 期。笔者对一些名称做了适当改动。

"神山""圣湖"生态旅游区的层次结构如表 16-1 所示。

表 16-1 阿里"神山""圣湖"生态旅游区的层次结构①

旅游亚区	级别	主要景点	旅游活动行为层次	区位	市场结构		
冈底斯"神山"徒步旅游亚区	具国际意义的旅游区	"神山"冈仁波齐峰、冰川、构造地貌、曲古寺、止热寺、祖楚浦寺、江扎寺、色隆寺、止贡噶举派十三金塔寺等	观光旅游、宗教文化体验、徒步探险、极地体验等	资源市场混合型旅游区	国际旅游、国内旅游并重	以印度、尼泊尔南亚地区的香客旅游为中心，以美国、欧洲国家及日本、韩国、东南亚地区高端旅游者为主	以观光和体验宗教文化为主，面向全国	自驾旅游
玛旁雍错"圣湖"旅游亚区		玛旁雍错、拉昂错、贡珠错、玛旁雍错湿地、热龙寺、楚古寺、果祖寺、吉乌寺、孜杰寺、朗纳寺、本日寺和四个浴门、玛旁雍错东南岸沙堤沙滩、拉昂错东岸沙堤沙滩、扎藏布寺水热爆炸温泉、纳木那尼山、冰川冰缘地貌等	观光、探险、宗教文化体验、沙滩休闲度假、拉昂湖水上游乐、沐浴、纳木那尼雪域体验等					
科迦寺—贤柏林寺旅游亚区		马甲藏布、南喀琼宗寺、噶东嘎丹寺、贤柏林寺、贡普寺、西德拉德寺、观音石碑、珞巴寺和江宗窑洞、杂普佛殿、科迦祖拉康、歇尔村、达拉咔城堡遗址、唐嘎国际市场遗址、边贸市场、普兰农区服饰、科迦跳神、益卓仙女洞窟群等	观光旅游、购物、宗教文化体验、民俗风情、娱乐旅游					
直达布日温泉旅游亚区		朗钦藏布河源、众多奇峰、直达布日寺、温泉、泉华遗迹、堆曲寺等	宗教文化体验、科考、疗养旅游					

---

① 参见古格·其美多吉、索朗仁青《西藏阿里地区生态旅游区划及分区开发策略》，载《西藏研究》2011 年第 5 期。笔者对相关内容做了适当调整。

3. 加大文化产业的科技投入，提升产业产品质量与产量，促进产业整合

2012年，国家文化部传达出了文化与科技融合在推动文化产业发展中的重要性，并表示今后将积极协调相关部门，加大支持力度。目前，中国文化产业发展中科技投入的分量越来越重，对产业发展发挥了极为重要的推进作用。

阿里地区的文化产业发展正处于逐步探索之中，产业整合程度还较低，产业中的科技含量不到位，使旅游、文化产品生产、文化产业服务等相关链条仍处于以密集劳动式模式为主的状态之下。

加大文化产业的科技投入，一方面，可以提升文化产业产品的生产效率，推进集约化生产，同时保证和提升产品质量；另一方面，可以促进产业内的各要素进一步得到优化，促进产业的整合。

针对阿里特有的文化产业资源，可以考虑在古格王朝遗址的保护、展示，在札达土林的空间展示，在"神山""圣湖"的保护、展示，在班公湖的宣传展示，以及产品开发中充分加大科技投入。

另外，也可以考虑利用数据化技术、VR技术还原古格王朝的政治、社会、文化、生活，以科技手段还原那段神秘的历史，开拓阿里文化产业的新领域、增加新元素，从而全面带动阿里文化产业的创意高潮。

4. 深入结合"一带一路"倡议，推进无障碍旅游

生态旅游业是阿里文化产业的重要构成之一，阿里也是"一带一路"倡议的重要组成，总体而言，生态旅游业与国家"一带一路"倡议有着重要的切合点，阿里完全可以借助"一带一路"倡议提升自身生态旅游的规模与水平，推进可持续发展。

无障碍旅游是西藏旅游业发展的主流，也是必然趋势。2016年1月，阿里地区和拉萨市签署了《拉萨市与阿里地区区域旅游战略合作协议》，开启了西藏无障碍旅游的序幕，这也是阿里生态旅游业发展的新契机，标志着阿里地区和拉萨市共同谋划旅游业发展，推进实现阿里地区、拉萨市与"一带一路"倡议的有效对接。

无障碍旅游的主体内容为：以G318、G219两条国道为旅游通道及主线路，构建阿里地区、拉萨市两地旅游联合体，大力促进旅游产业的融合发展，以全局视野构建旅游发展战略，共同打造旅游品牌；协同开展旅游节庆活动，推进旅游市场营销与开发；加强信息共享，共同推介两地旅游产品、旅游线路、节庆活动等信息；建立两地之间长效合作机制，提供全面准确的跨区域旅游咨询服务。

5. 大力推进普兰县边境贸易

普兰县边境口岸是阿里地区唯一的边境口岸，但长期以来口岸的作用并未得到充分发挥。口岸贸易场地设在普兰县内，名称为"中国西藏普兰边贸市场"，但设施简陋，贸易量也非常有限，对西藏文化产业走出去战略并未发挥出大的促进作用。结合

"一带一路"倡议,加大普兰边境贸易口岸建设,使其在西藏文化产业发展中真正发挥应有的作用是阿里地区文化产业整体可持续发展的必然要求。

《西藏自治区普兰口岸发展规划(2011—2020年)》的颁布实施就是要着力把普兰县打造成为南亚贸易陆路大通道的重要"桥头堡"、面向南亚和世界的特色旅游目的地、阿里地区经济发展的重要增长极。目前,投资1.95亿元的唐嘎国际边贸市场正在建设之中,该市场将取代原来基础设施薄弱的"中国西藏普兰边贸市场",在中印、中尼贸易和文化往来中扮演更重要的角色。

同时,与推进普兰边境贸易相配套,要充分发挥阿里毗邻印度、尼泊尔等地区的地理优势,深入做好日土县独木齐列、札达县什布齐、甲尼玛、楚鲁松杰、萨让,噶尔县典角等边贸点的建设,科学布局,进一步完善基础设施和配套条件,努力营造好老百姓参与边境贸易和发展外向型经济的条件和环境,使其与普兰边境贸易相互补充。

6. 努力激发农牧民参与文化产业建设的积极性

目前,阿里地区的一些农牧民存在着"等、靠、要"的思想,严重阻碍了当地特色文化产业的构建与发展。以普兰县HER乡为例,"神山""圣湖"是当地最有名的优秀旅游资源,还有良好的农牧业资源,每年到当地旅游的国内外游客越来越多,有巨大的旅游产业发展契机,但当地的牧民们既不愿意开设旅游饭店,也不愿意承包旅游宾馆,甚至免费承包、利润全部归承包人的做法都无人响应。正因为如此,HER乡2015年获批的"特色旅游产品开发项目"在厂地和设备全部到位后,项目的运行却迟迟不能开展。

调动和激发农牧民的积极性,一是要抓典型,树标杆,充分发挥带头示范作用。比如,大力发展阿里地区"中国绒山羊之乡"建设,推进山羊绒产业化和品牌建设;支持普兰县的白糌粑、札达县的马阳酥油以及噶尔县的奶牛养殖等特色产业发展,让一部分参与其中的农牧民先富起来。二是要结合不同产业的特点,大力开发不同档次、不同价位的手工业产品,充分发挥当地有一定文化水平的村民的作用,对他们做好培训,以多种形式让他们参与到这些产品的经营之中。三是要充分发挥当地基层政府的作用,通过宣传、教育、参观考察以及从生活的点滴来逐渐改变农牧民的思想观念。

7. 加大产业微观环境建设

要注重产业核心要素、核心资源所在地区的基层环境,除了做好文化产业依托资源的保护、宣传、开发外,还要以推进小康村建设为引领,加强基层党组织建设,加大社会管理力度,改变农牧民思想观念,以综合举措加大微观环境建设。

以日土县甲岗"兴边富民小康示范村"为试点和引领,推行小康示范村建设,探索一套社会治理、经济发展、环境优雅、居民综合素质高的小康村建设模式;同时，利用村中的特色文化和资源，注重扶持示范村特色产业发展。

在札达县的楚鲁松杰、底雅、萨让、达巴，日土县的热角，噶尔县的典角，普兰县的科迦、西德、赤德等边境一线村组加大中小微型基础设施建设，切实解决群众的出行、用电、饮水以及村容村貌、房屋改造等问题。

要持续做好基层的社会稳定工作，使农牧区群众生命财产安全受到有效保护，实现基层农牧区的和谐稳定，这是产业发展的最基本保障。另外，也要加大乡村中的法律法规实施力度，让农牧群众对法律充满信心，提升依靠法律解决问题的意识，不断推进农牧区乡村的法制化建设进程。

8. 加大推进牧业产业，做好农牧业保险

牧业是阿里地区农牧民的主产业，在老百姓的日常生活中占据着主导位置，也是开展生态旅游业和其他相关产业的最重要依托。但是，由于阿里地区高寒缺氧，地理环境差，气候恶劣，雪灾、旱灾、风灾频发，甚至有"两年一小灾，三年一大灾"之说，故传统的农牧业生产仍然占据主导，牧民们多是"靠天吃饭"，牧业发展较为脆弱。大力推进牧业建设成为阿里产业发展的一个重要环节和支撑点。

为了抵御各种自然灾害，把灾害带来的影响降到最小，应大力发展农牧业保险，增强农牧业抵御自然灾害的能力，提高灾后自救、恢复生产的能力，保障农牧民利益，维护农牧业稳定发展。

有研究者认为，总体而言，"农牧保险是发展农村金融、完善农村金融体系的重要途径，是处理农牧业非系统性风险（水灾、旱灾、雪灾、风灾、病虫害等）的重要工具，是农牧业风险防范机制中的主要组成部分"①。一方面，在保险产品设计上要体现出差异化和多样化。比如，对于草场条件好、居住区域交通较为便利、牲畜较多的农牧户，发生灾害时也容易勘察取证，可以设计中等水平的保费和相关赔付金额；对于高海拔和极为偏远的农牧区，要考虑设计财政补贴的强制性最低保障政策性农牧保险。另一方面，要实行强制险与自愿保险相结合的制度，提升承保面与参与率。由于阿里特殊的地理条件，所以，还要注意充分发挥为阿里农牧区提供金融服务的农业银行的保险代理优势，以降低成本。

9. 大力推进温泉文化产业建设

人类很早就已经对温泉有所认知，而且进行了一定程度的开发利用。比如古希腊、古罗马、土耳其、中国、芬兰、日本、以色列、新西兰、韩国和印度尼西亚以及阿拉伯、中美洲等国家和地区都有利用温泉。人类对温泉的利用有一个逐步演进的过程，这一过程让我们看到了温泉与人类活动的密切关系，从中体现出了深刻的社会意

---

① 蔡海斌、胡波：《西藏农牧保险可持续发展问题研究——以阿里地区为例》，载《西南金融》2010年第6期。

义。王艳平认为:"这里可以认定温泉资源的社会属性,即一旦出现聚落,温泉的自然(无机+动物)性中就会加入众多社会性意义,这也更加印证了旅游资源的二元结构观点,本体多来自于上帝的创造,而精神来自于人间的赋予,本体加精神(价值)才构成了旅游资源的全部。社会的出现,终于使得温泉由空间成为场所。"① 这为后来的温泉旅游文化产业提供了基础。(见图16-1)

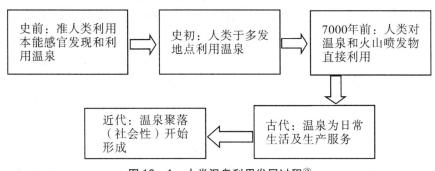

图 16-1 人类温泉利用发展过程②

(1) 阿里温泉资源简介。阿里地区有着丰富的温泉资源,目前统计共有 39 处,其中,普兰县有 2 处,分别位于巴嘎乡雄巴村和 HER 乡 GZ 村;改则县有 8 处,其中,麻米乡 3 处、察布乡 2 处、洞措乡 1 处、先遣乡 1 处、吉姆乡 1 处;措勤县共有 4 处,分别位于曲洛乡赤玛村、达雄乡才扎村、江让乡美朵村和磁石乡尼龙村;革吉县有 9 处,其中,亚热乡 5 处、文布当桑乡 2 处、盐湖乡和雄巴各 1 处;札达县有 3 处,其中,达巴乡曲龙村 1 处、底雅乡什布奇村 2 处;噶尔县有 6 处,其中,门士乡 3 处、昆莎乡 2 处、左左乡 1 处;日土县有 7 处,均集中在东汝乡。

普兰县的两处温泉分别是巴嘎乡雄巴村的吉乌贡巴亚沸泉和位于 HER 乡 GZ 村的玛旁雍错东南方向的曲灿隆巴沸泉。吉乌贡巴亚沸泉具体位于雄巴村南吉乌贡巴组西侧,玛旁雍错西北角的河床中,距玛旁雍错约 500 米。主泉口为喷高约半米的热喷泉,水温最高为 81 摄氏度,其他几个泉眼温度为 79~81 摄氏度,总涌水量约 20 升/秒。曲灿隆巴沸泉面积约 15 平方千米,那里是西藏较强烈的地热活动地之一。温泉的中心是一座水热爆炸角砾岩丘,胶结物为质地坚硬的灰白色硅华,四周有水热爆炸形成的热水湖、沸喷泉、热泉、温泉和热水溪等,泉口最高温度为 95 摄氏度,总涌水量约为 80 升/秒。

改则县 8 处温泉中,有 3 处具有一定规模。第一处是位于先遣乡的久扎温泉,距县城约 400 千米;第二处是位于察布乡的迪益温泉,距县城约 170 千米;第三处是位于洞措乡的夏鲁玛卓姆温泉,距县城约 117 千米。前两处温泉对治疗牲畜的皮癣病有

---

① 王艳平:《温泉旅游研究导论》,中国旅游出版社 2007 年版,第 7 页。
② 参见王艳平《温泉旅游研究导论》,中国旅游出版社 2007 年版,第 5 页。

一定的疗效,第三处温泉对治疗骨关节病和胃病都具有一定的疗效。另外,麻米乡吓夏村的2处温泉也较为有名,分别为曲萨吉吉温泉和曲萨热果温泉。曲萨吉吉温泉位于距村委会约10千米处,呈带状,长约2千米,宽约0.3千米,泉水呈青蓝色,水温40~60摄氏度。曲萨热果温泉位于吓夏村村委会西北部约7千米处,该温泉热水发源地为董木蓉河,泉水为青蓝色,水温40~50摄氏度,呈水沟状分布。

措勤县共有4处温泉。位于曲洛乡赤玛村的是恬妞温泉,该泉距207省道5千米左右,面积约20平方米,主要有两大泉眼,水温在70摄氏度以上。位于达雄乡才扎村的是才扎温泉,在才扎村东南约10千米的山谷里,有大小2个泉眼,水温最高50摄氏度,水流呈现不同色彩,而且堆有上百块玛尼石。位于江让乡美朵村的是格林温泉,有形状各异的泉眼10多个,泉眼直径在20厘米左右。位于磁石乡尼龙村的尼龙温泉虽然面积只有16平方米,水温40摄氏度左右,但有着非常好的医疗作用,措勤县的藏医院就利用该温泉水为群众治病。

革吉县亚热乡的5处温泉分别为:距乡政府50千米的拉巴温泉、距乡政府160千米的杂桑温泉、距乡政府150千米的佳龙温泉、距乡政府130千米的擦多温泉、距乡政府140千米的斯日温泉。文布当桑乡的2处温泉分别为土巴温泉和查念温泉(亦称查查温泉)。土巴温泉距乡政府70千米,附近可以参观巴青措和野生动物;查念温泉距乡政府80千米。盐湖乡的1处温泉是爬易温泉,距乡政府130千米,位于羌堆村三组,北面靠近日土县。雄巴乡温泉距乡政府8千米,位于多仁村二组,据当地村民说,相传莲花大师曾开光,后来该温泉水成为药王佛的配药水。

札达县的曲龙温泉位于达巴乡曲龙村,温泉有3个泉眼,据考证该温泉水具有治痛风、关节炎、皮肤病和肾虚的功效。什布奇温泉位于什布奇村西北4千米处,坐落在喜马拉雅山脚下和象泉河边,总面积15平方米,深度约0.45米,水温为46~80摄氏度。热尼温泉位于什布奇村热尼组向东2千米处,坐落在久牧拉日山下,面积为10平方米,深度约0.20米,水温为15~20摄氏度。该温泉水对风湿、关节炎具有较好的治疗效果。

噶尔县门士乡的3处温泉分别是芝达布日温泉、曲萨热杰温泉和阿姆纳布温泉。芝达布日温泉位于门士乡门士村芝达布日寺附近,主要的泉眼有2个,但有泉眼增减的情况,发生过自然转移,因此,具体的泉眼数量不固定。曲萨热杰温泉位于门士乡索多村三组夏季草场附近的曲萨热杰山,距219国道约8千米。该温泉共有7个泉眼,其中有2个主泉眼,中间隔一座小山,属于同一种温泉类型。阿姆纳布温泉位于门士乡索堆村二组,在两座山之间,有2个泉眼,相距不足1米。大的泉眼被峡谷内的河水覆盖,只能见到河水泛涌,冒出水泡;另一泉眼距河水0.5米左右,喷射力强,最高喷射高度达5米,泉水量较大。昆莎乡的2处温泉分别是那木如温泉和强马普温泉。那木如温泉位于昆莎乡那木如村附近,距219国道约3千米,主要有4个泉眼,出水量较好。强马普温泉位于昆莎乡索麦村四组,距219国道约35千米,泉水温和。左左乡的1处温泉是朗久温泉,位于朗久村内,相传该温泉有108个泉眼,现在可以看到 20 多个，其中有 13 个属于 1983 年修建朗久地热发电站时挖掘的井口。

日土县东汝乡有 7 处温泉。龙马卡扎、折功尖日、龙王巴巴这 3 处温泉位于东汝村；曲增热工、龙马那栋、龙娃日窝这 3 处温泉位于松西村；另外，在东汝乡的阿如村有一处叫龙马哈无的温泉，距东汝乡 180 千米。

在这些众多的温泉当中，只有很少的温泉投入了资金，进行了产业开发，比如噶尔县的那木如温泉和普兰县的吉乌贡巴亚沸泉。那木如温泉设施相对较好，有采暖大池和附属设施以及包间、水塔、废水处理设施等，有较好的知名度，每年收入在 20 万元左右。吉乌贡巴亚沸泉有最简单的设施，2015 年接待游客 5000 多人，收入近 20 万元。其他温泉基本处于未开发状态或者未规划状态。

（2）阿里温泉资源与开发中存在的问题。一方面，由于温泉周边存在着一定的乱挖乱建现象，加之对温泉资源没有专门的保护规划，因此，一些温泉出现了退化现象，温泉水流量和喷水力度都出现了下降现象。正是由于缺乏科学规划以及有效的保护方案，一些藏传佛教信众认为是这种混乱现象的存在导致泉水中的"培东"[①] 在消失。实际上，在人类发展历史中存在着许多关于温泉与宗教崇拜的现象。比如，早在公元前 3000 年前，意大利就已经把温泉与许多宗教传说和仪式联系到一起了。在西西里自然隧洞中发现的大型花瓶和葬穴就在 39 摄氏度硫黄温泉的旁边。古希腊人认为，温泉水是神圣的，是奥林匹斯诸神的赠物，神圣不可侵犯。而在约旦谷地一直在进行着与宗教有关的温泉浴疗法实践。这种温泉与宗教文化之间的关系不可能也不可以人为地禁止，或者完全不顾，所以，除了科学规划、严格管理外，还要注意，对阿里温泉文化产业的开发必须考虑到当地宗教文化，使二者协调发展。

另外，阿里地区温泉的医疗作用还有待于进一步研究和开发。虽然人类对温泉的利用早已出现了"汤治"以及用于身体保健上，比如在公元 1—3 世纪，以温泉治疗疾病的活动已经大量存在于欧洲大陆。在罗马帝国前后，位于死海与加利利海（Galilee）之间的约旦裂谷就有 4 个温泉用于治疗疾病，其中的梯波雷厄斯（Tiberias）和哈玛特嘎得（Hammat Gader）目前还在利用中。[②]

目前，阿里温泉的医疗作用一直是沿用民间流传的方法，缺乏现代医学的有力验证。对温泉水中所含物质的具体成分还缺乏科学的深入研究，关于温泉方面的禁忌并不明确，温泉对疾病的治疗过程和疗效也显得相对盲目。

（3）阿里温泉文化产业发展的策略。

第一，对阿里丰富的温泉资源进行深入的科学研究，建立系统、科学的数据库，对发展温泉文化产业进行全面科学地规划设计。在进行规划设计时，尤其要注意在促进西藏旅游文化产业大力发展的同时，必须把温泉文化产业与旅游文化产业结合起

[①] "培东"是藏语音译，指的是温泉中出来的白色的颗粒，这些颗粒被藏传佛教信众视为珍贵的圣物，可以放入经书、佛塔、佛像中作为装饰。据称在过去每年藏历吉日，人们可以在温泉中捞取到"培东"。

[②] 参见王艳平《温泉旅游研究导论》，中国旅游出版社 2007 年版，第 15 页。

来,做好长远规划,为农牧民增收的同时,还要注重生态环境的保护,以及医疗、卫生和周边文化的适应。切忌无规划盲目开发,应首先通过有关地质、环境和文化部门及专家的论证,做好产业发展与周边环境保护的协同发展。

第二,推进温泉文化产业的发展,还要注意加大与温泉产业发展相关的基础设施建设力度。可以说,阿里目前的温泉开发基础设施还非常薄弱,文化产业基本处于自发、自由状态。因此,一是要根据客源的规模和状况,适度建设温泉蓄水池、泡水池以及住宿和餐饮等基础设施,预防周边自挖乱建,保护温泉环境;二是对那木如温泉等已经开发的温泉,要继续进行科学规划,适当扩建、新建相关的服务设施,提升服务质量;三是要根据温泉的分布,建设和改善交通基础设施。

第三,要全力保护温泉及周边的自然环境。除噶尔县和普兰县的温泉外,其他的温泉多处于寺庙周围,这就要充分考虑温泉文化产业与寺庙文化及周边环境的关系,充分尊重当地信教群众的宗教意识以及当地的民俗,在特定范围内严禁乱挖乱建。

第四,要加大对温泉医疗作用的科学研究力度,尤其要把中医和藏医手段与经验融入其中,在此基础上,建立完备的温泉研究数据,明确不同温泉的医疗作用,并在相应的温泉周围悬挂温泉医疗功能的说明牌,更好地为游客、患者和社会服务。对医疗效果突出的温泉,还要进一步发掘功能,使其充分发挥作用,并在相应的医疗机构设立专门治疗点,在更多的医院进行推广,大力提升阿里温泉医疗文化产业。

除了对疾病有一定疗效外,温泉与保健疗养、养生之间也存在着紧密的关系。利用温泉保健和疗养的现象已经广泛存在。温泉保健指的是利用温泉的一些功效来达到对人身体健康的呵护作用;温泉养生则是通过温泉的功效实现对未来身体健康状况的一种良好预期,而非仅指现在的行为。J. N. Goodrich 于 1994 年归纳了温泉地可以开展的保健疗养与养生的相关活动,包括医学性质活动和其他活动两大类,共有 21 个小类(详见表 16-2)。整体而言,温泉养生目前开展得并不深入,在西藏更处于初步尝试阶段。

表 16-2 J. N. Goodrich 温泉地保健疗养与养生活动[①]

医学性质活动	其他活动
医学检查	蔬菜等特殊食疗
营养注射	日常体育运动
针灸	印度瑜伽
水中按摩	室内室外温泉浴场
身体按摩	桑拿

---

① 王艳平:《温泉旅游研究导论》,中国旅游出版社 2007 年版,第 24 页。

续表 16-2

医学性质活动	其他活动
细胞组织治疗	戒烟
水疗	特殊沐浴
泥疗	阳光疗养
草药涂疗	肌肉锻炼
草药搽疗	美容
Relax 技术	

日本利用温泉开展的保健疗养、养生活动较为发达，一些做法可以为阿里的温泉保健、养生开发提供一些启发。日本汤布院町于 1978 年就开始设计"活用自然，官民一体化温泉地建设"事业，1998 年设置了健康咨询室；另外，还考虑顾客在温泉地的滞留时间，合理规划设计，针对温泉当地特色饮食制订相应的温泉美食计划等。

在规划中要充分重视旅游与温泉产业的结合，形成特色的阿里温泉旅游文化产业。在设计中，要注意温泉旅游直接与气温有关，春秋季是温泉旅游的好时节；夏季气温高，冬季气温低，所以，较少开展旅游活动。对阿里而言，春季温度不高，而夏季早晚温度也不高；冬季虽然严寒，但在当地使用非常多的"暖棚"中却又非常舒适。因此，在基础设施建设到位的情况下，一年四季都可以开展温泉旅游。

在开发理念上，可以考虑以政府开发为主、企业开发为辅的开发理念。在选择企业时要注意选择那些信誉度高的专业性企业，这是由于温泉的开发与顾客的健康直接相关；同时，还要对开发企业进行严格的规范，防止企业的投机行为发生。

10. 打造阿里特色乡村

阿里的乡村是特色文化产业形成与发展的基础和依托，因此，要把乡村建设与文化产业发展相结合，根据乡村的实际情况打造有特色的乡村文化和产业。我们以西藏阿里地区噶尔县的高原边境村——典角村为例做简要说明，时间截点为 2016 年年底。

典角村海拔 4250 米，与印度隔河相望，地理位置极为重要。以前有"三户村"之称。在 1988 年前后，为了固边护边和开展反蚕食、反渗透斗争需要，许多群众从狮泉河镇迁居到了典角村。几年前，典角村的生态保护与经济发展之间仍然存在着矛盾，守土固边与群众增收无法平衡，发展的动力不足。

现在的典角村有两个作业组，共 45 户 165 人。该村以基础设施建设为先导，积极进行产业结构调整，提高了边境乡小学、村幼儿园、村医务室等重要设施的硬件和软件水平，有了更好的便民服务，使当地群众能够就近就业，增收致富，享受到优质的便民公共服务。典角村已经成为边境示范村，全村人均收入达到了 7600 元，同比增加了 21.7%。以下是典角村的做法：

第一，大力发展村集体经济。购买了东风卡车 2 辆、挖掘机 1 辆，并且动员 12 户群众组建了村运输合作社。同时，为了提高农牧民技能，噶尔县人力资源和社会保障局联合县政法、农牧、扶贫等部门为村民们开展了车辆驾驶、机械维修和蔬菜种植等技能培训。典角村的集体经济获得了强大的发展动力。

第二，利用自身优势，实现人工种草 600 余亩，组织村民开展短期育肥项目，并积极种植蔬菜大棚，在保证生态良好的基础上，增加了农牧民的经济收入，实现了生态保护与经济发展的共同进步。

第三，利用自身的种植与畜牧条件，改良粮食和牲畜品种，提升了市场竞争力。引入"藏青-2000"，青稞产量得到了大幅度提高，亩产由原来的 220 斤提高到 470 斤。从日土县引进白绒山羊进行山羊改良，提升了山羊绒的质量。

第四，进一步做好护边工作。采取积极措施，在增加群众责任感的同时提升相应的收入。村里聘任了民兵 32 人、联防员 10 人、护边员 12 人，并严格按照一定的标准进行补助，通过参与护边巡逻等维稳任务，群众收入每年增收 30 余万元。

在典角村的做法中，有三点值得关注：一是大力发展村集体经济，二是抓住自身资源优势和产业特色，三是把地理位置转化为产业元素和优势。在阿里，无论是在农区、半农半牧区还是纯牧区，每一个村庄都有其自身的特色和魅力，比如，科迦村有生态优势和宗教文化特色，岗莎村紧邻冈仁波齐景区，雄巴村位于玛旁雍错之畔且有温泉资源，等等，这些村庄都可以结合自身的优势资源来推进乡村产业发展，这不但可行，而且十分必要。

11. 大力推进阿里乡村牧区旅游

（1）乡村牧区旅游是阿里发展的重要动力。乡村牧区旅游业已经成为旅游文化产业的最重要组成部分之一。首先，乡村旅游是老年人旅游休闲的首选。近年来，随着人口结构的变化，我国老龄人口数量迅速增加，到 2020 年，预计老年人口数量将达到 2.4 亿，老龄化水平超过 17%。老年休闲市场将成为旅游文化产业的最主要构成。其次，随着经济社会的发展，人们对生活休闲质量的追求越来越高，传统的景区、景点"观光游"已无法满足旅游消费需求，乡村牧区旅游以休闲旅游、度假旅游、体验生活的特色受到消费者青睐。最后，从投资意向的角度而言，传统产业领域吸引力有所弱化，乡村旅游综合体投资成为投资者关注的新焦点。

西藏有众多优质的乡村牧区旅游资源，有着巨大的乡村牧区旅游潜力，也已经涌现出林芝鲁朗小镇等诸多典型。阿里地区以牧区为主，有着丰富且优质的牧区旅游资源。普兰县普兰镇以及科迦村为半农半牧地区，有边贸口岸市场和科迦寺、贤柏林寺等人文景观，夏秋季气候温润凉爽，普兰县城和普兰镇、科迦村连为一体，能够保证乡村牧区旅游所需要的各项基础设施和硬软件需求。其他乡村牧区旅游的开展主要依托各类优质自然资源和人文景观，同时与县域的基础设施相结合。

（2）阿里乡村牧区旅游发展的方向与目标。目前，乡村旅游发展迅速，内容主要包括观光、休闲、考察、学习、体验、康体、娱乐等。多元一体的综合型乡村旅游模式成为乡村旅游的最重要发展方向。

阿里乡村牧区旅游应把握这样的方向和发展趋势，结合不同农牧区特色有重点推进，但必须与当地的自然资源和人文资源紧密结合，充分利用好独特的文化资源；同时，要根据阿里高海拔特点以及四季不同的旅游模式，安排好乡村牧区旅游的主打产品。

至于发展的模式和思路，阿里的乡村牧区旅游要有规划地逐渐走高端精品路线，把观光、休闲、考察、学习、体验、康体、娱乐等乡村牧区旅游要素融合于一体；同时，处理好普通旅游者的诸多需求满足问题。

在发展目标方面，通过大力发展阿里地区的乡村牧区旅游，形成独具阿里特色的种类丰富的乡村牧区旅游产品体系，把乡村牧区旅游业培育成阿里农牧区经济的动力引擎，通过乡村牧区旅游业拉动当地经济和其他各类产业发展，促进旅游消费市场发育，提升旅游消费热点。通过特色旅游消费，逐步推进阿里农牧区特色产品体系的形成，促进阿里特色产业效益多元化，同时提升产业服务水平和规范化。

在具体工作中，要因地制宜，大力开发参与性、体验性、知识性的阿里文化旅游项目，包括农牧区生活文化、服饰文化、居住文化、牛羊饲养放牧文化、饮食文化以及民间故事和传说；做好"神山""圣湖"、古格王朝遗址、班公湖等重点景区规划和建设；做好"朝圣游"的整体规划和建设。

(3) 阿里乡村牧区旅游发展的模式。阿里精品乡村牧区旅游综合体是以文化软实力为核心竞争力的文化产业发展模式，文化是发展模式的核心，特有的生活方式、生产方式是发展模式的基础和纽带。下面我们简要介绍该模式的要点。

第一，阿里的乡村牧区旅游发展与小城镇建设相结合。乡村牧区旅游开发要与中心小城镇建设相结合。小城镇的规划建设要结合当地实际发展情况和资源状况进行，严格控制中心小城镇风貌建设，严控贪大求全，建设精品小城镇，使特色精品小城镇成为重要的旅游吸引物。科学规划、适度发展乡镇企业、旅游商业、农牧合作组织等小城镇经济组织。

第二，阿里的资源保护与打造"生态个性"紧密结合。优质自然生态资源是阿里地区乡村牧区旅游开展的前提和基础，而"生态个性"则是特色和重要吸引物。因此，在乡村牧区旅游开发中，要处理好资源开发与环境保护之间的协调问题，处理好资源保护与生态个性塑造之间的关系，防止开发带来的环境污染和资源破坏，在旅游资源开发中坚持"在保护中开发，在开发中保护"，打造优质生态下的个性化，走可持续发展之路。

第三，阿里的乡村牧区旅游开发与当地产业发展紧密结合。乡村牧区旅游开发，不能简单地理解为一种纯粹的农业资源开发模式或者是旅游资源开发模式，而应该被看作当地经济社会发展的综合体，因此，必须与当地其他产业发展结合起来融合发展，更要注重与境内其他旅游资源和旅游景区的开发建设相结合，形成强大的吸引核，突出竞争优势，形成资源共享、优势互补、协同发展的格局。

第四，阿里的乡村牧区旅游开发与当地的精准扶贫紧密结合。产业发展是阿里农牧区脱贫的重要手段之一，而乡村农牧区旅游是产业发展最主要的动力和吸引力所在。一方面，大力发展乡村牧区旅游可以大大增加当地农牧民的就业机会，不但在一定程度上解决农牧区劳动力的就业问题，而且可以大大增加农牧民的经营性收入，显著提升收入水平；另一方面，大力发展乡村牧区旅游开发，有助于改变农牧民长期存在的"等、靠、要"思想，摆脱文化贫困的桎梏，激发农牧民的市场意识，在精准扶贫和脱贫工作中提升自身的造血功能，避免返贫现象的发生。

（4）乡村牧区旅游的管理模式。乡村牧区旅游的管理模式可以划分为政府直接经营管理和市场化经营管理两大模式。

政府直接经营管理指的是政府集旅游资源、景区的所有者和经营者于一身，旅游规划和建设由国家财政负担；同时，旅游的门票价格和其他相关旅游产品价格由国家统一定价，收入上缴国家。这一模式有利于把握乡村旅游开发的科学性和整体性，在自然资源和人文资源遗产的保护、控制旅游的过度开发方面发挥着积极的作用，在资源整合和公共利益保护方面也具有突出的作用。但这一模式忽视了市场机制，导致资源得不到最优化配置，在可持续发展能力上存在明显不足。

市场化经营管理模式指的是乡村旅游资源的所有权和经营权分离，资源所有权归国家所有，但经营权赋予市场主体，把旅游资源和旅游产品统一纳入旅游文化产业之中，以市场化机制配置资源，提升乡村旅游的可持续发展能力。景区的市场化方式可以主要划分为两种，一种是以项目为依托进行招商引资，形成多个投资主体并存，共同进入景区行使经营权；另一种是单独一家投资者完成全部投资，并承包经营权，进行垄断经营。这一模式虽然可以有效调动市场机制，提升旅游产业的市场效益，但是由于受到利益驱动，企业可能在市场中只注重短期效益和经济效益，而忽视社会效益、环境效益，甚至会破坏生态环境，从而偏离乡村牧区旅游的正确发展轨道。

综合两种管理模式，我们发现阿里乡村牧区旅游管理应在政府科学规划、正确指导下，运用市场化手段进行管理运作。政府发挥的作用主要是运用行政手段、法律手段等综合举措，科学规划、正确指导、积极引导乡村牧区旅游建设及旅游企业的开发和经营，指导和鼓励旅游企业充分利用市场机制，积极探索旅游产业和旅游景区经营管理的新模式。

第七节　阿里农牧业合作组织调查：大力发展新型集体经济

我们这里所说的农牧业合作组织指的是在农牧区围绕某种（或某类）商品的生产与经营而建立的农村合作经济组织。它是在农牧民自愿、互利的基础上联合兴办起来的。

一、总体发展状况

自 2007 年 7 月 1 日《中华人民共和国农民专业合作社法》颁布实施以来，农牧民专业合作社得到了快速发展，在农牧区经济发展和农牧民增收，以及现代农牧业、新农村建设方面均发挥了重要的作用。

近年来，阿里地区的农牧民专业合作组织得到了一定程度的发展，比如，改则镇鲁仁居委会蔬菜种植专业合作社、托林镇无公害蔬菜种植协会、日土村民俗旅游度假专业合作社、革吉镇那普居委会经济合作社等合作社建设已经较为规范，取得了较好的效果。截至 2015 年年底，阿里地区共有农牧民专业合作社 140 余家，参加合作社的农牧民有 12340 多户，共计 42700 余人。在 140 多家农牧民专业合作社当中，有 87 家正式登记注册，注册资金达到 11226 万元。2014 年，阿里地区农民专业合作社经营总收入达到 4421.32 万元。

总体而言，这些农牧合作组织在扭转农牧民"等、靠、要"思想观念上，在致富增收方面发挥了积极的作用，是阿里地区推进经济社会发展，激活农牧区活力的重要举措；但同时也存在一些问题，需要高度重视，认真调查，积极解决，以保证和促进农牧合作组织的良性可持续发展。

二、存在的主要问题

1. 参与合作社的农牧民意识落后，合作社的组织化程度不高

虽然农牧民专业合作社已经覆盖了阿里地区各乡镇，但是目前基础差，规模小，底子薄，基础设施落后，手段落后，技术力量薄弱，尤其缺乏管理人员。很多合作社成员商品意识、经营意识、企业意识和竞争意识淡薄，而且绝大多数合作社的产业链条短，仅仅集中在初级产品的生产、加工和销售上，远未形成产业规模。

2. 合作社的生产力水平低，农牧民增收缓慢

一些合作社只是在形式上把农牧民拉入合作社框架内，生产性质和方式没有变化，依然是自给自足，分散孤立，机械化水平低，科技含量低，整体经营管理不到位，所以，合作社效益差，增收缓慢。就整个阿里地区而言，2014 年，参加合作社的农牧民人均增收仅仅为 1543 元。

3. 合作社的建设、运行机制尚不健全、不完善

一些合作社流于形式，有名无实，也有一些管理不规范，规章制度不完善，甚至没有规章制度，其中一些合作社还没有固定的办公场所。在合作社的长远发展、应对

市场竞争上严重缺乏科学规划。

4. 合作社多雷同，特色不突出

合作社中以砂石场和商店等形式居多，随着阿里地区旅游业的大发展，也出现了一些旅游合作社。有一种现象值得注意：阿里地区以畜牧业为主，畜牧业也是目前农牧民的主要收入来源，但以畜牧业为主的合作社较少，而且形式单一，主要是牲畜短期育肥合作组织。另外，在普兰和札达气候条件较好、适合大力发展特色种植业的区域，特色种植业合作社发展并不充分。过于注重短期效益的创收队、砂石场等项目不但雷同，而且缺乏可持续性。

5. 规模较小，带动能力差

由于多数合作社是以村为单位组建的，所以，总体规模偏小，形式单一，尤其缺乏高水平的专业技术人员，因此，对农牧民致富的带动能力不强，更没有形成产业化发展。以措勤县石材加工厂为例，该厂每半个月加工1车石材，而阿里地区建筑施工期通常在夏季的3个月，所以，该合作社仅仅能生产6车石材，不能满足市场需求，而且效益低下。

6. 财务制度不健全，缺乏专业的财务人员

一些合作社所制定的规章制度以及财务制度大多数流于形式，甚至有的合作社根本就没有财务制度，有的也只有内部的收支流水账。担任会计和出纳的人员多是无证上岗，即使专职会计人员也大多来自社员，缺乏专业知识，文化素质较低。在实际的财务处理中，存在着大量的白条入账现象，一些审批不规范、不严格。财务人员更换频繁，而且进行更换时移交不及时、手续不规范现象较为严重。

7. 相关管理部门重扶持轻监管，合作社可持续性差

各类合作组织成立时门槛低，但是成立之后相关部门对合作社的监管不到位，造成一些合作社发展没有可持续性，有的甚至很快倒闭。监督管理部门在对合作社的跟踪和指导上功能发挥不足，甚至功能缺失。少数部门各自为政，部门之间相互封闭，缺少必要的沟通与协调。各部门支持经费的划拨缺少科学规划，同时投入、重复投入到同一项目的现象也有发生。

三、思路与对策

1. 通过多种形式争取资金，解决制约发展的突出问题

第一，建议加大阿里地区对农牧合作组织建设的专项经费投入；加大对口支援省

份援助资金向农牧合作组织的注入；积极吸收农牧民资金进入合作组织，以入股方式筹集社会民间资本；农业银行向农牧合作组织入股的农户发放信用卡，农牧民可凭信用卡进行小额无担保抵押贷款。

第二，育肥项目要积极开辟荒地，建设水渠，做到"草业先行"，有效扩大育肥规模；以乡镇为单位为肉类产品销售构建可靠、高效渠道。

第三，种植耕作类合作社要改进田间耕作方式，向精耕细作转变，做好土壤改良、除草净土、种子精选、病虫害防治等各环节工作，提升单位产量，保证质量。

第四，在适宜地区积极引导种植业合作社应用地膜覆盖配套等节水农业技术，拓展作物种植空间和产业链条。把牧草业、经济作物和饲料加工相结合，推进种植业合作社的"粮经"作物二元结构向"粮经饲"三元结构转变。

2. 结合产业发展和市场需求，积极调整合作社产业结构，增强适应市场能力，提升可持续发展能力

第一，在阿里地区设立"农牧合作组织专项计划单列规划"，在不改变行政区划及行政管理体制的情况下，对合作社发展进行单列规划，设立专项发展基金，用于阿里地区各类农牧合作组织发展。

第二，鼓励阿里地区相关经贸中介经纪组织参与农牧合作社建设，申请注册商标，积极推进现代企业制度，激发合作组织活力，提升市场竞争力。

第三，大力推进"合作社+贫困户"或"公司+合作社+贫困户"的农牧合作组织发展模式，把"技术/资金服务+订单生产"落到实处，在搞活合作社经营的同时，积极调动贫困户参与的积极性，把合作社发展与扶贫开发结合起来。

第四，把农牧合作组织与生态资源的保护、优化相结合，立足当地的资源环境承载能力，创新土地、草场、林地经营权流转机制和利益联结机制。以农牧区经济社会转型提升为突破口，探索建立科学、合理、适度的资源开发新模式。

3. 大力提升从业人员的综合素质，创新科技服务机制

第一，对现有从业人员，包括合作社的管理人员和财会人员进行专业知识和综合素质的培训，提升工作能力，促进合作社有效的管理和运行。

第二，从大专院校引进懂经营善管理的专业人才，提升整体从业人员的科学文化素质和经营管理能力。做好引进人才的管理和待遇工作，实现人才"引得进，留得住"。

第三，相关各级管理部门也要做好人才支持工作，把懂经营、责任心强、懂管理的人充实到合作社的领导岗位，并加强监管和考核，为他们创造有吸引力的发展空间。

第四，建立完善的阿里地区农牧合作组织医疗制度，实行合作组织免费医疗，结合实际提高补助标准。进一步落实对农牧民子女教育的"三包政策"（即包吃、包

住、包学习费用)。

第五，建立"阿里农牧组织科技服务机制"。以县为单位设立专门的农牧组织科技服务人员，做好对农牧组织发展的科技服务工作。建立相应的激励和考核机制，充分发挥科技服务农牧组织的作用，加强科技的指导，用科技武装农牧组织。

4. 加强会计规范化建设，创新财务管理机制

第一，相关管理部门要规范资金的审批使用程序，建立健全责任追究制度，防止贪污、侵占、挪用资金行为的发生。做到专款专用。

第二，加强和规范会计基础工作。认真开展会计基础工作规范化管理，建立会计人员岗位责任制，抓好会计基础工作建设。具备条件的合作组织要设立专门的会计和出纳人员，不具备条件的合作组织可以几个组织联合聘用会计和出纳人员，加强现金管理。

第三，提高会计人员素质。对合作组织中的会计人员，既要重视其业务素质的培训，也要重视其职业道德的培养。可以在阿里地区或县一级部门开展集中培训，也可以开展"流动培训"。

第四，逐步推进"会计委派制"，从根本上治理会计信息失真问题。由阿里地区统一委派会计人员担任各类农牧合作组织的会计，避免会计人员在机构或隶属关系上与合作组织产生纠缠，确立其第三者地位。

第五，加强外部的审计监督，引入第三方监督机制。可以以阿里地区为单位，定期或不定期开展第三方监督巡查。

5. 转变管理部门职能，加强科学规划和管理

第一，进一步改进管理部门的管理方式，改善服务态度，真正帮助解决合作社发展中遇到的困难。在合作社发展方向、经营模式等方面加强指导和监督，并以多种形式加大对从业人员的培训力度，提供相应的政策咨询。

第二，通过"树典型、全方位推进"等方式，对优秀农牧合作组织加大宣传和推广力度，切实产生带动效用，使农牧合作组织成为阿里文化产业发展的重要依托和形式。

第三，加强许可行为监管。规范农牧合作社的种植、放牧以及相关产品的经营行业，杜绝非法种植、非法放牧，保证产品质量。加强许可后跟踪管理，改变"重事前许可，轻事后监管"的做法，对已经许可的生产经营企业要开展经常性检查。

第四，农牧局设立"农牧组织建设推进管理岗位"，配备专业人才推动阿里农牧组织建设。该岗位属在编岗，享受农牧局职工一切正常待遇，并享受农牧组织建设推进绩效奖励和补贴。职责主要包括：收集、整理阿里农牧组织发展状况数据，分析数据，向主管领导和主管部门汇报并提出建议；负责科技成果在农牧合作组织中的转化；负责协调、推动农牧组织产业化经营，构建和拓展产业链条。

第八节 普兰县调查：边境县借助"一带一路"倡议实现产业升级

普兰县地处阿里地区南部，海拔3960米，与尼泊尔和印度接壤，是全国12个三国交界县之一，边境线总长度为414.75千米。普兰县有通外山口21处，全县国土总面积为1.25万平方千米，县城所在地平均海拔为4500米。全县共有一镇两乡，共10个行政村，属半农半牧县。

一、普兰县发展概况

本部分资料和数据来源于2016年上半年笔者在普兰县的调查并参阅相关管理文献，除特别说明外，所介绍的普兰县发展概况均指2015年或截至2015年年底所呈现的状况。

1. 生态环境保护状况

普兰县制定了《普兰县生态农业综合开发规划》，开展了玛旁雍错国际重要湿地的保护工作，制定了相应的方案：《玛旁雍错国际重要湿地生态效益补偿试点实施方案》。全年共投入环境综合整治经费373.8万元，与各乡镇签订了环境保护目标责任书。制定了《普兰县2015年环境监测工作方案》，委托相关技术公司对空气、地表水、集中式饮用水水源、水质进行监测，发现问题及时处理。

加大了对全县乡村的卫生综合治理，把县城和塔尔钦①的环境卫生交由环保公司托管，形成专业化、制度化的管理格局。大力推进植树造林工程，封山育林，实行"大栽树、栽大树"工程。配套236万元，在普兰县城和农牧示范园区开展重点造林工程，植树12400余株，在多油村与科迦村之间建成了绿色长廊。多油村、吉让村补栽树苗70000株，造林面积1500余亩。2014年，兑现草补资金1977.76万元，落实生态效益补偿基金907.7万元，野生动物肇事补偿资金21.6万元，严厉打击非法采矿行为，共计罚款70万元。

2. 新农村建设得到较大进展

严格落实惠民政策，落实惠农资金10731.09万元。在多油村开展新农村建设，投资406万元实施道路硬化和房屋维修、整治工程，实现了硬化路面到村组，自来水

---

① 塔尔钦位于普兰县巴嘎乡，位于冈仁波齐山南面，是宗教转山活动的起点。

入户，户户通电。在 HER 乡实现了道路硬化工程。共投资 577 万元，实现了普兰县村容村貌整治工程。投资 612 万元建成 153 套农牧民安居房，完成 60 套城镇棚户区内棚户改造。投资 1640 万元建成 41 个边境村民小组活动场所。建成了普兰县城至西德村公路，207 省道至仁贡村公路竣工。

3. 民生状况明显改善

教育方面，20% 的县财政收入投入到教育事业中。义务教育学校各类设施得到进一步完善，投资 210 万元建成巴嘎乡小学附属幼儿园，投资 270 万元改造多油村学校教工和学生宿舍，投资 700 万元改造县九年一贯制学校教学用房和运动场，投资 336 万元新建了县九年一贯制学校教职工宿舍。

全县小学在校生 870 人，入学率为 99.74%；初中在校生 332 人，入学率为 98.77%。农牧民子女百分之百享受国家"三包政策"。全县共建成 10 个幼儿园，有 9 个已投入使用，在园幼儿 340 人。

医疗卫生方面，2015 年制定了《普兰县卫生服务中心综合改革方案》《普兰县卫生服务中心管理制度》，深化医疗卫生体制改革，着力解决看病难问题。共筹集合作医疗基金 357.1 万元，新农合参合率 100%。开展儿童先天心脏病筛选 1045 人，确诊并免费救助 7 人。为 7254 名城乡居民和寺庙僧尼免费进行健康体检，体检率达到 96%，计划免疫"九苗"接种率为 98%，强化免疫接种率达 100%。全年派出 27 名医生和 42 名村医外出学习。县、乡、村三级医疗机构药品"三统一"覆盖率达到 100%。

严格落实重大疫病防控制度，重大动物疫病防控接种率为 100%，年末牲畜存栏 93142 头（匹、只）。

积极推进文化建设。进一步完善了农家书屋和寺庙书屋建设，更新书籍 1 万余册。大力发展民间艺术团体，新创节目 17 个，演出 73 场次，组织群众性文艺演出 5 次。全年放映电影 770 场次，观众 862190 人次。制作了"幸福普兰，欢乐新年""新旧普兰对比""爱民固边、普兰旅游文化发展、普兰口岸发展"等八个专题片。完成了赤德仲舞项目基地建设前期选址和人员培训，完成了西德村果尔孜舞的录制，完成了普兰锅庄舞素材的搜集工作，完成了 13 首普兰民俗特色歌曲的创作和录制，同时完成了可移动文物的普查工作。

进一步完善了社会保障体系建设。全面落实了"两个低保、七个救助、一个供养、四个补助"政策，农村低保户 422 户，共 1300 人，落实资金共计 140.78 万元；城镇低保户 38 户，共 52 人，落实资金共计 40.8 万元。有意愿的农牧区五保供养率达到 100%。开通了妇女儿童"12338"维权热线，为 8 户城乡妇女创业提供担保资金 32 万元。

大力推进精准扶贫工程。全面开展精准扶贫调研工作，确认贫困人口 2075 人。落实财政扶贫资金 1336.8 万元，落实扶贫项目 14 个，共帮助 84 户 347 人脱贫。

4. 投资环境明显好转

一方面,加快推进了金融制度改革,建立财政担保机制,切实解决融资难问题,比如农业银行为岗莎一组群众提供贷款 230 万元,支持塔尔钦小城镇建设。2015 年,普兰县被评为阿里地区的"金融生态示范县"。另一方面,加快物流体系建设,中通物流公司正式挂牌成立,投入运营,促进了农牧区商业发展。鼓励农牧民积极参加合作组织,或从事旅游边贸等服务行业,家庭旅馆、牧家乐、农家乐、"黑帐篷"① 等农牧民经营形式得到了一定程度的发展。进一步扶持以冈仁波齐矿泉水公司为代表的中小企业,加大投资力度,进行设备改造升级。2015 年,冈仁波齐矿泉水公司生产矿泉水 650 吨,共计 50700 箱,实现了较好的收益,获得了社会的肯定。

5. 特色文化产业得到一定的推进

农牧特色产业得到了一定的发展,积极推进"阿里农牧示范基地"建设,建成了普兰现代农业示范园(见图 16-2),种植蔬菜品种 26 种、水果 5 种,并运用自动化的灌溉技术形成了农、林、牧并举的现代农牧产业模式。示范区内每个大棚产量 5000 斤左右,产值 15000 元。规范畜牧进口及屠宰程序,建成 3 个动物检疫申报点。

图 16-2 笔者考察普兰现代农业示范园留影

2015 年,农作物播种面积 15790.67 亩,粮食产量 2653.82 吨,蔬菜产量 637.43 吨,年末牲畜存栏 93142 头(匹、只)。

---

① 黑帐篷指用黑色牦牛毛编织的帐篷。

积极推进全国旅游文化名县建设，制定了《普兰县旅游文化发展规划》，投资145万元进行广告宣传，并安置了相关的宣传设施。分别投资426.5万元和355万元的普兰旅游综合服务站和塔尔钦旅游应急处置中心正在建设中。完善了景区内和周边的农家乐、牧家乐和219国道沿线"黑帐篷"旅游营地建设，实现收入31万元。启动了"藏西秘境""魅力普兰"旅游线路规划工程，投资130万元开发和制作藏香、唐卡和"仔渣嘎"辣椒等特色旅游纪念品和旅游产品。

组织和加大对旅游从业人员的培训，提高其综合素质，组织人员培训54次，共计1668人次。开展了3次旅游市场联合检查、4次旅游质量监督检查，保证了良好的旅游市场秩序。

口岸经济取得了较大进步。积极推进了西藏边贸经济大县建设，推进《西藏自治区普兰口岸发展规划（2011—2020年）》的实施。2015年，普兰口岸出入境人数达到24589人次，边民互市贸易总值达到5419万元，同比增长49.3%。

二、普兰县文化产业发展策略

1. 继续做好生态"文章"

积极推进生态功能县和生态乡镇建设，推进仁贡村、西德村、岗莎村和帮仁村四个自治区级生态功能村的创建工作。建立县、乡、村三级网格化环境监管体系。继续加大塔尔钦特色小城镇建设，实现排水系统的升级完善，实现道路系统的升级改造和城镇整体风貌的提升；继续探索和推进玛旁雍错国际重要湿地生态效益补偿机制，重视湿地的保护与恢复；推进西德村防沙治沙造林工程；推进人工饲草地建设天然草地的改良，加快建设"藏西生态园林城市"步伐。

2. 有效推进农牧产业发展

大力引进和推广适宜的优质、高产、高效农作物，确保耕地安全和粮食安全。大力推进现代农业示范园的升级改造和市场化进程，推进农牧业的规模化、集约化和产业化进程，深化农畜产品的深加工，提高附加值，推动农牧业发展转型升级。加大对农牧民的技术培训力度，实现农牧民技能培训常态化、长期化、持续化，拓展农牧民的视野，帮助他们转变思想观念。

推进集体经济实力的提升，建立较大规模的专业合作组织，使专业合作组织规范化、产业化运营。做大做强岗莎村牦牛运输队、西德村白糌粑加工厂等集体经济。

3. 深入挖掘普兰文化，继续推进旅游品牌建设

普兰不但有"神山""圣湖"等著名自然景观，而且有浓郁的风俗文化。深入挖掘普兰文化的内涵，以文化作为促进旅游产业发展的重要动力，形成文化与生态旅游

良性互动的局面。

科迦村位于阿里四大河之一的孔雀河下游，藏语意为"依赖于此地，扎根于此地"。科迦村距普兰县城18千米。孔雀河沿喜马拉雅山北麓悄然流过科迦村、科迦寺，最后从斜尔瓦山谷进入尼泊尔境内。科迦平均海拔约3850米，自古就是阿里乃至整个西藏对外（主要是对尼泊尔、印度）贸易的重要通道，也是国外朝圣者往来的通道。

在科迦村有一个特殊的节日，叫"男人节"，时间是每年藏历的二月十日至十六日。值得一提的是，这一节日在其他藏族聚居区都没有，只存在于科迦村。节日期间会展现出许多科迦村独有的风俗文化。

"男人节"期间会举办各式各样的活动，一般由有威望的老人操办，并向村中的村民"集资"，这种"集资"集的不是钱，而是一些节日实用物品，比如每家每户都会提供一定的米面、酥油和牦牛肉或羊肉。村子里所有的男人都会集中在科迦寺门口的广场上喝酒看戏，妇女和儿童则只能站着围观。所有年满18岁的男子那时均享有至高无上的地位，每家每户都要轮流委派家中的女人为男人们倒茶、倒酒、上菜，直到节日过完。

"男人节"期间，科迦村的妇女们也会打扮得格外漂亮，充分展现自己的美丽，同时集中展示科迦特有的服饰文化，比如妇女们头上要带珍珠、玛瑙，身着丝绸、羊皮或水獭皮制成的服装，并装饰着金银宝石。著名的"七星服"（又称作"孔雀服"）则是科迦村最宝贵的服饰文化财富。

作家高宝军于2014年在普兰"男人节"期间参观过"七星服"，并用细致的笔触进行了描述，他写道：

> 过"男人节"，科迦村的女装传统孔雀服饰是一个看点。每到跳传统的弦舞时，妇女们都要穿着这些老祖宗一辈一辈流传下来的服饰，一则是穿着它跳这种传统舞更有味道，二则也为了向大家炫耀。每一件服饰都价值昂贵，全阿里只有七套，够珍贵的了，她们炫耀一下也是合乎情理的。这服饰，珠冠是布做的，形呈月牙状，上面镶有珍珠、玛瑙、象牙、琥珀、绿松石、红珊瑚等；前面吊一串银链，就像帘子一样能遮住女人的脸，显得神秘而华贵；藏袍为深棕色，袖子做得很长，袖口缀有一截獭皮；藏袍外是一款锦缎披风，外绣龙纹图案，内挂白色羔皮，边缘镶一圈水獭皮，看起来飘逸而庄重；右肩上，垂挂着一个比头饰更大的月牙状饰物，上面层层叠叠地缀满了金银珠宝，一圈一圈地在胸前挂着，一走路就叮叮当当响个不停。①

创建普兰文化旅游品牌、深入开发普兰文化旅游市场与普兰文化的挖掘和推广有

---

① 高宝军：《男人节》，载《中国西部散文学会》2016年第46期。出自"天上阿里"微信公众号。

着密不可分的关系。一方面，以民间艺术团为基础，组建文化演艺公司，充分调动群众的积极性、主动性，积极开发具有民族传统和地域特色的民间艺术和民俗表演；另一方面，要依托"神山""圣湖"资源，把普兰真正建成冈底斯国际旅游合作区的核心区，强力推进文化旅游品牌的创建和宣传，大力发展朝圣游、民俗游和高原生态游。

要加大旅游文化产品的开发力度，把普兰的历史文化、宗教文化和民俗文化转化成为旅游产品和旅游要素；把传统的建筑、传统的服饰、节日、特色饮食、民间活动、民间文学艺术中的特色融入旅游项目的建设和旅游产品的开发中。

继续加大旅游景区的农家乐、牧家乐以及相关的配套基础设施建设，保证旅游产业的餐饮、住宿以及相应的接待能力的提升。大力推进"塔尔钦客服中心"等相关重点项目建设。

引导当地农牧民积极参与到文化旅游产业当中，依托斜尔瓦口岸、强拉山口和丁嘎山口组建边贸旅游服务队，向外来游客提供货运、客运、托运等服务。通过深入参与，一方面，切实提升农牧民收入，改善生活水平，使他们切实享受到旅游产业带来的实惠；另一方面，可以引导他们转变"等、靠、要"思想，提升市场意识。

4. 加大边贸口岸市场建设

西藏毗邻印度、尼泊尔、不丹、缅甸等国，拥有四个国家一类口岸、一个二类口岸，是南亚陆路大通道。因此，2015年1月18日，西藏自治区主席洛桑江村在政府工作报告中明确提出扩大对内对外开放举措，加快建设南亚大通道，对接"一带一路"倡议和"孟中印缅经济走廊"，推动环喜马拉雅经济合作区建设。这一定位势必在沿边开放开发新格局中催生出连接南亚国家的新纽带。[①] 普兰口岸今后将大有作为。

在现代贸易学中，港口已经成为区域性经济发展水平的一项重要指标，成为世界流通体系的核心节点。在"一带一路"建设中，发展口岸经济已经成为一项自我发展、深入参与国际合作与竞争的重大战略选择。

普兰口岸位于阿里地区普兰县境内，地处喜马拉雅山脉西段北麓，冈底斯山南侧的峡谷地带，其西南邻印度，东南连接尼泊尔，有7个主要通外山口，其中2个通印度，5个通尼泊尔。

普兰县也是印度、尼泊尔、不丹的香客朝山拜湖的必经之路，因为"神山"冈仁波齐和"圣湖"玛旁雍错就坐落在普兰县境内。1954—1961年，来自印度的朝圣香客约15000人次，平均每年2000多人次。每逢宗教节日，人数更多。朝圣者和边民也经常带一些小商品和土特产与当地农牧民进行互换。

---

① 参见陈朴《"一带一路"背景下西藏推动环喜马拉雅经济带建设的SWOT分析》，载《西藏发展论坛》2015年第6期。

大约从 12 世纪开始，印度的一些教徒就开始朝拜冈仁波齐和玛旁雍错。尼泊尔的香客多来自丁喀、仓如和那然拉山口以南的力米、羊日、木苏、卡莱和桑日巴等地，也有一部分来自久木拉和加德满都。尼泊尔香客共分两大类：一类是专门朝圣者，另一类是附带朝圣者。专门朝圣的香客多为边民中的妇女，多数在朝拜完科迦寺的"觉卧神"后再去"神山""圣湖"朝拜。附带朝圣者一般在普兰进行小商品交换，同时利用往返的机会朝拜科迦寺的"觉卧神"，有些并不去"神山""圣湖"朝拜。

1951—1962 年，外国香客仍可按照传统习惯入境朝圣。朝拜"神山""圣湖"有"马年转山，羊年转湖"之说，1954 年是藏历马年，当年入境香客有 1 万余人。1962年，印度方面封锁了边境，外国香客朝圣人数降到最低点。1966 年虽然是藏历马年，但只有 16 名尼泊尔香客入境朝圣。1996 年，中国政府对第三国公民朝圣者和赴藏旅游团适度开放了普兰斜尔瓦通道。2000 年，"神山""圣湖"重新对游客开放。

1994 年，根据西藏自治区的要求，我国外交部正式批准适度开放普兰旅游通道，允许第三国旅游团体从普兰口岸入境，到"神山""圣湖"和噶尔县的狮泉河镇游览后，再从普兰口岸出境。

1995 年，普兰边境口岸建设成为国家援助西藏的 62 个项目之一，国家划拨 500 万元资金修建了边贸市场和口岸检查单位工作用房，同年成立了普兰口岸领导小组。入境香客和商客逐年增加。图 16-3 为普兰唐嘎国际边贸市场规划。

图 16-3 普兰唐嘎国际边贸市场规划

（图片来源：普兰口岸管委会）

普兰口岸对应尼泊尔中西部发展区，那里属亚热带气候，虽然旅游资源丰富，但是经济欠发达，基础设施薄弱，不通公路，村庄规模小，人口稀疏。口岸双边主要情况如下。

斜尔瓦通道对应尼泊尔卡尔纳利专区的胡木拉县，卡尔纳利专区属尼泊尔中西部发展区，面积为 12481 平方千米，其中胡木拉县面积为 5655 平方千米，人口约 4 万，首府为锡米科特，距普兰县城约90千米，有3万居民。锡米科特缺乏对外公路。

丁嘎通道对应尼泊尔马哈卡利专区的达秋拉县，马哈卡利专区面积为7139平方千米，其中达秋拉县2322平方千米，人口约12万，距丁嘎山口约100千米，距普兰口岸约140千米。

柏林拉通道对应尼泊尔塞蒂专区的巴藏县，塞蒂专区属尼泊尔远西部发展区，面积为12543平方千米，其中巴藏县面积为3422平方千米，人口约17万，首府为斋纳普尔。

拉孜拉山口对应尼泊尔胡木拉县，胡木拉县首府距拉孜拉山口约65千米，边境村庄里米距拉孜拉山口约35千米，是尼泊尔西北部前往"神山"冈仁波齐和"圣湖"玛旁雍错的必经之地。

强拉山口对应印度城镇贡吉，贡吉镇约有居民1000人，距普兰县城约80千米，贡吉的基础设施落后。

尼泊尔的达尔久拉县距离丁嘎山口104千米，该县森林茂密，夏季雨量大。县里的居民主要以经营虫草、木碗为生。

传统的普兰口岸边贸市场和边民互市贸易市场发展较为缓慢，规模也较小。2013年共有印度、尼泊尔商户约338家，其中注册的固定印度商户14家、尼泊尔商户59家、流动商户265家。2011年进出口商品总额为820多万元，2012年进出口总额为5000万元，2013年进出口总额为6622.2万元。总体而言，普兰口岸的货物贸易方式以边民互市贸易为主，边境的小额贸易规模小，进出口商品主要为初级农畜产品和普通轻工产品。主要的出口货物为羊毛、羊绒、青稞、酥油、食盐和牲畜等初级农产品，近年来，服装、饮料、家电以及建材、日用百货比重有所提高。主要的进口货物有木材、咖啡、藏红花、食用佐料、服装、木碗、饰品、化妆品等。

1992年5月，西藏自治区《关于深化改革，扩大开放的决定》中明确指出，以边境贸易为突破口和重点，确立"通贸兴边，振兴民族经济，促进全区经济发展的战略"①。这就为西藏口岸的进一步发展提供了机遇与政策保障。

虽然普兰县边境口岸是阿里地区唯一的边境口岸，但长期以来作用并未得到充分发挥，贸易量很小，对西藏文化产业走出去战略也并未发挥真正的作用。结合"一带一路"倡议合作框架，加大该边境口岸建设，使其在西藏文化产业发展中真正发挥应有的作用则是必然要求。

根据2012年1月14日中尼双方签订的《中华人民共和国和尼泊尔政府关于边境口岸及其管理制度的协定》，阿里地区中尼边境口岸的位置为中国普兰至尼泊尔雅丽，两侧分别为中国西藏自治区普兰县普兰镇和尼泊尔胡木拉县玉萨村，是国际性口岸。西藏自治区制定了《西藏自治区普兰口岸发展规划（2011—2020年）》，普兰口岸定位的目标为"南亚贸易陆路大通道的重要桥头堡，面向南亚和世界的特色旅游

---

① 杨亚波：《西藏融入"一带一路"战略的现实需求和战略选择》，载《西藏发展论坛》2015年第5期。

目的地,阿里地区经济发展的重要增长极"。为了实现这一目标,必须不断加大对口岸的建设。

除了全力开展唐嘎国际边贸市场建设以及拉孜拉山口边贸市场建设外,还要全力推进"斜尔瓦界河公路桥"建设。《中华人民共和国政府和尼泊尔政府关于共同建设、管理和维护斜尔瓦界河公路桥的协定》中明确:"界河公路桥起始于中国西藏自治区普兰县普兰镇科迦村斜尔瓦公路终点,终点在尼泊尔玉萨村,全长146.08米。"

在充分认识边贸经济对西藏贸易和文化产业发展的积极作用的前提下,推动普兰口岸货物联检现场改扩建、斜尔瓦国门区基础设施建设等项目如期完工。要加强与有关部门的沟通,加快落实普兰口岸扩大开放和中药材通关的相关政策,着力打造综合加工、商贸流通、现代物流、旅游文化为一体的口岸经济增长极。努力提升口岸的知名度和影响力,扩大特色产业优势,以西德村手工编织厂为平台,试点引进尼泊尔毛毯编织技术,生产特色产品。要加大口岸一站式服务平台建设,以及联检区域附属设施、入境货物检验厂等设施的建设。同时,要吸引各类人才到口岸的建设之中,为口岸的建设与可持续发展提供强大智力保障。

普兰口岸商人和旅游者的生命安全保护工作不能忽视。冯娟等人对2000年4月至2011年12月从拉萨机场、樟木口岸和普兰口岸入境人员死亡情况进行了分析,共选取了201例高原旅行人员死亡案例。他们发现,"死亡人数最多的人员国籍是印度,这可能同印度与西藏毗邻,从印度到西藏朝圣的人员较多有关。死亡人员年龄以48岁至61岁最多,居各年龄段之首,占总死亡人数的36.8%;其次是62岁至75岁、76岁至87岁年龄段,分别占死亡总数的34.8%、16.4%;18岁至33岁年龄段仅占死亡人数的7.8%"[①]。死亡的原因以高原性肺水肿最多,占死亡总数的35.3%,前三位死因分别是高原肺水肿、急性高原病和猝死。因此,要通过加强卫生管理,提高群体的高原病预防知识,做好心理和生理准备,对入境商人和旅游者进行必要的药物预防,并告诫他们入藏后避免剧烈运动,降低耗氧量,以切实减少高原病的发生。

总之,要充分认识普兰口岸建设的重要意义以及必要性。在此基础上多管齐下,积极推进口岸的硬件、软件建设,为西藏的南亚大通道建设以及"一带一路"倡议提供坚实保障;同时,也要抓住时机,充分借助"一带一路"建设推进普兰口岸大发展。普兰口岸发展的思路和策略可以从以下六个方面考虑:

第一,学习和借鉴口岸建设的先进经验,做好顶层设计。充分发挥西藏自治区口岸管理办公室(简称"口岸办")的管理协调作用,充分调动相关领域专家积极献言献策。立足于西藏区情和普兰口岸特有的经济、文化、地理诸要素,积极吸收口岸建设的先进理念和先进经验,全力建好"两座桥":友谊桥和经贸桥。在进出口岸商品的关税、审批程序等方面给予优惠和支持。同时,利用多种优惠举措吸引外部投资,加大融资力度,吸引更多内地厂商和国外厂商进入口岸贸易体系。进一步盘活固有文化资本和

---

① 冯娟、拥巴、常春等:《西藏高原外国旅游者死亡原因分析》,载《口岸卫生控制》2013年第6期。

产业资本。逐步加强口岸人才建设，吸引优秀和高层次人才进入主要管理岗位，提升管理效率。

第二，把短、中、长期发展规划有机结合，重点把握，做好落实。目前主要确保原有的普兰国际边贸市场的正常运行，做好贸易期内尼泊尔、印度等外来客商的管理工作。在贸易、旅游中做好安全、救援工作，建立商客、游客、香客突发高原反应的应急处理机制，确保正常的社会秩序和经济贸易秩序。同时，进一步做好唐嘎国际边贸市场建设，在保证质量的基础上推进建设速度，争取保质保期投入使用。中长期建设要结合普兰口岸实际，在"一带一路"建设和"南亚大通道"建设中定位为前沿、主纽带、重要动力源，全局筹划，科学布局，进一步突出特色，发挥在经济、文化、社会、政治中的多层次桥梁和纽带作用。

第三，加快与吉隆口岸、樟木口岸等西藏其他口岸之间的协同合作，形成口岸合力，寻求共同利益，促进共同发展。位于日喀则市的吉隆口岸、樟木口岸、亚东边贸通道在西藏口岸中占有重要位置，所以，要注重与这些口岸与通道的协同作用，形成优势互补，避免产生恶性竞争。要在海关总署国家口岸管理办公室的领导和协调下，推进各个项目有效有序进行。充分发挥自治区口岸办在落实国家口岸工作的方针、政策，协同有关部门审查口岸及配套设施建设的投资计划，推动口岸"大通关"建设，协调口岸通关中各部门工作关系的作用。

第四，加强现代口岸建设，提升口岸管理、运营的现代化水平。一是继续推进现代口岸的基础设施建设，加大与改善交通网络设施建设，进一步完善阿里昆莎机场的服务功能，同时加快普兰支线机场前期工作和相关建设进程，形成符合普兰口岸特点的现代贸易区、物流园区以及现代高效的检疫检测体系。二是加大口岸的信息化建设，引入或建设符合普兰口岸实际的信息化管理系统，推进贸易、文化往来，加大入境香客、游客的管理与服务工作，推进和推广智慧旅游。三是引入现代管理人才，充实口岸的管理人才队伍，提升管理水平，以现代运营理念指导普兰口岸发展。

第五，加大生态保护和优化，突出生态口岸建设。认真落实习近平总书记"金山银山不如绿水青山"的重要指示，在唐嘎国际边贸市场和其他重要项目建设中，把当地生态的保护和优化作为重要评价指标，真正建成"绿色口岸"，实现普兰口岸在经济贸易、社会发展、生态优化中的综合协调发展。[①] 结合普兰口岸发展实际和在经济、文化、政治往来中的重要作用，切实加大在"绿色口岸"建设中政府、行业、公众的共同参与机制建设。充分发挥政府和口岸办的管理、引导、协调作用，把控好方向，扮演好市场的调节者角色。要在口岸运行的"绿色成本"上下功夫，以政策支持为引导全方位推进，在行业、产业层次尽快出台"绿色标准"，规范绿色生产和绿色经营。在中长期规划中也要把调整产业结构纳入口岸的绿色建设。

---

① 参见刘翠莲、郁鞲兰《论我国绿色港口建设》，载《武汉理工大学学报（社会科学版）》2011年第3期。

第六，多部门联动，确保口岸检验检疫相关管理工作的高效开展。对普兰口岸而言，与尼泊尔、印度的对外商贸、文化往来较多，各类物资流量较大；同时，入境经商、打工人数较多，人员流动性大；与尼泊尔之间的各类牲畜兽禽贸易量大，检验检疫工作量大，任务重。所以，首先，要加大口岸整体信息化建设，对各相关部门的自身业务管理系统进行科学整合，加强数据一体化建设，形成覆盖面广、互联互通的信息化管理平台，避免各部门管理信息的封闭状态和管理系统低水平重复建设现象的发生，从而提升检验检疫中的协调性、同步性，实现有效、高效的检验检疫。其次，要进一步优化职责和分工，加强部门之间的沟通，促进信息畅通，提升工作效率。要做好顶层设计，又要明确部门职责和分工，强化责任意识和安全意识。减少检验检疫中不必要的工作环节，避免在不同部门"同一个事项做多遍"现象，杜绝因为查验工作而出现检验环节多、检验效率低下、通关成本过高的现象。最后，在加大检验检疫基础设施建设的同时，要逐步落实"一次性查验"，提升效率，降低费用，提高边民和商户的积极性。要进一步加大对普兰口岸的联检办公区、斜尔瓦国门联检区、丁嘎山口检疫点、拉孜拉山口边贸市场检疫点和其他通外山口检疫的硬件和软件建设；同时，要在简政放权和法检制度改革的大背景下，进一步做好"一次性查验"，减少行政性收费，切实为边民及商户减免各项费用支出。

第十七章 构建西藏茶文化生态旅游产业体系

西藏是一个古老而神秘的地方。人们向往西藏碧蓝的天与举手可摘的白云,还有那如洗的湖水、无垠的沃土高原。随着西藏交通事业的发展,内地与西藏之间的交通与通信取得了巨大进展,到西藏的愿望可以简单地成为现实。西藏的生态旅游悄无声息地繁荣起来,旅游人次持续增加。

在西藏旅游,游什么?很多人可以说出无数的地名和景点名称,尤其是拉萨的布达拉宫、大昭寺、小昭寺、罗布林卡等等,但没有人会想到,也无处去寻找和体验西藏古老与神秘的茶文化的地方。但笔者可以肯定,每一位到过西藏的人都不会忘记,他们在那里喝过酥油茶和甜茶,他们朦胧中可能感觉到西藏有着自己独特的茶文化。不过,或许仅此而已。而西藏当地人,无论是藏族、汉族还是其他民族,他们很少有人能够真正说明白西藏的茶文化,或许有人可以说出他们喝的茶叶来自哪里,发生过什么有趣的或惊险的故事,但那只不过是西藏这一独特文化的冰山一角。

当我们从学术的视角审视茶文化旅游研究时,发现开展西藏茶文化旅游的研究已经成为一件急迫的事。L. Jolliffe 在 *Tea and tourism: Tourists, traditions and transformations*(简称 *Tea and tourism*)一书中选取了多个视角的茶旅游研究,并介绍了其具体研究内容及结论。他在总结中说道:"因此这些工作(指相关研究——作者注)反映了对与茶相关的旅游领域的研究与想法的存在、发展及趋势,在众多的旅游研究者的多样的内部视角中,关于茶旅游的观点得以呈现。"[①]

第一节 生态旅游与茶文化

一、旅游文化中的"传统"与"现代"

旅游是人们生活的一部分,或者说是一种必然情调。中国人更是如此。谢贵安、

---

① 参见 L. Jolliffe: *Tea and tourism: Tourists, traditions and transformations*. Cromwell Press, 2007: 247.

谢盛说:"非定居无以为家,非出游则无以开拓胸襟。中国自有历史以来,祖先们的出行和旅游活动从未停止,随着这一活动的渐次展开和向前发展,旅游文化日益丰富,旅游审美愈益提高,成为中华文明的重要精神财富。"① 那么,什么是旅游呢?

我们一般理解,"旅游"就是到一个风景和人文好的地方休闲玩乐。现代汉语词典的解释是"旅行游览"。对应的英文为 travel、tourism、journey 等,最普遍使用的是 tourism。谢贵安、谢盛在《中国旅游史》一书中认为,"旅游"一词在中国源于南朝梁代,但至于含有"旅游"之意的词则可溯至商代甚至更早的时期。总体而言,"旅游"一词从中国古代至今天的演变中包含了大量的社会信息,最后才发展成为今日之以休闲为主的内涵。谢贵安、谢盛将其归纳为五大方面:①古代旅游重视劳作性出行,排斥休闲性出游,这与农本社会相联系。②中国古代的旅游概念中具有重等级特征,这是指旅游及其概念多与旅游者的社会等级相联系。③中国传统旅游具有崇尚道德的特征,主要反映在以"游"为词根所组成的名词中,这在一定程度上反映了农业社会对旅游的排斥。④古代的旅游概念反映了中国当时的旅游者对宗法伦理关系的执着。"落叶归根"是这种关系的一种直观表达。⑤古代的旅游概念具有一定的农本意蕴,反映了一定的农本社会的特征。② 基于以上分析,他们对"旅游"给出了一个较为全面的概念界定:"旅游是人类的一种行为方式,是兼具劳作与休闲双重性质的人类非迁居性的旅行活动。偏重于劳作性的旅游叫价值创造性旅游,侧重于休闲性的旅游叫价值欣赏性旅游。时间的推移,导致旅游劳作性与休闲性的此消彼长,从而表现出人性从必然王国向自由王国转变的历史进步。与此相应,参与该项活动的社会阶层也日益扩大。旅游的结果是主观世界与客观世界日渐广阔的交合和共进,以及文化空间的不断跨越和联结、异质文化圈的不断沟通和交融,从而导致旅游个体审美认知能力的连续提高及整个人类社会日益多样性的统一。"③ 这一概念既对中国传统社会中的旅游性质与特点做了说明,也体现了今日之旅游性质与特色发生的转变及其必然性。因此,从这一概念入手,我们自然会发现,在以特色文化为核心的旅游中,处理好"传统"与"现代"之间的关系,尤其是体现在内容与形式方面,有着突出的意义。进一步而言,现代旅游的本质是文化,"旅游活动本质上是一种文化活动。文化的民族性、地域性、时代性、继承性等特点都决定了旅游资源的特征。因此,文化旅游是现代旅游的发展趋势之一"④。因此,在旅游中不可缺少也不可避免地会涉及文化,并且要符合历史与社会发展地进行文化保护、传承与创新,这样才会形成旅游可持续发展的根基与不竭动力。

---

① 谢贵安、谢盛:《中国旅游史》,武汉大学出版社2012年版,第1页。
② 参见谢贵安、谢盛《中国旅游史》,武汉大学出版社2012年版,第3~11页。
③ 谢贵安、谢盛:《中国旅游史》,武汉大学出版社2012年版,第14页。
④ 潘文焰:《旅游文化与传播》,北京大学出版社2011年版,第7页。

二、生态旅游是"生态"的双重定位

生态旅游是在旅游的基础上形成的一类独特的旅游小类,它与普通旅游既有着一定的联系,也有着明显的区别。也正是由于其独特之处,生态旅游越来越受到国内旅游爱好者以及其他国家和地区的人们的喜爱与重视。

"生态旅游"对应的英文单词是 ecotourism 或 ecological tourism,从该词的构成来看,我们可以感受到其内涵强调的是旅游中的生态特征。生态旅游作为旅游的一个类别,近年来呈现出越来越好的发展势头,并且得到了越来越多的旅游爱好者的认可;同时,从旅游产业的可持续发展视角而言,生态旅游体现出了更大的魅力。近年来,美国、加拿大、澳大利亚已把生态旅游作为旅游发展的重点与支柱,许多发展中国家也开始关注生态旅游的多元社会经济意义。据有关统计,近年来,生态旅游业作为一种双赢产业得到了迅速发展,年增长率为 20%～25%。① R. K. B. Galagoda、K. G. M. C. P. B. Gajanayake、A. C. S. Silva 对生态旅游做了这样的总结评价:"生态经济被认为是经济上可行,环境友好且社会可接受的能够提升效益的非作物性的多元化机制。"②

有学者总结了生态旅游的相关定义与特征,认为主要有六种类型:①保护中心论,强调观光旅游与对旅游资源和环境进行保护。②居民利益论,强调观光旅游的同时,增加对资源与环境的保护,同时切实增加当地居民的收入。③回归自然论,强调旅游的目的就是回归大自然。④负责任论,强调旅游者对环境和资源承担的维护与保护责任。⑤原始荒野论,强调旅游的目的地是处于或具备原始特征的地点。⑥环境资源论,强调以旅游地最佳的生存环境因子作为主要旅游资源。③ 2000 年 11 月 17—19 日,由联合国环境署(UNEP)、世界自然基金会(WWF)、国际标准化组织(ISO)、绿色环球 21 组织(Green Globe 21)以及国际生态旅游协会(TIES)共同制定的生态旅游原则性指导文件《莫霍克协定》提出了生态旅游产品的主要标准:①让游客亲身体验大自然,更好地了解和赞美大自然;②让人们认知自然有赖于当地社会与文化;③对自然保护和生物多样性保护做出有益和积极的贡献;④有利于当地社区经济社会和文化发展;⑤鼓励社区参与;⑥提供的食宿、组织旅游以及设计景点方面应适度;⑦尽量减少对当地(乡土)文化的影响。④ 国外对生态旅游的理解着重以下因素:对自然资源的保护、对旅游者进行生物多样性(biodiversity)和可持续发

---

① 参见洪剑明、冉东亚《生态旅游规划设计》,中国林业出版社 2005 年版,第 1 页。
② R. K. B. Galagoda, K. G. M. C. P. B. Gajanayake, A. C. S. Silva. *Planning ecotourism in up-country tea estates in Sri Lanka*: Testing a "tourism potential index". *Tourism and Hospitality Planning & Development*, 2006 (1).
③ 参见陈玲玲、严伟、潘鸿雷《生态旅游——理论与实践》,复旦大学出版社 2012 年版,第 2～3 页。
④ 参见郑剑顺《茶文化旅游设计》,厦门大学出版社 2011 年版,第 29 页。

展的教育、为当地社区以及实施者带来收益等。①

从这些类型进行分析，虽然关注的侧重点有所不同，但我们可以发现，它们均围绕着"自然生态"与"人文生态"两个核心领域。那些虽然打着"生态旅游"的旗号宣传与实践，但没有关注这两个核心领域的"生态旅游"皆是"伪生态旅游"，也是这一概念在旅游行业市场中被严重泛化的后果。《生态旅游——理论与实践》一书中对生态旅游与普通的旅游（即大众旅游）之间在实践领域中的具体差别做了总结，主要涉及目标市场定位、旅游产品开发、社区参与程度、景区管理模式、环境保护和投资与回报等方面。笔者认为这些更多关注的是人文生态中的管理与参与方面，对人文中的文化应用也可进一步扩展。由此，笔者认为，生态旅游中应当着重关注文化的人文生态问题，尤其是当这种生态旅游内涵中包含着丰富而独特的文化内容时，则更不可忽视。表17-1为生态旅游与大众旅游的区别。

表17-1 生态旅游与大众旅游的区别②

类别	视角	生态旅游	大众旅游
目标市场定位	市场的人文生态	小众市场，但呈快速增长态势，市场细分趋势明显	大众市场，多层次、多类型的细分化人群
旅游产品开发	产品的人文生态	产品个性化、专业化，以自助旅游为主，产品知识含量较高	产品多样化，提供周到服务的标准化旅游，产品知识含量略低
社区参与程度	社区参与的人文生态	社区参与旅游开发的所有环节，参与程度高且地位主动	社区参与旅游开发的个别环节，参与程度较低且地位被动
景区管理模式	管理的人文生态	管理的市场化程度低，在管理过程中强调传统的、民族的、地方的有效成分	管理的市场化程度高，重视现代管理理念、技术及方法的应用
环境保护	自然生态	环境效益为主导，贯彻生态原则，环境检测与容量控制严格	经济效益、社会效益与环境效益相统一
投资与回报	效益的人文生态	小规模、分散式的阶段投资	追求规模效益，追求高投资、高回报

---

① 参见 R. K. B. Galagoda, K. G. M. C. P. B. Gajanayake, A. C. S. Silva. *Planning ecotourism in up-country tea estates in Sri Lanka: Testing a "tourism potential index"*. Tourism and Hospitality Planning & Development, 2006 (1).

② 本表结合陈玲玲、严伟、潘鸿雷《生态旅游——理论与实践》（复旦大学出版社2012年版，第3页）相关内容，并经笔者进一步完善而得。

续表 17-1

类别	视角	生态旅游	大众旅游
传统中的核心文化	文化的人文生态	保护、再现文化的历史原貌，以保护为前提提升文化吸引力	文化市场化，把文化与市场相结合
传承创新中的核心文化	文化的人文生态	传承创新文化的内容与形式，提升新文化的品位与价值	以市场为导向催生相关的文化形式与内容，追求市场效益

三、国内研究概况

为了能够较为全面、清晰地了解目前国内关于生态旅游研究的主要成果，我们在此简要地以类别形式进行分析。当然，这些划分只是相对而言，它们之间也必然存在着一定程度的交叉，之所以进行这种划分归类，只是方便读者把握目前该领域研究的主要关注方面。同时，下面所列举的研究均为著作形式，相关学术论文也有许多，我们就不再一一列举。

（1）理论与实践的综合性研究。主要关注生态旅游的理论，并结合一定的实践进行相关研究。如《生态旅游——理论与实践》（陈玲玲、严伟、潘鸿雷，2012）、《生态旅游研究》（张建春，2007）、《产业生态旅游理论与实践探索》（张跃西，2009）、《生态旅游发展研究》（史本林，2005）、《生态旅游与可持续发展》（印开蒲、鄢和琳，2003）、《生态旅游：理论辨析与案例研究》（张广瑞，2004）、《生态旅游学》（李俊清，2003）等。

（2）生态旅游的规划设计类。如《生态旅游规划设计》（洪剑明、冉东亚，2006）、《惠州市森林生态旅游总体规划》（吴章文、吴楚材、陈就和，2006）、《景观生态旅游规划》（李宇宏，2003）、《中国香格里拉生态旅游区总体规划（2007—2020）》（中华人民共和国国家旅游局，2008）等。

（3）生态旅游的教育视角。如《生态旅游地游客教育干预研究》（文首文，2010）、《生态旅游环境教育》（李文明、钟永德，2010）等。

（4）自然环境与生态旅游的关系。如《自然保护区生态旅游开发与管理》（鲁小波，2010）等。

（5）地区（域）研究类。如《四川生态旅游》（杨国良，2010）、《云南生态旅游》（杨桂华，2010）、《社区生态旅游研究新论》（邱膑扬、袁霜凌，2009）、《基于社区参与的我国生态旅游研究》（佟敏，2006）、《乡村生态旅游理念与发展模式探索》（杨世瑜，2006）、《乡村生态旅游：理论与实践》（蒙睿、周鸿，2007）、《新疆生态旅游》（程春，2005）、《黑龙江省生态旅游开发研究》（孙琦，2007）等。

（6）具体实证研究。如《迪庆生物资源及生态旅游资源调查研究》（潘发生，2008）、《海滨生态旅游开发模式研究：以江苏海滨为例》（黄震方，2007）、《山岳型生态旅游目的地规划的理论创新与实践》（汪宇明、庄志民、Alan A. Lew，2005）、《江苏沿海生态旅游策划与创意》（张忍顺、吴镕，2006）等。

（7）生态旅游景区建设。如《生态旅游景区建设》（粟维斌、朱晓媚，2007）等。

（8）生态旅游的管理。如《森林生态旅游经营管理》（王力峰，2006）、《生态旅游管理》（钟林生、袁建琼、罗芬，2006）等。

（9）生态旅游产品方面。如《中国西部生态旅游产品绿色创新》（刘焰，2004）等。

（10）生态旅游中的矛盾冲突研究。如《生态旅游脆弱区利益相关者和谐发展研究》（彭万臣、李秀霞，2006）等。

（11）生态旅游评价方面。如《生态旅游区游憩资源经济价值评价研究》（刘亚萍，2008）等。

茶文化是中国颇具特色的文化之一，中国茶叶曾是世界唯一的供给来源，中国茶叶也成为17—19世纪英国皇室喜爱的饮料之一，并很快在英国形成了全国上下无不饮茶的风潮，以致最后形成了独具特色的英国饮茶文化。当中国茶叶与文化走向世界之后，很多国家开始了植茶与茶叶加工的历史，在日本、印度、斯里兰卡等地茶产业发展起来之后的很长时间内，它们也是世界主要的茶叶供给地。

总体而言，国内专门针对茶文化生态旅游的学术著作并不多见，而主要是从文化视角开展的具体研究，尤其以茶马古道研究为代表，如《滇藏茶马古道：文化遗产廊道视野下的考察》（王丽萍，2012）；同时，也有一些高职院校编撰的茶文化旅游设计教材，如《福建省高职高专旅游大类规划教材：茶文化旅游设计》（郑剑顺，2011）。

关于茶文化旅游方面的学术论文已有很多，包括学位论文在内的关于茶文化旅游的学术论文主要从实证视角进行多方位解读，同时也有一些其他视角的研究。如从综合视角进行的总体性分析、从茶文化旅游市场视角进行的研究、从茶文化旅游与茶产业经济关系的视角进行的研究等。但相对而言，截至目前，以茶文化生态旅游为研究对象的学术论文较少，质量也有待进一步提高。

四、国外研究与 *Tea and tourism* 一书

目前，国外关于茶文化与生态旅游的直接研究主要围绕一些产茶区和茶文化兴盛地区，研究的内容多把理论与实践相结合，重点通过特定地区和国家的茶文化旅游情况得到相关研究结论。比如 *In Sri Lanka*：*Tourism with a captial "Tea"* 一文把茶叶及其

文化作为一种旅游资本开展了对斯里兰卡的研究。① *Tea heritage tourism: Evidence from Sri Lanka* 一文讨论了茶文化与旅游之间的紧密关系，并以斯里兰卡为例进行了说明和论证。② 文章通过充分的证据讨论了斯里兰卡在利用茶文化遗产方面开展旅游的早期发展情况，分析了这一旅游形式对当地茶业经济发展做出的重要贡献，并对其进一步发展中存在的问题以及面临的威胁进行了以定性研究为主的解析。

R. K. B. Galagoda、K. G. M. C. P. B. Gajanayake、A. C. S. Silva 在 *Planning ecotourism in up-country tea estates in Sri Lanka: Testing a "tourism potential index"* 一文中对斯里兰卡茶叶种植区内开展茶叶生态旅游的可能性进行了深入研究。作者选取了六个主要地区：Hellbodda、Kaloogala、Melfort、Rothschild、Sanquhar 和 Sogama，并进行了较为系统的数据采集。作者认为这些数据至少具备如下特征：一是对每一地区进行实地分析，以确定开展生态旅游的潜在资源，如吸引力与基础设施；二是对居住户的社区进行调查；三是对管理人员进行一系列访问；四是对潜在的当地和国外游客进行问卷调查。通过以上数据分析，得到"旅游潜力指数"（tourism potential index），从而对六地开展生态旅游的潜力进行评价，评价结果表明，在六地中，最适宜开展生态旅游的是 Rothschild，其次为 Hellbodda 和 Sogama；约75%的当地社区从开展生态旅游中受益，约84%和78%的外国旅客和当地游客愿意到这些茶生态项目区观光游览。③

S. W. Cheng 等人认为，目前以英文形式发表的关于茶文化旅游方面的学术成果并不多，主要有 Hall 等（2003）和 Boniface（2003）。他们认为，*Tea and tourism* 应是最具影响力的一部作品。④

Tea and tourism 一书对目前世界主要茶产业国家及重要旅游国家的茶文化与旅游之间的关系进行了研究，该书由加拿大的新布伦瑞克大学（University of New Brunswick）的 L. Jolliffe 编撰，不同作者负责完成不同部分，涉及美国、加拿大、英国、中国、芬兰的多位学者。全书共分五大部分。

第一部分是 L. Jolliffe 所作的"关于茶与旅游"（Connecting tea and tourism），主要介绍了"茶与好客招待"（Tea and hospitality）、"茶、旅游和社会变化"（Tea, tourism and social change）、"茶与旅游实践"（Tea and tourism experiences）、"茶的吸引力"（The attraction of tea）、"茶与茶旅游的定义"（Defining tea and tea tourism）、"研究框架"（Research framework）等。

第二部分介绍了茶叶的历史与传统，共由三小部分组成：①追寻茶文化历史；②

---

① 参见 Luxner, Larry. *In Sri Lanka: Tourism with a captial "Tea"*, Tea and Coffee Trade Journal, 2009 (7).
② 参见 L. Jolliffe, S. M. Mohamed, Aslam. *Tea heritage tourism: Evidence from Sri Lanka*. Journal of Heritage Tourism, 2009 (4).
③ 参见 R. K. B. Galagoda, K. G. M. C. P. B. Gajanayake, A. C. S. Silva. *Planning ecotourism in up-country tea estates in Sri Lanka: Testing a "tourism potential index"*. Tourism and Hospitality Planning & Development, 2006 (1).
④ 参见 S. W. Cheng, F. F. Xu, J. Zhang, et al. *Tourists' attitudes toward tea tourism: A case study in Xinyang, China*. Journal of Travel & Tourism Marketing, 2010 (2).

茶叶与旅游：茶叶物质文化的转换；③台湾与云南的茶叶传统。

第三部分是最核心部分，由六小部分构成。

第一小部分围绕着印度阿萨姆地区的茶叶生产与旅游发展进行了讨论，主要涉及"阿萨姆茶叶政治生态"（The political ecology of tea in Assam）和"阿萨姆旅游发展"（Tourism development in Assam）两部分内容。最终得出结论认为，阿萨姆地区的茶叶旅游仍处于初级阶段，而到阿萨姆茶园观光旅游也不过是权宜之计，阿萨姆邦旅游发展社团（The Assam State Tourism Development Corporation）于1995年12月发起的每年一度的"茶叶旅游节"（Tea Tourism Festival）并未对国内与国外旅游者产生显著的吸引效果。而与此相对应，"大吉岭国际茶叶节"（The Darjeeling International Tea Festival）却是另一番景象，在印度国内与国际上产生了重要影响。①

第二小部分围绕着茶叶旅游在斯里兰卡混乱的旅游市场中所扮演的角色进行讨论。主要涉及"作为观光胜地的斯里兰卡"（Sri Lanka as a tourist attraction）、"茶产业"（The tea industry）、"混乱之中成长的斯里兰卡旅游"（The turbulent growth of Sri Lanka tourism）、"茶叶旅游"（Tea tourism）、"茶厂的历史"（History of the tea factory）等内容。作者指出，2003年对茶叶旅游的新方向可视作提升遗产（迹）旅游（heritage tourism）和生态旅游（eco-tourism）的一部分。其目标是个人或小的旅游团体，他们对乡村的兴趣要超过"3S"旅游（sun, sand and sea/sex，即阳光、沙滩和海洋或性）。在斯里兰卡，生态旅游与茶叶旅游有着一定联系。辛哈拉加世界遗址（Sinharaja World Heritage Site）是斯里兰卡最后的大型低地"岗得瓦纳"（Gondwanan）雨林，它有斯里兰卡最丰富的生物多样性（biodiversity）储备。遗址周边大片的区域被废弃的茶叶园场覆盖，因此，也就有了把此地作为有机茶叶培育地的规划。相应的房屋规划、街道设计、游客接待中心规划，以及工艺展示、天然小径、雨林吊桥等的设计均在整体规划之列，旅游者将在此"品鉴"茶叶历史，同时享受有机食品。作者认为，茶叶旅游在斯里兰卡有着遗产（迹）旅游、生态旅游、健康旅游和农村与农场旅游的多方面特征。它本身既可以是高端的（high-end），也是排外的（exclusive）或者基于社区的（community-based），同时也是亲贫民的（pro-poor）。作者认为，在生态旅游中控制范围并以社区为基础开展项目，在连接旅游与茶产业之间更有效果，同时也可更有效地向更广泛的当地利益相关者产出经济效益。②

第三小部分围绕着中国湖南省的茶叶节，从市场与社会经济视角进行分析。作者分析了20世纪90年代之后湖南省茶叶节的实质与地域特征。在湖南农村地区的经济发展中，茶叶生产的多元化与较好质量成为其重要元素，而且湖南有着丰富的茶文化

---

① 参见 K. Hannam. *Tea production and tourism development in Assam: A missed opportunity?* 见 L. Jolliffe. *Tea and tourism: Tourists, traditions and transformations.* Cromwell Press, 2007: 71-82.

② 参见 T. Rabindranath, Gunasekara, J. H. Momsen. *Amidst the misty mountains: The role of tea tourism in Sri Lanka's turbulent tourist industry.* 见 L. Jolliffe. *Tea and tourism: Tourists, traditions and transformations.* Cromwell Press, 2007: 84-97.

历史。为了应对日益加剧的旅游压力，许多酒店与茶馆发起了于每年春天持续两周的"新奉茶节"（New Tea Appreciation Festival）活动，在湖南省省会长沙市尤其热闹。在本部分，作者分析了湖南茶叶（tea in Hunan）、湖南旅游（tourism in Hunan）、奉茶节实质及对其评估（the nature and evolution of Tea Appreciation Festivals）和调查数据，并从多个角度进行分析，如酒店视角、茶叶生产以及对外出口企业视角、茶叶销售企业视角、湖南省农业官员视角以及消费者视角等。作者在结论中认为，茶叶旅游可有助于湖南省的可持续发展，其方式是强化并提升地区茶叶经济与作为重要吸引力的茶叶生产景观之间的关联性，并进一步改善那些与茶叶种植和采摘相关联的活动。①

第四小部分围绕着中国福建省的茶叶文化与旅游进行讨论。作者认为，中国茶叶作为提供给游客的八大旅游文化纪念品或商品之一已经在世界范围内取得了进展。与茶艺或茶文化相关的许多领域都与旅游相关。本部分作者的目的是分析福建省的茶叶及旅游（与茶叶相关的旅游）发展情况，具体介绍了福建与茶相关的旅游（tea-related tourism in Fujian）、茶叶旅游目的地（tea tourist destinations in Fujian）、茶叶旅游合作的未来发展（the tea-tourism partnership for future development）以及从不同特征主体的旅游者视角进行分析，如观光者主体、购物者主体、参与者主体等。作者为与茶叶相关的旅游（tea-related tourism）提供了一个样板：与不同形式的旅游者体验（tourist experiences）相结合，比如农村（农业）旅游、民族（文化）旅游甚至美食（烹饪）体验（gastronomy/culinary experiences）等。通过对福建省茶叶旅游的合作形式进行分析，得出了中国具备更大的发展潜力的结论。②

第五小部分围绕着中国福鼎茶园与旅游发展进行讨论。作者认为，在福建省福鼎市周边的茶叶种植区，与茶园相关的旅游业发展已经展现出了强大的吸引力。鉴于此，一项基于茶旅游的试点项目开始启动。该项目包括建设一个茶叶讲解中心和一座茶馆，该茶馆由当地的妇联运营，以此推进妇女发展和减少贫困。本部分主要介绍了茶叶和发展（tea and development）、福鼎茶叶与旅游（tea and tourism at Fuding）、试点项目（the pilot project）以及对茶叶旅游资源和茶企业状况调查等方面。作者认为，通过分析得到的存在于福鼎茶叶与旅游产业中的问题表明了茶叶对当地旅游业发展的贡献力受到了约束。调查与分析的结果表明，实现茶叶旅游的挑战主要包括：对发展需求没有清晰认知、过度依赖旅游贸易和政府发展产品、旅游基础设施缺乏以及服务质量存在问题。③

---

① 参见 R. Huang, D. Hall. *The new tea appreciation festival: Marketing and socio-economic development in Hunan Province, China.* 见 L. Jolliffe. *Tea and tourism: Tourists, traditions and transformations.* Cromwell Press, 2007: 98 – 111.

② 参见 H. G. Xiao. *Tea culture and tourism in Fujian Province, China: Towards a partnership for sustainable development.* 见 L. Jolliffe. *Tea and tourism: Tourists, traditions and transformations.* Cromwell Press, 2007: 115 – 130.

③ 参见 L. Jolliffe, P. F. Zhuang. *Tourism development and the tea gardens of Fuding, China.* 见 L. Jolliffe. *Tea and tourism: Tourists, traditions and transformations.* Cromwell Press, 2007: 133 – 143.

第六小部分围绕着肯尼亚的旅游与茶叶展开分析。作者认为，肯尼亚的旅游业原本基于观赏野生动植物与海滩游，近来才发展起了生态游，而包括许多方面的生态游已经成为其重要的外汇收入来源。作者介绍了肯尼亚的旅游业（tourism in Kenya）、旅游产品（the Kenya tourism product）、肯尼亚的茶叶（tea in Kenya）、茶叶相关的旅游产品（tea-related tourism products）、旅行社调查（tour operator survey）以及以SWOT分析法开展的"发展肯尼亚的茶旅游"（Developing tea tourism in Kenya）等。作者认为，肯尼亚旅游业发生了战略性的转移——从野生动植物观赏游和海滩游转移到另外的旅游领域——而与茶相关的旅游则是文化与教育旅游领域非常合适的一个新领域（a new nice area of cultural and educational tourism）。[①]

在第四部分，作者介绍了茶叶角色的转化，即从简单的对茶叶的体验到一种以茶叶为目的地的转化。内容包括对中国茶马古道旅游价值的研究，对作为"绿茶城市"杭州的研究，对英国茶壶的研究以及对加拿大茶旅游的综合研究。我们在此不再一一介绍。

书的最后一部分是对全书内容的总结，并提出了一些关于茶旅游的研究议题。

该书的中心在于：①强调目前茶文化是一种流行且有着广泛吸引力的文化，这种文化已经并且更加深入地和旅游文化相结合，成为一种广受旅游者看重的旅游内容。②在具备茶文化旅游的地区已经相当好地开展了这项事业，并各具特色与魅力，均取得了相当好的成效。③茶旅游中也存在着诸多的问题，这些问题各有不同，在一定程度上制约着其进一步发展。④目前世界各地开展的茶文化旅游应围绕着五个重心：一是"茶、旅游和社会变迁"；二是"茶旅游行为、特征和经历"；三是"茶目的地的出现、发展与市场"；四是"茶旅游发展项目"；五是"茶与待客招待"。[②] 而它们又是应着力解决的关键问题。

五、茶文化旅游的实例及启示

一般而言，茶文化是一个非常广泛的范畴，包括以茶为核心形成的物质文化与精神文化等各种形式。"茶文化意味着在茶的发展过程中与茶相关的物质的与精神的所有内容，它由有形的和无形的产品组成，包括道德示范、礼仪规范、审美、宗教、艺术、植茶、茶叶加工技术和材料。"[③]

中国的茶文化旅游目前几乎主要围绕着生态旅游开展，其定位也主要是长远可持续发展的茶文化生态旅游区。近年迅速发展并产生了较大影响的"茶乡旅游"逐渐

---

① 参见 J. Muhati, L. Jolliffe. *Tourism and tea in Kenya: Opportunity for development?* 见 L. Jolliffe. *Tea and tourism: Tourists, traditions and transformations.* Cromwell Press, 2007: 145 – 162.

② 参见 L. Jolliffe. *Tea and tourism: Tourists, traditions and transformations.* Cromwell Press, 2007: 248.

③ S. W. Cheng, F. F. Xu, J. Zhang, et al. *Tourists' attitudes toward tea tourism: A case study in Xinyang, China.* Journal of Travel & Tourism Marketing, 2010 (2).

成为一种独具魅力的旅游潮流,杭州西湖龙井茶乡农家茶楼、武夷山印象大红袍等为旅游爱好者所乐道。一般而言,茶乡旅游指的是以产茶乡村或地区的茶农、茶园、茶树的栽培、茶叶的采摘和加工制作,以及当地与茶相关的风俗礼仪和自然风貌为对象的乡村旅游。2012年10月,第九届中国国际茶业博览会("北京茶博会")举办了一场旨在推动和引导中国茶文化旅游发展的论坛。参会的茶文化领域内和旅游业内人士对茶文化旅游发展发表了自己的看法,主要集中在几个方面:①茶旅游景观规划和茶叶本业、主业生产之间的协同发展。张贤军认为,做好茶文化生态旅游一定要做到"好的茶叶一定有好的生态;宜茶则茶"。杨军认为,从事茶乡旅游,要实现茶叶到茶园的多元化发展,关注的中心为"回归传统、保护文化、融入环境"。②茶文化旅游活动的核心竞争力来源于茶文化。付建春认为,茶文化生态旅游的核心竞争力在茶文化。马元祝认为,在茶文化生态旅游中,文化是旅游的灵魂。① 下面我们将向读者展示茶文化相关旅游的案例。

有学者认为,现代茶马古道已经成为藏、川、滇大三角的重要通道和黄金旅游线。"国家正在或将投入巨资对茶马古道的线路进行开发,这不仅可以进一步促进沿线旅游资源的开发,也必将促成21世纪国内甚至国际最新旅游热线的形成,推动西藏以及毗邻的云南、四川大三角旅游经济圈的蓬勃发展;不仅对藏、川、滇三省区的藏族聚居区,而且对我国西南地区旅游业和社会经济发展都将具有特别重要的意义。"② 而这一黄金旅游线路的最根本点是它的生态旅游,包括独一无二的自然资源景观和丰富的人文景观。魏小安提出了一个观点,即以"地球上最后一块净土"的旅游绝品的理念来开发茶马古道。他强调要依据四个方面的原则开展茶马古道旅游绝品:"一是尽量保持原生态;二是形成大反差,要有一流的旅游服务设施,使客人在蛮荒之地的自然环境中享受现代文明;三是小流量,针对特定市场,形成特定产品;四是高收费,以此来控制人数,形成排队局面,从而增加可持续发展的后劲,尤其增强环境保护的投入能力。"③

目前,围绕着茶马古道开展的旅游并不局限于某一地域范围之内,而是依其通过的地点延伸展开,所经地域均从中受益。目前,从成都出发,已经形成了多条茶马古道旅游线路。可见以生态旅游闻名的茶马古道游已经受到广泛关注,并已经形成自身独有的市场。比如如下线路:

(1) 成都—邛崃—雅安蒙顶山—雅安—康定—道孚—炉霍—甘孜—德格—江达—昌都—邦达—八宿—然乌—波密—鲁浪—林芝—米林—郎县—加查—泽当—贡嘎—拉萨—纳木错。

(2) 成都—邛崃—雅安蒙顶山—雅安—康定—雅江—理塘—巴塘—芒康—左

---

① 参见《茶博览》记者《聚焦中国茶文化旅游》,载《茶博览》2012年第11期。
② 罗莉:《依托"茶马古道"黄金旅游线建立藏、川、滇"大三角"藏区旅游经济圈》,载《西南民族学院学报(哲学社会科学版)》2003年第2期。
③ 魏小安:《世界级旅游绝品——关于"茶马古道"开发设想》,载《中国旅游信息》2001年第5期。

贡—邦达—八宿—然乌—波密—林芝—拉萨—江孜—亚东—拉萨。

（3）成都—邛崃—雅安蒙顶山—雅安—康定—道孚—炉霍—甘孜—德格—江达—昌都—洛隆—边坝—嘉黎—墨竹工卡—拉萨—江孜—亚东—日喀则—拉萨。

（4）成都—邛崃—蒙山—雅安—泸定—雅江—理塘—稻城—乡城—德荣—中甸—德钦—盐井—芒康—左贡—邦达—八宿—然乌—波密—林芝—拉萨。

（5）成都—邛崃—蒙山—雅安—泸定—丹巴—金川—色达—甘孜—德格—昌都—类乌齐—丁青—巴青—索县—那曲—当雄—拉萨。

（6）成都—邛崃—蒙山—雅安—泸定—康定—雅江—新龙—甘孜—白玉—德格—马尼干戈—石渠—玉树—囊谦—类乌齐—丁青—巴青—索县—那曲—当雄—拉萨。

（7）成都—邛崃—蒙山—雅安—都江堰—汶川—理县—马尔康—壤塘—阿坝—红原—若尔盖—九寨—松潘—茂县—汶川—成都。

（8）成都—邛崃—蒙山—雅安—都江堰—汶川—茂县—九寨—松潘—若尔盖—红原—合作—临夏—西宁。

陈文品、白文祥介绍了茶马古道文化旅游开发热以及茶马古道上的茶文化，并提出了对茶马古道生态旅游的一些见解，他们认为：①"茶业给昔日茶马古道沿线带来了新的繁荣，不仅对带动三省区少数民族自治区域的社会经济发展具有积极的作用，而且对我国西南地区旅游业和社会经济发展都具有特别重要的意义"；②"旅游开发的同时，应加强历史文化遗迹的保护和民族文化的挖掘整理与创新"；③"要加强茶文化旅游项目的开发"。① 显然，在茶马古道文化旅游中，茶文化旅游是最重要的组成；同时，这种旅游既存在着巨大的潜力，也有许多待解决的问题。

茶马古道已经成为中国著名的旅游景观。张洁、杨桂红、阮冬梅认为，云南茶马古道具备旅游开发的优势，如：旅游资源丰富，组合得当；知名度高；品牌价值高等。同时，他们也分析了以茶马古道进行生态文化旅游的一些劣势和问题，如局部生态环境脆弱、同类旅游资源的竞争、高原环境的负面影响和当地居民文化素质低等问题，针对这些问题，作者提出实行区域协作、整体营销，推出新的旅游产品和项目，运用点、轴、面开发模式，合理开发旅游资源，加强环境保护等举措。②

实际上，当我们看到茶马古道游如火如荼开展的时候，也不能忽视这一旅游热潮背后的一些问题。比如对周边环境的破坏、人文景观应用不恰当、文化内涵发掘不足，以及过度市场化等问题也比较明显。罗莉认为，茶马古道旅游应该注重保护旅游资源。"一是保护自然，即保护自然景观、自然环境、自然生态系统；二是保护传统的民族文化。"她认为，"环境资源是旅游业的主要因素……来藏族聚居区的游客，

---

① 参见陈文品、白文祥《茶马古道：中国茶文化旅游的黄金走廊》，载《中国茶叶》2003年第6期。
② 参见张洁、杨桂红、阮冬梅《云南茶马古道的旅游开发》，载《资源与产业》2007年第3期。

就是藏族聚居区环境的消费者，对环境造成的损害是不可逆转的"。① 从严格意义上而言，目前开展的许多打着茶马古道生态旅游旗号的旅游，尤其是旅行社开展的团队游，对茶马古道自然环境和人文环境带来了较多的负面影响，因此，这些旅游很多并不能归入生态旅游之列。而亟待解决和急需完成的工作，则是以生态旅游理念全面打造升级茶马古道旅游产业。

每年3—4月是茶文化旅游的最佳时节，国内外著名的茶文化区、茶产区和茶园都会在这个时候迎来大批热爱茶文化旅游的游客。此时，人们旅游的核心内容就是休闲与放松，感受大自然之美与茶文化之美。目前，在最受欢迎的项目中，茶文化博物馆游是重要的组成之一。"中华武夷茶博园"是其中的一个典型代表。该茶博园于2008年建成，占地10.3万平方米，馆内共分五大部分：景观园区、地下广场、山水实景演出观赏区、茶博馆和游人服务区，以"浓缩武夷茶史，展示岩韵风姿"为设计主题。通过茶文化展示、历代名人的记述、茶艺表演吸引了大量喜爱茶文化的游客。黄贤庚说："茶博园兴建以来，可谓是参观者络绎不绝，受到普遍赞赏……茶博园充分地展示了武夷茶文化的丰厚内涵，给人深刻印象，是以往口头叙述、文字介绍无法比拟的。它的兴建是实施'茶旅结合'有力举措，也是一项民意工程。"②

除了武夷山茶博园外，全国以茶文化为核心的博物馆、博物院、茶博园或茶博览苑、文化馆等有40余座（下文统称为"茶博馆"）。较早的建于20世纪80年代，如建于1986年的蒙山茶史博物馆。这些茶博馆规模有大有小，组织类型既有公办也有民间自办，办馆层次也参差不齐；对茶文化的展示侧重点也有所不同。这些茶博馆是茶文化旅游的产物，同时也反作用于茶文化旅游与茶文化传播，二者发挥着相互促进的作用。我们对一些茶博馆进行简要介绍。

香港茶具博物馆建于1984年，馆址位于香港公园内，为香港艺术馆分馆之一。馆内主要以各种茶具为主题，尤以宜兴茶具为代表，并辅以诗文、绘图为注解，展示了中国茶文化的发展历程。馆内还定期举办茶艺讲座。

蒙山茶史博物馆建于1986年，馆址位于四川省雅安市名山县蒙阳镇。据目前可考资料，该馆应是我国最早建立的以茶及茶文化为主的专业性博物馆。馆内以室内陈列和室外茶文化遗址、遗迹相结合。展出的主要以介绍茶史、茶具、茶俗、茶文化为基本内容，另开展一些相关文化活动与培训活动。

大友普洱茶博物馆建于1989年，馆址位于中国台北莺歌，被认为是台湾首座普洱茶博物馆。馆内以收藏和销售普洱茶为主，存放了各类普洱茶、茶砖茶和条形茶1000余种，并以动态流程介绍和展示普洱茶制作、选购、储存等六大步骤。2004年，其姊妹馆"云南大友普洱茶博物馆"建成，经营范围包括：征集和采购陈年普洱茶，

---

① 参见罗莉《依托"茶马古道"黄金旅游线建立藏、川、滇"大三角"藏区旅游经济圈》，载《西南民族学院学报（哲学社会科学版）》2003年第2期。

② 黄贤庚：《解读〈中华武夷茶博园〉》，载《福建茶叶》2010年第Z2期。

兴办经济实体，与相关企事业单位联合举办普洱茶文化推广活动、对外展示展览，开展普洱茶知识的短期培训，以各种形式推广普洱茶文化以及组织有关普洱茶文化的交流活动和科学考察活动等。

茶马古道博物馆位于云南省丽江古城，是中国第一家专门展示茶马古道的历史文化博物馆。该馆由序厅、史事一厅、史事二厅、束河厅、皮匠厅、茶马风情厅、茶艺厅、影响资料中心等八个部分组成，较为系统地介绍了茶马古道的起始时间、线路和重大历史事件，是人们了解茶马古道历史文化的重要窗口。

天福茶博物院位于福建省漳浦县，2002年建成并对外开放，共占地约120亩，被认为是世界最大的茶博馆。其内部共设五大部分：主展馆、茶道教室、日本茶道馆、韩国茶道馆和书画馆。目前，天福茶博物院已经取得了较突出的成就，成为集学术研究、文化传承、教育旅游于一体的茶文化博物馆，并因此成为"福建省科普教育基地"。

中国藏茶博物馆建成于2005年，馆址位于四川省雅安市上里古镇，由雅安茶厂投资创建，是我国第一家关于藏茶的主题博物馆。馆内收藏了大量有关藏茶的历史、文化、加工制作、运输、饮用等方面的文物和史料，成为较为全面地展示四川藏茶文化的重要窗口。

就地域而言，茶文化生态旅游做得较好的地区有浙江、福建、江西、四川以及云南等地。这些地区均有着较好的茶产业支撑；同时，在当地政府的大力支持下，形成了较为浓厚的茶文化氛围与较好的市场营销策略。茶文化旅游成为茶产业链条中最重要的一支，同时也是不可分割的一支。其茶产业中，旅游文化产业已经显现出强大的生命力，它不但给产业内部提供了强大的支持，而且作为一种产业间的纽带成为茶产业链条向外延伸的重要载体。

下面给出两个案例。

蒙山茶乡之旅

在蒙山三日游中有一日是蒙山茶乡之旅。其路线是：早饭后从名山县城出发至蒙山，在上清峰看7棵仙茶，听茶文化故事讲解，观茶艺表演，游蒙山风光。午餐在山上品蒙山茶膳风味。餐后沿天梯古茶道下至蒙山茶史博物馆，了解蒙山茶叶发展史，听取那些神话般的传说。

最后到蒙山茶场（厂）观看采茶（也可自己采）、制茶（也可在师傅的指导下自己制作），制出的茶可以带回赠送亲友品尝。晚宿蒙山或县城。宿蒙山可夜看星空，听百虫齐鸣，晨看日出、炊烟，好一副深山茶园风光。晚上可去茶馆领略一下四川"茶博士"的茶艺"绝活"。

杭州西湖茶乡之旅

西湖茶之旅一日游路线：游西湖；在湖畔品茶，观湖上风光。到西湖龙井茶叶公司总部看毛主席采过的茶树和纪念亭；到六和塔观钱塘胜景；到茶叶博物馆参观,了解中国茶文化;到虎跑泉、龙井泉、龙井寺(老龙井)烹茶品茗;到湖公庙看乾隆皇帝所封的18棵御茶树;到梅家坞农家看龙井茶炒制(家庭手工);到茶科所看龙井茶机械化生产和大棚茶园。晚回市里。[①]

以上两个案例主要以旅游路线和旅游观光的内容为主线,内容各有特色,同时也有许多相通之处,总体以茶叶种植园和相关联的茶文化为核心。目前,这一旅游模式也是最为普遍的茶文化旅游模式。虽然并不直接提及生态旅游内容,但显然这是同自然生态与人文生态紧密联系的。只是在旅游过程管理与控制中,要把握生态尺度,而不能简单地把茶文化旅游与普通旅游等同。

谭巍、李欣认为,目前茶文化旅游中应主要关注五方面的问题。[②] 一是加强茶文化旅游建设。茶文化旅游越来越受到重视,那么就要相应加强相关建设,如对原有老茶园进行改造,茶生产与生态旅游相结合;同时应加大生态旅游理念的执行力度,解决茶文化旅游中存在的突出问题。二是加强茶文化旅游的纪念品和相关用品开发。茶宴的盛行以及各类茶饮料、茶食品的走俏,表明了茶文化旅游产品的吸引力以及广阔的市场前景。这正是进一步开发茶文化生态旅游的良好契机,从而形成可持续发展的茶文化旅游产品链条。三是形成独具特色的茶文化旅游项目。目前,福建省安溪县形成了较完整的茶文化旅游项目链条,把名茶发源地、茶园生态、古建筑景观、茶禅旅游等结合起来,取得了良好的效果。浙江的龙井茶文化游、云南的普洱茶文化游等均取得了显著成效。因此,茶文化旅游要结合当地特色,开展特色的茶文化生态游。四是积极推出茶文化旅游热线。他们认为,"茶文化旅游热线应该把几个省或者以一个省市为主,把周边的旅游项目联合起来,加强合作,形成能够满足消费者三到七天、十天甚至半个月的旅游需求"[③]。笔者认为,茶文化旅游热线的核心在两个方面:①有茶文化旅游的核心区域带;②能够实现茶文化旅游产业与相关其他产业和产品的交叉,实现协同发展,形成发展合力和互惠现象。地域的界限不应成为茶文化旅游的阻碍。五是加大茶文化研究和推广力度。理论是实践的重要指导,只有加强理论研究,才能更好地指导茶文化生态旅游发展。目前,关于茶文化旅游的学术性研究并不多,而且缺少系统深入的研究。另外,应该看到,除了研究如何发展国内茶文化旅游之外,还应该加强对世界各地茶文化旅游的介绍和调研,从而开阔视野,学习与交流实践经验。

六、西藏生态旅游现状

许多研究者认为,目前西藏已经到了大力开展生态旅游的阶段,而且迫在眉睫。

---

① 以上两个案例引自于观亭《茶文化漫谈》,中国农业出版社2003年版,第185~188页。
② 参见谭巍、李欣《茶文化旅游的定位与开拓》,载《农业考古》2005年第2期。
③ 谭巍、李欣:《茶文化旅游的定位与开拓》,载《农业考古》2005年第2期。

罗华认为，"传统旅游导致了一系列问题的出现，加之西藏旅游资源具有垄断性、地域性、脆弱性等特点，若不加以保护和开发，那么这片几乎无污染、原生态的美丽家园将会变得满目疮痍"。所以，他认为，"从传统旅游到生态旅游是西藏旅游业发展的战略选择"①。

2011年5月，《人民日报》刊登了一篇名为《西藏生态旅游富区惠民》的文章，文章这样写道：

> "世界屋脊，神奇西藏"正在为越来越多的游客所向往。西藏自治区人民政府副主席丁业现表示，"十二五"期间，西藏自治区将进一步扩大开放，进一步优化服务，精心打造"神奇自然、和谐生态、圣地天堂、特色文化"旅游形象。到2015年，西藏将实现年接待游客1500万人次，旅游总收入达到180亿元，旅游业就业人数30万。②

文章也提到，2010年时，西藏的"乡村旅游"已覆盖全区各地，从事旅游接待服务的农牧民有1.2万多户、4.8万多人，农牧民实现旅游接待服务收入2.94亿元，人均年收入6118元。文章还以林芝地区鲁朗镇扎西岗村较早经营生态旅游的农户平措为例做了说明。"生态旅游为西藏人民带来了实惠，富裕起来的人民也因此更加保护当地的生态环境。"③"十一五"期间，西藏用于生态环境保护与建设的资金超过100亿元，大大提高了生态旅游的基础设施水平。（见表17－2）

表17－2　2006—2012年西藏旅游情况④

年份/年	接待旅游者/人次			旅游总收入/万元	国内旅游收入/万元	外汇收入/万美元
	总数	入境旅游者				
		总数	其中：外国人	国内旅游者		
2006	2512103	154818	136159	2357285	277072	228929	6094
2007	4029438	365370	338744	3664068	485160	383152	13529
2008	2246447	67997	62934	2178450	225865	204237	3112
2009	5610630	174910	162485	5435720	559870	506088	7873
2010	6851390	228321	214136	6623069	714401	644001	10359
2011	8697605	270785	249026	8426820	970568	886341	12963
2012	10583869	194933	174631	10388936	1264788	1198017	10570

---

① 罗华：《西藏生态旅游发展模式与战略研究》，载《西藏大学学报（社会科学版）》2012年第3期。
② 张帆、肖遥、张文：《西藏生态旅游富区惠民》，载《人民日报》2011年5月25日第1版。
③ 张帆、肖遥、张文：《西藏生态旅游富区惠民》，载《人民日报》2011年5月25日第1版。
④ 数据来源：根据多吉战都《西藏统计年鉴2013》（中国统计出版社2013年版）整理得出。

西藏旅游是国内乃至全球旅游的一个热点，通过表17-2可以发现，除个别年份外，西藏旅游人数及收入总体呈现大幅度增长态势。这成为大力发展西藏生态旅游的重要基础。目前，西藏的生态旅游虽然也在开展，但总体仍在普通的大众旅游范围，并无独立的运行机制，也没有相应的针对生态旅游的管理机构与相关统计。由于西藏独特的自然与人文环境，其中的绝大部分旅游资源均可归入生态旅游范畴之内，只不过其各种运行机制与管理机制并未按生态旅游去开展，制约了西藏旅游资源真正功能的发挥和旅游质量的提升。从表17-3中我们可以发现，西藏有丰富的生态旅游资源，但同时也发现，其中仅在人文生态旅游资源的"历史遗迹"中有"茶马古道"内容。实际上，这远远不能代表和表现西藏茶文化的丰富形式与内容。茶文化生态旅游可以构建自然生态与人文生态两大类相互交叉的模式，从而真正表现这一生态旅游的内涵，构建出强大吸引力的生态旅游模式。

表17-3 目前西藏生态旅游资源①

第一层次	第二层次	第三层次	资源举例
自然生态旅游资源	陆地生态旅游资源	高山雪峰	珠穆朗玛峰、南迦巴瓦峰、冈仁波齐峰
		峡谷	雅鲁藏布大峡谷、帕隆藏布大峡谷
		岩溶地貌	类乌齐的玛查拉溶洞、扎囊的扎羊宗溶洞、昌都妥坎山的石林
		土林地貌	阿里札达县的札达土林
		森林	鲁朗林海
	水体生态旅游资源	河流	年楚河、拉萨河、尼洋河
		湖泊	羊卓雍错、纳木错、玛旁雍错、拉姆拉错
		湿地	拉鲁湿地、色林错湿地
		冰川	卡钦冰川、绒布冰川、卡若拉冰川
		泉点	羊八井、日多温泉
	生物旅游资源	植物	林芝千年巨柏、墨脱楠木
		动物	藏羚羊、黑颈鹤
人文生态旅游资源	农业生态旅游资源	牧场	羌塘（藏北）大草原
		农家、民俗村	乡村旅游、娘热民俗风情园
	建筑设计	寺院建筑	大昭寺、小昭寺、色拉寺、哲蚌寺、甘丹寺、扎什伦布寺、桑耶寺等
		宫殿建筑	布达拉宫、雍布拉康宫
		园林	罗布林卡

---

① 参见罗华：《西藏生态旅游发展模式与战略研究》，载《西藏大学学报（社会科学版）》2012年第3期。

续表 17-3

第一层次	第二层次	第三层次	资源举例
人文生态旅游资源	遗址遗迹	历史遗址	卡若文化遗址、古格王朝遗址、唐蕃会盟碑、茶马古道
	人文活动	民族民俗风情	拉萨雪顿节、山南雅砻文化节、那曲羌塘恰青赛马节

河南省城乡规划设计研究院于 2001 年完成的《西藏旅游资源开发及旅游产业发展研究》报告中有关于西藏旅游区划的内容。该报告认为，基于西藏各地区之间在自然、经济、社会和旅游资源方面存在着明显的差别，应对其旅游进行必要的类型划分，以明确开发方向和途径。报告认为，西藏的旅游分区应遵循四条原则：旅游地域的完整性原则、旅游特点的类似性原则、综合分析与主导因素结合的原则以及兼顾行政区划的原则。根据此原则，西藏可分为四大旅游区：①南部谷地文化旅游风景观光区，包括拉萨、日喀则、山南、林芝四个旅游亚区；②西部山地文化探险旅游区，包括普兰、札达、日土、措勤、改则、革吉六个亚区；③东部高山峡谷康区文化旅游区，包括分别以昌都和芒康为中心的两个亚区；④北部高原游牧文化探险、科考旅游区，包括怒江河源旅游亚区，以那曲为中心的羌塘游牧文化旅游亚区，以尼玛为中心的大湖区旅游亚区。[①]

根据这一思路，西藏的茶文化生态旅游应归属于第一区划，以文化旅游风景观光为主。

报告认为，以旅游资源的相关性及客源市场需求特点及其变化趋势等开展旅游线路的组织与开发，本着"①不断更新和优化传统观光型旅游线路，大力发展生态旅游、徒步旅游等特色项目。②利用藏民族有传统过林卡节的习惯大力推出一系列适应城镇居民要求的短期、短程旅游线路。③大力开发符合社会时尚的专项旅游产品"[②]等开发原则推进西藏旅游业全面发展。

报告认为，要建立完善的旅游产业管理体制，进一步转变政府职能，理顺关系，提高效率，建立高度权威、运转协调、行为规范的旅游行政管理体系，以促进"大旅游、大市场、大产业"的发展为原则，其内容应包括：旅游产业决策协调体制、旅游行业管理体制、旅游行业自律体制、旅游区（点）管理体制。[③] 要完善相关的旅

---

① 参见河南省城乡规划设计研究院《西藏旅游资源开发及旅游产业发展研究》，王丰执笔，2001 年 6 月，第 30 页。内部资料。

② 河南省城乡规划设计研究院：《西藏旅游资源开发及旅游产业发展研究》，王丰执笔，2001 年 6 月，第 33～34 页。内部资料。

③ 参见河南省城乡规划设计研究院《西藏旅游资源开发及旅游产业发展研究》，王丰执笔，2001 年 6 月，第 46 页。内部资料。

游法规,保证旅游主管部门依法管理,旅游企业依法经营,旅游职工依法从业等;要逐步提高旅游的科技创新;要加大旅游人力资源开发,以区外引进与当地培训相结合,院校培养与在岗培训相结合,培训、上岗与人事、工资管理相结合,大力实行继续教育和终身教育,以及建立和完善旅游教育培训的管理体制和管理机构;要加大旅游资源的开发与保护,旅游资源的保护应贯彻到旅游产业发展的全过程中。[①]

七、茶文化与生态旅游之间的关系

茶文化与生态旅游有天然的契合性:茶文化的承载体茶叶与茶园是自然生态的典型代表;同时,茶文化本身是人文生态的典型代表。目前开展的茶文化旅游已经显示了生态性特征,并取得了较好的效果。

Tea Tourism Project(2005)、United Nations World Tourism Organization(UNWTO)(2005)均强调了在世界范围内,与茶相关的旅游在诸如泰国、斯里兰卡等许多国家得到了较好的发展。[②] J. Muhati 和 L. Jolliffe 总结了肯尼亚茶叶生态旅游的特征,并分析了文化和市场中的茶与旅游产业之间的关联关系。[③] 分析认为,在肯尼亚茶叶旅游有着非常好的前景,并且已经显示出了强大的活力。从肯尼亚的旅游特征与茶市场特征分析,二者具有高度的相似性与相关性,把二者有机结合是肯尼亚观光农业发展的必然,并且对观光农业整体的发展有诸多有益的启示。(见表17-4)

表17-4 茶与旅游产业的关联

旅游特征	茶市场特征	对观光农业的启示
高额外汇收入	高额外汇收入	两者均是重要外汇收入源,因此,把主要特色相结合形成旅游产品以赢得更好机会
生态旅游的预计增长	茶市场的预计增长	两者市场预计均有增长,表明该经济的长期可能性
社区层次的小农经营	小农经营	两者均以小农经营,提供了在社区层次提升生活质量的机会,进而提升可持续发展能力
可持续发展的重要性	可持续中的伦理问题	企业的社会责任可能也会为可持续发展提供更多机会

[①] 参见河南省城乡规划设计研究院《西藏旅游资源开发及旅游产业发展研究》,王丰执笔,2001年6月,第47~50页。内部资料。

[②] 参见 S. W. Cheng, F. F. Xu, J. Zhang, et al. Tourists' attitudes toward tea tourism: A case study in Xinyang, China. Journal of Travel & Tourism Marketing, 2010 (2).

[③] J. Muhati, L. Jolliffe. Tourism and tea in Kenya: Opportunity for development? 见 L. Jolliffe. Tea and tourism: Tourists, traditions and transformations. Cromwell Press, 2007:153.

续表 17-4

旅游特征	茶市场特征	对观光农业的启示
潜在的经济高额回报及基于此的经济重构	潜在的经济高额回报及基于此的经济重构	两者均提升反射连接，成为经济发展的支柱
英国是一个重要目的地	英国是肯尼亚茶叶最重要的目的地，占其出口总额的44%	对主市场的跨市场产品而言存在附加价值，它同样具有历史关联，并可认为是安全的

茶文化与旅游之间的关系还可以从旅游者视角进行分析。S. W. Cheng 等人以河南省信阳毛尖茶文化旅游为例进行了研究。研究结果表明，在做出回应的被调查者中饮茶现象非常普遍，他们自认为自己有一定的茶叶与茶文化知识，并认为饮茶有益健康。研究表明，被调查者对茶旅游持积极的态度，68.7%的被调查者有茶旅游的经历，85.5%的被调查者表示以后会参加茶旅游。研究发现，茶旅游者年龄主要集中于31~40岁，其中女性比例（53.5%，$N=61$）稍高于男性（46.5%，$N=53$）。研究认为，从茶文化旅游需求方而言，潜在的茶旅游者是那些对茶与茶文化有着浓厚兴趣，经营茶业或对饮茶持积极态度的人。对茶文化旅游市场而言，男女两性虽然呈现出一定的差异，比如男性饮茶时间一般长于女性，而女性在茶文化旅游方面更具有积极性，两者均可构成茶文化旅游市场的核心主体。研究认为，人们对茶了解越多，对饮茶越持积极态度；越是经常饮茶者，他们越倾向于成为茶文化旅游者。[①]

第二节 西藏茶文化生态旅游的意义

"茶文化旅游是指将茶业资源、茶叶历史与现代旅游活动有机结合的一种新的旅游方式。"[②] L. Jolliffe 把茶文化旅游称为"茶叶旅游"（tea tourism），他说，茶叶旅游是一种因为对茶叶的历史、传统和消费的兴趣而受到吸引，从而产生的一种旅游。[③] 而茶文化生态旅游显然涉及的文化与社会内容更多一些，笔者认为从内容与形式上，其至少应该考虑到生态旅游所涉及的自然生态与人文生态两大方面的所有内容。那么，西藏茶文化生态旅游到底对西藏文化、西藏旅游以及西藏经济社会发展有怎样的

---

① 参见 S. W Cheng, F. F. Xu, J. Zhang, et al. Tourists' attitudes toward tea tourism: A case study in Xinyang, China. Journal of Travel & Tourism Marketing, 2010（2）.

② 罗艳玲：《论开发信阳茶文化旅游的意义、优势及其策略》，载《高等函授学报（自然科学版）》2006年第6期。

③ 参见 L. Jolliffe. Tea and tourism: Tourists, traditions and transformations. Cromwell Press, 2007: 9.

意义呢？笔者认为有如下八个方面：

第一，提升西藏文化的吸引力与艺术魅力。虽然西藏有着以藏传佛教和民间艺术为代表的丰富的文化资源，但作为西藏特有的文化组成之一的茶文化却从未被人全面了解，虽然有研究者对此也做过尝试，试图展示与分析西藏的这一文化宝库，但其内容显然只是冰山一角，所以，西藏茶文化已经成为一个历史之谜。人们想揭开她，却无从下手，也无更多收获。因此，能够以茶文化生态旅游为契机和突破口，全面、系统地展示历史中的西藏茶文化成为西藏文化中最具开发潜力的文化资源。

第二，提升西藏文化产品的文化品牌与价值，促进生态旅游产品的产业链打造。西藏茶文化产品是在茶产业发展的基础上形成的衍生产品，既包括直接的茶叶产品，也包括以茶叶为核心形成的图片文化、包装文化、人物文化、观光文化、道德教育文化、娱乐休闲文化等各个方面。茶叶及其文化衍生品均与高雅的生活情趣相联系，只要正确引导，规范管理，有理由相信这种生活氛围可以在西藏的日常生活中形成并不断扩大，不但能够促进茶产业链的升级，更能把这种文化品牌与人们的现实生活相融合，成为一种借助生态旅游而直接推进人们物质生活水平与精神生活水平提高的有效形式。

第三，有助于进一步推进西藏生态旅游建设，促进旅游市场健康、良性、可持续发展。西藏的旅游市场虽然持续升温，但其中存在着许多问题。胡琦认为，西藏旅游目前存在的主要问题包括：①西藏旅游业配套性的交通资源不足、管理不完善；②西藏旅游业配套性的支柱行业发展滞后，主要包括餐饮业与住宿业以及旅行社三方面；③旅游业人才缺乏，从业人员文化素质较低；④旅游宣传中存在着诸多问题，如缺乏对西藏民风民俗等民族文化的宣传，同时也缺乏宣传意向的民意征集过程；等等。[①]针对这些问题，一方面，茶文化生态旅游的有效开展可以产生巨大的推进力，可以说会激化或使这些问题更为显著地表现出来，从而促进问题的解决；另一方面，茶文化生态旅游的实施需要各方面的协调、配套发展，这也会在一定程度上推进问题的解决，促进旅游业的可持续发展。

第四，促进西藏社区参与文化建设。茶叶是西藏人民日常生活离不开的物品，制茶喝茶是每个西藏家庭必不可少的生活环节。开展茶文化生态旅游，可以最大限度地调动西藏人民对自身茶文化的热情，进行自发的保护、挖掘、传承与创新。这正是西藏文化大发展大繁荣的必然要求。这种全民参与将有利于社区高雅文化的形成，有利于人们加强保护生态的意识。

第五，有利于对生态旅游区进行更具民族特色的旅游管理。目前，西藏旅游市场管理中市场化程度很浓，以致在一定程度上抹杀或削弱了文化的魅力与吸引力。因此，过度市场化的旅游市场，尤其是在生态旅游中过度强调市场化，会削弱对旅游者

---

① 参见胡琦《试论西藏旅游业发展的问题及对策性建议》，载《西藏民族学院学报（哲学社会科学版）》2013年第3期。

的吸引力，进而削弱旅游的可持续发展能力。茶文化生态旅游的实施将以自然生态与人文生态两条主线开展，让社区充分参与，实现旅游管理的民族化、地方化与特色化，化解过度市场化带来的消极影响。

第六，有利于推进旅游区的环境保护工作，转化旅游模式。目前，西藏旅游中也存在着一定的环境破坏现象，如旅游垃圾多、植被被破坏、空气受污染等。茶文化生态旅游不但本身强调生态特征，而且强调文化旅游的环境保护，从文化角度去宣传和感染游客，使环境保护成为旅游中的一部分，促进粗放式旅游模式向文化和生态模式转化。

第七，有利于西藏第三产业的全面发展，尤其是能够提升相关产品的文化附加值与吸引力。从短期来看，茶文化生态旅游并不会为西藏第三产业和相关的文化产品发展注入强大推进力，但生态旅游是世界旅游发展的必然趋势，是符合现代人生活与休闲需要的一种旅游方式，就此而言，从长远来看，生态旅游必然会有效地促进旅游地的经济文化发展，成为当地经济、社会和文化发展的必然推进力量，有效提高投资与回报比。

第八，通过茶文化的形式与内容最直接展示西藏与内地不可分割的有机联系。西藏茶文化内容丰富，其中许多内容与历史和政治有着紧密联系，比如内地对西藏茶叶的全面供给让人们通过旅游增加民族认同感和国家认同感。

第三节　西藏茶文化生态旅游的特色与优势

西藏有自产茶园，同时也有一定的茶叶产量，但产量较小，而且不稳定，波动较大。而城镇居民与农村居民茶叶消费量很大，农村居民家庭平均每人全年茶叶消费量远高于城镇居民家庭消费量，2007 年达到每人每年 8.11 千克，2010—2012 年平均为每人每年 6.18 千克。我们发现，西藏茶叶种植面积和产量有较大浮动，总体产量较小，以这样的产量是无法满足西藏各族群众的茶叶消费需求的。但实际情况是，无论是城镇还是农村、牧区，巨大的茶叶需求得到了较好满足。笔者在《社会学视角的西藏茶消费变迁研究》一文中对这种现象进行了分析，我们可以这样看待 1990 年后西藏茶消费的社会特征与机制：①西藏消费的茶叶绝大部分来自内地；②城镇与农村地区饮茶数量具有显著的反向相关关系，农村消费量占据消费总量的绝大部分；③城镇居民的茶消费量主要受到肉禽及其制品价格指数的影响，农村地区对肉禽、茶的价格指数并不敏感；④农村地区的茶需求决定着西藏自治区的整体茶需求，并且仍有较大的需求空间存在；⑤农村地区的茶需求具有较大的独立性，除茶叶供应量外，其他因素对其消费量的影响不显著，茶在农村居民的社会生活中占据着重要而独立的位置。①

西藏人民对茶叶的需求以及这种需求和消费传达的信息使我们相信，这些内容与信息足以构成在西藏开展茶文化生态旅游的前提与基础。

另外，由表17-5可见，2012年，城镇居民家庭平均每人全年购买的茶叶总量为2.2千克，其中最低收入户平均为3.6千克，最低收入户中的贫困户则为4.1千克。② 表明在低收入家庭中，茶叶是日常生活重要的物品之一，与富裕家庭相比，茶叶对他们来说更有价值，更无法离开。这一现象与前面的分析结论也是相符的。同时，在西藏民主改革前，处于社会底层的人们是很难有茶叶喝的，即使有，也是通过一些有着特殊身份的人，如僧尼，或各类亲友接济获得很少的劣质茶叶。③

表17-5　西藏茶叶产量及消费情况④

年份/年	1990	1995	2000	2005	2007	2010	2011	2012
茶园面积/公顷	149	146	48	—	—	224	163	163
茶叶产量/吨	66	130	1	—	—	8	89	89
城镇居民家庭平均每人全年购买茶叶量/千克	1.0	1.6	1.4	0.6	0.7	2.7	2.3	2.2
农村居民家庭平均每人全年消费茶叶量/千克	3.97	2.35	1.77	—	8.11	6.64	5.95	5.94

品牌有着较早的历史，国外品牌观念可追溯至罗马时代，当时商人们把一些标识画贴在商店的墙上，到后来企业把这种标识画应用于企业宣传。我国的品牌概念源于北宋时期，济南刘家"功夫针铺"运用当时最先进的铜牌印刷技术，印制了"白兔"标记，并将其悬挂于门前作为自家商号的标志。清光绪三十年（公元1904年），清政府颁布了我国历史上第一部企业权益保护法规《商标试办章程》。⑤ 但在此后很长时间内，基于多种原因，我国的民族工业和民族品牌并没有太大发展。中华人民共和国成立后，由于思想和计划经济体制制约，商业发展与产业品牌也未受到重视。到改革开放后，中国的品牌经营才真正步入正轨。

一般而言，旅游品牌是对旅游的某一重要标识性特征的外显化，这种外显的特征成为该旅游的重要代言，如旅游地名称、特色景观、各类特征符号、管理特征、文化

---

① 参见赵国栋、于转利、刘华《社会学视角的西藏茶消费变迁研究》，载《西藏民族学院学报（哲学社会科学版）》2011年第6期。
② 数据来源：多吉战都《西藏统计年鉴（2013）》，中国统计出版社2013年版。
③ 参见赵国栋《传统茶文化符号中的西藏阶层研究》，载《农业考古》2014年第2期。
④ 数据来源：根据多吉战都《西藏统计年鉴（2013）》（中国统计出版社2013年版）整理得出。
⑤ 参见秦安臣《生态旅游品牌规划的基础理论研究》，北京林业大学2005年博士论文，引言第2页。

特色、广告宣传、形象设计等。目前旅游市场中,无论是有形旅游产品还是无形旅游产品,品牌都是旅游者关注的因素之一。所以,优质的品牌以及品牌化建设是提高旅游知名度、提升旅游可持续发展的重要环节。

旅游品牌在旅游中的作用十分明显,而且显示出越来越重要的作用。旅游品牌可以提升旅游产品的吸引力,推进旅游链条的健康可持续发展,这源于品牌在产品及产业链条中的代表性;同时,可以降低旅游者搜寻旅游产品的成本,这源于品牌产生的强大的传播效应与吸引效应;还可以增加旅游产品的附加值,这源于品牌的"口碑效应"。另外,好的旅游品牌是让该旅游可持续健康发展的最重要保证,一方面,品牌可以维持原有旅游市场客源;另一方面,可以吸引新的客源,开拓新的市场,同时构建起顾客源的高度忠诚,也有利于实行网络化、集团化经营。[①]

我们一般简单地理解茶文化旅游就是到茶园或茶馆观光,欣赏茶艺表演,尤其是少数民族的茶艺表演以及日本茶道或韩国茶道表演等。但这只是表面的旅游、普通的旅游,而不是茶文化旅游的真正内涵。首先,茶文化旅游是一种文化活动,这一活动显然是以"旅游"形式出现,却是以"感悟文化,净化心灵"为目的的,是一种高雅或高层次的文化感悟活动;其次,茶文化生态旅游也是一种教育与学习之旅,是在文化的熏陶中对中国传统文化的领悟与学习的过程;再次,茶文化生态旅游的开展也会改变旅游管理的传统理念与管理模式,以文化与生态为中心,逐步形成现代的可持续的生态旅游管理理念,重视文化保护与文化传播,这正是西藏旅游目前所要集中解决的问题;最后,"对茶叶生产、经营单位和人员来说,是从生态、健康、科学立场进行茶叶资源的深层开发,以可持续发展战略的观点探索茶叶生产模式,探索茶叶发展的新路子,具有明显的社会效益、生态效益和经济效益,是茶叶发展的新领域"[②]。

正是由于茶文化生态旅游具备普通旅游所不具备的优势与特点,所以,茶文化生态旅游将是最有吸引力的旅游品牌。结合西藏独特的茶文化以及有着巨大吸引力的易贡茶场、察隅茶园和墨脱茶园,茶文化生态旅游品牌必将成为西藏旅游的一块金字招牌,成为西藏旅游品牌的"代言者",从而有力地推进西藏旅游品牌建设的力度,为西藏旅游可持续发展贡献力量。

第四节 茶馆在生态旅游中的重要作用

旅游是一种特殊的交流传播方式。[③] 在西藏旅游中也突出地存在这一现象,而茶

---

① 参见曹新向《我国旅游品牌化存在的问题及对策》,载《西北农林科技大学学报(社会科学版)》2007年第3期。
② 谭巍、李欣:《茶文化旅游的定位与开拓》,载《农业考古》2005年第2期。
③ 参见王浩《试论一种特殊的传播方式——旅游传播》,载《现代传播》2003年第1期。

馆则是旅游传播最典型的代表。茶馆是西藏颇具特色的人文景观之一。茶馆的普及来源于藏族群众对茶叶的巨大消费需求。以前，西藏文化公共空间较少，除了定期的公共节庆活动和寺院佛事活动外，人们很难找到一个相互沟通与娱乐的共有空间。随着茶叶的普及，喝茶成为每个家庭、每个人的必需，以此为纽带，茶馆应运而生，越来越多的人开始聚集于茶馆。在那里，人们边喝茶边聊天，许多人也会把茶馆作为娱乐活动的场地，打麻将、掷骰子、玩纸牌等活动都可以在茶馆出现。由于茶馆遍布西藏的大街小巷，所以，游客到了西藏，无论休息还是喝茶，都不可避免地会进入茶馆。

另外，作为西藏餐饮文化特色之一的酥油茶和甜茶对来到西藏的游客而言有着强烈的吸引力，要喝茶就要到茶馆，所以，几乎所有的游客到了西藏都要进茶馆，茶馆就自然而然地成为游客们必到的地方。"那么西藏茶馆能够扮演的西藏明信片角色则毫不夸张，茶馆不但能够把西藏独特的民俗风情和精神文化展现于外界，更能在这两大功能方面发挥重要的作用，成为西藏社会团结、整合的重要社会空间中的力量。"[①]

以此而言，开展西藏生态旅游，尤其是茶文化生态旅游，就必须重视茶馆的作用，既要做好茶馆的升级改造，同时也要做好传统茶馆文化中优秀成分的保护与传承，把西藏茶馆打造成为西藏生态旅游的名片与展示西藏新形象的窗口。

第五节　西藏传统茶文化的内容与要点[②]

（1）茶叶形态。包括从内地输入西藏的各类茶叶品种与品牌、印度曾输入的品种与品牌（大吉岭红茶）、西藏茶叶的包装三个方面。内地曾向西藏输入的茶叶包括许多种类，以黑茶、红茶、绿茶为主。西藏民主改革前，印度植茶成功后，英国殖民主义者开始向西藏销售印度产茶叶，当时以仿内地的紧压茶为主，同时也有红茶。在19世纪末20世纪初，印度产大吉岭红茶已经渗透至西藏上层社会，并成为一种身份与地位的象征。西藏茶叶包装文化既包含内地，尤其是四川雅安、康定的藏茶包装文化，也包含茶叶运达西藏后形成的独有包装文化。

（2）茶汤形态。主要包括酥油茶、清茶、咸奶茶、甜奶茶、熟茶奶茶、清茶奶茶、香奶茶、枣茶、糌粑茶、奶酪茶、面茶、油茶、牛油茶、麦茶、骨汤茶、核桃茶等。

（3）特色茶饮的制作文化。西藏茶饮以调饮为主，其次为清饮，但即使是清饮也要加入盐，因此，在西藏，任何茶饮的制作均离不开茶、水和盐。茶饮的制作以酥油茶为代表，包括专门的制酥油器具和把酥油与茶搅拌均匀的器具。制作方法以熬、

[①] 赵国栋：《茶叶与西藏：文化、历史与社会》，西藏人民出版社2015年版，第439页。
[②] 本部分内容根据赵国栋《茶叶与西藏：文化、历史与社会》（西藏人民出版社2015年版）整理而得。

搅拌、调和、保温等为主。

（4）茶器具文化。西藏民主改革前，茶器具进一步可划分为寺院茶器具、贵族茶器具、普通百姓茶器具。虽三者有交叉，但具有较为清晰的差异性。寺院茶器具兼有实用、神圣与尊贵的象征意义，而以神圣性为主；贵族茶器具以尊贵为主，以实用为辅；普通百姓茶器具以实用为主，同时兼具一定的神圣性，也受到格外重视。

（5）茶叶的习俗文化。西藏有着丰富的茶文化习俗。比如，在婚姻关系中，茶叶成为重要的聘礼，是定亲的见证物；在丧葬仪式上，也要用到茶叶，除了招待主持仪式的僧人外，还要供茶等。在西藏的礼节文化中，除了哈达外，还要用到茶叶，奉上酥油茶代表了主人的热情好客；同时，《格萨尔》中，茶文化也是重要的组成。

（6）茶叶的互动纽带文化。茶叶及其文化联系起人与人之间的多种互动，成为人们互动的桥梁与纽带，比如茶叶贸易，尤其是直接发生的茶叶交易；同时，由四川、云南等地向西藏的茶叶运输与贸易把西藏与内地紧密地联系到一起，以茶叶为纽带构建起了更大范围的社会互动。

（7）"茶叶占有"文化。"茶叶占有"文化主要包括三方面：茶叶的获取方式、茶叶的获取数量、茶叶的消费数量。西藏民主改革前，不同阶层和群体对"茶叶占有"存在着一定区别，一般分为寺院、贵族、普通百姓三大阶层。寺院和贵族获取茶叶的方式多样，数量较大，寺院可通过茶叶布施获取大量茶叶，这是寺院与贵族间茶叶获取的最大区别；另外，中央政府向寺院或高级僧侣赐茶也是二者差别之一。普通百姓获取茶叶较为困难，一部分人可以通过市场换购茶叶，而牧工和庄园中的各类农奴则只能由牧主和庄园主们的"仁慈施舍"或亲朋好友的接济而获得很少的茶叶，需求最得不到保证，甚至以白水加些调味品代替茶。

（8）贸易形式文化。过去，西藏茶叶贸易形式包括茶马古道茶叶贸易、驮队贸易、集市贸易、换购贸易等。茶马古道茶叶贸易是西藏连接内地的重要方式，通过茶叶贸易形成了西藏与内地的土特产贸易流通、马匹与茶叶的互换以及民族交往与融合等独具特色的社会现象。驮队贸易是内地各类以运茶销茶为主的商队，他们以马、牦牛、骆驼等为主要运输力量，其间会有部分人力背夫运输情况，如四川雅安至康定的运输。在大寺院周边以及大城市和城镇内会有各类形式的集市贸易，茶叶必然是这些集市的重要销售之物。在传统西藏社会中，常常以物易物，实行换购交易方式，因此，茶叶与其他物品的换购比价也形成了一种贸易文化。

（9）茶叶价格文化。西藏茶叶价格一般远高于四川、云南等茶叶供应地，这是路途遥远、交通不便导致高昂的运输成本造成的。金尖茶叶在西藏比在四川的价格要高出许多。

另外，西藏民主改革前，茶叶价格多由寺院与贵族掌控，不同群体对茶叶的消费有着明显的区别。一般而言，豁卡①内部的茶价要高于当地市场价格，而且豁卡内也

---

① "豁卡"是藏语音译，意为"庄园"，是西藏民主改革前三大领主（官府、寺院和贵族）经营领地、统治剥削农奴和奴隶的主要组织形式。

把茶渣、茶沫，甚至是非茶的野生植物当作茶叶以高价出售给属民。不同地区的豁卡中、市场中价格也有差异。

（10）茶商文化。西藏的茶商包括许多群体，这些群体既有地域差异也有民族差异。西藏传统茶商来自西藏与内地的不同地方，主要以西藏、四川、云南、陕西、山西商人为主。西藏传统茶商由多个民族构成，以藏族、汉族、回族、纳西族等为主。各类茶商在长期的贸易过程中形成了自身独有的文化特色，包括贸易过程的出发前准备、行进的安全保障、马帮职位设置及称呼、茶贸易称量及辨别茶叶质量技能、背茶文化、贸易中介文化（如锅庄文化）、收购茶叶文化、销售（以批发大宗为主）茶叶文化等方面。

（11）"茶债粮"文化。在西藏民主改革前的社会中，茶叶与粮食不可分割，而茶叶比普通粮食有时更具有特殊意义，因为粮食可以生产，尤其是以家庭为单位生产，但茶叶要依靠茶商从四川、云南等地输入到西藏，再几经贩运才可能到达消费者手中，社会底层的百姓和农奴通过贸易得到茶叶的可能性更小。因此，在西藏曾有"茶债粮"现象，即为了得到少量的茶叶，普通百姓从寺院或贵族那里借茶，称为"茶债"，借茶到一定期限则按一定的利息（多以实物利息为主）以粮食归还借茶的本息。这种本息远远超过茶叶本身所应有的价值，成为社会剥削的重要手段。

（12）"茶叶周济"文化。这是一种存在于西藏民主改革前社会底层的文化现象。由于生活不可缺少茶叶，而底层百姓和农奴又很难通过贸易或通过农奴主、牧主、庄园主等得到茶叶，因此，他们的亲戚或朋友在条件允许的情况下（即他们有一定的茶叶可供消费）会周济他们一些茶叶，当然这些主要是质量差、价格低的茶叶。

（13）重大自然灾害中的"茶叶补给"文化。在发生重大自然灾害时，茶叶是所有物资供应中的紧缺物品。西藏民主改革前，传统社会茶叶本来储备较少且相对被寺院和官府、贵族垄断，因此，当重大自然灾害到来时，如何调拨茶叶进行补给、补给方式如何（是实物形式还是折价形式）、补给的程序、补给的分配等则成为最核心的问题。

（14）茶馆文化。西藏茶馆是一种公共场所，在那里不仅能够喝茶用餐，更主要的是能够为人们提供一个沟通信息、休闲放松、增进相互情感的公共空间。最初的茶馆以喝茶为主，后来随着人们需求的增加，用餐功能也逐渐得到强化。社会的进步，尤其是西藏民主改革后，西藏茶馆得到了飞速发展，逐步成为综合性的休闲场所。随着西藏生态旅游业的发展，茶馆已经成为向外界展示西藏、宣传西藏的重要文明窗口。

（15）四川藏茶文化。四川是西藏茶叶重要的供给地区之一，也是藏茶文化最浓的地区。可以说，没有四川藏茶文化也就不会有西藏的茶文化，因此，四川藏茶文化是西藏茶文化不可分割的一部分。四川藏茶文化包括许多方面，如藏茶的种植、加工、仓储、运输，以及藏茶向西藏贸易的方式与价格、茶商种类与构成等方面。

（16）英国、印度向西藏的茶叶入侵。19世纪末20世纪初，英国加大了对西藏的茶叶入侵步伐，并派茶叶间谍到四川收集西藏藏茶秘密，妄图把四川藏茶排挤出西藏茶叶市场，进而割断西藏与内地的茶叶联系，为全面入侵西藏奠定基础。实际上，英国殖民者从中国内地盗取茶叶的活动从19世纪中叶就已经紧锣密鼓地开展了。到20世纪20年代中期，印度茶叶已经在西藏的茶叶市场占据了主导地位。

（17）抵御印度茶叶入侵。虽然英殖民者支持印度向西藏进行茶叶渗透和入侵，但长期以来效果并不明显，一方面，因为印度茶叶口味在开始阶段无法满足西藏市场的要求，"口味不过关"；另一方面，因为四川、云南和西藏各界对印度茶叶积极抵制，保卫四川茶叶市场。这一积极的抵御行动虽然有许多不足之处，但充分展现了西藏与内地联合起来，保卫国家领土完整和西藏茶叶市场的历史。

第六节 西藏传统茶文化的传承、创新与西藏生态旅游

作为生态旅游的一部分和促进生态旅游的重要推动力量，任何文化形式都必须在保护、传承的基础上，结合时代特征进行发展创新。党的十七届六中全会审议通过的《中共中央关于深化文化体制改革、推动社会主义文化大繁荣大发展若干重大问题的决定》从中国特色社会主义事业总体布局的高度明确提出了进行文化体制改革，开展文化传承与创新，推动社会主义文化大发展大繁荣的战略部署。对西藏茶文化而言，传承与创新的关系是：在传承中对原有的文化内容与形式进行有效保护，通过旅游与展览的形式向人们展示这一文化的历史原貌。因此，传承是创新的基础，没有传承就没有创新；创新是文化发展的必然要求。"文化传承创新是推进中国特色社会主义事业建设的必然要求。"[①] 通过文化内容与形式的传承、创新，实现对优秀内容的保护与传承，进一步结合时代发展与社会进步要求推进这一文化的创新，为西藏经济社会和文化发展贡献力量。

一、传统茶文化元素向现代转化的可能性与必然性

1. 何为"向现代转化"

作为社会生活的一部分，文化有其时代特征。我们可以将其分为三类。第一类是历史中的文化，这类文化主要让人们感受历史的存在，目前以旅游开发为主；第二类是现实生活中的实用文化，这类文化以人们的实用为主，以民族特色、地域特色的生活文化为主；第三类是混合型的文化，这类文化随着时代变化而呈现不同的特色，兼

---

① 程琳：《大力推进文化传承创新 充分发挥文化育警功能》，载《中国人民公安大学学报（社会科学版）》2012年第1期。

具生活特色与历史特色。这三类文化只是为了研究方便而进行的人为划分，本质上是相互交叉、不可完全分割的。

对于历史中的茶文化，需要还原这些文化内容，展示历史中西藏茶文化的存在状况，以研究、发掘、展现，并以尊重历史原貌的态度进行保护，从而真实再现历史中西藏社会以茶为中心的生活状况，展现曾存在过的压榨与剥削。现实生活中的茶文化保存于西藏各类群体的日常生活之中，如寺院僧侣以及农牧民均有自身的实用茶文化，对这些文化要加以保护和传承，更要以时代的眼光去发展创新，使其实用性适应西藏新生活的需要。因此，针对这部分文化，必须在保护的基础上传承发展和创新，不能为了保护而因循守旧，更不能为了发展创新而完全抛弃原有的实用文化内容。混合型茶文化既要保护传承和发展历史文化特色，又要与现实生活需求相结合，改进和提升直接与生活需求相关的文化内容。酥油茶文化就是典型的例子。一方面，酥油茶的制作工具与技术属于历史文化范畴，对这一部分应加以保护，而为适应西藏各族群众喝酥油茶的需求变化及提高劳动效率要求，这些工具与技术又要与时代发展同步，不断向机械化自动化发展；另一方面，酥油茶的饮用文化则是直接与生活相关的内容，随着西藏生活水平的提高，蔬菜和各类饮料日益丰富，酥油茶的实用性已经不如以前那样巨大、不可或缺，至少已经出现了相关数量的替代品，但不能取代酥油茶饮用文化，只是随着时代发展，人们喝酥油茶的方式以及以其作为款待客人的手段的传统做法也在悄悄发生着变化，在传达藏族人民热情好客的同时也体现着生活节奏的加快、生活内容的丰富多彩。

文化的大繁荣大发展必须审慎对待传统文化。西藏传统文化内容复杂，形式多样，各类文化间有着千丝万缕的联系，尤其是与宗教更是联系密切。这一现象同样体现于西藏传统茶文化之中。走向社会主义西藏新文化，实现西藏文化大繁荣大发展，西藏茶文化必然不可缺少，也必然要实现向现代的转变。这种转变根据茶文化的不同类型而对保护、发掘、传承、发展、创新各有所侧重，与社会主义核心价值观相适应并融入其中，并有力推进核心价值观的建设，为提高西藏各族群众物质生活与精神生活水平服务。

2. 向现代转化的可能性

第一，经济基础提供的可能性。西藏民主改革后，社会发生了巨大的变化，目前经济快速发展，人民生活水平显著提高。尤其是农牧民脱离了以前食不果腹的生活，过上了丰衣足食的日子。在这样的经济条件下，茶叶需求能够得到有效满足，且为茶文化的传承发展和创新提供了物质上的保障和经济上的可能性。

第二，现代生活提供的可能性。西藏民主改革后，尤其是进入21世纪，社会生活发生了巨大变化，以前那种极端封闭落后的生活状态逐步被现代的生活方式所取代。这种取代不是简单的物质生活的提升，而是包括休闲娱乐的精神文化生活方式的巨大变化。这些变化是西藏传统茶文化发展创新的重要基础，或者说，茶文化是西藏现代生活的重要组成部分，现代生活的到来为我们传承发展和创新传统茶文化提供了前提与基础。

第三，精神文化生活丰富提供的可能性。西藏传统社会中，文化生活相对单调，除了节日外，多与宗教活动有一定关系。现在，西藏的文化生活已经大大丰富，除了传统的节日活动，还有各类休闲娱乐活动，电视、电影、电脑、网络、手机等已经走入了普通百姓家中，各类小型的"农家书屋"、老年人活动室，设施齐全的幼儿园也不再是普通百姓的奢望。精神文化生活的丰富使茶文化在西藏生活中不再一成不变，也不再具有唯一性，为保存与发展、创新茶文化提供了一定的空间。

3. 向现代转化的必然性

第一，是社会主义核心价值体系建设的必然。社会主义核心价值体系是中国主流价值体系，是塑造新时代国民精神与文化氛围的框架体系。社会主义核心价值体系建设必然要求传统文化在历史与现代当中实现传承、发展与创新，即以社会主义核心价值体系建设去引导传统文化的保护、发展与创新；同时，传统文化要适应和推进社会主义核心价值体系建设，二者实现有益互动。

第二，是西藏文化大发展大繁荣的必然要求。实现中华文化的大发展大繁荣离不开西藏文化的大发展大繁荣；茶文化是西藏文化重要的构成之一，因此，实现西藏文化的大发展大繁荣必然要求茶文化的大发展大繁荣。实现这一目标，就要在传统茶文化基础上，实现时代性的传承、发展和创新。

第三，是现代生活方式的必然要求。传统茶文化中的许多成分在现代生活中依然具有独特魅力，但已经无法满足西藏人民现代生活方式的需求，如茶叶的供给、茶叶的价格、茶商经营等方面必然随着茶叶产量的增加、茶叶运输方式的改进以及现代化的经营理念而发生巨大变化，而这种变化在某种程度上已经发生和正在发生。另外，那些已经被现代西藏新生活抛弃的内容，如茶叶的占有、"茶债粮"、重大灾害时的茶叶补给等方面，随着社会的进步已经成为历史，见证着西藏民主改革前社会中的压榨与剥削。

第四，是文化自身发展规律的必然要求。任何文化都是历史中的文化，有着特定的历史特征，体现着当时的时代特色。随着社会发展和时代进步，文化，尤其是与人民生活密切相关的文化必然要适应时代发展的要求，并从本质上要求在更高层次上推进与引领物质生活的发展方向。因此，对西藏传统茶文化而言，其内在发展规律必然要求西藏茶文化走传承发展和创新之路。

二、西藏茶文化从传统向现代演变的时代特征

1. 物质实用特征的淡化

西藏传统社会对茶叶的重视源于茶是饮食结构中不可缺少的一环。可以这样说，

茶叶的存在保证了人们在高寒环境中，在各类蔬菜极度缺乏的状态下，在以食牛羊肉为主的饮食结构中能够适应及最大限度地获取营养成分并化解主食牛羊肉带来的消化吸收问题。另外，独特的酥油茶不但可以实现上述功能，而且能润泽嘴唇，防止在高寒情况下嘴唇干裂现象，白水、清茶以及其他饮用物很难实现此功效。

在新时代，西藏各族群众日常生活依然离不开茶叶和茶文化，但从物质实用性而言，茶叶及其衍生出的相关文化已经逐渐淡化。这主要源于西藏与内地的交通运输能力的提高，尤其是青藏铁路的开通以及多条航空线路的开通使内地供应、支援西藏的各类生活物资可以源源不断地输入西藏，满足西藏人民的生活所需；另外，随着西藏社会生产力的发展，尤其是西藏农业生产能力的大幅提高，西藏自产自供蔬菜数量及质量都有了很大提升。这两方面带来了两个主要后果：一是出现了大量的茶叶替代物；二是茶叶对西藏人民的物质实用功能逐渐淡化。

2. 精神寄托特征的边缘化

在西藏传统社会中，茶叶不但是"物质食粮"，而且是"精神食粮"。佛教中，禅与茶不可分，进一步衍生出了"禅茶一味"的修禅理念与意境。藏传佛教虽不直接提及"禅茶一味"，但视茶为修行与坐禅必不可少之物，因此，寺院中必备有茶叶，每日必有集体饮茶活动。除此之外，寺院中各类佛事活动中均不可缺少茶叶及其文化。在寺院文化的影响下，茶叶被赋予的精神内涵被普通民众推崇，并进一步衍生出其自身特有的精神范畴的茶文化内容。这些内容渗透于社会生活的方方面面，成为群体特征的重要体现。

虽然目前西藏茶文化中仍然存在着一些精神寄托现象，并仍受到人们的重视与推崇，但绝大多数以茶体现的精神文化内涵在本质上已经逐步边缘化，即不再如传统社会中那样不可替代和神圣不可侵犯。这是与西藏经济社会的全面进步相伴而生的，即西藏物质生活水平已经有了大幅度提高，人们摆脱了西藏民主改革前由于阶级压迫与剥削产生的贫穷落后，社会文明程度大大提高，各族人民的文化生活变得丰富多彩，人们能够更科学地看待茶叶与茶文化现象，也能够更准确地把握茶文化中被赋予的精神内涵。

3. 与宗教沟通特征的外在化

西藏传统社会中，普通百姓与宗教之间有着密切的关系，这种关系体现在各个方面，茶叶就是其中之一。源于茶的精神寄托特征，茶叶及其文化成为百姓与藏传佛教之间精神纽带的重要构成。通过对茶叶与茶汤的使用，人们向藏传佛教皈依并展现虔诚，寺院和僧侣则通过茶叶给百姓们施予恩泽，祈福消灾。

虽然这种关系目前仍然不同程度地存在，但性质逐步外化，即茶叶及其文化主要成为信众信奉藏传佛教的一个形式化纽带，其动因主要在于对传统的记忆以及心理上的安慰；同时，随着人们对宗教有了更深入的认知，对包括茶在内的各类仪式和物品也有了科学认知，能够较为客观地看待其纽带作用。

4. 日常应用的消费化

西藏民主改革前，社会中茶叶的消费差别非常大，包括阶级之间的差别、群体之间的差别、茶叶消费数量的差别以及茶叶质量的差别等。从一定程度而言，那时的被剥削阶级、社会底层等弱势群体的消费只能是一种"为了生存"的消费，而对于剥削阶级、社会上层等强势群体而言，茶叶的消费则是一种"生活的享乐"。因此，在整个西藏民主改革前的社会中，茶叶的消费是一种畸形状态；同时，茶叶在社会生活与宗教生活中的应用已经超越了纯消费的范畴，发挥着精神纽带甚至统治手段的作用。

在新时代，西藏各族群众对茶叶的消费量持续增加，这是西藏民主改革前阶级残酷压榨下的消费需求释放的结果，也是各群体各阶层都能够正常消费茶叶的直接结果。虽然有了诸多替代品，但对茶叶的独特情感以及长期养成的消费习惯使西藏人民保持了对茶叶的消费兴趣；同时，西藏经济的发展与人们物质生活水平的提高使每个家庭都有足够的经济能力消费茶叶。另外，西藏生态旅游业的发展也为西藏茶叶的消费开辟了一个有效途径，使西藏自产茶可以销往世界各地。

5. 文化符号与经济符号的交叉与增加

在西藏民主改革前，茶叶及其文化除了是社会身份与宗教地位的重要标志之外，还是某一群体或个体经济状况的重要衡量指标。富有者可以拥有较多的和高质量的茶叶；而贫困者则相反，甚至无茶可喝。对寺院而言，茶叶又是其财富增加的重要手段，茶叶贸易成为支撑其收入的重要来源。

随着西藏社会的进步与经济的发展，茶文化符号的身份标签功能已经大大削弱，消费茶叶只是一种生活方式，消费者社会地位与角色并不能如以前那样左右茶叶消费数量与质量。茶叶日常消费化程度的提升使西藏茶文化逐步发展成为一种文化产业，它跨越经济范畴，把文化与旅游、文化与经济、文化与日常消费紧密结合于一体，推动着西藏文化产业的发展和进步。

三、注重生态旅游的价值导向

在西藏生态旅游中推出积极向上的符合社会主义核心价值观和价值体系的新的茶文化内容，如推进西藏茶文化中的新的人文价值观念，展现内地对西藏在茶产业与茶文化方面给予的巨大支持，展示西藏自身茶产业的独特魅力等，不但是西藏文化发展繁荣的必然选择，也是社会经济发展的必然要求，同时也是一种优秀传统文化在现代社会发展中符合历史发展潮流的必然选择。因此，在开展生态旅游过程中，一定要注重用历史的和发展的眼光分析问题，用茶文化生态旅游引导正确的社会价值观与历史价值观。徐贵权认为，对社会价值观虽有多种理解，但主流观点认为它是一个综合的视角,涉及政治、经济、文化等各个方面,应突破简单地局限于伦理道德层面的观点。① 历史价值观是针对历史的认识与评价,以及以怎样的态度去评价历史。按张雄的观点,"唯物史观对科学的历史价值观的影响,主要体现在三个辩证统一的关系上。第一个就是唯物史观输入给科学价值观以历史的客观性与历史的主观性的辩证统一,由此上升到历史的绝对性与历史的相对性的辩证统一,再上升到一个更高的高度,那就是历史的普遍性与历史的特殊性的辩证统一"②,这正是理解历史价值观和历史转折问题的关键。

总体而言,在历史客观性的基础上,社会价值观与历史价值观包含了对过去、现在与未来的价值理解与追求,也包括了对社会各个领域内的价值理解与追求。而这些正是要通过社会生活的点点滴滴去塑造与完成的。这也正是西藏茶文化在传统与现代之间以及传统与发展之间所要去努力实现的重要目标。

第一,通过西藏茶文化生态旅游的构建及西藏的自然生态文明与人文生态文明成果的展示,并通过旅游者的流动成功地扩大影响与宣传,使西藏茶文化成为展现西藏新形象与魅力的有效窗口之一。传统茶文化是一种对历史的客观展示,让人们了解旧西藏的真实面貌;而对茶文化的传承创新则让人们感受到新时代西藏文化的魅力,以及新旧文化的鲜明对比。

第二,从文化发展的视角而言,传统不可能割裂现代,现代也不可能完全抛弃传统。因此,把西藏茶文化在传统与现代的结合下进行展示是文化建设的一种必然选择,也是西藏生态旅游价值导向的必然要求。

四、西藏茶文化生态旅游的 SWOT 分析

在西藏开展茶文化生态旅游有着明显的优势和突出的特色;同时,不可否认也存在着一定的不足和潜在威胁。我们通过 SWOT 分析法对此进行分析讨论。SWOT(strength weakness opportunity threat) 分析又称为"态势分析法"或"优劣势分析法",用来确定企业及某一产业或目标事业自身的竞争优势(strength)、竞争劣势(weakness)、机会(opportunity) 和威胁(threat)。S (strength)、W (weakness) 是内部因素,O (opportunity)、T (threat) 是外部因素。最理想的做法是把"能够做的"(即优势与劣势) 和"可能做的"(即存在于外部环境的机会与威胁) 有机结合,达到最佳效果。

1. 竞争优势分析

第一,西藏有着高海拔的生态茶园。易贡茶场从 1960 年开始经营到现在已经走

---

① 参见徐贵权《改革开放以来中国社会价值观变化之研究透视》,载《毛泽东邓小平理论研究》2007 年第 6 期。
② 张雄:《历史价值观对当下历史转折的寓意诠释》,载《中国社会科学报》2010 年 6 月 15 日第 3 版。

过了半个多世纪的历史,在党中央和西藏政府的关怀下,在各兄弟省市的支援下,易贡茶场已经取得了巨大成就,产量不断提高,特色越来越鲜明,茶叶产品及相关产品也不断丰富,经济效益与社会效益均取得了较大进步。易贡茶场风景秀美,地势多姿,围绕着茶场的广大地区也逐步成为西藏重要的生态旅游地之一。林芝的墨脱县从2010年开始大规模引进茶树良种,大力推进有机茶园建设,目前茶树长势良好,建成的13个高山有机茶园茶树良种种植面积累计达到4293亩。① 近年来,察隅县的茶园建设也大幅度推进,并取得了良好成效。

第二,西藏有着浓郁而独特的茶文化底蕴。西藏茶文化的形式和内容虽然目前还没有被大家所认知,但至少到西藏喝酥油茶和甜茶是每位到西藏的游客所不能缺少的项目。西藏茶馆更是成为西藏的一个窗口,游客到西藏旅游一定要到茶馆坐坐。

第三,西藏有着巨大的茶叶消费市场。2012年,西藏城镇居民家庭平均每人全年购买茶叶量为2.2千克,而农村居民家庭平均每人全年消费量达到了5.94千克。这是一个巨大的数字。这一巨大的茶叶消费市场是西藏茶产业与茶文化发展的现实基础,也是西藏茶文化旅游发展的重要推动力量。

第四,西藏有茶马古道遗迹。茶马古道是四川、云南等地区连接西藏最重要的历史遗迹,它既是历史的文物古迹,也是各民族交流融合的见证。在西藏拉萨和昌都都保存着相关的遗迹,吸引了大量游客。尤其是随着四川和云南大力开展的"茶马古道游"影响力的不断扩大,西藏就成为这一旅游的一个重要目的地。

2. 竞争劣势分析

第一,西藏茶园茶场规模相对较小,茶产量不足。目前,易贡茶场是西藏规模最大的茶场,但茶场只是易贡农场的一部分,产量较小。2010年,西藏所有茶园面积224公顷,产量仅为8吨;2011年,所有茶园面积163公顷,产量为89吨;2012年的茶园面积与产量与2011年相同(见表17-6)。如果仅以西藏自产茶叶满足西藏各族群众的需求,那么根本无法实现。

表17-6 西藏茶园产量与人均占有自产茶叶量②

年份/年	2010	2011	2012
自有茶园产量/千克	8000	89000	89000
总人口数	3002200	3033000	3076200
人均茶叶量/(千克·人$^{-1}$)	0.002664713	0.029343884	0.028931799

---

① 参见王贞红《西藏茶叶生产现状浅析》,载《中国茶叶》2016年第8期。
② 数据来源:根据多吉战都《西藏统计年鉴(2013)》(中国统计出版社2013年版)整理得出。

另外，易贡茶园中茶树的树龄在 40 年左右，茶园生机不足。虽然对部分茶园进行了升级，但并非长远之计。根本的解决办法是以无性系良种茶园逐步替换现有的有性群体种，但这项工作做得还远远不够。有研究者认为，要把茶叶做成易贡茶场的主导产业，解决好茶场 1400 多人的生活问题，还要新发展 800 亩无性系良种才能实现。①

第二，茶园经营管理不到位。易贡茶场是西藏所有茶园中管理最好的园场，但仍有许多管理运营问题待解决。如茶园机械化水平较低，茶场鲜叶利用率较低，经营管理人员整体素质有待提高，市场开拓力度不强，经营模式单一，茶叶衍生产品尤其是文化产品开发不足等。

第三，茶文化开发不足，茶文化旅游基本没有开展。虽然西藏有自有茶园，并且有非常浓郁的茶文化，但在生态旅游中基本未得到有效开发。茶馆在旅游中发挥了一定的功能，但开发和发展力度仍有待提高。与茶叶相关的衍生产品，除小包装的酥油茶、甜茶外，很少见到。

第四，茶文化产品单一，品牌小。西藏林芝易贡茶场是西藏所有茶园中茶产品最丰富的一个园场，以绿茶和黑茶两类为主，并有少量红茶产品。绿茶有林芝春绿茶、易贡云雾和雪域茶极三种，而黑茶类只有砖茶和各类纪念茶饼。由于产量少，影响力小，因此，这些品牌在内地知名度小。

3. 机会分析

第一，西藏具备强大的历史文化魅力，有着丰富而神奇的自然旅游资源与文化旅游资源，吸引了来自全世界的大量游客。2010 年，到西藏旅游的游客总数达到 68.5 万人次；2011 年增加至 869.7 万人次，而 2012 年增加至 1058.3 万人次，呈现快速增长的势头。这一情况表明，西藏的自然魅力与文化魅力吸引了多元的丰富的游客源，为茶文化生态旅游的开展提供了强大的客源支撑。

第二，西藏有着进一步发展茶食、茶餐产业与文化的条件。酥油茶与甜茶是西藏最著名的饮用品，但与内地比起来，真正的茶食、茶餐产业与文化还很微弱，甚至还没有形成。福建和台湾在该领域已经形成了较好的产业发展模式，茶餐已经成为著名的生态保健餐饮之一；茶食产业更是发展迅速，以茶叶为原材料的各类小食品销售旺盛，展现了良好的市场态势与发展前景。

第三，西藏有进一步发展生态有机茶园的自然条件。在林芝察隅地区，尤其是围绕上下察隅，可进一步发展较大规模的生态茶园。1985 年，四川省农垦勘测队对上下察隅进行了勘测，认为可开展大规模的茶叶种植，开辟茶园。② 只要加强规划与科

---

① 参见王贞红《西藏茶叶生产现状浅析》，载《中国茶叶》2016 年第 8 期。
② 参见四川省农垦勘测队《西藏上下察隅茶叶基地总体规划报告》，胡先志执笔，1985 年 5 月。作者收藏。

学化管理,该地区将成为西藏另一处以茶叶及其文化为中心的生态旅游地。

第四,西藏有开展茶文化博物馆建设及其他相关茶文化项目的得天独厚的历史文化条件。目前,国内以茶文化为中心的博物馆建设取得了明显成效,茶博物馆不仅传播了茶文化这一高雅的文化形式,让人们更进一步了解中华文明的博大内涵,也有力地推进了生态旅游的发展,成为休闲旅游的重要领域。西藏博物馆的良好运营不但产生了积极的社会效益,也产生了良好的经济效益,成为西藏文化最重要的展示平台。这为西藏茶文化博物馆的建设提供了良好的借鉴。

第五,西藏有着安定有序的社会环境。社会的安定团结是生态旅游开展的基本前提之一。在党中央的坚强领导下,在西藏各族群众的共同建设下,在各兄弟省市的无私支援下,西藏人民过着安稳的生活,生活水平也日益提高。在安定团结的社会氛围下,西藏已经成为越来越多的生态旅游爱好者的旅游目的地之一。

第六,生态旅游业受到西藏自治区政府的高度重视,在西藏社会经济中的地位不断提升。旅游资源被视作"非耗竭性资源",旅游产业是"低投入、高产出"的绿色产业;同时,随着经济的增长、科学的进步、社会的发展、人们生活水平的日益提高,"到自然中去"的声音与需求也越来越高。西藏自治区根据发展生态旅游的要求,不断加大投入力度,并把旅游业作为西藏重要的支柱产业加以规划。2010 年,西藏旅游收入为 714401 万元;2011 年,增加至 970568 万元;到了 2012 年,达到 1264788 万元,连年呈大幅度增加的发展态势。

第七,国家和各兄弟省市支援西藏的力度不断加大。西藏大开发政策的实施让西藏获得了更为有利的发展机遇,基础设施建设不断加强和完善,自身的特色产业不断扩大,环境保护工程也在加大力度建设,科学研究和人才培育均取得了巨大发展,这些使西藏具备了进一步开展生态旅游的条件。

第八,内地与西藏交通情况的改善有力地推进了西藏旅游业的发展。西藏目前仍是全国经济发展较落后的地区之一,这与其长期的封闭和半封闭的交通状态有着很大关系。随着进藏铁路的通车、公路交通的进一步拓展以及航空运输业的快速发展,交通问题已经得到了较好解决,到西藏旅游的交通困难问题得到改善。

第九,旅游业管理者与服务者素质与能力可进一步提升。随着西藏旅游业的发展,旅游业管理人员和服务人员数量有了较大增长,素质也有了较大提高,但仍有很大的提升空间。图登克珠、管兵总结西藏旅游人力资源状态时认为仍面临着总量不足、质量不高、结构欠佳和分布不合理等主要问题。意识淡薄、机制不健全、渠道单一、方式欠妥、政策缺位、旅游教育基础薄弱等因素又制约着西藏旅游人力资源的开发。因此,在今后发展中可着力提高人才开发意识,完善旅游教育体系,拓宽人才开发渠道,优化人才开发方式,加强从业人员培训,开辟人才引进渠道以及健全旅游用人制度等。①

---

① 参见图登克珠、管兵《西藏旅游人力资源开发的现状、问题及对策》,载《西藏科技》2010 年第 11 期。

4. 威胁分析

第一，生态旅游整体发展仍显落后，管理科学化水平滞后。西藏的旅游业虽然有了很大的发展，但总体仍处于探索发展之中，仍然存在许多问题，发展水平与管理水平相对落后，对旅游资源仍以粗放管理为主。如西藏自然保护区面积40.77万平方千米，占全区国土面积的34%，范围大，管理困难，从西藏自治区全境来看，可以开发的自然保护区生态旅游资源很多，① 但管理跟不上导致真正开展生态旅游难度很大。

第二，生态旅游基础设施仍有欠缺。虽然目前西藏旅游业发展迅速，但与旅游业配套的基础设施仍不够健全。而生态旅游区很多位于农牧地区。吕翠苹、次旦央宗认为，"目前，西藏农牧区基础设施供给不足成为制约西藏农牧区发展生产、改善人民生活的主要因素之一，而进一步加强农牧区基础设施建设是西藏农牧业持续发展、农牧民持续增收的前提和有效保障，并关系到西藏全面建设小康社会和整个社会的稳定"②。

第三，存在着旅游开发与环境保护的矛盾。由于粗放式管理以及缺乏统一的协调，在西藏旅游快速发展的同时，也出现了生态遭到破坏的现象。"西藏自然保护区在生态旅游项目开发建设过程中，仍然存在环境保护意识差的问题，致使生态环境承载力不断下降，生态环境退化，整体与局部、眼前与长远利益之间矛盾激化。"③ 甚至由于规划不力，当地生态系统遭到一定程度的破坏。这恰恰是与生态旅游背道而驰的。

第四，内地茶旅游的竞争。目前，内地茶文化旅游正在迅速展开，在浙江、福建、江西等地已经取得了显著效果。西藏茶文化旅游虽然有其自身的优势与特点，但面对内地茶旅游业的竞争，也将经受一定的考验。

第五，旅游重点不突出，未形成鲜明的旅游形象与品牌。虽然提倡生态旅游，但普通大众旅游仍然大量存在，甚至存在着旅游市场鱼目混珠的现象。相应的旅游景点与对应旅游品牌还有待进一步规范与构建。

第六，旅游季节的限制。西藏地处高原，冬季漫长而寒冷，不适宜旅游，但夏季较短，旅游季节也相对较短，这种情况严重制约着西藏旅游业的综合可持续发展，出现了旅游旺季旅游接待设施和旅游人力资源短缺，但淡季出现设施闲置、人员无事可做的现象。

---

① 参见加央旦培、杨改河《西藏自然保护区生态旅游SWOT分析与开发对策》，载《西北林学院学报》2011年第2期。

② 吕翠苹、次旦央宗：《西藏农牧区基础设施供给现状及财政政策建议》，载《西部经济管理论坛》2013年第1期。

③ 加央旦培、杨改河：《西藏自然保护区生态旅游SWOT分析与开发对策》，载《西北林学院学报》2011年第2期。

五、西藏茶文化生态旅游理念要点

河南省城乡规划设计研究院认为，西藏旅游具备提出旅游产业发展战略的有利条件，包括政治、经济和社会等各方面的宏观背景，具备独特而又有着巨大吸引力的区位条件；同时，西藏旅游资源地区分布特色显著，开发潜力巨大。[①] 基于此，该机构认为，西藏旅游产业发展的战略为："以政府为主导，在兼顾国内国际市场前提下大力发展国内旅游市场，积极推进科教兴业，大力加强区域合作，以环境保护为前提促进旅游产业的可持续发展。"[②] 并提出到2020年，"使旅游产业成为中国西部和南亚地区水平较高、吸引力较强、特色鲜明突出的国际旅游胜地，以及连接西南、西北，辐射南亚国际、国内旅游市场的重要客源集散地和通道"[③]。

作为生态旅游的重要组成部分，茶文化生态旅游必须遵循生态旅游规划设计的基本原则与方法，围绕自然生态与人文生态两个中心开展。结合生态旅游发展趋势，以下六个方面应受到足够重视：①从多学科交叉视角进行综合规划，尤其要注重生态科学的作用；②利用新技术和手段进行科学规划、可视规划，提高规划质量与效率；③社区参与在生态旅游中的地位与作用应受到足够重视；④改变传统旅游模式与内容，创新生态旅游的特色项目与新的增长点；⑤建立健全法律与相关体制机制保障；⑥使旅游者获取高质量的旅游体验。"高质量的体验表现在旅游者对旅游产品的新颖性、特色性、科学性、文化性、保护性和旅游服务的认同上。它直接反映了旅游地对旅游者的吸引力，影响着生态旅游市场客源的数量与质量，决定了生态旅游的经济效益。"[④]

西藏茶文化生态旅游作为西藏旅游的重要组成部分，具有明显的地方特色和民族特色及强大的吸引力，对其进行构建与发展的规划既要遵循自身发展特色要求，同时也要注重作为组成部分与西藏旅游其他要素与组成之间的有机联系。因此，可考虑从如下五个方面开展：

第一，把宏观规划设计与微观落实有机结合，意识到这是西藏文化大发展大繁荣的一项重大举措，是有利于西藏文化保护、传承与发展，有利于西藏经济社会全面发展的一件大事。西藏茶文化生态旅游从无到有，从小到大，从大到强，从强到精的过程是一项巨大而系统的社会工程、文化工程，同时也是经济工程，因此，政府相关职

---

① 参见河南省城乡规划设计研究院《西藏旅游资源开发及旅游产业发展研究》，王丰执笔，2001年6月，第23~26页。内部资料。
② 河南省城乡规划设计研究院：《西藏旅游资源开发及旅游产业发展研究》，王丰执笔，2001年6月，第28页。内部资料。
③ 河南省城乡规划设计研究院：《西藏旅游资源开发及旅游产业发展研究》，王丰执笔，2001年6月，第29~30页。内部资料。
④ 洪剑明、冉东亚：《生态旅游规划设计》，中国林业出版社2005年版，第12页。

能部门、企事业单位与相关社区、个人必须全力配合，协调推进。

第二，充分展示西藏茶文化特色与内容，突出优秀文化内容，展示西藏社会发展的巨大进步与人民生活的大幅提升。西藏民主改革前，其茶文化内容极为丰富而复杂，现在通过茶文化生态旅游展示这些文化形式与内容时，要通过对比让旅游者看到西藏民主改革前社会中存在的剥削与压迫，了解传承与发展优秀成分的重要意义，启迪人们珍惜现在的美好生活。

第三，做好与西藏旅游的协调与可持续发展工作。要考虑茶文化生态旅游作为西藏旅游组成部分与全局的协调，处理好不同区域旅游发展的关系问题；也要考虑自然生态与人文生态的协调，处理好自然环境保护与人文环境优化的关系；还要考虑社会效益与经济效益之间的关系，以社会效益为中心，以经济效益为辅，在创造优良的旅游体验的同时，也让游客从中受到文化的熏陶与启发，达到良好的教育目的。

第四，优先考虑西藏茶文化的研究、保护、传承，同时大力开展文化创新。由于西藏茶文化长期未受到足够重视，研究力度不够，一些文化内容被淹没于历史之中，因此，有必要全面系统地对其进行研究，并培养专门人才进行保护与传承工作；同时，要以社会主义核心价值体系为指引，与西藏现代新生活相结合，创新茶文化的形式与内容，展现新时代下西藏茶文化的特色。

第五，注重基层社区参与，实现效益共享。在规划设计中，要广泛征求相关社区成员及利益相关者意见，调动他们的积极性，并通过茶文化生态旅游让他们得到切实的实惠，使各参与群体实现社会效益与经济效益的"双效均沾"；同时，处理好基层社区与管理规划部门、规划开发区、经营者、旅游者以及旅行社、酒店等多方关系，最大限度地发挥社会参与的积极性。

生态旅游管理是西藏茶文化生态旅游设计重要的组成部分，主要包括：①旅游地管理，即吸引游客进行茶文化旅游的空间场所和目的地，只有依托一定的旅游地点，才能实现茶文化生态旅游，并开展丰富的旅游项目。②旅游者管理，即对到西藏开展茶文化生态旅游的旅游者的管理，这些旅游者与普通旅游者有着明显的区别。③旅游环境管理，指与茶文化生态旅游相关的水环境管理、大气环境管理、土壤环境管理、对植物影响的管理、对动物影响的管理、生物多样性保护等方面。④旅游的社会文化管理，应着重防止三种负面影响的发生：一是防止民俗文化的同化，应注意保护旅游地的民俗文化特色，防止受市场冲击而弱化甚至消失；二是防止民俗文化的庸俗化，主要表现为过度的市场化宣传、精华与糟粕不分、歪曲或丑化某些内容、不尊重历史的拼凑与捏造文化内容等；三是防止民俗文化的商品化，主要表现为文化价值与精神被遗弃，而过度追求市场效益。①

茶文化生态旅游者与普通旅游者和普通生态旅游者之间的差别集中体现在：①以茶文化为中心，包括茶叶的自然文化与人文文化，而其他旅游则更多元；②以深入的

---

① 参见钟永德、袁建琼、罗芬《生态旅游管理》，中国林业出版社2005年版，第53～54页。

文化旅游体验为主要目标，包括茶文化知识与通过茶文化传达的精神内涵，而其他旅游不具备这一特定目标；③学习与旅游相结合的程度更大，茶文化是中国国粹文化之一，茶文化生态旅游就是定位于提升目标群体的茶文化素质，把文化学习、情操陶冶、休闲放松相结合，而其他旅游更注意休闲放松。但也必须看到，作为中国的"国粹"，茶文化在中国并没有真正普及，绝大多数人喝茶仍处于盲从与无知状态，具备真正茶文化知识的人还比较少；对西藏茶文化感兴趣的人很多，但同样，真正了解这一文化的人非常少。因此，通过不同方式吸引和培养西藏茶文化生态旅游者是一项重要任务。

应该说，由于西藏茶文化非常神秘，少为人知，或者知之甚少，所以，人们对这种文化体验有一种向往，如果能够真正开展西藏茶文化生态旅游，旅游者来源应该是可以保证的。这是吸引与培养旅游者的重要基础。同时，也可从多方面努力推进旅游者管理工作。如加大对旅游者的西藏地理知识的培训或培养，提升旅游者的自然知识与环境意识，使其认识西藏茶叶种植园的地理特征及周边地理环境要求，从而能够更好地理解与欣赏西藏茶叶生长的自然条件，更能从深层次自觉保护当地环境。

总体而言，对茶文化生态旅游者的培养应从多方面着手：①社会环境方面，应加大宣传西藏茶文化的力度，进一步提升其知名度，如利用电视、广播、网络、报纸等多种媒介，采用多种丰富的手段宣传介绍西藏茶文化及其生态旅游；②学校教育方面，要在西藏高校及相关民族院校中设立茶文化选修课程，有条件的高校或职业院校可开设西藏茶文化专业课程，同时在西藏中小学把茶文化内容融入课程教学中，使学生从小受到茶文化的熏陶，产生对茶文化的热爱；③科普活动组织方面，可适当开展以西藏茶文化为中心的茶文化科普活动，通过宣传正确饮茶呵护健康，同时宣传中国博大的茶文化；④旅游者个人努力方面，由于茶文化生态旅游是一种具备专门的文化知识与素养的活动，因此，需要旅游者个人的努力，通过个人学习不断获取知识、技能与良好的旅游习惯。

根据茶文化生态旅游者的行为，应注意培养其保护性旅游行为，这种行为"主要是基于生态旅游原则和生态旅游者的基本行为要求而得出的，它主要包括环保性、知识性、参与性、替代性等四个特点"[1]。环保性强调的是旅游者对旅游资源及环境的保护；知识性强调的是旅游者通过茶文化生态旅游体验获得直观的与间接的相关文化知识，提升文化素养；参与性强调的是旅游者真正深入茶文化之中，积极投入，甚至使自己成为文化的一部分；替代性强调的是对茶文化旅游经历的可替代性，一般认为，对旅游者而言，其他旅游资源越能够代替茶文化旅游资源，则其对旅游目标与环境的依赖性越小，当然，这一点在西藏茶文化生态旅游中需要深入分析。在四个特点的基础上，我们可以进一步归纳西藏茶文化旅游者保护性旅游行为的层次关系（见图17-1）。四个特点融于四个层次之中；同时，每个层次又都体现着保护性旅游的

---

[1] 钟永德、袁建琼、罗芬：《生态旅游管理》，中国林业出版社2005年版，第38页。

四个特点。

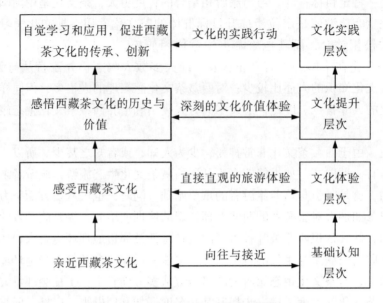

图17-1 西藏茶文化生态旅游者行为层次

对茶文化旅游中可能带来的对民俗文化的负面影响也应该有足够的重视。因为在茶文化生态旅游者之中，也有一些"伪"旅游者，这些人或者正处于向真正的茶文化生态旅游者转变过程中，或者因好奇等加入到茶文化旅游之中。这些旅游者在旅游过程中对相关管理制度不能给予足够的重视，而以普通大众的旅游方式，对当地的社会文化环境可能带来不利影响。同时，旅游开发对当地社会文化生活也会带来诸多影响，尤其是随之而来的市场化冲击，也可能会给当地民俗文化带来不良影响。

《旅游可持续发展宪章》[①] 认为，对于旅游开发对当地民俗文化产生的负面影响，应采取调控方法最大限度地避免或削弱影响的发生，或使负面影响转化为正面影响。主要原则如下：

第一，多效益并重原则。在旅游开发中注重把生态效益、经济效益、社会文化效益相结合，避免因追求经济效益而对生态与社会文化产生冲击。

第二，参与性原则。积极推进并保证旅游开发地居民与社区对开发项目的参与，使当地的社会生活与民俗文化得到充分的尊重并获得成长发展空间。

第三，收益性原则。旅游项目的建设必须有助于改善当地人民的物质生活水平与精神文化水平，有助于不同文化的沟通，而不是文化压制。

第四，利益协调原则。发挥民俗文化在当地旅游中的作用，并做好因此产生的利益协调分配工作；同时，积极利用利益协调杠杆引导民俗文化发展。

---

① 世界旅游组织：《旅游可持续发展宪章》，世界旅游可持续发展会议，西班牙加那利群岛，1995-04-28。

第五，保护性原则。以政府为主导，有关企事业单位与社区充分参与，对当地文化资源的保护及民俗文化的传承发展中发挥着重要作用，也是旅游可持续良性发展的重要保障。

旅游产品理念在西藏茶文化生态旅游中具有重要位置。一般认为，旅游产品指所有能销售给旅游者，供旅游者消费、享受的物质与精神产品，即旅游线路，供旅游者享用的设施、服务，已开发的供观赏、参与的旅游资源等，包括旅游资源产品与旅游业产品。[1] 按茶文化旅游产品的性质，可分为三大类：①茶文化观光旅游产品，如茶园风光、茶文化人文景观、茶文化博物馆等；②茶文化度假旅游产品，如生态茶园、茶文化主题酒店等；③茶文化专项旅游产品，如茶文化手工纪念品、茶叶、茶文化图书等。按茶文化旅游产品的功能，也可分为三大类：①茶文化旅游资源产品，指以茶文化为核心，经过开发、加工后形成的提供给游客的产品；②茶文化人工景观产品，指以茶文化为核心，人工制造的旅游景观；③茶文化旅游业资源产品，指为茶文化旅游活动提供的人力、服务等有形的和无形的产品。

总体而言，茶文化旅游产品仍归属于旅游产品，而"旅游产品是复合性生产过程的结果"[2]。对产品的开发应以综合的视角进行，充分考虑茶文化生态旅游的各个环节以及投入与输入，这些环节的每一个点都可能影响旅游的效果，而效果直接体现在通过产品所产生的功能方面。（见表17-7）

表17-7　旅游产品的生产阶段及功能示意[3]

初始输入品（资源）	中间输入品（设施）	中间输出品（服务）	最终输出品（经历）
土地	公园	公园指标	娱乐
劳动	度假地	引导服务	社会交往
水	交通方式	文化表演	教育
农产品	博物馆	纪念品	放松
燃料	工艺商店	传统文化	记忆回忆
建筑材料	民俗中心	表演	商务交往
资本	旅馆	休憩设施	
	汽车租赁公司	餐饮	
		节日	

以旅游产品为依托，基于游客体验的设计理念应关注文化熏陶与教育休闲相结合，通过茶园茶场参观与参与茶园劳动创造游客的愉悦型劳动体验；通过对茶文化历

---

[1] 参见刘焰《中国西部生态旅游产品绿色创新》，经济管理出版社2004年版，第17页。
[2] 刘焰：《中国西部生态旅游产品绿色创新》，经济管理出版社2004年版，第18页。
[3] 参见刘焰《中国西部生态旅游产品绿色创新》，经济管理出版社2004年版，第19页。

史与内容的了解创造激发型学习体验;通过轻松购买茶文化相关商品创造实用型商品体验;通过欣赏茶文化表演创造娱乐型文化艺术体验;等等。这些通过参与型、学习型、观赏型以及其他各种类型的游客体验得以实现。

总体而言,茶文化生态旅游是一个综合的有机的动态过程,这一过程主要由四大部分构成:①包括政府、企业、社区、居民在内的一切开发主体;②各类茶文化资源的利用;③各类茶文化产品的设计;④不同类型的旅客体验。在西藏茶文化生态旅游设计理念中,应充分考量四者之间的关系,并进行合理构建。具体关系见图17-2。

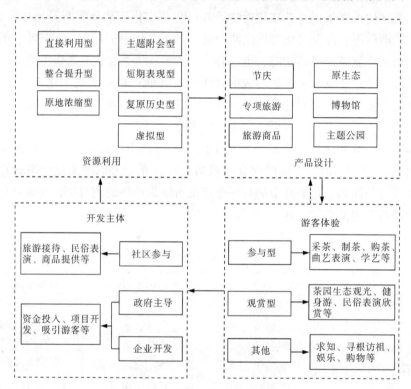

图17-2 茶文化旅游模式与要素①

六、西藏茶文化旅游的策略及规划内容要点

西藏茶文化旅游的发展策略可以从不同的方面去理解。我们简要从两个视角切入进行分析。

第一个视角是原则性策略。原则性策略在这里是指发展西藏茶文化生态旅游所应遵循的理念与关注的重点。

---

① 参见宗敏丽、祁黄雄、吴健生等《茶文化旅游模式研究及开发策略——以浙江顾渚村为例》,载《中国农学通报》2012年第3期。

(1) 建立、完善相关基础设施，这是基础设施推进的策略。通过基础设施建设为茶文化生态旅游提供最基本的条件，并通过优良的设施进一步吸引旅游者。主要包括实现茶文化生态旅游需要的交通条件、通信条件，保证旅游实现与持续的食宿条件等。

(2) 开发主体多元参与性，这是主体推进策略。西藏茶文化生态旅游不只是政府的事，也不是某个企业的事，更不是某个人的事，而是一个社会多元力量均参与其中的社会事业，至少包括政府、企业与社区三个重要组成。

(3) 资源利用与旅游产品设计的适宜性，这是资源开发策略。西藏茶文化生态旅游要根据具体地域的特色开展，比如拉萨有着浓郁的酥油茶文化，而林芝易贡却有风景独特的高海拔茶园，显然，二者开展茶文化生态旅游所利用的资源是有区别的。

(4) 游客体验的共鸣性，这是游客市场可持续策略。无论是参与型体验还是观光型体验或教育学习型体验等，均需要游客在其中产生足够的共鸣，这种共鸣既是西藏茶文化生态旅游品牌的型塑过程，同时也是维持并开拓旅游市场的最重要因素。

第二个视角是资源与产品开发利用策略。该策略是第一个视角即原则视角下的具体策略，与茶文化生态旅游具有更直接的相关性。

(1) 拉萨市实行"原地浓缩型"策略。"原地浓缩型"开发模式指将当地的建筑、服饰、风俗等集中呈现，让游客可以领略当地的风情，让当地政府或投资商兴建主题园等。[①] 拉萨有着浓郁的茶馆文化以及酥油茶文化，作为西藏自治区的首府，是建设茶文化博物馆的最佳地点，与西藏博物馆相呼应。

(2) 林芝易贡茶场实行整合提升型策略。易贡茶场目前建设仍处于粗放式经营状态，对茶园旅游、茶文化旅游建设基本没有展开。应有效整合相关资源并提升质量，从中开拓出以茶园生态为基础的茶文化旅游产品。

(3) 林芝墨脱、察隅地区实行建设利用型策略。所谓建设利用型策略指在全面规划的前提下，把茶园建设与茶文化生态旅游相结合，在开辟新茶园的同时即规划出相关旅游事项。墨脱县已经在墨脱镇、背崩乡、德兴乡、达木乡以及格当乡建成了茶园，茶树品种包括福鼎大白、白毫131、铁观音、名山特早213等4个品种，茶苗数量达到958万株。[②] 在2016年规划建设2000亩新茶叶基地时，与茶园的生态旅游建设相结合。

目前，察隅地区只有较少的茶园，借助当地的气候与环境特点，可在此基础上大规模开辟生态茶园，同时利用原有资源与新开辟资源开展茶文化生态旅游。

另外，在策略设计中还必须关注与茶文化生态旅游相关的附加环节，如茶文化酒店或主题宾馆的设计与旅行社的旅游设计。虽然此二者不在茶文化生态旅游规划策略的核心范畴之内，但与其密切相关。茶文化酒店或主题宾馆是茶文化旅游发展的结

---

① 参见许志晖、丁登山、向东《对南京文化旅游开发模式与整合重点的探讨》，载《人文地理》2006年第3期。

② 参见王贞红《西藏茶叶生产现状浅析》，载《中国茶叶》2016年第8期。

果,也是茶文化被越来越多人认可的结果,它体现的是一种茶文化向酒店行业渗透的趋势,是适应人们文化旅游的需求而出现的。同时,茶文化酒店或主题宾馆又可以极大地促进茶文化传播,尤其是促进当地茶文化旅游业的发展。

位于四川雅安的西康大酒店是国内第一个以茶文化为主题的酒店。雅安是四川重要的茶文化集成地区,也是最重要的藏茶输入地,浓郁的茶文化,尤其藏茶文化让该酒店具备独有的文化优势,形成了鲜明的特色。2007年,其"茶之韵旅游产品"获得好评,被授予国家4A级旅游商品定点接待单位,"为酒店行业开发自制旅游产品,丰富主题酒店文化闯出了一条特色之路",① 2008年,该酒店荣获"全球酒店五星金钻奖"和"全球酒店特殊贡献奖"。酒店把藏茶文化与四川茶文化融入吃、住、行、娱、乐、购等多个方面。酒店还把茶与健康融入餐饮中,设有"茶韵全席"特色餐厅,特色茶点有"西康藏茶酥""蒙顶黄芽糕""茶香牛肉条"等。位于酒店17楼的"西康茶语屋"是用茶砖砌成的茶屋,并设计布置了"茶窗帘"。"西康物语屋"是四川省4A级旅游商品定点购物单位,以销售"藏茶茶幔""藏茶窗帘"等藏茶系列工艺品为主。

肯尼亚著名的"凯里乔茶酒店"(Kericho Tea Hotel)位于肯尼亚凯里乔镇(The Town of Kericho),该镇周边以盛产茶叶而闻名,茶园面积约1万公顷,是西肯尼亚茶叶种植中心。不但如此,该镇的名字也与茶叶有关,取自英国一位茶叶种植者约翰·克利赤(John Kerich)。茶叶是当地主要的就业源,仅茶叶采摘就是一项重要的就业渠道:每17天就要采摘一次,并且每一个采茶者负责一小片采摘区。"凯里乔茶酒店"建于1955年,起初主要用于职员的俱乐部活动。目前,该酒店提供住宿,并为游客安排参观附近茶园和茶叶加工场,同时也提供在茶园的导游服务;在酒店内,游客可以安心享受安宁的下午茶时光。

旅行社的茶文化旅游设计主要是提供旅游服务内容与产品。目前这一工作在中国的旅行社中开展得并不到位。在肯尼亚,旅行社多数会设计相应的茶文化旅游内容与产品以满足旅游爱好者的需求。(见表17-8)一项研究调查了肯尼亚旅行社协会的全部成员单位,19家会员单位中有11家做了明确回答。做出明确回答的11家旅行社表示,它们能够提供到茶园或内罗毕附近(如利穆鲁)的旅游项目,有几家也表示可以安排到比较偏远地区的茶叶产区旅游;一些旅行社提供为期数天的短期定制游,另外一些更倾向于提供传统的包括一些茶文化内容的旅游行程。一家旅行社这样评论:虽然茶旅游者不到主要的旅游地,但茶叶产区拥有自然之美与足够的吸引力;另一家则这样说:茶叶旅游非常有希望成为农业生态旅游的新路线。此项调查认为,基于茶文化定制的旅游,可以非常清晰地发现发展与茶相关的旅游的潜力以及提供此项服务与产品的意愿。②

---

① 参见西康大酒店:http://www.yaantea.com/index.asp,2016-08-16。
② 参见 J. Muhati, L. Jolliffe: *Tourism and tea in Kenya: Opportunity for development?* 见 L. Jolliffe: *Tea and tourism: Tourists, traditions and transformations*. Cromwell Press,2007:156-157。

表 17-8 肯尼亚旅行社提供的茶旅游产品

项目	内容
定制游	提供茶园、茶场游服务，包括主要旅游地区与国家公园附近
两日一揽子游	从内罗毕到凯里乔参观茶园，在凯里乔茶酒店住宿，并在导游引领下游览茶园并参观茶叶加工厂，包括英语讲解的导游或司机
作为一揽子旅游组成的参观茶园与茶厂的机会	包括参观内罗毕郊区的茶园——Kiambethu 茶园，以及位于凯里乔的茶园与茶厂
11 天 10 晚的茶旅行	包括 Kiambethu 茶园的午餐及下午茶，一场关于当地历史与茶叶生产的演讲，在导游带领下在附近森林与茶叶种植区漫步（2 天时间）。在凯里乔茶酒店用午餐，然后参观茶叶种植区，在导游带领下参观茶叶加工厂。也可以加入当地"茶叶家庭"（family for Chai）。在凯里乔茶酒店用晚餐并过夜

（一）拉萨及周边地区茶文化生态旅游：茶文化博物馆建设

中国茶叶博物馆位于浙江省杭州市，占地 47000 平方米，建筑面积 8000 平方米，于 1994 年 4 月正式建成并对外开放，是我国唯一一座以茶叶和茶文化为主题的国家级博物馆。博物馆功能齐全，以茶文化展示与教育为核心，集科普宣传、科学研究、学术交流、人才培养于一体，并提供与茶文化相关的多种服务，如休闲、会务、餐饮、品茗、茶园生态游等。目前，博物馆已经成为系统收藏与展示茶文化、茶叶历史史料与文献的专业机构，也是中国茶文化的展示与交流中心、茶文化研究的重要基地，还是茶文化活动的重要推动力量，成为杭州市乃至浙江省对外宣传的重要窗口和爱国主义教育、未成年人教育的重要基地。

西藏有着建设茶文化博物馆的得天独厚的条件，不但全民饮茶，有着浓郁而独特的茶文化，而且西藏已经成为重要的生态旅游目的地，为西藏茶文化提供了展示的最好舞台。以中国茶叶博物馆为首的众多茶叶博物馆已经向我们展示了茶文化生态旅游的独特魅力与可发展空间。

著名的西藏博物馆坐落于西藏自治区拉萨市罗布林卡东南角，是西藏第一座具有现代化功能的博物馆，于 1999 年 10 月中华人民共和国成立 50 周年和西藏民主改革 40 周年之际落成开馆。西藏博物馆占地面积 53959 平方米，总建筑面积 23508 平方米，展厅面积 10451 平方米，宏伟壮丽。博物馆建筑具有鲜明的藏族传统建筑艺术特点，同时又体现了现代建筑的实用特点和艺术神韵，目前已经成为西藏旅游重要的景观之一。民馆区主要包括序言厅、主展馆和文物库房三大部分。博物馆在原有基础上，根据实际情况，不断增加新的展出内容。2001 年，推出"藏北自然资源专题展"，通过种类繁多的矿藏以及野生动植物标本，生动地展示了藏北地区丰富的自然资源和奇伟壮丽的自然风光。2002年，推出"明清瓷器精品馆"，体现了中国登峰造极的制瓷工艺，也无可辩驳地证明了中央政府对西藏地方有效治理的史实。2005年9月，"元、明、清玉器精品馆"建成并对外开放，首次全面、系统地将辉煌灿烂的中华玉文化展现给西藏人民。

毫无疑问，西藏茶文化博物馆将是西藏博物馆的最重要辅助，二者将相互呼应，从整体与局部的视角更清晰地深入展示西藏的物质文化与精神文化。如果西藏茶文化博物馆不便单独成馆，可考虑作为西藏博物馆的子馆，或内部馆之一进行管理。但无论如何，二者并不冲突，不但不会产生彼此间的竞争，而且会有利地推进西藏的文化建设，更好地展示西藏优秀的传统文化。下面就西藏茶文化博物馆建设的相关问题进行分析。

1. 西藏茶文化博物馆的总体思路

拉萨作为西藏自治区的首府，既具备高原环境的特色，同时也有小江南的美景，既有独特的自然景观，也有丰富而独具魅力的人文景观。正因为如此，拉萨是中国，也是世界重要的生态旅游目的地之一。这是西藏茶文化博物馆建设的重要现实依据。

根据西藏独特的建筑文化，西藏茶文化博物馆馆区建筑也应以西藏特色建筑风格为主，同时结合现代多元文化因素，既突出西藏文化韵味，也突出民族友谊和新西藏的巨大发展。馆内主体分区可这样划分：办公区、藏餐厅、陆羽雕塑、文化展区、人物展区、故事展区、休闲体验区（含食宿功能）、教学服务区、茶艺表演区、中国茶文化交流区。

文化展区、人物展区、故事展区是馆藏内容的核心区，根据西藏茶文化组成部分的性质，可分别归入三大展区，三大展区整体应设于一座建筑内，但为了更好地展现故事及人物特色，应将封闭空间与开放空间相结合。休闲体验区专门为游客提供休闲服务，应包括茶饮、藏餐、影视，尤其是西藏茶文化的影视介绍及相关历史故事；同时，还应根据需要提供住宿服务。教学服务区主要提供相关教学服务，以茶文化内容课堂服务为主。中国茶文化交流区主要介绍西藏林芝易贡茶场及产品，中国内地重要茶产区及茶文化，并提供相应的茶叶及文化产品（以红茶、黑茶为主）。

2. 西藏茶文化博物馆的茶文化课堂服务项目设计

（1）藏茶学堂。中国茶叶博物馆内设有"茶学堂"，其设立原因是：满足广大爱茶人士"通一点茶史、识一点名茶、学一点茶艺、悟一点茶道、交一二知己"的美好愿望。其服务对象是社会大众，其内容主要有：中国名茶体验式培训、个性化茶专业课程设计、中国十大名茶品鉴、周六免费茶文化讲堂、免费图书阅览等服务项目。

西藏茶文化博物馆可设立"藏茶学堂"，学堂以讲授识别和冲泡藏茶知识（茶叶种类以及茶汤种类）为核心，同时兼教授中国名茶知识与冲泡，并向游客开放免费图书阅览服务以及特定时段的以茶文化为中心的"西藏文化大讲堂"等。

学堂面向广大游客推出免费图书阅览服务，提供以西藏茶文化为主的西藏文化系列图书、四川和云南藏茶图书以及内地诸多精良茶文化图书。"西藏文化大讲堂"邀请藏学界、茶文化学界专家学者围绕西藏茶文化公开讲座，并进行文化拓展。

(2) 参与体验学堂。

1) 藏茶文化体验：包括参观文化展区、听讲解人员深入讲解、欣赏藏茶制作与冲泡表演，最后进入游客亲自动手制茶、泡茶、敬茶和品茶的体验环节。

2) 民俗茶艺表演：专门开展具有民族特色的茶艺表演，如藏族的酥油茶、白族的三道茶、土家族的擂茶、苗族的虫茶等。

3) 茶园体验：(在茶叶采摘季节，与易贡茶场合作或与四川藏茶生产场合作) 主要是参观茶园，体验茶园生态，学习辨识茶叶，亲自动手采茶，参观藏茶制作过程、包装过程、销售过程等。

4) "爱茶喝茶，呵护健康"主题活动体验：主要举办以与茶文化有关的书法、绘画展览以及免费品茶活动、茶文化咨询活动、发放宣传资料等为主的社区性活动，活动地点可放在休闲体验区、教学服务区、茶艺表演区或中国茶文化交流区，也可安排在学校公共空间、居民社区空间或礼堂、广场等公共空间之内。

5) 少儿茶文化体验：主要通过教少年儿童正确的识茶、泡茶方法，让他们自己动手泡茶、敬茶、品茶，让他们意识到茶叶与健康的重要关系，帮助孩子形成正确的健康理念，并通过茶文化的诸多内容培养他们正确的文化观和社会观。这一过程也鼓励孩子家长一起参加，促进亲情，让两代人有更多直接的情感和理念的沟通。

6) 茶文化科普活动：组织专门的茶文化科普活动，在城市和农牧区开展专门的以西藏茶文化为核心的茶文化科普讲座，让人们能够更科学地喝茶，养成正确的喝茶方法，并进一步宣传和普及西藏茶文化。

7) 接受各企业单位和学校的文化培训任务。

8) 西藏调制茶体验：专门针对以西藏茶汤为主制成的各类茶饮料，现场学习调制。

9) 茶文化夏令营：每年暑假期间，组织大、中、小学生进行茶文化夏令营活动，内容包括学习茶文化基础知识课、易贡绿茶冲泡方法、易贡红茶冲泡方法、茶艺学习操作，考核通过后颁发相关证书。

10) 茶艺培训：主要包括茶艺师和品茶师两大类培训，为国家职业资格认定。通过培训、考试合格后颁发职业资格证书。

3. 茶文化博物馆馆藏内容设计

按党中央关于文化大发展大繁荣指导精神和教育部繁荣哲学社会科学精神，西藏茶文化博物馆有其存在与发展的充分依据，有着非常好的目标定位，应该是目前西藏文化建设与社会建设的一项大工程。尤其是随着西藏文化越来越受到外界关注，生态旅游越来越受到人们的重视与青睐，作为西藏传统文化重要组成部分的西藏茶文化散发着越来越迷人的魅力，也为她走出西藏，向全世界展示其独特而丰富的内涵提供了机会与条件。笔者通过国家社科基金的支持，对西藏传统茶文化进行了系统研究，成果名称为《茶叶与西藏：文化、历史与社会》，最终可以较为完整地展示西藏茶文化的诸多内容。以下设计及规划在笔者作品《茶叶与西藏：文化、历史与社会》中均有相关内容，可直接作为相关依据。①

(1) 设计依据。

1) 西藏有着浓郁而独特的茶文化，传统社会中甚至有着"无茶不食"现象，茶叶在西藏有着最广泛的群众基础、最亲切的生活情绪和最直接的日常应用。在西藏，茶叶就是不可缺少的生命线。这是西藏茶文化博物馆建设的日常生活基础。

2) 西藏有着非常广阔的茶叶与文化市场空间，有着强大的消费市场，这种消费不仅包括内销，也包括外销。这是西藏茶文化博物馆建设的市场基础。

3) 西藏茶文化开始受到一定程度的关注和认同，西藏的酥油茶已经成为一种标志性的文化产品与文化符号，到西藏品尝酥油茶和甜茶也是一种必不可少的内容。这成为西藏茶文化博物馆建设的大众文化认同基础。

4) 西藏有着较好的产茶能力，并已经形成了较好的外销市场，以林芝易贡茶场为代表的茶叶种植加工单位仍然有着非常大的提高空间，产业模式、市场营销模式均有很大的提升空间。这是西藏茶文化博物馆建设的产业支撑。

5) 西藏茶叶与文化对外界有着强大的吸引力，旅游以及土特产产品的吸引力为西藏茶产业（生产—加工—再加工—销售）及其文化发展提供了展示与发展的平台。这是西藏茶文化博物馆建设的产业链条平台。

(2) 实现目标。

1) 保护、传承与创新西藏茶文化，增进西藏的文化吸引力。作为西藏优秀传统文化之一，西藏茶文化亟须受到重视，并开展具体工作进行保护、传承和创新。西藏茶文化博物馆是实现这一目标最直接最有效的手段。

2) 与西藏生态旅游有机结合，提升生态旅游的文化内涵与可持续发展能力。西藏茶文化博物馆的建设将为直接提升西藏生态旅游的吸引力与可持续发展能力注入强大动力。

3) 提升西藏茶产业及其相关产品的市场竞争力，拓展更广阔的市场。西藏茶产业尚不健全，规模尚小，衍生产品开发不足，西藏茶文化博物馆的建设将有利于改变这一状况。

4) 提升西藏文化产业可持续内涵式发展能力，为更好地实现人文西藏、生态西藏、大美西藏贡献力量。西藏茶文化博物馆将为这一目标贡献重要力量，她也必将成为西藏文化承前启后的一座丰碑。

---

① 参见赵国栋《茶叶与西藏：文化、历史与社会》，西藏人民出版社2015年版。

(3) 总体规划构想。

1) 以西藏茶文化博物馆为中心,同时建设连通西藏茶文化博物馆的两条步行街:一条是茶馆文化步行街,以在茶馆中喝茶休闲为主;另一条是西藏茶叶与特产商业步行街,以销售西藏茶叶及其衍生产品、当地土特产产品为主。

2) 博物馆主体结构密闭与开放空间相结合,以适应内容需求。馆内内容划分为十二大板块。笔者在此只是列出西藏茶文化博物馆建设内容的一部分,西藏茶文化博物馆还有许多其他内容,这里只是一个初步构想,选取了部分内容,可根据建馆需要及具体规划进行添加或删减。

第一板块:茶马古道板块

规划思路:茶马古道文化的范畴界定广泛,包括交通、地域、经济、文化、民族等多个方面。总体而言,茶马古道文化中很多内容与西藏有关,是西藏茶文化的重要组成部分。把与西藏相关的茶马古道文化列入西藏茶文化博物馆的展出内容中,有利于展示西藏与内地之间以茶叶及其文化为纽带形成的地区联系、文化联系、经济联系以及民族团结等诸多内容。

文字概述:茶马古道是以运输茶叶为显著特征的古道,是以茶叶为核心纽带形成的文化之路、民族之路、经济之路,是西藏与内地紧密联系的纽带之一,它不是简单地被限定在某一个省份,其范围涵盖了四川、云南、西藏、青海、甘肃等地,从本质上更是一个广阔的文化区域,因此,茶马古道文化构成了西藏茶文化的重要组成部分。进一步而言,茶马古道甚至延伸到印度、尼泊尔、缅甸、泰国,以至西亚地区,把中国的茶叶和文化传播到海外。

展示的核心内容(结合实物展示、模型展示、图片展示与文字说明、故事描述开展):

茶马古道简介
城(村)镇发展
贸易往来
人口流动
宗教文化交流与发展
民族文化交流与融合
音乐文化交流

第二板块:茶叶种类板块

规划思路:西藏的茶叶种类并非只指产自西藏的茶叶,因为在以前,西藏基本没有自产茶,主要是从四川、云南、湖南等地输入,同时也从印度输入。因此,西藏的茶叶主要指的是从内地和印度输入的茶叶。由于茶叶种类的特殊性,本板块以展示实物茶叶或茶叶模型为主,以文字说明介绍为辅。

文字概述：民间把输入西藏的茶叶称为"大茶""藏茶"，有时也称为"马茶""乌茶""黑茶""粗茶""边茶""砖茶""条茶""团茶"等，是四川、云南、湖北等地向西藏输入的边茶；也有部分印度茶，以红茶类与黑茶类为主。按茶青形态，一般分为细茶和粗茶两种。细茶也叫"芽茶"，以茶芽为主，包括一芽一叶、一芽二叶；粗茶也称作"剪刀茶"或"刀子茶"，是直接用剪刀或刀子连同稍嫩的茶枝一同采摘的茶，时间多在秋季。

展示的核心内容（结合实物展示、模型展示、图片展示与文字说明、故事描述开展）：

芽细	茯砖茶
康砖和金尖	黑砖茶
金玉	普洱茶（熟）
小路茶	生普洱
散茶（除红茶散茶外）	沱茶
红茶	元茶（圆茶）
青砖茶	饼茶
米砖茶	方包茶
湖南黑茶	

第三板块：茶汤种类及制作板块

规划思路：以酥油茶和甜茶为代表的西藏茶汤是西藏茶文化最重要的组成部分。通过茶汤可以让人们直接感受西藏茶的特色。本板块应以仿制茶汤或类似物进行展示，同时注意每一种茶汤的历史故事。

文字概述：在西藏，制作茶汤实际上是把茶叶、盐、水按一定比例相混合的过程。但这种过程具有一定的艺术性。同时，不同的茶汤混合的方式和比例以及添加物也是不同的。

展示的核心内容（结合实物展示、模型展示、图片展示与文字说明、故事描述开展）：

酥油茶	香奶茶
清茶	糌粑茶
甜茶	面茶
奶茶	油茶
咸奶茶	甜奶茶
白茶	奶酪茶
熟茶	茶枣
清茶奶茶	骨汤茶、核桃茶等

第四板块：器具板块（不包括藏传佛教相关内容）

规划思路：在西藏，茶具是非常重要的家用器具，几乎每个家庭都不可缺少。而西藏的茶具又有着丰富的文化内容与表现形式。通过展现这些茶具及其相关文化，可以更好更丰富地展示西藏茶文化的内容。

文字概述：茶具是西藏物质文化中重要的组成部分，展现了传统西藏社会生活及其他相关方面等诸多社会信息与文化信息；也是西藏与内地紧密联系的历史见证。在西藏，每个家庭都有茶具，甚至出门也要随身带上。感受西藏茶具就是感受西藏人的一种生活状态。

展示的核心内容（结合实物展示、模型展示、图片展示与文字说明、故事描述开展）：

  煮茶器具
  制茶与储茶器具
  饮茶器具

第五板块：运输与销售文化板块

规划思路：内地茶叶输入西藏是非常艰难的过程，也是非常神秘的过程。虽然总体是茶马古道运输，但不同古道有着不同的内容，显示着不同的特色。

文字概述：四川藏茶进入西藏之前，可从两个阶段来理解与把握：雅安—康定段，康定—西藏段（昌都为主）。我们将在第七板块专门介绍以雅安为中心的四川藏茶的制作技术与工艺，这里主要关注围绕康定（即当时的打箭炉）为中心的藏茶的输入情况，以及茶叶在西藏的销售情况。

展示的核心内容（结合实物展示、模型展示、图片展示与文字说明、故事描述开展）：

  茶叶向西藏的运输
  茶叶在西藏的销售

第六板块：茶文化与藏传佛教板块

规划思路：藏传佛教在西藏有着巨大的影响，其中也有着丰富的茶文化元素。但长期以来这些文化没有受到人们重视，更没有系统的学术研究，以致这些内容还没有被人们接触和认识就在逐渐消失，因此，这一部分也是西藏茶文化重要的组成部分之一。

文字概述：在西藏，茶叶及其文化与藏传佛教之间有着非常密切的关系。从茶叶在西藏的传播到广泛饮用，再升华到一种仪式之物的过程中，藏传佛教都发挥着重要的作用；同时，在藏传佛教的茶文化中，包含着许许多多的信息，是我们了解藏传佛教及其特点的重要媒介。

展示的核心内容（结合实物展示、模型展示、图片展示与文字说明、故事描述开展)：

制茶文化　　　　　　　　　寺院建筑与茶
茶叶的储存包装　　　　　　寺院职位设置与茶
茶碗文化　　　　　　　　　寺院租赁收入与茶
茶事活动　　　　　　　　　寺院的茶贸易
饮茶方式及礼仪　　　　　　寺院宗教活动收入中的茶
茶文化体现出的等级秩序　　入藏熬茶
牛寺中的茶

第七板块：四川藏茶板块

规划思路：四川藏茶是西藏茶文化不可分割的重要组成部分。通过展现四川藏茶的相关文化进一步让人们了解西藏所用之茶的生产、加工以及相关文化。

文字概述：四川藏茶是西藏茶叶供给的重要来源之一，历史也最为悠久。以前，西藏群众喝茶只知道茶叶来自四川雅安或者康定，但并不知道茶叶到底是怎样生产出来的。总体而言，雅安是藏茶的生产、收购与销售中心。刘文辉在《建设新西康十讲》中谈及康、宁、雅三属之经济，其中这样评价雅安茶业对西藏等藏族聚居区的重要性："雅属——其经济建设，因以整顿茶业，亦为政府控制康藏之唯一工具，意义至为重大。盖雅属所产之茶，行销康藏，为时甚远，康藏民众，非此不生，称为边茶，为雅属农村最大副业，雅属商业的唯一重心。"①

展示的核心内容（结合实物展示、模型展示、图片展示与文字说明、故事描述开展)：

藏茶的生产加工
藏茶经营
藏茶收购
藏茶销售
藏茶茶商
天全茶厂与茶商

第八板块："茶酒仙女"板块

规划思路：《茶酒仙女》是藏族著名的寓理故事之一。通过这个故事，可以更深刻地展现西藏茶文化与酒文化在社会生活中的地位与角色，有助于更好地理解西藏茶文化的真正内涵。

文字概述：《茶酒仙女》是藏族著名的寓理故事之一。故事有三个主人公，

---

① 刘文辉：《建设新西康十讲》，见赵心愚、秦和平、王川：《康区藏族社会珍稀资料辑要（下）》，巴蜀书社2006年版，第544页。

一位是国王,另一位是茶仙子,还有一位是酒仙子。通过两位仙子的对话,以及国王对茶与酒之间关系的处理,表明了人们对美好生活的向往、对美德的崇尚。

核心内容:结合实物展示、模型展示、图片展示与文字说明展现故事的主体脉络及中心思想。

第九板块:"茶债粮"板块

规划思路:"茶债粮"是西藏民主改革前社会中一种变形的高利贷,体现了当时西藏存在的残酷剥削。通过对"茶债粮"情况的展示与介绍,可以让人们更深刻地理解和把握西藏茶文化中体现出的旧西藏中存在的剥削与压榨。

文字概述:"茶债粮"一般是以茶为债本,即西藏民主改革前农牧民为了饮茶而向贵族或寺院借茶,再以粮食偿还债本与利息,即到期偿还粮食或羊毛、酥油等。这是在直接的茶叶高利贷形式之外的一种较为隐蔽的高利贷方式。由于茶的稀缺性,加之旧西藏长期实行以物易物的交易形式,茶叶的价值被赋予了一种特殊意义,体现了统治阶层对社会底层一种无形的压榨与剥削。农牧民为了获得少量茶叶就要付出远超其真实价值的大量粮食或其他物品,借贷者越来越穷,直至家破人亡。

展示的核心内容:结合2~3个案例,以实物展示、模型展示、图片展示与文字说明的方式展示"茶债粮"的过程及其剥削实质。

第十板块:人物板块

规划思路:与西藏茶文化有关的历史人物有很多,其中亦有非常有名者。当然,他们当中也有反面角色。通过这些重要人物,我们可以更好地发现西藏茶文化中的一些历史内涵。

文字概述:在西藏茶文化史中,有许多著名的历史人物,他们为西藏茶文化做出了自己的贡献;同时,国外也有一些茶叶间谍和冒险家,他们到西藏和四川冒险,并竭力盗取中国藏茶的秘密,以实现英国支持下的印度茶叶向西藏的入侵。

展示的核心内容(结合实物展示、模型展示、图片展示与文字说明、故事描述开展):

  文成公主、松赞干布:文化交流加深

  都松芒布杰:神鸟衔茶

  珠牡:能歌善舞,用茶颂茶

  赤松德赞:向汉地僧人学烹茶

  土登嘉措(十三世达赖):《十三世达赖喇嘛——1904年江孜之战》中有对他饮茶的描述,清末十三世达赖喇嘛档案中有大量茶叶信息

  朱元璋:重视入藏边茶

欧阳伦：触犯边茶政策，因走私茶叶被处决的驸马

张荫堂：主张西藏自植茶叶，对内地与西藏茶叶贸易减轻赋税，努力抵御印度茶叶入侵

赵尔丰：尝试建立边茶公司，积极组织茶商提高茶叶品质，努力抵御印度茶叶入侵

朱镕基：批示保证西藏的饮茶安全

福琼（R. Fortune）：到中国盗取中国茶叶苗与茶籽，并把中国茶叶技术人员带至印度

哈奇森（J. Hutchison）：英国的茶叶间谍，到四川盗取藏茶的秘密

第十一板块："英国、印度向西藏和平解放前的茶叶入侵"板块

规划思路：英国、印度向西藏和平解放前的茶叶入侵不只是经济和文化的入侵，也是为政治入侵、分裂西藏做的铺垫。这部分内容也是西藏茶文化的重要组成，因为这一段历史鲜为人知，因此，更有必要在博物馆中让人们知道真相。

文字概述：我们所熟知的"鸦片战争"，实际上是"茶叶战争"。它爆发的真正原因是茶叶矛盾，而不是鸦片矛盾。由鸦片引发的斗争，是茶叶矛盾的后果之一。1662年，葡萄牙布拉干萨王朝的公主凯瑟琳嫁入英国皇室，当英国查理二世迎娶这位后来被誉为"茶仙公主"的新娘时，大批的茶叶与茶具随同其他昂贵的嫁妆来到了英国。① 自此之后，茶叶成为英国贵族身份的一种象征。后来，茶叶也逐渐渗透到英国全社会之中，成为人人必饮的象征着高贵与情调的一种饮料。但由于当时英国消费的茶叶几乎全部由中国供应，中国对茶叶的垄断地位让英国付出了大量的金钱。随着殖民势力的延伸，英国已经无法接受这一现实，于是，派了大量间谍到中国盗取茶叶秘密，扶植印度开展茶叶种植和生产。但当时的效果并不明显。无奈之下，英国在印度大量生产鸦片并销往中国，再用这些钱来购买中国的茶叶。在这一过程中，英国、印度也没有放弃以印度生产的茶叶向西藏入侵的活动。

展示的核心内容（结合实物展示、模型展示、图片展示与文字说明、故事描述开展）：

英国派间谍两次到中国进行茶叶间谍活动

英国、印度入侵的路径和茶税问题

中国人民对入侵者的英勇抵抗

第十二板块：西藏茶馆板块

规划思路：西藏茶馆是西藏旅游业不可缺少的重要组成部分，同时也是西藏

---

① 赵国栋：《茶叶与西藏：文化、历史与社会》，西藏人民出版社2015年版，第184页。

社会生活的重要组成。茶馆已经成为西藏对外展示自己的一个社会窗口。

文字概述：茶馆是西藏茶文化的重要载体之一，也是现代生活中对西藏茶文化最重要的体现窗口与宣传窗口。同时，茶馆也是西藏社会生活中最重要的信息流通纽带，随着西藏对外宣传力度的加大，以及逐渐成为中国重要的生态旅游目的地之一，茶馆已经成为西藏对外展示新形象、宣传西藏新文化、体现西藏文明进步的重要平台之一。

展示的核心内容：以茶馆的作用、建筑模式、经营方式以及有典型意义的茶馆为例进行介绍。

（二）林芝易贡茶场茶文化生态旅游的框架设计

1. 条件与总体理念

林芝地区是西藏重要的生态旅游目的地之一，那里不仅居住着藏族、门巴族和珞巴族等多个少数民族，具有浓郁的民族风情，并在此基础上形成了极具特色的人文景观，而且，那里也是西藏生态特色显著的地区之一，有着"西藏的江南"与"生物基因库"的美誉。2012年，林芝地区接待国内外旅客达227万人次，同比增长24.7%。目前，生态旅游已经成为林芝地区着力打造的重点生态与产业链条，重点在"雅鲁藏布大峡谷"旅游精品和巴松错、鲁朗、易贡国家地质公园、波密冰川群、列山古墓群等五大品牌景区。① 其中，在易贡国家地质公园部分将着力打造"高原有机茶"生态产品，带动地质公园建设，延长生态市场产业链条。

近年来，林芝地区生态旅游有了长足进展。《西藏林芝地区旅游业发展现状及对策研究》一文对林芝生态旅游的发展情况做了总结：①旅游经济总量持续增长，旅游人次和旅游收入年均增长达54.6%和73.1%；②旅游基础建设日益改善，2008年以来，已开通林芝至成都、林芝至重庆、林芝至拉萨3条往返航线，并修建了巴松错、大峡谷入口、南伊沟、米瑞4条旅游专线公路，建成了全区首个自驾旅游营地，等等；③旅游客源市场快速拓展，旅游形式呈现以观光旅游为主，会务旅游、商务旅游、自驾旅游、康体旅游以及休闲度假旅游为补充的多种形式的旅游项目与产品；④旅游队伍建设不断加强，林芝地区旅游直接从业人员从2008年的5400人增加到2012年的8100人，间接就业人员更是从1.3万人增加到3.5万人，旅游景区讲解人员从24人增加到230人；⑤旅游市场环境日益改善，社会安定有序，旅游满意度从2008年的76%上升到2012年的96%。②

林芝地区也具备良好的茶文化生态旅游条件。林芝地区易贡茶场是西藏最重要的

---

① 参见丁文文《林芝将打造西藏生态旅游中心》，载《林芝报》（汉）2013年2月19日第1版。
② 参见张敏、马守春《西藏林芝地区旅游业发展现状及对策研究》，载《特区经济》2013年第8期。

产茶区和生态保护区。茶场位于东经 94°52′、北纬 30°19′，海拔 1900～2300 米，属温带半湿润季风气候，有着得天独厚的茶树种植条件。茶场内热量充足，年均气温为 11.4 摄氏度，积温达 3200 摄氏度，无霜期为 219 天；降雨充沛，年均降水量为 960 毫米，每年 4—10 月降雨量占全年的 90%；日照丰富，年均日照时数 1800 小时。是全世界海拔最高的茶场，也是西藏重要的产茶基地。

易贡茶场有着较为久远的历史。1960 年，中国人民解放军 18 军和后续部队一批干部战士根据军区生产部指示，复员到易贡，开始建立建设易贡茶场。1967 年 5 月，新疆建设兵团抽调大批骨干到达易贡，组建了新疆建设兵团西藏易贡五团。1969—1970 年，该批工作人员又全部调回新疆。1971 年，易贡五团交西藏军区生产建设师，更名为西藏生产建设师 404 部队易贡五团，于 1978 年移交西藏自治区农垦厅管辖，林芝地区从 1986 年后开始管辖。1998 年改制为西藏太阳农业资源开发有限公司，2006 年 7 月，公司法人因涉嫌诈骗罪被捕。2008 年，林芝地委、行署委派江秋群培、朗色、朗聂三名副县级干部进驻茶场。2010 年 7 月，中共广东省新增易贡茶场为对口援助单位，选派黄伟平、周喜佳组成援藏工作组进驻茶场分别担任党委书记和副场长。2012 年年初，组织调派广东援藏干部韦建辉任副场长加强易贡茶场技术力量。[①]
2013 年 6 月，中共广东省委、省政府决定由广东省国资委与易贡茶场建立结对支援关系，由广东省国资委单独对口支援林芝易贡茶场，并选派欧国亮同志担任易贡茶场党委书记，周喜佳同志担任副场长。

易贡茶场属正县级国营农垦企业，截至 2013 年年底，有人口 1508 人（99% 为藏族），其中职工 698 名（含退休职工）。茶场实行党委领导下的场长负责制，下辖 4 个生产队、1 个茶叶加工厂、1 个农畜产品加工厂、2 个办事处（分别位于八一镇和拉萨市）、1 个 640 千瓦电站和 1 个卫生所，建有小学 1 所，学生近百名。

茶场占地面积 24 万亩，其中耕地 6445 亩、茶园 2200 亩、果园 740 亩。并有离波密县城 15 千米的单卡果园 740 亩。茶场以茶叶为核心产品，生产细茶近 3 万斤、砖茶约 5 万斤，茶叶产品有绿茶（林芝春绿、易贡云雾、雪域银峰、雪域茶极）、红茶（藏红茶）、民族茶和纪念茶饼等。目前，茶场茶叶热销广东、福建等地，同时还出口到欧美以及日本等国家和地区。

茶场目前规模化种植茶叶、玉米、辣椒等农副产品，除茶叶之外，玉米种植 2400 亩，年产 300 万斤；油菜 1500 亩，年产 300 万斤；辣椒 300 亩，年产 45 万斤；茶场通过家庭式养殖方式养殖猪、牛、鸡等。2010 年以后，易贡茶场得到了自治区和林芝地区的大力支持，得到了广东省的大力援助。

林芝地区茶文化生态旅游已经具备了相应的条件：①有易贡茶场大片茶园为支撑，具备成片的茶园与茶树；②易贡茶园有着较为悠久的产茶历史和茶场建设史，也有地方特色的茶树品种和生态有机茶；③易贡茶场有着独特的地质地貌，风景秀美，

---

① 参见西藏林芝地区易贡茶场：http://www.xzxyycg.com/，2014-03-15。

有诸多生态旅游的景观点；④当地交通条件大大改善，虽然尚不健全，但基本能够提供相应的基础设施；⑤有当地特色的茶叶生产加工方式，以及相应的茶叶风俗礼仪。

当然，林芝地区茶产业发展中也存在着一些问题，比如旅游品牌知名度不高，产业与文化营销策略尚显不足，资源利用率较低，旅游环境规划落后，等等。针对这些问题，林芝地区、易贡茶场以及广东省援藏队加大工作力度，着力解决存在的实际问题。2013年3月，广东省第六批援藏队领队、林芝地委常务副书记李雅林率有关部门到易贡茶场考察时谈到了几个问题，这几个问题也正是易贡茶场目前要着力解决的：一是坚持"以茶为主"，继续壮大特色茶叶产业，扩大茶田面积，加大宣传，改善营销，着力打造优秀品牌；二是充分利用资源优势，积极发展观光旅游业，尤其是整治易贡湖周边环境，美化湖面景观，并结合生态茶园、原始森林的独特风貌，吸引游客；三是做好茶场今后三年、五年乃至十年的发展规划，立足茶场实际和市场现状，形成更具操作性、指导性、前瞻性的发展规划。正是在这样的思路引领下，近几年，易贡茶场已经取得较大的进步。

2. 具体项目设计

林芝地区以易贡茶场为依托，可规划设计1～2处生态观光茶园。观光茶园应适当从整体茶园中划分出来，以提供旅游者茶文化观光和休闲度假服务，其中要有足够的风景资源，有适当的茶可品，有足够的茶叶产品和相关的文化产品可购。本着这样的原则，要考虑茶叶生产的要求以及观光休闲的要求，既要体现茶树的栽培治理需求，也要考虑园林观赏的美学要求。因此，茶园在茶树栽培设计上，应充分体现茶树树冠造型与建筑物风格以及整体结构与环境的协调一致性。

（1）看茶园，赏茶树。主要是让旅游者欣赏茶园的风景特色，同时在讲解人员的讲解下欣赏茶树特色与特性，分辨茶树品种，并通过一系列操作流程去感受茶农如何植茶、剪枝、施肥，以及病虫害防治、采摘茶叶的技艺与方法；也可以对比野生茶与人工培植茶树的异同；等等。

（2）欣赏茶园风俗表演。以林芝地区特有的艺术形式，展现当地的民俗风情以及生活方式。可考虑安排与茶相关的藏戏以及酥油茶制作表演。

（3）摘茶叶。可以开辟特有场地，安排茶文化生态旅游爱好者开展自采茶叶活动，使其体验茶人的采茶生活与乐趣，同时感受每一片茶叶的来之不易。

（4）品尝茶，了解茶文化知识。可以在固定的展示厅或讲解厅内，向旅游者展示茶场所产茶叶的冲泡方法与品饮方法，同时也可以把其他茶叶的冲泡加入其中，进行对比和展示。根据需要，可与第（2）项合并到一个单元和地点进行。

（5）销售茶叶与当地土特产产品。把易贡茶场所产茶叶按等级品质进行现场销售和拍卖，满足旅游者的购物需求；同时，把茶场所产的其他物品进行销售。易贡茶场除了茶叶外还盛产天麻、灵芝、松茸和羊肚菌等野生土特产产品。另外，还有玉米、辣椒、油菜、苹果、梨等，2012年种植玉米2400亩，年产300万斤；油菜1700

亩，年产 30 万斤；辣椒 300 亩，年产 45 万斤。养殖业主要有养猪、牛、鸡，多为家庭式放养养殖。（见图 17-3 至图 17-7）

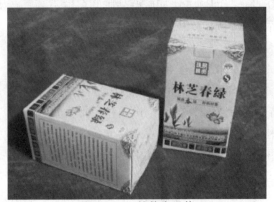

图 17-3　林芝春绿茶
（赵国栋 翻拍）

图 17-4　易贡砖茶
（赵国栋 翻拍）

图 17-5　易贡云雾茶
（赵国栋 翻拍）

图 17-6　雪域茶极
（赵国栋 翻拍）

图 17-7　各类纪念饼茶

(6) 吃藏餐、茶餐。在生态观光茶园内设生态餐饮区，以提供特色藏餐为主，同时提供各类茶餐以及西藏特色茶饮。

(7) 在茶园过夜，享受茶园清新空气。在生态观光茶园内再设宾客生态住宿区，或把住宿区移至周边乡村，以生态好、方便实用为特色，总体原则是：营造一种生态茶园的天然氧吧，让游客沐浴于舒服的茶园夜色。并为游客享受茶园清新的空气提供便利，如设计穿行于茶园的园间小路与休憩亭台等。

(8) 与当地其他旅游相结合，开展以文化生态旅游为主的综合旅游专题活动。其项目可根据对象有针对性地进行设计。

(三) 察隅县茶园建设与文化旅游思路

西藏自治区察隅县地处西藏东南部，距邦达机场397千米，距拉萨960千米。察隅县东邻云南省德钦县和西藏自治区昌都地区左贡县，南面与缅甸和印度接壤，西与西藏自治区墨脱县相邻，北与左贡、八宿、波密县毗邻，全县总面积31659平方千米（实控面积19200平方千米），辖3乡3镇96个行政村，人口25823人。全县平均海拔2300米，地势北高南低，起伏很大，垂直高差悬殊。由于察隅县位于喜马拉雅山与横断山过渡地带的西藏东南部高山峡谷区，年日照时数为1615.6小时，年无霜期200天以上，年降水量793.9毫米，四季温和，降水充沛，日照充足，无霜期长。察隅有"西藏小江南"的美誉，印度洋暖流的流入使察隅县有着"一山有四季，十里不同天"的独特气候条件。

察隅县加大民生建设项目，如已经完工的俄米电站项目（2008年）、清水河养殖场项目（2009年）等大工程建设；同时，加大生态文化建设力度，近年主要通过招商引资开展生态资源开发，加大生态资源的利用力度。如2011年对外招商的"察隅县罗马村桃花观赏休闲山庄"项目选址察隅县古玉乡罗马村。罗马村距察隅县县城40千米，平均海拔3000米。该村环境优美、气候宜人，素以桃花著称，桃林总面积约1000亩，四季景色各有不同。该项目的目标是：充分利用以桃花为主的生态资源，建设集桃花欣赏、农家乐、水上娱乐、休闲旅游等项目于一体的休闲山庄景区。同样是2011年对外招商的"察隅县竹瓦根镇清水河旅游景点开发"项目，也是以生态旅游为目标的建设规划项目。该项目依托察隅县县城东南方约30千米处的一条河，当地人把此河视作"神河"，河水全年清澈见底，河底砾石清晰可见，青山倒映水中，各类河鱼在河水中自由穿梭，是生态休闲的绝好地方。此外，2012年对外招商拟建的项目也是以生态建设为主，如察隅县上察隅镇阿扎冰川旅游线路及景点开发项目、察隅县生态经济林示范园项目、千亩干杂果经济林基地建设项目、察隅县竹瓦根镇日东景区开发项目以及察隅县核桃种植加工项目等。

1. 察隅茶叶种植业发展的基础和条件

夏瑚在任西藏科麦县知事（1911年4月）后不久开始沿察隅河南下勘察地形，

考察民情。他在日记［清宣统三年（1911年）七月十七日］中写道："闻此地（指原梯龚拉，位于察隅县南部——作者注）产茶，即邀伊（觉根——作者注）一同参观。原梯龚拉形势，南北为一长谷，气候温和，产稻麦，杂树遍山，花果成林，一桃园也。行十余里至南山，见茶树数十株，形似六安大叶茶，食之味淡，一种粗茶也。"① 夏瑚在察隅亲见当地茶树，但数量不多，质量稍差，表明当时察隅地区存在着少量的野生茶树，也说明察隅适合茶树生长。1956年，进藏解放军将带进的少量茶种播种于察隅日卡通村和日马村，在1963—1964年间，从内地调进的技术干部葛广州对当地种植茶树进行过相关技术指导，但之后较大规模的种茶因缺乏茶园管理与有效的加工技术，再加上产供销的生产流通环节存在许多问题没有及时解决而失败。至1985年前后，零星分布于下察隅的沙玛村、嘎雅村、沙穷村和上察隅的知巴村、宗巴村、米古村、必达村、本堆村等地的茶园总计约200亩。这些茶树在无管理状态下依然长势良好，"给上下察隅一带的宜茶普遍性提供了可靠依据"②。

1983年，西藏自治区林业厅组织了专门的茶叶调查组对察隅县"宜茶资源"进行了系统调查，并形成了《察隅河谷地区茶叶自然资源调查报告》，提出可开垦适宜种茶地面积1.22万亩的初步依据。进而，1984年5月，四川省农牧厅组织专门勘察队进入上下察隅进行进一步调查，此次调查认为，当地宜茶土地资源3.23万亩（林荒地），加上部分宜茶的旱耕地，宜茶地最大可开发资源在4.30万亩以上，其中有3.54万亩可建茶园。此次也系统地调查了当地的气候满足茶树生长的情况，完成了《西藏上下察隅茶叶基地总体规划报告》。调查报告认为，"总的看来，在察隅开发宜茶资源，建立茶叶基地是完全可能的，至于上述限制因素和不利条件（指气候、交通、农业商品化以及劳动力等方面的不利因素——作者注），是可以逐步克服的，建立茶叶基地和发展茶业的前景，因具备了最基本的可行性，她的开发前景是十分光明的"③。

察隅河谷雨量充沛，干湿季明显，雨热同期，冬季温度较高，生长季长。冬季温度高有利于茶树越冬及提早发芽，因而茶树的生活海拔的上限比内地要高。调查还比较了察隅与四川省主要产茶地名山、荥经的热量条件，认为察隅有明显的优势。在察隅河谷3.23万亩宜茶荒地中，按宜茶标准可分为三个等级。一级宜茶地地势平缓，土层厚度大于60厘米，质地以中壤和轻壤为主，夹石砾较少，腐殖质层厚，有水源保证。二级宜茶地地势平缓，土层厚度40～60厘米，质地以轻壤至沙壤居多，夹石砾较多，一般有灌溉水源。三级宜茶地地势平缓，土层厚度多小于40厘米，质地沙

---

① 夏瑚：《夏瑚日记》，见刘赞廷撰、陈家琎主编《西藏地方志资料集成（第二集）》，中国藏学出版社1997年版，第22页。
② 四川省农垦勘测队：《西藏上下察隅茶叶基地总体规划报告》，胡先志执笔，1985年5月，第8页。作者收藏。
③ 四川省农垦勘测队：《西藏上下察隅茶叶基地总体规划报告》，胡先志执笔，1985年5月，第8页。作者收藏。

壤或砂土，夹石砾多，土地加工难度大，一般有灌溉水源。调查认为，各级宜茶地土壤养分充足，有较好的有机质的自然堆积。（见表17-9）

表17-9 察隅河谷各级宜茶地（林荒地）分布①

海拔/米	一级宜茶地		二级宜茶地		三级宜茶地		总计	
	面积/亩	所占百分比/%	面积/亩	所占百分比/%	面积/亩	所占百分比/%	面积/亩	所占百分比/%
1500~1800	2412	7.4	5831	18.1	2089	6.5	10332	32.0
1800~2000	2986	9.3	4353	13.5	7657	23.7	14996	46.5
2000~2400	3188	9.9	1096	3.4	2653	8.2	6937	21.5
合计	8586	26.6	11280	35.0	12399	38.4	32265	100.0

2. 察隅茶叶生产基地规划

《西藏上下察隅茶叶基地总体规划报告》认为，"在上、下察隅发展茶叶生产基地进行茶树经济栽培的生产经营范围，应是从上察隅的本堆至下察隅的沙马（即沙玛——作者注），全长110千米的河谷两侧台阶地，其海拔上限为2400米，下限为1400米（在国境实际控制线内），面积约220平方千米范围内为宜（不包括水面宽约2千米）"②。总体而言，可把建成察隅茶叶生产基地的时间设定为30年，分近、中、远三期，以不同时间和规模逐步开展。

近期：1986—1990年，5年时间发展茶园4000亩，其中，国有3000亩、集体1000亩。

中期：1991—1998年，8年时间发展茶园6000亩，其中，国有5000亩、集体1000亩。

远期：1999—2015年，17年时间发展茶园2.76万亩，其中，国有1.00万~1.76万亩、集体0.70万~1.00万亩。

《西藏上下察隅茶叶基地总体规划报告》指出，为改变茶叶生产基地土地利用结构，开展以"一业为主、多种经营"的原则开发，充分发挥其资源优势。在调查区内的，土地利用结构规划为茶园占23.05%、耕地占9.25%、菜地占0.33%、果园占0.12%、可牧地占0.47%、居民点及基建占地2.15%、林地下降到57.22%。宜茶地段呈狭长状，全区共19个宜茶地段，依其地域分为沙穷、曲鸦、米古、本堆四片。

---

① 数据来源：四川省农垦勘测队《西藏上下察隅茶叶基地总体规划报告》，胡先志执笔，1985年5月。作者收藏。

② 四川省农垦勘测队：《西藏上下察隅茶叶基地总体规划报告》，胡先志执笔，1985年5月，第10页。作者收藏。

该报告也提出了茶叶品种配搭方案,认为为了使基地茶叶稳产高产、品质优良,须因地制宜在建园之初就注意选用优良品种,并按宜茶地的生态条件和品种特性进行配置。首先,以四川群体栽培种作为基地的当家品种,种植面积为69%,选择地点为海拔2200米以下地区;其次,选择云南大叶茶、福鼎大白茶、黔湄101号进行配搭,适宜在海拔1400~2000米种植;最后,选择安徽一号等当时优良品种,种植面积约占8.75%,其他品种种植面积占3.5%。该报告也列出了具体情况的"茶树宜栽品种选用方案"明细表。

该报告提出了茶叶加工厂、点的规划布局:①下察隅建立一座初、精制联合加工厂,厂址位于边防公路线上,以方便内外联系。精制加工能力近期为4000亩,中期为6000亩,远期为2.54万亩。初制加工的控制范围为北距下察隅的巴安通约4千米,南距沙玛12~15千米,茶园面积约1.20万亩,近期初制加工能力规划为4000亩。②在上下察隅的中部(曲鸦片)建立一座初制加工厂,茶园面积约1.69万亩。中期规划初制加工能力4500亩。③上察隅的米古片建立一座初制加工厂,控制范围为:北距松冷约4千米,南至泽孔约3千米,包括对岸的宗巴、竹巴、西巴等地段,茶园面积约5000亩。中期规划初制加工能力为1500亩。④上察隅的本堆河西建立初制加工厂一座,范围包括同功、哈姆、沙瓦等地段,茶园面积约1500亩,远期规划初制加工能力为1500亩。

关于察隅茶场的内部规划,该报告提出了两种方案。第一种方案为:发展茶叶规模10000亩,其中,国有茶园8000亩、集体(农民专业户)茶园2000亩。第二种方案为:茶场生产规划4000亩,即每一方案第一期工程的规模,其中,国有茶园3000亩、集体茶园1000亩。两种方案均详细介绍了茶场的生产发展规模和规划依据、茶园场界的划定、规划依据和遵照的原则、生产发展速度、经营方针和生产水平以及茶场内部基本建设规划等方面。

该报告在第四章中详细介绍了茶场的投资和效益情况。茶场的建成将产生可观的经济效益;同时,进行了"生态效益分析",从生态视角讨论了把相关林木地转化为茶树地的可行性及重要性。另外,报告认为,"察隅茶叶基地建成后,同内地茶区相比,有其特殊的政治经济意义",又认为,"人们历来认为西藏高原不能种茶,是禁区,茶叶只有依靠外运,而现在却拥有自己数万亩的茶叶生产基地,不仅是一个奇迹,对增进民族团结,巩固边防,改善边民物质文化生活,繁荣边区经济亦有其重大作用"。①

察隅茶叶生产基地的建设,将是当地茶文化生态旅游的前提与基础。而当地开展的一些小茶园建设也为大规模开展当地的茶园与茶文化生态旅游提供了基础。李明森在实地考察中介绍了沙窨坝当地茶园情况,他写道:"尤其是这里空气湿度大,很适

---

① 四川省农垦勘测队:《西藏上下察隅茶叶基地总体规划报告》,胡先志执笔,1985年5月,第35页。作者收藏。

宜栽种茶树，现已经辟有大面积的茶园，效果不错，准备予以推广拓植，将来可以就地满足居民对茶叶的需要，以免从内地长途贩运之劳，而察隅也将成为西藏的'茶米之乡'。"①

3. 察隅生态茶园建设与茶文化生态旅游建设相结合开展

通过分析可以发现，察隅具备天然的优良茶园的建设条件，只要加强管理，引进专业的管理人才与先进科学的经营理念，就可以建设大规模的优良的茶园。在茶园建设中，应该直接与生态旅游相结合，从设计理念到茶园规划都要体现出茶产业、茶旅游、茶文化三条线交叉发展、相互支撑的特色。

在规划设计中，应充分利用察隅农场的历史文化以及诸多有利条件，推进农场生态茶园建设与茶文化生态旅游建设相结合。

察隅农场始建于1965年3月，当时是农垦404部队边防六团官兵在"开发边疆，建设边疆"的号召下建设成立了"察隅农场"，当时的管理体制为部队式管理模式，设有团长、政委、连长、指导员等职。1978年转为正县级国营农场，并移交西藏自治区农垦厅管辖，1983年由昌都地区管辖，1985年12月划归林芝地区，直属地区行署管辖。

察隅农场距察隅县城约70千米，离中印实际控制线约18千米。内设有场部、场部机关、党委办公室、场长办公室、纪检委办公室、后勤办公室、工会办公室，以及生产科、保卫科、劳资科等部门，其下共设有5个连队及1座800千瓦的水电站。截至2013年年底，总人口400多人，其中，干部职工164人、临时工108人。农场拥有土地12380亩，其中，粮食播种面积1100亩、经济林木4100亩（其中，油桐3400亩，柑橘、枇杷、板栗、油桃等共700亩）。

察隅农场属亚热带河谷气候，海拔1500米左右，冬暖夏凉，常年湿润多雨，年降雨量约1000毫米，年平均气温17°C，最热月平均气温21.6摄氏度，最冷月平均气温8.3摄氏度，极端最低气温-0.5摄氏度，偶见轻霜。年平均日照时数1680小时，适合种植各类经济作物，是西藏自治区生产各类经济作物的农林区之一。农场主要以种植业为主，辅以养殖和加工业，并且具备开展高山茶叶种植和生产的良好条件。②

在自然环境基础上，察隅农场可以利用完善的管理体制积极推进茶园的开辟，推进茶叶种植和加工产业。茶园建设规划要和目前农场的整体发展导向相符，以"有机+绿色+休闲"为建设指导方针，为农场的茶文化生态旅游创造条件。同时，茶叶的生产要和农场其他产品相结合，走有机营销模式，实现文化与产品互补、产品之间的互补，突出农场特色，打造农场的有机产品品牌。

---

① 李明森：《世界屋脊探行》，海燕出版社2005年版，第40页。
② 参见林芝市察隅农场简介：http://www.linzhinews.com/Item/902.aspx。

(四）墨脱县茶园建设与文化旅游思路

墨脱县具备得天独厚的自然条件，那里土壤肥沃、气候温和，也是西藏优质茶叶的重要生产地。2016 年全年，墨脱茶叶共创收 116.9 万元，茶产业逐步拉开了序幕。

在茶叶种植上，2012 年，在福建省第六批"援墨"工作队的倡导和支持下，墨脱镇墨脱村拉贡试种铁观音 90 亩，此后，经过近几年的快速发展，截至 2016 年年底，在墨脱镇、德兴乡、背崩乡、达木乡、帮辛乡等多个乡镇已建成 19 个高标准高山有机茶园，总面积达到 5108 亩，其中墨脱镇 880 亩、背崩乡 1268 亩、德兴乡 1100 亩、达木乡 1100 亩、帮辛乡 715 亩。背崩乡的檫曲卡茶园是墨脱县目前面积最大的茶园，面积达到了 1100 亩，主要种植福鼎大白、铁观音、白毫 131、名山特早 213、梅占等品种。目前，墨脱县又先后引进并试种凤凰单枞、英红九号、云抗 10 号、雪芽 100、紫鹃、鸿雁 12 号、黄金芽等茶叶新品种，探索茶产业进一步发展之路。

在茶叶生产和经营上，2015—2016 年，西藏文化旅游（集团）股份有限公司开始建设茶叶加工厂，同时收购茶青，试制茶叶。2016 年，全县共计采摘春茶茶青 3250 余千克，采摘大茶茶青 1.35 万余千克，制成成茶 650 余千克，其中红茶 400 余千克、绿茶 250 余千克，成茶产值 71.5 万余元，群众依靠出售茶青增收 45.4 万余元，全年茶叶共计创收 116.9 万余元。

2015 年 10 月，墨脱县墨脱镇茶业有限公司成立，是西藏文化旅游（集团）股份有限公司旗下的全资子公司，公司位于西藏林芝墨脱县。公司主营墨脱茶种植开发、加工生产、销售，在墨脱打造集自然生态、观光旅游、茶叶产销于一体的墨脱有机生态茶园。产品有墨脱绿茶、墨脱红茶、墨脱黑茶和手工茶。

现在，墨脱茶叶在四川、上海、福建等地的茶业博览会上受到了一致好评，并获得"中国好茶"银奖，市场上供不应求。

在这样的情况下，墨脱县完全有基础和条件进一步推进茶园建设，并以茶园及其独特的生态资源为吸引，推进以茶文化生态旅游为重要组成元素的生态文化旅游产业。由于在地理区位和生态环境方面墨脱和察隅有很多相似之处，尤其是在茶园建设方面都是在起步规划阶段，因此，具体操作二县可以相互参照、相互学习，以少走弯路，避免偏离方向，实现经济效益和社会效益最大化。

第七节　西藏茶文化生态旅游人才的培养

一、西藏旅游人才教育现状

旅游教育有着非常广的内涵，一般认为，广义上的旅游教育指一切旅游教育活动，包括学校旅游教育、社会旅游教育及家庭旅游教育；狭义而言，旅游教育是指旅游教育者根据旅游业发展要求，依据受教育者身心发展的规律，有目的、有计划、有组织地对受教育者所进行的传授知识技能、培养职业素养和品德修养、发展智力和体力，使得旅游教育的接受者成为旅游业发展所需的人才。再具体而言，旅游教育指院校旅游教育，包括旅游中等教育和旅游高等教育。①

近十几年来，在党和国家的关怀下，在各兄弟省市的大力支援下，在西藏自治区政府的高度重视与合理规划下，西藏旅游业取得了巨大发展，旅游人才的数量与质量均有了较大提升。经过一段时间的发展，目前，西藏旅游人才资源情况如何呢？图登克珠、管兵认为，西藏旅游业直接从业人员数量占总人口的千分之四，远远低于国内经济发达省份。比如，西藏旅游业从业人员为广东省的1/23，浙江省的1/20。而西藏的这些旅游人力资源主要集中于宾馆饭店、旅行社以及旅游景区。宾馆饭店是西藏旅游业吸纳就业最多的单位，从业人员超过全区旅游从业人员的4/5。②而其他旅游人才则较为匮乏，无法满足西藏旅游更高层次的要求。

他们认为，西藏旅游从业人员的总体学历还较低，较高学历人才主要集中于相关领域的行政管理层，而专门从事旅游业的从业人员则普遍学历较低，业务素质也有待提高。以2009年的西藏导游情况为例，当时共有导游1069人，其中，全职导游814人，不但人数少，而且质量参差不齐。而就人才培养方式与渠道而言，也有着较大局限，主要依靠西藏相关高校，如西藏大学、西藏民族大学、四川大学等高校培养，这种培养机制虽然有一定优势，如充分利用高校的丰富教育资源，但缺乏与相关企业单位、事业单位的联动机制，而且来源单一，只能满足小部分需求。从《西藏自治区旅游发展总体规划纲要（2009—2020年）》中可知，至2015年，西藏的旅游业从业人员可增加至43.9万人，2020年则会增加至58.3万人。（见表17-10）

表17-10 西藏旅游产业吸纳就业目标

旅游产业项目	就业目标	2015年	2020年
旅游核心产业	就业人数/万	3.8	5.0
	占就业总数比例/%	2.5	3.0
旅游基础产业	就业人数/万	10.1	13.3
	占就业总数比例/%	6.6	8.1
旅游经济产业	就业人数/万	30.0	40.0
	占就业总数比例/%	19.5	24.4
全区就业总人数/万		154.0	164.0

---

① 参见佟薇《西藏地区旅游高等教育研究》，东北师范大学2013年硕士学位论文。
② 参见图登克珠、管兵《西藏旅游人力资源开发的现状、问题及对策》，载《西藏科技》2010年第11期。

西藏旅游业人才培养还存在着如下问题：①开发意识薄弱，西藏旅游人才的培养还没有被提升到足够的高度予以重视，相关部门之间就旅游人才的培养还缺乏有效沟通与默契配合。②开发方式欠妥，一些高校的旅游课程设置与实际结合并不紧密，尤其缺乏与西藏旅游相结合，所以，在西藏旅游发展中所发挥的作用有限。③人力资源配置政策缺位，高校中走出去的旅游专业学生，他们在择业的时候很多并未进入西藏旅游业中，出现了本来就不多的专业人才流失现象，这与相关政策的不到位有较大关系。④在岗培训力度不足，缺乏系统的培训，未形成一套完善的成熟的在岗培训机制。2004年，当其他地方开始实行导游人员岗前培训时，西藏完全没有开始相关工作。直到2010年3月，西藏才开始实行导游持证上岗制度，而与之相关的培训内容也主要是对基本的导游业务知识以及管理规定方面的培训，对西藏特有的人物、历史以及更为深入的专业知识涉及很少。①

佟薇认为，虽然很多研究者从许多视角和侧面对西藏旅游教育进行了有益的探索，但仍存在着一定的不足。比如，缺乏关于西藏自治区旅游教育的理论基础研究，没有形成独特的旅游教育思维方式与实践模式；目前研究多从西藏旅游人力资源现状及问题入手分析旅游教育问题，而这本身就有一定的片面性。所以，仅从旅游企业的基层及中层了解情况，并不能全面反映西藏旅游教育情况，"忽略了政府部门及科研领域的研究"；同时，也缺失对旅游教育的实证研究；对西藏自治区旅游教育的实施者及受教育者的实证调查不够，缺乏系统的了解。②

平措卓玛、旺宗以西藏大学旅游与外语学院为例讨论了如何从市场需求视角开展西藏旅游的实用人才培养相关问题。他们认为，西藏高校目前的人才培养需要探索实用型人才，以满足旅游市场需求。西藏旅游人才教育中，应充分重视实践环节，科学合理地设置相关课程，加大旅游视角的校企合作力度。在注重专业理论知识教育的同时，注重把学生的书本知识与实践相结合，从而培养出实用型旅游专门人才。③

尽管有了这么多相关研究，但针对西藏茶文化以及把西藏茶文化作为重要的生态旅游资源的研究几乎还是空白。而且，最为突出的问题是，面对历史悠久而内容丰富的西藏茶文化，以及独特的茶叶消费基础与茶产业发展背景，西藏却基本没有相关的受过正规教育或培训的旅游人才。能够从事相关工作的旅游从业人员也是临时拼凑，不具备或具备非常少的茶文化、茶产业专业知识。

面对这一情况，西藏高校中也没有设立相关的文化课程，茶文化教育缺失。西藏茶文化在西藏高校教育中面临的处境是：既没有被纳入藏学研究领域，也没有被纳入民族学与文化学领域，使西藏茶文化逐步衰退。

目前，在福建、浙江、江西等省份已经有一些职业技术院校开展专门的茶文化与

---

① 参见图登克珠、管兵《西藏旅游人力资源开发的现状、问题及对策》，载《西藏科技》2010年第11期。
② 参见佟薇《西藏地区旅游高等教育研究》，东北师范大学2013年硕士学位论文。
③ 参见平措卓玛、旺宗《实用型旅游人才培养初探》，载《西藏大学学报》2010年第S1期。

茶学教育，如浙江树人大学、武夷学院、漳州职业技术学院等，培养了一批茶文化人才，但这些人才走出校门后绝大多数留在了内地，而很少会选择去西藏。因为就目前状况而言，在西藏从事茶文化相关事业，包括旅游业，既没有比内地更为舒适的工作环境，也没有更好的待遇，还要承受一定的高原反应，最主要的是西藏茶文化旅游与产业目前还很不发达，甚至没有真正开展，他们的专长很难真正发挥出来。

二、西藏在校大学生对西藏茶文化的认知状况

1. 西藏高校大学生对西藏茶文化的认知调查

为了进一步调查与掌握西藏高校大学生对西藏茶文化的认知程度，依托国家大学生创新项目支持，笔者指导的课题组开展并完成了"藏族汉族大学生对西藏茶文化的认识研究"项目。通过此次较大规模的调查，形成了较好的第一手资料，并形成了《藏汉学生对西藏茶文化认知情况的调查报告》，为以后开展茶文化人才培养提供了一定的信息。

本次调查以问卷调查为主，采用随机发放的形式，共发放调查问卷1000份，回收有效问卷849份。采用SPSS软件分析和Excel分析。

被调查者中汉族学生509人、藏族学生276、其他民族64人。

被调查者的年龄构成在16~29岁之间，其中16~18岁的有52人，占总数的6%；19~22岁的有667人，占总数的79%；23~24岁的有109人，占总数的13%；25~29岁的有21人，占总数的2%。

性别构成方面，男性406名，占47.8%；女性443名，占52.2%。

居住地方面，其中内地的有532人，占62.7%；藏族聚居区的有301名，占35.5%；其他地区的有16人，占1.9%。

籍贯类型方面，农村地区的有440人，占51.8%；乡镇的有123人，占14.5%；城市的有275人，占32.4%；牧区的有10人，占1.2%。

调查报告得出如下五个方面结论：

（1）大学生在文化层面了解西藏茶文化的程度十分浅显。在关于茶对西藏群众的重要程度上的认知方面，绝大多数同学知道茶叶对西藏群众有着重要意义，这一点符合我们的预期。但稍深入的问题显示大部分同学对西藏茶文化的了解程度不足。藏族著名英雄史诗《格萨尔》中有着大量的茶文化知识，歌词中也大量地出现，调查发现，有54.5%（频次为463）的被调查者表示没有听过相关歌词，听过的仅占13.9%（频次为110）。

在对茶在婚姻礼俗中如何使用的调查中，有64.7%的被调查者表示不知道茶的使用情况，有8.0%的被调查者表示非常清楚地知道茶在藏婚俗中的使用情况，有17.0%的被调查者表示知道一些，10.2%的被调查者表示非常不清楚。这一数据充分

显示了茶被用在现实生活中,但是没有被当作生活中一种民俗文化而传播开来。

在对传承与发扬西藏茶文化的调查中,有 34.7%(频次为 295)的被调查者表示非常愿意将西藏茶文化发扬光大,而有 46.1%(频次为 395)的被调查者则表示愿意将西藏茶文化发扬光大。这表明西藏在校大学生绝大多数是愿意保护、保存、发展、传承茶文化的。

(2)从经济视角对西藏茶文化的认知。通过对被调查者购买藏茶的意愿分析,发现在一定程度上,人们所处的环境与观念对茶的购买和消费具有一定的影响,作为汉族被调查者更愿意购买自身所处环境中熟悉的茶叶,而藏族被调查者则更愿意去购买具有本民族特色的茶叶。这一情况充分说明了对藏族特色茶的购买程度,很大一部分取决于个体本身所处环境对茶的认知程度的影响。

(3)藏族与汉族大学生对西藏茶文化的认知也存在着一定差别。在茶的重要程度方面,汉族被调查者显然不及藏族同学的认知,其中原因可能主要在于汉族被调查者所处的环境使他们对西藏茶的认知在一定程度上弱于藏族被调查者。而藏族被调查者对茶在西藏群众生活中的重要性有更多了解,可能来自于长期处于西藏的社会生活环境中而了解得更多一些。

酥油茶是藏族群众日常必不可少的一种茶,在总样本 509 名汉族被调查者中,有 256 名被调查者表示经常喝和偶尔喝,而没喝过的有 203 人。在 276 名藏族被调查者中,276 名同学全部表示会经常喝和偶尔喝,喝酥油茶的概率达到了 100%,而汉族被调查者则为 50%。对于数据上的差距,分析认为主要源于生活饮食的差异。

在被问及是否了解茶在西藏丧葬中如何使用时,汉族被调查者选择"非常清楚"的为 15 人,藏族被调查者选择"非常清楚"的为 33 人;汉族被调查者选择"知道一些"的为 29 人,藏族被调查者选择"知道一些"的为 95 人;汉族被调查者选择"不知道"的为 463 人,藏族被调查者选择"不知道"的为 147 人。

通过对藏族和汉族被调查者对茶在西藏群众日常生活中的使用情况的分析,发现藏族被调查者的认知和了解程度远远高于汉族被调查者。

(4)从经济视角看,藏族与汉族大学生对西藏茶文化的认知存在差异。在问卷中还问到关于在经济允许的情况下,是否愿意去专门的藏茶馆里喝茶的问题,在汉族被调查者中,选择"非常愿意"去藏茶馆喝茶的占总的汉族被调查者的 11.7%,选择"愿意"的占 48.3%,选择"不愿意"的占 11.2%,选择"非常不愿意"的占 5.1%,选择"无所谓"的占 20%。

在藏族被调查者中,选择"非常愿意"的占总的藏族被调查者的 54.7%,选择"愿意"的占 38.8%,选择"不愿意"的占 2.9%,选择"非常不愿意"的占 2.2%,选择"无所谓"的占 1.4%。

通过数据可以发现,藏族被调查者的购买意愿和选择去具有民族特色的茶馆喝茶的意愿程度明显高于汉族被调查者。在选择是否去藏茶馆喝茶时,选择"非常愿意"的藏族被调查者占 54.7%,而汉族被调查者仅占 11.7%。

(5) 对西藏茶文化的传承意愿较强。西藏茶文化想要得到更好的传承和发展,必须被更多的人了解。问卷设计了是否愿意去感受西藏茶文化、是否愿意将西藏茶文化发扬光大、是否愿意去学习西藏茶文化的有关课程等几个方面。调查结果见表17-11。

从表17-11中的数据可以看出,在是否愿意学习西藏茶文化的问题上,藏族被调查者显然比汉族被调查者更愿意学习本民族的茶文化知识。

表17-11 是否愿意学习西藏茶文化的调查

单位:人

被调查者	非常愿意	愿意	无所谓	不愿意	非常不愿意
汉族学生	55	264	127	30	13
藏族学生	138	116	18	4	0

在对西藏茶文化是否有必要传承和创新的问题上,藏族被调查者比汉族被调查者更愿意传承和创新西藏茶文化。在推动西藏茶文化传播的措施中,汉族被调查者和藏族被调查者都倾向于多开设相关课程和组织相关活动。

研究认为,"藏汉大学生群体对西藏茶文化的认知存在着一定差异,同时也有共同之处,但均显示了西藏茶文化对他们的吸引力。在社会主义文化大繁荣大发展的建设时期,有必要进一步推进西藏茶文化中的优秀成分的传承、传播与创新。我们认为,在学校开设有关茶文化课程、组织相关的活动、适当多开设茶文化活动场所,加大支持西藏茶产业发展力度,同时加大西藏茶文化宣传力度等方式均对西藏茶文化的传承发展,甚至创新有更好的促进作用"①。

2. 案例分析

在西藏民族大学,我们采用随机形式对学生进行访谈,其中,来自西藏的学生35人、其他省市的学生174人,共209人。

(1) 关于西藏茶文化与内地茶文化之间的联系。所有被访谈的对象均表示,西藏的茶文化与内地的茶文化有着一定的联系,对联系的具体内容和形式,则回答各不相同,主要集中在历史关系上,尤其是通过茶马古道形成的联系多数学生都能够提及,但更深入的回答和分析则很少。也有一些学生,尤其是内地学生有着一定的相关知识基础,或亲自了解过西藏与内地的茶叶贸易与文化交往。对西藏的学生而言,他们基本知道西藏所用的茶叶主要来自四川和云南等地。

---

① 蒋维萍、柳霞、赵国栋:《藏汉大学生对西藏茶文化认知情况的实证研究——以西藏民族学院为例》,载《农业考古》2013年第5期。

学生 A（来自湖北）：我认为西藏的茶文化与内地的茶文化有关系。主要体现在以下几个方面：①西藏的茶最初是由内地传入的；②以茶为中心的贸易是内地与藏族聚居区的主要贸易；③西藏的茶文化与内地的茶文化相互影响，共同发展。

学生 B（来自四川）：有关系。我的家乡位于四川省甘孜州理塘县，在我很小的时候就跟叔叔一起开着大车到内地去拉砖茶，现在长大了才知道一起去的那条路被称为茶马古道，自古以来就是内地与西藏联系的唯一一条交通要道。小时候家里打茶等用的原料都是以内地运来的砖茶为主的，藏族群众也以砖茶为基础，创造出了一系列与其相关的茶文化。

学生 C（来自西藏）：西藏茶文化和内地的茶文化有着直接的渊源。自古以来西藏和内地在商业领域就有了密切的交往，比如，茶马古道是其中最为重要的交通道路，内地的茶叶不断地运进西藏，西藏的也不断运往内地。现在西藏到处都可以见到内地的茶叶。

（2）关于茶叶对生活的影响。几乎所有被访学生都认为，茶叶对日常生活有着一定的影响。而来自西藏的学生体会更为深刻。

学生 D（来自西藏）：对于藏族群众来说，"茶"这个字一定不陌生，因为我们每天都要喝茶，茶对于藏族群众来说是必不可少的。有这种说法，"一天不喝茶，就一天没精神"，所以茶叶和茶文化对我们有相当重要的影响。

学生 E（来自西藏）：对生活有影响。我作为一名西藏的学生，喝酥油茶是我们日常生活中离不开的事。我们每天都喝酥油茶，这也是一种茶文化。

学生 F（来自湖北）：有影响，而且不小。我家所在的玉峰县以生产茶叶为支柱产业，茶叶主要为毛尖。玉峰县虽然名气不响，但是山清水秀，土质优良，茶叶质量不错，县里正致力于推广茶叶，相信有一天我家乡的茶叶也可以誉满全国。而且我妈妈酷爱喝茶，尤其是浓茶，不喝浓茶会睡不着，也可能是遗传的原因，因为我外公也爱喝浓茶。

学生 G（来自西藏）：这是肯定的，也相当明显，特别是我们的上一辈一天要饮用一定量的茶水，而且有些人是无茶不饮。所以，茶对我们的影响很大，如果有一天藏族没有茶或者茶文化了，那是很难想象的。

（3）关于是否到学校的藏餐厅喝过酥油茶。在被访的学生当中，有122位学生到学校的藏餐厅喝过酥油茶，所有藏族同学均到那里喝过酥油茶。有87位学生没有喝过，没喝过的原因主要有两个：一个是听说味道很重，不好喝；另一个是虽然到那里吃过藏餐，但并不想喝酥油茶。喝过的同学意见也分化为两种：一种认为还比较好喝；另一种意见认为做得不地道，没有家里做得好。来自西藏的同学对酥油茶的对比性评价更多一些。

学生 H（来自西藏）：喝过，就我个人而言，藏餐馆的藏面、藏包子比较好吃，而酥油茶，酥油的味道太淡，缺少茶味，开水味太浓（像白开水）。

学生 I（来自西藏）：吃过，喝过，不好喝。平时都是在家里喝，酥油都是最好的，而且酥油放的也很多，打完茶倒在杯子里还有奶香味。学校藏餐馆里的茶太油了，应该是酥油的原因吧，最大的区别就是酥油了，有时连有没有放酥油都不知道。

学生 G（来自甘肃）：去过那里，吃过饭，也喝过茶。说实在的，没有牧民家中的好喝。虽然闻起来比藏族聚居区的香，好像是一种香料的味道，但是喝后没有效果，没有藏族聚居区的好。藏族聚居区的酥油茶喝了至少胃里舒服，食道觉得更加顺滑了。咱们的餐厅的茶完全不行。

学生 K（来自西藏）：吃过，喝过，还好，也不是特别喜欢。它里面虽然有点酥油茶的味道，但不是很纯正，可能是气候的原因。在内地很难喝到纯正的酥油茶，没有纯正的酥油，是做不出好喝的酥油茶的。现在虽然也有速溶酥油，但那个泡出来跟纯正的酥油有很大的差别。做酥油茶的精髓是酥油。

学生 L（来自西藏）：我去过，也吃过那边的藏面，喝酥油茶。对于藏面来说，比起在西藏吃过的藏面味道差点，不知是什么原因引起的；对于酥油茶来说，和家里喝的相比有很大的差别，因为他们在酥油茶里放了牛粉，但家里的是不会放的；还有他们的酥油是从街上买的，但家里的酥油不是，而且都是很纯的。

（4）关于对西藏茶俗的了解。有 20 位学生回答了"不了解"，而绝大多数学生则或多或少能够说出一些茶俗和与之相关的内容。但总体而言，无论藏族还是汉族，无论来自西藏还是内地，他们都只能从日常生活角度很浅显地回答这个问题：招待客人时常用酥油茶。

学生 M（来自西藏）：藏族群众一大早就要喝酥油茶，有营养，有充分的蛋白质，喝多了可预防高血压，可以抗寒。倒茶要先从长辈开始。

学生 N（来自河南）：茶在西藏群众日常生活中是必备品，是不可缺少的生活食品。在日常生活中，藏族群众就是重礼节的，在饮茶上更是讲究长幼之序。斟满茶要先敬长辈，茶碗要干净且不能有缺损，喝时不可发出响声。

学生 O（来自甘肃）：我认为藏族茶俗最重要的是每天都要喝茶。茶是他们生活的必需品，并且做客时，客人喝茶时不能将茶喝尽，要留底以示尊重。

学生 P（来自西藏）：最主要是不能缺少茶，茶是生活的必须具备的食品。

通过这些案例，我们发现，西藏高校大学生当中有一定比例的人喜欢茶文化，并对西藏茶文化有一定的了解，来自西藏的同学在日常生活中对茶叶都有直接接触，都喝酥油茶，并且都能认知茶叶对西藏的重要意义。同时发现，许多内地的同学对西藏茶文化基本没有了解，甚至不愿尝试酥油茶。所有同学对西藏的茶俗与文化都没有深入的认知，只停留在非常浅显的层面。

3. 思路与对策建议

针对西藏旅游人才培育存在的问题，建立与完善合理有效的旅游教育与培训体系将发挥重要的作用。

第一，要建立完整的旅游专业教育体系，在西藏大学、西藏民族大学等高校中加大旅游专业建设力度，在提升本专科学生素质的同时，加大研究生培养力度；既要培养理论型人才，也要培养实践应用型人才。

第二，要提升学生的综合素质，根据西藏旅游业发展的需要，设立并调整课程内容，改进教学模式，以多种课程并行的方式、专业与公开选修相结合的方式等有益教学方式充分调动学生的学习积极性，把西藏优秀传统文化与生态保护融入教与学之中；同时，要针对不同层次的教育对象，运用不同难度的教材，理论与实际相结合，因材施教，改革完全以考试评价旅游专业学生的做法，对学生进行综合考评，注重真正能够为西藏旅游业发展贡献力量的学生培养机制研究。

第三，加大校企合作，推动人才实战化与成果应用化。学校要积极主动地向西藏相关旅游企业与单位推荐人才，并鼓励人才向西藏旅游业流动，给他们创造更好的发挥才能的空间。另外，要加大学校旅游科研与成果转化之间的联系，加大产学研力度，尤其要开拓西藏生态旅游的前沿研究、空白点研究，以及具有可操作性的系统规划研究等。"相关行政管理部门如旅游局、教育局（厅）要积极支持旅游院校，构建多层次立体化的旅游教育结构，如西藏大学旅游与外语学院可以联系西藏旅游相关部门，让学生参加每年的雪顿节等旅游节庆的志愿者服务活动，这样既解决了旅游部门在旅游旺季人力不够的困境，同时又让旅游专业的学生将旅游方面所学到的理论知识运用到实践中。"[①]

第四，建立健全西藏旅游从业人员准入制度。结合西藏旅游发展，要开展正规的从业人员准入制，建立资格考试和教育培训制度，坚持旅游从业人员执证上岗，以提升素质为目标，规范各种考试和审核制度，切实为行业发展把好关。

第五，扎实推进培训教育与培训体系建设。"培训体系应该分层、配套建立，一般从上到下分为国家级、区级、地市级和企业级四个级别。"[②] 张银超认为，每个级别各有所侧重，层层推进。国家级和区级培训体系应注意宏观层次的设计，注重宏观管理与调控；地市级培训体系主要从中观层面开展，以有效落实国家级、区级体系部署下达的工作任务为重心，推动并指导具体的培训；而企业级的培训体系从微观层面推进培训工作的落实，积极推进旅游从业人员的培训与发展。[③]

---

① 张银超：《西藏旅游业人力资源现状及开发策略》，西藏大学2012年硕士学位论文。
② 张银超：《西藏旅游业人力资源现状及开发策略》，西藏大学2012年硕士学位论文。
③ 参见张银超《西藏旅游业人力资源现状及开发策略》，西藏大学2012年硕士学位论文。

从专门的西藏茶文化旅游从业人员视角，应考虑如下五个方面，采取积极措施发展教育与培训工作：

第一，要加大西藏茶文化生态旅游力度。包括茶叶种植、茶叶加工、茶叶产品及茶的衍生饮品生产在内的西藏茶产业的发展壮大是西藏茶文化生态旅游的基础与可靠保证，因此，充分开发与利用西藏茶产业的独特资源是必不可少的环节。茶文化生态旅游与西藏整体生态旅游的大方针是一致的，而且是其极为重要的组成部分，相关政府职能部门要积极探索，给予相关政策支持，使西藏茶文化生态旅游从无到有，从小到大，从弱到强，从区域性到全国性，甚至世界性，使西藏茶文化成为西藏生态文明的一个代表和最有力的表达。

第二，加大茶文化人才培养力度。大力推进西藏高校的旅游人才的培养，探索新的培养模式，提升人才质量；同时，要专门设立茶文化课程，以西藏茶文化为中心，系统教授中华茶文化的形式与内容，并与西藏生态旅游相结合，培育一大批专门的茶文化旅游人才。培育方式以高校正规教育教学为主，同时辅以专门的培训辅导，并在职业院校中设立茶文化旅游课程，以多层次、立体化方式推进西藏茶文化旅游人才培养。

第三，大力开展茶馆从业人员的茶文化培训。西藏茶馆已经成为西藏旅游中最重要的组成部分，也是直接向外界展现西藏新形象的文明窗口，但茶馆的经营与文化建设还较为落后，尤其在西藏茶文化方面更是与其博大的文化内涵有较大差距，在文化层次上大大削弱了其魅力与吸引力。茶馆从业人员的文化素质较低，基本没有受过较为系统的茶文化知识培训，这也限制了茶馆内茶文化的展示与宣传。应该说，大力开展茶馆从业人员培训，是推进西藏茶馆产业可持续发展的有效途径，也是推进西藏茶文化传播与提升其影响力的有效途径，更是开展西藏茶文化生态旅游不可缺少的途径。

第四，加大西藏旅游业培训中的茶文化成分。对目前西藏旅游从业人员进行茶文化培训，是简捷而有效的途径，可以丰富目前西藏旅游人才的知识结构，直接在旅游服务中宣传与传播西藏茶文化，丰富旅游知识的讲解，扩大西藏优秀文化宣传视角，并可以在必要的时候转为茶文化生态旅游的专业旅游人员。

第五，探索并加大与内地茶产业及相关旅游产业的合作力度。内地茶产业与茶文化旅游产业已经有了非常好的经验，有许多地区已经成功地开展了茶文化生态旅游，成效显著，也显示了茶文化生态旅游的巨大潜力与必然趋势。加大与内地的合作，不但可以借鉴成功经验，少走弯路，而且可以借助内地人才优势，加快西藏茶产业与茶文化生态旅游建设速度。

第十八章 繁华背后：基于 2009 年数据的藏獒产业分析

第一节 藏獒及其文化内涵

一、什么是藏獒

"獒"字在古代文献中经常出现。《尔雅·释畜》曰："狗四尺为獒。"《左传·宣公二年》载："公嗾夫獒焉。"明谢肇淛在《滇略·杂略》中又说："况平章既亡，弟兄罄绝，今止遗一獒一奴。奴堪再赘，华黎氏獒又可配阿结妃。"究竟此字取何意，《说文解字》写道："獒，犬如人心可使者。从犬，敖声。"即说此类犬具有相当的智商。《古今汉语字典》写道：獒，一种凶猛的狗，体大，善斗，可做猎狗。《新编说文解字字典》的解释是：一种体大凶猛的狗，可驯为猎犬。后二者交代清楚了此类犬的体形及善斗的特征。"可做猎狗"主要包括三方面：一是奔跑速度快；二是嗅觉发达；三是善于与凶猛的猎物格斗。藏獒完全匹配后二者的要求（中国藏獒标准：短跑时速度较快）。可见，"獒"字自始就描述了这样一种犬：体大、凶猛、智慧并善于格斗。

藏獒，又名"番狗""多启""苍猊"等，产于青藏高原。有研究者称，藏獒是举世公认的最古老、最稀有、最凶猛的大型犬种。据美国藏獒研究中心得出的结论，盛名于世的五大猛犬及德国牧羊犬都含有藏獒的基因。[①] "我国有关机构登记的 46 个犬种中，只有藏獒和沙皮狗被国际组织认定为'中国特有的犬种'。"[②]（见图 18-1）

在中国的古文献与民间传说中，我们可依稀发现藏獒的影子。儒家经典《尚书》中有《旅獒》，其序云："西旅献獒，太保作《旅獒》。"此"西旅"应指陕西西部至

[①] 参见马生林《藏獒面临的现状及开发保护》，载《青海民族学院学报（社会科学版）》2008 年第 4 期。
[②] 萧兵：《藏獒：灵犬、饕餮和神虫》，上海文艺出版社 2007 年版，第 3 页。

图 18-1 红獒居藏獒"宝宝"
（红獒居 提供）

青海东部的羌戎各部落，包括"羌戎""鬼戎"与"犬戎"等。此"獒"是生活在青藏高原的一种血统古老且极难驯服的似狼非狼、类狗非狗的野生动物，甚为凶残。后个别仔兽被人捕得，并加以驯养，逐渐成为家畜之一种，名"猣"（藏语曰 Kyi）。青藏高原及周边地区野生动物或驯化为家畜的主要有獐子、狐狸、豹子、狼、藏野驴、藏羚羊、藏牦牛、藏岩羊等，另外就是藏狗与藏獒了。在藏族聚居区原生态下，藏狗或与藏獒混血的藏狗的数量是远远高于纯种藏獒的。二者主要的区别在于藏狗体形较瘦，身高一般在 60 厘米以下，而绝大多数在 50 厘米以下，长喙。刘向在《逸周书·王会解》中记载了大量向周王朝"进贡"的奇异物品，其中有"渠叟"献"𪗱犬"，为一类猛犬，有三个特点：其一，能飞（速度快）；其二，能猎虎豹（性凶猛）；其三，躯体巨（体健壮）。藏獒的步态与气质可使其傲视其他犬类，但速度难成其优势（短跑速度较快），一般而言，细犬（猎犬）才是速度上的王者，另外两点却与藏獒颇为相符。李时珍将犬分为三类，第二类的特征为"短喙，善守"，指嘴短而粗，肌肉组织发达，咬合力大，更能适应猛烈对弈。这正是纯种藏獒的嘴部特征（中国藏獒标准：吻部粗短丰满，微呈方形）。关于躯体方面，中国藏獒标准规定为成年公獒体高 60～72 厘米，成年母獒体高 60～68 厘米。但现实中 80 厘米以上的藏獒不在少数。牧区一只叫"康巴"的藏獒体高达到了 91 厘米。而即使按肩高 60～72 厘米来与国内其他犬种比较，也属于体巨之类了。由此推断，𪗱犬与藏獒应有某些血缘上的联系。严从简在《殊域周咨录·西戎》中写道："七年九月，弘化、显庆二寺番僧藏卜、洛竹进西番狗二只。陕西都司起送至京，礼部送豹房收育。"此"番狗"即藏獒的古称之一。既然作为贡品之一，足显其绝非凡犬。

《山海经》中有"蚼犬"、"蜪犬"、"狍鸮"（其状如羊身人面，其目在腋下，虎齿人爪，其音如婴儿）、"獂"（兽，其状如獳犬而有鳞，其毛如彘鬣）、"獜"（兽，其状如犬，虎爪有甲）、"溪边"（兽，其状如狗，席其皮者不蛊）、"如犬"（兽，青,食人从首始)之词。《庄子》中有"执牦之狗"的形容。唐朝舒元舆《坊州按狱》诗中有"攫搏如猛虎,吞噬若狂獒"之句。不必一一细数,凡此种种可能均与藏獒有着一定的关联。

我们可以从诸多方面来看流传下来的古代藏獒之形象。《后汉书》中记载了一个关于一只叫作"槃瓠"的狗的故事。帝喾高辛氏部落常受犬戎之侵扰,帝喾十分恼火,遂悬赏勇士取敌将军之首级。其爱犬槃瓠奋力击退犬戎,取其首级。帝喾无奈兑现承诺,赐予重金并将女儿许配给槃瓠。槃瓠后代6男6女,逐渐演变为某些部落的先人。畲族流传下来的《盘瓠图》与《狗皇歌》(浙江地区流传的称为《古朝歌》)虽故事内容与《后汉书》所载有所出入,但均为对一只珍贵、智慧的犬的赞颂。歌中唱到:"……头是龙狗身是人,爱计皇帝女结亲。皇帝圣旨话难改,开基蓝雷盘祖宗……"以"龙狗"之称代"狗"显其身份尊贵,甚至贯以"龙麒"之称而忌呼"狗"。

西藏安多地区的人普遍敬奉"狗头神";在四川省北川县羌族地区,"寺庙或寨门上,多雕刻石狗"①。而生活在藏族聚居区的狗无非两种,一是藏獒,二是藏狗。藏獒稀少珍贵,被藏族群众视为家庭中的一员,是"神犬";而藏狗较普遍,并未被赋予特殊的意义。所以,藏族群众把藏獒称为"桑启",而把藏狗称为"启儿"。由此推断,藏族群众所崇之"狗头神"应是以藏獒为原型加工的产物。

云南晋宁石寨山古墓(约汉代)出土文物中有一种巨犬图,图中犬大头、卷尾、四肢粗壮,肩高及人胸口;但小耳,且尖耸,身上有均匀密布的斑点。在广西壮族自治区左江壁画中也出现了类似藏獒的大狗形象。虽不能肯定这些巨犬与藏獒的关系,但至少里面都融入了藏獒的体貌元素。成吉思汗陵壁画的"娶亲图"中就画有一只体貌特征非常出色的藏獒。

在云南省镇沅彝族哈尼族拉祜族自治县恩乐镇玻列村的一片密林中曾有一个藏獒纪念石碑。当地村民说是为了纪念一只藏獒。一支从西藏来的马帮,其马锅头(马帮首领)的贵重物品丢失在路上,他随身带的一只藏獒找到了这些物品并独自守候。十多天后,待马帮返回时发现已经饿死的藏獒和它身体压着的财物。马锅头为他的爱獒就地立了石碑,以表纪念。以后每逢有马帮路过,他们都会到碑前驻足祭奠,并留下丰盛的肉菜。

以中国藏獒标准为主要指标并辅以青海、西藏等地农牧民的传统认定,我们可以列举中国藏獒的主要生物学特征,具体如下。

1. 体形外貌

第一,藏獒高大,体格健壮,结构匀称,肌肉发达,体长大于体高;背腰宽平,胸宽、深至肘位。成年獒体重45~70千克(重的可逾100千克);成年公獒体高

---

① 萧兵:《藏獒:灵犬、饕餮和神虫》,上海文艺出版社2007年版,第50页。

62～72厘米、体长72～82厘米，成年母獒体高60～68厘米、体长70～78厘米（参考标准）。

第二，头大额宽，颈毛厚，呈皱领状。吻部粗短丰满，微呈方形。上唇紧贴犬腭，微呈吊唇；下唇不吊垂。两耳下垂，紧贴头的两侧，长宽比例接近，呈"V"字形。

第三，独特的双层被毛，底层被毛细密柔软，外层被毛粗长。被毛长度8～30厘米（个别长度可达50厘米）。

第四，毛色主要有黑色、黑背黄腹（铁包金）、白色、黄色或棕红色等。胸花小为佳，白爪为缺陷。

第五，尾巴尾根粗，毛密长，卷于臀上，下垂时尾尖卷曲。尾形以菊花状为佳。

2. 繁殖性能

母獒8—10月龄达性成熟，20月龄以上体成熟；公獒10—12月龄达性成熟，24月龄以上体成熟。

母獒每年多在冬季（一般为10—12月）发情一次，妊娠期60天左右（59～63天），窝产仔犬6只左右。

3. 生活习性

藏獒生活在海拔2700米以上的青藏高原，适应高寒缺氧气候。母獒产仔时可连续3天以上不吃不喝，直至仔獒可抵御-40～-30摄氏度的低温。一般6～7天后，母獒会出窝排泄、进食。食物主要以主人喂的骨、肉、青稞面加入牦牛奶混合做的粥状物为主，随主人放牧时会自行觅食（参考青海、西藏牧民说法）。

4. 气质性格

藏獒性格倔强、攻击性强。对陌生人怀有强烈的敌意，忠于主人，记忆力强。

二、藏獒品种

依中国藏獒标准，藏獒的品种主要依毛色进行区分。2006年，中国工作犬管理协会颁布了《藏獒标准（试行）》，其中将毛色分为黑色、黑背黄腹（铁包金）、白色、黄色或棕红色等。黑色獒称为"黑獒"，全身黑色，颈下方或有白色斑块（胸花），以胸花小为佳。黑背黄腹獒称为"铁包金"，黑黄两色相杂匀称，两眼上方有对称的黄色斑点（俗称"四眼"），尾部卷起时呈菊花开放状，从中间向四周为黄色毛，外围为黑色毛；可有胸花，以小为佳。白色藏獒称为"雪獒"，全身均为白色，有的微黄，无杂毛为佳，鼻尖呈粉红色。黄色藏獒称为"黄獒"，棕红色藏獒称为"红獒"，其色单一。

崔泰保教授经过多年研究得出河曲藏獒毛色搭配规律，如表18-1所示。

表18-1 河曲藏獒种犬毛色搭配及后代表现①

种公犬毛色	种母犬毛色					
	红棕色	铁包金	纯黑色	狼青色	黄色	纯白色
红棕色	红棕色、巧克力色	红棕色、铁包金	纯黑色	红棕色、狼青色	红棕色、黄色	红白色（杂色）
铁包金	铁包金、狼青色、红棕色	铁包金	铁包金、纯黑色	铁包金	铁包金、黄色	黑白色（杂色）
纯黑色	纯黑色、红棕色	纯黑色、铁包金	纯黑色	纯黑色	琥珀色	黑白色（杂色）
狼青色	红棕色、纯黑色、狼青色	铁包金、狼青色	纯黑色、狼青色	黄色、狼青色	黄色	青白色、纯白色
黄色	红棕色、黄色、狼青色	黄色、铁包金	纯黑色、狼青色	黄色、狼青色	黄色	土黄色、淡黄色
纯白色	红白色（杂色）	黑白色（杂色）	黑白色（杂色）	青灰色、纯白色	土黄色、淡黄色	纯白色

三、文化内涵

在原生区，藏獒一直受到农牧民与寺庙僧侣的善待，世世代代生活在那片充满野性与挑战的恶劣环境中。广袤的青藏高原上不仅传响着它们狮吼般的狂吠，而且流传着关于它们永不老去的传说。这些传说都表达了一个共同的主题：藏獒是牧民的朋友，它们勇敢而凶猛，刚毅而无畏，肩负着保卫村庄与牛羊的使命。逐渐地，藏獒被赋予"聚三美集五德"（来源于民间流传）的文化标签：有凛凛之神韵，有铜铸石雕之躯体，有威镇群兽之雄风；能牧骏马牛羊，能解主人之意，能兆吉祥瑞福，能越万里雪山，能驱豺狼虎豹（一说：被视为活佛转世坐骑）。

以杨志军为代表的一批以藏獒为写作题材的作家在他们的作品中探求与颂扬了一种"獒性文化"：英勇、忠诚、责任、牺牲、规则等。藏獒"岗日森格"（《藏獒》的主人公）强悍、忠勇与智慧，担当着自己的职责，通过自己的努力击败了众多敌手，帮助两部落消除了彼此的矛盾。同样，执着于梦想并为之不懈努力也是"獒性文化"的一部分，郑钧的《摇滚藏獒》（一部漫画书）就主要表现了这一主题，其面

---

① 参见崔泰保《比较藏獒学》，中国书籍出版社2008年版，第387页。

对的主要读者是热衷于漫画的孩子们。藏獒"麦头"（《摇滚藏獒》中的主人公）在作品中是一种文化传承、情义承担、追求梦想、展现童趣的文化符号，这恰恰是孩子们身上所应体现的人类文化符号。

青藏高原充满着一种原始的神秘气息，那里生活着众多野生动物，它们身上无不蕴藏与表现着青藏高原的神秘与诱惑。通过世代流传下来的神话传说，藏獒已经成为这种神秘传说的主要载体。因为它们在农牧民生活与野生世界中建立起了一种关联，它们与主人同吃住，守护帐篷，看守牛羊；它们猎杀前来偷袭的狐狸、野狼，抗击入侵的豹子，甚至在放牧时独自去旷野中追猎动物。或许正因为如此，它们才被牧民称为"天界卫士"。

藏獒被大量引入内地之后，藏獒的外形成为绝对标准，精神与气质已降为次级的东西。在汹涌的藏獒市场狂潮中，体形如狮、头版漂亮、毛量丰富是一只精品藏獒必不可少的要素。2010年前后，建立在表象化上的炫耀消费、投机消费愈发严重，其产生的泡沫已经远远超过了产业自身和消费自身，为市场的崩塌埋下了伏笔。

第二节　獒园及其文化

獒园（包括獒苑、养殖中心、研究中心等，绝大多数称为"獒园"）是对藏獒养殖场所的雅称，是在獒圈中自然而然形成的称谓。在我国台湾地区，多用"犬舍"这一称呼。如张佩华藏獒精舍、法老王犬舍、福田獒犬舍、宏展犬舍等。藏獒养殖场所只有具备一定的规模才会以"獒园"命名，但这并没有具体的限制。同时，至少要有一只藏獒品相达到一定的标准作为獒园的代表；否则，在獒圈内，这样的獒园缺少实在的意义。只要经营者愿意，即使达不到这样的标准，也可以建起獒园。

一、獒园的主要分类

根据规模、资金运转、设施、名气大小及藏獒品质，獒园可主要分成以下三大类：

第一类是高档獒园。此类獒园规模较大，或规模不大但设计与装修精致；同时，一般会有至少一只品相出色的精品或极品藏獒作为獒园的品牌。绝大多数獒园以公獒担当此任，原因有二：一是公獒与母獒相比较更具藏獒的风骨，而且在体貌特征上更容易培育出精品。同一窝小獒中，公獒一般会比母獒的体态更为优秀。獒圈中的名獒绝大多数为公獒。二是优秀的成年公獒，尤其是遗传基因稳定的优秀公獒，可以大量地承接对外配种业务，这是藏獒产业中的一条重要而简捷的获利来源。此外，高档獒园一般都设有生活区、接待区、养殖区、医疗室等。按养殖区獒舍的建筑规范，每间獒舍一般由休息区（产仔期间可作"育獒室"）与活动区两部分构成，有适当的草坪与绿荫遮覆；生活区为饲养员生活及休息的地方；接待处是洽谈业务与会见獒友的地方；医疗室内配有一定数量的常用药物与医疗器械，并有专人负责。

第二类是中档獒园。中档獒园指规模不太大，没有特别出色种獒的獒园。主要包括两大类：庭院改造式与租赁式。庭院改造式颇为多见。养殖者把庭院重新设计，作为一个养殖场，建獒舍，种犬的养殖规模一般在10只以上，其所有活动与设施均在同一个庭院之中，这样，獒园的投入及运营成本会大大降低。2008年年底，MTD村5个挂牌獒园中有4个是此类形式。租赁式指租下已有的养殖场（或者猪、羊、牛的养殖场，只要场地足够即可）或闲置场地（如村中闲置的小学），加以改造或建设成为藏獒养殖场地。其养殖数量比庭院式稍多些，但园内设计、设备等与庭院式没有太大差别，多为庭院式养殖者随着养殖规模的扩大而产生的一类獒园。其理念仍以庭院经济为主。

第三类是家庭式养殖。养殖数量从1只到几十只不等，以10只以下的居多。严格意义上说，家庭养殖称不上獒园。但正是这种不规范的、小规模的养殖方式吸纳了2010年之前华北地区大部分的藏獒资源，忽略了它们的存在就看不到藏獒产业及其消费的真相。由此，笔者将其归入獒园之类。此类獒园以庭院为依托，基本不改变院落中原有的布局，只在合适的地方筑起獒舍，或用绳索拴养，也有用钢筋做成铁笼圈养的。

二、獒园的数量特征

在20世纪80年代初有关部门开展的"畜禽品种资源普查"显示，当时全国的藏獒数量在30万至40万只之间。另据有关不完全统计，截至2008年10月，全国仅獒园就有2000多家，拥有的藏獒数量达10万只以上，每年的交易额达数亿元人民币。据2008年10月9日新浪网一则新闻称，全国范围的藏獒市场规模（价值）在30亿至50亿元之间。

2010年之前，藏獒在线（www.aiao.cn）是藏獒圈中影响力最大最被认同的一家专业藏獒网络传媒。其板块把全国藏獒养殖场分为华北区、东北区、华东区、中南区、西南区，共收录了483个獒园。而藏獒之窗网站的"藏獒信息库"中收录了935个獒园（截至2009年3月27日上午11：30），其中只有个别獒园没有链接到自己的网站主页。獒园数量在各省份、地区间的分布差别极大，多的达134家，而有的省份并没有獒园，如海南省。但这些獒园只是藏獒养殖产业中很小的一部分，绝大多数獒园隐没在汹涌的藏獒产业狂潮之中。

藏獒在线论坛截至2009年3月26日16：30分共有注册用户32771人，日发帖量最高为5138帖（2008年3月19日），平均日发帖量均在1500帖以上。每一注册用户不一定代表一个獒园，但一定有自己的藏獒资源。无论何类信息、何类流转都必与藏獒有关。再考虑到很多农村地区（绝大部分仍不能上网或不方便上网）的养殖者不会网络操作，或者不愿花费这笔钱，这样算来，2008—2009年獒园数量到底有多少，我们可能会有个模糊的概念了。

河北省秦皇岛市昌黎县是藏獒养殖密集的地区之一。2009年之前，全县范围内只有一家獒园（河北省秦皇岛市碣石獒园）通过藏獒在线管理人员（或版主）发布本獒园的信息，在藏獒在线主页獒园区开设自己的网站链接。从XJ镇到HLZ村5公里的公路旁就有15个大幅獒园广告牌，仅沿途的MTD村就有5个。每个獒园种犬与幼犬（截至2009年3月1日）大约有120只。该村有约1000户人家，通过走访，从村民口中得知除了少数人家外（有村民估计最多20～30户），几乎每家都养殖藏獒，最多的（除了5个挂牌獒园之外）人家有约70只。在50只以上的有6户。如果按此规模计算獒园的话，那仅该村就有11个獒园。昌黎县当时包括16个乡镇446个行政村，这样推算，当时昌黎县可能有獒园4000多个。

三、獒园的地域特征

2010年之前，獒园主要分布在北方地区，可以用北方多、南方少来概括。依藏獒之窗网站"藏獒信息库"栏目的收录（截至2009年3月27日上午11：30），50个獒园以上的省、直辖市、自治区有：河南省（134个）、北京市（131个）、河北省（85个）、辽宁省（62个）、甘肃省（60个）、山西省（60个）、青海省（52个）等7个；10个獒园以下的有：云南省（8个）、江西省（7个）、上海市（7个）、重庆市（6个）、福建省（6个）、西藏自治区（3个）、广东省（3个）、宁夏回族自治区（2个）、贵州省（2个）、港澳台地区（2个）等。最为密集的地区是华北地区，而10个以下的地区绝大部分在南方。藏獒在线的"藏獒分区"栏目收录的獒园数目（483个）与藏獒之窗收录的数目（935个）有较大差异，但数量分布的地域特征基本一致。有几点需做说明：

第一，藏獒之窗与藏獒在线是藏獒行业的专业网媒。它们收录的獒园具有一定的代表性，同时也反映出各地区的数量分布特征。但毕竟收录程度与媒体运作有直接关联，也与獒园自我定位、对该媒体的认同度等因素有关，这在一定程度上会影响媒体在某地区的收录数量。如藏獒之窗收录了宁夏回族自治区2个獒园，但藏獒在线则收录了16个，数目相差较大。

第二，台湾地区是个较为特殊的例子。藏獒之窗收录了台湾地区2个獒园，藏獒在线并未收录。而实质上，藏獒养殖在台湾地区的发展与产业化要早于大陆，关于藏獒养殖与进口的史料可追溯到1980年。至20世纪90年代中期，台湾地区的藏獒市场已经出现饱和状况，开始进入出口阶段。2008年，台湾地区较具规模与人气的专业养殖场已达13家之多。

第三，青藏高原是藏獒的原产地，但西藏自治区内的獒园数目不多。藏獒之窗收录了3个，藏獒在线收录了5个。而同样作为藏獒产区之一的青海省与甘肃省的獒园数量分别为：藏獒之窗收录青海省52个、甘肃省60个，藏獒在线收录青海省26个、甘肃省24个。数量差异大的主要原因在于青海省的玉树藏獒与甘肃省的河曲藏獒在产业大潮中受到追捧，形成了"品牌效应"。相比而言，西藏自治区地广人稀，交通也不如内地便利，这在一定程度上导致其藏獒在内地市场受到冷落。另外，青海与甘肃正处于内地藏獒市场与原产区的咽喉位置，精品藏獒向内地流动必然经过二者之一，吸引了大量的藏獒经纪人在青海西宁及其周边地区活动，促进了当地藏獒养殖业的迅猛发展；而由于地理环境和交通的限制，西藏难以形成这样的优势。

第四，獒园数量北多南少的总体格局主要来自气温的影响。藏獒原产地的青藏高原气候恶劣、冬季严寒。内地气候与其相差很大，尤其南方的夏季更是如此。总体而言，藏獒适应北方的气候比南方的要容易一些，气候对其生理的不利影响相对较小。南方的高温天气对藏獒，尤其是对于毛量大的藏獒来说是一个严峻的挑战，饲养起来更为困难。但并非越冷的地方藏獒数量越多。以东北三省的獒园数量而言，藏獒之窗收录了104个、藏獒在线收录了75个；而藏獒之窗收录的北京獒园数为131个、河南134个、山东104个。可见，虽然气温影响了地区分布的总体格局，但市场的活跃程度也产生了重要影响。

第三节 藏獒消费的兴起

现代消费已经不仅仅是经济学中生产—消费链条中的单纯意义，而是一种贯穿物质世界的结构，它激发着生产的活力，左右着大众生活的轨迹，在日常生活表象上定义着人类的现代生活。但是，无论消费的形式如何，消费本身如何发展和变动，如果失去了生活的需要和文化的意义，那么它也终将走向灭亡。

笔者将以现代消费的理念去审视中国藏獒产业及藏獒消费这一特殊现象，即藏獒消费首先是一种文化认可与选择，一种独特的生活意义。但是，当这种消费过度泡沫化、投机化，它本身又脱离了生活意义，从而失去了生活与文化在市场中所起的产业支撑功能。

一、现代消费

有了生产也就有了消费，消费自产生之日起便始终处于一种不断变化的状态之中。消费的内容主要受到社会生产的制约，是随着生产力的变化而变化的。如农业社会的消费内容主要是农产品，即使人们有再多的钱，也不可能购买现代的汽车、冰箱。私有制产生以后，消费就在人们的生活中扮演着重要的角色，在前现代社会中，消费更具有社会等级特色。欧洲工业革命前，人们的日常消费体现着等级区别与身份的差异。德国社会学家埃利来斯在其著作《文明的历程》中系统地研究了西方传统社会中消费的特征。他指出，在中世纪，上流社会把在餐桌上切割牲畜的肉分给客人食用当成很体面的事，被视为特殊的荣誉，一般是由尊贵身份的人来担当此任。但在17世纪之后，这种餐桌消费礼仪被人们认为是难堪与愚蠢的象征，慢慢消失了。行为模式的变化与他们的消费方式的变化密切相关。除了这种餐桌消费礼仪发生变化外，住宅、服饰等方面也体现着消费被赋予的等级性。中世纪农村的住所多是以居住为主，辅以储备功能的小规模建筑；而贵族与其他上流阶层的住所则豪华气派，注重规模与排场，多有城堡风格。在古罗马，法律规定了衣服的不同面料和颜色代表着不同的社会地位。农民的衣服只能有一种颜色，官员两种，军官三种，而王室则可以穿七种颜色的衣服。法兰西查理四世时规定，只有公主和公爵夫人才能穿丝绸服装，一般女子不能戴高级皮手套。在中国封建社会，消费同样代表了社会等级差别。如要求贵贱、尊卑、亲疏必须划分清楚，必须按照不同的身份、地位去执行规范。封建社会，人们对"礼"的服从一般是自觉自愿的，所以，与之对应的消费也完全被吸纳进了这种等级秩序之中。在衣服颜色上，皂、白两色代表地位低贱，为下等人衣服的颜色。而自隋朝始，黄颜色则成为皇家御用的颜色，普通百姓绝对不能使用。房屋内的装饰也都有明确的规定，涉及门饰、房屋布局、桌椅样式等各个方面，这些都必须与主人的身份相一致。

那么，进入现代社会，应该怎样认识消费呢？在传统的社会学研究中，生产一直处于核心地位，消费被认为是一种非生产性的、非社会性的琐碎的活动。而这是一种纯经济视角的界定。埃尔潘认为，首先，消费是一种"社会参与体验"的生产活动。人们的消费，就是生产一种社会参与体验，即参与某种共同的快乐或基本福利的体验。在此意义上，"消费活动是一种社会语言，一种特定的社会成员身份感的确认方式。消费因此也成为一种重要的社会整合机制"[①]。其次，消费是一种"社会合法性"的生产活动。消费者不但受到社会合法性的约束，而且通过消费也生产着这种社会合法性。如对服装的消费，人们的穿衣要受社会发展的制约；同时，穿衣的变化也在不断改变着社会的态度，青年的新潮奇特的衣服也会逐渐取得社会的认可。所以，研究社会的变迁必然要涉及对消费的研究。再次，消费是一种社会地位的生产活动。比如富有群体的人通过高消费、奢侈消费来显示自身的优势；而非富有群体的人则试图通过模仿富有群体的消费模式来创造高于自身实际水平的"地位假象"。最后，消费是一种社会整合的"生产"活动。社会整合是通过人们许多类型的消费活动无意识地"生产"出来的。如通过礼物的交换，人们"生产""再生产"了送礼与受礼的社会

---

① [法]尼古拉·埃尔潘：《消费社会学》，孙沛东译，社会科学文献出版社2005年版，序一第2页。

关系。① 可见，现代消费已经具有了现代生活的内涵。消费方式曾是生活方式的一部分，但随着现代社会的发展，在西方学者的研究中，生活方式的研究越来越趋同于消费方式的研究了。在现代社会，生活方式主要是通过消费方式表现出来。② 在现代消费中，等级性依然存在，但已经脱离了前工业社会的模式。或者说，这种等级性潜藏在了作为符号构成的消费之中，符号性成为现代消费的最大特征。法国社会学家波德里亚把现代社会称为"消费社会"。他认为所有社会成员都是必然通过消费来实现其日常生活的。与传统的生活相比，现在的社会已经完成了商品化的过程，任何东西都被市场所吸纳，被赋予了消费的价格与意义。商品的无所不在与空前的丰富在不断创造着无限的需求与消费的欲望。消费还逐渐成为生活的中心。人们表面上是在消费商品，而实际上此商品已经成为一种符号。消费的对象是作为符号的商品所被赋予的社会意义。波德里亚认为，被消费的商品已经转换成一种社会关系本身。商品世界成为一个符号的系统。消费已不再被局限于经济领域，而是转变为一种广义的文化行为。人们的社会行为就是一种消费，同时也是一种文化含义的表达。所以，在消费中，"文化的理念"才是实质，而行为过程与商品只是外壳。以此意义而言，消费也就负载了人们的伦理、价值、兴趣、意义和诸多社会关系，构成了人们生活的基本内容与经验。波德里亚又指出，"消费的真相在于它并非一种享受功能，而是一种生产功能——并且因此，它和物质生产一样并非一种个体功能，而是即时且全面的集体功能"③。消费构成了系统，具备了外在强制性与强大的生产功能，"维护着符号秩序和组织完整：因此它既是一种道德（一种理想价值体系），也是一种沟通体系，一种交换结构"④。高亚春认为，波德里亚对现代消费的界定具有如下特点：首先，消费是符号的系统化操控活动，这些活动形成消费的差异性。通过消费，人们界定自己的品位，这是一种差异的构建。人们在其中表达与塑造自我的意义与形式，从而使消费潜移默化地型塑着人们之间的关系与社会生活方式。其次，消费还成为一种符号系统，具有了无限性。因为消费不可能彻底被满足，因而也就没有限制，没有终结。这一需求与保证物质生活与现实中生活原则没有必然联系，而是一种心理状态、一种欲望。正是这一欲望使人们不断追求商品，并始终处于不被满足的状态。最后，消费先行于生产，具有了超前性。传统观念中，人们总是依赖一定的财富积累才去消费，换得自己所需要的物品。但现代社会中，整个社会从观念到机制都鼓励人们消费。各类信用制度保证了人们可以拥有那些自己本没有金钱、能力去拥有的东西，但必须要按契约把工作与时间出卖给对方。波德里亚认为这使社会进入了另一类"封建制度"：为他人服劳役。只不过在现代消费社会中，消费者担当了这一角色，并主动地投入到这一

---

① 参见［法］尼古拉·埃尔潘《消费社会学》，孙沛东译，社会科学文献出版社2005年版，序二第2～4页。
② 参见姚建平《消费认同》，社会科学出版社2006年版，第10页。
③ ［法］让·波德里亚：《消费社会》，刘成富、全志钢译，南京大学出版社2001年版，第69页。
④ ［法］让·波德里亚：《消费社会》，刘成富、全志钢译，南京大学出版社2001年版，第69页。

角色之中。①

许多理论家对现代消费持一种批判的态度，甚至对其后果极度忧虑。波德里亚就是其中一位。他说："然而在这里我们重新进入了那种贪恋不舍的预言性话语之中，陷入了物品及其表面富裕的陷阱之中……在其背后滋长着人际关系的空虚，滋长着物化社会生产力的巨大流通的空洞轮廓。"② 在《流行性物欲症》一书中，作者用了13章的篇幅展现了消费社会中人们的"物欲症"症状，认为人们在这个物质主义的社会中都患上了"物欲症"，把"美好生活"等同于"物质生活"。消费就如同具有高度传染性的病毒，在社会中肆虐。③

不可否认，如果失去了现代消费，人类文明的成果、人类社会的进步都将会面临巨大的考验，甚至会导致人类社会的衰退。这已是不言自明的事实。2008年爆发的全球经济危机就是很好的例证。没有充足的可持续的现代消费，整个社会都会处于一种尴尬的境地，带来许多连锁的，甚至是意想不到的后果。因此，现代消费是一种生活、文化与价值的多维度纠缠，我们审视现代消费时，必须保持清醒的头脑，辩证看待，多维度分析。

二、科学消费与消费异化

现代消费是人类社会的必然产物。从经济的视角来看，消费是生产的继续，没有消费的持续就不会有生产的循环，经济将会停滞，人类社会的进步也就无从谈起。从心理学的视角而言，消费同时是一种心理行为，伴随着人们情感的需求与投入。从社会文化的视角而言，消费不但传承着文化，如餐饮消费使特色餐饮文化得以保存，同时也在塑造着文化，如年轻人对服饰的个性化消费需求推动着服装设计文化的发展。

科学消费是指根据社会的发展水平与收入水平进行的理性消费，它以社会的整体利益为原则，注重人与自然的和谐，符合人的全面发展需要。它是一种可持续的消费，不以破坏自然为代价，充分考虑生态平衡与子孙后代的需要；不以纯数字的经济增长为目标，注重节约，提倡健康、文明的消费方式，摆脱纯粹满足物质需求的模式。做到科学消费，必须摒弃个人消费中的不健康、低俗、有害的内容，以追求高尚目标、实现个人价值为消费的指导原则，把消费作为人生观得以体现的一种有效手段，而不是目标。社会的整体利益与发展关系到社会中的每个成员，同时它也为每个社会成员的消费提供一个外在环境与保障。不顾社会利益的消费会导致社会整体的受损，最终又会影响到个人的发展。因此，科学消费的观念实质上是一种向上的、正确

---

① 参见高亚春《符号与象征——波德里亚消费社会批判理论研究》，人民出版社2007年版，第79~83页。
② [法]让·波德里亚：《消费社会》，刘成富、全志钢译，南京大学出版社2001年版，第231页。
③ 参见[美]约翰·格拉夫、大卫·瓦恩、托马斯·内勒《流行性物欲症》，闾佳译，中国人民大学出版社2006年版。

的世界观、人生观与价值观。

现代消费中仍然存在着大量的问题,这就是消费异化现象,比如追求炫耀性消费等;同时,也存在着大量消费不足的现象,即由于经济收入差距过大,在一部分人大肆消费的时候,另一部分人却没钱消费、无力消费,被排挤在了现代消费之外,造成严重的社会不公现象;一些人在物质消费水平不断提高、不断追求物质消费的过程中,却在精神消费上处于较低层次或追求低级的庸俗的精神消费。这些都属于消费异化的范畴。从某种程度而言,人类社会所面临的资源匮乏、环境恶化以及诸多的社会问题与人类消费异化有着密切的关系。主要表现在两大方面:一是加剧了人类对自然的破坏,危及生态环境。环境污染、生态失衡、资源枯竭等一系列危机正是消费异化的恶果。二是加剧了人类社会内部的紧张与冲突,危及人类社会的合作、互助与和谐。消费异化崇尚享乐主义,推崇个人主义,形成了一种"商品拜物教",社会中的人际关系变得冷漠,亲情、友情变得淡薄,瓦解着人们合作的情感链条。

三、藏獒消费的文化支撑

藏獒文化的积淀首先应强调"犬"的文化。古文献中记载着狗与风有某种密切联系。《说文解字》解"猋"曰:"犬走貌,从三犬。"而"猋"与"飙"本为同字。《礼记·月令》有:"行秋令,则其民大疫,猋风暴雨总至。"《山海经·北山经》中亦记载了一种名为"山𤟤"的动物,"其状如犬而人面……其行如风,见则天下大风"。所以,有学者认为,古时狗被认为是"风神"或替代风神的动物。《墨子》中有"烧黑狗皮扬灰风却起"之句。古人一般认为神犬为司风之神,杀狗即可止风。[①]杜甫《天狗赋》中描写的是一种"色似狻猊,小如猿狖"的小型犬。唐代的《博异志》讲了一个小狗报恩的故事:一狗"大如猫,须睫爪牙皆如玉","凝白耀人",南阳张遵言收养之,善待其四年。一日张遇难,小白狗化人形救之。可见,在唐代,小型犬与白色象征着高贵与善良。民间有谚语:猪来穷,狗来富,猫来孝。所以,老百姓都喜欢自行跑到家中来的狗。

藏獒在 2000 多年前就被藏族群众视为一种吉祥、勇敢、忠诚的动物。农奴制时期,纯种藏獒的数量极为有限,且几乎全部被僧人、农奴主占有,流动性很小。有的老牧民甚至说,藏獒买卖是被禁止的,因为那是一种亵渎。慢慢地,藏族群众也有了属于自己的藏獒,哪怕是与藏狗的混血藏獒,他们也非常珍惜,视作家庭中的成员。獒死后,其主人会将其掩埋在大草原上,从不剥皮食肉。

藏族群众称藏獒为"神犬"可能源自这样一个传说:在拉萨布达拉宫脚下曾住着一群勤劳善良的游牧民族。有一天山洪暴发,瘟疫横行,正当人们绝望之时,忽有许多身披袈裟的活佛乘坐高大威猛的神兽从天而降。活佛乘坐的神兽就是藏獒。正是

---

① 参见吴裕成《生肖与中国文化》,人民出版社 2003 年版,第 374~377 页。

因为活佛与藏獒的到来，冰雪融化，大地复苏，瘟疫被消除，善良的人们得到拯救。所以，藏獒就被冠以"牧民的保护神""天山神犬"等美名。后来又逐渐衍生出了关于藏獒"三美五德"之说。

在国外也产生了一些关于藏獒的文化积淀。希腊人 Ktesias（公元前 416—前 399年）是一名波斯国王宫中的医生。他曾描述过一种神话动物：半狗半鸟，生长在寒冷的高山之巅，其形象近似藏獒，甚至被提及足部红棕色的特征。相传古罗马人已经使用藏獒，并组成"藏獒军团"横扫欧洲。有研究者认为，亚述大猎犬、罗马"莫洛西斯"等古代名犬均为藏獒的后代。在 13 世纪 70 年代，马可·波罗在其游记中描绘了藏獒的形象："巨大而高贵的犬"，其形同狮，其吼如虎。1744 年，英国特使博格尔（G. Bogle）记录曰：西藏的狗体形巨大，如雄狮，凶猛无比。1783 年，英国总督特纳瑞（S. Turnery）看到藏獒，回忆道："巨大、凶猛、极为强壮的犬。"1842 年，英国一位动物学家记录了西藏犬只的颜色：黑色、金色、黑褐色、深褐色、白色及灰色。1947 年，美国冒险家毕肖普（B. Bishop）为美国带去了第一只藏獒。从 1966 年起，美国人罗勒（A. Rohrer）考察喜马拉雅山区的动物情况，认为藏獒应当是世界诸多犬种的祖先。1973 年，美国藏獒协会成立，开始对藏獒进行保护、研究。藏獒被国际公认为当今世界上不畏任何暴力的犬种。

四、藏獒的早期消费

当藏獒成为一种文化的符号，它就被赋予了与该符号相应的价值。在社会生活中，该符号与价值越来越多地体现在作为一种消费的取向之中。从作为一种原始形态的消费现象（作为进贡的珍异之物、战争中厮杀的工具、宫廷贵族的宠物等）到作为一种生活方式的现代消费现象，藏獒所要面对的已经逐渐远离了其自身的文化内涵与符号意义。因为它们要面对的是一个消费的世界，而不再是它们的故土：海拔3000 米以上、冰雪覆盖的神秘高原。

有古文献及相关传说记载了一些官员从边疆带猛犬而归，引来众多艳羡的故事。传说中国西部边陲一个民族曾献给周武王一只猛犬，此犬身高 4 尺余，可捕获各肤色敌军，能败虎豹豺狼。又相传 13 世纪成吉思汗大军西征曾带领一支由党项人组建的藏獒军团作为开路先锋，攻无不克，屡立奇功。成吉思汗感叹道："身经百战，巨獒之助我，乃天之战神助我也。"① 后来，一部分藏獒滞留欧洲，繁育后代，形成了多种欧洲名犬。清乾隆年间，都统傅清将一只藏獒带回京城，引起朝野的轰动。乾隆帝命宫廷画师郎世宁为其作画，画中藏獒遍体通红，磅礴之气跃然纸上。该画现藏于台湾"故宫博物院"内。

从 20 世纪 80 年代起，王占奎开始频繁地深入藏族聚居区，并于 1986 年创办了

---

① 崔泰保：《比较藏獒学》，中国书籍出版社 2008 年版，第 5 页。

"中原藏獒研究中心"。马俊仁等人从1988年开始接触藏獒，并不断用重金四处购买，随后在辽宁省大连市建起了大规模养殖场。1990年，香港百润实业有限公司成立了"甘南藏族自治州藏犬研究开发中心"，并向海外售出种獒50余只。1995年10月，辽宁省某畜牧所犬研究中心专程赴甘肃选购了130只藏獒，组建养殖场。据有关统计，1994年时，河曲藏獒的数量约为8000只，而自1989年以后，每年销售到外地的藏獒就有1500多只。2004年11月，马俊仁把养殖场从大连迁至北京大兴区。此时的藏獒热已经逐渐蔓延全国，一股特殊的藏獒消费大潮汹涌而至。

我国台湾地区在1978年前后曾从美国引进了少量藏獒，1980—1981年，亦从美国引进6只种犬，1983年引进8只。之后，台湾影视明星张佩华从美国引进数只。此时，藏獒在台湾地区名气愈响，饲养之风渐开。1987—1988年，张佩华又多次赴藏族聚居区，引进了9只青藏高原的藏獒。1989年，他的一只藏獒在某宠物节目中亮相后，随即激发了众多藏獒爱好者追求原生藏獒的热情。1989年，又有人到藏族聚居区引进多只原生藏獒。随后台湾成立了藏獒保护协会。1981—1991年，台湾仅从美国引进藏獒就有150余只，同时又从原产区引进了较多的藏獒。进入20世纪90年代，台湾藏獒市场逐渐饱和。据1997年台湾出版的《西藏獒犬》一书介绍，当时台湾拥有藏獒1万多只，市场竞争激烈。由此，促使了藏獒外销与专业藏獒网站的建立，把藏獒销售至美国、意大利、墨西哥、多米尼加等国。

19世纪中叶始，产于青藏高原及周边地区的藏獒被正式引入欧洲。英国为主要引入国，但其种源主要来自印度。1847年，一位勋爵送给英国维多利亚女王一只产于印度的藏獒。1873年，英国犬业协会正式命名藏獒为Tibetan Mastiff（藏獒）。19世纪70年代中叶，英王子带两只藏獒到伦敦，并两次对外展示。1982年，曾有人从西藏购得5只优良种犬到英国完成繁殖任务；同年，一对英国夫妇又从西藏引入4只藏獒。1979年，荷兰（主要从印度进口）与德国（主要从美国及尼泊尔进口）开始了藏獒繁殖工作。瑞士于1980年、瑞典与法国于1983年开始了藏獒繁育工作。

第四节 藏獒产业的形成

产业的存在必须有系统与规模作保证。藏獒消费大潮已经从某种意义上的个人宠物消费转化为一种系统。按消费理论，既然消费走向了社会生活的中心，支配着人们的生活轨迹，那么，无形中就会形成一整套与消费相对应的文化。可以说，围绕藏獒兴起的独特文化与其系统化（产业化）的结合影响着中国藏獒产业中的消费与倾向，而已经成为一种产业消费的藏獒消费却在总体上创造着相关文化。

一、养殖产业

1. 配种产业

藏獒的配种不仅仅是一种动物的生理过程，而且演化成了一种消费运动。

在藏獒消费热潮中，藏獒的配种过程被视为最为关键的环节。出"精品幼獒"是配种的根本目的。无论是在文化符号还是在消费热点中，一般的藏獒显然没有足够的吸引力去推动产业升温。由此产生了配种过程的种公、种母选择，反之又推动了"配种运动"的全国蔓延。

精品藏獒的特点除了形象特殊（一般獒圈内的认可标准）之外，最重要的就是超高的价格。在獒圈有许多笔百万元以上的交易，比如，2006 年 9 月，"连胜"以 200 万元交易，2007 年 7 月，"玉树獒王"以 390 万元交易；2007 年，"怪兽"以 500 万元交易，等等。藏獒要符合《中国藏獒标准》："本标准适用于藏獒的认证和选种"；在体重、身高、毛色上与标准不相符的"不是繁育的方向"。[①] 但这并不能阻挡另一类"精品藏獒"的走红。产于青海省玉树、果洛藏族自治州的一类藏獒以颈毛发达丰厚著称，但受市场影响，一段时间出现了过分注重"颈垂"（也称"脖嗉"）与皮肤松弛的倾向。一些专业人士认为，此类"藏獒"已经不是纯种的藏獒，而是与圣伯纳犬等反复杂交的产物。崔泰保认为，皮肤组织的过度发育降低了藏獒的抗病力，易体弱多病。

配种的种公种母要求遗传基因必须出色且稳定，标志一般从四方面衡量：头版、毛量、颜色、有无白爪。通过对多窝幼獒的考察即可给一只种公的基因出色程度及稳定程度做出评价。"牛蹄子"通过在牧区留下众多精品幼獒而声名大震，众多养殖者不远万里为自己的母獒前来配种。玉树名獒"赤古"在对外配种的鼎盛时期，门口等待给自家母獒配种的队伍（绝大多数养殖者搭起帐篷）绵延几公里。武汉双武獒园 2007 年 9 月 7 日公布的"獒王"对外配种公告中配种价格为 20 万元，预约价格为 15 万元。

对精品藏獒的推崇与狂热在一定程度上打压了一般藏獒的生存空间与市场价格。农村小养殖户手中的所谓品质差的藏獒甚至几百元一只，买家多为小狗贩。这样的局面催生了一种"藏獒配种串联运动"，即精品藏獒在配种期间在主人的带领下游走于全国各地，所到之处为当地藏獒养殖者的母獒提供配种服务，赚取高额收入。主要的方式是牧区名獒或精品獒在配种高峰期迁至内地配种需求较旺盛的地方。2006 年，"雍赤"曾到北京、石家庄等地配种；2007 年，"隆宝"到北京配种；2008 年，名獒

[①] 参见杨跃宁、杜晓鹏《藏獒标准与藏獒发展初探》，载《中国工作犬业》2008 年第 1 期。

"赤古"迁至北京百世獒园对外配种。从2007年的配种季节开始，在全国范围内又兴起了一股更大的"串联配种"热潮（2006年也有，但很少）。这股热潮的主角不再是玉树名獒或精品藏獒，而是众多默默无闻却品相较出众的藏獒种公。随着全国范围内养殖数量的急剧膨胀，农村中小规模养殖者越来越多，有些头脑灵活的人就开启了"配种经纪人"的行业。他们频繁地往返于藏族聚居区与内地，联络配种双方，牵线搭桥。一般的模式是：谈妥配种价格及分红比例之后，藏族群众带领被选中的藏獒来到内地，在经纪人已联系好的獒园或小规模养殖户家中配种。来为母獒配种的养殖者数量很多。从2008年2月起，用青海血系的藏獒配种的意识已经主导了绝大多数小规模养殖者。一些养殖者说通过2007年的配种发现，凡是通过青海血系藏獒配种产下的幼獒"品相"普遍好于用本地藏獒种公配种产下的幼獒。2009年9月，一些村庄中的小规模养殖者到藏族聚居区联系藏族群众带种公到自己的家中对外配种。仅河北省昌黎县XJ镇就有3家养殖户请来了藏族聚居区内养殖的藏獒。2009年的幼獒销售情况使很少一部分持观望态度的人不得已也加入到这一行列。据对该县MTD村的调查，2009年，村中的藏獒养殖数量比2008年增长了近一倍，而且高度认同青海血系藏獒配种。这种用来串联配种的藏獒虽然被认为是优良种犬，但据"配种经纪人"介绍，在青海省玉树州的藏獒养殖户家中，运到内地配种的藏獒只能算作中档獒。据牧民介绍，这些藏獒在玉树州基本上没有配种生意，那些真正的玉树精品藏獒是不会轻易到内地去配种的。一是玉树的母獒很多，农牧民家中最少的也要养上一只，在家中静候就可以有许多生意；二是许多内地养殖者也会不远万里带着母獒来玉树配种。

高档獒园一般在网站公开配种价格的不多。百世獒园在其网站上（藏獒在线内的链接）标明的配种价格为："百世"18万元、"领袖"16万元、"帝王"10万元、"佳联"12万元等。不直接标出价格可能是各獒园间竞争的一种手段，但标示价格背后也有许多信息。

与配种有关的还有一种名獒的流动。当名獒的名头正响，且在本獒园内留下了同样优秀的藏獒个体后（多指公獒），一般会"移驾"到另外的獒园。这种名獒的转移在獒圈中，尤其是在网络媒体中，常用"巨资"来形容。2007年，"小宝马"以260万元的巨资售至河南汤阴精忠獒园。2008年，"莫问"以"巨资"售至古今藏獒院。2009年，"怪兽"以1000万元的价格转至天津滨海獒园。在此类"移驾"中，卖方已经赚得大量对外配种费用，而且一般本獒园也都有了用以取代该名獒作种公的优秀个体。

2. 幼獒生产及饲养产业

作为一种自然的生理过程，母獒的分娩在原生态下都是自主完成的，除了出现难产或特殊情况，主人一般很少参与。从分娩到幼獒成为独立觅食的个体（以断奶自主吃食为界，一般为45天左右），可做如下划分：第1天，生产。母犬咬断脐带，把幼獒周身舔干净。幼獒找到奶头大约需半个小时。第3天，幼獒脐带自动脱落。第12～14天，幼獒睁眼。第18～20天，幼獒开始四处爬动，学习站立与行走。第25天左右，幼獒的视力、听力有了极大提高。第30天左右，幼獒不再热衷母乳，相互间开始争抢食物，并去争抢母犬的食物。第35天左右，幼獒长出乳牙，活动能力大大增强。第40～45天，幼獒逐渐断乳，热衷各类玩耍。

藏獒热兴起之后，幼獒的成长过程中便注入了诸多人为元素。当幼獒降生时，主人高兴得手舞足蹈，把母獒自行咬断脐带的工作变成了自己的工作（唯恐母獒不小心咬到幼獒），认为用剪刀直接剪断会更利落更安全些；剪脐带的同时可以概览幼獒体态特征，尤其是毛色情况、有无白爪等。此刻，养殖者的心情是异常急切的，因为这在一定程度上代表了收成的大小。2007—2009年，内地的幼獒成活率很低，有些专业人士认为，用剪刀剪断脐带会给幼獒造成不良影响，尤其是在剪刀未消毒的情况下，幼獒容易受到细菌感染或受风；同时，由于咬断脐带本是母獒的本能，被硬性剥夺之后会影响其母性。

母獒在原产地产仔的地方多是牧民用干牛粪垒起的产窝，外层再用草坯砖砌起，以牦牛毡为窝顶。窝内以厚实的草垫或破衣物为底，一般也会在窝檐上方覆上一层牦牛毡，使其下垂，如门帘一样遮住窝口，母獒进出自如。

在内地养殖的藏獒生产时，一般少不了两样设备：一是"育獒室"；二是产箱及电热板。育獒室是专供生产幼獒的房间，一般为密封，温度在15摄氏度以上（以河北省昌黎县的相关调查为依据），有足够大的地方供母獒活动与排泄。育獒室的形式各式各样，有单独建立的统一的隔间，有用种犬獒舍加以改造而成的育獒室，也有利用家中的闲置房间或屋中的闲余地方供母獒生产的。农村中的小规模养殖者绝大部分充分利用房间中的空余地方供母獒生产。在藏獒生产期，人獒同室的现象在农村地区极为普遍，基本上没有随便在院中垒起狗窝作为育獒室的。产箱是用木板钉制而成的，2米×2米规格的较多。周边是围栏，一般用高15厘米左右的木板钉制而成，以防幼獒爬出产箱之外。产箱底与地面间大约有5厘米的距离，电热板即放于其间，以使电热板散发的热量可以给产箱底部加温，从而使幼獒的排泄物可以很快蒸发掉，保证产箱的干燥与温暖。但缺点是幼獒在产箱内吃奶或挪动时脚掌常会破裂，原因在于产箱表面粗糙，幼獒脚掌与其摩擦会把表面未成熟的肉垫磨掉，使嫩肉外露。所以，养殖者一般会在产箱表面再垫上毛毯，每隔2～3天晾晒更换一次。也有很多养殖者直接在产箱内垫上软草，其更换频度与毛毯差不多，但没有使用毛毯卫生。也有的直接用软草（昌黎县多用稻草）或毛毯直接铺在地面上，周围用砖头垒起。此种方法虽简便，但幼獒的排泄物很快就会把草和毛毯浸湿，甚至地面都会浸湿，如果得不到及时有效的处理，湿气很容易使幼獒生病，即使2～3天更换软草或毛毯，其效果也不佳，所以，此种方法2009年时已逐渐被淘汰。让人啼笑皆非的是，藏獒原产区的产窝设计恰恰就是逐渐被内地淘汰的方法，但幼獒死亡率很低；而内地采用"先进"

方法后的死亡率却要高出原产区很多。这一现象从藏獒热的背后抛给人们这样一个问题：我们仍然称呼它们为藏獒，它们的外形依然威猛……可骨子里面它们还是真正意义上的藏獒吗？图18-2为铁包金幼獒。

图18-2　两只铁包金幼獒
（赵国栋　摄）

从第21天左右起（一般不超过30天）就可以对幼獒进行驱虫，持续3天。如果忽略这一环节，体内大量的寄生虫会使幼獒消瘦多病，甚至死亡。第35天左右进行疫苗注射。开始时养殖者多用国产的普通疫苗，包括犬温热疫苗、肠炎疫苗及脑炎疫苗。2007—2009年，已经多用德国与芬兰进口的三联或六联犬疫苗，多分为3次注射，每次间隔15天。宠物医院及兽医院也随疫苗、狗粮及各类藏獒保健品的抢手而生意火爆起来。

3. 食物及营养

在青海、西藏的许多牧区，无论农牧民（尤其是远离乡镇的农牧民）家中富有与否，他们的日常生活都不是以钱为中心的，而是以牛、马、羊等家中的牲畜为中心。无论有钱或者没钱，大家都是平等的。如果需要钱，他们每年卖几头牛羊，全年的花费就全够了；同时，每年杀几头牛羊，把好肉风干就可以满足全家一年的需要，内脏和骨头就让狗享用。所以，藏獒热之始，内地买主给农牧民出价几百万元买他们的藏獒，他们也不为所动。

通常情况下，藏獒主要吃牛羊的内脏和骨头、酥油渣、青稞炒面和牛奶搅拌的杂食等。每当出牧，藏獒还可以在外面自己捕捉小动物作为食物。因此，藏獒的营养物质来源与农牧民的生活、生产有直接联系。崔泰保教授把藏獒食物的构成每年按六阶段进行了划分。（见表18-2）

表 18-2　藏獒食物分阶段的主要构成①

月份	11—12月	1—2月	3—4月	5—6月	7—9月	10—11月
食物构成	冬宰的各种牛羊碎肉、残肉、血、内脏等	藏族群众过年节，有多种面食、骨、肉	死亡家畜的尸体，牛羊流产的犊、羔，早春出洞的啮齿动物	家中的面食、奶水，藏獒自己猎食或觅食	主人投给少量食物，主要依靠藏獒自己猎食和觅食，以动物食物为主	秋天淘汰、宰杀的牛羊头骨、蹄、内脏，藏獒自己猎取的草原动物

在内地，随着藏獒养殖的发展与对藏獒研究的不断深入，一种人为的藏獒营养已经取代了原生状态下藏獒的饮食习惯。有关研究者认为，蛋白质、糖类、脂类、矿物质、维生素是藏獒生长发育必不可少的营养物质。饮水亦对藏獒有重要意义，尤其是在气温较高的内地，必须保障藏獒的饮水自由。在食物配给中，一般有三种主要成分：牛奶、鸡蛋与肉类。昌黎县的喂养方式是：自幼獒进食至第50天之间，主要以牛奶、鸡蛋为主，辅以狗粮（一般多为芬兰进口），少量加入肉类。因为按当地的养殖经验，如果第50天之前的幼獒摄入过多肉类，会影响其消化系统的健康，尤其是当肉类不熟或不新鲜时，极易引起肠胃疾病。第50天之后，幼獒的肠胃功能已经趋于健全，消化吸收能力增强，此后肉类的比重加大，蛋类的比重相对减少。50日龄后，每顿餐中加入2～3个鸡蛋是当地较为认可的配比，一只幼獒一日的用量就是6～9个鸡蛋。这也是一个极大的用量，所以，昌黎当地做鸡蛋生意的人很多，他们一般配有运送车，只要客户打电话，他们不必接听，就会依号码直接送到客户家中。在藏獒养殖火爆之前，当地各类皮毛经济动物养殖数量很多，但进入2007年，皮草行业进入了低谷，鸡蛋需求量也大大减少，所以，一些鸡蛋商人不无感慨地说："要是没有藏獒，我们早就破产了。"

藏獒饲料中多包含蛋白饲料（如各类肉制品或畜禽肉类加工品的副产品等）、能量饲料（如各类谷物）。但随后蔬菜和各类营养添加剂开始加入到其食物之中，以保证藏獒对各类微量元素、维生素及矿物质的需求。

幼獒在45～90天间的饲养被养殖者认为是最为关键的。因为此时小獒刚刚断奶，且恰逢易发生犬类传染病的春季。除了必要的疫苗注射外，饮食格外重要。适当的饮食不但可以使小獒身体健康，促进其生长，而且使其从外表看会更加虎头虎脑，惹人喜爱，从而更易出售，且价格较高。也就是说，此时的小獒正处于可塑性很强的时期，饲养得法与营养不良造成的小獒外观上的差别会直接影响养殖者的收益。2—5月之间一般是小獒出售的旺季，所以，养殖者对此时的小獒饲养是最为用心的。食物中适当地增加肉类、鱼类、鲜奶、鱼肝油和必要的微量元素，以少食多餐为原则，

---

① 参见崔泰保《比较藏獒学》，中国书籍出版社2008年版，第249页。

以每日四次为最佳,每次达八成饱为好,吃得过饱会影响小獒下次进食,且不利于其对营养成分的吸收,甚至增加肠胃负担,造成肠胃功能紊乱。一般要做到"五定":定人、定时、定量、定点和定食具。如果有剩余食物,必须及时清理,每次餐后都要对食具进行清洗,再放到阳光下晾晒。同时,市场上也出现了各种各样的针对幼獒的促生长产品与保健产品。

4. 疾病与治疗

在原生状态下,藏獒能够适应高海拔、低气温、强辐射的环境,具有极强的自身免疫力。顽强的意志与强健的体魄使它们世世代代在古老而神秘的青藏高原上繁衍生息。对牧民来说,藏獒是活佛的坐骑,是"神犬",它们能战胜凶猛的野兽,也不畏惧任何疾病。或许它们根本就不知道什么是疾病,牧民也从来不必为给自己的藏獒治病而操心。

由于成年藏獒身体各项机能已发育健全,所以在内地很少生病。而幼獒身体机能并未发育健全,免疫能力较低,且内地生存环境与原生牧区差别巨大,加之幼獒主要生长期恰逢内地犬类流行病猖獗的季节,所以,幼獒极易患病。对幼獒疾病的诊断及治疗逐渐演化成为一种行业消费。一篇文章在形容2005年的河南藏獒产业时强调了疾病防治:"最近几年,河南省逐渐形成包括藏獒饲养繁育、藏獒饲料与饲养用具的生产、动物医院与藏獒疾病防治等行业门类在内的产业布局结构。"[①]

病毒与细菌性疾病是幼獒最大的敌人,也是养殖者最关注的疾病。主要包括犬温热病、犬细小病毒感染、狂犬病、伪狂犬病、病毒性肝炎等。各类疾病都有各自的预防、诊断与治疗方法。预防犬温热病最关键的是注射免疫疫苗,幼獒自断奶后应连续注射三次,每次间隔半个月。该病诊断较为复杂,须依据表现(主要有四种类型)研究其病理过程。主要防治方法是用免疫血清结合抗生素治疗。犬细小病毒感染可注射疫苗(犬细小病毒和猫温热灭活苗)进行预防。诊断时,需根据临床表现进行初诊,再测定抗体滴度及粪便血凝素滴度进行确诊。该病无特效治疗方法,多对症治疗,同时使用抗生素防止继发性感染等。

自2005年起,每年春季都有规模较大的藏獒流行病爆发,导致大量幼獒死亡。昌黎县2005年出现了犬温热病大范围流行。症状为结膜苍白,厌食,有时咳嗽,不同程度的下痢,后逐渐出现鼻分泌物呈脓状、淡黄色或浅绿色,呼吸逐渐困难,直至死亡。发病时,许多养殖者以为是感冒或普通下痢,自己为幼獒注射抗生素进行治疗,后有人带病犬到相关科研单位花钱做化验,才有了明确的结果。人们开始买血清进行直接注射。2006年,昌黎县又有一种新的疾病:犬细小病毒感染。此时,县城中已建立了几家动物医院,养殖者不必自己买药治疗,而只需把患病幼獒送到医院。但治疗费用很高,MTD村的一位养殖者2008年为自己的3只小獒治疗了6天,花费

---

① 张迅华、李红:《河南省藏獒产业可持续发展战略报告》,载《中国畜禽种业》2005年第10期。

在5000元左右（诊断为犬细小病毒感染）。除了2个月龄以上的幼獒易生病外，产后6天之内的幼獒死亡率也较高，临床表现多种多样。有的小獒吃上奶水后就出现身体僵硬、体质虚弱现象，直至死亡；还有的出现腹泻、呕吐现象；等等。养殖者没有找到好的解决办法，后发现把两窝小獒调换后效果较好，即让母獒A带养母獒B的小獒，母獒B带养母獒A的小獒；也有的养殖者从外地买来"藏獒保姆"进行代养。

每年流行的疾病刺激了动物医院的发展，这些医院不但接收病獒治疗，也可让医生带上器械出诊治疗，此时比在医院内接收诊治的费用更高一些。不同规模的医院经营范围都十分广泛，从进口狗粮、营养品、保健器具到各类国产的、进口的疫苗和血清。2009年3月26日，宁波獒展中出现了藏獒展中第一家"獒医院"——原生獒园启来动物医院。

5."藏獒保姆"

虽然"藏獒保姆"消费只能算作藏獒产业消费中的一个很小的分支，但它的出现蕴含着很深的意义。在现代消费社会里，好像没有什么能逃到消费之外。

这一行业的相关资料同样主要来自昌黎县。2005年后每年都会发生各类幼獒疾病。针对幼獒吃下母獒的奶水后发生的各类病症，有的养殖者首先尝试用别的母獒（分娩期接近）去带养，发现效果很好。2009年幼獒繁殖季节，昌黎县出现了若干专门提供带养幼獒的母犬的养殖者，母犬多为小型犬。"藏獒保姆"经营者大多养5只左右的小型母犬，开始时从朋友、亲戚家中要到幼犬或到集市上用10元左右买进，以后年份则不必如此，自家产的幼犬长大后又可以交配产崽，所以，几乎没有任何成本。其流程为：经营者买到（也可从朋友、亲戚家中要到）幼犬，幼犬长为成犬后配种再产幼犬。如果有购买者则将该母犬售出，幼犬让别的母犬代养或送人（少的话跟随母犬一并送予购买者，以免母犬产生焦虑）；若无购买者则继续饲养，幼犬长到一定月龄便到集市上出售或送人。但家中至少要留上几只以备来年使用。在农村中养几只小型犬如同养几只鸡一样简单，没有什么技术要求，更没有什么风险。如一位养殖者所说，就当养狗看家了。但如果有需要购买的藏獒养殖者，价格最低的也要400元一只。随着需求量的增加，一些经营者干脆也养上几只，自家可用，同时也可对外出售。

6."狮头"与"虎头"

在有关古文献的记载中，藏獒并没有明确的虎头与狮头之分。从流传下来的有关壁画与图形分析，那时藏獒的形象更接近于虎头。清乾隆帝命郎世宁所做《苍猊》图中所绘藏獒正是一只标准的虎头藏獒。云南晋宁石寨山古墓出土的巨犬图中，巨犬除了头部之外，其他形象均似虎头藏獒。按藏族聚居区流传下来的活佛骑藏獒降临人间之传说，这种高大威猛的藏獒可能为狮头，也可能为虎头。

藏獒热兴起之前，牧民们从来没有刻意追求过狮头藏獒或虎头藏獒，英、美等国引进的藏獒也没有进行严格区分。20世纪70年代后,我国台湾地区引进的大量藏獒中均未出现后来所称真正大狮头的藏獒。即使在2009年3月媒体介绍的台湾地区的三家主要獒园中亦未见大狮头品种,而多为短毛虎头型或中长毛虎头型。

狮头藏獒流行的确切时间不得而知,但似乎从内地藏獒产业产生之日起,这种划分就已经存在。至2009年,狮头藏獒与虎头藏獒的价格已经形成了巨大的反差。当时几乎所有的名獒均为狮头藏獒,标示的价格以百万元计,甚至达千万元;而虎头藏獒价格则极为惨淡,好些的一般几万元。虎头母獒比虎头公獒更容易销售,原因在于母獒是母本,用狮头公獒交配,同样可产出好的狮头幼獒。而獒圈中一般很少有人用虎头公獒做父本,因为这样产出的幼獒绝大多数会是虎头型的。也有个别价格很高的虎头藏獒,獒圈内曾有人将此类藏獒称为"猪脸獒"。其颈部、头部皮肤极为松弛,基本遮住双眼;嘴部上唇向下垂吊很大,下唇亦有垂吊。此类"藏獒"多数活动能力欠缺,喜躺卧;对陌生人心不在焉,有的甚至面对陌生人的挑逗头都不愿抬。这样的虎头藏獒之所以价格高,一是因为其数目较少(一部分人认为,它们是与圣伯纳犬杂交的产物,或畸形獒);二是因为有一部分养殖者与圈内人士对此类藏獒的认同与追捧。总体而言,狮头藏獒与虎头藏獒在价格上与认可程度上形成巨大反差的原因可归结为以下两点:

第一,无论是在现存文献的记载中,还是人们的审美认可中,藏獒都是一种凶猛无比、体形如狮、吼声如雷的动物。这一审美预期就直接把狮头藏獒与纯种藏獒画上了等号。2009年前已经形成的评判标准主要包括以下几个方面:头版、头峰、毛量、结构、颜色、骨量和身高等,其中头版与头峰是最主要的标准。虎头藏獒由于头部毛很短,所以一向被排挤到边缘。从人文意义上考虑,藏獒身上体现出来的古朴守拙、刚直不阿、无畏向前的人文品质极易被赋予到狮头藏獒身上。

第二,相比较而言,狮头藏獒的数量要大大少于虎头藏獒的数量。从繁殖的角度而言,繁殖出好的狮头藏獒的难度更大,概率更小。这也是其价格远高于虎头藏獒的主要原因之一。在2009年之前的名獒中,绝大多数为狮头藏獒,这进一步强化了狮头藏獒价格上的优势。

相关的藏獒标准中并未涉及狮头与虎头的优劣问题。在生物学意义上,二者属同一物种,被赋予了同样的价值与意义。然而,正是在现代消费社会中,一切在发生着改变。

7. 藏獒产品

研究者对藏獒肉用性能进行的研究表明,河曲藏獒5岁龄之前的宰前活重、胴体重、净肉重、骨重、屠宰率、净肉率等肉用性能指标均随年龄的增大而增加;5岁龄之后,则随年龄的增大而降低。河曲藏獒的屠宰率、胴体重、骨肉比以4岁龄、5岁龄组最高,1岁龄以上组的指标分别达到4岁龄的93.42%、74.96%和97.80%。所以,河曲藏獒肉用性能开发的最佳时期应在1岁龄或以内。研究认为,该犬品种肉用性能的开发还需要经过系统选育过程。①

2003年，大连大学与辽宁省朝阳市北票市京华藏獒科研基地合作建立了藏獒实验室，成为国内第一个全方位、深层次、系统化对藏獒产品进行研究的实验室，分别从三大方面六大部分二十五个专项对藏獒在动物学、营养学等方面进行研究。研究结果表明，藏獒绒全面优于山羊绒，保温度是山羊绒的2.1倍；藏獒绒纤维长度平均60毫米，是山羊绒的3倍，强度是山羊绒的10倍，而其单位质量比山羊绒轻15%；净绒率（85%）也远高于山羊绒（40%）；而藏獒毛皮系列产品，藏獒油护肤系列产品，藏獒系列药品、保健品等，都有着巨大的市场空间。

但藏獒产品市场并不存在，或者说至少在2009年4月时并没有出现在藏獒产业中。从产业角度，尤其是养殖产业角度而言，其存在与发展的动力之源就在该消费对象的用途有多少，有多大，有怎样的可持续程度，或更直接些就是与人们的日常生活需要有怎样的关联。所以，藏獒产品市场应是藏獒产业的核心之一，也只有出现一个相对健全的藏獒产品市场，藏獒产业才有可能摆脱泡沫与虚拟化的困扰。

8. 藏獒的取名

藏獒在原产地的名字多为藏语的音译，比如"赤古""尼赤""格鲁""巴颜""达杰""杨格""诺布鲁鲁"等；同时，在汉语中对应着相应的意义，如"赤古"是汉语中"藏獒之神"的意思。在藏族聚居区，尤其是青海省玉树州及附近的许多养殖场也逐渐吸收了内地的起名思路与方法，如"江源一号"（与"杭州一号"相仿）、"魔鬼"（以大毛量著称）等。

台湾地区在1987年以前多从美国的犬会引进藏獒，所以藏獒的名字多为美式宠物文化与台湾地区文化结合的产物，比如"杰尔""牛锤""修贝哥"等。1987—1988年，藏獒的名字又多代表台湾当地文化与牧区文化的结合，如"宫宝""Gay Sun""贝玛""扎玛"等。随着引种的深入，内地文化也在逐渐渗入。1989—1990年，台湾引入的一些名獒有"恩迪""玺龙""天龙""名吉""钟馗""蚩尤""熊"等。"火柱""珠王""雄麟""灵动""粗骨""国宝""黑宝""神盾""獒哥""无求"等基本都是生于2000年之后的藏獒。

在内地，獒主为藏獒起名多从以下三点着手：突出某种喻义、强调某一特征、叫起来响亮。当然，很多时候三者是统一的，从獒主心理而言，也是尽量使三者统一于一个名字之中。

9. 藏獒饰品及用具

宠物狗饰品与用具的经营远早于藏獒产业的兴起。宠物店、宠物医院在大、中、小城市，甚至乡镇都有分布。藏獒热兴起后，藏獒专用饰品与用具逐渐从普通宠物饰

---

① 参见崔泰保《河曲藏獒肉用性能研究》，载《甘肃畜牧兽医》2002年第4期。

品及用具中分离出来，内容包括藏獒专用粮、藏獒专用笼具、藏獒专用产箱、狗咬胶、藏獒专用牵引绳、不锈钢牵引链、编织牛皮牵引带、多珠脖带、各类胸带、颈带、藏獒专用毛梳、藏獒专用药品、藏獒专用营养品、淋浴品、排卵检测仪等。一般的宠物商店开始经营这些藏獒专用产品，而一些养殖场也利用资源开始涉足该产业，比如浙江省嵊州市藏獒基地、河北省秦皇岛鑫金獒山等。最主要的，也是普通宠物商店所不经营的当属藏獒专用脖圈。2009年，市场上所经营的藏獒脖圈主要有两种，一种是用牦牛尾毛手工编织的。牧民们给自己的藏獒带上红脖圈表达的是喜爱之情，也有利于藏獒在与野兽搏斗时保护颈部，所以，都是用上好的牦牛尾毛编织而成；其颜色多为红色，象征着吉祥。另一种是用化纤毛线编织的脖圈，颜色多为红色。两种脖圈价格差异很大。第一种的价格一般为每只500～800元，黑色的稍便宜。第二种的价格每只在30～100元。

经营者拥有自己的销售网站，网络是宣传和销售藏獒饰品及用具的主要渠道，但并非仅限于此。譬如秦皇岛鑫金獒山提供的联系方式与销售渠道包括：一个固定电话、三部手机号码、一个QQ号码、一个电子邮箱地址、一个藏獒专卖店网址、一个藏獒饰品及用品网址、一个鑫金獒山网站。

开始时，农村的低档獒园或家庭式小规模养殖户一般并不购买藏獒饰品与用具。一个脖带、一条牵引绳、一间獒舍或拴獒的锁链、一套饮食用具就已经足够了。中高档獒园则或多或少备有藏獒专用饰品和用具，以满足各类观赏、摄影、买卖的要求。保健品、营养食品、淋浴产品等多用于幼獒的护理，这是由于中高档獒园幼獒的销路较少依赖于低端的獒贩子，而是由高档獒贩介绍或买家直接上门，所以对幼獒的保健与外观护理极为重要。随着市场对藏獒品评标准的提升，对藏獒饰品的需求也在增加，其需求也逐渐渗透到小规模养殖者中间。尤其是在出售幼獒时，整洁漂亮、毛色鲜亮、饰品高贵的小獒更受购买者或低档狗贩的喜爱。

二、獒圈文化及产业

1. 獒圈

獒圈是对藏獒产业范畴的一个概称，是产业运行的主要空间，即围绕藏獒养殖、经营等而建立起来的社会圈子。圈中之人可统称为"獒友"，或相互间称"獒友"，而并非专指地道的朋友关系或极为熟识的人。主要包括养殖者、中介者，更广义的也包括藏獒媒体工作人员、藏獒用品经营者、各类藏獒爱好者、藏獒相关艺术的创作者及藏獒研究者等。

养殖者除了三大类獒园之外，还有纯家庭养殖者，即把藏獒作为看家犬或仅仅饲养一两只的养殖者。

中介者可分为三大类：藏獒经纪人、普通中介者、藏獒小贩儿。经纪人是高级中介者（也可以是养殖者）的代称。他们在牧区寻找高档藏獒，自己购入，再联系买家，或通过对外宣传、配种提高其知名度。他们寻到的优质藏獒一般不会在自己手中停留到第二年，无论赚多赚少都会出售，以周转资金寻求更好的或宣传新的优秀藏獒。他们不会四处收购或贩卖，依靠的主要是藏獒优秀的品相与传媒的宣传运作，接触的都是较有实力的客户。普通中介者一般也到牧区寻獒，但并不买下来，而是拍摄照片，联系客户，在买价与卖价中收取价差；或者根据手中掌握的藏獒信息资源，为客户提供各类中介服务。藏獒小贩儿指那些资本较小，以中低档藏獒的贩卖为主的中介人。他们一般四处收购低价藏獒，再转手卖掉，赚得利润。

藏獒传媒以网络媒体为主，并衍生出藏獒期刊（比如《獒行天下》《獒风尚》《藏·獒》等）和相关报纸（比如《藏獒信息报》等）。藏獒媒体中的工作人员一般会大量接触各类獒友，以谋得商机。

藏獒饰品与用具经营者主要有两类：一类是在原有宠物用品经营基础上开始从事藏獒用品经营的，对藏獒的专业知识并不一定非常了解；另一类是藏獒养殖场利用其资源优势开展的多元化经营。

藏獒爱好者包括那些出于各种目的（比如利益、喜好、炫耀等）而接近藏獒并准备养殖的人。他们是藏獒产业得以发展的潜在动力。

以藏獒为题材的艺术创作者可划分为三大类：一是绘画。藏獒画在2010年之前是绘画市场的热点之一，代表人物有冯冰、林跃、唐坚等。二是藏獒铜雕。代表人物为李锦忠。三是文化创作。长篇小说以杨志军的《藏獒》为代表，短篇的有《藏獒之死》（《意林》2006年第9期）和《藏獒的真相》（《视野》2008年第16期）等，漫画书以郑钧的《摇滚藏獒》为代表。

藏獒研究者分布于相关科研机构与獒园之中。截至2009年3月18日上午11时，中国期刊网上可查询到的关于藏獒的文章达372篇，绝大多数为学术研究性的论文。獒圈内的交流形式多种多样，信息流动便捷。

在藏獒专业网络媒体、专业期刊和展会中派发的宣传资料中，常会看到"藏獒与美女""藏獒与儿童"的合影照片。在第五届中国藏獒展期间，中国藏獒四川精品培育基地把主打种獒"天龙"与其小主人的多幅合影照片作为宣传海报。在收集牧区藏獒图片和海报宣传中，笔者也发现了多例藏獒与儿童的合影照片。2007年，北京某所高校的一名学艺术的女大学生联系笔者，要购买一只长毛狮头藏獒，价格在3万元左右，其目的就是带出去炫耀。

2. 藏獒购销

藏獒购销的首要问题就是确定价格。一般而言，决定价格的核心因素是藏獒的质量，即头版、毛量、颜色、身高、结构等因素。头版是其中最关键的因素，决定了价格的60%以上，毛量与颜色位于稍次位置，然后是身高与结构。但在獒圈中，也普遍存在这样一种现象，即藏獒的某一特征非常突出，比如头版特别"漂亮"或毛量特别大等，那么就可以适当减少其他因素的不利影响，从而大幅提升价格；但价格一般都不会太高。

在藏獒质量既定的前提下，购销价格的确定还会受到购、销、中介三方协商的影响。藏獒质量决定了藏獒购销的总体价位，即高、中、低三档，而在三档之内仍有较大的浮动空间，最终价格的确定过程就是三方博弈的过程。藏獒档次越高，中介得到的份额越大。

价格确定之后就是付款问题。高档藏獒的成交价格比较大，所以以现金方式支付的很少。三方谈妥之后，一般购方要先支付一定数量的定金，为成交价的15%～20%，并承诺在一定期限内付清余款。款项一般直接打入售方提供的银行账户。如果价格高到一定程度，超出了购买者一次支付的能力，有的购方也会在付款方面提出其他抵补措施，如分期付款或以车抵款等。中低档藏獒的付款方式多以现金支付，且一次付清。也有在中档藏獒交易中先交定金再按期限付款的，以这种付款方式购买的，一般不能在付定金时将獒提走。以采取分期付款方式交易的高档藏獒由于价格较高，所以在有附加条款保障的前提下，三方一般能达成在支付一定数额款项后提走藏獒的协议。

藏獒的购销范围很大。中高档藏獒受地区限制较小，因为精品、极品藏獒数量比普通藏獒的数量要少很多，为了得到一只心仪的优秀藏獒，买家会不远万里去选獒、购獒。北京、秦皇岛藏獒养殖密集区就曾多次出现山西涌来的藏獒购买团队，购买目标就是精品藏獒。有人将这些人称为"山西购獒团"。河曲藏獒保种选育中心可行性报告称，2007年时，国际藏獒市场缺口在90%以上。藏獒在线网站2007年1月14日在00：00—22：12统计的海外点击量为315人次，分别来自美国（73次）、意大利（49次）、韩国（44次）、日本（23次）等35个不同国家与地区。2008年7月，共有16537人次的点击量，主要来自澳大利亚（5432次）、韩国（2603次）、美国（2247次）、加拿大（1159次）、日本（842次）等124个国家与地区。

与中高档藏獒相比，低档藏獒购销更易受地域限制，因为路途花费就是一笔较大的支出，而中低档藏獒分布极为广泛，这笔花费完全可以节省下来。除非外地的价格与当地的差距较大，购买方才会到外地购入普通藏獒。

藏獒购销的运输方式主要有三大类：空运、铁路与公路、驾车自提。空运是长途购销常用的方式，最主要的特点是速度快，可以避免长时间的运输给藏獒带来的不利影响。而随着藏獒养殖数量的增加、养殖范围的不断扩大，空运方式被越来越多地采用，中高档藏獒的购销多采用此种方式。铁路、公路运输的主要特点是运费便宜，人可相伴。如果运输的藏獒数目较多，那么铁路运输则优势更为明显，首先可节省大量运费，其次是空间范围较大，空气流通较好，可保证藏獒适当运动。如果途中出现什么状况，随行人员可随时进行护理与医治。公路运输（非自驾车）并不多见，运输数量很少。一是因为责任问题，购方、售方与运输方的责任很难理清；二是因为长途公路运输危险性较高，狭小的空间容易使幼獒产生生理不适，影响健康。所以，公路运输主要针对那些低价藏獒，销售方与运输方关系熟识，路途不超过100千米的购销行为。购买方驾车自提的方式多发生在中高档藏獒身上，一般来说，路途在 1000 千米以内时，此类方式都比较流行，这样可以保证购买方自身的自由性。

3. 藏獒经纪人

在獒圈中，藏獒经纪人就是高级中介人。他们有较大的可运作资金，目标为有可操作空间的藏獒，同时也涉足养殖、配种、销售业务，这使他们区别于另两类中介人。藏獒经纪人绝大部分集中于青海西宁及周边地区，或本身就是当地居民，或常年活动于牧区。因为西宁的藏獒市场（狗市）是连接牧区与内地藏獒市场的枢纽。一些牧民想出售的藏獒除了被中介人直接卖出之外，会首先运到西宁的藏獒市场，经过各类狗贩或内地买家的价格角逐，再被售到其他地方。所以，西宁是藏獒经纪人活动较频繁的地方之一。同时，西宁是向藏族聚居区延伸的必由之路，交通最为便捷，路程相对较近，是经纪人发掘优质藏獒的最佳据点。

在獒圈中，真正以经纪人为名号的并不多。在各类藏獒的专业媒体中（网络、杂志、报纸、影视等）最常出现的就是曹国林，他也被誉为"中国藏獒首席经纪人"。他从 1996 年开始做藏獒生意，"隆宝"与"巴塘"的交易是他成功运作的代表案例之一。2007 年，曹国林觅得"赤古"直子"隆宝"，随即在藏獒在线论坛展开宣传。2007 年 12 月，"隆宝"进驻北京对外配种，亦在藏獒在线展开宣传。2008 年 8 月，经曹国林的运作，"隆宝"与"巴塘"以巨资一同售至宁波青海獒园。西宁周边还有其他一些这样的经纪人，但由于他们一般都有自己规模较大的獒园，因此，外界对他们的称呼多以"经理""老总"为主，"经纪人"这一称呼很少在正式场合中使用。

随着藏獒生意的火爆，普通中介者，甚至藏獒小贩儿逐渐积累起大量资金。三类中介者间的界限逐渐模糊。藏獒在线论坛中活跃着大量的中介者，他们中的绝大多数四处发掘优秀藏獒资源，以图片形式公布，再从中牵线搭桥，完成交易，获取利润。当有恰当时机，他们也会用较大资金去完成藏獒经纪人的运作模式。较有名的有拆白（藏獒在线论坛注册名，注册日期为 2006 年 3 月 11 日）、成都爱袄人（藏獒在线论坛注册名，注册日期为 2005 年 9 月 24 日）、青海藏獒之友（藏獒在线论坛注册名，注册日期为 2006 年 1 月 27 日）等。

不仅三类中介人间的界限变得模糊，普通养殖者、各类獒园与藏獒中介人之间的界限也变得模糊，养殖者不再仅仅依靠出售自产的藏獒来获利。一般藏獒产出优秀藏獒的概率并不大，甚至很小，而普通藏獒与极品藏獒之间的价格差距极为巨大，走藏獒经纪人的路子对养殖者便具有强大的吸引力。除了配种收入外，买入与卖出间的价格差也是一笔可观的收入。

4. 藏獒俱乐部

中国藏獒俱乐部成立于 2003 年 11 月 18 日，是在中国畜牧业协会犬业分会

(CNKC)指导下的一个行业自律组织。该俱乐部成立后颁布了俱乐部章程,选出了俱乐部成员,其中,主席1人、常务副主席1人、特别顾问1人;副主席共27人,主要来自北京、河南、青海及东北等地。设秘书长1人、副秘书长6人。理事共63人,涵盖23个省、自治区与直辖市,其中,北京最多,15人;其次为辽宁省,10人;河北省、甘肃省、山东省各6人;安徽省、福建省、江西省、湖南省、四川省、陕西省各1人。2008年10月26日,华东中国藏獒俱乐部宣布成立,包括山东省等6省与上海市选出核心领导成员共9名,颁布了俱乐部章程,成为中国第一个地区性的藏獒俱乐部。同年11月28日,西北中国藏獒俱乐部宣布成立。12月28日,山东省畜牧业协会藏獒俱乐部成立。图18-3为中国纯种藏獒俱乐部网站页面截图。

图18-3 中国纯种藏獒俱乐部网站页面截图

各俱乐部把自身定位在"从事本专业工作的企业单位和个人的非营利机构",接受中国畜牧业协会犬业分会的管理。其宗旨为:遵守国家相关法律、法规和政策,遵守社会道德风尚,协助政府进行俱乐部管理。在俱乐部内发挥协调、咨询服务的作用,维护会员及俱乐部的合法权益,推动俱乐部的健康发展。地方性俱乐部也都对各自的业务范畴做了规定。华东藏獒俱乐部明确了主要业务,包括相关文化事业活动、创办会刊、研究及保护藏獒文化以及芯片注射,颁发血统证书,颁发纯种基地铜牌,建立销售、引进、繁殖的平台,自办展会等。

星级獒场的评定是藏獒俱乐部工作的一项内容，共分为五个等级。成为星级獒场的前提条件是全场养殖的藏獒必须全部为纯种，然后依据 A 级藏獒的数量进行定级。评价标准规定，在拥有 2 只 A 级藏獒的基础上，每 3 只 B 级藏獒可按 1 只 A 级藏獒计算。7～8 只 A 级藏獒的养殖场为一星级，9～10 只为二星级，11～12 只为三星级，13～14 只为四星级，15 只以上为五星级。2009 年，以马俊仁藏獒养殖基地为代表，已有了多家五星级獒场。从 2009 年第五届中国藏獒展会后，中国藏獒俱乐部的纯种藏獒芯片注册项目开始被獒园认可，主动申请鉴定与注册的獒园不断增多。比如 2009 年 5 月 14 日，河北省张家口市京西藏獒公社以及两个分场的共 35 只藏獒均注册了芯片。但很快产业崩塌，星级獒场的评定以及纯种藏獒芯片注册随之沉寂。

中国藏獒俱乐部成立以来，藏獒产业被进一步推到了社会前台，这种推动无论目的如何，是否为炒作，笔者暂不去涉及。自 2005 年第一届中国藏獒展览会始至 2009 年连续举办了 5 届展会。2008 年 3 月 1—2 日在陕西西安举行的第四次展会上，全国有 1 万多人次参加，参赛犬只 810 只。前四届展会总共有 3000 余只藏獒参展，评出 A 级藏獒 689 只，展会观众达 15 万人次。

2005 年 7 月 18 日，"中国藏獒回归行"在北京启动，共历时 11 天，行程近万公里。此次活动的宗旨为：增加人们对藏獒保护和利用的意识，普及藏獒饲养繁殖、疾病防治知识，规范藏獒管理和市场秩序，弘扬藏獒文化，保护藏獒资源，推广纯种藏獒，提升纯种藏獒价值，推动中国藏獒行业健康稳定发展。并在青海塔尔寺举行了藏獒和相关图书的赠送仪式。

2007 年 11 月 18 日，"2007 中国藏獒发展大会暨獒友慈善捐助活动启动仪式"在北京人民大会堂举行。大会以"加强交流，发展中国藏獒产业；文明养犬，构建和谐社会；奉献爱心，支持教育事业"为主题，现场募得捐款 2652154 元，用于在西藏、青海、贵州、甘肃等地建四所"獒友慈爱学校"，帮助这些地区贫困失学孩子完成学业。与会者并签署发表了"文明科学养犬，构建和谐社会"的"北京宣言"。2008 年 6 月 28 日至 7 月 10 日，援建的四所学校分别举行了签约奠基仪式。

5. 藏獒标准

至 2005 年 1 月，包括英国、美国的相关机构以及国际养犬业联盟（FCI）等机构在内的犬业组织公布并实施了各自的藏獒标准。国际养犬业联盟最初采用的是 1982 年英国犬业协会的标准，至 2004 年 3 月，其自身标准才得以制定并实施。2004 年 11 月 8 日，美国养犬俱乐部（AKC）制定了藏獒标准，并于 2005 年 1 月 1 日起实施。

中国的藏獒标准最早是在 1993 年 8 月 19 日由甘肃省质量管理局修订颁布的《甘肃省地方标准——河曲藏獒》，编号为 DB62/T355—93。2003 年 8 月 7 日，《河南省藏獒标准》制定，2005 年 1 月 1 日实施。2005 年第 8 期《中国工作犬业》发布了《甘肃藏獒标准》。2006 年 7 月 18 日，中国工作犬管理协会制定了《中国藏獒标准》，2006 年 8 月 1 日实施，是最权威的总体标准，该标准把藏獒全称定为"中国藏獒"

（Chinese tibetan mastiff，CTM），简称"藏獒"。

各标准对藏獒的规定基本都包括头部特征、结构外形、颜色、背毛等方面，在具体内容上并无大的差别。每一标准都附有规范性附录。对头部特征的主要描述有：头大额宽，耳位较低，自然下垂，呈"V"字形；嘴筒粗短丰满，微呈方形；上唇两侧适度下垂；眼大小适度，深邃有神；颈下松弛下垂，形成带状皱褶。在与其他犬的外形比较中，藏獒头部特征是最为明显的；同时，在藏獒买卖中，头部特征是双方最关注的地方。但交易中决定价格的因素并非与藏獒标准完全一致。皮肤特别松弛的藏獒，尤其是头部皮肤下垂遮住双眼的藏獒，还有那种上唇垂吊很大、脖嗉很大的藏獒的价格都很高，也被圈内一些人称为"精品"甚至"极品"。但显然，这些藏獒并不符合藏獒标准，甚至相违背。可见，藏獒标准面对的是藏獒本身，而现实中的消费面对的是融入多种因素的市场。

从第四届獒展开始，新秀公开赛所依据的评价标准即藏獒标准，分为A、B、C、D四级，等级依次递减。

6. 藏獒展

藏獒展览与交易会多简称为"獒展"，其主体为中国畜牧业协会犬业分会、中国藏獒俱乐部主办的中国藏獒展览会。在其前后1～2个月内，会有各组织或团体组织的相关地方性博览会或交易会。獒展时间一般安排在2月中下旬至5月之间，此阶段正值幼獒交易及成年公獒配种完毕进入恢复期的阶段，是举办展会的最佳时期。第一届中国藏獒展览会于2005年2月26—28日在河北廊坊举行，此后每年一届。展会主要包括比赛、展览、销售、宣传、推广、论坛及各类趣味性活动。以第五届展会为例，内容包括八大项：①中国藏獒新秀赛。重点从头版、体形、被毛、步态与气质四项进行打分，评出A、B、C、D四级。奖项分设五大类单项奖，两大类团体奖。②A级中国藏獒邀请展示会。③中国獒园暨名獒系列品牌综合展。④中国藏獒发展高层论坛。⑤中国藏獒文化展。⑥中国藏獒表演展。⑦中国藏獒用品用具展。⑧中国藏獒精品巡回展。

从第二届中国藏獒展览会开始，展会强化了广告运作与管理。在第二届展会的邀请函中明确提出协办单位（协办费不低于1万元）和冠名单位（五项冠名项目，费用2万～5万元）。第三届展会协办单位达26家，100余家业内外新闻媒体进行了宣传。第四届展会赞助与协办单位达到了32家，其中包括3家媒体赞助、1家政府部门协办，特展区精品獒园达28家，巨幅喷绘达4500平方米。而第五届展会又增加了2家特别赞助单位，普通赞助单位（协办）达43家。

2009年2—5月，除第五届展会外，不包括原定于广州举行的大型展会（由于展会过于频繁，组委会无限期顺延了展会日期），共举行了12次地方性的规模较大的藏獒专门展会。展会举办地一般为会展中心或体育场，如杭州和平国际会展中心、唐山国际会展中心、石家庄裕彤体育场、太原市省体育场等。河北省昌黎县藏獒展的展厅是位于荒佃庄皮毛交易市场内的交易大厅，展位（30平方米）5000元/个。2009年太原精品藏獒博览会（5月1—3日）总冠名费达12万元，特展区2.8万元/个，共12个；展会专刊《藏域瑰宝》赠送参展单位，专刊封面广告费2万元，封底1万元。中国青岛第五届大型藏獒博览会（2009年3月6—8日）冠名费10万元，其中包括网络宣传一年（亚洲宠物网），特展费3万元。

历届藏獒展会与交易会的成交量都在不断攀升。2009年5月1—3日的山西太原精品藏獒博览会把交易热潮推向了顶点。展会共有140多家獒园、1500多只藏獒参展，三天吸纳了参观者2万多人次，现场交易量突破千万元，参展的幼獒几乎全部售罄。随后，产业泡沫破灭，2010年之后的藏獒展会也随之快速萎缩。

与藏獒展相关联的还有"狗市"，几乎全国各地都有，原来是农村进行家犬交易的场所，与"牛市""羊市"性质相同。也有的农村集市不单设"狗市"，而与"羊市"等一起在集市的某一角落进行交易。随着藏獒养殖与消费的膨胀，"狗市"几乎成了"獒市"。交易价格以百元至千元居多。可以说，2010年之前的"狗市"已经成为藏獒消费的另一类展会，每隔几天就会有一次。

7. 藏獒媒体

藏獒媒体主要指网络媒体，其次为藏獒相关印刷品。

芳芳藏獒（http://www.ao8.net/）成立于1999年9月1日，应该是国内建立的第一个正规藏獒专业网站，并于2002年4月和美国藏獒协会建立友情链接。从严格意义上来说，它是与藏獒养殖和经营直接相关的网站，并非纯粹意义上的专业媒体。专业从事藏獒产业媒介的网络媒体至2009年4月已有10多家，主要有藏獒在线（www.aiao.cn）、中国藏獒信息网（www.ao178.cn）、藏獒信息网（www.zangao123.com）、一度藏獒（www.1dutm.com）、藏獒商情网（www.zao35.cn）、中华爱獒网（www.365aiao.com）、中国红獒网（http://pinao8.cn，中华爱獒网旗下网站）、爱獒网（www.aiaow.com）、藏獒天下（www.zangao7.com）、中华獒网（www.za188.com）、爱藏獒网（www.izangao.org）、中华藏獒交易网（www.5maiao.cn）等。另外，还出现了藏獒搜索引擎（www.Myzangao.com，属藏獒信息网旗下），其主页面注明"獒界第一家专业权威的搜索引擎"。也出现了专门的藏獒视频网站——獒风尚（www.zangaody.com）。

2009年5月，在藏獒在线的论坛主页面中出现了一个浮动广告，宣传藏獒在线娱乐网："藏獒在线娱乐网，獒友自己的游戏"。该网站属藏獒在线旗下，其受众指向的是全社会，是"集休闲、娱乐、交流、了解行业动态、獒友互动的大型在线娱乐网"。同时，开通了两个网址，一个是藏獒在线的二级域名：http://y.aiao.cn，另一个是独立的国际域名：http://comejoy.com。截至2009年5月11日12:00，注册用户已有26000多人。

各网站间内容设置及结构并无太大差别。一般主要包括獒场介绍、分区、买卖、文化、视频及论坛等。各网站主页一般亦有快速通道，直接链接到各主要栏目。仅爱獒网（www.aiao1.cn）中就收录了210个有关藏獒的视频（截至2009年4月）。在藏獒在线、中华爱獒网、藏獒联盟网等网站中也有搜索功能，其性质与藏獒信息网旗下的专业搜索引擎功能相近，主要针对的是各自网站中的藏獒及相关信息的搜索，比如藏獒在线中"名獒搜索"会搜出"藏獒在线精品"中登记的藏獒，再点击该藏獒图片就会打开相关站内链接，可浏览其内容介绍。

中国藏獒信息网（www.ao178.cn）是中国藏獒俱乐部的官方网站，于2008年8月6日改版，增加了会员服务项目，为理事成员制作宣传网页，开设了藏獒论坛等功能。藏獒在线是2004年从专为宠物犬服务的网站——搜狗中的"搜狗藏獒专区"分离出来而成立的，并迅速成长为藏獒传媒中影响力最大、运作最成功的一个。其主页上端的栏目频道共有22大项，包括"精品獒场""王者地带""六大分区""饲养保健""金牌獒园""藏獒视频""买卖信息""藏獒论坛""藏獒博客""在线服务""在线专题"等。主页上方右侧有快速通道，可直接进入"藏獒快报""黄金专区""藏獒展示""养獒爱獒"等热门专区。藏獒在线最注重两类运作，一是网页宣传招揽客户；二是论坛内宣传。"藏獒论坛"是藏獒在线最火爆的专区，截至2009年4月14日12：36，注册会员已达33306人，总帖数达937869。2008年3月19日发帖数高达5138篇。藏獒在线工作人员均为论坛注册成员。客户可以自己发帖，上传藏獒图片或发布各类信息，但不如通过在线工作人员发布效果好。一是藏獒在线有专门的藏獒摄影师，如怪道、韦陀、高猛（均为论坛注册名）等，他们拍摄出来的藏獒图片要远好于个人用数码相机拍出的效果。二是藏獒在线工作人员对发布的信息拥有置顶权，帖子颜色第一周内为蓝色，而后为红色。而普通发布者帖子颜色只能为黑色。2010年之前，随着藏獒在线的成功运作，其影响力逐年扩大，通过其在线发布信息也成为一种实力与信用的象征。高档獒园一般均以藏獒在线的名义发布图片与信息。

截至2009年，藏獒专业刊物和印刷品主要有10余种。《獒行天下》《獒遍中国》均为藏獒在线主办的印刷品。《獒风尚》是集藏獒相关电影、网站、杂志三位一体的综合性传媒组合。《中国骄獒》是由藏獒信息网主办的专业印刷品，出版日期为2009年8月。《獒友》是藏獒商情网主办的印刷品，原名《獒胜》。《中华爱獒网》是中华爱獒网出版的印刷品，在2009年的第五届中国藏獒展上对外发放，并着手发行《红獒风暴》。《中华藏獒》创办于2003年，是中国藏獒界最早的专业年刊，2005年在河北廊坊首届中国藏獒展会上首发，后以中英文双语形式向国外发行。2009年，第五届中国藏獒展上首发《中华藏獒·红獒专辑》。《藏·獒》创刊于2004年5月，前身为《藏獒画报》，由藏獒联盟网主办。各类印刷品的主体部分为藏獒图片，主要内容由"獒园介绍""獒圈人物介绍""藏獒资讯""藏獒文化"等部分构成。如《獒行天下》第八期的主要内容为："极品藏獒介绍""专题新闻""特别报道""獒园写真""獒园展示"等五大部分。关于藏獒的专业报纸只有在第五届中国藏獒展上发放的《藏獒信息报》，该报由藏獒信息网主办，每月编辑出版一期，每期发行5000份。

獒友只要在藏獒信息网论坛内的"免费征订"帖子中留下自己的详细地址、邮编、收件人和联系电话就可以免费订阅。

还有一类印刷品是以邮件形式传播的。比如中华爱獒网的电子期刊就是其中一例。2009年5月6日，在笔者提供了邮箱后收到了此期刊。内容主要包括：资讯、人物、学院（介绍相关的藏獒知识）、近期销售快递，并附有相关说明与提示"每月发送到34000个獒友手中"，獒友只需注册成为中华爱獒网用户，即可拥有自己的藏獒站点，并免费使用1年。

《藏獒信息报》2008年12月3日第一版写道：

> 藏獒养殖形成产业之后，被称为朝阳产业、黄金产业、可持续发展产业，对建设社会主义新农村来说是一个新的经济增长点，同时也拉动了相关产业的发展，如宠物的医疗、美容、犬具、犬粮、交通、餐饮业等。社会效益和经济效益都十分可观。

这段话用了较为正规的书面用语与表达方式，突出了"产业"与"效益"两大方面，给了读者藏獒产业可持续性的暗示，针对的是藏獒消费的"炒作说"与"短命说"。

《藏獒信息报》2009年2月21日第十三版写道：

> 藏獒不仅有形如狮、体似虎的威猛高贵的外在形象，更有爱憎分明、恪尽职守、威武不屈的铮铮内在品质。在充满了物欲的社会里，藏獒的傲气与傲骨凸显得那么清高、那么不合时俗，但在芸芸追名逐利、苟且偷生的社会人面前，藏獒却被衬托得愈加珍贵高大，小人需仰视才能望其项背。

这段文字使用了词语的反复对比、反衬，着重强调藏獒身上所具有的"狮、虎、威武、傲骨"色彩，赋予了藏獒高贵的品格，贬斥了社会的污浊，进一步强化了社会的评判标签。以物喻人，对人们内心起到一种强烈的呼唤作用：拥有藏獒，向往社会的和谐美好。

8. 藏獒艺术

藏獒艺术产业主要包括藏獒摄影、藏獒雕塑、藏獒文学、藏獒绘画四个方面。

专业的藏獒摄影师可分为两个流派。一是游击式的，即不完全从属于某一藏獒专业组织或媒体，而是自主为客户拍摄，自主支配照片去向，自主谋利。二是藏獒媒体的专业摄影师。必须由客户与媒体达成意向之后，他们才会以媒体专业摄影师的身份前往拍摄。以藏獒之窗与藏獒在线的摄影师最为有名。藏獒之窗对其摄影团队的评价是"中国最强的藏獒摄影阵容"，包括四位主要成员：首席摄影师——藏獒行者（任刚）、女子首席摄影师——獒翔摄影（李思琦）、前锋摄影师——人獒摄影（袁玉亮）和先锋摄影师——飞虎摄影（薛传议）。藏獒在线摄影师主要有：怪道摄影、韦陀、高猛、鬼三等。摄影师拍摄出的藏獒更好看，更能突出藏獒的独特气质，无论买卖、配种都会增加对客户的吸引力。除了那些游击式的藏獒摄影师，每一个媒体都会有至少2名专业摄影人员。藏獒摄影市场的需求使藏獒摄影出现了行业化的倾向。但在竞争中，有的摄影师或媒体为了吸引顾客，"提升"其拍摄效果，采取虚假手段，对图片进行加工。2008年，这一现象最为严重。

2007年10月，李锦忠带领中央美术学院三名学生为武汉双武獒园雕塑重达80吨的"獒王"铜雕而在獒圈名声大噪。2009年陕西西安第五届獒展上，藏獒雕塑制品亦摆上了展台。一只长约20厘米、高约10厘米的藏獒铜雕要价在600元左右，大些的高达2000元。

渗透有藏獒元素的文学作品数量在藏獒热兴起之后迅速增加。从2004年到2009年3月，已出版的相关文学作品有近20部。杨志军的小说《藏獒》在2005—2008年连出三部，期间于2006年又出版《远去的藏獒》。北京科海电子出版社已正式发行了杨志军《藏獒》作品的CD版，时长达20个小时。2009年4月，其漫画版与玩具典藏版同步上市。《藏地密码》从2008年4月至2009年4月连出六部。郑钧的漫画图书《摇滚藏獒》于2009年1月由现代出版社出版。

除了郎世宁的《苍猊》图之外，以藏獒为题材的著名画作当属张大千的《训犬图》与《藏犬黑虎》。藏獒热兴起之后，以藏獒为题材的油画、工笔画、写意画开始流行。林跃为藏獒油画的代表人物，被称为"中国藏獒油画第一人"。2006年12月，在成都的一场艺术品拍卖会上，他的油画《藏獒》以高价成交；2007年，他的藏獒作品受邀参加了法国巴黎国际艺术沙龙展。唐坚为工笔画藏獒的代表，代表作有"天界卫士"系列。冯冰为写意藏獒的代表人物，2006年，其作品《藏獒》获"世界英才杯"国际邀请展一等奖；2008年，其参赛作品《忠诚》在法国美术家协会主办的卢浮宫美术沙龙艺术大赛上获得铜奖。另外还有水墨藏獒，代表人物为石山石；写实藏獒，代表人物为贺俊鸿；等等。

藏獒艺术中，还出现了一些特殊形式，比如藏獒葫芦艺术。2008年初就有注册名为"獒杀龙"的獒友在藏獒在线论坛中发帖，出售8~12厘米的小型烙画藏獒葫芦，30元一个，并称可单独定做大型葫芦。同年9月，又有一注册名为"来世恋人"的獒友在论坛中宣传藏獒葫芦艺术。2009年3月，河北廊坊藏獒展会上出现了一家专门展示、出售藏獒葫芦艺术的公司。

三、藏獒产业的内结构

藏獒养殖业是藏獒产业的支柱，是藏獒产业得以生存与发展的核心所在。而后是第一层的外延，为藏獒养殖及产业中的其他构成部分，直接与藏獒生理、疾病治疗、饲养等相关。最外层的外延是獒圈及其产业，是以藏獒为纽带建立起来的社会圈子，其经济活动主要集中在藏獒买卖、展览、比赛等相关方面。

藏獒养殖业是藏獒产业的支撑与核心，并衔接起养殖和产业与獒圈和产业；同时，随着藏獒养殖规模的不断扩大，养殖与獒圈得到了更大的发展空间。藏獒医院、藏獒专用用具、藏獒媒体、藏獒展会等迅猛增加，产值不断提升，对獒圈以外的影响也在加大。这在总体上决定了整个藏獒产业的发展方向与发展水平。

2009年，藏獒产业出现了一定的集群现象，如在北京郊区、天津、河南等地集聚，但与其他行业的集群现象区别很大。因为藏獒养殖场的开办人一般为农民或私营企业家，他们居所固定，多利用附近可利用的资源开办獒场，而很少异地开办。所以，獒场集群效应的产生主要依靠当地养殖者的数量以及资金能力而定。另外，从獒场的角度出发，他们并不愿过于临近。因为藏獒销售一定程度上还是会受到地域的影响，尤其是中低档獒的销售主要针对普通农民，他们多就地购买，而不会跑太远路程或使用网上购买的方式。如果几家养殖场过于临近，则会造成激烈竞争，这在一定程度上限制了养殖场集群现象的出现。中小规模的养殖场更是如此。

中国藏獒产业集群同样具备一般产业集群的优点。天津金色獒园、天津滨海獒园、天津北方藏獒研发中心等均享受到了集群带来的利处。2008年第四届中国藏獒展会上，它们联合对外进行宣传，提升了"怪兽""大王子""小王子""黑虎"等名獒的宣传效果，而强势的联手宣传又进一步抬高了这些名獒的人气。至2009年，随着"怪兽"以千万元身价移至滨海獒园，天津獒圈的名气达到了一个新的高度。北京、河南也是产业集聚区，并从中受益。

藏獒产业集聚的表现为：①有两个以上知名獒园，如北京郊区有马俊仁藏獒养殖基地、金港獒园、百世獒园、北京国獒养殖中心等，河南省有汤阴精忠獒园、王占奎藏獒研究中心等；②有众多名獒，如北京地区有"国宝""连胜""百世""宾利"等；③幼獒的品质高；④销售价格与销售量一般高于其他地方。

第五节　藏獒产业性消费的特征

一、一种产业性的消费

藏獒产业的形成使藏獒消费以及和藏獒有关的消费摆脱了个别的零星状态，形成了复杂而纠缠的产业进程和局面。这种产业来势凶猛，涉及面广，而且很快吸引了大量的资金，很多人把它视作一夜间成为千万富豪甚至亿万富翁的现实而最快捷的途径。同时，在很短时间内，大量投机者涌入，产业内的泡沫性元素越来越浓。

至 2009 年，藏獒产业中已形成了多种产业消费链条，如购销链、配种链、獒展链、媒体产业链等。在购销链条中，除了买卖双方外，一般还有藏獒经纪人的参与，藏獒可以在獒园内完成多次交易。对精品、极品藏獒的追逐是购销链条的动力之源。配种链条中同样存在着经纪人，异地配种的"串联"运动也使藏獒配种链条覆盖全国。其链条持续的动力也是对精品、极品藏獒的追逐。2005—2009 年 5 年间，藏獒展会一直不断，从参展者、参观者数量的不断增加到展会规模、档次的不断提升，再到展会庞大的成交额，藏獒展会经济似乎形成了自己的特色。这一局面一定程度上刺激了藏獒养殖、配种、销售等多个环节。藏獒媒体不但是宣传藏獒产业的门户，其本身也形成了相对完善的产业链条。

中国藏獒俱乐部是藏獒产业中的核心组织，制定行业章程并为行业的发展制定规划，组织与推动行业内的交流、学习活动；在一定程度上引导行业参与社会公益事业、慈善事业。中国藏獒标准是藏獒产业的规范，对产业消费中的对象做了清晰明确的界定。虽然产业消费的实际情况与该标准并不完全相符，但它无疑发挥了一定的引导作用。藏獒产业组织（中国藏獒俱乐部与各地区性俱乐部）的存在与藏獒产业的规范的存在应是藏獒消费可以成为一种产业性消费的重要因素。

藏獒消费成为一种产业性消费的标志还在于它空间的广泛。依藏獒之窗网站"藏獒信息库"的收录，我国除了港澳台地区，仅海南省没有獒园记录；但在藏獒在线网站的论坛内，曾出现过来自海南省的卖獒帖子。可见，藏獒养殖已渗透到全国范围，得到了社会相当程度的认可。同时，中国藏獒产业的发展也吸引了国外爱犬人士的关注，屡有国外养犬爱好者与考察团来我国考察学习。位于陕西省西安市长安区的加拿大格西藏獒研究中心就是由加拿大华裔投资创办的一家獒园。

二、藏獒产业的八大特征——基于 2009 年的产业状况

1. 无奈的中心化

藏獒消费只是现代消费社会中的一类消费现象，它并没有改变社会生活的整体趋势。都市中饲养藏獒是要受到严格限制的。獒圈内那些企业家也并非全部是企业界的核心或精英。有人说名人"玩"藏獒是股时尚，但看看娱乐圈中到底有几个名人在养藏獒。以此而言，2009 年的藏獒产业与消费具有一定的边缘性，处于一种边缘消费状态。

但藏獒产业与消费内部的中心化曾经逐渐形成。作为边缘的郊区是藏獒产业（尤其是养殖业）的中心之一，比如北京的通州、房山、大兴、顺义郊区成为中心化的标志地区，分布着诸多有名的獒园，如马俊仁藏獒养殖基地（房山区）、北京张姐獒园（顺义区）、北京国獒养殖中心（大兴区）等。广大农村是藏獒最主要的养殖与消费区。一定程度上，城郊成为藏獒品质的中心，农村成为藏獒数量的中心，二者相

互关联。

从养殖者与消费者的角度而言,其主角是民企和农民。高档獒园的园主一般都拥有自己的企业,在进入獒圈之前已具有了一定的资金实力,如武汉双武獒园、天津滨海獒园、天津金色獒园、黄山獒苑等,其园主都是成功的私企老板。还有一些高档獒园园主虽不是私营企业家出身,但背后有家族企业支撑,如金港獒园、百世獒园等。对养殖藏獒最热衷的应该是广大农民,他们每时每刻都在寻找着脱贫致富的路子,在市场经济中寻找商机。昌黎县曾出现过大规模养殖毛皮动物的现象,直至2007年皮草价格跌入谷底;同时,自2005年藏獒养殖逐渐兴盛,该县的藏獒养殖数量越来越多,逐步取代了毛皮动物养殖业。

2. 符号的"贵族化"

藏獒养殖与消费在市场中孕育并发展,实质是一种谋生手段与人文理念在经济社会中的糅合,作为养殖与消费的主体与中心的私企和农民养殖者,在接近资源的权利与机会上远落后于其他集团与个人。这使他们独特的市场嗅觉与市场胆魄在这种不平等却又布满机遇的现实面前逐渐被打磨出来。

但在獒园之外,藏獒养殖与消费成为一种"贵族化"的符号。从关于獒界名人专题电视节目,到各类藏獒故事、文学作品、雕塑绘画等,无不向外界传达着一种"贵族化"信息。新闻传播媒介在其间起了重要作用。藏獒消费本身也有高、中、低三个层次,同样有从百元到千元的低档藏獒,但媒体关注与报道的往往是那些动辄上百万上千万元的藏獒消费。如2009年济南獒展上,金港獒园的"连胜"标价3000万元人民币;同年,在第五届巨獒"比尔"杯藏獒博览会上,"比尔"标价也达到了3000万元。在这年的济南展、廊坊展上,藏獒成交量最大的价格区位是在千元至万元之间的,但媒体对此的报道几乎没有。藏獒消费被贴上了高消费、"贵族化"的标签。

3. 消费的层次性与季节性明显

藏獒消费内部也是分层的,主要表现为价格的层次性:高、中、低三档。若粗略地划分,低档价格指几百元到上万元,中档价格指上万元到十几万元,高档价格一般指20万元以上。低档藏獒的消费主要发生在个体农村养殖者中间;中档消费主要发生在中档獒园或高档獒园内,主要依托名獒的血统、幼獒的品相及獒园的声望三项指标;高档价位则主要出现在高档獒园。

另外,牧区的精品藏獒以及个别普通养殖者园中出现的精品獒也会卖到几十万到上百万元的高档价格,比如,2008年,昌黎县一户小规模养殖者园中三只小獒卖出了90万元的价格。在幼獒高档市场上最终决定价格的是品相,即獒圈内所认可的头版。而在成年藏獒市场上则取决于藏獒本身的综合实力以及名气大小。成年名獒消费市场主要有两种走势:其一为起价很高,在随后的交易中逐渐"贬值",或根本无法达成新的交易。其二为交易起价相对较低，随后的交易价格迅速上升。如"怪兽"2007年由天津金色獒园以500万元的价格购入，2009年以1000万元的价格售至天津滨海獒园。

无论是幼獒还是成年藏獒，其消费的季节性基本是一致的。每年的2—5月正值幼獒出售期，因为此阶段对绝大多数幼獒的防疫工作已经完成，健康有了一定的保障；同时，其时恰为幼獒快速生长期，也是外观最为漂亮的时期。而6—8月的幼獒正处于"尴尬期"，毛量小，身体显得单薄瘦弱，会影响交易。2—5月的成年种公藏獒正处于配种的恢复期，也是其身体状态与外部形态（气质、毛量）的最佳时期，较大的交易多在此时发生。购买者购入的意图主要有两个：一是抓住时机为购入后的配种工作展开宣传；二是寻找下家，转手出售，获得价差。

另一时段是10—12月。幼獒体形变得丰硕饱满，毛量也逐渐增多，成年藏獒的外观美开始显现；而且此时近成年的幼獒已经具备了强大的抗病能力，较少出现生病或死亡现象。此时购入幼獒无论是为了出售、配种或作为种母獒繁育下一代都是较好的选择。10—12月正值配种季节的前半段，对1岁以上的成年公獒来说也是交易的一个高峰期，以满足市场与配种的需求。受此影响，成年母獒的流动也较大。受买卖双方某些特殊原因的影响，成年藏獒的交易在其他时段内也偶有发生，如2008年8月，瀚王獒业的种公"伯爵"以120万元售出。但总体而言，其他时段藏獒交易有两个主要缺陷：一是不利于摄影及对外宣传，因为此时藏獒的体形外貌正处于"尴尬期"（偏瘦、毛短、换毛等）。二是定价尺度不明。除了名声在外或被圈内认可的名獒外，其他藏獒的交易必须依外观评价定出。但处于"尴尬期"内的成年藏獒在外观上与最为丰硕饱满时期会有很大差别。此时交易，定价尺度不明，或者说定价取决于对最终定价标准的了解（卖方）与预期（买方）这二者之间的角逐。

4. 多种思潮的并存

大中城市一般都有养犬条例与规定。相关犬业机构也有管理办法相继出台，如《纯种犬登记管理暂行办法》（发布机构为中国畜牧业协会犬业分会，发布日期为2004年6月29日）、《犬舍登记管理暂行办法》（发布机构为中国畜牧业协会犬业分会，发布日期为2004年7月1日），主要针对地区为城郊和农村。也有专门的藏獒管理办法，如《中国藏獒纯种登记管理暂行办法》（发布机构为中国畜牧业协会犬业分会，发布日期为2005年8月11日）。但在藏獒产业（尤其是藏獒交易过程）中，对藏獒消费的法律保障、对消费者权益的保障、交易的真实性、征税方法等明显欠缺，甚至空白。中国藏獒产业虽进入了市场空间，但很大程度上仍游离于市场的核心机制之外，这就为这一产业的突然崩塌埋下了伏笔。

藏獒行业被认为是一个暴利行业，而且相比其他行业所受的规范与约束较少，这促使很多人不断涌入行业之中。行业中的人们都在追求精品、极品藏獒，新涌入者更是以此为目标，因为其代表了天上掉馅饼般的巨额财富。这种单一的趋势使行业内的浮躁心态不断加重，也给社会生活带来了浮躁气氛。

行业内出现并盛行投机意识与行为，比如编造基因谱系、假报藏獒年龄、虚报藏獒肩高等，甚至有少数人给藏獒染色，更有甚者给病幼獒注射激素后到市场上销售。有少数中介人"卖照片"，在相关媒体上发布欲出售藏獒的照片，而并没有照片中的藏獒或者提供的藏獒照片与欲出售藏獒不符；也有的自己并没有藏獒，待购买方把款项打出之后，这些人就不再露面。另一类投机方式是"调包"法。出售者发布欲出售藏獒的照片，一旦与购方达成交易意向，先让购方全额打款，再以空运或客运（空运为主）方式发出藏獒；但并非原照片中的藏獒，无论相差多少或差在哪里，其质量一定不如照片中的藏獒。

炒作思潮主要表现在虚夸的价格上，如对外界宣称从某獒园配种花去多少钱（有夸大成分），以抬高自己小獒的身价；或交易发生后对外夸大出售价格，以博得人气，造成轰动效应；等等。而藏獒养殖与消费作为一个行业，在外界观察者眼中更有炒作之嫌。可从以下几点进行概括：一是藏獒的战斗力被夸大。把藏獒美化成具有超强战斗力的动物，如猎杀狗熊、可抵三狼等。"唯一不惧怕任何野兽的狗"亦被认为有失实的成分，比如有许多犬就是帮猎人狩猎、对付猛兽的，而并不是说只有藏獒可以完成此任务。传说中的成吉思汗藏獒军团也被一些人认为是杜撰的炒作，因为饲养、训练那么多藏獒在当时存在着很大的困难。二是以"善"来形容藏獒则又是对藏獒的另一种美化。因为藏獒也是一种动物，而动物则很难以善恶来加以区分。所以，有人认为这是一股为炒作而美化的思潮，是编造出来的"藏獒神教"。

有关外形、品相决定藏獒价格的思潮笔者已经做了相关论述。这一思潮在很大程度上掩盖了藏獒在引入内地后生理、性格上的改变。甚至为了求得"好看"的外形，极少数人把藏獒与藏狮、圣伯纳犬等进行杂交，使藏獒成为"形备而神非"的"新犬种"。

5. 纠缠中的生活与消费

据西藏的牧民讲述，以前，牧民帐篷外拴的是最好的狗，其他的狗多是散养。那些散养的狗（藏獒、藏狗等）通过角逐产生头领，再产生不同的分工，如协助放牧、看护领地等。寺庙中的狗主要用来看家护院，僧侣们都很善待这些狗。所以，牧民有多余的狗或特别出众的狗都会送到寺庙中，一方面表达自己向佛之心，另一方面也表达对僧侣们身份的肯定。牧民与僧侣们对待无家可归的狗同样非常好，常为那些狗搭建一些简易的建筑以为它们遮风避雨。在难觅食物的冬日里，流浪狗们喜欢接近寺庙或牧民的帐篷，因为它们可以从那里得到人们的大方施舍。

1988年，藏獒被我国列为濒危动物之一，而后内地藏獒热逐渐兴起。在牧区，牧民与藏獒间的关系也随之发生着改变。1993年冬，在拉萨市第一次藏獒展销会上，农牧民总共才带了50多只狗，且并不是家中最好的，要价也不过和普通的狗一样。但显然，他们已经愿意向外出售藏獒了，"金钱无用"的意识逐渐被打破。养殖场与中介人逐渐增多，如 2005 年，西藏有位于山南市曲松县邱多江乡境内的西藏拉里藏獒繁育基地、位于拉萨市城北的西藏新原藏獒园等。藏獒中介人也很多，形成了良莠不齐、鱼龙混杂的局面。藏獒在线论坛内就有内地购买者上当的警示帖子。2007 年，山南市措美县在促进经济发展、提高农牧民收入的措施中，特别强调了藏獒产业，提出高度重视藏獒产业的发展，把"发展重点放在品种保护、收集纯种上，引导农牧民群众走藏獒可持续发展之路"，创收大幅增加。名獒"赤古"使青海省玉树藏族自治州的收益大幅度增加；① 而一条"獒王"不但使索南培杰（獒王原主人）一夜间成为百万富翁，而且为玉树州带来了 3 所希望小学（买家当场承诺捐 150 万元建 3 所希望小学）。当日，玉树州政府为"獒王"举行了万人欢送仪式。

一些农牧民的生活因为藏獒而变得不再一如既往，他们手中拥有了大量的金钱；同时，人们也更加愿意养殖藏獒。玉树州几乎每家每户都至少会养上一只藏獒，无论生产幼獒、配种或出售，都是一笔可观的收入。藏獒成了一些藏族聚居区的"摇钱树"。一些农牧民看待藏獒的眼光改变了，他们把藏獒放进特制的狗笼或狗舍之中，喂着特制的食物与饲料……人与藏獒之间的关系因生活和消费而变得模糊而纠缠。面对外地无数到牧区寻獒的陌生人，面对外部巨大的市场需求，农牧民的生活理念与思维方式都在急剧地改变着。

6. 弥漫的消费宣传

笔者以藏獒交易为例说明藏獒产业内的消费宣传手段。

网络媒体是藏獒产业中最主要的宣传手段与工具。獒园，尤其是正规高档獒园一般都建有自己的网站，或在藏獒网络媒体中建有自己的宣传站点，提供獒园简介、种獒信息及图片、待售藏獒信息、留言板块与联系方式等。网络媒体一般也建有论坛区，买卖双方可自由在论坛中发布信息与相关图片。

藏獒在线论坛是其中最为出名的一个。藏獒交易的 QQ 群不断出现，以地区性的或某一省份内的为主。比如 2009 年 4 月时有：湖北藏獒交易 7（4180097）、爱獒缘分——青海群（46700100）等。各类网络空间也是宣传的重要手段，比如 QQ 空间、百度空间、其他各类博客等。QQ 空间是最为常用的。路途远的买卖双方一般首选通过 QQ 先进行接触，买方查看藏獒的照片或视频以确定是否购买。确定之后，双方再就价格、运费承担、责任等进行协商。以此而言，QQ 是大多数交易的必备工具，在使用 QQ 工具时，其空间内容是最易被发现与点击的，宣传效果也要好于其他空间与博客。

以视频方式对藏獒进行宣传也很流行。优酷网、酷 6 网等热门视频网站中都有大量的藏獒视频。即使 2017 年以后，在"快手"视频上仍然存在大量的藏獒视频。绝大多数网络媒体都在自己的网站开设了"藏獒视频"区，对客户进行视频报道。獒圈内所说的"藏獒电影"并未广泛流行，数量也不是很多。首倡者为《獒风尚》传

---

① 参见《张伯虎：万千宠爱倾藏獒》，载《晚报文萃》2009 年第 1 期。

媒组合，并建有专门的藏獒电影网站：藏獒电影网（www.zangaody.com）。播放地址直接链接到优酷网、酷6网、土豆网等视频网站。藏獒电影网的节目单中有企业宣传片、藏獒故事片、藏獒MV、企业访谈、视频新闻、视频访谈等6项，共收录了30个节目（少部分节目相同）。百度视频搜索到41个《獒风尚》摄制的藏獒电影（部分重复），优酷网上23个（截至2009年4月21日晚19：20），时长从15秒左右到18分钟左右不等。

对藏獒产业而言，电视媒体是仅次于网络媒体的宣传手段，原因就在于电视是被大众普遍认可的正规媒体，有着较好的社会公信力。自2005年到2009年4月份，在中央电视台10套、7套、4套、13套等播出的以藏獒为题材的节目超过了14个。这些节目在讲述藏獒故事（如中央电视台10套的《人獒情未了》《藏獒格桑》等）、介绍藏獒饲养及繁育（如中央电视台7套的《藏獒饲养与野性强化》等）以及人们关注的话题（如中央电视台7套的《天价藏獒的背后》等）时，都设定了藏獒的珍稀、勇猛、忠诚等作为节目的背景与基础。2008年中央电视台13套的《小崔说事》和2009年1月中央电视台4套的《台商故事》产生了较大影响，2009年4月，中央电视台4套又播出了《台湾明星张佩华"嫁女"》（"嫁女"指藏獒配种）的纪录片。

至2009年，藏獒相关的专业印刷品的流动已逐步渗透到獒圈之外，成为重要的宣传手段。作为藏獒产业的重要网络媒体，藏獒在线在2008年加大了对其旗下两类印刷品的宣传与促销力度，提出"非常6+1"方案：①2008年《獒遍中国》1本，98元；②2008年《獒遍中国》1本＋《獒行天下》6本，158元；③2008年《獒遍中国》1本＋《獒行天下》6本＋2007年《獒遍中国》1本，218元；④2007年《獒遍中国》1本，60元。据笔者了解，方案出台后，订购量大幅度提升。藏獒联盟网主办的印刷品《藏·獒》2008年的营销与宣传设计为：大力拓宽营销渠道，拟将与五星级饭店、高尔夫俱乐部、健身俱乐部、高档餐饮会所达成投放意向。从2008年第四届中国藏獒展览会开始，参展的网络媒体数量骤然增加，且携带自出印刷品现场出售。至2009年第五届展会时，不但印刷品数量有所增加，而且有些还以免费方式对外发送，如《獒风尚》《中国藏獒网》等，流通量大增。

还有一些宣传方式并不以媒体为中心，而是借助特定的獒园活动来提升獒园或獒圈的影响力，譬如藏獒展览会或交易会。从2005年在河北廊坊举办的第一届中国藏獒展览会起，大小展会数量逐年上升，规模也不断扩大。新獒园的成立仪式、俱乐部各地分部成立仪式、各类捐款慈善活动、设立分场地等是獒圈内常有的活动。异地配种活动（"配种串联"）也变得频繁。当时作为青海玉树藏獒标志之一的"赤古"2008年迁至北京百世獒园对外接受2008—2009年的配种业务，配种费为16万元（后期降为6万元）。另外，巨额交易的发生也被视作一种宣传途径。

7. 消费中的另类符号

另类符号指的是本不属于正常藏獒产业消费的元素混入到该消费之中，甚至逐渐成为藏獒养殖与消费的一部分的现象。本部分的信息主要来自与獒友的访谈。

2009年的獒圈中有种说法，在藏獒标准认定中有"草原派"与"中原派"之分。"草原派"指牧区原生纯种藏獒，"中原派"指内地某些地区过分强调吊嘴吊眼的流派。一些圈内人士认为，"中原派"所强调的"极品藏獒"多为与圣伯纳犬等反复杂交的结果，其与牧区藏獒风格相差很大。

规则与标准作为产业健康和持续发展的基础，在藏獒市场中基本处于一个被边缘化的尴尬境地。藏獒产业在市场中形成；同时，不完善甚至畸形的市场也毫不留情地给这个产业打上了自己的印记。对于这个仍游离于市场核心机制之外的产业而言，利益的驱动与行业的自律远远没有理清相互的纠缠，藏獒标准的弱化就是突出的例子。

藏狮是来自藏族聚居区的一种古老犬种，具有丰富的双层被毛，腿部有丰富的饰毛，头部的毛发同样丰富，向前下垂，甚至遮住眼睛与吻部。藏狮与藏獒的最主要区别在于其吻部生出较长的毛发与胡须，头部较小，唇部没有下垂。獒圈中的人一般都知晓藏狮，其在内地名气的提升也与藏獒消费的升温有一定关系。据有关业内人士透露，在个别獒园内存在着藏狮与藏獒杂交的现象，尤以2005—2007年为盛。笔者就曾以购买者的身份遇到两次这类情况。2月龄左右的纯种藏獒与杂交后的幼犬间的区别并不明显，主要依面部的毛发与胡须的长度、密度来辨别。随着月龄的增加，二者的差别才变得明显，所以，销售者一般会趁幼犬2月龄左右时将其售出。杂交后的个体毛量很大，符合当时藏獒消费市场的主导趋势（狮头长毛）；同时，杂交3代以后的个体外表特征中藏狮的特征已经明显减少，与纯正藏獒几乎没有什么差别。所以，很难估计市场内有多少"藏獒"是藏獒与藏狮的"混血儿"。

正因为如此，藏狮消费也有自己的市场。较有名气的养殖场是位于河南省郑州市的大藏狮繁育基地。该基地主要依托藏獒市场而建立，并把主要消费群体定位于獒园园主；在《中华爱獒网》刊物上进行了大量的宣传，并把自己的网站链接至多家藏獒专业网站，同时在各主要的藏獒论坛中发布藏狮宣传与销售信息。可见，藏狮已经构成了中国藏獒消费市场中的另类存在。

大白熊原产于法国与西班牙交界的比利牛斯山区，所以又称为"比利牛斯山犬"，法国路易十四统治期间因宫廷饲养而声名远播。按用途主要有守护犬、救助犬和伴侣犬。我国国内市场中的大白熊主要分为两类：①俄版，特征为嘴部尖、体大、毛粗；②法版，头部较大、嘴较方，与藏獒在外观上有诸多相似之处。大白熊之所以在獒圈被熟知，是因为雪獒的存在。獒圈中有些人认为纯种的雪獒很少，而有相当一部分都混有大白熊的基因。事实真相笔者暂无从考证，但在调查中，我们确实遇到个别藏獒养殖者从狗市中买回大白熊（据购买者介绍，一只与藏獒体长相差无几的大白熊母幼犬价格在1500元左右）。雪獒在藏獒群体中属小群体，数量较少，优秀个体更为稀少，在消费市场上本应比铁包金市场更为活跃，但情况恰恰相反。在整个藏獒市场中，雪獒交易只占到非常小的比例，交易额更是无法与铁包金、黄獒、红獒相比，甚至在中国藏獒展会上都很难发现一只雪獒。原因不在于其数量稀少（按常理，越是稀少就越是珍贵,在展会上价格也越高),而在于其投入与回报之间的鸿沟。2009年的雪獒市场状况为:数量少(即使包括不纯正的那部分"雪獒"),养殖者少,价格(与铁包金、黄獒、红獒相比)偏低,愿意购买者少。人们对雪獒有一种"基因不纯"的心理暗示很大程度上导致这一现象的发生。而从形体与品相上而言,能达到精品铁包金或黄獒水平的雪獒确实较少。

8. 消费的两面性

现代社会中任何消费都或多或少地具有两面性,这一特征在中国藏獒消费中表现得更为突出,主要包括长期的、短期的,物质的、精神的,个人的、社会的,正面的、负面的等方面。大众,尤其是獒圈之外的人,往往以审视与批判的眼光来看待中国藏獒产业与消费。《广州日报》2007年9月27日《390万天价"獒王"背后的暴利——配种一次20万》的文中写道:"盛世兴收藏。在过热的经济社会里,小众的爱好演化为疯狂市场……人类的狂欢,哪一天会演变成自然的灾难?"① 但是,我们也要看到,藏獒产业让很多老百姓过上了好日子,也让藏族聚居区农牧民物质生活更为丰富。我们还要看到,藏獒的繁育与发展得到了更多的社会关注,藏獒产业为社会福利与慈善事业做出了努力,为推动地方经济发展做出了贡献。"一刀切"的做法有违事实,也无益于我们的反思。用辩证的方法来分析中国藏獒产业消费这一特殊消费现象,对了解那个阶段的中国社会具有重要的意义。

第六节 藏獒消费的功能分析

一、功能分析的源流

西方哲学历史开始于公元前6—5世纪生活在小亚细亚和南意大利的希腊殖民地居住者的思辨。从苏格拉底开始,哲学主要集中在了雅典。

米利都学派中的泰勒斯被亚里士多德称为"一种哲学的创始人",他企图说明物理世界的起源与结构。他以为水为万物之源。亚里士多德分析泰勒斯主要集中于泰氏对"水"具有的功能的分析。赫拉克利特的哲学中心是试图解释宇宙内万物的产生,逻格斯是一种必须被遵从的共有的东西,拥有逻格斯是对无知与缺乏理智的最大抑制。

毕达哥拉斯派(包括其弟子)没有留下任何著作,但通过研究可确信的是他们

---

① 李颖、邱瑞贤:《390万天价"獒王"背后的暴利——配种一次20万》,见国际在线:http://www.news.cri.cn/gb/18824/2007/09/27/2625@1785108.htm,2007-09-27。

以下关于宗教的观点:相信灵魂转世,提出了一套生活方式与规则,相信人的灵魂具有神性,等等。这与公元前7世纪的人神关系相对应,是一种社会控制与阶级区分的工具的翻版。①

智者学派(有的学者认为只是一种思潮,而不构成学派)以对外传授人们需求的知识、分析社会问题而闻名。他们注重知识的实用性,讲求演说、辩论的技法,从而充分训练人们的思维、表达与言谈的能力。虽然后来受到柏拉图、亚里士多德等人的攻击与讥笑(如认为其狂妄自大、污染社会风气、收取巨额费用等),但其方法与以往的自然哲学有重大区别,摆脱了只看"是什么"的主导路线,主体分析意识在增加。

苏格拉底(公元前469—前399年)善于探究概念的内涵,运用各类逻辑的方法,以归纳论证为主。他提倡理性,主张只有认识自己才能使自己好起来;必须把"使用者"和"使用工具"区别开来:鞋匠与他使用的造鞋工具是不同的,而且鞋匠的手、眼、身体也是工具,与使用者同样是有区别的。在《阿尔基比亚德 I 篇》中,他把人描绘成三部分:灵魂、肉体、二者结合的整体。他说肉体只能是被统治的对象,二者结合也非统治者,因为其中"肉体"是被统治者。所以,苏格拉底认为,有两种选择:根本不存在人,人只能是灵魂。进而,他把灵魂中的"理性"比作眼睛的"瞳孔"。其作用有二:作为眼睛看到外界的工具,作为他人看到自己的工具。同理,灵魂(人)认识自己必须借助理性,理性的神圣性保证只有在理性中,灵魂才能认识自己。②

柏拉图(公元前427—前347年)哲学理念的中心之一是他认为人们用五官所感知的日常世界不可能是完全真实的,而必须依据一个稳定的与完美的世界。他认为,知识与意见是不同的,有着不同的对象。如同眼睛可看到颜色,而耳朵可以听到外界的声音。"智力训练"是柏拉图主张的获得知识与自由的方式。在"洞穴"的比喻中,他赋予了洞穴、锁链、太阳光、背景等各自的寓意与功能。外面世界中的太阳犹如精神世界中的善的理念,是视觉与生命之源;洞穴中的影子暗示着先前的自以为美好真实的生活,当人们来到阳光之中后,才意识到那是一种虚假的价值。

亚里士多德(公元前384—前322年)生活在希腊城邦制面临衰亡的时期。这在一定程度上影响了他对灵魂的观点的分析。在亚里士多德看来,人的灵魂与人的"德行"直接相关,强调精神涵养上的意义与认识的指导功能是可以培养以达到更高境界的。他认为,灵魂是个统一体,由多个部分构成,依次为(从低到高)营养的灵魂、繁殖的灵魂、运动的灵魂、感性的灵魂、被动心灵的灵魂、主动心灵的灵魂。人的(包括动物的)一切生理的(营养、繁殖)运动与功能、所有意识活动、认识功能都属于灵魂范畴,只是灵魂不同组成部分各有分工罢了。

---

① 参见 D. J. 奥康诺《批评的西方哲学史》,洪汉鼎等译,东方出版社2005年版,第8页。
② 参见汪子嵩、范明生、陈村富等《希腊哲学史:第二卷》,人民出版社1993年版,第414页。

在西方哲学的流派与分支中，也都不同程度地渗透了功能分析因素与倾向。

笛卡尔（1596—1650年）、斯宾诺莎（1632—1677年）和莱布尼茨（1646—1716年）是近代理性主义哲学的三位代表人物。笛卡尔哲学是与近代自然科学的大兴起相关联的。他的首要工作是为人类的理性事业予以科学的确证。而他的方法实质上就是展现与确立规则与秩序：一切事物都有自身所应固有的位置与功能，并完成相应衔接，从而构成秩序。斯宾诺莎否认被人们普遍接受的财富、荣誉、感官快乐是人们追求的最高幸福，而认为最高幸福应是"爱上帝"，即爱永恒，爱永恒的快乐。他指出，要达到这一境界，需要借助一定的工具与手段，充分实现它们的功能，并要以足够的过程与良好的计划作为保障。他把那些能帮助人们克服诱惑、坚定信心与目标的一切工具都称为"真善"。莱布尼茨认为，整个世界具有一种连续性，所有个体实体都在自己功能允许的范围内感知并体现世界，因此，总体世界处于一种有机的秩序之中。对个人而言，他自身包含着不同的知觉形式与类型，它们之间的协调性和各司其职实现了一个连续的自我。

康德（1724—1804年）是德国古典哲学的首要代表。他的以三大批判为骨架的批判理论中处处体现并证明着这样一种理论与支撑：精神包含着对一切经验进行整理与加工的能力与原则，它本身先验地包含的范畴与概念赋予了经验以意义。在"二律背反"研究中，康德更是把事物的转换置于一种功能验证的范畴之内。在不同的条件下，相互冲突的正题与反题都可以得到证明，主要原因就在于在"旧形而上学中，人们试图用知性范畴去说明、规定这个'世界'概念，即对知性范畴进行超验的使用，从而导致了二律背反"[①]。

实用主义的诞生是美国学术思想独立的一个标志。其诞生之后的100多年间经历了曲折的发展，思想产生了分化。杜威一生发表40余部著作，700多篇文章，可谓实用主义的集大成者。他主张对哲学进行改造，因为它脱离了现实生活，陷入空洞的思辨之中。实用主义才是哲学的出路，它通过关注实际经验，解决与现实社会紧密相关的问题来恢复哲学活力，发挥其功用。他在《我们怎样思维》一书中，提出探索过程的步骤：①感觉到困难；②找出困难的所在和定义；③对各种不同的解决办法进行设想；④运用推理对设想的意义进行发挥；⑤做进一步的观察和实验。

虽同为意志主义流派，尼采（1844—1900年）并不主张叔本华的"生命意志"，而推崇"权力意志"。他认为权力意志不仅是人的生命的本质，也是整个宇宙的本质。仅仅为了自我保存的意志最终会变得衰弱、停滞。对于一个已经生存着的生命，它所追求的就不再是同样的简单生存，而是散发着活力的更大的生命力。所以，权力意志就与世界的生成、轮回相联系。尼采认为，世界的历史就是权力意志的永恒轮回。这样，在现实的人生之外就排除了其他因素（神、彼岸）的支配，肯定了生活的现实性，与"上帝死了"相呼应。

---

① 李国山、王建军、贾江鸿等：《欧美哲学通史》（精编本），南开大学出版社2006年版，第353页。

在西方的古典解释学的发展历程中,功能分析得到了直接而广泛的应用。

意大利思想家维柯(1668—1744年)提出了这样的观点:自然是上帝创造的,而历史是由人创造的,所以,上帝对自然拥有最为正确的认识,数学只是认识的工具,从而反对自然科学崇拜。被誉为"现代解释学的奠基人"的施莱尔马赫(1768—1834年)主张只进行语法或背景解释是不够的,还应进行心理解释。对一项文本而言,理解作者的精神思想状态应是最高层次,部分与总体间的相互审视是解释的必要环节。狄尔泰(1833—1911年)把解释学推到了一个新的高度。他首先主张"心理内省",从各自内心世界出发去观察社会。但内在意识与历史客观性间的矛盾使他逐步转向了社会文化分析。李凯尔特(1863—1936年)把科学划分为自然科学与文化科学。记述事件的个别性、特异性与价值关联性是文化科学研究的特点。把握历史科学的客观性必须注意以下几点:①历史科学的客观性恰恰表现在它的价值关联性之中,既尊重事实,又以"同情心"作为选择材料的指导。②其客观性不同于自然科学的客观性。只要立足于一定的价值认同,并得到足够的承认,就可以避免主观随意性。③必须承认历史科学的客观性是一种相对的客观性。即一定的历史概念在一定的历史时期内是有效的,而不是作为一般真理发生效力。

在社会学的研究中,功能分析几乎渗透于所有领域及理论流派,只是深入程度、应用范围、明晰程度、自觉程度各有不同罢了。

古典社会学理论(或称社会学创立时期的理论)已经广泛渗透了功能分析思想与方法。实证哲学被孔德(1798—1857年)赋予了无所不包的功能,是改造社会的根本。在此基础上,他发展出了社会三阶段论。社会动力学、社会静力学及社会的发展进化等都明显地表明他对特定社会行为与事件的从功能视角的关注,并提出一系列的研究方法来完成对社会机体的分析,如观察法、实验法、比较法等。他指出,个人、家庭、宗教等都有自己的社会地位与功用,个人是社会的基本元素,家庭构成社会的细胞,宗教完成着群体与社会整合,"孔德可说是对社会进行功能分析的最早的社会学家"①。斯宾塞(1820—1903年)的社会学理论以社会有机论与社会进化论而闻名。他主张社会是个有机体,有自身的结构,各部分都有明确的功能。随着社会的进化,这些功能也不断分化,从而使社会越来越复杂。他试图说明,任何生物体的器官都有自己的功能,社会有机体同样如此。他认为,进化是一个普遍的规律,社会进化也是其中之一。他主张社会的进化是一个自然过程,其中,气候、地形等自然因素在一定程度上会影响社会进化的方向与状态。同时,随着社会进化,会形成一系列人类社会的功能机制,如语言、艺术、风俗等。涂尔干(1858—1917年)的社会学理论主要是为有效地理解与解决19世纪西方社会面临的诸多社会矛盾而提出的。他主张社会首先具有优于个人的存在地位,要以社会的宏观视野去观察、讨论一切社会现象。社会秩序问题、社会整合问题是其研究的主轴。在他看来,要有效地解释社会现

---

① 黎民、张小山:《西方社会学理论》,华中科技大学出版社2005年版,第29页。

象，必须充分研究该现象产生的原因及其所具备的功能。在方法论方面，他主张把社会事实看作客观事物，以社会事实去解释社会事实。在他看来，功能分析与因果分析是对社会现象进行有效解释的必备工具，并在其后来的著作《自杀论》《宗教生活的基本形式》中得到了充分展示与运用。

功能主义在帕森斯（1902—1979年）的理论中得到了系统化发展，并真正成为一种理论流派。默顿又在此基础上发展了该理论，提出以"中层理论"为核心的新的研究框架，有的学者称其为"经验功能主义"。新功能主义是对传统功能主义的发展，又是一种理论综合的尝试，希望重建帕森斯的功能主义。功能分析是功能主义流派中核心的分析手段，也是具有决定意义的手段。对功能分析与功能主义间的关系，我们将在后面单独讨论。

在社会冲突理论中，科塞（1913—2003年）极为强调冲突的功能与作用，对社会冲突的功能性后果的分析是其理论的焦点，提出了著名的"安全阀理论"。无论是社会交换理论中的行为主义交换理论（霍曼斯）、结构主义交换理论（布劳），还是社会交换网络分析（爱默森）都有着共同的出发点：①任何社会事件与行为都存在自己的价值要求并具备自己的价值；②社会的一切交往均依靠某种内在的等量关系。他们认为，分析社会交往与社会事件最有效的方式就是将交往与行为视作商品，具有商品的特性与功能，通过商品原则对其进行分析与解释。符号互动论的理论假设恰与结构功能主义相对：结构功能主义中的"人"是受结构制约与塑造的被动的"人"，而符号互动论中的"人"是具有主观意识与选择能力的能动的"人"。符号互动论强调个人的行动在于他对该事件的意义的赋予，而该意义源于人们之间的互动，并通过反复修正与解释来把握该意义，全面肯定了人的分析能力。在戈夫曼（1922—1982年）的拟剧理论中，行动者的社会行为与互动被置于一种框架与表演的逻辑之中，而每一构成部分、每一表演过程都完成一定的任务，实现其特定的功能，从而完成社会活动。在现象学的"生活世界理论"和常人方法论的日常生活实践活动权宜性、索引性、反身性等分析中都渗透了功能分析的因素，在此我们不再一一列举。

二、为什么使用功能分析

第一，无论从哪种视角来解读中国藏獒产业与消费，我们都必须承认它是中国社会的一类现象，而不是一般的炒作或宠物热，也不是一般的奢侈性消费。我们要格外重视它与中国广大农村相联系的特性，甚至可以说正是广大农村构成了其主要市场，农村百姓的参与催生了其产业化倾向与宽广的消费市场。就2009年之前的状况而言，城市中的高薪阶层对藏獒产业的参与很少。城市中接触到的更多的还是藏獒的贵族化标签宣传、藏獒艺术产品（如绘画、文学作品、雕塑等），养殖藏獒的人并不多（已经出现了增多的趋势，但相对农村而言很少），而对獒圈有深入了解的人则更少。2010年之前，中国藏獒消费热潮存在了10年左右的时间，曾有无数的观察家与批评家指出藏獒消费的泡沫性,认为会如当年的"君子兰热"一般,昙花一现,转瞬即逝。作为养殖主体与市场主体的广大农民也都有过犹豫的心理,害怕突然有一天藏獒不值钱了,没人要了。2006年,出现了中低档藏獒市场的小幅低迷状况,价格低,销售量小。但从2007年起,整个市场开始回暖,所有档次的藏獒都开始热销,2009年则达到了一个新的高峰。2010年之后,产业市场迅速萎缩。但至2018年,在很多地方仍然有养殖者,发生着小额交易。

如果我们的认知只是停留在某一事件的片断上,或某种感性评价层次上,那么无论其结论是正面的、反面的或是无所谓,都不能真正反映藏獒产业的实质。因此,笔者要做的不是建立理论或抓起理论来应用,而是要展现中国藏獒产业与消费这一社会现象的面貌,至少要看到它的构成部分,在怎样运行,有着怎样的联系,方可给我们有益的启示,促进我们对文化产业的反思。

第二,理论虽然也分为诸多类,有些也接近经验层次,但它们都必须高于经验层次,具备一定的抽象性,方可构成理论。对理论自身来说,抽象程度有高有低,如帕森斯宏大的结构功能主义与默顿的中层理论就是两种不同的抽象层次。过高的抽象会丧失实践色彩,把广泛的社会现象都包含其中;过低的抽象由于过于关注现象本身,从而可能缺乏有效的涵盖性。藏獒产业是现代中国社会中的一个特殊现象,其涉及面有限,但它同时已经构成了一种产业,包含了较丰富的产业内容。若仅仅依据某一种理论进行理论研究,则存在较大的困难和风险。在社会理论中,有整体主义与个人主义之分,或称社会唯实论与社会唯名论。前者指把社会看作整体,是唯一的实在,构成研究的中轴与框架,个人只是整体中的一个元素,不具备实质意义;后者指社会整体并不真实存在,个人才具有研究的实在意义,而更大范围的研究与结论都是建立在个体研究之上的。藏獒产业与消费中社会、文化、市场、媒体、企业、农村、城市、社会名人等诸多因素交织在一起,对这一现象的研究仅用某一理论则存在偏颇或疏漏的风险。可见,对中国藏獒产业与消费进行解析,绝不是简单的理性或感性化分析,也不应找理论对号入座。

第三,对藏獒产业与消费进行原貌展示并非理论所能完成的,而这恰恰是功能分析所要达到的目标;同时,与藏獒相关的现象与关系也得到相应展现,功能与现象的互动才可能被我们真正认识,以此为基础,理论才能够真正发挥其功用。功能分析不必受限于宏观与微观的划分,它作为一种方法,为真实展现现象的原貌及表现出来的关系而自由穿梭于各类资料、数据、买卖活动等一切与该现象有关的活动与制度政策之间。除了在经验层面上完成足够的资料收集之外,它也上升到抽象层面,进行信息对比、推理与历史分析,以理清现象之内、现象之间、现象与功能之间的关系。它所关注的是以藏獒为核心建立起来的微观、中观、宏观间的任何关系,其有机性包括在个体与整体之间。藏獒产业与消费的特殊性决定了它的产生、发展必然要沟通起个体与整体(产业),而产业一旦形成就更多地具备了一种社会事实的强制性、外在性与普遍性。此时,对藏獒热的分析就容易忽视个体的存在。功能分析要做的就是在个体分析中展现产业的特点，在产业分析中突出个体的能动。

第四，使人迷恋的"自由观"在现代社会急剧膨胀，不断地渗透到个人与组织之内，或者说，"自由"在与"权力"结合。福柯眼中的权力并非同质的，而是多形态的。自霍布斯始的单一形态权力观（即只注重一方对另一方的控制，焦点为政治领域）已经不能反映现代社会中权力的实质了，而存在于社会各个领域中的"权力"才是它的实质表现，如家庭、组织等。自由与各色权力的结合产生了自由的多元主义与浓厚的实践色彩，因此，自由不再只用来感受与享有，而是变成了一种占有的冲动。其中，极端个人主义与极端自由主义是最为明显的，二者已经融入社会各类问题，甚至融入地区冲突、国际争端、重大公共卫生事件、人类生存与发展等与人类社会息息相关的事件之中。21世纪的人类社会正面临着这种极端自由的巨大冲击，秩序的有效性正在面临着巨大考验。此时，社会职能机构、国家、国际机构等的功能起到越来越重要的作用。一旦维持人类秩序的组织功能瓦解或丧失，人类将面临劫难。以此而言，在现代社会中，功能研究应被赋予更重要的意义，功能分析应被更多理论所强调。因果解释始终是理论的主要解释方法，也最利于理论完成对现象的解释、解决与预测的任务，应用最为广泛，其重心在于社会现象原因与结果间的探讨，以因探果，或以果寻因。因果关系间有多种模式，如一因一果、多因一果、多因多果、一因多果等。在社会现象中，一因一果的纯粹关系只是一种理想状态，多因多果才是真实状况。而且随着社会复杂性的增加，多因多果状态愈趋复杂。这构成了对以因果解释方法来研究现代社会问题的重大挑战。功能分析的目标是"展示"，即完成功能分析的过程。确切地说，功能分析并不是一种解释，因此，更不具备以因探果、以果寻因的功能，与因果解释有着不同的视角。它的主要视角在于对包括功能与现象互动在内的关系的呈现，而非现象间的原因与结果的探讨。有一个概念需要注意，即功能解释。它是在功能主义理论指导下对社会现象从功能的视角进行的解释，其产生是功能主义理论吸收了已达成的功能分析目标后按其核心理论加工的结果。该达成的功能分析目标同样可以被因果解释或其他方法与理论吸收，构成其解释的一部分。结构解释属于一种宏观解释，是以社会机体各部分间的联系与作用为基础的。因此，其前提首先是对社会机体（现象）有一个清晰全面的认识，或能从一定的抽象程度上确认结构的存在；否则，各部分的关联性将无从建立或没有坚实的依据。另外，结构解释的说服力与结构的发育程度紧密相连，在某一社会现象的初始阶段、发展阶段、成熟阶段或衰亡阶段，运用结构方法对其解释的结果会存在着较大差异。因为随着现象的发展，它与其他结构性存在（或社会机体各部分）的关系也在变化，主关系可能会降为次关系，次关系可能会升为主关系，所以，针对发育相对成熟的社会现象，结构解释的有效性是较高的；而对一种新的社会现象，结构解释必须时刻对自身保持一种警惕的反思意识。

2010年之前，藏獒产业与消费虽然已有了几年的历程，但形成的产业化程度还较低，养殖业在其中占据绝对的核心位置，产业中的其他组成仍很薄弱，在产业机制上，它处于市场机制的边缘。产业崩塌之后，几乎处于半隐匿状态，但具体情况还需要深入调查。结构解释对藏獒热产生的原因有一定的意义，如从收入结构、消费心理结构及投机、休闲等方面展开的结构性解释，但其说服力与对藏獒产业全面的剖析深度明显存在欠缺。相对而言，功能分析具有社会现象自身的连贯性，它所完成的目标正是对这些欠缺的一种弥补。因此，默顿在进行功能分析时强调了结构影响功能、功能影响结构的关系。功能分析的目标是完成对现象与关系的展示，除了不受宏观、微观与各类理论限制之外，它本身也会吸收其他方法中的有益成分，从而更好地完成目标。以此而言，功能分析并不绝对排斥因果解释与结构解释。

三、对藏獒产业与消费的功能分析

在默顿眼里，功能分析是社会学解释中的一个有很大发展潜力的方法，它依赖于理论、方法与资料的结合。在其中层理论中，他着重强调了功能分析在资料收集和理论解释中的实效性，[①] 以弥补传统功能主义只注重理论解释而忽视功能分析的方法问题，由此发展出了他的一套功能分析范式。他认为，功能分析本身不是经验研究，而是一系列的程序概念与路线的组合。他首先提出了这一范式，可概括为如下十一项：①标准化的对象，即分析对象必须有明确的界定；②主观意向（动机、目的）从何而来，即区分作为资料的意向与作为分析后果的意向；③客观后果，即功能分析所展现的图景；④功能的影响，即涉及的其他现象或范围；⑤功能的需求，即功能分析中体现出的系统对功能的需求；⑥对功能机制的说明，即具体而详尽地说明造成某一特定功能的机制；⑦履行某一功能的选择项、对等项和替代项，即其他可完成此功能的事项；⑧结构性约束范围，即结构对功能选择、替代等的约束；⑨社会动态与变迁，即功能分析如何应对变化的对象；⑩功能分析效度，即对现象分析的有效性；⑪功能分析的外在影响因素，即分析者的意识、角色等的影响。默顿特意着重强调了功能中反功能的存在，显性功能与隐性功能的区别。他指出了社会运行中反功能的存在，其包含两方面的含义：一是指普通性的功能失调，即一事物具有"减少系统的适应性和调节性的后果"，是对系统运行的反向作用力；二是指相对功能失调，即是否属于功能失调是依据所针对的对象而定的。与反功能相对的是正功能，指"有助于既定系统的适应或调整的可观察的结果"。同时，默顿强调了显功能与隐功能的区别。显功能指有助于系统的调整和适应的客观后果，是被人们预料到的，且被认可的；隐功能指非行动者的预期后果，且不易被人们察觉。如奢侈性消费外显的是个人具有财富、物品的高档，而隐含的则是身份的尊贵、较高的社会地位。

功能分析中，对象的标准化是关键的环节之一，也是真正步入分析的开始。对藏獒产业及消费的标准化必须明确以下几个问题：①界定作为消费对象与核心的藏獒；

---

① 参见侯钧生《西方社会学理论教程》，南开大学出版社2001年版，第156页。

②充分展现藏獒消费的文化基础；③藏獒产业的构成；④藏獒产业消费的类型化特征。在充分占有有关资料的基础上进行标准化处理过程中，与藏獒产业、消费有着紧密关联的现象同样被纳入标准化视野之中，如藏獒起名、资金的流动与用途、藏獒艺术等。作为材料的"意向"包括了产业之内的，也包括了产业之外的，既有个体性意向，也有群体性意向。在对这些问题与环节进行展示的过程中，结构性因素、因果性因素等都被吸纳其中，作为一种机制上的约束成为对藏獒产业与消费进行功能分析的基础。

在进行功能分析之前，需简要介绍一下藏獒产业与消费中的因素：藏獒所具备的功能，以利于了解藏獒产业与消费产生的功能方面的动因，也有助于深入理解藏獒产业与消费的诸多功能。

第一，守护功能。在高原牧区，牧民的帐篷与羊群主要依赖藏獒看护。引入内地后，藏獒也是看家护院的好帮手。

第二，文化功能。在牧区文化传统中，藏獒被视为家庭中的一员，流传下来了大量关于藏獒的神话传说。在那里，藏獒是忠勇的象征，为了主人利益与野兽搏斗的"神犬"。藏獒与寺庙有着紧密的联系，那里是它们的天堂，较好的藏獒一般也出自寺庙。在内地养殖扩大之后，藏獒身上的文化元素被更为广泛地传播开来。

第三，审美功能。优秀的狮头藏獒的体形如同雄狮，步态稳健、气质出众，符合视觉审美的诸多标准。

第四，经济功能。国外的藏獒养殖起步很早，但数量有限，精品藏獒更为稀少，所以价格很高。我国台湾地区藏獒的繁育要早于大陆，岛内一度刮起了一股疯狂的藏獒养殖热潮，藏獒价格也一路走高，大大推动了整个宠物市场的发展。内地藏獒热兴起之后，精品藏獒的价格持续在高价位，整个藏獒市场不断拓展，逐步形成了藏獒产业。

第五，标签功能。在藏獒热时期，拥有一只优秀的藏獒就意味着拥有了金钱与地位，因为其时在部分人看来，藏獒已经成为社会地位与财富的有力象征。

第六，艺术功能。与藏獒相关的艺术领域包括绘画、文学、雕塑、摄影、动漫等，并产生了一批以藏獒为题材的文学、艺术作品。

（一）物质与精神视角功能分析

物质与精神视角的功能分析指把所研究社会现象在物质方面（主体为经济发展与经济收入）与精神方面（主体为社会观念与生活意识）所具备的功能展现出来。由于二者在各类社会现象中都相伴出现，公众对其评价时也常将二者相联系，这样有利于对比性的分析。

1. 物质功能分析

（1）资金及其流动视角。藏獒产品、藏獒购销、藏獒配种是资金及其流动的核心,但藏獒产业中,藏獒产品并未真正形成,也不存在相应的市场,这决定了藏獒产业必然被泡沫吞噬。藏獒购销中法律的缺位也埋下了隐患。这样产生的资金流动无法持续。

就特定时间而言,随着藏獒价格的逐渐攀升及养殖规模的不断扩大,西部藏獒原产区与主要养殖区的经济得到明显拉动。西藏自治区措美县2006年售出藏獒486只,创收641.4万元。而青海省玉树州每年即可从"赤古"身上获得1000万~2000万元的收益。每年有大批精品藏獒从牧区售至全国各地,价格均在几十万到上百万元。配种运动又为西部地区带来了较为丰厚的资金,使西部藏獒养殖区的经济收入有所提高。

养殖藏獒的农牧民也从中受益,出现了许多如才旦扎西、索南培杰这样的百万、千万富翁,而且家家户户的收入都有较大提高。玉树州的一位中介人说:"玉树这里家家养藏獒,不为别的,有藏獒就有了收入保障。"那时,收入的增加坚定了农牧民养殖藏獒的信心,并以更大的热情投入到藏獒产业之中。

对藏獒养殖者或经营者而言,其资金流向表现为多元化,如购置优秀种犬、改扩建獒园、用于公益事业、置房买车等。这样,无形中就推动了藏獒产业的进一步发展。养殖者,尤其是农民养殖者接触到更广阔的社会空间,社会活动多元化增强。藏獒产业的进一步发展与影响力的扩大使养殖者获得了更大的市场空间与更高的收益,由于他们品尝到了投资的回报,大量的资金会以相同或相似的方式继续流动与投放;但产业的崩塌也让一些养殖者和经营者陷入困境,甚至由此背负巨债。

藏獒产业在西藏等地经济发展中起到一定的推动作用。但总体而言,到藏族聚居区寻找、参观与购买藏獒的人毕竟只是很少一部分人,内地藏獒产业的兴盛与否不会改变西部地区整体的发展走势。藏獒产业对农牧民增收功能的持续性主要依其自身发展的程度而定,这已经被历史证明:泡沫吞噬了这一暴利产业。至于以后的发展,还要看藏獒产品及其市场的充分开发、藏獒用途的专门化、与宠物行业结合、打开出口渠道以及法律规范的执行等方面。

内地的养殖主体是农民。河北省昌黎县的农村劳动力主要有以下几类流向:①外出打工。主要流向大都市及东部、南部沿海较发达地区,这些地方吸纳了农村的大部分剩余劳动力。②经商、从事中介活动。他们从以土地耕作为主的农民中逐步分离出来,从事与农村养殖业、种植业、服务业等相关的活动,分布领域广泛。③从事养殖业。指专门从事养殖业或与种植业相比更多地注重养殖业、以养殖业为生。养殖种类很多,以经济类动物,如狐狸、水貂、貉子、鹿等为主,以各类宠物为辅,也有以养殖家禽和牲畜类为主的。④从事种植业。主要包括蔬菜、果树种植经营与粮食作物种植经营两大类,前者的比例在逐步上升。此类格局造成了农民内部收入差距加大,完全依靠种粮作为收入来源的农民逐渐沦为收入的底层,而从事各类养殖者、经商者和常年外出打工者则逐渐成为农村中的富裕人群。藏獒养殖兴起之后,一些村民一夜间即身家几十万,甚至上百万元。所以,在很多农村地区,特色养殖的影响力越来越大，成为农民增收的主要的、快捷的途径。2000—2006 年，河北地区最主要的特色养殖是皮毛经济动物的饲养，譬如狐狸、貉子、水貂等，是当地农民致富的主要途径。但从 2005 年起，藏獒交易在周边地区日益高涨，随着 2007 年年底国际、国内皮草业低谷的到来，藏獒养殖逐步取代了皮毛动物的饲养，短期效应明显；但从长远看，养殖者（尤其是农民养殖者）在这一过程中形成的行业意识与市场意识仍有待规范和提高。

（2）生产部门视角。随着人们生活水平的提高，大中城市工薪阶层的闲暇时间增多，"宠物热"应运而生。藏獒产业与消费的出现极大地推动了专门生产宠物用具、饲料、食品与营养品的生产部门的发展。藏獒产品实质上最能体现藏獒产业对相关生产部门的推动作用。但藏獒市场并未能发展到那一程度便崩塌，因此，其对生产部门的刺激与打击并存。

2010 年之前，食物与营养、藏獒饰品与用具等标准化现象集中体现了当时藏獒产业与消费对宠物市场中生产部门的推动作用。一方面，由于藏獒数量增加很快，对专业饲料、食品与用具的需求量急剧增加，推动了藏獒专用物品制造厂家的数量；另一方面，由于藏獒食品、饰品与用具种类繁多，与之相应地催生了不同类型的生产企业。藏獒产业与消费促进了宠物业内生产部门的发展；同时，生产部门生产的各类宠物用品品种与数量的增加，又会潜移默化地影响人们对待宠物的观念，从而在一定程度上为藏獒产业的发展创造了更大的空间。

宠物饲养、健康、卫生等方面的需求推动了宠物饲料、用具等的发展，从而推动了相关生产部门的发展。但显然，藏獒热的兴起只是在一定程度上助推了这一趋势。而实质上，每类宠物的流行都同样起到了这一作用，如松狮、大白熊等的兴起。从动态角度而言，由于宠物行业的存在有其深厚的社会与心理因素，在现代社会中必将长久存在下去。这决定了宠物用品存在的必然性，为相关的生产部门提供了充足的市场生存空间。无论藏獒产业与消费繁荣或萎缩，它已经起到了推动作用；且由于藏獒的存在（尤其是精品藏獒的存在），在一定程度上决定了此种功能的长期持续。

（3）服务行业视角。服务行业的功能分析所依据的标准化现象包括疾病与治疗、藏獒购销、藏獒经纪人、藏獒俱乐部、藏獒展会以及藏獒媒体等。现代经济中，服务行业迅速发展，在国民经济中所占的比重越来越大。中间职业群体或中介性质的行业组织蓬勃发展，在行业中的作用日益突出。

另外，行业已经与社会中的各类经济、各类组织相互交织，营销宣传的力度与效果控制着企业的"半条生命"。藏獒产业与消费对与其相关的服务行业的功能就建立在此基础之上，并形成对该功能的结构性约束，即藏獒产业与消费对宠物服务业（如动物医疗、美容）、运输业等的发展的推动作用必须以服务行业内技术水平、中介组织或中间团体的执业准则与水平、广告宣传方面的主导理念与相关政策法规等为前提。藏獒产业与消费在促进与其相关的服务行业的发展的同时，又受惠其中。因为在藏獒消费中，各类展会、广告、医疗、运输业都起到重要的推动作用，尤其是藏獒专业媒体与其他相关媒体更是在藏獒产业形成过程中扮演了关键角色。

与宠物相关的服务业和广告业等是适应人们养殖宠物的需求而形成与发展的，也是作为社会转型与发展的一类后果而出现的，成为宠物行业升级的需求与目标。藏獒消费在其中作用巨大。藏獒展览会兴起后，2009年第五届藏獒展会参展的藏獒媒体与相关宠物公司（兽药公司、饲料公司、保健公司、医疗单位等）达数十家。

但必须看到，对与宠物相关的服务业与广告业的推动作用并非藏獒产业与消费所独有，只是在特定的历史阶段，一些特殊的社会与文化背景下，加之一些偶然因素才成就了藏獒产业在其中的特殊作用。其他宠物类也起着重要的作用；否则，宠物服务业也不会出现藏獒消费。总体而言，宠物服务业的升级是一种必然趋势，在一些大中城市，这一趋势已经推进了产业的重组与整合。如兽药公司与宠物商店合作，医疗公司同时代理照看宠物以及配种业务等。

（4）展会视角。从展会视角进行的藏獒产业与消费的功能分析所依据的标准化现象是藏獒展。随着市场经济的深入，市场中的竞争变得激烈而有序，展会成为在竞争中谋生存、展现企业自身的长处以吸引客户的重要营销手段；同时，这种市场的要求也是一种经济中的文化模式。即以客户为中心，企业把自己置于被审视者的位置，尽量把自己的优点与长处展现出来以吸引客户，让客户在比较中、感受中做出选择。此时，经济效益固然重要，但如何展示、如何调动客户的兴趣则以一种文化的方式呈现，影响着参观者的选择。在此前提下，藏獒展在藏獒产业与消费中蓬勃发展起来，并起着举足轻重的作用。2009年2—5月，仅在藏獒在线网站的论坛区内以公告形式发布的专业藏獒展就多达10个。2007年，仅金港獒园参加的展会就达7个之多，投入的广告费用达百万元。众多的藏獒展会以及产生的市场效果大大推动了藏獒展会经济的发展。各类展位费、宣传费、门票收入（第四、第五届中国藏獒展的门票均为30元一张）、相关的空运、列车货运以及餐饮、住宿等构成了藏獒展会经济的主体。藏獒产业与消费催生了藏獒展会的成功举行，藏獒展会经济应运而生，同时进一步推动了整个展会经济的发展；反过来，藏獒展会也促进了藏獒产业的发展，为其拓展了空间，又会促进展会经济的发展。

藏獒产业与消费产生的藏獒展会经济对整个展会经济的推动功能主要来自产业内部的需求。一方面，藏獒养殖分布于全国各地，在某一地区之内也比较分散，这对獒圈之外的人接触、了解藏獒产生不利影响；另一方面，藏獒养殖的主要地区与市场主要分布于城市郊区与广大农村地区，居住于大城市中的人很少有机会真正见到藏獒。藏獒展会可以在一定程度上弥补两方面带来的不利影响。对獒圈内部而言，藏獒展会可以激发养殖者的意识，刺激产业内部的发展动力。藏獒展会是藏獒产业的特有产物，没有藏獒产业的兴起也就不会有藏獒展会经济的繁荣；同时，藏獒展会亦属于宠物展会中的一类，它的兴起也在一定程度上促进了整个宠物展会经济的繁荣，如有的养殖者带自己的藏獒参加综合类的宠物展或比赛等。

（5）藏獒广告视角。从藏獒广告视角进行的藏獒产业与消费的功能分析所依据的标准化现象有藏獒相关媒体与宣传手段。激烈的市场竞争以及企业的经营理念的改变极大地促进了广告业的发展，离开了广告的宣传，现代企业很难生存下去。藏獒产业与消费自然而然地催生了藏獒广告业。网络、电影、电视、刊物、展会等都涉及藏獒广告宣传，也产生了大量的专业藏獒广告媒体，比如藏獒在线、藏獒之窗、《獒风尚》等。专业的藏獒广告媒体的迅猛发展在一定程度上也促进了整个宠物行业的广告发展。显然，藏獒产业与消费现象在促进相关的广告业发展的同时，也受惠于发展的广告业，二者是一种相互促进的关系。当然，专业藏獒广告中也有虚假的宣传成分，损害购买者利益，损坏产业名声；但这类现象在2010年之前并未改变二者的总体关系。

2. 精神功能分析

（1）市场文化视角。藏獒产业与消费发生在21世纪初的中国，正值社会整体转型与发展的关键时期。从市场文化视角进行的功能分析所依据的标准化现象包括藏獒经纪人、藏獒俱乐部、藏獒标准、藏獒展、藏獒购销与配种、藏獒媒体等。

藏獒经纪人现象大大促进了藏獒市场中的机遇意识、中介服务意识和投机意识的形成和强化。

藏獒俱乐部与藏獒标准对藏獒市场发挥着规范与引导的功能，同时为藏獒市场真正融入社会整体市场提供了可能。因为二者构成了藏獒产业与消费的机制与准则基础，若缺失了任何一方面或者流于形式，甚至为炒作和投机做幌子，则藏獒消费难成产业，难以在社会市场中找到生存空间，难以形成可持续的消费。

藏獒展与藏獒媒体对藏獒市场文化的影响是复杂的，主要强化了三类意识：竞争、广告、炒作。竞争是藏獒产业与消费发展的必然，也是该市场的内部要求。展会与媒体是产业展示的工具，起着渠道的作用，并以自身的发展进一步提升行业内的竞争意识，产业才能够有进一步拓展与发展的空间。广告是应对竞争必然的、有效的手段之一，同样是市场经济的必然产物与行业发展的内在要求。展会与媒体为藏獒广告提供了平台，良好的广告效果又为二者的发展提供了更大的空间，进一步突出了行业内的广告意识。由于藏獒产业与消费作为中国社会较特殊的一种现象，其对整个社会生活与经济生活中的广告意识也起到了强化作用。任何市场中都存在着炒作意识与现象，广告是常被采用的方法。市场内部存在着炒作的空间与利益空间，尤其在市场机制并不健全与完善的情况下，炒作意识容易流行，炒作现象也容易出现。由于藏獒产业与消费的不健全以及暴利性，炒作意识在产业与消费中广泛存在。展会与媒体是其炒作的重要平台。2010年之前，藏獒产业与消费所带来的炒作意识较为广泛地渗透到市场与社会生活之中，并遭到了市场和舆论的排斥，这也使其自身难以真正融入市场体系之内。

在藏獒购销、配种现象中，行业运作意识与暴利概念得到了强化。运作指经营的思路与方法，是在市场法律法规等的制约下完成的，会直接影响利润的大小。在藏獒购销与配种业务中，运作程度对价格、销售数量的影响很大，如买卖中介者的运作、配种业务中广告宣传力度等。对运作意识的强调与重视为藏獒产业与消费开拓了市场空间，同时也加深了产业内的投机意识，二者又共同渗透到社会市场中，强化了人们对藏獒产业中投机现象的敏感度。暴利概念在市场中多指具有垄断与投机性质的行业或企业。如果市场中暴利的获得相对容易，说明市场机制还存在着诸多漏洞，仍是发育不健全的市场。藏獒购销、配种业务中价格定位存在着诸多影响因素，具有多层次的价位档，但总体上与其他行业（包括其他宠物行业）相比，已经具有了明显的暴利性质。一只狗的价格达到几十万、上百万甚至上千万元，这让绝大多数人感觉难以接受。随着藏獒购销与配种业务的开展，藏獒产业与消费内部的暴利意识也在逐步加强，更鼓动了社会市场中的此类意识。很多人为了获得暴利而加入藏獒产业，形成一种畸形的产业拉力。2010年之前，由于藏獒购销与配种业务暴利现象明显，造成了与整个市场之间的隔阂。

藏獒产业与消费在市场方面的功能首先是对藏獒产业自身范围内市场的功能，进而渗透到整个社会市场之中。对藏獒产业自身市场而言，这些功能具有独立性，即不可被其他现象或功能所取代，因为其现象和功能均为藏獒产业与消费的产物。但于整个社会市场文化而言，藏獒产业与消费视角的功能则不具有特殊性。因为无论是机遇意识、中介意识、规范意识、竞争意识、炒作意识还是运作意识与暴利意识，都是整体市场中已经存在的市场文化元素，藏獒产业与消费进一步强化、运用和显化了这些意识。市场文化方面的这些功能会随着藏獒产业和消费的发展与整个社会市场的不断发展而变化。总体而言，社会主义市场经济机制与运行将会逐步完善，整个社会市场也会趋于完善。这样，藏獒产业与消费在市场文化方面的功能的走向就取决于藏獒产业自身的走向。

（2）社会道德视角。藏獒产业与消费对现代社会的道德影响须首先考虑两大前提因素：一是藏獒产业与消费被社会和市场关注的程度。因为市场观念、效益观念已经渗透到人们生活的方方面面，旧道德观念的改变与新道德观念的产生都直接或间接地与市场有关。藏獒产业与消费越能影响整个社会市场从而被社会和市场关注，无论是被接受还是被排斥，无论产业是延续还是崩塌，它对人们的社会道德观念就越能产生影响。二是社会的开放程度，即社会对各类事件与行为的包容程度。现代的中国社会是一种有机性较高的开放的社会，为新现象的出现提供了相应的空间。

对道德观念进行功能分析的标准化现象主要包括：虎头藏獒与狮头藏獒、藏獒媒体、藏獒经纪人、疾病与治疗、藏獒购销与配种、藏獒俱乐部等。对藏獒群体来说，其繁殖、生长的"天堂"是青藏高原及其周边高寒地区。大量的优质藏獒被购至内地，从某种意义上来说就是对其生理性能的一种改变。在内地的幼獒繁殖中，各类传染病频发以及幼獒较高的死亡率都为这一物种的生存状态敲响了警钟。在消费中，严重的"狮头化"倾向使虎头藏獒受到一定程度的歧视。从人类道德而言，这是对大自然的一种贪婪，是对藏獒物种的人为改变；从人道主义视角来看，这里应存在着人们自身的道德反思。如果把人为炒作与道德相联系，那么关键之处就在于是否以道德的评价来衡量与规范市场的度。在藏獒经纪人、相关媒体、虎头与狮头等现象中产生的炒作思潮已深刻地影响了社会，道德观念已经介入对藏獒市场的评价。其后果不仅仅是对藏獒产业与消费中的炒作进行某种抨击，还强化了许多其他后果，其中之一就是加大了道德在对市场中炒作观念的容忍度，甚至把社会生活中的炒作现象视为正常的合乎道德的行为。这样，社会中的炒作之风有了更大的扩张空间，带来了极为消极的影响。从购销、配种、符号贵族化等标准化现象中产生的奢侈消费符号直接而深刻地影响了社会中的道德观念。奢侈消费只是一种消费行为，属个人支配，而藏獒消费的兴起把道德对奢侈性消费的关注推到了一个新的高度，其主要后果就是加剧了社会心态的失衡，突显了社会中存在的不公现象。同时，藏獒产业本身的这个标签也产生了一个有趣的后果。很多人把进入藏獒产业作为致富的手段，外界一般给"玩獒"的人一种较高的身份定位，二者的合力就使对藏獒消费中的关于"奢侈"的道德评价与关于"致富"的经济评价相背离。因此，当很多人在喊"这个社会公平在哪里"，在愤愤不平的时候，一边又费尽心思进入獒圈，为弄到精品藏獒而不遗余力。藏獒行业对社会的承诺和对教育与慈善事业的投入多是在藏獒俱乐部主持下完成的，以产业组织的形式推动社会公益及慈善事业的发展，不但会提升藏獒产业内部成员的行业素质和道德素质，而且会对整个社会产生极大的影响。外界认为的充斥着暴利与奢侈的藏獒产业能以一个集体的形式去面向整个社会发表一个宣言，在行业内募集百万资金，为西部贫困地区修建学校，不管出于什么目的，这种行为就已经深刻地影响了其他行业与整个社会的公益意识与慈善观念；而藏獒产业在其中也找到了一种新的社会角色定位。

就藏獒产业与消费而言，其产生的涉及道德观念的问题是其自身的产物。没有藏獒产业与消费的存在，就不会有大量藏獒被迫离开原生地，也不会有炒作藏獒的现象、奢侈消费与慈善行为的发生。对整个社会而言，藏獒产业与消费带来的道德观念上的影响具有一定的特殊性，虽然其波及面并不大，即并非所有的人都会对藏獒产业与消费带来的现象进行理性的、道德的思考与分析，但因为人们对暴利的敏感与对特殊消费行为的关注，它的存在与发展在现代社会中又显得极为突出。以此而言，虽然藏獒产业与消费对整个社会道德观念的功能不具有独占性，但其影响力与震撼力却是比较大的。随着时间的流逝，人们倾向于慢慢忘记或逐渐接受。藏獒产业与消费对人们道德观念带来的诸多影响同样如此。但这并不意味着其影响的消失，而是潜移默化地融入人们的道德观念之中，成为人们评价社会现象、进行行动选择的内在影响因素，并具有一定的持续性。另外，藏獒产业与消费对道德影响的持续性还表现在道德对市场的评价与接受中。随着藏獒产业的发展，人们观念中对市场的理解与定义更为宽泛了，甚至发生了曲解，比如只要不违法，市场可以无处不在，利润可以来自市场的任何手段。

（3）生活态度视角。无论是从经济视角还是社会生活视角而言，现代社会都具有极大的包容性,这为人们生活态度的形成、改变提供了空间与可能。藏獒产业与消费对人们生活态度产生的影响离不开这一开放性的空间。受市场的影响,利益动机广泛渗入社会当中,人们的行动很难完全摆脱利益动机,即使韦伯所言的情感类行动或传统类行动也是如此。因为这些行动只是转移了利益动机的主体对象(如从个人到传统权威)或利益成分(如从金钱到情感),而实质上,利益动机是处于一种隐蔽的状态之中。生活态度与利益动机是一种复杂的关系,二者相互纠缠,融入人们的日常生活与各类社会行动之中。所以,对任何人来说,生活的精神性与物质性二者常常会发生矛盾,这既是从生活态度视角进行功能分析的约束与前提,也是功能分析的一种过程制约。

投机意识体现在藏獒产业与消费之中。与其相关的有藏獒经纪人、藏獒购销、行业思潮等。这些现象强化了人们,尤其是獒圈之外的人们的投机意识。一次较大的交易,中介人就可以提成几万到几十万元,没有谁会拒绝这样既合法又轻松的赚钱方式。因此,一些人开始浮躁,开始寻找、等待这样的机会,致使正常的工作生活受到影响。同时,藏獒消费也对人们的生活观念产生了这样的冲击:挣钱要讲门路,花钱要花到点子上。一只精品藏獒产生的效益之大与效率之高让人咋舌,用一些人的评价就是"比到银行抢劫还要快还要多"。2010年之前,在獒圈内的绝大部分人看来,投资几百万元到极品藏獒上比投资股票、房地产更具吸引力。用昌黎县獒友的话来说,在这样的年代里,"撑死胆儿大的,饿死胆儿小的"。无疑,这些都冲击着人们的生活理念,削弱了人们生活观念的保守性,同时助长了浮躁或投机心态。

藏獒产业与消费也大大激发了人们的机遇意识与把握机遇的意识。与其相关的标准化现象有食物与营养文化、藏獒保姆、藏獒产品、藏獒饰品与用具、藏獒展、藏獒媒体等。有了需要也就有了市场,把握住需求动向也就把握了机遇,从而占领市场获得收益。2010年之前的藏獒产业与消费是个最生动的例子。"坐等"是无法找到机遇,更无法抓到机遇的。而2010年,极度繁华的藏獒产业突然崩塌更是让人们刻骨铭心。

藏獒被赋予的文化内涵是藏獒产业与消费的基础之一,同时,藏獒产业也推动了这种文化理念广泛传播。很多人将其称为獒性文化,包括忠诚、坚韧、勇敢、责任、勇于牺牲等。相关的标准化现象有藏獒标准、藏獒展、藏獒媒体、藏獒艺术等。藏獒展从人们的视觉、听觉上传递了这种文化理念。藏獒的威猛外形和凶悍的叫声让参观者产生一种异样的文化感触,在感官上印证与肯定了这种文化内涵。各类藏獒媒体以图片的形式加以宣传介绍的过程也起到了相同的作用。藏獒标准、藏獒俱乐部等以规范化的形式肯定了藏獒的外观、气质,暗示了藏獒文化的真实性。藏獒艺术对獒性文化的影响最为显著。2010年之前,以藏獒为题材的小说全部热销。2005年,杨志军的小说《藏獒》上市一个月就售出逾10万册。藏獒"岗日森格"身上体现出来的忠勇、强悍、智慧被人们大加赞赏。文化理念的传播有利于藏獒产业的发展;同时,也是一种警示:要健全行业发展机制与规范,控制有违獒性文化理念的传播与行为的产生。

伴随着人类社会私有制的到来，投机意识与机遇意识已经产生，生活的市场化又使这些观念得到加强。藏獒产业与消费的兴起进一步显化了它们在人们生活观念中的作用与地位。但显然，从藏獒产业自身而言，投机因素会逐渐减少（无论是出于行业的健全还是行业的萎缩，这一趋势将是必然的），对人们观念上的影响也必将式微。而机遇意识则会以相反的状态发展。因为如果行业能够健康发展，则意味着不断有新的空间与方向可供拓展；如果行业萎缩甚至崩塌解体，会迫使行业内的从业者另觅出路。无论出现二者中的哪种情况，獒圈内的机遇意识只会有所提升，而不会减弱。同时，由于机遇意识是被市场与法律规范所肯定的，有利于人们应对竞争，因此，它自身就有一种可持续发展的潜力。獒性文化是藏獒和藏獒产业带给社会的财富。虽然忠诚、勇敢、坚韧、责任自人类社会之始就被定义为优秀品质与精神，受到人们的推崇与赞扬，但毫无疑问，除去人类社会中人类自身的事件来表现这些理念外，藏獒文学、藏獒绘画等成为良好的传达渠道，以另一种方式更具震撼力地把人性中的这些品质再次展现在人们面前。市场与利益是现代生活的核心，来自人们心中的精神向往常常处于被遮掩的状态，有时被对利益的追求吞噬了，有时不知不觉地沉默了。在没有强制结构压制的情况下，在人们的自觉思考与行动中，市场与利益处于绝对的优势，獒性文化也难逃这样的命运。或许人们依旧关注藏獒的命运，关注藏獒市场的走向，但对獒性文化的关注变得越来越少，越来越淡。

3. 个人与社会视角的功能分析

（1）个人视角的功能分析如下。

1）个人创见的视角。无论哪个领域，个人的创见主要源自个人的主观努力，只有善于观察研究才可能有所突破。但必须承认，任何个人创见在不同程度上又受到社会结构的影响与制约。也就是说，个人的生活创见、科技发明、方法创新都离不开社会宏观发展的大背景。封建社会中的生活方式明显不同于现代社会，没有酒吧就谈不上酒吧消费，没有相应的航天技术就谈不上发射载人航天飞行器……这是最浅显的道理。也就是说，社会宏观环境给相应的个人创见提供了一个平台。在这个平台上，个人创见有一定的弹性，但总体而言是受到该平台所能提供的空间制约的。在现代社会，该平台无论是从物质、精神还是舆论等方面都已具有了很大的开放性，这为形成各类个人创见提供了良好的平台。而从市场角度来说，竞争不但为创见的产生提供了空间与平台，而且为个人创见的产生提供了动力。墨守成规、一劳永逸的方式已远远不能应对现代市场中的竞争了。藏獒产业与消费对个人创见的影响也必然建立在此前提之下。

影响个人创见的因素有很多，主要包括藏獒配种、母獒生产与幼獒饲养、藏獒的疾病与治疗、藏獒命名、藏獒经纪人、藏獒艺术等。在藏獒配种业务中，獒友们发明了许多辅助的、配合性的手法与用具，以保证交配质量，避免藏獒在交配过程中发生擦伤、咬伤现象。母獒生产与幼獒饲养的一些方法是根据藏獒在内地的变化而发展出来的，如育獒室的设计、保温措施的实施等。针对幼獒的一些疾病，有的獒友采取了一些新的手段以预防与治疗，如调换母獒哺乳等。藏獒的名字主要依獒主的喜好而定，其中体现出了一些个人的思维倾向，并产生了一定的规律性（见藏獒名字相关章节）。无论是介绍买卖的经纪人还是介绍配种的经纪人，他们都形成了一套自己的经营模式。藏獒艺术作品、绘画、雕塑等也都形成了独特的风格，并在各自领域中得到了广泛的认可。这些与藏獒相关的独特的创见正是由于藏獒产业与消费的逐步兴起而产生的。这些创见意识在社会中也得到了进一步传播。

藏獒产业与消费内部的个人创见既是獒友自身的创造性行为，也是市场的一种内在机制，有一定的偶然性，同时也有一定的必然性。藏獒产业与消费并非单纯的养殖业，也不是普通的宠物行业，而是集二者于一身，并有着许多自身的消费特点的行业；同时，行业内的主体绝大多数是农民，这就使该产业内的个人创见具有重要的意义，对外部的影响也很大。它与机遇意识相结合，并作为机遇意识的一种延伸落实到社会实践之中，对行业的生存与发展都具有重要的意义。在行业萎缩的情况下，这种个人创见意识与行为也是个人谋求新出路的关键因素。

2）市场意识的视角。市场意识是市场的独特产物，除了受到市场自身结构、健全程度等方面的影响之外，还受到法律的强力制约；同时，被市场与法律认可的意识才是有效的市场意识，以其为指导的实践才具有合法性。相对而言，道德则无法完成对市场的有效规范，有时还要受到市场的侵蚀，使自身处于尴尬境地。因为它不具有强制力，而市场对人们的生活则有某种隐藏着的强迫力量。行业的特点，如强调服务或强调生产，会在一定程度上影响市场意识的偏向。服务可能会更强调客户满意度，生产则更关注产品质量问题。另外，行业的发展程度也会影响市场意识的偏好，如一个新生行业中的市场意识可能更倾向于投机，而一个相对成熟的行业则会更侧重于赢得竞争，提高质量，保证市场的健康稳定。分析藏獒产业与消费对市场意识的功能必须考虑到这些因素。

獒圈内人们的竞争意识主要通过藏獒展表现出来。在2010年之前，藏獒展会的规模越来越大，参展者越来越多，展会成为藏獒商家们展示自己的藏獒、推销自己的藏獒的有效平台。通过参展，商家收到了良好的广告效果，提高了在行业内的知名度，提升了竞争力，獒园的经营业绩相应提高；同时，进一步提升了商家的竞争意识，使其更加注重各类宣传手段的应用。随着藏獒产业的发展，竞争意识必然受到更大的重视。因为它既是藏獒市场发展的内在需求，也是每个藏獒从业者在市场中生存、获利的必备因素。

2010年之前的藏獒产业与消费存在大量的投机意识与行为，表现在购销、配种、经纪人等现象之中。投机意识使一些人一夜暴富，这就无形中强化了人们的不平衡心态与对投机的向往，这些又会影响行业的发展，使投机行为找到生存的空间。但在整个社会市场中，法律、市场规则以及藏獒产业自身的健全会限制投机行为的出现，关键在于其执行力如何。

在人们的观念中,道德与市场的关系十分模糊,在藏獒产业与消费中主要通过行业思潮表现出来。道德面对市场时显得那样弱势与被动,其评价与标准则慢慢融入市场之中;同时,由于道德自成体系,并存在着一种体系内的自律意识,所以,二者处于一种复杂的纠缠之中。这是整个社会市场的状况,也是藏獒产业与消费内部的一种状况,虽然作为产业内的一个小的意识支流(染色、打针等欺诈手段多为不法狗贩所为),但无疑也会带来一种强化作用。此外,产业自身也无法真正摆脱二者的纠缠,其中仍有许多问题需要处理。

总体而言,藏獒产业与消费对人们市场意识的影响是多方面的,其功能也是鱼龙混杂的;同时,藏獒市场又是整个社会市场的一小部分,其功能也被包含在市场的整体之中。个人市场意识的形成与变化受到的是来自各方面因素的影响。从动态角度分析,诸多功能的变动并不会出现均衡或完全一致的状态,必然有的增强,有的减弱,这与个人对各类意识的认同与应用程度有关,但必然要受到藏獒市场完善程度的制约。总体而言,竞争意识与规范意识会逐步增强,道德与市场的纠缠难以完全理清,投机意识会有所减弱。

3)个人行为视角。任何一个行业对个人行为产生的影响都必然受到外在的约束,且其强于对个人意识方面的约束。经济发展水平决定了个人行为的经济方面的范畴,即个人的行为须以经济能力为支撑。政治在另一层面制约着人们的行为。没有完全脱离政治的自由,同样,也没有完全脱离政治的个人行为。法律规定了个人行为可接受的范围,违反法律的行为将被宣告无效并受到相应的惩罚。经济、政治、法律对个人行为的约束属于硬性的约束,不容个人行为的破坏。相对而言,文化约束则是一种软约束,它对个人行为有一定的影响作用,比如惯例或周围人的评价标准等。但这并非不可突破或不可违反的,也不会产生相应的惩罚性后果。在任何文化中,个人行为都具有很大的机动性,即个人的决定可起到关键的作用。

体现藏獒产业与消费对个人行为影响的标准化现象包括藏獒购销、消费宣传手段、新的中心化等方面。

藏獒购销推进了人们,尤其是普通农民的风险投资行为。如昌黎县以养殖藏獒发家致富的农民无一不是在风险中获得巨大财富的。一位城郊的养殖者2007年投入近百万元到各地用精品藏獒配种,2008年幼獒销售就达100万元,而2008—2009年以自产的精品幼獒作种公对外配种获利近200万元。藏獒产业与消费使人们敢于投资,尤其是那些完全以种地为生的农民,他们放弃保守的旧观念,对风险投资有了一个全新的认识。藏獒产业中的高投资带来巨额回报的诸多例子进一步推动了产业内风险投资的规模与数量。

獒圈内的消费宣传手段展现了人们对广告宣传与信息交流的重视。在以前,农民很少为了销售手中的商品而找到专业网站、电视媒体或专业的期刊,花费较大的费用做广告宣传。而现在,许多养殖者都购置了电脑,买了数码相机,用来传递信息和做广告宣传。通过广告，他们即使在极为偏僻的农村中也可以获得各类交易与展会的消息。

以种粮为生的农民很难成为完全意义上的市场主体，因为他们游离在市场之外，基本上接触不到真正的市场。但藏獒产业使他们成了真正的市场主体，进行的是一种全新的主体行为。新的中心化趋势是这一功能的外在表现。农民养殖者也走出家门到县城乃至全国各大城市参加藏獒展。昌黎县MTD村的一位普通农民从2007年开始参加全国的各大獒展。2009年5月初的太原展会上，他带去的7只自家产的小藏獒全部售出。同村的另两位村民合伙购买大量低档幼獒，用自家购置的面包车运到周边省份的宠物市场，一次下来就赚到几万元。农民成为市场主体，农村才可能有市场气氛与机制的存在，这是一个简单的道理。经营藏獒的农民的成功又会把这种主体意识广泛传播，影响周边地区的农民。

社会与市场中对个人行为产生影响的因素很多，但藏獒产业与消费对农民个体行为产生的影响具有特殊的意义，因为其作用的对象主要是农民。而在其他任何产业中，农民都谈不上作为市场的主体。藏獒产业不仅打破了这层坚冰，而且是以这样一种极具震撼力的方式面向全社会宣告产业的主体是农民：颠覆性的财富的象征。这种看似悖论的方式不仅推进了农民主体行为的开展，而且进一步加强了农村中农民的市场意识与机制。即使在产业断崖式萎缩之后，这种意识依然保留了下来。

4）个人收入视角。影响个人收入的结构性因素有很多，最主要的因素有两项：宏观经济的发展水平与社会的富裕程度、收入的分配制度。经济发达、社会富有，人们的收入水平就高；社会财富如何分配决定了人们收入层次上的差别。藏獒产业与消费对个人收入的影响是在二者的范畴内实现的，即二者都是既定的，共同构成了对藏獒产业与消费个人收入视角分析的约束与前提。

藏獒产业与消费让许多人富了起来，这是不争的事实，其中包括原本富有的人和相对来说贫穷的农民，包括生活在青藏高原上的农牧民。这些在藏獒购销、藏獒配种、资金用途与流动、生活与消费的纠缠等标准化现象中都得到了清晰地展现。MTD村一户农民2003年从亲戚家要来一只藏獒与德国牧羊犬杂交的混血幼犬，11月将其与村中的一只普通公藏獒交配，2004年年初产下5只幼犬。幼犬至2月龄时全部被狗贩子买走，获利近万元。他又用这笔钱购入2只纯种普通母藏獒，第二年获得收益近8万元，而且积累了种獒，扩大了养殖规模。

藏獒产业对养殖藏獒的农民来说有不可替代的意义，因为他们从来没有这样容易地赚钱，更没想到会赚这么多钱，有的农民将其称为"万年不遇的商机"。养殖藏獒的农民收入大幅增加，村庄内部、村庄之间的收入差距也出现了较大的分化。这在传统社会以及藏獒热兴起以前的现代社会中是较少发生的（除了有好的乡镇企业、特色资源、地理位置的村庄之外）。这一现象对所有的农村家庭、村民都是一个巨大的震撼，村民意识到，"原来钱也可以这样挣"。农民的市场意识迅速变得浓厚，也为农村中其他行业带来了活力，农民自身去开拓市场、钻研新的经营理念的意识空前地高涨。藏獒产业泡沫破灭后,其给农牧民带来的收入急剧降低,富有群体向农民的财富流动大大减少,一些内地农民也因此背负了较多的债务。

5) 符号定位视角。符号在现代社会中普遍存在,涉及各个领域,甚至成为生活的全部。哲学、传播学、符号学等都对符号有不同方面的深入研究。从普通的意义上理解,符号是指人们对现实社会意义的加工与表达,如高档名牌服饰被人们看作一种身份的象征。因此,符号在大众看来就是一种标签,从实体或现象出发形成的相应概念及其外延的、内蕴的意义。总体而言,社会的整体发展水平与状况制约着人们对社会现象与事件意义的赋予,或者从何种角度、何种程度上去形成概念、进行分析。同时,文化在其中扮演了重要的角色,每个符号加工者的任何对经验层次的抽象加工都会或多或少地受到他自身所带的文化气息的影响。尤其是市场文化泛滥之后,人们对经验层次的意义进行加工时几乎都会受到市场因素的影响。藏獒产业与消费产生的符号定位也必然受到社会与文化的影响与约束。

藏獒产业与消费对符号定位的影响可分为两大类:对獒圈内的影响与对社会大众的影响。

与前者相关的标准化现象有狮头与虎头、消费宣传手段等。狮头藏獒的流行给予獒圈内的人们以一种形象的压迫,即狮头藏獒好于虎头藏獒,至少这在价格上是成立的。这就形成了一种"形体符号",强调狮头外形,掩盖了藏獒的生理、气质等其他方面的特征,狮头藏獒的形象便与价格、市场画上了等号。消费宣传方面突出了媒体的巨大作用,媒体或宣传手段也就被养殖者们视为一种门户或平台,甚至那些中介者也包括在内。它们被转化为符号,被赋予重要的意义,成为开拓市场、获得利润的重要环节。藏獒的形体符号在产业中受到了人们的高度重视,"宣传符号"也被广泛认同,这在一定程度上体现出产业内部对产业挖掘的努力,对产业发展起到一定的推动作用。同时,这些符号认同的形象使狮头藏獒与虎头藏獒发生了重大分化,产生了一系列的问题。

与后者相联系的标准化现象有藏獒艺术、符号的"贵族化"等。藏獒艺术通过文学、绘画等形式向大众传播了一种"獒性文化",强调忠诚、勇敢、责任等优秀品质。人们在对其接受的过程中对自身的价值观也进行反思,从而影响到一些生活观念。符号的"贵族化"是人们在片面感知的基础上加工而成的一种"身份符号",即在一些人眼中藏獒与身份产生了直接联系。媒体对诸多藏獒百万元身价交易的报道更加深了人们的这一符号定位。"獒性文化"的理念符号在社会中得到了传播与推进,唤醒了人们的一些早已沉睡的意识;与此同时,该理念也推动了产业内部的反思。但该理念与市场间的一些问题与矛盾仍然突出,行业规范、藏獒标准与市场消费间的差距依然存在。"獒性文化"在藏獒产业中的回归至少在一定程度上起到规范与警醒的作用。獒圈之外把藏獒作为身份符号加以定位,使人们更加注重身份标签的获得与应用。在大中城市,一只好的藏獒会吸引无数羡慕者的眼光。"那是藏獒吧!"仅仅这一句话,就可以让其拥有者赚到足够的体面。

藏獒产业产生的符号定位影响是市场机制内的产物，除了藏獒艺术所体现出的理念符号外，其他都不具有功能的独占性，市场中的其他元素也可以发挥同样的功能。而藏獒产业对"獒性文化"的理念符号的推动与强化则是其独有的功能。虽然这些品质一直被人类社会所推崇，但至少在这里它们成为一种以动物形式体现出来的更生动、更具魅力的精神品质。人们的符号定位是一种意识加工过程，它形成之后就会拥有自身的惯性，融入整体社会文化之中，产生自身的持续性。藏獒产业产生的此类功能也不例外。

（2）社会视角功能分析如下。

1）社会就业视角。对就业问题的分析是一项复杂而系统的工程，受多种宏观的、中观的和微观的因素影响与制约。中国经济的发展水平与总体的人口状况（尤其是人口数量方面）成为宏观制约因素的两个重要方面。农村问题、农业问题和农民问题复杂交错，在中观与微观层次上影响着农村剩余劳动力问题的解决。现阶段，外出打工是解决农村劳动力的一个重要渠道。这些构成了藏獒产业对农村剩余劳动力影响的前提与背景。藏獒产业与消费对就业问题的影响主要是针对农村中的剩余劳动力，尤其是内地农村人口密集的地区而言的，如河北、河南等地。而青藏高原地区的农牧民很少存在这一问题。传统上，他们以放牧牛羊或种植粮食为主，藏獒热兴起之后，藏獒成为他们收入的重要组成部分，甚至主要来源。所以，藏獒产业对吸纳农牧民剩余劳动力的作用并不明显。

藏獒产业中的藏獒养殖、藏獒饲料的生产和经营、藏獒饰品与用具的生产和经营、藏獒中介等都吸纳了部分农村剩余劳动力。其中，藏獒养殖业是最主要的吸纳渠道。以河北省昌黎县MTD村为例，在藏獒热以前，村中18~22岁的青年一般都外出打工，打工领域多为建筑业。村中有一名常年在大城市有工程项目的人，村里许多青年和有些手艺的中年及以上的人都通过他到建筑工地打工。村中另有两个规模在8人左右的小的工程队，承接各类小的项目，如农民建房等；但经常没有项目可接，赋闲在家。而2007年以后很少有人外出打工，转向藏獒养殖。至2009年5月，村中以外出打工为生的人都已有了自己的藏獒，当年幼獒销售收入均在2万元以上。村中一些商业头脑强的人也做起了藏獒经纪人，至2009年5月，大概有8人。他们以具有初中以上文化的年轻人为主，善交际，懂电脑，并购置了面包车；不但参加各种展会、大小宠物市场和各类狗市，而且经常到各地獒园和农民养殖者家中去参观、交流、照相。这些人都养殖有自己的藏獒，少的有三四只，多的有20多只种獒。除了销售自己的幼獒，他们还从各类市场或养殖户手中购得幼獒，到其他市场上销售或直接转给寻獒的客户。村中还有一些人做起了藏獒饲料方面的生意，如送蛋（多为鸡蛋，当地养殖藏獒的食物配比中蛋类占到很大份额）、送成品玉米料（已经膨化加工，只需加入水与其他成分即可直接喂食）、送奶（有的养殖者喂鲜牛奶，有的喂袋装纯牛奶）、送鸡架鸡肝或鸭尾等。在该村，2010年之前的藏獒产业已经促成了村中的一种有机性，也显示出了藏獒产业在当地的活力，剩余劳动力的就业问题迎刃而解。"藏獒吧"网站的行业资讯中的一则新闻报道称,2009年之前,内蒙古包头市养殖藏獒者已有上千人,相关从业人员有上万人。

毫无疑问,藏獒产业的兴起对中国一部分农村有着不可替代的意义。因为它并非简单地缓解或解决了这些地区的剩余劳动力的就业问题,而是激活了农村中农民的市场意识,让农民认识到他们不仅仅可以种地,更可以去创业;不仅仅可以维持生计,更可以发家致富。

2) 社会新群体(或阶层)视角。社会群体(或阶层)简单而言是指在以经济生活、文化生活为主的多个重要领域中具有同质性的群体。对社会进行分层研究,社会学一般使用三个主要概念,即阶级、地位和权力;也有的使用收入、职业和声望作为标准。对此,在《社会分层》一书中,格伦斯基提出了一个这样的观点:"基本概念中是对实现某些目的来说有用的工具,但是它不必对每一目的都有用。"① 结合中国社会现实,一种新阶层的出现必定要分析两个主要方面的影响:一是社会的可分化程度,即允许新阶层出现的政策空间与社会空间。计划经济时代就没有私营业主这一群体。但在改革开放后,政策空间不断宽松,社会空间的可容纳度也不断扩大,为各类新的阶层的出现提供了宏观条件与前提。二是新阶层组成者的角色问题,主要包括先赋性角色和自致性角色两类。前者指承袭父辈或家庭在经济、文化、政治等方面的主要特点,并融入新的元素,或消除掉部分原阶层的特征元素,而演化成的新阶层。后者指与父辈或家族所处的阶层无关,而是主要依靠自身的努力发展成为新阶层中的一员。角色自致性原则是现代社会中阶层的基本原则,也是阶层变动、新阶层产生的主要动因。这是藏獒产业与消费对社会阶层影响的基础之一。

藏獒产业中的购销及配种都具有自身的独有特色,比如经营的对象是藏獒,资金动用量大,资金回收速度快,中介服务发达;资金流动范围涉及全国,以农村、城郊为中心,以西藏、青海等西部边远地区为源头。这就形成了其独特的经营特色,将其从一般宠物行业中分离出来,独立为一个新的行业。虽然藏獒产业内存在着分层现象,但外界已经给它贴上了暴利的标签。而实质上,与其他行业相比,即使产业中最底层的个体小规模养殖户与城市普通工薪群体的收入相比也是相当可观的。此类收入的取得不是依靠农民在土地上的劳作,不是依靠私营企业主跑市场、搞推销,不是依靠炒股票炒地产,不同于工薪群体按时上下班的工资收入,也不同于高级管理技术人员的智力收入,同样有别于市场中的投机倒把行为,等等。他们的财富远远超越了中国农民的收入水平,而且在短时间内急剧增长。虽然他们的工作完全围绕藏獒展开,但对藏獒的喂养全部是饲养人员的工作(多雇用本村或外村人),他们所做的是藏獒生意的运作,如广告宣传、参加展会、招揽客户等。说他们属于农民,但他们多不再种植,几乎脱离了依靠土地生活的模式;说他们是企业主,獒园(中小獒园为主)又在工商管理之外;说他们属于流通服务行业,显然他们以藏獒销售与配种为主业。

---

① [美] 戴维·格伦斯基:《社会分层》,华夏出版社2005年版,第261页。

他们虽身家几十万、上百万元，但绝大多数（以中小獒园经营者为主）根本没有城市富有人群的那种休闲与放松，他们根本就不去歌厅、酒吧之类的休闲场所。在参加獒展时，很多远道而来的参展者甚至到公共浴室过夜，以节省开支。他们的闲暇时间（确切地说，并不存在真正的闲暇）多用来走访獒友或参加獒友聚会。虽然他们迅速积累起了巨额财富，但在"资金的流动与用途"中，可以清晰地看到他们并不是将资金用于生活奢侈方面，而是将资金用于引进种犬、扩建獒园、参加社会公益事业等上。总体上，他们的生活依旧保持简朴本色，甚至从日常生活中看不到有什么大的改变。可见，獒园经营者（以中小獒园经营者为主体）已经形成了一个新的群体，他们在所从事的工作、运用的经营方式以及富裕程度、休闲方式、生活方式上形成了自己的特色。这完全是他们通过自己的努力争取的新的角色。作为一个新的群体，他们是藏獒产业与消费的产物，构成了产业的重要组成部分；同时，在特定阶段，他们也使藏獒产业更具活力，推动了产业的发展。

农村中这一新群体是藏獒产业的特有产物，是其他行业或现象所不能取代的。由于该群体依靠藏獒产业与消费，随着产业的变动其自身也会逐渐变化，或演化分化融入其他领域，转化为其他群体的一部分；或以某一产业为依托继续保持该群体特色。

3）价值观视角。价值观是一种观念系统，是人们对有关价值的一系列问题的基本观点与看法。某一产业或行业对人们价值观的影响需首先考虑两个前提：一是社会的宽容程度，其为价值观的形成与演变提供了可能空间；二是社会生活的状况，任何价值观都是人们在社会生活中发展而来的，离开了现实生活，价值观便失去了基础。藏獒产业与消费对社会中价值观的影响即建立在二者之上。

藏獒产业影响社会中价值观变动的标准化现象有藏獒购销、配种、行业思潮、生活与消费的纠缠等。

藏獒的高价格、带来的高利润以及被赋予的贵族化标签在社会中形成了一种羡慕藏獒拥有者的取向：人们在内心向往着拥有一只精品藏獒。实质上，这是对暴利、身份符号的一种渴望。因此，对獒园，尤其是对那些高档獒园来说，以精品藏獒作为"打点各方关系"的手段在2009年时已经成为有效的方式。

暴利投机、炒作等行为使人们对藏獒产业与消费的批评不断，而且这种批评并非只来自外部，产业内部同样有此声音。从社会的道德理念上，人们是痛恨市场中的腐朽与不规范行为的，而藏獒产业中存在的这些现象恰恰触动了人们的神经。藏族聚居区农牧民生活质量的普遍快速提高得益于藏獒产业，但生活与消费的纠缠现象也突显出来，受到了社会的关注。人们的价值观出现了更为复杂的状况，总体上加深了社会中心态失衡的危险。这一危险在批判、渴望、向往与追逐中隐藏着自身，并融入社会不断增加的多元化价值取向之中。

现代社会生活的复杂性决定了社会中价值观念的形成与变动是一个复杂的过程。社会的开放性使各种因素都会对价值观产生不同的影响。这决定了藏獒产业对价值观的功能不具有独占性。但必须指明的是，它对农牧民生活方式与价值观念的影响却是重要的,甚至具有不可替代的作用。这些价值观形成之后并不会随产业的萎缩而消失,而是会慢慢地融入人们生活与思维之中,成为支配人们行为的观念前提。只是有些方面更被重视,而另一些方面慢慢被削弱罢了。

4)藏獒宠物化视角。经济发展水平决定了一个国家宠物行业的发展程度。据一条不成文的规律,当一个国家或地区的人均GDP在3000～8000美元时,宠物行业就会高速发展。如果人们没有足够的经济收入作为支撑,宠物业就很难开发市场并形成规模。同时,把宠物视作家庭中的一员,成为感情寄托的对象与生活伴侣等文化倾向的流行,也是宠物行业发展的前提之一。藏獒产业虽然不能完全归属于宠物行业,但在城市中的多数饲养者看来,他们购买藏獒的目的就是获得"藏獒宠物";而且,宠物业也认同把藏獒归入犬类宠物之列。

西方发达国家的宠物业十分发达。2004年有关资料公布的数据显示,西方国家每年用在宠物食品上的开支为170亿美元。在美国,至2004年年底,共有宠物3.5亿只,其中宠物狗7390多万只。美国人一年在宠物身上就花掉344亿美元,是其玩具市场销售额的1.7倍,糖果业销售额的1.4倍。① 法国宠物业的年营业额为40多亿法郎,相当于其国民生产总值的3%。澳大利亚的宠物行业在职员工就有3万多名,创造了近6%的国民生产总值。在美国,人们只要有房就会养狗,而按美国法律,3月龄以上的狗必须登记,收费一般为每只犬10～15美元。法国拥有的宠物狗数量居欧洲第一位,有关统计显示,2007年时有约1000万只。一只良种狗的消费每年为5000～10000法郎。这些犬只的一年食肉量相当于西班牙全国人口的食用量。在为宠物狗专门开设的狗餐厅中,每餐的消费金额平均为100法郎。在宠物管理方面,西方发达国家已经达到了相当高的水平。美国规定,做过绝育手术的狗可减免5美元的注册收费。而一户家庭养6只以上的犬只,则要申请"狗场执照",以加强监督管理。若某犬咬了人,则要受到关押隔离10天的处罚,同时进行病症反应观察(如狂犬病等)。在德国,狗可以坐巴士、地铁、火车,也可以逛超市、住旅馆,甚至可以和主人去上班。如果有人把自己的狗养在笼子里,或单独留在家中8小时以上,就有可能因虐狗嫌疑而惹官司。在芬兰赫尔辛基市,开设有宠物狗专用林地,面积非常大,人们可以带着自己的爱犬在那里散步、嬉戏和进行各种训练;同时,该地区还设有86个专用的"遛狗公园",多建在人口最稠密的地区,平均面积约3000平方米。②

中国的宠物产业起步较晚,但发展迅猛。据有关统计,2004年年底,家养宠物达8000万只,产业固定资产总值为20多亿元,年产值60多亿元,有6万多从业人员。北京、上海、广州、武汉、重庆被称为全国五大宠物城市。在北京登记注册的宠

---

① 参见吴荣富、锄禾《狗年从宠物狗说起——我国宠物产业市场大起底》,载《中国禽业导刊》2006年第2期。

② 参见亦戈《国外的宠物管理规定比较》,载《兽医导刊》2007年第11期。

物狗有50万只,上海有70万只,但这些仅仅占到总量的30%左右。上海一年的养狗费用支出高达6亿元,每家每月的消费支出为300元。根据相关预测,以纯种狗、猫为主的宠物市场每年的经济增速在20%以上,并带动相关产业领域的增长。在北京,拥有宠物经营及服务的机构400多家,取得"动物诊疗许可证"的专业动物医院71家,动物诊所60家,共有276名具有兽医资格的医师。这些与国际发达国家相比仍有很大的发展空间。①

藏獒产业与消费产生的经济效用是明显的,农村更为显著。农民从没有把藏獒当成宠物养,至于精心配给食物、百般照顾是因为藏獒可以帮助他们摘掉几十年贫穷的帽子,藏獒身上寄托着他们发家致富的希望。对社会大众而言,藏獒成了一种地道的符号,象征着富有与身份,拥有藏獒就占有了这一标签。对他们而言,藏獒即成为宠物。这些都在藏獒购销、藏獒配种及符号的贵族化等现象中体现了出来。对城里人而言,藏獒除了身价昂贵、凶猛强悍之外,与其他宠物狗没有太大区别。他们希望藏獒像其他宠物狗一样懂事、听话,可以陪伴主人,倾听主人的倾诉,给主人带来欢乐。藏獒成为城里人的宠物的另一方面原因在于它身上所承载的"獒性文化"内涵,养殖藏獒作为宠物也寄托了人们的这样一层心理需求。2009年,藏獒在线网站打造了中国第一个以藏獒为主题的娱乐网站:中国藏獒娱乐网,它是面向社会大众的一个网络游戏平台。在那里,藏獒是一个通用的文化符号,如宠物一样伴着玩家。2010年之前,社会中把藏獒当作宠物的潜意识越来越浓。

中国的藏獒产业与消费推动了社会中的藏獒宠物化氛围,也推动了整个宠物行业的发展;社会中愈加浓厚的藏獒宠物化氛围(无论是从经济角度还是心理角度)又反作用于藏獒产业,为其提供了一定的市场空间。

藏獒产业与消费出现在社会的宠物化过程之中,受到宠物化影响的同时又大大加速了藏獒宠物化的进程。或者说,它本身只是社会发展的产物,充当了宠物化过程的一个棋子。即使没有藏獒产业的出现,也会有其他的代替物来行使推进宠物化的功能。

4. 短期与长期视角的功能分析

(1)短期视角的功能分析如下。

1)藏獒文化的视角。对藏獒文化的功能分析主要包括两方面,即对藏獒种群的功能分析与对藏獒文化传播的功能分析。二者受限于国家的政策法律与市场运行。前者提供了社会或个人对某一动物群体采取行动的可能范围,如法律规定的国家级保护动物不可猎杀等;后者深刻地影响该动物种群的生存状况及可能的命运,如黑市的需求可能带来违法捕猎的产生。

---

① 参见吴荣富、锄禾《狗年从宠物狗说起——我国宠物产业市场大起底》,载《中国禽业导刊》2006年第2期。

短期来分析,藏獒标准、藏獒俱乐部、藏獒配种等标准化现象起到了对纯种藏獒的保护与促进繁育的作用。

藏獒标准总体来说具有以下功能:①《中国藏獒标准》规定了藏獒的定义、外貌特征、等级评价等方面的标准。即给予了藏獒一个社会认可的身份,肯定了其独立性。②《中国藏獒标准》代表了藏獒的科学发展方向。无论是内地饲养还是牧区原生,无论是作为宠物还是市场消费,《中国藏獒标准》所代表的都是主导方向。

藏獒俱乐部是藏獒产业的核心组织,在俱乐部的统一安排下,藏獒产业才可能更为有序地发展,如藏獒评级制度以及原代纯种藏獒芯片制度等有助于促进对优秀藏獒的选拔与保护。

藏獒艺术、藏獒展会等标准化现象使社会进一步了解了藏獒、接触了藏獒,并以更贴近人们生活的方式传播了"獒性文化"理念。这对提升藏獒在人们心目中的位置、唤起社会对藏獒的保护意识具有积极意义。

2010年之前的藏獒产业与消费对藏獒种群的保护以及藏獒文化的传播无疑具有一定的积极意义。该短期功能是无法被其他行业或现象所取代的。没有藏獒产业的兴起,藏獒也许仍然在青藏高原上自生自灭,品种可能继续退化,而其文化也可能随着时间被掩埋在历史之中。

2)谋生手段的视角。藏獒产业与消费成为一部分人,尤其是藏獒原产区的农牧民与内地养殖藏獒的农民的重要谋生手段(甚至成为主要手段)的结构前提是经济的整体发展水平与法律法规的有关规定。前者为藏獒产业提供了消费的可能,如果中国经济依然封闭,人民生活水平依然低下,那么藏獒热也不可能出现;没有消费市场,即使早就拥有优秀藏獒的农牧民,依然过着原来的日子,藏獒并未给他们带来更多的收入。藏獒只有走进市场才可能为人们带来利益,改善人们生活。这是法律法规所辖的范畴。藏獒在1988年被列为国家濒危动物,有关部门大力鼓励保护,但并未规定不可买卖,这成为民间以养殖藏獒谋生的前提之一。

对藏獒产业内的经营者,尤其是藏獒原产区的农牧民以及内地贫困的农民而言,藏獒确实解决了他们的生计问题。这体现在生活与消费的纠缠、新的中心化、藏獒购销、资金流动及用途等方面。西藏措美县古堆乡古堆村中60户牧民家家养狗,并以此为主业。县政府也大力推进与扶持藏獒养殖业在当地的发展。2006年创收即达641.4万元。原产区的农牧民、内地农民是藏獒产业的重要支柱,这直接带动了一些落后地区的发展。不仅直接提高了农民收入,而且把竞争意识、创新意识、市场意识等引入到这些地区,为农牧民与内地农民从根本上解决生计问题、走上致富的道路提供了最有效的机制。在河北省昌黎县MTD村,许多家庭养殖了藏獒之后才盖起了新房,才有能力给孩子操办婚事(那里盖一套普通住房需5万元左右,娶亲的彩礼钱也要2万元左右)。藏獒产业对农牧民与内地贫困农民产生的脱贫效应是显而易见的。

藏獒产业作为农牧民与内地贫困农民的一种谋生手段有一定的必然性。一是人们生活水平普遍提高,尤其是大中城市中富有的人的增多,以及中产阶层的不断壮大,为藏獒产业及消费提供了一定的市场。二是宠物化消费的增强，使各式各样的宠物数量不断增加。藏獒是一种有着浓厚人文色彩的古老犬种，其威猛的体形与凶悍的个性必然会在宠物界掀起的一股浪潮。三是农村家庭院落可天然地成为藏獒养殖场地，这在城市中是难以实现的。四是随着市场的不断扩散与深入，农村中农民的市场意识也渐渐被激发出来，寻找各类商机的农民无处不在。以此而言，以短期视角分析，藏獒产业作为农民的谋生手段的功能是社会历史的产物，具有一定的特殊意义。

3) 奢侈消费的视角。在法律允许的前提下，如何消费更多是个人的事。因此，在经济收入一定的条件下，不同层次、不同人群的消费理念直接决定了他们的消费模式。消费理念中最主要的一点就是对消费回报的预期。回报超过消费则会被人们认可。对奢侈消费而言，其回报主要包括身份标签、个人享受、个人兴趣与经济回报几方面。藏獒产业对奢侈消费的影响也受到这几方面的约束。

藏獒产业内存在着严重的奢侈消费现象，并且给社会带来了奢侈之风，这被大多数人所诟病，在藏獒购销、藏獒配种、资金流动与使用等方面都有表现。

藏獒购销被人们认为是最能代表藏獒产业中的奢侈现象的。一个最具代表性的例子是，一只名为"怪兽"的藏獒以 500 万元的价格售至天津金色獒园，很快又以 1000 万元的价格售至天津滨海獒园，价格之高、涨幅之快让人咋舌。2009 年的第五届中国藏獒展中，据笔者不完全统计，要价在百万元左右的幼獒占到了所有参展幼獒的 30% 以上，其中，来自藏族聚居区的一只 3 月龄幼獒要价达 200 万元，而围观、拍照、谈价的人络绎不绝。2009 年 5 月初的山西精品藏獒博览会上，北京马氏獒园当场以 270 万元的价格卖出了一条黄獒。这种"炒作"不仅仅来自社会舆论，也来自一些传播媒介。

同样，藏獒配种的费用也称得上奢侈。"怪兽"在天津金色獒园时的配种价格为 30 万元，"獒王"的配种价格为 20 万元。一般而言，凡是有些名气的精品藏獒或高档獒园的名獒配种价格均在 10 万元以上。河北省昌黎县在 2006—2009 年，当地有些名气的种獒，以及外地到该县进行配种的优秀种獒配种价格也在 3 万元左右。

在资金的流动与用途方面，除了购买精品种獒之外，新建獒园和广告费用占了很大比例。一些高档獒园的建设费用高达千万元，如建于 2006 年的北京金港獒园投资逾千万元，建于 2007 年的天津滨海獒园投资逾 2000 万元。

藏獒产业带来的奢侈之风的强化成为产业发展的一把"双刃剑"。一方面，精品、极品藏獒成为追逐的目标，并且在产业崩塌之前延续价格坚挺的走势；另一方面，严重削弱了产业持续发展的基础和可能。从短期视角而言，除去獒圈内的身份标签或被社会认可的身份标签外，不考虑个人的享受与兴趣爱好需求等方面的因素（这些因素在藏獒产业内部影响较小）的影响，这种奢侈消费是与市场回报紧密联系在一起的，或者说这种奢侈消费不是普通的仅仅为了炫耀或享受而诞生的消费，它更是一种风险投资。

4) 作为经济构成的视角。一个新兴的社会现象若要发展成为一个产业，必然首先得到相关政策、法律的许可；同时，必须具备可融入总体市场之中的能力。藏獒产业能够作为整体经济中的一部分，自然离不开二者。市场经济在此是一个前提，没有市场的体制与运行的机制，藏獒产业将没有任何产生的可能。

资金的流动与用途、生活与消费的纠缠、新的中心化等现象中提示出了两类主要的资金流向：东部向西部的资金流动以及富有群体向农村贫穷地区的资金流动。前者使东部大量的资金流向偏远落后的农牧民居住区，尤其如青海玉树州、西藏措美县、错那县、桑日县、朗县等。富有群体向贫穷群体的资金流动使农民的收入有了很大提高，并且造就了很多迅速发家的百万富翁，在一定程度上缩小了贫富间的差距。以养殖藏獒增收的农民，尤其是那些富有后的农民，千方百计地寻找和挖掘藏獒产业内的机遇，同时把资金投向当地的其他产业或周边地区进行创业。这些举动对推动农村地区的经济发展是非常有益的。

在消费中的另类符号中已清晰地体现出了藏獒产业对宠物热的推动作用。宠物经济与社会的宠物化在藏獒热兴起之后又被提升到一个新的高度。2009年5月16—17日，在山西省太原市宠物市场上，几个来自河北省秦皇岛市的藏獒销售者的13只藏獒全部售出，其中2名寺庙的僧人买了2只，说是寺庙特意让他们来购买。《宠物世界》杂志对宠物行业调查的数据显示，2008年的"经济危机"对宠物行业的影响甚微。可以说，藏獒热使宠物行业在人们的生活中地位更为突出，也获得了更大的发展动力与绝好的发展契机。

藏獒产业成为国民经济的一个有机构成部分，它在促进社会财富的重新分配，尤其是促进西部的藏獒原产区与中东部地区养殖经营区的资金流动，为当地政府与农牧民增收等方面做出了较大的贡献。与此同时，宠物经济也受到藏獒产业的推动，在人们生活中更加凸显出来。

5）市场思潮的视角。以短期视角分析市场思潮与以个人视角分析市场意识并非等同，而是存在着诸多差别。首先，分析的视角不同，前者是以时限为范畴进行的展现，而后者则是以个人为主体进行的展现，因此，二者既有交叉又有区别。时限之内包含着个体的内容，而个体的展现中亦包含了时限。其次，思潮强调的是一定群体的认可，带有群体性；意识一般无须群体的认可，而侧重于个人的方面。但由于意识的个体特色过于浓厚，要使其具有社会学研究的意义，就必须捕捉其在现象中的集体性，这样，某些意识就凸显了出来。在前面的有关分析中，我们采用了这一方法。

进行个人视角的市场意识功能分析所受到的结构性约束对市场思潮视角分析依然有效，只是后者更侧重于市场自身的完善程度。其中，相关法律与市场法规起着重要的作用。也就是说，个人的市场意识在市场中总是可以或多或少地找到生存空间；而作为一种群体产物的思潮则不能抵御法律与规则，否则将会使市场失效或畸形。

藏獒产业中的每类标准化现象都蕴藏着一定的思潮倾向，如购销中的暴利思潮、藏獒经纪人中的投机思潮、传媒中的炒作思潮、资金流动的风险利润思潮、展会中抓机遇的思潮以及各个现象中的市场思潮等。就2009年状况而言，藏獒产业中的这些思潮都得到了不同程度的发展，并且相互交织，错综复杂。在一些藏獒原产区，农牧民在生活水平大幅提高的同时，也不同程度地受到产业带来的暴利思潮、投机思潮、炒作思潮等不良市场倾向的冲击，导致很多人把市场片面化、妖魔化，而忽视了市场中的真正机制。以此而言，藏獒产业带来的风险利润意识、抓机遇的意识等处于一个相对较弱的地位。在内地普通农民养殖者中具有主导地位的是风险利润思潮。在藏獒产业兴起之初，他们不是根据市场预测、投资分析或投机冲动、炒作意图，而是多凭借致富的渴望而踏入行业之中。他们只知道花这么多钱买只狗，靠卖狗赚钱风险很大，但如果能卖掉也可以赚大钱。这种朴实的想法逐渐转化为农民中的追求风险利润的思潮。随着市场的扩大，其他思潮也逐渐出现并开始流行，投机、炒作等带来的巨额利润也深深地影响了人们对风险利润的定位，有了更多风险投机的色彩。对整个社会市场而言，由藏獒产业所产生与推动的这些思潮也融入其中，不知不觉中影响着其他行业与市场行为；社会市场的无处不在又使这些思潮轻而易举地进入人们的日常生活，影响人们的日常思维，使人们的观念更加复杂。

从短期视角而言，这些藏獒产业内的市场思潮并不为藏獒产业所独有，而是市场中各行业普遍存在的。只是藏獒产业赋予了它们更多自身的特色，进而渗入整个社会市场与人们的日常生活之中。但对于藏族聚居区的农牧民、对于内地远离市场的农民来说却具有重要的不可替代的作用。因为它不仅包含了个体意识的变化，更是一种群体性的思维方式与认同方式的变化。

（2）长期视角的功能分析如下。

对藏獒产业从长期视角进行功能分析研究的结构性约束与短期视角的分析应具有一致性。也就是说，短期视角分析的结构性制约因素必须具备一定的可持续性，二者才可以进行有效的对比分析。实际上，结构性因素本身就具备一定的持续性，因为它是一种既成的社会结构，是经过长时期的社会历史演变而形成的。它的变动或完善是一种渐进的过程、持续的过程，即量变。这一量变是在质一定的范畴之内，在特定区间内保持了结构的相对稳定，比如国家的法律法规、市场运行机制、经济的整体发展水平、人们的消费回报预期等，这些绝不是个人的意愿或行为可以在短期内加以改变的。长期视角分析所依据的标准化现象与短期分析所依据的相同，所以，下文的分析将不再单独列出相关的标准化现象。

1）藏獒文化的视角。藏獒产业对藏獒品性的影响需具体分析。从长期视角看，被运到内地和在内地土生土长的藏獒离开了原生环境，不再具有适应高原寒冷环境和与猛兽搏斗的机会，它们骨子里的"獒性"正在慢慢消失。人们不得不承认，藏獒正在变得"温文尔雅"。在藏獒展会上，有些藏獒就如同活体模特一样，任由人们抚摸摆弄。那些精品、极品藏獒整日养尊处优，生活条件、居住条件与冰天雪地的青藏高原简直是两个极端。这样养育出来的藏獒在生理上、内在气质与性格上显然与在冷酷的严寒环境中成长的藏獒不可相提并论。

当然，这并不能否定藏獒产业的发展对藏獒形体、品质上的推动作用，精品藏獒越来越多。在 2008 年第四届中国藏獒展览会上，就有两位外国留学生，他们看到藏獒后吃惊地说"It is amazing"（不可思议）。在藏獒原生地区，藏獒产业的发展推动了当地农牧民与当地政府对藏獒的保护与繁育工作。把优化藏獒的外形特征与保持其生理、性格特征相结合才是保护纯种藏獒的最佳途径。在藏獒热兴起之前，原生藏獒的品质已经出现了急剧退化的现象。1992 年 9 月"首届中国丝绸之路节"期间，部分对藏獒怀有浓厚兴趣的台湾人士考察了甘南藏獒的情况后，深表忧虑。那时最猖獗的是肉狗贩子，他们以低价格收购大量藏獒与藏狗卖到内地肉狗市场，使大量的藏獒成为人们的美食。在藏獒热兴起之时，无数的内地寻獒者跋山涉水到青藏高原的角角落落去寻觅优质藏獒，但绝大多数空手而归。藏獒热兴起之后，一只好的藏獒价值连城。这大大促进了当地农牧民的精品意识，避免了藏獒与藏狗之间的杂交，种群质量得到了快速提升。在藏獒产业的带动下，甘肃省首次公布了包括藏獒、天祝白牦牛在内的 25 个畜牧品种为甘肃省省有畜禽遗传资源保护品种。对于擅自处理这些受保护的畜禽遗传资源，造成畜禽遗传资源损失的，将处 5 万元以上、50 万元以下的罚款；明文禁止在畜禽品种保护场（区）内开展任何形式的杂交。人类对忠诚、勇敢、勇于牺牲、守规则等优秀品质早已认可并融入自己的文明之中。毫无疑问，精神文化在文明之中是一种隐性的存在。而藏獒产业把"獒性文化"推到了社会的前台，成为一种显性的文化，人们在现实生活中对其加以讨论和提倡。从长期来看，虽然"獒性文化"已经逐步融入市场与人们的日常生活之中，但它必然又被隐没在物质文明的显性之中。

借藏獒的名义，一些文化元素得到了现代人的强调。但显然此功能并非为藏獒所独有，一起公路交通事故同样可以引发人们对责任问题的反思。社会发展过程中，总会有一些现象或事物被历史赋予一定的文化功能。这里，由于藏獒独特的生存与文化背景，它好像注定了要在某一时刻被人们发现，来担当这一功能。但在历史的进程中，该功能只是一个"过客"，被隐藏在物质世界的背后。

2）谋生手段的视角。以养殖藏獒为谋生手段的人指的是藏族聚居区的农牧民和内地一些农村地区的并不富裕的农民。以 2010 年之前的状况而言，藏獒生意确实解决了他们的生计问题，甚至使他们积累起大量财富；但对他们而言，藏獒生意不可能以此种形式长久存在：数量急剧膨胀，暴利空间巨大，对外销售顺畅。原因主要在于以下几个方面：①养殖数量增长迅速，如果市场不能有效开拓，将会出现饱和现象，销售受阻。②随着养殖范围的扩大，异地销售的效果在减弱，因此，养殖密集区的销售将不再顺畅。这对农村地区的藏獒养殖业是一个致命的打击。③就 2009 年的状况而言，藏獒的主要饲养与经营地区是城市郊区、农村地区与藏獒原产区，如果城市市场不能有效开拓，三者间内部的流转将随着藏獒数量的猛增而陷入停滞。④由于前三者的原因，普通藏獒（精品藏獒的价格确定较为复杂，在此不做讨论）的价格将会持续走低，获利空间压缩。2010 年之后的产业状况也印证了这四个方面。若想保持与发挥藏獒产业的谋生手段功能，其经营模式与产业模式则需要进行一定的调整。其中关键的一点是确定藏獒的现实用途与在人类社会生活中的位置，如发展成为工作犬，大力开发藏獒产品，等等。

同时，藏獒产业也使这些地区的人们的市场意识、市场思潮以及市场机制得到了激发，使农牧民摆脱了传统经营理念与生活观念的束缚，真正把农村农民推向了市场。可以说，对藏族聚居区农牧民及内地农民来说，这才是真正的最实用有效的谋生手段。

从长期视角分析，藏獒产业的此项功能并不能也不需要长久持续下去。因为它已经打下了一定的资金基础，市场机制也被激活。至于养殖者和经营者再去从事哪一产业则只是一个机遇与选择的问题了。另外需要强调的是，这一后果必然导致多元化的谋生手段与致富手段的产生，且必然导致农村内贫富的不断分化。

3）奢侈消费的视角。藏獒产业，尤其是藏獒购销、配种、广告等的超高价格对产业、社会形成了一种情感上的强化，使奢侈消费被社会高度关注。只要不触及法律与市场规则，任何消费都有其存在空间，并对市场、社会以及人们的思想观念产生相应的影响。同时，仅从经济角度而言，各个领域内的消费是保证经济运行与增长的前提之一。藏獒产业中存在的奢侈消费在獒圈内并非一个坏现象，一些高档獒园经营者就多次在公开场合提倡与宣传藏獒奢侈消费的理念。北京金港獒园经营者就多次公开表达了自己的营销理念：把金港打造成稀缺性新奢侈品制造地。高档獒园与中低档獒园所针对的消费群体是不同的，这是藏獒产业中奢侈消费可以存在的前提之一。显然，高档獒园瞄准的是社会的富有群体，他们注重的不是物品的实用性，而是符号性。在藏獒产业中，2010年之前的奢侈消费意味着相应的高额甚至超高额回报。它不仅代表了身份，也代表了一种经营策略。

藏獒产业产生与推动的与藏獒相关的奢侈消费已逐渐融入社会之中，形成了一种市场理念，为纯粹的奢侈消费添加了更多的市场元素。在个人享受与地位得到彰显的同时，也得到巨额的市场回报。随着时间的流逝，藏獒产业带动的此类奢侈消费慢慢退去，但其消费符号已经深深扎进一些人的思想观念与局部市场之中。

4）作为经济构成的视角。藏獒产业产生的东西部之间、贫富群体之间的资金流动，以这样显著的、急剧的方式呈现出来，显然不具有长期性。但藏獒产业为藏族聚居区与内地某些农村地区确实带来了致富的突破口，带动了当地经济的发展。虽然源自藏獒产业自身带动的收入提高与经济增长从长期视角看不可能持续，但其带来的市场意识与机制越来越被落后地区认可与强调。或者说，这为当地经济的发展打开了思想上的突破口，不但会长期有效，而且会在市场中不断完善。

从经济实体构成而言，藏獒产业必须从市场开发的长期战略来完善自身的发展模式，比如开发藏獒产品、打开国外渠道等。因此，在未来的发展中，藏獒产业很难作为，也很难成为一个独立的经济构成而存在，它必须为自己找到新的合作伙伴、新的市场，才可以有效地保证自身的发展，即藏獒产业必须能够渗透到其他行业之中，把自己逐渐发展成为一种含有多种元素的，能适应新的需求的经济成分。这也正是它所产生的市场作用的后果。

无论是从短期分析还是从长期分析，藏獒产业对藏族聚居区农牧民，对当地政府，对内地养殖藏獒的农村地区而言都具有重要的意义。对宠物行业而言，藏獒产业无法在长时期内保持其所带来的活力并始终使宠物行业处于社会的关注之中，但它可以保持对宠物行业内部造成的影响，对其运作机制、经营方式等产生持久的影响。也就是从长远来看，藏獒产业的出现是对宠物行业产业升级的一个重要的标志性事件。

5）市场思潮的视角。从长期来看，市场中的思潮总是处于运动变化中的，一些可能会被淡化，而另一些可能会被强化；与藏獒产业有关的各类思潮同样如此。从市场的逐利性而言，市场运作思潮、抓市场机遇的思潮以及追求风险利润的思潮将会得到强化。从市场规则化的角度分析，炒作思潮与市场法规等相交织，很难将其中的纠缠理清。从应对竞争的角度而言，市场运作、寻找市场机遇的思潮等得到了加强。

但必须看到，市场是在不断变动的，其中的各类思潮同样会受到整个市场及其他因素的影响，使其变化也存在着不可预知性与不规则性。总体而言，市场中某类思潮的变动趋势主要受以下三方面影响：一是客观市场的发展状况。如果市场能良性发展，则其中的思潮必然向规则、秩序、讲求合法合规的竞争等方向发展；如果市场机制不但没有得到完善，反而出现了市场规则、秩序的混乱，那么其中的投机、炒作甚至诈骗等思潮就会猛增。二是思潮自身的演变。一种市场思潮一旦形成就有了自身的生命力，就会为了自身的生存而去创造机会。比如投机思潮不论在什么行业中，都会千方百计地钻市场的空子，钻法规的空子，来获得额外的财富。三是市场中发生的特殊事件，也就是能深刻影响市场或市场中人们的思维与行为的事件。由此看来，藏獒产业所留下的痕迹将会越来越少，人们也将不会有意把这些思潮与藏獒产业相联系。

这给了藏獒产业一个不二的出路：依社会宏观环境的变化、客观市场的发展趋向以及市场思潮的变动而调整自身。2010年之后的藏獒产业的未来不仅在于它的持续能力，更在于它的调整能力。在功能替代方面，如短期视角的分析一样，对那些特定群体（藏族聚居区农牧民、内地经营藏獒的农民）而言，藏獒产业带给他们的绝不仅仅是收入的增加和生活水平的提高，更是思想的开放和市场意识的激活，这一点是无法被其他行业或现象所完全取代的。但对整个市场而言，藏獒产业只是一个小小的构成，其思潮也是市场思潮中的一分子。离开了藏獒产业，市场依然；而这些思潮本就是市场思潮的组成部分，或者说，藏獒产业所产生与推进的这些思潮，正是整个市场赋予它的一个客观环境。

5. 显功能与隐功能分析

简单而言，显功能即通过现象表现在外，被人们观察到与认可的功能，一般不需要深入到现象深层之中，不需要用联系的、比较的分析方法，而通常使用简单的因果关系即可发现的功能。相对而言，隐功能指通过现象不能直接表现的诸多功能，一般需要进行比较、推理、归纳，进行深入挖掘才可以发现的功能，也包括那些人们未曾预料或出乎人们预料的功能。与显功能相比，隐功能可能涉及的方面更多，产生的影响更广，而且由于它处于一种不公开的状态，人们的思维与行为常常受到它潜移默化的影响。隐功能产生之后，就会在自身体系内产生一种持续性，这对社会的发展、组织的运行、结构的变动等宏观现象也有重要的作用。而且由于它表现不显著且容易被忽视，因此，其影响更持久，影响力更大。

（1）显功能分析如下。

1）两类主体的视角。藏獒产业的显功能最明显地体现在两类主体对象上，即藏族聚居区农牧民和内地农民与獒圈之外的社会群体。对两类主体显功能的分析离不开市场机制前提，因为藏獒产业即发生在"市场"之中，只有在市场之中，才可能看到其作用的发挥；同时，现有的社会观念结构为獒圈之外的群体提供了对藏獒产业进行分析与评价的可能范围与模式。任何新的观念的产生都必须以现有观念为基础。

2010年之前，有藏獒养殖的西部藏族聚居区、内地养殖藏獒的农村地区以及城市郊区是藏獒产业的核心地区，农民是藏獒产业的支撑群体，也是核心群体。我们在前面已针对藏獒产业对藏族聚居区农牧民、内地农民的功能做了分析。其中的显功能包括收入增加、生活水平提高、生活方式多样化等方面。

藏族聚居区内养殖藏獒的农牧民的收入、生活水平、生活质量普遍有了较大提高。他们的生活方式也随着藏獒产业的发展有了很大的改变。一方面，表现为更重视市场，逐渐学会了适应市场机制，在市场中求生与谋利；另一方面，表现为市场中投机、炒作的习气与伴随市场而来的一些不文明、腐朽的生活方式有增多的趋势。2009年4—5月，在对青海省玉树地区藏獒养殖者的调查中发现，他们出售藏獒时要价以20万~100万元居多。当时一位中介人说："现在玉树藏獒圈内价格炒得厉害。内地卖到4万元左右的小獒，在那里就会要到十几万甚至几十万元。但实际上这只是他们之间的相互炒作，卖不出几只。"同时，随着手中的金钱不断增多，一些人陷入赌博泥潭，挥霍无度。内地农民收入的增加并没有农牧民那样显著，但至少比起原来的收入已经有了较大的提高。在对一些作为养殖者的农民和一些参加展会的农民的调查中，笔者发现在解决了温饱、婚姻、住房等问题之后，他们更倾向于把这些收入做投资使用，表现出较强烈的市场意识。河北省昌黎县MTD村出现了为了做藏獒生意农户兴起购车热的现象。对MTD村当地休闲娱乐方面的调查发现，以前很多喜欢赌博、打麻将、打扑克的农民居然很少再去赌，而专心于做藏獒生意。到大城市宠物市场售獒的农民中就有3人属于村中原来较出名的"赌客"。

藏獒产业对外界的显功能影响主要表现在社会舆论与心态之上，针对的现象是藏獒的超高价格（精品和极品藏獒）。几百万、上千万元的成交价格居然就是为了买一只狗，这让社会上的很多人感到迷惑，贬斥富有的人的消费观念、慨叹社会不公等现象就会产生。同样，人们也羡慕这种赚钱的方式：不必付出什么就可以成为百万富翁。这就产生了一种社会心态的矛盾状况：既口诛笔伐又心生向往。

无论是对藏族聚居区农牧民还是内地农民，从显功能的角度而言，藏獒产业的作用是不容低估的。可以说，正是转型期中国社会才使藏獒产业得以产生并承担起了这样的功能。这从藏獒产业的产生、在农村地区的发展、在富有的人眼中的升温等方面表现了出来。社会心态具有复杂性、开放性、失衡的危险时刻存在。以此而言，藏獒产业的该显功能只起到一定程度的强化作用，不具有独特性。

从动态的视角而言，各类显功能会有怎样的走向与藏獒产业自身或多或少存在着某种联系。产业发展规范化，可以开拓市场、保证农牧民收入的增加；而产业发展偏离了正确的方向，则会快速萎缩，推动当地经济发展、提高农牧民收入的功能就会大大削弱。社会心态的变化是极为复杂的，不但受多种因素的影响，而且其自身也有一定的独立性。大众对藏獒产业的社会心态一旦形成就会产生一定的持续性，不会轻易改变。若藏獒产业持续发展，那么它对社会观念的影响就大；相反，则影响就小，对人们的心态失衡与矛盾状况的刺激就小。

2）文化的视角。从文化视角分析藏獒产业的显功能包含了诸多内容，如市场、养殖、艺术、娱乐等。所受的结构性约束也很多，主要有法律法规与文化市场结构状况两类。法律法规是藏獒产业运行必须服从的结构规范，直接关系到其文化功能的形成与发挥。文化市场结构状况是藏獒产业带来的文化功能的基础，即藏獒文化是在原有文化的基础上形成或融入其他文化而构成含有藏獒元素的一类文化。

藏獒产业的显功能在文化领域内表现得最为充分。文化视角的显功能渗透到产业内的各个部分各个环节，如藏獒买卖、藏獒配种、藏獒艺术、各类思潮、獒园等。无疑，藏獒产业的出现丰富了市场，使经济中多了一个新的产业内容，市场中多了藏獒的元素，增加了农民与藏族聚居区农牧民的身影。藏獒展会也是展会市场上的一道独特风景。藏獒产业对养殖文化，尤其是农村的养殖文化的促进作用也十分明显。除了藏獒产业中作为基础与核心的藏獒养殖之外，广大经营者与养殖者还发明了许多新的饲养方法、训练方法等，如一些配种用的辅助器材的发明，个别地区也采用人工授精的方法。

这些彰显在外的文化元素对藏獒产业也有一定的影响。多元化的文化氛围为各类社会现象的产生提供了社会文化空间，这也是藏獒产业产生的背景之一。在这一文化氛围中，藏獒产业更容易找到适合自己发展的途径与模式。其自身体系范围内文化的形成又反过来在一定程度上增加了产业吸引力。藏獒展会、藏獒艺术、藏獒娱乐等方面都从显性文化的角度显示了藏獒产业的影响。从功能的可替代性而言，这些显性文化中的藏獒元素的内容都与藏獒直接相关，即没有藏獒产业的存在，这些文化内容就不会产生。但那些在藏獒产业出现之前就已经存在的文化元素与藏獒产业没有必然联系，只是在藏獒产业的推动下得到了一定程度的加强，如宠物文化、"獒性文化"等。藏獒产业对这些文化元素的功能显然不具有独占性。

这些文化元素形成之后即有了自己的生命力，相应的显功能也具备了一定的持续性。那些与藏獒产业密不可分的文化元素，如藏獒文学、藏獒绘画等，与藏獒产业的发展关系更为密切一些。产业的兴盛必然带来文化元素的相应繁荣；反之，文化元素的影响力也会随产业减弱。

(2) 隐功能分析如下。

1) 观念的视角。藏獒产业对社会观念的影响是复杂的，绝大部分或多或少地直接外显于社会之中（如慈善、奢侈消费、投机、炒作等），很少一部分并未被人们直观地发现，或超出人们的预料。

首先是藏獒产业产生的对传统观念（尤其是有藏獒养殖的藏族聚居区、内地农村地区）的冲击。藏獒产业的热潮无形中把一些传统观念淹没在其中了，如求安稳、不冒险的意识已经被藏獒产业中的风险投资热情所取代。当然，其中有一些优秀的、仍适合现代市场的部分被保留了下来，如勤奋、节约的生活观念。也就是说，人们形成了一种不自觉的对传统观念与行为方式的反思，根据现实情况进行不自觉的筛选。伴随着这种不自觉的行为，新的社会观念、市场观念逐渐产生，容纳新观念的社会空间也逐渐形成。这些新观念纷繁复杂，对社会产生了不同的影响，市场意识是其中的重要组成部分。藏獒产业推动的市场意识包括竞争意识、投机意识、机遇意识、炒作意识、风险投资意识、规范意识、市场运作意识等。随着产业的发展，人们对这些意识与思潮越发敏感，藏獒产业对它们的推动与影响也越来越多地被人们认识到，其总体上表现为一种复杂的心态。然而再深入分析，在复杂的市场观念中，有些观念同时受到了藏獒产业隐功能的影响。市场中的炒作、投机、暴利意识一直有着强大的吸引力，因为市场中的不足与缺陷使这些观念总有抓到机会的时候，巨额的利润随之而来。藏獒产业在形成之初被外界冠以暴利与炒作的头衔，正是源自藏獒令人咋舌的价格。随着藏獒产业的持续发展，这种高价趋势不但没有减弱，反而出现了增强的趋势。多少富有的人投身到藏獒产业之中，又有多少在贫困边缘挣扎的农民成为富有者。这一现实状况在社会中暗暗鼓动了人们内心对炒作、投机、暴利的认同与向往。这是一种不自觉的意识，即使在市场与生活中人们遵守了法律、法规，但一旦有适当的机会，这些观念就会不由自主地跳出来影响人们的选择与行为。这必然演化为一种市场中的规则与内在的蠢蠢欲动的利益追求间的角逐，由此产生了另一类容易被人们忽略的状况，即利益的追逐牵引了文化的走向。市场的丰富都是因为利益的需要与追求，对养殖文化的推进也是因为藏獒值钱，可以带来丰厚的回报。而配种辅助设备的发明、新方法的使用等也都与利益直接相关。藏獒热兴起之后，藏獒艺术随之兴起，可以说，藏獒的高昂价格使藏獒艺术受到人们的关注。藏獒艺术受到关注在某种意义上也受到了这一市场机制的影响。同样，"獒性文化"的提出也是在藏獒被社会广泛关注，藏獒价格被人们普遍热议之时。细细品味，这会让人觉察到其中的一丝丝悲凉。獒园内的娱乐活动、展会活动、獒友间的聚会等都与藏獒产业内的利益有着某种联系，甚至有的人认为獒圈内的公益活动都有作秀的成分。

这些未被人们自觉认识的现象对藏獒产业具有一定的反作用，对传统的突破、新的观念的形成、产生的多元化的社会观念空间等为藏獒产业的存在与发展创造了一定的条件，在社会的可接受度方面提供了足够的空间。由于投机、暴利与炒作意识总是潜藏在市场之中，藏獒产业的发展又对其产生了隐秘的鼓动作用，使其变得"蠢蠢欲动",一旦有合适的机会,它们就会从规则中挣脱出来,由隐藏状态变为真实的行动,反过来又赋予藏獒产业更强的吸引力。对利益的追求影响了相关文化的发展取向,这一现象同样增加了藏獒产业的吸引力。与藏獒相关的文化产业不断涌现,不但扩大了藏獒的知名度与影响力,同时借助藏獒的知名度,相关文化作品也变得畅销。

现代的社会观念是极为复杂的,有着千丝万缕的、处于隐藏状态的联系。藏獒产业在此方面所产生的这些隐功能只是市场观念的一小部分,不具有特殊性。随着时间的推移,这些观念并不会很快被削弱或消失,甚至由于市场观念对人们日常生活的渗透,趋利性增强,这些观念更有可能会被不断强化,但藏獒产业的成分与影响会变得越来越淡。

2)行为的视角。藏獒产业对人们社会行为的隐功能主要受到法律法规与行为性质两方面的结构制约。法律法规是任何行为都不可逾越的,否则将不被社会认可并受到相应惩罚。因此,藏獒产业该项功能的发挥必须是以遵守法律法规为前提的。行为性质指所处领域内的行为,领域不同,行为的方式也会有差别,藏獒产业对不同性质的行为的影响也是不同的。

产生隐功能的标准化现象有藏獒买卖、配种产业、藏獒经纪人、獒展、藏獒媒体、资金的流动与用途等。藏獒产业中的机遇意识、投机意识增强背后产生了一种信息的隐秘特色。比如某大客户想买精品藏獒,这一信息对藏獒经纪人来说异常珍贵,得知这一信息的人绝不会轻易地将信息透露给其他人。配种业务中同样如此。经纪人通过保护信息的隐秘性来达到占有资源的目的。这样,藏獒产业就给产业中的人们带来了行为的分离化、隐秘化特征。该特征隐蔽在产业中外显的行为之内,逐步向社会市场中渗透。随着藏獒产业中传媒的发展以及经营者对广告宣传重视程度的增强,媒体对藏獒的宣传已达到一个新的水平。除了专业的藏獒媒体之外,一些大众媒体也在其中扮演了重要角色。对社会大众而言,由于藏獒产业与高价格、暴利、投机相联系,非专业藏獒媒体对藏獒的宣传就会使他们产生一种抵触情绪,这些媒体在大众心目中的权威性、公正性就会受损。另一方面,在一些藏獒展会上,当地政府或畜牧局以展会的协办单位出现,比如在 2009 年 3 月 20—22 日的"中国东莞首届宠物节藏獒展"的介绍中,支持单位包括东莞市人民政府、东莞市畜牧局;2008 年在陕西西安举行的第四届中国藏獒展,陕西省畜牧兽医局是协办单位;2007 年在河北廊坊举行的第三届中国藏獒展,廊坊市畜牧局是承办单位。这些无意中刺激着人们的神经,把当地政府的此类行为与经济利益挂钩,其后果是地方政府在人们心目中的公信力、公正性受到影响。

需说明的是,藏獒产业的隐功能由于指向的对象并不一致:个人行为、媒体行为、政府行为,在讨论这些隐功能对藏獒产业的反作用时,应做具体分析。在分析时应区分出发点,比如藏獒产业对地方政府行为产生的隐功能是:使其参与到藏獒产业的运作之中,并使大众产生了对这一行为的片面评价。但当分析该功能对藏獒产业自身的作用时,就必须把"地方政府参与到藏獒产业之中"作为出发点,分析它对藏獒产业的影响。原因在于"大众对地方政府参与藏獒产业这一行为的片面评价"并不与藏獒产业产生直接互动，大众针对的目标是地方政府的职责与公信，而非藏獒产业。其中的关系是开放性的：反对地方政府介入，其结果可能是反对藏獒产业，也可能是支持藏獒产业。

藏獒产业中信息的封闭与行为的独立化、神秘化不利于藏獒产业的发展，使产业处于一种零散的状态，这在农村地区较为突出。藏獒展会虽然有利于产业的整合，扩大信息交流与沟通，但其数量毕竟有限；产业内绝大多数业务发生在展会之外，或者说是在每个经营者各自掌握的信息之上完成的。这一局面导致整个市场的开拓受到了一定的影响，也不利于产业规范化发展的形成。各类媒体对藏獒的广泛宣传，尤其是那些权威媒体的宣传扩大了藏獒的知名度，同时也强化了藏獒自身的价值。如对农民而言，中央电视台是最可信赖的媒体，藏獒节目能在中央电视台播出说明藏獒并不是如一些人所说的"完全是炒作的结果""完全是泡沫"，而给了他们投身藏獒产业的巨大动力。河北省昌黎县 MTD 村的许多村民就因为看了中央电视台的有关藏獒的节目而开始养殖与经营藏獒的。地方政府中的畜牧部门通过参与展会和名獒的交接仪式等扩大了藏獒产业的知名度，并给藏獒产业披上了一层"政府支持"的光环，使产业在社会中的认可度得以提高。

一些媒体与地方政府在大众心目中公信力下降是多方面原因造成的。总体来说，与它们的自身行为、人们的价值判断，以及利益导向与社会观念相互纠缠等方面有诸多联系，比如地方政府在处理管辖范围内社会问题的态度与对策就会直接影响人们对其公信力的评价。因此，藏獒产业的这些隐功能并非不可替代，而只是以一种新的现象与形式再次把它们展现出来（非直观地展现）。

3）经济的视角。从隐功能视角分析藏獒产业对经济的影响主要受到市场经济结构的约束。主要表现在两个方面，即政策法规与市场机制。前者保持其影响在法律允许的范围之内，否则此类现象将被制止，而不能对经济产生有效影响；后者的完善程度是隐功能存在与发挥作用的前提。如果市场已经相当成熟并有健全的机制，那么隐功能（无论有利或有弊）存在的空间都是规范的，对不利影响能够有力抵御，而对有利影响则能充分吸收利用，为其提供成长的空间。

探讨藏獒产业经济视角的隐功能依据的标准化现象有藏獒购销、藏獒配种、狮头与虎头、资金流动与用途等。我们已经讨论过的作为经济构成的功能多为显功能，如对农牧民和内地农民收入的推动、对藏獒养殖区经济的推动、资金的流动与用途、宠物经济等方面。

人们认为藏獒产业内存在着大量的炒作、投机现象，而这些现象与产业内的泡沫成分直接相关。超高的交易价格与配种价格是泡沫的直接表现。藏獒产业处于整个市场的边缘地带，其运行机制仍处于市场机制的边缘。正是在看似远离社会市场的地带，藏獒产业催生了一种产业性的"泡沫"，并且持续了相当长的时间。这给了整个市场一个警告：市场中的泡沫与不规则很容易发生在市场的边缘地带，其影响又可以波及整个市场,并影响人们的日常生活与思维。人们一般通过藏獒价格的高低来判断其中是否有泡沫成分。虽然藏獒产业内消费与价格总体上可分为高、中、低三个层次,但人们习惯上更喜欢关注高层次的部分。于是,就形成了这样一条判别标准:商品价格高的行业容易产生泡沫,而商品的价格高到人们收入水平与心理承受能力很难接受的程度,则该商品中必然有泡沫存在。以此而言,藏獒产业的此类影响已突破市场边缘地带,渗透到市场的中心区域。进一步而言,藏獒产业促使市场看到了不断完善与加强市场机制的重要性,也提升了社会市场边缘地带的重要性:新的产业,尤其是与各类服务相关的产业的不断出现已经成为一种必然趋势,市场更加多元化。

藏獒产业产生的对市场警示的隐功能有利于市场的不断规范,同时也有利于产业自身的规范化发展与市场空间的拓展。

藏獒产业所带来的对泡沫现象的关注与对市场的警示功能并非藏獒产业所独有的,在市场中有许多现象与产业也会起到类似的作用。产业内的"需求机制"不但给了产业发展的动力,也给了整个社会市场以启迪。刺激内需与消费不能仅仅指向人们的日常生活需求,让人们去买东西,更要转换产业的发展机制,寻找内部重生的资本,以刺激与提升人们的需求欲望与消费欲望。以此而言,藏獒产业的该项隐功能具有重要的意义。藏獒产业的发展与前景受到人们的关注,在这一过程中,其隐功能还会持续发挥作用,而且其影响也会产生一定的持久性。比如"刺激产业内需求"这一隐功能就可以在脱离藏獒产业的状态下渗透到社会市场之中;但把握与实现该"需求"则是另一件极富挑战性的工程。

4)群体(或阶层)的视角。对此项隐功能的讨论必须以社会的可分化程度为前提。这是一种新的群体出现、生存首先要面对的问题,即社会是不是提供了该新群体出现的可能空间。开放的社会空间中,社会分化程度较高;而封闭的社会空间中,社会分化程度则低。在较低的社会分化程度下,新群体的出现将受到很大限制。藏獒产业对该新群体的隐功能的发挥也是建立在此前提之下的。社会分化程度高,隐功能则容易出现并发挥作用;相反,隐功能就会被压制。

藏獒产业中的所有现象几乎都包含了这一新群体的因素,比如藏獒购销、藏獒配种、藏獒中介、资金流动与用途等。这一群体处于农民、商人与企业主之间,不具有一个固定的职业身份,只是藏獒产业中的一个游移不定的群体。他们既饲养藏獒,又利用信息做中介人,或在市场间倒卖藏獒,甚至抓住机会搞些投机活动。藏獒产业催生了这一新群体的出现,除了那些外显的影响之外,也产生了一些隐蔽的影响,最主要的是对藏獒产区的农牧民、内地养殖藏獒的农民的影响。当地的市场意识被激发出来,农民的市场主体意识不断增强,统一的农村或农牧地区开始出现内部的群体分化、生活产生差距,尤其是经济收入差距被拉大。农村变迁的速度也因此得到提升。这激发了该地区所有农民的竞争意识、市场意识,促使他们去四处走动了解信息,挖掘客户资源,参加展会,等等。此时他们更具有商人的气质。另一方面,这也会造成农村地区社会心态的失衡,投机之风盛行,农民对社会不公现象易产生过激行为,等等。比如昌黎县 MTD 村就曾发生多起藏獒被盗事件。调查显示，偷盗者对被盗农户极为了解，直取目标，作案非常迅速。破案人员认定罪犯可能就是村内或附近村庄的人。

出现的新群体并不会以此种生存状态持续存在下去，他们必然会涉及或踏入新的领域。经过在藏獒产业内的洗练，他们具备了一定的市场洞察力，无论以后进入哪一行业，都会为该行业提供新的血液。新群体内成员的流动性与变动性给了藏獒产业一定的活力，尤其扩大了农村地区对藏獒的认可。这有利于藏獒产业的发展。无论群体的分化对农村地区的社会心态产生怎样的影响，都扩大了藏獒的影响力，提高了产业对农民的吸引力，使农村地区成为整个藏獒产业的根基。藏獒产业促进农村地区行业分化、职业分化的趋势不仅仅给农村地区提供了新的发展机会，而且反作用于产业，使产业内部出现新的发展需求，并创造出新的职业机会，比如产业内出现的专门做宠物（包括藏獒）运输的个体农民。

农村社会出现分化是历史发展的必然，藏獒产业在其中只是一种工具，起到加速器的作用，但以藏獒产业为依托形成的该新群体却是藏獒产业的特有产物，对社会的变迁、农民内部的分化、激活农村中的市场意识起到重要的作用。总体来说，藏獒产业的这些隐功能一经形成就有了自己的生命力，且根据社会状况的需要而逐渐演变。这与藏獒产业自身的发展状况已没有直接必然的联系了。

6. 正功能与负功能分析

功能的方向性渗透到社会现象的各个视角。笔者前面所做的多种视角的分析中都含有对不同方向功能的论述。因此，在这一正负功能专项视角的分析中，我们不再采用重新根据标准化现象进行细化分析的方法，而是依前文已实现的功能分析目标进行再归类展示。

默顿在对"负功能"的界定中展示了两层含义，即普通逆于社会或系统发展趋势的功能与根据对象而言的功能。我们在前面进行多视角的功能分析中主要依据的就是功能指向的对象的不同，并结合社会发展、系统发展的趋势进行讨论。需强调的一点是，因为藏獒产业涉及的范围很广，泛化地谈功能就会失去研究的意义。所以，在功能分析中，我们使用的是根据具体视角、具体对象进行的讨论。正负功能研究同样如此。由此，我们这里主要以特定的视角和对象进行分析，辅以社会及系统发展的趋势进行说明。同时，正是因为对功能方向的展示建立在具体限定的基础之上，失去了研究视角的划分、失去了特定的功能对象就无法真正展示出该功能方向是正还是负，也就失去了这些视角与对象范围内的功能替代与功能运动的研究意义。以此而言，与功能方向的展示相联系的替代与运动即蕴藏在每一特定视角与对象的分析之内。如果继续深入对该方向性进行分析，那就是其他研究方法和理论应用的范畴了。所以，我们并不准备在正负功能归类中再进行讨论，而是专注于展示每一类视角内功能的方向性。这样可以为其他分析方法或理论应用提供最佳素材。

在藏獒产业的物质功能分析中展现的绝大多数功能是正功能，促进了东西部地区的资金流动，也出现了财富由富有群体向下的流动。藏獒产业推动了本产业内生产部门的发展，相应的服务业种类、数目也有所增加。藏獒展会经济与藏獒广告业取得了一定成果。此项功能的发挥有利于促进经济的发展，为社会创造财富。精神视角的分析表现出的功能方向是混杂的。市场文化中的规范意识、竞争意识、机遇意识、市场运作意识等在市场中发挥的是正功能的作用，而投机、炒作等则对市场文化表现出负功能作用。社会道德中的社会慈善观念、消费中的反思等对社会道德有积极的作用，而市场炒作、奢侈消费等则产生了消极的作用。生活态度视角的功能分析中，对生活保守性的削弱、机遇意识、"獒性文化"等方面都对人们的生活态度发挥着正功能的作用，而投机意识则会使人们的生活态度偏离正确的航向。在个人视角的分析中，功能的方向性同样处于混杂的状态。个人的创见视角下的功能方向绝大多数是正向的，这突出反映了农民自身的创造力。市场意识视角下的功能是正负相杂的。正方向的主要有竞争意识、规范意识、市场分层意识、消费分季意识等，投机意识等则相对起到消极的作用，加剧了社会心态的失衡。而市场意识中道德与市场的纠缠则难以明确划分出其正负功能，因为它本身更是社会历史的产物，藏獒产业本身也处于这一纠缠之中。个人行为视角下的功能主要是积极的。农民的风险投资行为、对广告宣传与信息交流的重视以及成为市场中的主体使他们改变了行为中的保守倾向，有利于其行为真正融入市场。个人收入视角同样起到正功能的作用，当然对那些经营失败者则是负功能的。

符号定位的视角包括藏獒形体符号、宣传符号与身份符号等。对符号的认同是现代市场经济与消费社会的必然要求。以此而言，不管其符号内容如何，藏獒产业的此项功能是正方向的。社会视角下的功能方向也是混杂的。社会就业视角的功能是正向的，藏獒产业解决了农村大量剩余劳动力的就业问题。新阶层视角的功能是正向的，即在产业内产生了这一新阶层，促进了农村社会的分化。价值观视角的功能方向是混杂的。不平衡心态是一种消极的方向，而对暴利的批判与向往相混杂、生活与消费中生活观念的混乱则对价值观同时具有双向的功能影响，难以明确区分出正负方向，因为它们更是一种现代生活方式。在社会宠物化视角下，藏獒产业对社会的宠物化起到推动作用，因此，其功能是正方向的。而这无关社会宠物化的后果怎样。

短期视角下的功能方向正负均有。在藏獒文化的视角下，其功能方向是正向的，对保持、传播藏獒文化起到积极的作用。在谋生手段的视角下，其方向也是正向的，藏獒产业成为藏獒原产区农牧民以及内地藏獒养殖地区农民的主要谋生手段之一。在奢侈消费的视角下，藏獒产业内的奢侈现象与风险投资相联系，具有一定的产业性意义，对奢侈消费本身与藏獒产业本身功能方向都是正向的。其作为富有的人的消费模式及其标签性、炫耀性对社会观念有不良影响，但对消费本身亦有积极意义。所以，总体上，其对奢侈消费本身的功能是正向的。在作为经济构成的视角下，其功能是正向的：资金流动增强，藏獒经营区地方政府收入增加，宠物经济得到推动。在市场思潮视角下，其功能方向是混杂的。暴利思潮、投机思潮、炒作思潮是与市场规范发展相左的，发挥了负功能作用；风险投资思潮、市场机遇思潮与市场运作思潮则是与市场完善与健全方向相符的，发挥了正功能作用。

长期分析的剖析视角虽然与短期内的相同，但功能并非一致。在长期视角下的功能正负方向亦是混杂的。在藏獒文化的视角下，其功能是正负相杂的，与短期视角下对藏獒文化的功能相似。长期内藏獒文化在藏獒原产地、内地得到了更广泛的推广，有利于藏獒文化的保持，这是正向功能；但内地的藏獒由于离开了原生环境，性格、生理上发生了改变，对藏獒文化产生的是负功能。在谋生手段视角下，虽然藏獒产业不可能在长期内始终保持高效模式，但它给这些地区带来的观念冲击与市场意识是会长久存在并发展壮大的。以此而言，在长期内，藏獒产业的此项功能方向为正。奢侈消费视角下的藏獒产业不但提升了此类消费的氛围，而且把产业内的奢侈消费与风险投资相联系，成为产业发展的一个重要支撑，具有产业化的意义，方向为正。作为经济构成视角下的功能是正向的，与短期的差别在于长期内更注重对经济内部机制、对其他相关产业（如宠物产业）的推动作用。市场思潮视角下的功能方向是混杂的。在三方面主要影响因素（客观市场变动、思潮自身演变与市场中的特殊事件）的作用下，各类思潮都处在复杂的变动之中。仅从长期视角下的藏獒产业来讲，此项功能会逐渐减弱甚至被隐匿，但对规则、竞争、机遇等思潮的功能以正向为主，并在产业中得到不断强调；投机、炒作等思潮将随着产业的发展而受到规范与制约。在显功能的视角下，藏獒产业功能的方向是正负混杂的。农民视角下发挥的主要是正功能，獒圈以外的群体内产生的主要是社会心态的负功能。文化视角下，显功能中以正功能为主，如对市场文化的丰富、对"獒性文化"的推动等；在隐功能分析视角下的功能方向是混杂的。观念视角下对传统封闭观念的打破、对市场意识的提升起到的是积极的作用。行为视角下的投机行为、对一些媒体与地方政府的定位行为所起到的主要是消极的作用；而对宣传行为的重视、对宣传行为的促进则是正向的。从经济的视角而言，无论是对泡沫的揭示还是对市场的警示，对市场起到的都是一种正向功能。群体视角下的功能以正向为主，该群体的勤奋节俭以及不断演化为农村社会的发展创造了机会；农村内部的分化虽然有一些消极因素随之产生，但总体上有利于农村社会的变迁。

第七节 藏獒产业与中国社会

一、谁催生了中国藏獒产业

中国藏獒热潮无论是在社会生活中还是在市场消费中都是具有标志意义的事件。

它的出现不是某一社会事件的结果，也不是某个人推动的产物，而是多种宏观、微观因素共同作用的结果。或者说，它是在历史进程中必然性与偶然性结合的产物，其中有许多值得深入总结和反思。

1. 社会转型

社会转型的内涵十分丰富，可以从多个角度去理解与把握。在中国，社会转型指的是从传统社会向现代社会的转化过程，具体而言可分为两个阶段：第一阶段指中华人民共和国成立到改革开放之间的时期，第二阶段指改革开放后至今的时期。改革开放后，中国社会进入了一个全新的加速变动时期，我们通常所说的社会转型时期即指这一时期。

社会转型时期，我国传统的社会结构受到了极大的冲击，社会构成部分迅速分化、演变，从一个一元的社会转化为多元的社会，这突出表现在社会分工的细化、职业领域的增多等方面；同时，新的社会群体不断涌现，人们的生活观念、价值观念也不断趋于多元化，社会的同质性在弱化，异质性在增强。由于快速的社会分化，社会变得更加复杂，出现了许多新的不确定性因素，使转型期内各类冲突频发，主要表现为利益冲突。市场经济的深化使各类利益阶层、利益群体不断涌现，利益原则在人们的思想意识中被反复不断地加以强化。因此，在现代社会中，诸多的社会问题、矛盾冲突都直接或间接地与利益相关。在改革开放以前，中国社会是一个高度整合的社会，国家对整个社会的运行具有绝对权威，政治是社会的核心，一切文化制度、行为规范都有固定的模式，不能有丝毫逾越。在改革开放后，中国社会的这种高度的机械融合状况发生了改变，原有社会中的生活同质、意识同质、制度同质的状况已失去了社会合法性，工业化、城市化、商品化、社会分化以及源源不断涌入的西方文化、生活观念、行为方式等使传统的道德逐渐失去了对社会成员的强大约束力。这在农村社会之中表现得尤为突出。"礼治"与"差序格局"状态在逐步瓦解。同时，转型期内新的道德伦理与规范秩序并未完全确立，致使社会行动空间被极大放宽。尤其是在农村地区，在从森严的礼教下解放出来之后，几乎处于一种行为模式的真空状态。

在转型社会中，传统社会的那种单一、固定、刻板的生活方式已无法适应社会的生活节奏，更与市场竞争格格不入，从而逐渐被历史所淘汰。社会转型所展现出来的诸多特征为社会和市场中的新鲜事物、社会现象的出现提供了存在与发展的空间，也在观念上打破了许多原有的禁锢。人们的思想观念不断多元化，市场意识被极大地激活。这就为藏獒产业的出现提供了社会、市场、观念方面的可能性。同时，转型社会中还存在着较多"失范"现象与冲突现象，市场中仍有不完善的地方，这使各类投机现象有了滋生与生存的空间。或者可以说，由于转型社会是一种过渡状态的社会阶段，因此，必然会产生一些非常规的社会现象和事件。以此而言，藏獒产业的出现就具备了一定的历史必然性。

2. 消费社会

现代社会已经步入了消费时代。消费不再局限于纯粹意义上的经济学范畴：必须被束缚在生产－消费的模式之中，必须针对特定物品与其使用价值；而是发展成为一种社会运行机制，具有了评价一切社会现象的魔力。地区经济发展必然要有相应的消费作为支撑，市场的开拓首先要找到消费突破口。人们的休闲成为精神消费，甚至爱情、友情都被消费所左右。有房有车成了一些女孩子找对象的"指标"。消费已经成为社会活动的中心之一。人们无时无刻不在接触消费，同时也在不断寻觅新的消费，改善消费。2008年的"经济危机"告诉人们，消费不仅关系着个人利益，也关系着整个社会的生存与发展。需求旺盛则经济增长快，社会活力增加，人们的生活水平相应提高；需求不足，则生产萎缩，社会活力下降，人们生活水平降低。消费需求已经不再仅仅指个人的需要与欲望，而是扩展成为一种无限的社会诉求。消费也不再仅仅指对物品的使用或拥有，而是转化成一种永不停息的社会运动。社会生活中的一切都被卷入了这一运动之中，并在不断创造着新的需求与新的运动。藏獒产业与消费就是它的产物之一。

现代消费的一个新现象是对新奇消费、奢侈消费的莫名崇尚。年轻人中流行的、不断更换的发型和衣服款式，餐厅中的奇异野味等无不是新奇消费的代表与产物。无论什么领域，只要是有"特色"的东西或手艺就会有大量的顾客闻风而来。人们去餐馆饭店用餐也喜欢先来上一句："有什么特色菜吗？"追新求异已经被赋予了一种符号定位，它对人们有着越来越大的吸引力，与身份、地位、品味产生了直接的联系。奢侈消费已不再仅仅是富有群体的消费模式，而逐渐深化为社会普遍追求与认可的一种消费观念。社会宏观政策对消费的鼓励以及各类信用制度的推行，使普通老百姓（尤其是城市工薪阶层）也可以享受超出收入水平之外的物品。对奢侈消费，人们不再认为是一种不良的消费习惯或对生活的不负责任，而更多的是强调该消费给自身带来的身心愉悦与满足，强调它给自身带来的"身份光环"效应——哪怕只是一种虚假的身份。在现代社会中，奢侈消费的"阵营"出现了不断扩大的趋势。

消费中新奇趋向与奢侈趋向创造了一些特殊消费，也给这些特殊消费提供了产生与生存的空间。从这一角度而言，藏獒产业与消费正是二者的产物。同时，藏獒产业与消费在社会生活与市场中又把人们对新奇的需求与奢侈消费的趋向统一在了一起，反过来推动了两种趋势更进一步。

3. 大众传媒

大众传媒指面对广大受众的传播媒体，包括电视、广播、网络、图书、报刊、音像制品以及一切与高科技紧密相关的各类新兴传播媒介。在现代社会中，人们获得信息的渠道多种多样，这与大众传媒的类型紧密相关。可以说，无论经济条件如何，也不论何时、身处何地，人们都可以同时接触多种类型的传媒信息。没有传媒的陪伴，现代人将无所适从，生活也将无法继续。随着通信科技的不断进步，网络已经得到了极大的普及，渗透到人们生活的角角落落，而电视、报纸等也几乎成了人们日常生活的一部分。同时，大众传媒的数量在急剧膨胀，大量的信息反复冲击人们的视觉神经与听觉神经，从而影响着人们的日常思维与价值判断。

大众传媒的信息传播与加工主要产生两方面的影响。一方面是客观地传播各类信息，为受众提供社会事件或现象的原貌，不做评判，是信息传递中介者；另一方面是对社会事件与现象进行点评，或者自身的内容与活动明显带有价值倾向性，抑或暗示某种价值倾向，如各类时评电视节目、网络游戏等，这就起到了一种价值导向的作用，其中包含了正确的导向，也包含了错误的、消极的导向。人们在接触这些传媒的同时，不由自主地会受到其中价值导向的影响。随着市场经济的发展以及大众传媒商品化程度的提高，无论传媒是客观地提供信息，还是其自身发挥的价值观的导向作用，都越来越多地受到市场效益、经济利润的影响。比如在选择客观报道的信息方面，它们更倾向于对新奇的、符合大众猎奇心理的事件或现象进行报道，而那些虽是高尚行为却显得很普通的事件则变得"没有新闻价值"了。主流媒体之外的其他传媒表现得尤其突出，很容易为了获得经济利益而不顾对社会风气、对孩子身心健康等方面造成的不良影响，"利益第一"成为一些传媒经营的宗旨。

大众传媒的这些特征决定了它会对作为一种新的社会现象的藏獒养殖与交易进行报道，也决定了它会把藏獒的影响力大范围地传播开去。包括专业藏獒传媒在内的大量媒体对藏獒产业的关注与报道宣传了藏獒文化，藏獒的历史与自身的文化蕴义得到了广泛的传播。这就在文化方面给藏獒产业与消费打下了一种"价值基础"——藏獒并非徒有虚名或完全是人为炒作。

大众传媒对藏獒关注与报道的关键之一就是藏獒的价格。正是由于上百万元的交易价格通过媒体向社会传播使藏獒成为人们关注的焦点之一。无论是对此持"炒作""泡沫"观点的人还是持"物有所值"观点的人，在媒体的关注与报道中，人们对藏獒的百万元价格已经司空见惯，这样就吸引了越来越多的人踏入藏獒产业之中。大众传媒对獒圈内名人的报道也助推了藏獒产业的产生与发展。通过大众传媒，藏獒文化与消费逐渐渗入人们的日常生活观念，助推了藏獒产业与消费的出现与发展。

4. 农民与农村

北京地区与河南地区成为藏獒养殖发展最快的地区，其主力就是农民。开始阶段，高价藏獒销售数量很少，购买者成分复杂，以富有者居多。2000年以前并没有出现专门的藏獒展会，因此，城市中的工薪阶层对藏獒的接触很少，购买者也是微乎其微。而在农村地区，农民们（尤其是那些剩余农村劳动力）急切地渴望着就业机会、致富机会。这种迫切的心情让他们时时刻刻关注着一切致富的门路。在昌黎县MTD村，当村中出现第一家藏獒养殖户后，很多人就开始大量接触，主动了解藏獒及其市场，很快村中就出现了四五家养殖大户。对农民而言，他们有着得天独厚的养殖条件，即使不养藏獒，家中也总是会养上一两只普通犬只看家护院，因此，不必为养藏獒的地方发愁；他们也不必为没养过藏獒而发愁，因为他们大多有养殖家犬的经验。由此，农村中的一部分农民就成为藏獒产业诞生的一支不可缺少的力量。

在内地开始养殖藏獒之初，养殖者几乎全部集中在农村地区，并迅速成长，带动了城市郊区藏獒养殖的热潮。农民养殖藏獒热情的高涨带动了藏獒交易的大量发生。随着交易的火爆，藏獒配种、藏獒中介、藏獒用具等与藏獒相关的经营项目不断出现。经营的地区以农村为主，城市郊区为辅，藏獒产业逐渐形成。没有农民的参与就不会形成藏獒产业。

产业萎缩之前，绝大多数的藏獒集中在农村地区，包括西部农牧区与中东部农村地区。即使目前（2018年），昌黎县MTD村仍然有一部分藏獒养殖者，也有一些人在天津、唐山等地的藏獒养殖场工作。

5. 獒界精英

突破单纯的藏獒养殖，从而发展成为一个产业，中国藏獒产业的产生离不开精英人物，可以说最主要的有两位：一位是中国藏獒俱乐部主席马俊仁，一位是被尊称为"藏獒之父"的王占奎。

马俊仁从20世纪80年代末开始接触藏獒，并在全国范围寻找好藏獒，由此藏獒被广泛关注。2003年11月，在马俊仁的推动下，中国藏獒俱乐部成立，是行业的第一个自律组织，马俊仁担任主席。在藏獒俱乐部的组织与推动下，首届中国藏獒展览会于2005年在河北廊坊举办。与藏獒相关的文化、医药、护理、交易、运输等逐步形成了规模，标志着藏獒产业的形成。王占奎从20世纪80年代中期开始多次深入藏族聚居区寻找藏獒，并首先尝试把藏獒引入内地进行饲养繁育，逐步带动了整个河南省的藏獒养殖与相关行业的发展。另外还有许多精英人物，他们擅长营销和市场运作，推动了藏獒展会、藏獒广告以及藏獒医药、藏獒饰品等方面的产业连锁发展。

獒界精英是藏獒养殖与经营的主要发起者，也是精品藏獒市场的主要参与者。没有他们的带动，农民不会成为主要的养殖群体，农村也不会成为藏獒产业的中心。原因就在于精英们多为成功人士或企业老板，他们有着一定的社会影响力，有着较雄厚的财富资本，这给了农民养殖者一定的底气与希望。藏獒产业的产生、繁华和衰败与獒界精英们均有着密切关系。

二、对中国藏獒产业的评价

评价中国藏獒产业与消费绝不能以好坏而论，更不能简单地把其说成对自然的破坏或人类的狂欢——这恰恰是一批对藏獒产业与消费持批判态度的人和媒体的观点。他们只看藏獒产业的消极面、高价位与暴利性，不看它产生的原因、过程以及与农民、农村的关系，更不去看藏獒产业对藏獒原产区、对藏獒及其文化的保护与推动作用。毫无疑问，这是一种片面的评价。当然，把藏獒产业说成完美无缺的观点也是极端错误的，它的快速衰败表明了问题的严重性。

仅以经济或道德观念去评价藏獒产业与消费是难以把握其实质的，而只是突出了作为产业后果的某一个侧面。通过对藏獒产业内部构成的归纳分析，以及对藏獒产业产生原因的探讨，我们发现了藏獒产业中的客观性，其并非某个单一因素所能决定的。在藏獒消费的五个视角的功能分析中，我们以社会的宏观发展背景为平台和客观制约因素，尽可能地展示了中国藏獒产业与消费在社会中所具有的功能。这些功能同时又相互联系、共同作用于社会有机体，并在社会有机体中得到了生存与发展的机会。所以，只有在社会存在的宏观背景下，在功能分析的基础上，从多个不同的视角（包括宏观视角、中观视角、微观视角）有机地、客观地、历史地评价分析藏獒产业与消费，才能真正反映出其实质，所做评价才不会有失偏颇。

三、总结与反思

藏獒产业与社会的发展息息相关，没有现代中国社会，没有开放的市场空间与多元的文化空间，就不会有藏獒产业与消费的出现。但在既有的社会环境中，藏獒产业的未来则更主要地依赖其自身的发展。从藏獒热开始，产业中的藏獒数量一直高速持续增长，而相应的市场消费空间未得到有效开拓，市场未得到更有效的规范，盛极一时的藏獒产业出现了断崖式萎缩，藏獒养殖过剩现象凸显。

精品藏獒市场相对于普通市场受到的冲击小很多，但由于普通消费者迅速消失，高端消费者大幅度减少，所以，消费市场也萎靡不振。曾经繁荣的藏獒产业现在已经成为一个历史名词。

从 2016 年 1—8 月，笔者在西藏阿里的乡镇和村庄中居住的半年时间，让笔者对藏獒有了更深入的了解。抵达阿里牧区后，HER 乡政府的工作人员告诉我，在 HER 乡，每两年都会有一次清除流浪犬的行动，这些犬被杀死之后直接掩埋。笔者在 HER 乡的街道上也见到许多流浪犬，这些流浪犬或多或少都有藏獒血统，其中个别已经属于比较好的藏獒。这里，笔者统一以流浪犬称之。这些流浪犬大大小小，成群结队，各有自己的领地，并有很强的领地意识，共同分享领地内的食物。如果有其他犬闯入，无论大小，它们就会群起而攻之。（见图 18-4 至图 18-7）

许多流浪犬在乡里或者村民居住地周围无法占据领地，就只能到远离 HER 乡和村民居住地的地方占据领地。这些领地一般十分广阔，有的甚至有上百平方千米，但食物短缺。它们依靠集体力量捕猎狐狸、地鼠为食，有时也闯入其他犬群领地抢夺食物，但一般代价惨重，而且不一定成功；一些流浪犬因为食物短缺而饿死。笔者持续关注了一群荒野中的流浪犬，在两个月内有 5 只死亡，其中 1 只年龄较大，2 只正处于壮年，另外 2 只是母子两个。壮年中的 1 只死亡时肚子胀得很大，推测不是饥饿致死。母子中幼犬先死掉，笔者一天下午在它们常在的土堆旁发现了它的尸体，它的母亲静静地守在旁边，看上去身体极度虚弱，眼神里满是忧伤。笔者试着把带去的骨头喂它，但如往常一样，它早早警觉地离开了。第二天，它已经躺在它的孩子旁边死去了，瘦得如同一具骷髅。这些死去的流浪犬的尸体不会腐烂，在阿里独特的地理环境中慢慢风化、变干，直至剩下一堆白骨。领地里的流浪犬们很少吃死去同伴的尸体，但外领地的流浪犬，尤其是在乡里食物来源比较丰富的犬群则会撕咬尸体，甚至将其作为食物。有几次，笔者带乡里的两条流浪犬——"小黑"和"可乐"来到它们未到过的荒野，见到一具已经没有毛的风干的流浪犬尸体，"小黑"异常兴奋，来回嗅了很久，然后以各种姿势在尸体上打滚、摩擦；而"可乐"用嘴舔、咬风干的尸体，它把尸体作为食物的欲望很明显。

图 18-4 "圣湖"玛旁雍错旁的藏獒"小黑"
（赵国栋 摄）

图 18-5 西藏阿里 HER 乡的一只流浪犬（藏獒）
（赵国栋 摄）

图 18-6 还未成年的藏獒"土豆"（藏狮）
（赵国栋 摄）

图 18-7 戴着红脖圈的藏獒"真来"
（赵国栋 摄）

这些流浪犬绝大多数就是内地所称的藏獒。但在牧区，当地人只称它们为流浪犬或者藏犬。阿里牧民眼中的藏獒是一种有着特殊气节的"神兽"，在这些流浪犬中，有藏獒血统的犬就会被牧民收养。在笔者居住的地方，曾经有一只叫"宝来"的流浪犬，它是标准的"铁包金"，头大，嘴宽且短，吼叫声低沉而有慑人的力量。根据当地老百姓的说法，"宝来"有较好的藏獒血统。"宝来"平时和"真来"一起活动，活动范围就在笔者居住地附近50米的地方。但有一天，"宝来"消失了。三天后，笔者在附近的一户牧民院子里发现了它。一条粗大的铁链把"宝来"拴在那里，它精神萎靡，看到我们后格外兴奋。牧民说，"宝来"是他喂养长大的，是他的犬。

另一位牧民，他2015年时花费了3000元从附近的寺庙买了一只小犬，寺庙的僧人说那只犬有藏獒血统。2016年7月，这只犬已经长得非常强壮，牧民对它格外重视。

还是在笔者居住的地方。HER乡边防派出所是国家一级边防派出所，2016年5月，上级给派出所配备了一只藏獒，据说是纯种藏獒。笔者特意请派出所的同志陪同，和这只藏獒来了一次近距离接触。它很威武，是颜色明艳的"铁包金"，头大，嘴巴粗而短，是典型的"大吊嘴"。从派出所同志的言谈举止中可以深切感受到他们对这只藏獒的喜爱。

在阿里牧区的乡镇上有一种现象，就是流浪犬和牧民老百姓之间相互"仇视"。在笔者居住的乡镇上，"小黑""宝来""可乐""土豆"都有攻击当地牧民的情况，"小黑"也因为攻击牧民而被轧断了右后腿，变成了残疾犬。但"小黑"并没有因此而减轻对牧民的攻击，并且这种"仇恨"好像在它的体内增加着。有一次，一位乡里的工作人员开着车执意要轧死"小黑"，说"小黑"攻击当地老百姓，在我们的再三担保下才放过"小黑"。"小黑"和"宝来"曾经一起攻击到我们居住地的牧民百姓，它们好像事先商量好了一样，所幸我们及时制止才避免了惨剧的发生。有一次，"小黑""真来"等6只犬围坐着，静静看着一位商人杀羊，等待捡食一些商人不要的下脚料（当地人不吃羊内脏、羊蹄子、羊头）。就在这群流浪犬专心致志等待的时候，"小黑"遭到了袭击。一位戴着大口罩只露出双眼的给乡里打扫卫生的当地群众用一块大石头砸向了它。"小黑"的右前腿受伤了，它惊恐地吼叫了几声，但并未试图反击，而是一瘸一拐地挪开了。我对牧民说不要无缘无故地打流浪犬，他很生气地说，"小黑"以前咬过他。"可乐"是被乡上一家叫"东北饭店"的老板夫妇养大的，经常在街上对牧民吼叫，甚至追着撕咬，对从东北饭店和紧邻的一家商店门口经过的牧民更不放过，导致两家店的生意受到影响。后来，东北饭店的老板只得把"可乐"拴了起来。绝大多数牧民在外面见到不熟悉的流浪犬，都要捡起石头，或者直接砸过去，或者稍稍绕路走。

如果是牧民自己养的犬，他们会很用心地照顾，犬也很忠诚地守卫着家庭周围的领地，看护羊群、牛群也尽职尽责。我们开车去牧民家里走访，这些犬疯了一样追逐着我们的车，狂吠不止。牧民为了表达对自家犬的喜爱，会给它们戴上漂亮的红脖圈，这种红脖圈也有另一个含义，就是象征着这只犬是有主人的，而不是流浪犬。

至于在那里犬与人之间为什么会出现这种"仇视"，没有人说得清楚。有些人说，牧民经常吃风干的牛、羊肉，身上的牛、羊肉的气味特别重，而这些犬就是吃着牛、羊的骨头长大的，对其气味很敏感，攻击行为很容易发生。也有人说，当地的牧民总喜欢戴着大大的口罩，头上戴着帽子，在冬天只露出一双眼睛，这种装束容易引发流浪犬的敌意。这些显然不是真正的答案，真相还需要我们不断深入到生活中去探索和发现。

笔者注意到，2016年，在拉萨、日喀则等地仍然存在着藏獒养殖企业，甚至有的越做越好，比如坐落于日喀则的"珠峰神雄藏獒旅游城"每天都有游客或参观者，仍然保持着较好的发展态势。笔者以为，对于藏獒产业发展而言，以下两方面不应忽视：

第一，要处理好西藏广大牧区的流浪犬问题，必须走藏獒产业化之路，并且必须大力开发藏獒产品。在此之前，应着力解决好两个关键问题。一是解决流浪犬带来的环境问题和传染病问题，保障人民群众的身体健康；二是做好流浪犬的收容并实施必要的绝育措施，避免流浪犬过度繁殖。二者是把牧区流浪犬纳入藏獒产业的前提和基础。

第二，"珠峰神雄藏獒旅游城"案例表明，只要结合西藏自身特色，采用合理、科学的产业形式，藏獒产业在西藏是具备较好的前景的。重点方向可以把西藏精品藏獒与旅游相结合，在具有可行性的景区增加观赏藏獒等项目。当然，开发藏獒产品和推广藏獒观光要以遵守当地风俗习惯为前提。

整体而言，对中国藏獒产业进行一刀切式的定性有违其真实的存在状态和发挥的作用。从一个产业发展的角度而言，以下方面对藏獒产业的发展具有重要的意义：

第一，建立健全市场机制，尤其要向市场核心机制靠拢。出台更多关于藏獒产业的规章制度，取得市场中的"合法身份"，以此来加强行业规范，减少投机色彩，获得社会更广泛的认可。对獒园实行企业化管理；继续推广纯种基地、星级獒场的认定工作，推广血统认证与芯片注册管理工作，实行獒园的信用管理制度。对中小獒园以及农村家庭养殖者要加强引导与规范，鼓励他们科学养殖，拓展新的消费渠道。

第二，开发藏獒工作技能。藏獒天生有着冷静、智慧的头脑，凶猛而善于观察，有较好的记忆力，在放牧时能辨出自家的牛羊，协助主人有效控制与引导牛羊群。所以，藏獒身上蕴藏着很大的工作潜力。可以说，藏獒可以被驯化为各类工作犬，如护卫犬、缉毒犬、警犬等。2005年，有关消息称，藏獒将成为警方备用犬种，以改变进口犬种一统天下的局面。如果藏獒身上的潜力能够被有效开发利用，那么藏獒产业市场将会被大大拓展，藏獒产业也将会被注入新的生命力。

第三，藏獒出口。崔泰保在《河曲藏獒保种选育中心可行性研究报告》中认为，国际藏獒市场的缺口在90%以上。西欧、北美等地的藏獒培育工作规模较小，数量较少，难以满足市场需求。东南亚与韩国对藏獒的养殖也十分热衷。国际市场优秀藏獒的价格是国内市场的近 10 倍。① 我们在参加各类展会期间经常遇到兴致勃勃的外国藏獒爱好者。2009 年,来自英美等国的藏獒专家与爱好者陆续来到中国知名獒园考察,标志着中国藏獒产业已开始走出国门,走向世界。但如崔泰保所言,国际藏獒交易是非常正规的。在交易中,销售方必须能够提供藏獒的"户口"、血统、繁殖性能、工作性能、品质标准、防疫标准等一系列指标档案。所以,中国藏獒产业要想真正走向世界舞台,就必须持之以恒地加大与完善行业规范建设。

  第四,藏獒产品开发。依现有的研究,藏獒是一种浑身是宝的物种。青藏高原的高寒环境造就了其身体的特殊机能。藏獒绒(毛)、藏獒肉、藏獒骨等都具有重大的开发价值。但到目前为止,并未出现真正的藏獒产品,甚至并未出现萌芽的迹象。同时要注意,藏獒作为国家二级保护动物,对其产品的开发与对藏獒的保护繁育之间有着不可避免的矛盾,因此,藏獒产品开发受多重因素影响。

---

① 参见崔泰保:《河曲藏獒保种选育中心可行性研究报告》,见豆丁网:http://www.docin.com/touch_new/mip_previewHtml.do?id=829024223,2014-06-09。

第三编　西藏文化产业理论研究

第十九章　西藏文化产业的"根"在哪里

笔者在本书中所做的是对西藏文化产业进行的研究，研究对象清晰明确，研究目标有明确的指向。在这样的情况下，分析西藏文化产业就必须注重"西藏"与"文化产业"的有机结合。这就形成了清晰的界线，既具有一定的共性，也具有一定的独特性。共性指向的是所有文化产业都具有的规律性内容，独特性指向的是西藏文化产业自身的特点，其他省（市、区）不具备或者具备但没有西藏突出，西藏具有典型性和代表性。比较突出的方面主要体现在：①文化产品的藏族特色鲜明。这种特色会导致两种选择的出现，一是在西藏以及藏族消费者之外的消费范围和数量有一定的限制，这是负向指向，即不利指向；二是鲜明的特色将突出产品和服务的独占性，这种独占性可以削弱其他同类型产品带来的市场竞争，这是产业发展的正向指向，即有利指向。②当地内生的文化消费需求处于较低的平衡状态。西藏当地的文化消费多处于相对固化的模式，并且不同区域内也相对固化，在当地产生的总体需求通常情况下不会发生大的起伏变动；同时，西藏某区域、地区内的人口数量在短时期内变动不大，对文化消费的需求量也相对固化。③来自外部的竞争性替代情况较为突出。吸引外部投资、获得兄弟省市支援以及大力推进招商引资是西藏文化产业发展的重要动力和活力，也是目前西藏文化产业发展的重要组成部分，甚至在某些地区内是主流和主体，但在提升内生发展能力与外来支援、发展壮大自有企业与招商引资之间的关系上处于相对微妙状态，把握好、调控好二者之间的关系有重大意义。④绝大多数消费者对西藏自身文化产品和服务的认知水平尚浅。网络可以基本满足对自然景观、人文景观的浅显认知需求。认知水平的浅显和浅显需求的满足使实地体验、参与获取、深度认知的需求处于后台，并可能长期处于这种状态。

以上所谈及的西藏文化产业中的独特性，主要是负向指向的内容，正向指向的并未逐一列出。从笔者的分析角度和读者的理解角度而言，西藏文化产业中正向指向或有益指向的特点无须过多强调；同时，笔者在本书的分析中也对相关内容进行了介绍，后文中也将进一步阐释。关于负向指向的这些特点和问题，在西藏文化产业的发展中必须高度关注，并要处理好。显然，其涉及的既有国家、地区的宏观层次，也有产业发展的中观层次，还有文化企业和文化产业中的创作者、从业者等个体。这里就需要提出一个问题：解决的根本办法在哪里？至少，笔者认为应有一个最基本的定位。

文化产业的产业实践激发了理论研究的推进,围绕着文化产业出现了大量的学术论文和学术著作。这些研究既有一定的广泛性,也有一定的深入性,对中国文化产业的发展发挥了积极作用。对其中主要研究脉络和主要观点进行梳理,有利于我们找到并抓住产业的关键环节,有利于我们对西藏文化产业进行理论上的提炼归纳。

周建新、胡鹏林对中国2016年的文化产业研究做了归纳,得出诸多有启发性的结论,①而这些结论也在一定程度上体现了中国文化产业研究的整体特征。对文化理论的研究比重要高于对文化产业理论的研究,这一现象在一定程度上表现了中国学术界对新兴产业以及"文化+产业"研究的理论创新不足。文化理论的基础广,做一些探索工作不必费太多周折,也迎合高校各种评价机制,真正需要努力深入探索的领域反而成果不多。对西方理论的推崇和因循导致对"创意经济""创意产业"的围猎和膜拜。在文化产业人才培养和学科建设上,"文化产业"处于"居无定所"状态,既是所谓的"跨学科"领域,也成了"三无"领域,其在学科建设、人才培养方面的缺失就在这种尴尬境地中不断蔓延,未有大的改观。

伴随着文化产业,尤其是电视娱乐业的兴盛,文化产业模式研究数量迅猛增长,成为文化产业研究的一个热点,其主要关注"互联网+"对产业布局的影响、新业态商业模式、区域文化产业发展的典型模型、文化创新驱动模式诸方面。在众多的产业模式研究中,一些研究人员更加推崇商业模式及其运营,在有意和无意之中把经济效益最大化作为最重要的原则或者追求目标;而社会效益常常被置于产业模型研究之外。模型自身也存在着一定的封闭性风险,而关于文化产业模型的此种风险并没有专门的研究进行深入的探索。商业导向的模型倾向于对效率的追逐,分析工具以国外经济学、管理学等已有模型为主,对社会文化因素、地区因素、民族风俗因素、宗教因素等重要的人文因素存在不同程度的忽视情况,其在特定区域内的适用性存疑。

围绕文化产业政策为主题或核心的研究数量迅速增加,对研究的应用性给予了更大关注。产业的财税政策支持体系研究、产业发展金融支持体系研究、产业投融资模式研究、产业政策制定与实施研究、产业政策的评估、政府职能与行为定位研究是产业政策研究的主要方面。众多研究把关注的中心逐渐移向了文化产业的资本领域,银行体系及政策、国家金融政策导向、投融资本模式成为许多研究的核心。在政策领域中,隐含着一种倾向:宏观角度的分析多于微观角度的探讨,宏观政策压倒微观落实。这既有现实中的具体因素在其中,也有研究者有意对微观主体政策落实的回避,出现了政策研究中的"去微观化"现象。同时,亦有大量研究抓住某个企业或地区的案例进行分析,除了得出一些个案研究中有益的启示外,也出现了产业政策研究的"个案化"倾向,或者不知不觉隐含了"以个案概括全局"的风险。

---

① 参见周建新、胡鹏林《中国文化产业研究2016年度学术报告》,载《深圳大学学报(人文社会科学版)》2017年第1期。

与文化产业政策研究的宏大化取向类似,随着"一带一路"倡议的不断推进,与之相结合的文化产业研究数量快速增长,并仍然多在宏观视角上开展,缺乏行之有效的落地策略研究。以"一带一路"倡议为依托或纽带形成的主要研究范畴有:文化产业的宏观发展定位研究、文化产业的区域关系研究、文化产业的空间发展研究、特定文化产业的发展路径与策略研究、与供给侧结构性改革相结合的研究等。诸研究结论中,一个相同或具有极高相似度的结论就是关于文化产业的低端产能、产品过剩,高端优秀产能不足、产品数量少,建议"避免文化产业的结构性矛盾,切实发挥文化产业在供给侧改革与经济结构调整过程中的引领作用"①。众多宏大研究为区域性文化产业发展或者种类化视域内的文化产业发展提供了有益思路,对产业氛围的培育和进一步形成发挥了有益的作用。但宏大研究自身也应该避免陷入"正功能思路"模式中。宏大模式下的负功能和潜在负功能值得关注,并应该与微观的具体落地政策相联系。比如,在"一带一路"倡议下,文化产业的宏观发展定位与策略研究在注重发展策略研究之外,还应关注发展中的保护,保护好遗产、文化、特色,把微观生态保护、民族非物质文化保护传承、重要人文历史遗产保护纳入研究视野,避免宏观研究与微观研究之间鸿沟的出现,更应避免彼此割裂。同时,加强有实际应用价值的微观落地政策研究势在必行。

围绕科技进步对文化产业新兴业态的作用及与之结合的研究逐步受到重视,研究内容主要集中在:文化产业不同业态的跨界融合发展研究、传统业态与新技术的文化科技融合研究、文化产业新兴业态的研究等。对游戏与影视跨业态融合、动漫与主题公园融合、文化旅游与数字博物馆融合等研究主要集中于产业宏观层次,对融合机制、联动机制、市场运营、内部体系等诸多方面的研究仍显欠缺;研究也缺乏在融合发展视野下对单体发展中瓶颈问题的突破。技术进步给文化产业带来的机遇与转变获得了研究者的一致肯定,影视、旅游、教育等传统文化产业业态在与科技融合中获得了新活力,寻找到了新的增长点;虚拟现实技术在文化产业中不断扩大着应用领域。文化产业的新兴业态具有不可忽视的吸引力和发展动能,网络直播平台对日常生活的渗透异常迅速,网红直播、名人直播扮演了新的社会现象和新的产业现象的混合体角色。总体来说,对新兴文化产业的研究并没有走在产业实践之前,从某种程度而言甚至相差甚远,研究内容、研究质量还不足以揭示产业规律和问题,在解释、给出解决方案等价值链环节贡献不足。科技与文化的结合将不断深入,亦永无穷期,研究者的天地无限广阔。从现实需求而言,对新兴文化产业业态的规律性研究、机制性研究应不断深化,传统文化产业业态通过科学技术逐步分化出新的业态领域以及与新兴业态结合的趋势将进一步加大,更需要具有前瞻性的深入研究。

文化产业在产业发展中的地位日益提升,成为一个地区甚至整个国家国民经济重

---

① 周建新、胡鹏林:《中国文化产业研究 2016 年度学术报告》,载《深圳大学学报(人文社会科学版)》2017 年第 1 期。

要的支撑之一,也相应成为国民经济竞争力重要的指标之一。已有的对文化产业的研究不论切入点是什么、研究的主要内容是什么、关注的核心问题是什么,都离不开宏观的产业竞争力或微观的企业竞争力元素。竞争力是与外在竞争者关系界定中形成的实力存在,它的重要性不言而喻,甚至直接决定了产业或企业的未来与生死,失去了竞争力就会逐步被赶超,被淘汰。竞争力不但融于学术研究的前提、背景、目标等诸多方面,而且深深嵌于产业实践之中,任何文化产业及其中的企业的生存发展都离不开竞争力的提升,这不是一时一段的任务,而是贯穿于产业和企业发展全过程的任务。

与文化产业、文化产业中的企业的竞争力相对应,产业或者企业的自我发展能力也不可或缺。竞争力指向的是外在场域,而自我发展能力指向的是内在场域。外在场域指的是与同类他者之间的关系空间,在时间序列上是横切面的,相对属于静态特征;内在场域指的是自有要素的关系空间,是效用最大化的要素配置问题,在时间序列上是非纯横切面的,而是以自身存在发展为轴的纵向动态比较,同时兼具静态指标化特征。对文化产业而言,其自我发展能力应至少包括经济与社会两个维度。二者也是文化产业发展的"两条腿",没有健康的"双腿",文化产业也就失去了自己的根。经济维度指向的是盈利能力及相应经济贡献度,社会维度指向的是其中的文化价值和社会贡献度。关于后者的定位与评价存在一定的模糊性,但其存在性毋庸置疑。任何缺失文化价值的文化产业必然在时间序列上失去存在的社会意义与合法性;同样,社会贡献度也直接关系着产业的社会地位,贡献度的大小决定着其社会合法性的大小。经济维度与社会维度之间是相互联系而不是相互割裂的,把二者对立起来或孤立起来的认识和做法都是有问题的。文化产业的任何经济效益和社会效益都不应被孤立看待,因为二者本身并不能长期孤立存在并取得发展。对外在场域和内在场域同样应辩证看待,就本质而言,竞争力的大小与自我发展能力有着内在联系,前者是后者的外在体现,后者是前者的重要基础。

虽然专门的文化产业经济学研究于20世纪中后期才逐渐增多,但在国外理论界,尤其是经济学界,对文化产品、文化服务的研究具有悠久的历史。可以说,文化与经济之间自始至终有着千丝万缕的联系,理论家们的视野与研究正是建立在这种与生俱来的内在联系之上的。

自法兰克福学派对"文化产业"一词进行系统分析之后,以文化产业为目标或主要研究内容的机构逐渐增多,研究者数量增加迅速。对区域产业、产业理论、产业政策、产业贸易、城市发展与产业、产业分工分层、产业布局、新兴产业等方面的研究成为主要研究领域。包括联合国教科文组织(UNESCO)在内的一些重要国际组织也把文化产业相关内容纳入视野。1982年,联合国教科文组织在墨西哥的墨西哥城召开"世界文化政策大会"。1998年,联合国文化与发展委员会在瑞典斯德哥尔摩召开了政府间会议,会议主题为"促进发展的文化政策",并出版了《世界文化发展报告》。同时,在文化产业政策、实践中仍有一些内容存在争议,或者边界模糊,其主要原因在于各国、各地区均有根据自身情况进行的界定或者划分,体现出文化产业本身作为一种经济、社会现象与具体社会背景、经济背景相结合后的理念取向和框架结构。

20世纪60年代,"文化经济学"(cultural economics)一词已经正式出现在期刊论文中,并有专门学术期刊——《文化经济学学报》(*Journal of cultural economics*)正式出版。西方文化产业研究步入一个新阶段。

在古典产业发展理论、布局理论的基础上,关于产业布局模式、产业与商贸关系、产业创意与技术、创意风险、产业绩效评估、产业金融模式等的相关研究得到不断深化。研究的视野有了进一步的拓展,不同国家之间的文化产业发展比较研究的数量增加,建立在这种不同国家、区域比较基础上的实证研究进一步为理论提供了新内容。D. Throsby 提出了"文化产业的圈层理论模型",认为在文化产业中产生的文化输出如同多层的同心圆,由中心向外逐渐递减。其研究数据来源于澳大利亚、新西兰、加拿大、美国和英国。[①]《创意产业:定义、数量和实践》《创意产业的概念解构》《风险商业创意风险管理艺术》《版权与数字复制技术》等是文化产业创意研究的重要成果。系统化的研究亦得到不断推进,对文化产业的定义、重要性、特征、法律问题、产业评估等基本问题开展了进一步有意义的探讨,对企业的微观环境及运行、组织结构、管理控制开展了研究;同时,也有对文化产业全球化、新媒体影响、数字化智能化应用等宏观方面的研究,对文化产业的系统性研究做出了贡献。

随着文化产业的发展,各国都在文化产业政策上努力推进。文化政策研究相应地不断深入。自 2001 年"美国和欧洲的艺术和文化产业研究"研讨会之后,产业政策的研究,尤其是国家之间的比较研究日益增多,关注的中心多集中于欧美不同国家和地区对文化产业的支持政策差异、政策选择差异、资助体制差异诸方面。D. Hesmondhalgh 和 A. C. Pratt 对文化产业与文化政策之间的关系以及文化政策所面临的一系列挑战进行了研究。[②] 文化政策中的关键概念、文化管理的开放空间相关研究也得到拓展。

文化产业创意研究成为关注的新热点,创意产业在西方经济、社会、生活中的重大变革,尤其是对就业、经济形态产业的影响方面的研究数量增多,对创意产业在社会整合、城市发展与再生、创意成本的影响等方面形成了新的研究领域,对创意文化区域发展在经济中的角色研究拓展了不同国家、区域间的对比性研究领域。创意集群研究获得更广泛的关注,创意产业集群与传统产业集群关系研究、创意产业与城市布局关系研究、创意产业集群政策制定研究诸方面有进一步突破。"创意产业经济学"研究成为一种流行,《创意产业经济学——艺术的商业之道》(*Creative industries*:

[①] 参见 D. Throsby. *The concentric circles model of the cultural industries*. Cultural Trends 17, 2008 (3): 147 - 164.

[②] 参见 D. Hesmondhalgh, A. C. Pratt. *The cultural industries and cultural policy*. International Journal of Cultural Policy, 2005, 11 (1).

Contracts between art and commerce)① 等一系列研究成果对该领域的组织形式、契约理论以及创意产业的特点和其他相关问题进行了研究。

伴随着文化产业发展特色的不断呈现，区域化的研究继续深入。与不同国家、不同区域经济社会发展特点相结合的文化产业研究不断涌现。

研究结论与意义在全球化语境下有一定的相通性，体现出文化产业作为全球性的产业业态的共同规律性，但绝大多数研究更主要地体现出了文化产业的区域特色。在问题的提出、方法论的指导、研究方法的使用、研究模型的运用、问题的归类、政策导向、解决途径等诸多方面则明显有着特定国家、区域的政治、经济、社会、文化等影响因素的痕迹。不属于该国家或区域的研究者从事的对该国或区域的研究数量也在增加，此类研究更多地关注不同国家、区域之间文化产业发展机制的差异化。《瑞典文化产业：一项经济地位的评估》(Cultural industries in Sweden: An assessment of their place in the Swedish economy)、《新加坡的创意产业》(The creative industries in Singapore)、《基于供应链管理视角的英国、日本、中国创意产业比较研究》(Creative in UK, Japan and China: A supply chain management perspective)、《拉丁美洲文化产业：新瓶装旧酒》(Latin America's new cultural industries still play old games)等研究具有一定的代表性。

研究的多样化、视角的多元化、挖掘的深入化体现了西方文化产业研究取得的成就。新的研究领域伴随着实践的发展在不断拓宽；同时，关于一些基本概念框架与具体指涉诸内容的争论也并未因此解决。在哲学理念之下，对社会学的应用分量在加大，统计学、管理学、法学等其他学科视角、方法的运用也更多地融入其中，社会学与其他学科在该领域研究中的融合运用趋势进一步加强。对比性研究、区域性研究、具体产业内容研究数量的增加与世界范围内文化产业的兴起相关，但显然对乡村和贫困区的研究还相对较弱。

在千差万别的国外文化产业研究中，研究的视角、方法论和具体方法、主要研究对象、主要研究结论和对策等的差异带给我们不一样的启发。在这些差异之中，仍有共性的东西或特质值得关注，甚至比差异性更具有理论价值和产业实践价值。显然这还要归于笔者前面论及的外在场域和内在场域，也就是最终要归于对产业在竞争中生存发展的问题和产业在自我发展中的价值定位与实现的问题。这两个问题相互关联，不可分割。

在两者之中，竞争力会体现在最主要的点或者环节上，它可以对外在场域产生直接而具有决定性的影响，对其他形式的竞争力也同时产生显著影响，是竞争力的核心所在。自我发展能力同时涉及多要素、多层次和多方面，但亦有关键环节，它如同关节一样把这些能力要素形成一个有机体，从而实现产业的整体可持续发展能力。

---

① R. E. Caves. *Creative industries: Contracts between art and commerce*. Cambridge, MA: Harvard University Press, 2000.

第一节 西藏文化产业的核心竞争力

　　市场的竞争力一般会表现为外在能力，是关于竞争主体之间为特定资源、目标展开的争夺关系后果的内在支撑与外在表现，它决定着市场中资源的配置格局、配置效率，影响着市场竞争主体的生存和发展状况。竞争力在市场中表现为多个方面、多个层次，比如企业的、产业的、区域性的、国家之间的等。产业竞争力在众多竞争力的表现形态或范畴中最具有机纽带作用和说服力，下可体现企业、区域的生存发展能力，上可成为一个国家整体市场竞争力的重要指标，可操作性和指标权威性更加突出。

　　企业的生存发展需要自身良好的竞争力，而作为微观构成的企业竞争力是其所在产业竞争力的基础和核心元素。产业内企业的竞争力的提升是产业整体竞争力提升的基础和前提，但产业整体竞争力并非企业竞争力的简单求和，有三种状态：大于、等于或小于。当企业竞争力有机性较强，企业在产业纵向的产业链条以及横向的产业协同中的有机性、协同性强，就可以产生 $1+1>2$ 的效果，产生有机的合力；当企业的有机性不强，在市场中甚至相互损耗，无法产生对外的产业合力，则可能出现 $1+1 \leqslant 2$ 的结果。

　　产业竞争力体现着区域发展的竞争力或者国家发展的竞争力，从经济资源的保障、供给以及经济给养社会的能力诸方面深刻影响着区域性的可持续生存发展力。同时，区域内或国家内的"环境"或者"场域"对产业竞争力又会产生反向作用。一般可从三个层次衡量这种反向作用：正功能的、反功能的和中庸性的。二者不会也不可能彼此孤立、完全独立存在或运行，而是彼此影响、不可分割的。

　　产业竞争力是一种综合的有机力，至少在构成、环节、作用、相互关系诸方面必须具有较好的有机性。这种整体有机性在流动方向性上表现为双向的过程：外向的与内向的。产业的商品市场占有额、劳务输出、资本输出、域外投资等为前者的重要指标，其所指的"外向"目标既可以是产业之外的市场，也可以是产业所在国之外的境外市场，在现代大市场条件下已很难把二者完全分割，因此，二者具有内在的联通性。智力资本、原材料、关键技术、外企资本以及先进管理理念的引入是后者的主要指标。内向有机流向的本质在于产业通过与畅通的而不是封闭的国内、国际市场环境的要素流动，汲取成长的资源与动力，即在引入的过程中学习、吸收、利用、补充和不断激活产业内生动力源。

　　至此，有一些问题已经走到了我们讨论的中心，即产业竞争力及其有机性是均等分布的吗？是否产业中所有的产品、劳务、技术等能够参与竞争、能够带来收益的要素就是竞争力的直接体现？它们是否可以成为一个产业的代表？是不是一个竞争力最强的产业在要素的所有方面都是最强的呢？诸如此类的问题最终归结于一点：产业的竞争力归根结底是其核心竞争力。

核心竞争力在现实表现中涉及多个角度,也可以界定为理解的多维度。1990年,美国管理学家普拉哈拉德与哈默明确提出核心竞争力(core competence)概念,并提出创造企业核心竞争优势的是一种协调、集中和整合公司内外部的知识、信息、技术和经验等资源,使其快速适应市场变化的管理能力。[①] 这代表的是一种整合观的核心竞争力,强调的是协同和整合效应的实现:核心竞争力是技能、知识和技术的整合。即使是再先进的技术也不能通过简单堆砌来实现核心竞争力的提升。这一维度主要体现在产业和企业的洞察力和预见力上,能够触发技术创新、拥有专有数据,能够在交易流中获取关键信息,能够在主营业务中保持较好的创造力,形成卓越的分析并产生正确的前瞻性的研判。对组织管理的整合与效率要求是该观点的重要组成部分,强调把技术能力有效结合与转化的能力,实现对优势的高效组合。企业文化维度的核心竞争力突出了企业在市场与社会中的文化影响因素,认为企业真正的核心竞争力在于企业文化,并与企业运营的所有环节紧密相关。知识维度的核心竞争力主张企业的核心竞争力是表征企业特性的、自身拥有的专有知识和信息,从而最终形成能够提供竞争优势的知识体系。学习和学习能力是最重要的途径要素,其中涉及企业的专有知识、员工的学习能力、组织的技术系统、组织的管理系统和组织的价值系统。基于综合维度的核心竞争力与整合观念下的核心竞争力有诸多相似之处,都强调技术、价值共享以及市场转化,推崇的一项重要能力就是在产品创新的基础上把产品推向市场的能力。

综合而言,市场竞争表现为外在场域,也就是竞争力的展现空间,但这种外在性最终要通过内在的要素发生作用,与产业的自我发展能力密切相关。而这种外与内的有机联系最终落于产业的核心竞争力上。就此而言,核心竞争力成为外在场域的深层,从产业机体内部产生作用,逐渐成为内部因素。在这一点上,产业的外在场域成为产业核心竞争力的外部表征和现实后果。因此,在这里有必要强调的是,产业的竞争力与核心竞争力存在着差异,而且是质性差异,不能把二者混为一谈。在研究和处理外在场域和内在场域两大关系时,一定不能忽视核心竞争力在其中扮演的角色,它本身整合于二者之内,与产业的自我发展能力有着不可分割的质性关系。

笔者的分析表明,核心竞争力对产业或企业而言,必须具备一定的独特性,在其中可以突出体现或展现优势所在。变动性是此独特性的重要表现。在产业成长、发展的不同阶段,核心竞争力也会有所不同或者有不同的表现、不同的侧重。

核心竞争力的层次性是核心竞争力的具体依托形态,在不同层次的核心竞争力的形成之上形成有机一体的核心竞争力合力。企业是产业核心竞争力的单元和依托,企业文化、企业发展理念、企业价值观、企业形象、企业创新能力、企业人力资本、企业信息网络诸要素构成产业核心竞争力的基础;产业的结构、运行机制、发展战略、

---

① 参见李怀斌、朱泳《美国著名企业核心竞争力经典案例》,中国海关出版社2004年版,第5页。

规模、品牌、制度、神经网络、制度建设诸要素构成产业核心竞争力的平台，是产业的重要支撑；企业的服务体系、产品质量、成本、营销、技术能力与更新是核心竞争力的直接转化桥梁，是核心竞争力的现实转化。把核心竞争力的三个层次按要素特点进行相对分类，技术类和管理类的二分法不失为一种选择。但在具体操作中难以把要素按此进行明确归类，任何要素都包含技术的成分和变化能力、需求，任何技术类要素亦无法完全摆脱恰当的管理能力与变动需求。那么，就应该选择非实体性的"要素"，或者以三层次的外在要素为依托的内在元素，即核心竞争力是通过特定的有机整合，把某些相对可划分的内在元素的能量转化到外在场域。这样，可以把技术类和管理类转化为技术能力和管理能力，而核心竞争力可以这样表示：核心竞争力 = i（技术能力，管理能力）。（见图19-1）

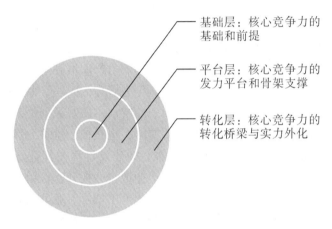

图19-1 文化产业核心竞争力构成层次

文化产业核心竞争力的三层次是一个有机体，该有机体在市场生存法则和社会价值认同法则中扮演着最重要的角色，与企业、产业的生死存亡有着直接关系。市场法则与社会价值认可法则分别对应着两类价值体系：经济价值体系和社会价值体系，即核心竞争力实现的两大外部价值场域。价值的相通性是文化产业两大场域的本质要求，忽视任何一方的文化产业均无法保持强大的、可持续的核心竞争力的实现。消费主体的价值认可与现实转化意愿是市场法则与社会价值认可法则之间的桥梁，使核心竞争力实现的两大外部价值场域得以连接到一起。价值认可与现实转化意愿指向的是消费群体（社会大众）看中的价值的存在性与可度量性，前者与消费群体（社会大众）主流价值定位直接相关，后者与消费群体（社会大众）临界价值量的定位直接相关。在该临界价值量之下，人们对核心竞争力的体验敏感度不强，在市场与社会评价、选择中因核心竞争力而改变自身原有行动模式的动力敏感度低；在该临界价值量之上，人们对核心竞争力的体验敏感度大大提升，并因核心竞争力产生客户改变原有行动模式的动力。以此而言，文化产业核心竞争力最终的后果不仅在于价值定位，也在于该价值的大小。

作为有机体的核心竞争力并不能孤立存在,而是作为企业整体竞争力的一个有机组成部分,是企业在市场与社会中经过较长时间积累完成的体系化的后果,它无法脱离企业的体系而存在。动态性也是核心竞争力的显著特征,对企业而言,随着产品周期的变化或企业新领域、新业务的拓展,其中的核心竞争力也会发生变化,或削弱,或强化,或转移。这就提出了关于"核心竞争力动态管理"的必要性,宏观经济环境的变化、日新月异的技术创新、不断更新变化的消费群体需求、竞争者能力的不断提升等方面决定了企业核心竞争力不可能一劳永逸。随着核心竞争力的变化或可能发生的变化采取相应的动态化管理是必然要求。

在微观层面,企业核心竞争力的识别关键在于企业收益的时效性和可持续性、对企业在市场竞争中处于优势状态的贡献度、实现的利润水平与本行业平均利润水平的比较、主导产品的技术含量与地位、产品与服务在市场中被代替的可能与代价、拓展新领域与捕获新商机的能力、产品升级与转换的自主创新研发能力。

可以发现,实现核心竞争力优势的发挥就是塑造产业核心竞争力的三个有机层并使其充分发挥作用的建设过程,也就是核心竞争力管理的问题,即如何把技术能力与管理能力进行有机整合使其作用最大化,动态性特征、微观识别关键诸要素和环节是融于三个有机层之内的有机成分,既是运行要素,也是核心竞争力弹性的重要指标。

在区域性文化产业中,这一"三层一体"的建设过程尤其重要。区域文化产业与区域竞争力密切相关。一方面,由于文化产业地位的提升、作用的增强,它已经成为一个区域内竞争力的最有力代表,其竞争力成为区域发展竞争力的最重要指标;另一方面,区域竞争力的整体提升是区域文化产业实现可持续发展、提升自身竞争力的重要基础,区域整体竞争力的氛围、水平、导向直接关系着区域内文化产业的发展。

区域竞争力具备一定的层次性,这源于"区域"概念的相对性。特定的区域是一种客观的存在,一块大陆、一个国家、一个城区、一个村庄等均可以构成现实存在的区域;同时,从不同的学科视角,区域又可以界定为一定的主观空间概念。在社会学中,具备一定的共享社会特征、元素(语言、信仰等)的聚落可以被认为构成一种区域;政治学中则把区域看作具备一定行政管理权的范围;经济学上更倾向于该空间范围内具备的经济活动及其与外部联系的方式和能力,以便组织、协调,最大限度地发挥经济资源、元素的效用,同时兼顾行政区划。在通常意义上所使用的"区域"一词指的是以行政区划为主导的空间范围,以客观存在为主体。

区域竞争力在本质上是一种比较生产力,是在区域之间比较中生产力的外显存在。这种外显存在表现为多领域多视野,经济视角的区域竞争力、文化视角的区域竞争力是最主要的构成。从产业视域而言,区域竞争力主要集中于经济视角,文化视角作为辅助与有机支撑。区域内的核心竞争力具备前述竞争力的诸多特征,且其同时在特定的时空之内,即"区域"之中。

区域文化产业的核心竞争力通过基础层、平台层、转化层有机的"三层一体"

模式存在并实现，是区域经济学核心的内容之一。区域经济学发轫于世界经济社会发展产生巨大差异之际，与殖民主义有着密切关系。区域发展的极端差异引发了学者的关注，在政治领域中也逐步受到重视。从实践角度而言，缓和这种区域之间极端化的差异性，帮助落后地区摆脱深陷经济落后的桎梏，促进要素更顺畅地流动成为区域经济学发展的重要动因。第二次世界大战之后，在普遍向好的世界经济体系中，区域间严重的两极分化现象进一步受到重视。1957年，迈达尔（G. Muradal）提出区域经济两极分化的"累积因果论"，认为在市场之内，区域内的繁荣是建立在相应区域贫困的代价之上的，二者具有因果关系。这一观点与同时代的"核心－边缘理论"有相似之处，强调市场中区域发展带来的其他区域贫困的代价，显然指向的是外部强力干预的必要性。艾萨尔德（W. Isard）于1960年出版的《区域分析法》一书对区域发展的理论与方法进行了较为系统的总结与阐述，成为区域经济发展学科的重要著作。

在此特定区域内实现可持续发展的基础性条件、政策的制定、发展战略的选择、短—中—长期发展策略的应用等均是区域经济学不可忽视的重要内容。经济的发展又是这些内容的核心纽带。总体而言，对传统整体性的经济学研究来说，区域经济学突出了区域经济发展的相关问题研究，在一定程度上弥补了经济学、产业学以及经济地理学等学科的一些薄弱环节，对区域可持续发展和给出解决贫富差距方案具有重要意义。

区域经济学关注的主体问题明显且清晰，笔者所述核心竞争力的"三层一体"有机模式是区域经济学全部主体问题的根。通过有效的核心竞争力实现对关注主体问题解决方案和实践的优化，从而最终实现区域经济学的预设目标。

当然，无论是在经济学、管理学还是社会学视域内，均不可能也不可以就区域经济论区域经济，否则就步入了狭隘视角的死循环。推进区域经济学研究和区域经济发展实践，需要深入研究与解决的问题有很多，比如国民经济整体发展与区域发展、利益协调的关系，不同层次区域之间的目标设定与实现问题，区域经济与区域生态环境关系问题，不同层次区域内的分工与资源配置、要素流动问题，区域内城镇层次体系以及产业的支撑、辅助网络协同问题，国土开发与规划利用问题，区域内分层的产业定位问题，区域经济发展的纵向逻辑与横向关系问题，等等。

以此而言，笔者从理论视角讨论西藏文化产业的核心竞争力不是固步于西藏或做理想型的理论设计，而是要突出在相对意义上西藏文化产业核心竞争力的存在与作用，以及其可实现性，而这种存在与作用恰恰在西藏能够有效发挥有机纽带作用，进一步促进社会整合，提升西藏整体的有机度和社会凝聚力，比如促进稳定与财富增长之间的进一步协调，提升经济发展与民生改善之间的有机度等。

区域核心竞争力的意义与作用决定了它在区域发展繁荣中作为动力中心的角色。实际上，理论上，它已经成为区域经济学的中心之一，大大拓展了区域经济学的研究范围，深化了研究内容。在这一基础上，它所产出的研究成果与实践成果成为区域发展战略的重要支撑，为管理部门、决策部门的科学决策提供了新思路、新视角。在全面深化改革的背景下,区域发展与协同发展,全面实现小康社会,向着共同富裕道路不断奋进需要进一步推进区域竞争力,以层次化、多元化的区域竞争力作为重要的动力之一来推进经济社会的全面进步。

进一步而言,关于区域核心竞争力的存在、实现以及作用意义,理论视野下不能局限于产业、企业要素中。笔者"三层一体"核心竞争力的提出,或技术能力与管理能力的最优化组合的概念实际上是区域存在、发展有机体中的一个组成部分。其现实背景是传统的资源禀赋已经难以支撑起竞争力的全部或主体,资源优势等同于竞争优势的传统模式逐渐式微,无形产业要素、社会要素的影响力大幅度提升,创新力、跃迁力成为区域竞争力的代表性软实力。

早在20世纪90年代,波特已经指出作为区域之一的国家与产业竞争力的关系呈现出一定的特征,其中一点就在于国家如何刺激产业改善和创新关系。"钻石理论"(也称作"菱形理论")成为其研究的代表理论成果。① (见图19-2)在"钻石理论"中,波特提出,生产要素是区域竞争力的第一个因素。生产要素最重要的意义在于其内含的创造力,而非天然禀赋特征,即可实现的创造力要比要素的存量更重要。这就要辩证地看待生产要素的存量,把生产要素存量的多少作为区域竞争力的评价标准的做法是武断而不可取的。需求是区域竞争力的第二个因素,需求构成、需求增长规模与形式、国内需求国际化构成了需求的三个重要方面。相关产业与辅助产业是第三个因素,强调其中的重要关联关系。企业的战略、结构和竞争关系是第四个因素,强调需要在区域产业中协调好企业自身战略、企业间形成的有机结构和存在的内部竞争关系。他的结论是,这四个因素形成有机关系,从而形成一种类似于钻石的结

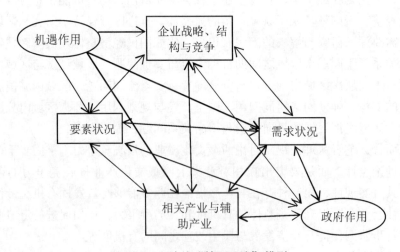

图19-2 波特"钻石理论"模型

---

① 参见[美]拉夫·W.法伦、李生校:《战略管理——整合与实践路径》,王海涛、马可云译,武汉大学出版社2016年版,第156页。

构,牵一发而动全身,彼此影响,相互牵制,又相互依赖(对西藏而言,生态+文化+旅游是"钻石模型"的内在血脉,是纽带,是筋骨)。在四大因素中,波特认为任何一项出现问题,就会直接影响该区域的竞争力,而这种影响更主要是负向的,通过伤害竞争力的核心部分从而削弱其存续、发展和升级、跃迁的潜力与能力。

除这四项关键因素之外,波特还将机遇与政府纳入理论视野。他认为一些偶然事件对区域竞争力的影响是不能忽略的,比如重大的技术突破、投入成本的大幅度削减、需求的突然高涨、政治环境的突然转变等均可以列入其中。其重要性对区域发展而言有时并不比四项关键因素小,原因就在于这些所谓的"偶然事件"在非连续性的状态下可以突然改变区域发展模式或发展环境,从而使竞争秩序、环境发生重大转换,产生"断层式的竞争"。当然,其对区域竞争力的影响后果有正向的和负向的两种。政府之所以需要被纳入理论研究范畴,原因在于其是作为政策制定者和关系协调者的角色。政府可以通过政策、法律、行政或金融杠杆等诸多手段或方式影响产业发展,而且其作用不可替代。当然,机遇与政府作用的实现多是间接的,或者说是通过作用于四个关键因素而得以实现的。波特把区域竞争力的四个关键因素和两个附加因素(机遇与政府)作为同时存在的并行的两组因素,而这两组因素相互配合、刺激、协同,实现共同提升才可以促进区域不断进步,而寓于其中的区域核心竞争力就在这种持久稳定而高效的"钻石关系"之上。

在纯理论视角下,产业布局、发展的各类理论,关于竞争力的各类学说以及围绕着核心竞争力产出的各类成果均对西藏产业建设和发展具有一定的意义,这种意义不是照搬使用,而是与西藏区情相结合,在保证人民群众安居乐业的基本生活、生产秩序基础上实现的吸收利用,借鉴其中可以与西藏实际相结合、融合的精华部分,为西藏文化产业发展所用。

笔者在西藏文化产业体系研究中着重完成了以西藏生态资源的保持与优化为基础的产业可持续发展的体系研究,包括:①作为实体特色产业的土特产产业。它是一种文化产业的实体支撑。②作为特色文化产业的核心实现形态的西藏生态旅游业。它是西藏文化产业发展的重要动力源与关键纽带之一。③三个发展重点,即打造西藏明星IP文化产业、做好西藏环保文化产业、推进西藏工业文化产业发展。它们是西藏文化产业发展不能忽视的三个重要内容。④西藏文化产业布局、整合的理论基础。它是对西藏文化产业布局与整合的一些基本理论的梳理与思考,既是一定程度上的总结,也是对后文研究的导引和铺垫。⑤西藏文化产业的布局。它是从理论与产业实践双重视角展开的对西藏文化产业布局的专门探讨。⑥打造重点县域特色文化产业模型。它是以西藏阿里地区普兰县为例展开的探讨,是产业布局研究的一个极为重要的方面。⑦西藏文化产业的整合。它是从产业整合发展的切入视角进行的分析。⑧西藏文化产业发展策略的前提。它是在前面探讨的基础上对发展策略运用前提的分析。⑨西藏文化产业发展策略的两个主体层次,即微观视角的解析和宏观视角的分析。

在实证研究中,笔者讨论了阿里地区文化产业发展对策、茶文化生态旅游的构建以及藏獒产业引出的启示。该部分从区域文化产业发展的问题研究到西藏某类文化产业的构建,最后以当时红遍大江南北的藏獒产业为例系统地回顾与分析了根植于现实社会生活空间中的产业发展问题。

在这两大部分的研究中,我们坚持从西藏实际出发,以辩证唯物主义为指导,从宏观到微观的视角分析西藏各类文化产业案例,剖析文化产业的现状,从布局、整合与发展的视角去审视这种现状和发展的机遇、平台和可能。并从一种中层理论的视角对经验层的现象、结果进行一定的升华,使其既可以验证理论又达到一定的理论高度,形成一定的具有指导性的总结。研究的全过程从生态保护与优化的视角出发,根本落脚点在于:在宏观经济社会秩序良好有序的大背景下的西藏文化产业的竞争力塑造、持续和提升的问题。结合已经实现的体系和实证研究,笔者已从微观、中观、宏观三个层次基本展现了西藏文化产业竞争力的主要方面,以及存在的问题和可能的突破途径。

无论是从产业体系化视角还是从笔者所阐释的实证案例视角,西藏文化产业布局、整合以及发展策略的核心之一就是竞争力的实现、持续以及提升,即本研究的根本落脚点之所在。在这些庞杂的内容中,笔者穿插了一条"三层一体"的脉络,它是实现本研究根本落脚点的不可或缺的内在"骨架"和"血脉"的统一。

结合西藏文化产业的特点,寻求突破与发展的路径应着力于核心竞争力的实现,这是不争的事实。产业市场的限制性主体体现于传统形式的产品市场的范围与消费量,这是竞争力直接的和外在直接显现的部分。旅游业,尤其是基于文化、生态的体验游是突破这一不利指向的重要渠道。当然这一渠道不能局限于旅游形式、内容和平台,而是形成一种机制,一种市场运营的有机纽带,以旅游为桥、为媒拓展文化产业的不同层次、不同形式的市场空间。当然,西藏文化产业中产品和服务所呈现出的独占性会成为生态旅游及其产业的一种助推力,并呈现出良好的反作用力,实现二者的补益共进。

对内生文化产业需求在较低水平状态下达到的平衡需要辩证看待。对西藏人民而言,自我文化需求的满足以及文化产业发展需求的满足是一种基础,它在一定程度上代表了西藏物质文化、精神文化、社会文化发展的综合成果。辩证唯物主义认为,发展变化是事物存在的常态。西藏文化产业发展的内在动力不能局限于低水平的平衡,而应在生态、文化的基础上实现提升,通过深化供给侧结构性改革推进产业水平平衡点的提升。这样,旅游产业就成为极为重要的发力点、激发点和有机纽带。也就是说,在面对当前的主要矛盾,即人民日益增长的对美好生活的需要和不平衡不充分发展之间的矛盾时,要拿出足够的勇气去打破这种局部性的较低水平平衡,用全局性的眼光去审视文化产业发展的内在需求。

面对较为突出的外部竞争性替代现象,显然仅仅依靠"注血"方式来实现生存与发展的愿望更多地停留在主观意愿上,强压式的外部投资、国家和兄弟省市的无私支援产生的帮扶效果与应产生的高效率产出之间还有一定的差距,"等、靠、要"思想仍然顽固,"造血"功能仍然不足是外部竞争性替代问题的根本所在,也是改变这一情况的关键环节所在。如何实现自身文化产业的"造血"并提升和优化这种能力,明了西藏资源禀赋和现实发展情况的人都清楚,在社会安定有序的前提下,这个问题只能落在三点上:生态、文化和旅游。生态是西藏文化产业发展的根本,文化是动力的支点,旅游是灵动的纽带,三者形成有机一体的结构。这一结构就是西藏文化产业形成并提升自我"造血"功能的关键。

诸多因素限制了西藏自身文化产品和服务被认知的水平和范围,并在此基础上形成了表面化的产业需求以及对这种浅显需求的满足,一定程度上成为西藏文化产业发展的一种沉重的枷锁。科技的发展为产业信息的传播、产品实体与服务的流通提供了巨大便利,甚至是颠覆性的变化,但这仍要存在于对产品的认知、接受与使用水平之上。因此,突破传统的产业传播局限,重塑和提升产业要素,尤其是产品和服务的形象,加大传播力度成为西藏文化产业的一项重要工程。在众多影响因素和可选择的方法中,实现和强化实地体验性、现实参与性、知识和感知的直接获取等对西藏产业的深度认知具有不可替代的作用。要把这些内容从长期的后台情境中推到前台,生态旅游的纽带作用、文化与生态的吸引作用不可缺少,甚至是至关重要的。在西藏文化产业中涉及负面指向的内容可以得到有效突破,这正是我们前面讨论的主要目的之一。

综合而言,无论是正面指向还是负面指向,均需要抓住西藏文化产业发展的根本落脚点,而这个落脚点恰恰是在宏观经济社会秩序良好有序的大背景下,充分运用好西藏生态优势、文化特色和生态旅游杠杆的"三层一体"有机模式。这一过程是实现西藏文化产业的竞争力塑造、提升和可持续发展的过程。

西藏文化产业发展的理论构建不能自我封闭。国外,尤其是西方一些理论的启发意义不能被完全忽视,当然也不能全盘照搬挪用。自法兰克福学派之后,在理论取向与实践过程中,国外产业发展也是多元、多层的,不存在整齐划一的共享模式,而是结合国家、区域或者具体产业实际而灵活运用、因地因时规划设计与实践的。西藏文化产业的理论与实践必须在开放环境下借鉴优秀理论成果和有积极意义的实践方法与模式,结合自身实际进行探索与构建。

外在场域和内在场域两大关注点需要强化对西藏文化产业发展的横切面竞争力研究,同时加大对纵向自我发展力的研究。在两个序列上需要统筹好、协调好,并抓到两大场域的共同核心要素。这就与笔者前文探讨的核心竞争力及其内在层次问题产生了直接而密切的关系。在西藏经济社会安定有序的前提下,结合自身产业发展的状况与特点,提升文化产业的核心竞争力是对两大场域核心要素的聚集与效用最大化的最主要实现手段,换言之,西藏文化产业寻求突破与长足发展的关键在于核心竞争力上。

从西藏文化产业核心竞争力的内部层次而言,西藏文化产业中,企业能力、产业结构、运行机制、神经网络等软实力,企业生存发展能力的现实转化性是这个内部层次的模块,即对应着西藏文化产业核心竞争力的基础、平台和现实转化。笔者前面提到的西藏文化产业自我"造血"功能的根本就在于这三个模块的有机实现，即实现和提升西藏文化产业核心竞争力的途径与过程。从西藏文化产业的核心竞争力实现角度而言，实现对技术能力与管理能力的最优化整合与运用，必须建立在西藏自身资源禀赋与社会生活安定有序的基础之上，同时不可缺少动力源和实现纽带，从而使技术能力与管理能力实现有机化。通过笔者前面的讨论，在实践范畴内可供选择的要素只能落在生态、文化与旅游这三个方面。从理论视角，笔者的讨论中也展现了这三个方面在西藏文化产业中具备的特点与优势。需要尤其强调的是，实现西藏文化产业技术能力与管理能力有机化、最优化组合的动力源和纽带在可选择范畴内以生态旅游为最佳。

既然西藏文化产业的核心竞争力及其"三层一体"的有机结构与西藏生态、文化、旅游之间存在着这种不可分割的关系，那么，如何把握并科学定位它们之间的关系，从而抓住其中的规律并用于指导西藏文化产业建设呢？

笔者认为其中存在的辩证的两个方面不应忽视。

一方面，生态、文化以及旅游均是具体的文化产业形态或者其内容涉及多种文化产业构成成分。西藏生态建设离不开或者直接与新闻服务、出版发行和版权服务、广播电视服务、文化艺术服务、网络文化服务、文化休闲娱乐服务和其他文化服务以及文化用品和设备等的生产及其相关文化产品的销售有着密切关系，野生动植物保护更是文化产业中直接而重要的组成部分。生态文化和生态建设是西藏文化产业内容的重要构成之一，狭义的西藏文化在西藏文化产业中与生态建设有着同样重要的地位，甚至其地位更突出，角色更鲜明，所占的比例更大。从包含的范畴而言，西藏文化内容以及文化建设本身就包括生态文化的内容，缺失生态文化的西藏文化是不完整的文化体系，失去了西藏宝贵的文化资源之一。从文化产业的本质属性而言，西藏文化产业的存在与发展以西藏文化为依托和基础，这是一个基本的前提，也是任何文化产业必须遵循的基本规律之一。旅游是西藏重要的产业支撑之一，也是其他产业发展的最重要纽带。虽然旅游产业整体本身并不全部包含于文化产业范畴之内，但其中旅游图书出版、旅游电视服务、旅游表演服务、旅游互联网服务、旅游广告服务、旅游景区服务、游览管理服务、游乐园以及工艺美术产品的销售、各类文化旅游产品的生产等诸多内容和要素构成了西藏文化产业的重要组成部分。从这一点而言，旅游产业与文化产业之间有着极多的交叉内容，也存在着极强的相互渗透性。另外，不能忽视的是，旅游与生态有机结合形成的注重生态、文化与体验的生态旅游则在更广的范围内与文化产业形成深度融合，西藏生态旅游产业的发展与西藏文化产业的发展不可分割、相互促进。进一步看，西藏旅游产业的开展已经是西藏经济社会发展的一股强大动力，它通过自身特有的产业模式扩大了西藏的形象传播并有效带动了西藏第一、第二、第三产业的发展，尤其是在基础设施建设和产业的市场机制等方面作用更为明显。对西藏文化产业而言，西藏旅游产业已经上升为一股激发、促进其有效可持续发展的巨大动力；同时，从发生学角度而言，也是一股内在引力，即通过旅游生成机制向西藏文化产业注入巨大的吸引元素，型塑西藏文化产业的内在发展动力。

另一方面，生态、文化与旅游作为重要元素融入西藏文化产业，以文化与产业实体双重身份的形式按产业规律存在并演变，在此基础上，进一步形成其内在的"三层一体"核心竞争力机制。也就是说，在市场存在的空间中，诸多元素融入生态、文化与旅游，它们在不同程度上利用着市场的要素和资源配置，也在不同程度上适应着市场的要求，在中国特色社会主义市场经济体制下实现着其自身的生存与发展，不断寻求着在效率与效益上的突破：包括社会场域内的和市场场域内的。保持、优化和提升自身生存、发展能力，既有其内在发展规律的要求，也有外部发展环境与经济社会需求的因素发挥作用。优化和提升其核心竞争力，显然是一种必然的、必需的途径。必然性是其自身发展的要求，必须性是从行为方角度的指向，应顺应规律，积极发挥主观能动性。因此，定位西藏文化产业的核心竞争力及其"三层一体"的有机结构与西藏生态、文化、旅游之间的关系时，不能忽视其中同时存在的一种"过程性"，即多层次同时进行的型塑自身的"三层一体"核心竞争力的过程。

西藏生态、文化、旅游三者核心竞争力的"三层一体"有机结构存在于产业视域之内，产业的存在与发展规律对处于其中的生态、文化和旅游发挥着基础性的作用。同时，在更大范围内考量，它们的存在与演变又不能缺失社会视域或社会有机体的整体视域。主观上把两个视域范畴对立、不相容或混淆、不加区分的做法都是不可取的，甚至是相悖于现代产业发展规律和核心竞争力"三层一体"有机结构发展需求的。两个视域之间的差异主要集中于视域的层次性，尤其是有机体系下的层次性。在现代经济社会常态下，经济与社会之间的交融性在不断增强，而且此趋势正以供给侧结构性改革等新的经济发展理念和机制在不断强化，社会诸要素中产业性形态数量在上升的同时，也呈现出质量的提升甚至跃迁；同时，社会整合要求从内生性上强化社会有机体的结构性，新结构的规范与不同层级结构的优化需求前所未有。因此，从深层次而言，经济效益与社会效益之间是内在有机的，市场生存法则与社会价值认同法则共同作用于三者，它们在西藏文化产业发展中不可分割、相互依存、互为补益。定位西藏生态和文化的保护、建设与发展，推进西藏旅游业发展则不能缺少这一意识。

生态、文化与旅游三者在西藏文化产业中作用的发挥既关系着产业核心竞争力的价值定位，也关系着该价值的大小。三者自身发展轨迹以及相互作用力也体现出其具有的动态特征，这与产业发展及其核心竞争力的动态性是相符的。因此，在看待三者的自身成长时，动态性视域不能忽视。于西藏文化产业核心竞争力的提升和产业可持续发展而言，三者具有极为重要的意义，而最终这种意义仍要落于它们自身建设之中。该建设进一步指向的是作为区域发展内容、形式的西藏发展，是在动态的、微观与宏观相结合的基础上的相对生产力的促进与提升，即区域生产力的进步与竞争力的提升。

"钻石理论"的四大基本要素：要素状况，需求状况，相关产业与辅助产业，企业战略、结构与竞争构成其基本结构，形成内在有机体。波特所持的这种有机性必须建立在"筋骨"与纽带的基础上，即四者之间需要某些介质搭建起桥梁。把"钻石模型"应用于西藏文化产业中，应以生态、文化、旅游为主体，从更深层次而言，三者构成了西藏文化产业"钻石模型"四大要素之间的"血脉"，同时也是"筋骨"，既发挥着内生成长的"基因"与"代码"作用，同时也起到支撑西藏文化产业骨架的作用，凸显产业的存在感与立体感。

该模型中的另外一组因素，即作为附加因素的"机遇"与"政府"，它们与四项基本因素之间存在着密切的关系，并成为刺激产业发展，尤其是改善和创新关系的重要元素。产业发展的机遇是西藏文化产业提升竞争力，实现高效可持续发展的重要元素，也是一种重要的平台。相对于其他区域的产业发展而言，在机遇方面，西藏具有更为突出的特点和优势。首先，党和国家一直极为重视西藏工作，形成了集全国之力助力西藏建设和发展的宏观环境。国家的支持和兄弟省市的支持与援助使西藏在发展机遇与平台上具备独特优势。从区域比较的视角看，其支持力度是较大的，效果也是明显的；同时，这种宏观环境具有良好的持续性，定期召开的西藏工作座谈会成为其重要标志。可以说，方向与政策的良好延续性可以减少"偶然事件"的负向影响。其次，西藏经济社会建设已经取得了巨大进步，西藏人民的物质生活水平有了显著提升，社会稳定有序，正向着全面建成小康社会不断前进。和谐幸福的西藏正在向世人展示着她的新形象。最后，西藏的繁荣发展是人心所向，走进西藏、奉献西藏也成为许多人新的人生价值导向。

当然，西藏处于同西方敌对势力和境内外敌对势力、分裂势力斗争的前沿。敌对势力与分裂势力的破坏活动严重影响了人们正常的经济社会生活，扰乱了正常的社会秩序，给人民群众财产造成巨大损失。惨痛的事实给出的启示是：敌对、分裂活动是西藏社会团结稳定的大敌，是破坏人民幸福生活的根源所在。因此，必须倍加珍惜目前的大好形势，倍加维护团结稳定的大好局面，对敌对、分裂势力时刻提高警惕，并做坚决的斗争。

政府在西藏文化产业发展中的作用尤为突出，不仅在于其作为政策制定者和关系协调者的角色的发挥，更在于它在西藏经济社会发展以及稳定和谐的社会建设中不可替代的地位和作用。历史经验揭示，党和政府的执政能力直接关系着西藏的安全稳定和经济社会建设大局。建设一支敢于担当、勇于担当、主动作为的高素质干部队伍，不断为"老西藏精神""两路精神"[①]注入新的时代内涵是西藏地方政府的一项重要的党建工程。西藏取得的一切重大成绩都体现了党和政府的正确领导和英明决断。当然，在世情、国情、党情发生深刻变化的新形势下，党面临着执政考验、改革开放考验、市场经济考验、外部环境考验等四大考验。因此，坚定不移地推进党的建设具有

[①] "老西藏精神"指的是"特别能吃苦、特别能战斗、特别能忍耐、特别能团结、特别能奉献"的精神。"两路精神"指的是"一不怕苦、二不怕死，顽强拼搏、甘当路石，军民一家、民族团结"的精神。

重大意义。

在理论上,生态、文化、旅游作为西藏最重要的元素和符号,与西藏发展机遇、政府建设之间有着密切的关系。三者的建设与进程是西藏发展与政府建设的重要动力,其内在发展规律与外在发展需求为机遇的增加和获取、为政府建设注入了活力和动力。它们同时是机遇与政府建设诸多方面的关键环节。没有有特色的优势支撑,就谈不上利用机遇、创造机遇和把握机遇,其后果对政府执政能力和效果也会造成不良影响。笔者这里所说的"优势支撑"指的是能够充分体现西藏魅力,在产业和文化、社会诸多方面发挥重要而积极的支撑作用,西藏其他各项事业的发展可以从中获取强大的发展动力或较大裨益。保持和优化西藏的特色优势支撑在西藏发展中具有极为重要的意义,尤其是可以从中获取最大的社会认同和价值认同,这在本质上也就是人民的支持。

把西藏的建设和发展实践纳入笔者的讨论范畴,那么可以清晰地发现生态、文化、旅游三者在西藏全面发展中发挥的作用。笔者前面的介绍和讨论对此都有涉及,总体可归纳为:三者本身是西藏发展伟大实践的巨大动力与组成要素,同时也是西藏重要的"代言者"之一,是西藏生态文明、社会文明、物质文明的最主要成果体现。它们有机联系于一体,相互补益、相互促进、共同进步。

在"钻石模型"中,四项关键因素和两项附加因素的有机化存在是必要条件,只有这样,才能真正产出可持续发展和创新效果。生态、文化、旅游与两组要素的关系及其实现在西藏文化产业"钻石模型"中有机存在,其地位与作用显而易见,毋庸置疑。依据该模型理论,如果要实现西藏文化产业的可持续高效发展,提升产业的核心竞争力,就必须重视三者,西藏经济社会综合建设的着力点不能缺少三者。在西藏"十三五"规划中,已经将三者的建设和发展作为最重要的组成部分并做了进一步科学规划。因此,从近期和长远发展视角解读,生态建设、文化建设、旅游建设不但不会削弱,而且会不断加强,不断向好。

第二节 西藏文化产业的自我发展力

"自我发展力"是在笔者讨论的西藏文化产业的竞争力、核心竞争力之外西藏文化产业的另一不能忽视,更不能缺少的元素。笔者曾做了简要讨论,即关于文化产业发展的"内在场域"的相关问题。这一场域更关注自有要素的关系空间是如何实现要素配置的效用最大化问题,它既包含横切面的关系与构成,又包含产业内各组成部分自身的、相互间的纵向动态变化。它本身指向的是经济与社会两个维度,涉及盈利能力、相应经济贡献度以及文化价值和社会贡献度,二者缺一不可。以下对西藏文化产业的自我发展力进行理论化解读。

从社会生产力角度而言，文化产业是社会生产力发展的必然产物，在中国则是伴随着社会主义市场经济体制的逐步完善而出现和兴盛的新兴产业形态，本质上是生产方式不断进步的产物。在发展定位上，文化产业的繁荣发展是繁荣社会主义文化的必然要求，是满足人民群众精神文化需求的重要途径，也是加快和深化供给侧结构性改革、推进经济结构转型升级的重要法宝，更是适应经济全球化、积极参与国际竞争、增强综合国力的重大举措，对实现中华民族伟大复兴的中国梦具有现实而深远的意义。

探讨中国特色社会主义文化产业的发展要求，经济效益与社会效益的有机统一是不可缺少的要素。即在市场中把握好社会效益的发挥和实现，甚至要把社会效益放在更为重要的位置，以其为引领做到社会效益和经济效益的统一。在发展中宣传科学真理、传播先进文化、塑造美好心灵、弘扬社会正气、倡导科学精神，并通过市场实现文化产品和文化服务的经济价值。

作为一种软科学的形态，文化生产作为一个独立的社会生产部门，以商品交换形式向社会提供精神文化产品和服务。可以说，随着社会分工的进一步深化，文化生产出现了产业化现象并逐步形成趋势。它的发展成果在人类社会中占据着重要位置，尤其体现在生存、发展资料的构成上。在文化生产过程中，社会其他部门以商品交换的形式向文化生产部门提供生产资料和维持本部门劳动力生存所必需的生活资料，而后，文化生产部门再以商品形式把生产出来的精神文化产品提供给社会，为社会其他部门服务。我国曾经把文化事业简单地等同于"意识形态"，过分强调"文艺为政治服务"，这种片面的认识导致一段时间内我国文化建设内容贫乏，速度缓慢。随着改革开放的不断深入、经济生产的发展和生活水平的提高，文化消费逐步走向高层次和多样化，文化产业出现勃兴之势。

要理解西藏文化产业的自我发展力，必须对"自我"进行界定。关于"自我"这一概念，心理学将其作为一个基础性的概念而加以运用，对应的英文为 ego 和 self，但是二者存在一定的区别。弗洛伊德人格心理学理论把人格的构成分为本我、自我和超我。"本我"与生俱来，以快乐原则行事，属于无意识状态，但在幻想、梦、失误、精神病症状中可以知其运动的真相。"本我"是人格的原始系统，人格其他部分由它分化而来。"自我"指的是处于"本我"与"超我"之间的意识结构，它本身会受到潜意识本能的冲击，同时又根据现实活动的原则不能破坏社会道德对它的要求，承担着防御和中介的双重职能，是人格的指挥部分，它决定"本我"的各种要求是否允许其满足，并最终维持着人格结构中三个"我"之间的平衡，是现实化了的本能。"超我"是进行纠察的人格部分，代表良心或道德规范。在荣格分析心理学中，ego 指"意识的我"，对外部刺激进行筛选，使意识更加充实，达到对 self 的客观认识。故 ego 是在作为心理动力学的主体时使用。self 是在与他者、他物发生关系时使用的一个概念，由自我认识、自我体验和自我调节三方面构成，是个体所意识到的自己心身特征的总体。从意识的角度可将"自我"划分为"主我"和"客我"。"主我"是主体自我，即个体的行为和心理活动的主体，相当于英文"我"的主格"I"，"吾日三省吾身"的第一个"吾"字就是主体自我。"客我"即作为客体的"我"，是个体对自身的认识和态度，也称作"自我概念"，此时"自我"便成为被认识者，相当于"我"的宾格"me"，"吾日三省吾身"中的第二个"吾"字就是客体自我，也就是 self 的内涵所在。除了这两者之外，关于"自我"还有其他许多的界定方法，比如奥尔波的八种"自我"界定：①自我即被认识者；②自我即认识者；③自我即原始利己心；④自我即优越驱力；⑤自我即心理过程的受动组织（精神分析学中的"自我"）；⑥自我即目的追求者；⑦自我即行为系统（格式塔心理学中的"自我"）；⑧自我即文化的主观性系统。

在西方哲学范畴内，"自我"与"非我"相对应，指的是在主观经验基础上的形而上学的具备一定统一性的原则，在这一基础上指涉的是与自然相异的东西。在表达主体意义上，不同流派的哲学理论有不同的界定。笛卡尔强调其是理性的主体，而洛克则强调其指涉的应是经验之主体。休谟则认为"自我"只是某种"连续不断的知觉"，如同演戏一样变化着，在本质上否认"自我"的存在。康德认为先天知性范畴是人的内心的形式，即自我的形式，他称之为"纯统觉""先验统觉"等。费希特继承康德的"自我"概念，但他并不主张自在之物，认为经验材料对形成自我没有作用，他提出三个命题：自我建立自我，自我建立非我，自我与非我的统一。这三者之间存在着递进关系。"自我建立自我"指的是在认识形成之前的"绝对自我"（他主张可以作为一种假设）通过理智、反省察觉到主体的存在，于是设定了"自我"。在这一过程中，"自我"作为被认识对象。"自我建立非我"指的是"自我"指向"非我"之间的一种关系，即"自我"创造了世界（"非我"，即"自我"所观察到的"自我"之外的一切物质与非物质的总和）。"自我与非我的统一"指的是二者存在着区别同时又存在着本质上的联系。随后在"自我"与"非我"的界定中，主体与客体的成分占据主导。黑格尔把自我意识看作绝对理性发展的一种形式，是意识对自身的意识。作为自我主动性的"自我"也是绝对的一种功能。自我意识是主客体的对立统一，也是自由。人的自我意识是人区别于自然物的标志。

在心理学和哲学范畴内，"自我"是一种与自然物相对的人和人关系的产物，它具有双重功能，又发挥着多重纽带的作用，同时还具备一定的形而上学的统一性。可以说，主观能动性是"自我"产生的最大动因，当然它也受到其他诸多因素的影响，它们共同作用、相互影响从而推进着"自我"的成长。

在理论层次对文化产业和"自我"的解读让我们清晰地看到西藏文化产业"自我"存在的理论性。首先，文化产业是历史性的、过程性的，它与中国社会发展、经济发展密不可分，是生产力的必然要求和历史发展的必然结果。看待西藏文化产业必须以发展、变化的眼光进行审视，不能停滞不前，也不能不切实际盲目推进，而应该看到其在繁荣社会主义文化、满足人民群众精神文化需求、推进经济结构转型升级中的重要作用，结合西藏经济社会发展实际，在社会秩序安全稳定的前提下逐步推进。其次，文化产业是有机的，体现在其中的层次性以及归属性。作为相对独立的一种文化产业，它是由作为产业构成的主体单元构成的，这些主体单元又是一层层有机结合于一体的。基本的主体单元是产业的"细胞"，并可以在此基础上进行有效组合形成有机整体，通过这样的主体单元而实现不同区域、不同范畴内的文化产业的构建。这种构建就如同笔者前面一再强调的，不是简单的拼装组合，而是具有各自特色的有机组合，它是一个有机整体，具备生存发展能力的鲜活的有机整体。在作为主体单元的构成中，人的因素至关重要，其中蕴藏的能动性不可忽视，甚至是单元和整体有机性的最重要载体和体现。正是因为人的因素，文化产业的能动性才能够得以实现并根据新情况做出相应调整，最终不断成长。

可以发现，产业自我就是产业本身存在与发展的内在能动作用的过程与结果，它不但确实存在，而且作用极为明显。没有产业自我，产业就失去了存在与发展的内生性，因此，在本质上，它就是文化产业的发展力之根。有必要对"发展"和"能力"进行相应解读，以便我们从深层次抓住西藏文化产业自我发展力的关键所在。

用马克思主义原理来看待"发展"，它指的是事物由小到大、由简单到复杂、由低级到高级、由旧质到新质的变化过程。发展的根本动力在于事物内部矛盾的统一和斗争；外部矛盾则是事物发展的第二位原因，它通过内部矛盾而发挥作用。在表现上，发展是量变和质变的统一。唯物辩证法认为，世界上的事物都是发展的，任何具体事物的发展都是有限的，而整个物质世界的发展则是无限的。

从心理学角度而言，广义的"发展"指的是一种人的身体和心理的变化，即从人的胚胎形成、出生、成熟、衰老至死亡整个生命期间所发生的一系列身体和心理的变化，是由人体内细胞的新陈代谢引起人身体不断变化，进一步导致情绪、行为、性格上的变化发展。人的一生经历三次大的适应能力的考验，即青春期、成年期和更年期。在青春期以前，生长占据优势；成年期是矛盾双方势均力敌；老年期是衰老占据优势。一般认为，生理上的衰退总是先于心理上的衰退。人类生长发展的曲线是最典型的正态分布曲线。狭义的"发展"则是指青春期以前的身心变化。

从马克思主义原理出发，西藏文化产业的发展是真实的而且是必然的，其根本动力来自产业内部矛盾的统一和斗争过程，外部矛盾通过作用于产业内部实现对发展的影响作用。这为探索和推进西藏文化产业自我发展指明了方向，并设定了基本原则，即要尊重、顺应西藏文化产业的内在发展规律，顺应时代潮流并积极作为，全力推进产业的自我发展。同时，在实践中应注意区分量变与质变，既要注重量变，更要注重质变，提升西藏文化产业自身发展的质量层级。

笔者这里所说的西藏文化产业自我发展力中的"力"主要指的是能力。所谓能力通常指个体在完成某种活动中经常地、稳定地表现出来的个性特征以及行为条件，即个体所具有的重要的和持久的心理特点和有效方式，比如思维能力、智力等。思维能力是思维的机能系统或结构形式在个体身上固定下来，成为个体顺利地进行思考活动而表现出来的个性特征，并使之具有经常的、稳定的性质。思维能力又包括分析与综合能力、概括与抽象能力、判断能力与各种推理能力等。智力也可称为认识能力，指的是为了实现认知活动而在个体身上经常地、稳定地表现出来的认知心理特点。它既有层次之分，又存在结构差异。前者指表现出的人的智力水平的状态，一般为低于正常、正常和超常；后者指人的认识能力的类型及相互关系，比如认识能力可以包括感知能力、记忆能力、辨别能力和想象能力等。总体而言，能力可分为一般能力和特殊能力两大类，前者指一般活动所要求的，比如观察、记忆、思维、想象等；后者多指针对完成特殊活动而应具备的能力。主体的能力结构和水平是一般能力和特殊能力组合而成的整体。遗传和先天因素是能力的基础，但能力的形成和发展则是通过后天的教育、训练得以完成的。

西藏文化产业"自我"的存在就决定了它本身具备能力。把西藏文化产业作为主体看待，那么其能力的形成与发展是以历史中形成的已经存在的因素为基础（我们可以将其看作先天的因素），以政策引导、规划设计、投融资等各个产业元素为外部因素，通过作为重要引力、动力和催化剂的外部因素与内部因素的有效结合，作用于主体自身并通过其内部的对立统一过程最终实现能力的型塑和提升。这种作用机制与"发展"的作用机制有着相似之处，或者说二者在西藏文化产业自身存在的过程中达到统一，融为一体。

对西藏文化产业自我发展力的解牛式分析让我们更为清晰地看到西藏文化产业的主体性，这一点应该是我们在做出选择与决策时必须考虑和尊重的，也就是笔者一直在强调的"不能忽视，更不能缺少"。我们在看待西藏文化产业如何通过配置和优化要素而实现效用、效率最大化问题时，必须以一种平等、公正、公开的视角来进行，任何成见或先入为主的倾向都是极为有害的，与西藏文化产业主体性的存在、自我发展力的存在有悖。如笔者前文所论，西藏文化产业本身是一种纵横结合的时间性的存在，通过对其构成的细微解析也证明了这一点，即"主体"的存在存在着纵横两个序列，"发展"和"能力"也是如此，它们都不是一个孤立的静止面，也不是一个孤立的时间发展轨迹，而是具体的存在。这种存在性与历史进程紧密相关，并将其特征印刻在社会有机体中或社会的结构中。以此而言，不顾西藏历史因素、看不到西藏历史进程特点、割裂产业发展与安全稳定、割裂产业发展与民生事业而对西藏文化产业的现状或发展妄加判断的做法都是错误的，甚至是极为有害的，是典型的"孤立文化产业论"，应引起足够警惕。关于价值性，作为社会主体的西藏文化产业显然必须具备经济与社会两个维度上的价值性，这也是其存在与发展规律的要求。抛弃任何一个维度，其存在与成长的合法性就会受到质疑，甚至失去自我成长的内外动力保障。

既然西藏文化产业的自我发展力是存在的、可行的和必需的，那么，其中的关键是什么？我们应如何定位，如何实践呢？

笔者提出的两大场域以及它们之间的关系问题是对西藏文化产业发展应有的视角和重点的整合，这种整合处于一种理论的中层，是既可验证的又可达到一定的理论层级有利于指导实践的。我们说西藏文化产业的布局、整合以及发展的落脚点必须在于竞争力，尤其是核心竞争力的实现、持续和提升，但正如笔者一再强调的，这个落脚点必须是建立在宏观经济社会秩序良好的大背景之下的，也就是这种竞争力的外在场域状态不可缺少。在这一前提下，笔者所讨论的西藏文化产业核心竞争力与自我发展力之间是相通的，而且在一定程度上是有机的。也就是说，两大场域还存在着一个内在沟通机制，即融于笔者所强调的视角、整合之内的"融合机制"。西藏文化产业自我发展力的细化分析也证明了这种融合机制的可行性和必然性。

对西藏文化产业自我发展力的分析逻辑与笔者前文对产业核心竞争力的分析逻辑具有相通性，这一点既来自西藏文化产业发展的实践，也来自两者在中层理论视野下的整合、融合机制。笔者不准备完全展开进行类似的分析，只抽出其中的三条主线进行说明，而这三条线是围绕着"血脉"和"筋骨"形成的。

第一条线：西藏文化产业大局与建设中的"血脉"和"筋骨"。"血脉"是产业信息畅通、产业协作、产业整合的内在机制，是维持、优化、提升产业质量的"生命代码"。"筋骨"是西藏文化产业的主体支撑或重要支撑，如果没有"筋骨"或缺失了"筋骨"，西藏文化产业的发展就会失去应有的架构或立体支撑，就会如同一个大殿失去了几个主要的支撑台柱而存在塌陷或部分殿体倒塌的风险，直接导致其部分功能无法正常发挥或功能失效。在西藏产业，而非局限于文化产业范畴的发展中，生态、文化毫无争议地被历史与社会赋予了特殊身份和地位，这是历史与社会发展的必然，是西藏宝贵的资源和财富之一。关于西藏文化产业核心竞争力的分析已经展现了其内在逻辑和外部表征。这种逻辑与表征既存在于外在场域，也存在于内在场域，即对西藏文化产业的核心竞争力和自我发展力而言，其中"血脉"必然赋予西藏的生态和文化。同样，在区域文化产业构建的模型分析中，其"血脉"功能与特色也异常清晰，扮演着不可或缺的重要角色。旅游则更主要体现于"筋骨"作用的发挥，它不但本身是一种极具潜力和发展力的具体产业形态，而且是构成西藏文化产业有机整体的最重要支撑和纽带。

第二条线：西藏文化产业外在场域与内在场域之间的有机纽带，即二者之间形成有机联系，能够促进协同共进的"血脉"。承前所述，西藏文化产业的核心竞争力与自身发展力虽然是作为两大场域内的一种理论化的模型，但这种模型只是为了理论研究的需要，即为更清晰地展示各自相对体系化的存在与作用机制而设计的，在实践中不能将二者绝对区分开来，更不能切断二者之间的有机联系，甚至对立起来。它们之间有着千丝万缕的联系，这种联系就是西藏文化产业有机一体性的一种重要机制。以此而言，这种"血脉"仍以西藏的生态和文化为主体或中心，形成、激发和提升两大场域的作用机制和水平，促进西藏文化产业核心竞争力和自我发展力的提升、协同与融合。当然，这里也不可缺少旅游的存在。实际上，如果进一步分析就会发现，西藏旅游，尤其是生态旅游已经成为西藏文化产业中最敏感、最直接、最形态化的一种存在。旅游业在西藏文化产业中的地位与作用无须重复强调，它对于破解西藏特定区域之中的内生文化低需求平衡状态，破解来自外部的竞争性替代问题，破解西藏自身文化产品和服务传播瓶颈问题,提升自我"造血"能力等诸多方面均具有不可替代的作用,或者说是解决这些问题的关键所在。正因为如此,笔者在体系研究中把西藏的生态旅游作为西藏文化产业发展的核心形态去讨论,并在实证研究中专门探讨了西藏茶文化生态旅游的构建问题。

第三条线:三者自我发展力的"筋骨"。自我审视是西藏文化产业自我发展力不能缺少的视角,这既源于西藏文化产业自我的主体性存在,也源于其多层级、多元素的构成结构。生态、文化与旅游构成西藏文化产业中相对独立的产业形态,即生态文化产业、旅游文化产业。关于以西藏特有文化为产业内容的文化产业形态,笔者将其称为西藏"文化本体"文化产业。这三种相对独立的产业形态是西藏文化产业的主要构成,或者说是三大主体,直接关系、影响着西藏文化产业的全局。进一步而言,正如笔者已经强调的,生态、文化和旅游是西藏伟大建设实践的真实体现,也是建设的巨大动力,在它们身上集中体现了西藏生态文明、社会文明、物质文明建设的巨大成就。因此,三者自身发展力也就成为一个极为重要的问题,这一问题是在西藏文化产业整体之内的具有相对独立性的产业构成部分的成长与发展问题,这就涉及三者的自我发展力。显而易见,对三者而言,自我发展力的根本和关键在于"自身",也就是对一个具体的文化产业而言的"自我"问题,其矛盾的对立统一性决定了其发展过程与方向,即三者自身成为发展能力的"骨架"和支撑。失去了实体自身,则必然失去相应的发展能力;反之,失去了发展能力,实体自身也将萎缩直至被淘汰。

笔者界定了西藏文化产业的自身发展力的关键环节或者说具有决定性影响力的因素,如同西藏文化产业的核心竞争力一样,它们是相同的,即生态、文化和旅游。在历史、社会的大背景下,文化产业的核心竞争力、自我发展力两大场域决定了西藏文化产业的布局、整合和发展策略的内在要求,也是西藏文化产业可持续发展之路的关键。但至此,我们并未把西藏文化产业自我发展力问题的答案全部给出,原因在于:一是实现这一目标的任务过于繁重,且笔者的目标也不在于针对所有潜在可能性进行系统分析;二是在其运行、构建和发展机制上,仍有待做出有效回应。

笔者这里所说的"有效回应"指的是针对西藏文化产业的可持续高效发展的真正实现而形成的理论与操作层面的方案。这一点也正是笔者在本书的理论探索部分要着重讨论的问题,尤其是在此后的分析中将会沿着这一思路进一步细化、深化理论和实践操作的分析。但到目前为止,笔者所展现在这里的还停留在对两大场域、竞争力、核心竞争力、自我发展力的解读,定位了西藏生态、文化与旅游在西藏文化产业理论构建和实践中的地位与作用。下面的工作笔者会逐步展开,但在这里,有必要对与西藏文化产业自我发展力直接相关,或者说是关系到这一能力大小与质量的一些品质进行讨论,以达到对西藏文化产业自我发展力的更深入的理解与展现。

首先不能忽视的是西藏文化产业的集群学习性,并在这种集群模式下进一步推广扩大,形成区域内学习的激发效应。所谓的集群指的是在特定的区域内由多个产业组织、公司或相关元素形成的集聚。管理学上的"集群"是由马歇尔(A. Marshall)于

1890年提出的。他用棉花产业以及英国谢菲尔德的餐具业作为例子,认为这些产业集聚的成功源于外部规模经济,同时,这些众多的小公司的集聚为日益专业的服务提供了市场。集群经济主要围绕三种集合效应,即专业劳动力的当地储备、大量专门从事中期生产的公司、知识溢出。

笔者在本书的产业体系研究中对西藏文化产业的两类布局模型进行了分析,其中关于集聚布局模型部分即结合西藏实际探索了集聚的思路与操作。文化产业的集聚或集群是现代及以后发展模式中最重要也是最主要的形态,其曾经发挥过的作用及将来产业智能化进一步提升后作为产业形态的存续符号都不能被抹杀。

关于产业集聚的形成,无论是市场自我形成(自我发展)说主张的偶然性决定论,还是特殊因素引导、推进论,都不否认产业发展中知识形成的吸引力。前者的代表人物克鲁格曼推崇的地区集中和专业化对产业规模经济刺激的研究,实际上是首先肯定了知识的引领作用,无论他如何强调历史与偶然之间的契合,都不能否认他所主张的专业化知识的积累与突破。而后者的代表人物卡尔多则更清晰地提出产业要素不可分以及知识技术在规模、报酬递增中发挥着极为重要的作用的观点。当然,如果知识的作用是孤立的,那结果并不会是这样的,这里我们显然可以看到对知识的利用的意义与价值。知识学习就是利用的起步,集聚中产业的学习显得尤其重要。

产业的集群学习性的存在与落实,不能忽视产业集聚现实中的竞争。从纯理论视角来看,西藏经济理论推崇完美的竞争,认为竞争度越高越有利于产业发展。但不可否认的是,即使完全在竞争状态也存在诸多瑕疵,比如不利于甚至会阻碍技术进步和巨大的创新,也可能对消费的多元性产生负面影响,当然也不会理所当然地产生社会福利的最大化。

实际上,看待产业集聚与发生的竞争应关注两个层次,即产业集聚后的内部竞争以及产业集聚后作为一个整体与外部的竞争。这两者的处理是西藏文化产业集聚发展中的重要环节,关系着产业的整体发展态势与竞争力。总体而言,二者并不存在非你即我的矛盾,而是辩证统一的,是于有机体内共存共生的,而这也正是集群学习性的重要机制:竞争、合作、推进产业。具体而言,通过集聚中的组织和企业间的合作、竞争并形成良性协同共进效应,集聚整体以及其中的组成部分都可以获得诸多要素或市场的竞争优势,如成本优势、质量比较优势、区域营销优势等。而最重要的是,这种良性机制有利于形成区域性创新系统或者体系,从而在知识、技术更新上具备可持续性。

探讨集群学习性还要涉及知识的溢出效应。1962年,Simusic在研究定价与风险时提出了"知识溢出效应"这一术语,他所指的是提供非审计服务所获得的知识再向审计产品延伸,从而降低了审计成本,提升了审计产品的效率这一现象。关于知识溢出的具体定义仍有争论。关于溢出的界定,有研究者强调是"创新主体不能直接受益的扩散",也有研究者突出知识的外部性和整体性,认为知识一经产生就会快速扩散到一定区域之内进而再进行扩散,并以这种方式增加整个社会的福利。还有一些研究者强调了知识溢出的正负效应。一般把此现象形成的成本降低、盈利能力增强、员工素质提升、竞争能力提升等视为正效应；知识生产者的经济收益小于其社会收益，即由于知识的快速溢出而使竞争者很快掌握了同样的创新性，这样可能会打击知识生产者的积极性，甚至会使一个国家的知识生产减速，此现象多被视为负效应。但概而言之，其总体指向并无大的不同，都是强调学习、创新及这种能力的应用与现实转化。在产业集聚模式下或区域发展理论视野下，知识的溢出对产业竞争力的提升和可持续发展具有极为重要的意义，有研究者明确指出："产业内企业集群作为一个空间经济组织合作竞争的综合体，在技术创新方面，其长期竞争优势的形成不仅源于各企业正式的系统化的技术创新，还源于区域内企业间技术和知识的外溢或共享。"[①]

通过现代产业建设的经验以及全球竞争分析，我们发现，知识溢出效应对提升区域整体竞争力、提升企业的核心竞争力并最终提升可持续发展能力的意义不可忽视，甚至不可或缺。从知识溢出的产生而言，只有知识生产或者进行了创新和知识积累达到新突破时才能够产生知识的溢出，即新知识与创新的出现才是知识溢出效应出现的源泉。因此，对产业或其中企业创新性的激发更有利的集聚模式也就更能激发新知识和创新的出现。

产业内，尤其是集群产业内的学习是知识溢出的基础，也是知识溢出效应得以实现的最重要环节，"区域产业集聚环境营造出集群学习的氛围，极大地促进了知识积累和技术创新及溢出，产业集聚技术创新与集群学习相互作用"[②]。营造出良好的集群学习氛围对人力资本的提升，把创新转化为生产力和可持续发展能力有着重要意义。

集群学习的实现是一个综合的过程，也是在产业制度、规则以及集群或区域内产业环境、技术环境、社会文化环境以及法律环境等多因素下的机制生成过程。结合西藏产业发展的实际，集群学习在集聚产业中或某个产业中的出现应满足几个方面的要求，即要有实现学习的环境、网络与动力。

集群学习是一种产业集群内部的、以企业员工为媒介和载体的知识共享和知识要素流动机制，它本身是跨越产业"细胞"——企业的边界性概念。集群学习的过程是其内部静态知识的积累与探索、尝试的动态交融，它本身体现着两种维度和两种模式。有研究者将产业集群学习分为用中学、地缘学、专业化学与交互作用学。用中学指的是在产业运行过程中技能与经验教训的积累、流动、互鉴。地缘学指的是借助集群内企业地缘接近或其他便利使员工有更好的平台和机会彼此交流与分享原本属于本企业的一些专业知识，产生激发作用。专业化学指的是产业的不断精细化分工促使产业集群内部成员相对固定于产业链条上的某一个环节，知识程度更加专业化，在不同环节上的知识的相互交流与学习形成有效补充和促进，使产业链条的知识结构不断向

[①] 刘禹宏：《技术创新与产业集聚发展研究》，经济管理出版社2010年版，第86页。
[②] 刘禹宏：《技术创新与产业集聚发展研究》，经济管理出版社2010年版，第76页。

纵深发展。交互作用学指的是产业集群内，由两个或两个以上的员工知识水平的搭配而产生的一种综合作用，它强调的是作为产业核心要素的人的组合效应。[①] 在一个产业集群内，存在着个体与个体之间、个体与群体之间、群体与群体之间的相互作用，如果集群内学习机制足够良好，此时知识便在这个作用之下形成水平搭配。这种交互作用学是一种更具潜力和影响力的集群学习方式。

由于产业集群比单独的企业拥有更具有优势的学习资源和渠道，知识溢出也成为集群学习的一种重要体现，因此，就学习的机制而言，集群学习更具有内在动力性和外在压迫性，也使其更关注学习资源的可获取性和可利用性，传统的形式包括优质的共同工作经历或培训经历、技术市场产生的人才流动带来的激发影响、当地政府或高校科研机构对产学研和知识创新与共享产生的影响等。随着现代信息技术的发展，智能学习手段的越来越多样化和方便化，集群学习更加便捷、自然和顺畅。大型企业或者产业中的龙头企业的自有"研究院""智库"以及政府、高校、科研机构和民间自办的更加专业化、精细化的知识学习与创新平台的大量涌现使集群学习程度得到了前所未有的提升。在上海、北京、广州等产业发达地区，集群学习的杠杆效应尤其明显。作为一种不可阻挡并具有现代产业里程碑意义的学习与创新机制在西藏也已经有了明显的发展，作为大中型产业最集中的拉萨及周边地区表现得更为突出。

学习性，尤其是集群学习性是西藏文化产业可持续健康发展的重要品质，这一点毋庸置疑。这时，就要考虑怎样的产业集群更适合、更有利于集群学习的出现与成长。从西藏产业的整体分析，结合各产业的发展状况以及西藏特有的生态特色、资源优势以及人文特征，其明确地指向了旅游业。在西藏文化产业的体系中，笔者将生态旅游业作为体系的核心支撑，并对其进行了较为系统的讨论。在西藏旅游业的发展过程中，有两项因素不可缺少，甚至具有极为重要的地位和作用，即生态与文化。笔者亦用了大量的篇幅讨论了两者在西藏经济、社会、生活以及文化产业发展中的地位、作用与意义，二者也正是本书体系的两大基石。

当然，不免会有人提到西藏的矿业，强调西藏有铬、铜、铅、锌等众多优质矿产资源，但矿业发展在西藏产业发展中必须慎重，尤其是在面临着勘探和开发技术水平较低、开发管理薄弱、环境遭破坏、市场风险过高等诸多困境的情况下。退而言之，如果这些问题都得到解决，那么西藏矿业也必须要在生态保护与优化的前提下开展，"金山银山不如绿水青山"的理念在西藏是产业发展的一条根本原则。

从学习与创新的支撑网络和环境而言，特定区域内的产业集群要实现良好的集群学习以达到创新驱动、为产业注入可持续发展动力的目的，必须有一定的学习与创新支撑网络，用社会学的观点来看待即要有足够的社会支撑资本网络。科学知识与技术网络主要指的是与大学、科研机构以及相关政府部门形成的支撑资本网络，公共生态网络主要指的是与政府相关管理部门形成的支撑资本网络，专业的民间服务与沟通网

---

① 参见李婷、陈向东《产业集群的学习模式及其创新特征研究》，载《科技管理研究》2006年第2期。

络主要指的是与行业专业协会、商会等形成的支撑资本网络，金融支撑网络指的是与银行、信贷公司、保险公司及其他金融机构形成的投融资支撑资本网络，企业网络指的是与相关企业形成的战略合作、联盟等支撑资本网络。众多的支撑网络是学习的前提与平台，通过这些网络，集群内企业才可以有效实现学习并将学习成果进行快速转化。

结合西藏产业发展的支撑网络与环境，在整体向好、不断优化的大局下，无疑这几大类重要支撑网络是有所侧重的。在西藏，产业的优质支撑网络整体按生态优先、大力推进生态旅游产业发展，突出文化吸引力的路径布局，这既符合党和政府对西藏经济社会建设的总体思路，也符合西藏各项事业建设的整体要求。中央第五、第六次西藏工作座谈会均对西藏的定位以及发展的重点做了明确的阐释。

2010年第五次西藏工作座谈会提出，使西藏成为重要的国家安全屏障、重要的生态安全屏障、重要的战略资源储备基地、重要的高原特色农产品基地、重要的中华民族特色文化保护地、重要的世界旅游目的地。这一系列定位中，"重要的生态安全屏障""重要的中华民族特色文化保护地"两个定位划定了西藏生态与文化的优先性，以二者为基础，生态旅游业则理所当然地成为西藏文化产业，甚至西藏产业发展的支撑和重中之重，所以，"重要的世界旅游目的地"也就顺理成章。"重要的国家安全屏障""重要的战略资源储备基地"和"重要的高原特色农产品基地"也不同程度地与西藏生态、文化与旅游存在着关系，不能脱离了三者而存在。第六次西藏工作座谈会提出的依法治藏、富民兴藏、长期建藏、凝聚人心、夯实基础是党的十八大以后党中央提出的西藏工作重要原则。这些必须紧密结合西藏实际，"要坚持生态保护第一"，传承创新文化并打造好生态旅游，"着力发展特色农牧业及其加工业，建设好重要的世界旅游目的地，搞活商贸流通业，把西藏打造成为我国面向南亚开放的重要通道"[①]，从而为西藏各项事业的全面进步提供基础和动力。

在社会安全稳定的前提下，西藏产业发展的三个核心点可归结于生态、文化与旅游。从理论与实践上，学习、互鉴、创新意识流已经在三者之中进一步传播，为西藏产业，尤其是文化产业发展提供了启发与动能。相关的优质资源在向三者集中，规模效应与集约效应在拉萨地区已经逐步形成。在由三者为主体或核心元素构成的产业集群中，学习与创新的支撑网络相比其他产业集群更为突出。生态、文化与旅游也成为西藏文化产业自我发展力的集群学习性的最重要吸引力与载体，而集群学习性也成为其重要的特征之一。

创新性，尤其是集聚创新性也是西藏文化产业自我发展力的重要品质之一。关于集群学习性的讨论已经展现了西藏文化产业自我发展力与生态、文化与旅游的重要内在关系，并通过集群学习转向创新发展与可持续发展，推进西藏文化产业的整体质量

---

① 《依法治藏富民兴藏长期建藏　加快西藏全面建成小康社会步伐》，载《人民日报》2015年8月26日第1版。

与发展水平的提升。创新是学习的深化与转化,并为进一步学习创造条件与氛围。

"创新"一词对应英文 innovation,它概指人类的创造性活动。1912年,美国经济学家熊彼特在《经济发展理论》一书中从经济学角度提出创新理论。他认为,创新是经济发展的动力,经济体中不断引入创新才能够实现经济的不断发展。失去了创新的经济是一个静态的、失去增长的经济状态。他把经济中的创新看作一种"生产函数",即把从未有过的关于生产要素与生产条件的"新组合"引入生产体系从而实现对经济发展的推动。基于此,他把经济领域创新的内容归结为五个方面:①生产新的产品;②引入新的生产方法、新的工艺流程;③开辟新的市场;④开拓原材料的新供应源;⑤采用新的组织、管理方式。显然其包括的范围从产品、工艺、市场到原材料和组织管理,但局限于经济领域的应用,把科学研究、技术发明与创新相区分,强调创新遵循线性模型,其只具备唯一主体:企业。正因为如此,他的这一阐释也被视作狭义上对创新的理解。随后,从20世纪中期开始,对创新的理解与应用向更广阔的范围延伸,尤其是被广泛引入管理学中。美国管理学家德鲁克(P. Drucker)提出创新应包括两类:技术创新与社会创新,前者指为某类自然之物找到新的应用并赋予其新的经济价值,后者指在社会不同体系中创造新的管理机构或管理方法,从而通过优化资源配置产出更大的经济价值和社会价值。

此后,制度创新得到了学界更多关注。伦德华尔(B. A. Lundvall)主张,创新的范畴不但包括生产技术和产品的创新,而且应该包括组织制度和组织形式的创新。诺思(D. North)强调了制度创新的必要性,他主张经济与社会的发展是制度创新与技术创新相互作用的结果,当原有制度成为技术进步的阻碍时就需要对制度进行创新,技术创新的过程常常是引发制度创新的重要推动力。在《技术创新统计手册》(1992)中明确创新包括科学、技术、组织、金融和商业的一系列活动,其范围进一步拓展。随着经济社会的发展,创新已经成为重要的时代特征,对任何国家和地区而言,没有创新就意味着被动甚至被淘汰。

西藏产业,尤其是文化产业要想得到健康可持续发展,自我封闭、自我孤立是行不通的,必须走向更广阔的市场、激发更深层次活力,所以,更不能离开创新,也不能缺少了创新。相对而言,一个孤立的、未作为产业集群一分子的企业的创新动力与压力要逊于处于集群内的企业,这既有内生动力问题,也有集群结构性压力问题,即通常情况下,处于集群内发展的企业进行创新的内在动力与外在压力都要高于孤立地处于市场空间中的企业。这也是集群创新性比孤立企业创新性一般更大的重要原因。此种情形下,集聚状态下的西藏文化产业的创新性应该是更为强大的,对整个产业发展和促进自我发展力也就更为重要。

在机制上,显然产业集群内的创新动力、压力遍布——这两种"力"甚至延伸至其学习的支撑网络元素中:大学、研究机构、专业协会、银行、企业联盟等;但还需要具有良好的产业活力,尤其是形成良好的学习、交流、进步的共生机制,创新才能够转化为产业行动和产业实践。回到笔者前面讨论的问题上,即在西藏产业集群学习中的三个核心领域：生态、文化与旅游，在西藏文化产业的创新性上同样具备核心领域地位，即在产业集群内有相比西藏其他产业更大的创新动力和压力，也具备集群内较为优良的共生机制，尤其是随着全国援藏力度的加大，资金、技术、运营机制、管理理念等不断引入三大领域，并以产业形式为主体得到良好运用，生态、文化与旅游最真切、直接地体现了集群创新性的机制特征，从而也成为西藏文化产业集群创新的动力车头。

从旅游产业集群而言，集群化的西藏旅游更具优势，由此衍生出的"无障碍旅游"有力地证明了这一点。拉萨等重要旅游景区、企业的集聚地表现出的巨大吸引力与产业活力展现了其在西藏产业发展中的引擎作用，也为产业内的学习、创新及自我发展力的提升提供了机遇、平台和促进力。具体而言，西藏集群化的旅游产业可以形成更大的品牌效应、规模效应，从而在资本、供应商、运营商、最广大客户群等各方面产生强大的产业吸引力。当供应商、科研机构或信息支撑机构为产业中某个或某些企业提供技术或信息时，会在集群内产生较快的传播或示范效应，直接导致集群学习的快速形成，并通过此种氛围促进转化和创新的出现。对那些对西藏文化和生态有着浓厚兴趣的旅游者或潜在旅游者而言，大量的旅游企业和资源的集聚可以降低他们的市场搜寻成本，在旅游进行过程中又可以减少中间环节，提升旅游效率、体验水平和深入层次。此情境的出现将有助于市场客户群的维护和不断开拓，也有利于形成客户的集聚效应并进一步扩大、深化信息源，为产业发展提供产业链保障。从另一角度而言，量多而质优的旅游企业或市场主体的集聚可以进一步促进产业内操作的规范化、精细化，从而促进知识的加速积累和创新的出现，在产业竞争力上得到有效提升。通信技术的快速发展与广泛应用并不能消除信息的不对等，尤其是一些非正式渠道、偶然的或面对面的信息流通，在商业竞争中尤其如此，因此，地缘上的毗邻与非正式交流和沟通的存在对产业集群内的企业和市场主体的学习、创新和发展而言显得极为重要。在西藏旅游文化、资源和产品的供给中，这一特点也是清晰而深刻的。

毋庸讳言，对西藏文化产业集群创新而言，其风险性是存在的，而这种制约或瓶颈风险在西藏的生态、文化与旅游中则是处于最低兴奋度上的，或者说其发生的概率是最小的，即使发生，其带来的伤害也是最容易被弥合的。

无论是对一个产业还是对产业中的一个企业而言，创新是一个与市场紧密相连的动态过程，即创新虽然主要集中于技术、制度等方面，但必须通过市场才可以实现经济领域内的创新：转化为市场产品从而满足市场需求，形成与市场的良性互动。而正是这一机制的存在让活力充沛的企业或产业得以削减创新的风险性。

创新的驱动力一方面来自产业之内，即笔者之前强调的产业或企业创新的压力和动力，这来自不同来源的竞争，也来源于自我发展的内部需求；另一方面也来自市场，即外部需求与压力。无疑，产业或企业自身的良好竞争力、发展力与活力会有助于风险的削减，而与外部市场的关系则同样可以提供这种支撑。产业或企业创新的开端一般与对市场机会的确认有关，同时也不能忽略市场需求和生产需求，而后两者有时显得更为重要。创新的早期阶段应将创新过程与随之开展的市场营销相结合，抓牢市场信息流来掌控创新的方向性，否则就难以把握创新产品进入市场后的命运。基于这一点，创新的技术性、制度性应该是与市场性不可分割的，更应该在创新风险中共同考虑。虽然技术的推动和市场需求的拉动在创新过程中，尤其是在创新产品的生命周期的不同阶段发挥着不同的作用，但不可否认二者均是抵御失败风险直至创新成功的重要因素。只有活力充沛、自我纠错能力强（表现为发展方向的坚定性、内容的包容性以及形式的灵活性等特点）、客户消费群体足够忠诚的产业或企业才更具备这种技术－制度－市场的一体性。（见图19－3）

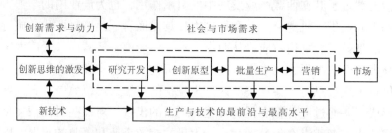

图19－3　经济领域创新过程的技术－制度－市场作用模型

技术－制度－市场作用模型向我们展示了创新的形成、创新与市场的联系以及风险可能发生的环节等诸多信息。从研究开发至走向市场的过程是创新风险最集中的链条模块，开发失败的风险、原型创制缺陷风险至市场认可风险是最容易导致产业或企业创新失败或无法达到预期的风险因素。而这个链条模块在生态、文化与旅游产业中所处的位置却不能按普通产业去评价。因为这一链条模块主要存在于以生产物质产品为主营业务的产业之中，物质商品生产企业是其主要承载体，对文化产业，尤其是为消费者提供深度体验和服务的文化产业而言，这一模块的风险因物质产品在该产业中的弱势地位或非中心地位而自动削减。在西藏生态旅游产业中，并不会因为某一款新型旅游产品开发失败而引发该项旅游项目或活动出现危机，也不会因为企业在推广智慧旅游中基于技术的原因设备无法投入使用而给整个旅游带来危机。因探索创新的失败或不到位而产生的负向影响并不是全局性的，而是局部的或短暂的。西藏生态、文化与旅游各自形成的产业更加凸显体验、感受、参与与服务特色，这些也正是三者作为产业存在的最主要特征。即使创新并非主要集中于物质产品上，而是转移至制度、服务等软实力之上，对三者而言也是最容易消解这些创新风险带来的负面效应。比如一项服务举措创新的失败可能会影响一部分消费者对该举措的认可度，但这些消费者一般不会因此而否认对西藏旅游的价值与整体的认可，对全体消费者而言更是如此，因为后者是经过心理、文化与市场选择之后的结果，是克服了对高海拔、高寒、缺氧等种种心理恐惧之后的决定。

在加大开放力度、推进西藏经济社会综合发展的大背景下，产业的安全性是西藏文化产业发展的一项重要指标，也是不可缺少的重要属性。它既关系着西藏文化产业自我发展力中的学习性、创新性属性的质量和程度，也关系着西藏甚至国家全局的经济社会的稳定和发展，具有微观、宏观双层的重要意义。

在开放市场，尤其是国际竞争与合作不断深化的背景下，经济安全问题越来越显示出重要性与紧迫性。经济安全是一个综合概念，其重要性及复杂性决定了不能只就经济而谈经济安全。自20世纪60年代开始，对经济安全问题的研究逐渐增多，研究的侧重点也与国家、区域相关联。1980年，日本以发布《国家综合安全报告》为标志正式出台了经济安全战略；1993年，时任美国总统克林顿提出"把经济安全作为对外政策的主要目标"；1996年，俄罗斯出台了《俄联邦国家经济安全战略》。当中国一些学者关注食品安全问题之后，中国的经济安全问题才被不断强化，这可以追溯至20世纪80年代。

经济安全在具体内容上包含着国家经济主权的意义，失去经济安全则失去对经济甚至国家的重要保护屏障；同时，它还包括免于遭受来自外部、内部的各种侵害的意义，保障相对平稳有序的经济秩序的有效运行。因此，经济安全更指向一种保证和有利于经济社会全面发展的国内、国际环境。在具体的领域与内容上，经济安全主要包括金融安全、产业安全、贸易安全、战略能源安全、经济信息安全、经济决策安全等诸多方面。

产业安全是国家或区域经济安全的重要组成部分之一，这是由作为整体的"经济"与产业之间的关系决定的。任何国家或地区的现代经济体必须具备一定的产业支撑，无论这种产业是实体的还是虚拟形式的（比如金融领域），只有建立在本身产业先天禀赋之上，扬其长避其短，并从全局对产业布局和发展进行有效协调，方可为经济稳定和经济安全提供良好的基础和有力的支撑。无论是对国家还是地区而言，欲切实维护其经济安全甚至国家安全，必须有效保护其关系到国计民生和一些具有重要特色的产业，并大力支持、扶持；如果忽视或失去了对这些产业的有效保护，那么该国家或地区的产业体系将受到致命威胁甚至打击，如此将直接导致经济甚至国家安全方面受到严重威胁。若探索国家或地区安全战略或具体举措的实施与产业之间的关系，则应高度重视这样的原则：系统掌握本身的产业安全状况，从产业发展基础和实际出发来确定经济安全战略或具体措施。国家或地区内最重要的产业或最具竞争力、发展力的产业最深刻地影响着经济全局，进而我们可以得到一个国家经济的安全程度极大地依赖于其最具竞争力，尤其是国际竞争力的产业的结论。

基于以上这种密不可分的关系，任何出于维护国家或地区经济安全、国家安全的举措都应该关注其最核心、最优势的产业，即哪些产业对经济安全、国家安全发挥的作用大，就更要采取切实的措施做好该产业的安全工作。

分析至此，可以发现，若针对西藏经济安全而论产业安全的话，仍然如我们一贯的思路要去发现西藏产业中的特色和优势，它们甚至可以被认为是西藏经济模式或运行特色的标签或缩略的框架结构。再从西藏多年来确定的经济主导发展方针审视资金投入和政策扶持导向，显然，我们还要把焦点聚于西藏的生态、文化以及旅游三大领域。它们不仅是西藏最具产业吸引力的地方,最具产业优势的焦点,也是西藏乃至国家从战略层次加以高度重视的领域。

就西藏产业安全而论,产业发展的根本点和特色在于文化产业的安全和发展。这已经被历史和实践所证明,是西藏经济社会发展,尤其是产业发展的动力所在,也是其所取得的成绩的重要支撑,而生态、文化与旅游则是此根本点与特色的吸引力中心和动力中心。于产业安全本身而言,西藏生态、文化与旅游三大领域内的产业进展关系着西藏产业安全的动态性,即从动态视域下看待产业安全,生态、文化与旅游直接支撑着这一视域下西藏产业的比较优势,比如在不断变化的产业管理、产业政策、与外部的联系、资本效率、劳动力素养等方面具备引领与带动作用,并且具有发展动态的方向标作用。于产业安全的层次性而言,三大领域又处于核心地位的层次。高、中、低的产业安全层次直接与产业的竞争力以及国家、区域的政策导向和支持力度有关,竞争力强,同时受到更多重视与支持的产业处于相对高的安全层次,而竞争力弱、获得的支持力度弱的产业则处于较低的安全层次。但对国家或地区而言,产业安全的重要性是不同的,对那些关系国家和地区安全稳定和发展全局的产业,无论其静态之下是处于高层次、中层次还是低层次,都应加大其安全性建设,即在安全层次的视域下把其作为核心元素对待。生态、文化、旅游无论是从竞争力还是受到的支持力度而言都是处于相对较高的安全层次的产业,但由于其核心地位的原因,也最易受到威胁与攻击。于产业安全的综合性而言,西藏生态、文化与旅游三大领域内的产业处于综合性的关键节点上,不同产业之间的关联性使一个产业的安全性与另一个产业的安全和发展相互影响。如果忽视这种综合性,不注重关键环节、节点上的产业元素或产业链条,多米诺骨牌效应极有可能发生在一个国家或区域内的产业安全之中,造成严重后果。

产业竞争力直接关系着产业安全,西藏产业竞争力的提升对产业提升发挥着关键性的作用。从西藏近年促进产业竞争力发展的举措看,制度建设、特色建设、产业结构调整、产业效率提升建设、主导产业与支柱产业建设、产业市场环境和体系建设、民族品牌建设等诸多方面均取得了显著成效。其中,建设的重点均离不开生态、文化与旅游三大领域,三大领域内取得的成绩也最为显著。这又凸显了三者在西藏产业的全局安全性中的重要地位,并已经在实践发展进程中确立了其在西藏产业安全中的核心要素地位。

西藏生态、文化与旅游三大领域内文化产业在西藏产业安全、经济安全中具有极为重要的作用,扮演着非常重要的角色,而且三者在理论认知和实践操作中也是明确的、清晰的。

西藏经济安全、产业安全的需求与要求为生态、文化与旅游三大领域内的产业的兴起提供了一个极富意义的平台,并创造了良好的氛围保障。西藏生态环境的极端重要性、西藏文化的浓郁氛围及其特殊性、旅游在经济社会与开放创新中的纽带动力作用三大机制的形成是立足于西藏区情实际出发形成的正确的发展道路与发展模式的必然结果，也是西藏经济社会可持续发展、人民追求幸福生活的现实要求，是顺历史、顺民心的，并最终决定了西藏文化产业发展的前提、着重点以及重要依托所在。

具体而言，西藏产业安全应该抓住关键环节推进产业安全建设。西藏产业安全、发展的关键环节依据已经开展的分析，必然归于西藏生态、文化与旅游。三者不仅仅形成了特有的、极为重要的产业内容与发展模式，而且依然是西藏产业的中心和敏感地带，也是西藏经济发展的核心要素。在西藏产业安全乃至全局性的经济安全上，三者具备高影响度和高敏感性。正是由于具备极端重要性和由此形成的高敏感性，决定了三者成为西藏产业安全最重要的环节或关口，风险主要集中于三者周围，它们也就成为最易受到外部和内部等各种腐蚀因素侵蚀的地方。

由于风险的高度集中，这三者也成为国家以及西藏重点关注和建设的领域，通过政策支持、科学规划、制度建设、经费支持等各类举措推进三大领域整体发展，提升其竞争力和自我发展力，以削减和化解风险，通过安全机制和发展机制保障西藏产业乃至各个方面的安全稳定和有序，并实现西藏经济社会的可持续发展。

这就是三大领域内自身的产业安全问题，只有保证了三大领域自身的产业安全，才可以为西藏其他产业的安全和整体的经济安全提供强大支撑与保障，否则，西藏的产业安全与经济安全将受到严重威胁。生态文化产业安全就是围绕着生态文化产业形成的产业安全理论与实践，虽然其归属于文化产业中的一类，具备文化产业的诸多特征，但生态文化产业安全依托于生态安全，因此，其安全性与安全度也应隶属于生态安全范畴。生态安全是指一个国家、地区人类社会生存和发展所需的生态环境处于不受或少受破坏与威胁的状态，即生物与环境、生物与生物、人类与地球生态系统之间保持着正常的功能与结构。生态安全是政治安全、经济安全和军事安全的物质基础，它不但是国家安全的组成部分，而且是重要的基础。只有保护好、优化好生态资源和环境，西藏生态文化产业才可以抵御各类风险，失去生态基础也就无法谈及生态文化产业安全，这是西藏生态文化产业发展的根本原则之一。

文化领域所涉及的文化产业一般指狭义的文化产业，它是作为一种社会历史现象，我们这里主要指非物质文化。所谓非物质文化也叫作精神文化，它作为文化的一类与物质文化相对，指人类所创造的精神财富，如规范、语言、信仰、态度、价值、技能、艺术、宗教、法律等。虽然非物质文化是无形的，但对人们的思想、行为模式、生活方式等产生重要的甚至是决定性的、历史性的影响。孙本文将非物质文化分为三大类：①调适自然环境而产生的文化，如科学、宗教、艺术、自然哲学等；②调适社会环境而产生的文化，如语言、风俗、道德、法律等；③调适物质文化而产生的文化，如使用工具的方法、技术、知识等。[①] 在西藏，狭义的文化产业指的就是以这三大类非物质文化为基础形成的文化产业范畴，其中，民风民俗、技艺艺术和宗教文化是狭义上的西藏文化产业的最重要组成部分的依托。对符合时代潮流的民风民俗的

---

① 参见程继隆《社会学大辞典》，中国人事出版社1995年版，第380页。

保护、传承，对体现民族特色的各类技艺艺术的保护、传承、创新以及对宗教文化的适当的引导、规范是狭义的西藏文化产业安全的重要领域的组成元素，且具有基础性作用。通过保护、传承、创新和引导，它们不但成为西藏对外吸引力的重要元素，而且是以这些内容为依托的西藏文化产业发展的重要推动力。失去优质的非物质文化的魅力，或者其安全性或产业安全性无法得到保障，那么，西藏的文化产业甚至产业全局都将处于高风险之中。

旅游文化产业安全建立于旅游安全之上。广义的旅游安全指与旅游相关的资源、事件、活动的安全性，涉及旅游的各类要素。狭义的旅游安全指某一国家或地区的旅游产业运行环境、市场需求与供给要素之间处于相互适应、协调发展、持续增长的状态，即等同于旅游产业安全。旅游产业安全可以界定为通过旅游产业的运行，旅游经济体系能够达到旅游资源的优化配置，具有可持续发展的能力，从而能够有效抵御外部、内部的各类风险。旅游文化产业是旅游产业的最重要组成部分，是旅游产业与文化产业的交叉部分，从旅游产业的可持续发展力来说，旅游文化或旅游的文化依托是旅游产业的根本所在，无论是文化本身还是涉旅游服务、涉旅游文化产品生产或销售都是旅游产业不可或缺的，这也决定了旅游文化产业安全在旅游安全中的地位。从旅游产业链角度考查，无论是基于旅游者需求的产业链还是基于旅游产品供应的产业链，抑或是基于空间移动范围内旅游产品供应的产业链都不可缺少文化产业的元素，这些文化元素伴随着不同旅游产业链的核心要素而移动变化，并与旅游产业的服务、产品相融合，构成产业价值不可缺少的成分。

对于西藏文化产业，尤其是处于集群状态的产业模式而言，学习性、创新性以及产业安全性是其竞争力与自我发展力的重要品质。虽然从理论至操作层面笔者尚未深入涉及，但三者的重要性以及在西藏生态、文化与旅游中的作用机制和品质外显都清晰地展现了西藏文化产业可持续发展的内在要求。它们的存在是与西藏实际紧密结合于一体的，既是一种运行、构建和发展的机制导向，也是一种方式。它们融于西藏文化产业自我发展力之中，存在于文化产业的众多构成元素之中，也与各元素之间存在着密切的关系，总体上构成西藏文化产业自我发展力的重要品质和可持续发展力的重要组成部分，关系着文化产业自我发展力在实践中的实现。以此而言，笔者认为，它们可以被定位为西藏文化产业自我发展力的"血脉"，是西藏文化产业"血脉中的血脉"。

第二十章 西藏文化产业特色发展之路的精准定位

第一节 西藏文化产业特色发展之路的关键

西藏文化产业有诸多自身特点，依托这些特点形成了诸多优势，有助于市场竞争力的提升和产业的可持续发展。但要注意，不同地区的产业、不同领域的产业中所体现出的特点或特色是不同的，有的甚至是零星的、不系统的，产业的影响力也有着一定的差异，因此，要区分、鉴别，精准定位活力强、影响力大、可持续的特色发展之路的产业，聚焦其成长与发展，与整体产业协同发展，在这些产业的带动下共同推进西藏产业健康可持续发展。

西藏文化产业的特色发展必须建立于西藏区情以及社会安定有序之上，这是一条根本原则。在这一原则前提下，以生态、文化与旅游三大领域为引领，走出西藏文化产业的特色发展之路，关键在于"特色星级品牌"的打造与可持续发展。而作为产业发展关键的"特色星级品牌"则必须紧紧围绕着活力强、影响力大、可持续的文化产业开展。

在知识价值不断扩大其在价值链中的渗透性与影响力的同时，寓于产业链条中的精神文化及其影响在知识价值、实用价值之中得到了不断强化。现代消费大潮不断助推着消费的层级及实物商品消费和服务消费背后的精神内容。在西方早期社会学发展进程中，已经出现了对"经济精神"等方面的讨论，比如韦伯在《新教伦理与资本主义精神》和《经济与社会》中均有相关论述，但他所说的经济精神更多指向的是资本主义制度下的理性计算精神，是对经济理性的阐释。

在中国，随着改革开放的不断深入和文化产业的不断兴盛，有学者提出了"精神经济"的论断。研究者指出，精神经济学可划分为狭义的和广义的。"狭义精神经济学是指研究个人公司、企业精神产生经济后果的行为。包括企业精神生产、包装、宣传、销售等一系列活动，是微观层面上的经济行为……广义的精神经济学不单研究个人精神，还包括普遍精神和神灵，只要能产生经济行为和经济后果的一切精神都在研究之列。"① 这里所说的"神灵"指的是在宗教、文化领域内。广义的精神经济学包括的内容十分广泛,比如"智本经济的基本理论、精神智本运营论、知识产权智本经营、人力智本经营、市场智本运营、组织管理智本运营、社会智本运营、精神投资、精神产业和精神商品、精神生产、精神消费、精神原子弹、精神经济案例分析、海外精神经济兵团等内容"②。也有研究者以"产品的泛精神化"与"个性化"等消费趋向来分析精神经济的崛起,认为"在社会财富的精神化的同时,人们的消费方式和生活方式正在逐步精神化。消费的主要对象是产品的精神内容中与人的心理、情感需求相适应的部分,因此当这部分精神内容被消费、被提取以后,所附着的仍带有基本精神内容的物质载体就失去了价值"③。

在新兴的精神经济背后是对传统产品与精神产品的反思,也是二者的博弈过程。传统意义上的产品一般指的是能够满足人们的某种需要和欲望的东西,它既包括有形状的实物产品,又包括无形的服务;而狭义的产品则只包括具有某种特定物质形态和用途的物体,即实体的产品。传统的产品整体概念主要包括四个层次:产品核心、有形产品、延伸产品和心理产品。产品核心一般指涉的是满足消费者基本效用与需求的中心,是最基本的和最实质的内容;有形产品指涉的是产品的实体性;延伸产品指涉的是购买有形产品时获得的附加利益与服务,比如安装、维修等;心理产品一般指涉的是能够提供心理满足感的产品。四个层次依次从内向外排列,也就是品牌与心理的满足在序列中处于最外层。但在精神经济中,品牌和心理因素处于产品层次的最核心层,精神内容既可以是消费者直接追求的对象,也可以与产品的基本效用相重合。我们可以把精神产品的最核心部分界定为纯精神产品,把由纯精神产品形成或衍生出来的产品称为泛精神产品。精神产品必须通过一定的形象、包装等展现出来,并最终形成产品中内容与形式统一的泛精神产品。

这样,我们逐渐抽丝剥茧般地发现了在现代经济发展轨迹下,精神经济改变了传统经济模式与产品的层次级别,产品的精神性,或作为精神产品核心的品牌与心理满足已经转换成经济与产品的核心。对文化产业而言,由于其具有绝对的文化属性和现代产业经济特征,精神产品则必然成为其最关键的环节与部位。这一点对于西藏文化产业而言更具有重要意义,因为其成功发展的经验已经表明其文化吸引、特色品牌的巨大作用。此时,作为传统产品核心的物质实体与效用则是纯精神产品与泛精神产品的物质支撑。

对现代营销学而言,传统意义上的围绕物质产品开展的策略与行动在精神经济中显然有些苍白无力,面对深层次市场时尤其显得无助,其需求、目标与策略之间的偏差或错位已经凸显无疑。品牌的打造与消费群体的忠诚度、消费选择直接相关,甚至

---

① 董书通、方程:《新经济背后——精神经济浮出水面》,煤炭工业出版社2000年版,第40~41页。
② 董书通、方程:《新经济背后——精神经济浮出水面》,煤炭工业出版社2000年版,第41页。
③ 李向民:《精神经济》,新华出版社1999年版,第67页。

决定着营销的方式、走向与后果。

所谓品牌一般认为指的是一种商品（或服务）的名称、术语、标记、符号或设计，或是它们的组合运用。其目的是借以辨认某个销售者或某群销售者的产品或服务，并使之同竞争对手的产品或服务区别开来。品牌是商品或服务的重要组成部分，对消费者和生产者或服务提供者均发挥着重要作用。这种作用体现于产业发展的微观－宏观领域，存在于产业发展的全过程。

美国学者科特勒把品牌的本质界定为生产者、销售者或服务提供者向消费者长期提供的一组特定的特点、利益、服务和承诺。一个品牌中可以传达出六层意思：①属性，即其作用性；②利益，即品牌可以转换成功能和情感利益；③价值，即体现了提供方和消费方的某些价值观；④文化，即其本身传达的文化内容和象征；⑤个性，即被赋予的个性；⑥使用者，即体现出的消费群体。[①] 美国行销学会（AMA）对品牌的定义是：一个名称（name）、符号（symble）、标记（sign）或设计（design），或是它们的联合使用。

在文化产业中，品牌首先传达的是一种文化或精神的标志与象征。通过品牌消费，消费者可以实现其对社会地位、社会关系、个人口味、审美取向等的需求目标，而在文化产业中出现的消费行为直接与消费者的这些文化差异性偏好有关，体现出特定的群体性特征。通过品牌，消费者获取到消费差异产生的心理上的满足感、存在感，并由此建立起较为稳定的消费行为。

基于品牌对消费行为的巨大影响，在现代经济中，品牌构成了无形资产的重要组成，成为产业、企业竞争力的重要代表之一。作为产业实体的企业，通过构建和维护优质品牌，巩固和提升其市场竞争力并获得可持续发展的动力和良好的外部环境。依据科特勒的品牌六层次说，这种动力和环境依托于优质品牌的特色（attribute）、品牌利益（benefit）、品牌价值（value）、品牌文化（culture）、品牌个性（personality）以及品牌对象（user）等诸多方面。品牌特色突出了产品与服务的性能与质量优势，其本身也是产品与服务最为关注的环节，失去品牌特色将削弱竞争力与生存能力；品牌利益指涉的是品牌产品给消费者带来的效用，尤其是满足感；品牌价值围绕着生产与服务提供方所追求的价值目标展现；品牌文化围绕着产品及其品牌形成的精神元素，是品牌重要的文化展现；品牌个性是品牌文化更深入、更精准的定位，多从文化环境来探究品牌的个性；品牌对象是围绕品牌的特色、文化、价值、个性等方面对消费群体进行的市场细分。

如此分析，那么，品牌在现代经济机制之下实现的已经远远超越了普通意义上的产品标识性或商品不同层次的组合性概念。它作为产业、企业发展的一种精神化元素——更准确地说应为"力量"而不可缺少，同时它也超越了普通的商品或产品范畴，贯穿于产品生命周期却又不为其所局限，即使产品更新换代、升级跃迁也必须依

---

① 参见胡月英《市场营销学》（第2版），合肥工业大学出版社2014年版，第228～229页。

托于品牌,进一步而言,不但不会使品牌消亡,而且二者实现的是补益性的互动,在技术层与精神层上更有机地结合。(见图20-1)

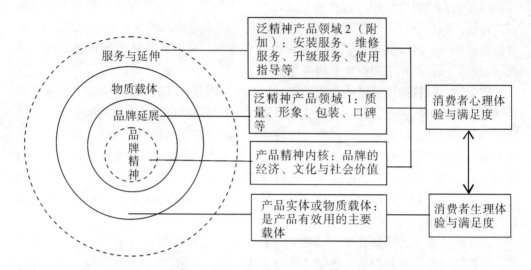

图20-1 现代经济体系中围绕品牌形成的精神产品概念与体系

西藏文化产业正在步入现代经济体系之内,而且这一进程只会加速完成。那么它就必须要面对精神经济、精神产品的新挑战。实际上,西藏产业,尤其是文化产业取得的成绩已经展现了这一挑战的到来和在应对这一挑战中国家以及西藏做出的正确选择:适应历史大潮,推进西藏现代文化产业体系建设,推进精神产品理念在产业体系中的实践,着力打造西藏特色星级品牌。

实践证明,西藏文化产业中的特色星级品牌是该产业发展的标志,有助于建立良好的产业、企业形象和声誉,也可以反映该产业的精神与形象,巩固和扩充消费群体,有效提升产业产品或服务的价值,扩大市场份额,增强市场竞争力。抓准西藏文化产业体系中的核心产业,并打造出拥有巨大影响力的星级品牌,对西藏文化产业整体的可持续健康发展显然是极为重要的,是重要的突破点,也正是西藏文化产业特色发展之路的关键。

西藏生态旅游是三大领域文化产业的重要组成,在长期的理论探索和实践进程中,西藏已经在大力推进自有特色旅游星级品牌建设,并取得了显著成效,比如建设"林芝桃花节""鲁朗国际旅游小镇"以及"拉萨—阿里无障碍旅游"等。在推进过程中仍有一些问题,尤其是理论问题值得进一步探讨,这也正是笔者这里所关注的西藏文化产业特色之路不可回避的问题,其中最关键的仍聚焦于特色旅游星级品牌建设及其相关功能、品牌长期管理与品牌活化问题。

从西藏生态旅游星级品牌内容与感知定位中我们可以发现,在西藏旅游星级品牌中充分展现了西藏生态旅游的特点、优势,可以产生强大的产业传播效用,有效扩大西藏生态旅游的产业影响与文化影响,进一步强化产业发展的自身内动力,实现产业核心竞争力与自我发展力的有效提升。(见图20-2)

图20-2 西藏生态旅游星级品牌内容与感知定位

西藏"林芝桃花节"品牌的打造与作用的发挥具有一定的代表性。林芝桃花节有条件成为西藏生态旅游的星级品牌,并承担起六大方面的品牌内容感知与定位角色,但需要经过系统地打造,尤其要理顺品牌形成的机制并做出突破。

在品牌打造过程中,首先应关注品牌作用机制中的诸多要素:供给方、消费方以及相关第三方。而在作用过程中,又可分解为建构与效用发挥两大过程。前者指品牌构建的过程,是各类积极元素向品牌汇聚、提炼、升华的过程,也就是塑造星级品牌内容的过程;后者是星级品牌作用于消费群体的过程,也就是在消费群体中塑造星级品牌感知定位的过程,本质上是星级品牌功能发挥的作用机制部分。

以林芝桃花节为例。林芝桃花节旅游星级品牌机制由构建机制与效用发挥机制组成,虽然二者互不统属,但不可分割,融于林芝桃花节旅游星级品牌机制的整体之中。(见图20-3)构建机制的基础在于林芝桃花林带以及雪峰、云霞、天然村庄、风俗文化等相关自然生态资源和人文社会资源。在此基础上衍生的相关文化产品、旅游服务项目,如茶文化产品、服饰商品、各类土特产商品以及环保等公益活动、骑行比赛、摄影比赛、美食活动等都是形成这一星级品牌的重要元素。除了资源、产品、服务的优质支撑之外,还需要对品牌形象以贴切生动且具备足够吸引力的定位。结合林芝生态特点、气候特色,尤其是桃花节举办时春季独特的风光,我们可以将其浓缩为"雪域江南与最美春天的相融",这一定位是塑造星级品牌并实现其功能性的重要环节之一。在现代产业经济中,现代信息技术与传播媒介的介入是星级品牌塑造的重要的外部助推力之一,恰当地利用信息传播的优势与特色也是林芝旅游走上智慧化之路的必要环节。以上要素有机结合并构建出林芝桃花节旅游星级品牌的物质基础、形象定位与媒介传播保障。同时,在对桃花节旅游品牌的打造过程中,还应重视目标消费群体的诸多特征,结合主体消费群体的自然属性和社会属性,科学合理地进行旅游信息媒介的设计与使用,在桃花节的旅游形象定位上也应考虑这一因素,突出对主体消费群体的吸引力。当然,由于林芝桃花节的形式多样、内容丰富,因此,在形象定位、信息媒介与平台设计中应使其更具包容性,做到对其他消费群体的最大兼顾。

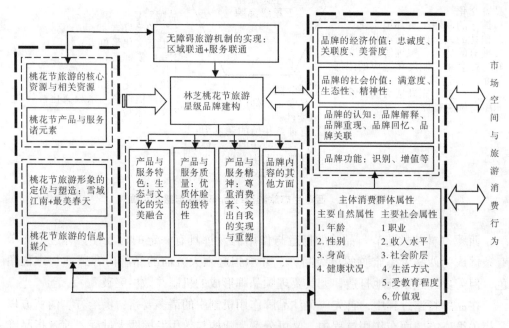

图 20-3　西藏林芝桃花节旅游星级品牌的建构与效用发挥机制

无障碍旅游是西藏目前以及今后旅游全局的一个核心点,是推进各类优质资源充分利用、高效共享的必然要求,也是实现旅游产业要素效用最大化、提升产业运行效率的必然要求。这一大背景与产业发展的必然趋势为林芝桃花节品牌的打造提出了区域与服务双联通的要求。区域联通可根据林芝全域内桃花花期的差异进行设计,按先后顺序打造相关区域内的区域联通机制,在区域上实现桃花节旅游的交通与活动设计的无缝对接:在巴宜区以传统舞蹈拉开序幕,随后进入工布江达县觅桃花寻古堡;再到达米林县穿越桃花源林,体验当地精彩多样的体育项目;之后来到波密县看桃花赏冰川,享受自在的徒步穿林乐趣,还可以继续深入到察隅县体验僜人文化和民风民俗。

服务联通主要包括七大方面内容:①以区域联通为基础实现接待服务无缝对接是服务联通的前提和出发点,由此减少消费者信息搜索成本和人际消耗成本,打造林芝以桃花节为纽带的全域服务支撑体系。②信息平台联通是智慧旅游的必然要求,也是在接待服务联通基础上不可缺少的必要环节,使消费者可以方便快捷地完成对相关旅游信息的掌握并为其旅游线路的选择或旅游活动的选择提供充足而准确的信息支撑。③旅游安全是桃花节品牌打造的重要保障,除了安定有序、和谐繁荣的社会生产生活氛围之外,还必须围绕桃花节旅游线路形成全域范围内的安全救援体系。④交通工具的使用服务也是林芝桃花节品牌打造应关注的重要方面。由于桃花节旅游区域至少包括五县一区,面积大、线路长,因此,方便、快捷的交通服务必不可少,其中应着力推广滴滴打车、共享单车等"线上－线下交通工具"使用,扩大使用范围,同时进一步规范汽车租赁服务、单车租赁服务,减少或打破县域之间的交通服务限制。⑤精品线路服务是与交通联通相互协调、共同推进的。交通联通支撑的核心在于桃花节的精品旅游线路,而精品旅游线路则依托交通联通建立和完善其服务体系,做到围绕桃花节精品线路服务是连贯的、畅通的、高效的和高质的。⑥在桃花节旅游品牌打造的全域范围内,还要做好标识服务,打造清晰明快、覆盖面广的标识体系,这是在交通联通、精品线路服务联通基础上的延伸服务。⑦完善和创新营销活动服务,利用好现代传媒技术和信息化平台,推广形式多样、内容丰富的营销形式,加大对消费者的吸引力度。

在桃花节星级品牌的打造中,在内容上应形成明确定位。在品牌产品与服务的特色上要突出桃花节旅游中生态与文化的完美融合,在品牌产品与服务的质量上要突出优质体验的独特性,在品牌产品与服务的精神上要突出尊重消费者、突出自我的实现与重塑,以及其他涉及的桃花节旅游各个方面的内容。

通过以上建构机制与过程的实现,林芝桃花节旅游品牌影响度将获得极大提升,并反作用于该产业形式本身,甚至带动林芝整体旅游、休闲产业发展,也可为西藏整体旅游产业、文化产业注入强大动力。当然,星级品牌的建构并非一朝一夕之功,也非一蹴而就之事,而是一个在动态中不断推进不断完善的过程。在这个动态过程中,已经初步形成的良好品牌效应作用于桃花节旅游本身,使其效用得到充分发挥,显现出其社会价值、产业价值、经济价值,并作用于消费者,深化其品牌认知度,进一步将其作用体现于市场空间之内与消费行为之中。

显然,通过桃花节星级品牌的建构及效用发挥机制的建构与运用,林芝生态旅游产业的特点与优势得到了充分彰显,在具有强大吸引力的桃花节品牌的吸引下,整体旅游产业信息大幅度扩容,认可度获得大幅度提升,同时产生强大的产业传播效应,有效扩大生态旅游的产业影响与文化影响,从而深度激发林芝旅游产业的自身内动力,有效提升产业核心竞争力与自我发展力,并把这一效用向整个文化产业进行渗透和辐射。

在市场中,品牌功能发挥的程度对产业发展起到至关重要的作用,其本质上是品牌进入产业市场空间后在市场行为实务中展现出来的具体作用的大小问题。星级品牌在市场中无疑具有比普通品牌更大的功能效用,对市场空间与市场行为的影响也更为深刻。

我们继续以林芝桃花节星级品牌为例。该品牌可以在旅游市场中清晰地定位出自身,并与其他竞争者区分开来,从而让消费者轻松地辨识出来,这就是它的识别功能。当品牌或品牌的某一部分进行了商标注册,那么就可以对品牌自身及其相关资产、产品发挥法律保护功能,有效打击假冒产品、假冒品牌,对桃花节旅游产品和相关服务等产业内容进行有效保护。整体而言,虽然桃花节星级品牌没有过多的修饰内容,但它是林芝旅游产业信息的重要的浓缩,尤其是桃花节旅游这一具体产业的信息浓缩,它表达简洁明快,并富于丰富的联想,有效传达出产业及产业中各企业的价值观、文化导向、个性等重要信息,产生强大的产业信息传播功能。桃花节星级品牌的创建实际上也是一种信誉的承诺,它比普通品牌具有更大的信誉承载能力,也就是对自身提供的商品与服务的一种担保,其担保性和减少消费者风险的功能更为强大。初次接触林芝旅游的人可能会对其产品与服务存在各种疑虑,但星级品牌可大大削弱这种疑虑,使消费者感到有强大的信誉保证;面对消费者可能产生的价格疑虑,星级品牌既可以形成"货真价实"的市场氛围,又能够通过品牌价值保证市场价格被接受;面对消费者较高的信息搜集成本,星级品牌可以促进消费者集中于核心信息,并释放相关辅助的浓缩的信息,既减少了消费者的搜集成本,也促进了对消费者的信息导向。这是桃花节星级品牌承诺功能的实现。桃花节星级品牌在市场中也应发挥强大的情感功能,通过各类传播媒介有效传播其中蕴含的生态、文化、人文等情感功能。星级品牌的塑造也可以使林芝桃花节在旅游市场上成功定位,实现其在目标市场上的市场预期与价值预期,实现消费者的心理预期与评价相契合,实现其产业发展的心理功能。强大的桃花节旅游品牌可以激励产业、企业内员工参与品牌创建、管理与维护,使他们进一步接受品牌所代表的产业、企业的价值、文化,从而通过在员工中形成的这种品牌意识加强对员工的价值激励和文化管理。名牌具备商品溢价功能,西藏文化产业中的星级品牌不仅仅是名牌,其更要注重自身特色社会价值的发挥,因此,在市场定位上更具有社会认可度,相应可以带来相对稳定的产品和服务的增值或溢价。①

---

① 溢价的稳定性与品牌的知名度大小存在正向关系,即知名度越高,其溢价的社会认可度基础也越牢固;而知名度较小的品牌,其产生溢价的社会认可并不牢固,容易受到多种因素影响,或消费者在初次尝试后调整消费取向或目标,造成溢价基础消失。但有研究表明(符国群,1999),品牌所获取的相对溢价(溢价与正常价格的比率)与品牌的知名度呈反向关系,即知名度较大的品牌,相对溢价较小,而知名度较小的品牌,相对溢价较大。这与买卖双方的道德风险(机会风险)预期应对有一定关系。卖方担心买方采取一次性购买的机会主义方式,因此,通过溢价来削减这一风险带来的利润风险,而买方愿意支付相对较高的溢价,并以此来增加对自己所购买的卖方商品质量的约束力。知名度高的品牌则不会担心有消费者投机购买的风险,消费者也相信卖方的商品和服务的可靠性,愿为这种可靠性支付比普通商品高一些的价格。

当然，在激烈的市场竞争中，即使形成了强势的星级品牌，也要时刻注意对该品牌的经营与管理，否则就会固化甚至僵化、衰退，产业也必然受其影响走向衰落。如何维护林芝桃花节星级品牌，即如何在产业发展中做好这一品牌的管理、维护和提升，必然是林芝旅游产业和文化产业中的一个重点和关键。不言而喻，一旦星级品牌形成，那么它本身所代表的主流模式（当下与传统）与未来面对的创新模式之间将作为一对主要矛盾存在，并对它的存续与发展发挥重要作用。当下与创新并存和相互交织的情况会在品牌存续的过程中一直存在，在这种情境下，要保持桃花节旅游品牌的活力、影响力与竞争力，必须在这一星级品牌的建构与作用发挥实践中同时推进其品牌的活化策略。

所谓活化，原指使分子或原子的能量增强，现代营销学借该词指使商品或营销元素重新获得活力。传统意义上谈品牌的活化策略一般针对的是面临着经营和市场困境的老品牌，这些品牌曾有过辉煌的历史，但在市场竞争中逐渐衰落。在现代知识经济或精神经济中，品牌活化策略更倾向于一种持续的品牌反思、品牌与市场的补益互动、品牌维护与不断提升。有学者提出品牌的活化矩阵，从社会心理视角、认知心理视角两大维度来审视和把握品牌活化的核心内容。该矩阵理论强调，社会心理维度以品牌的时间维度为线索，强调挖掘有价值的传统元素，主张复古策略；认知心理维度以品牌意识和品牌形象为主线索，强调新元素的不断融入，比如新产品（服务或用途）、新市场、新定位、新形象等。二者在本质上则又是相通的，认知心理维度虽然强调改变，但也警醒对品牌精髓的保留；社会心理维度虽然强调怀旧的情感因素，但也警醒对以消费者需求为导向的产品与服务的更新。据此可将品牌活化策略归结为四大策略：唤醒记忆、扩展意识、复古风格和改变形象。[①] 根据这一理论，我们可以将林芝桃花节品牌的活化形成矩阵模式。该模式既关注传统因素，也警醒于新资产和元素的介入；既强调意识领域，也警醒于形象的保持与改变。（见图20-4）

林芝桃花节品牌在社会心理维度上可分为桃花节的固有传统资产和时代新资产，前者的核心为江南水乡与雪域高原融于一体的独特生态，后者的核心为现代时尚文旅与休闲需求的多样化形式。林芝桃花节品牌从认知心理维度而言主要可划分为品牌的意识流和主导形象两大领域，前者的核心为传统与现代的恰当融合，后者的核心为传承与创新的时代形象构建。两大维度上，林芝桃花节品牌的活化就是在不断唤醒、重塑优秀传统资产，扩展、吸收、融入时代新资产的大背景下，在认知心理维度上通过不断推进、呼应，引领着消费潮流，通过品牌的意识流与主导形象不断促进和提升品牌与市场的契合度，并发挥着良好的导向作用。譬如，要不断唤醒和深化、优化桃花节所具备的生态独特性，这是一个不可丢、不能丢的基本原则，同时要不断把握现代时尚旅游，尤其是把文化旅游与休闲体验相结合的现代旅游需求，为桃花品牌注入新元素、新动力，利用好新的资产。在两者的基础上，突出品牌活化的认知心理因

[①] 参见何佳讯《长期品牌管理》，格致出版社、上海人民出版社2016年版，第19页。

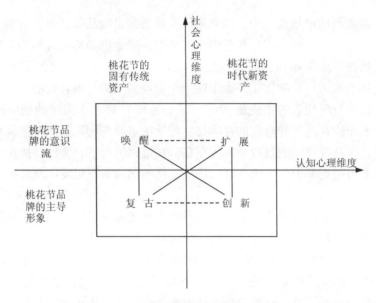

图 20-4　西藏林芝桃花节品牌活化策略

素,一方面,要强调林芝旅游的传统优势,并注重把这种传统优势的唤醒与现代主导价值观有机融合,促进富于历史感又不乏时代感的桃花节品牌的意识流;另一方面,要在品牌形象上深入挖掘传统与现代因素,运用复古-创新策略组合,既保存、传承好的形象,做足形象的"复古",从而深化桃花节的历史感,同时要积极创新,把林芝新意象、新观念融入品牌创新之中,突出主导形象的坚定性与创新性。

活化策略共有六套。①唤醒-扩展策略。在品牌的意识流上把桃花节的记忆"唤醒"(当地群众的勤劳善良,亦可从新旧西藏中当地人们生活变化入手)并结合时代发展扩展认识(新时代旅游与美好新生活的交融)。②扩展-创新策略。在品牌的时代新资产与品牌主导形象上把桃花节的时代新资产元素(文化、生产与生活的质量)与创新性时代形象(生态、美丽、积极向上,与社会主义核心价值观有机整合)有机结合。③唤醒-复古策略。在品牌的固有传统资产上与品牌主导形象上把桃花节的传统优秀资产做活做强,"唤醒"消费者的品牌记忆,并将其在形象上体现出来。④复古-创新策略。在桃花节的品牌形象上把复古风格(西藏的沧桑岁月与人民的淳朴生活)与创新风格(新时代的清新纯美生态与美好幸福平安新生活)相结合。⑤唤醒-创新策略。这是一种以传统优秀资产为主导,针对传统优秀资产与时代新资产相结合的策略,也是针对意识流和主导形象相结合的策略。其核心为面对桃花节中的传统优秀资产时,充分"唤醒"其中的宝贵资产形成市场意识流;而面对时代新资产时,充分利用创新策略,摆脱传统刻板印象,打造品牌新形象。通过这种以资产为依托,在市场意识流和品牌形象上实现品牌建设,打造传统与创新相结合的品牌资产内涵与形象。⑥扩展-复古策略。这是一种以时代新资产为主导,针对时代新资产与传统优秀资产相结合的策略,同样是针对意识流和主导形象相结合的策略。

其核心为面对桃花节中的优秀时代资产时，充分实现其内涵与意义的扩展，突出新时代前沿市场意识流；而面对传统优秀资产时，在形象设计上突出其具备的相应的复古特色，唤起消费者在新时代下对比历史、发现历史的历史共鸣感，通过这种以资产为依托，在市场意识流和品牌形象上实现品牌建设，打造以时代新资产为依托的时代内涵与历史共鸣相结合的品牌形象。

⑤⑥两大策略组合是林芝桃花节品牌活化策略的独特之处，两大策略分别以优秀传统资产和时代新资产为主导，同时把两大资产有机结合，在市场意识流与主导形象设计上有机结合，形成并激发林芝桃花节品牌的强大竞争力，使其成为星级品牌并保持其活力的可持续。

星级品牌的打造与品牌活化策略的运用在西藏文化产业中显得极为重要。品牌符号是西藏的一个标志，也是产业发展的一个标志，没有品牌则失去吸引力与可持续发展力。在现代生产力实现了高速发展与快速转化的时代，普通的物质生产与文化生产已经无法从外界获取足够的能量支撑，也不具备激发自身能力的内外环境。因此，"非普通"的物质生产和文化生产就极为必要，显示出巨大的潜在能量。这种"非普通"就在于时代精神的展现和对生活、文化与社会的重要意义。西藏在文化产业发展中的动力与吸引力主要在于生态、文化，并通过旅游业得以实现，因此，于"非普通"的物质生产和文化生产而言，更在于其具有标志性的表征符号，在于从中表现出的时代精神与重要意义。在文化产业中，则集中于西藏产业的星级品牌符号。

西藏生态、文化、旅游三大领域是西藏文化产业的核心所在，已经成为文化产业星级品牌的最重要依托。以此思路而言，西藏文化产业发展的关键在于星级品牌的打造以及对其展开的维护与不断推进，对应的策略以品牌活化策略为主导，而这一关键的存在与基本依托在于生态、文化与旅游。

第二节　供给侧结构性改革与西藏文化产业的特色之路

2015年11月，供给侧结构性改革以中国共产党执政重大方略的形式备受研究者及各界关注。习近平总书记强调在推进供给侧改革中有四个"不能"："不能因为包袱重而等待、困难多而不作为、有风险而躲避、有阵痛而不前"[①]，深刻地指明了供给侧改革的重要性和紧迫性。

针对中国的供给侧结构性改革，习近平在2016年1月26日中央财经领导小组第十二次会议中强调，供给侧结构性改革的根本目的是提高社会生产力水平，落实好以

---

① 新华社：《习近平主持召开中央财经领导小组第十三次会议》，见新华网：http://www.xinhuanet.com/politics/2016-05/16/c_1118875925.htm，2016-05-16。

人民为中心的发展思想。①

与西藏区情,尤其是西藏文化产业现状与发展趋势相结合,供给侧结构性改革于西藏而言同样具有极为重要的意义和紧迫性。那么,供给侧结构性改革与西藏文化产业的特色发展之间是怎样的关系,应如何看待这种关系,如何更好地推进这种关系的实现和可持续良性发展值得深入研究,于西藏整体发展,尤其是文化产业的良性可持续发展而言,这一命题也被赋予了重要的意义。

西方经济学视域对供给侧的研究产生了重要影响。可称为"学派"的供给侧研究可追溯至19世纪初"萨伊定律"的提出和发展。该定律总体上以"供给会自动创造需求"为核心,在剖析当时的资本主义经济危机(生产过剩危机)中得出了其普遍发生的可能性极小,甚至是不会发生的的结论,即资本主义普遍的生产过剩危机是不可能发生的。他在供给研究中得出了四个结论:①社会中的生产者与产品越多,多样性越复杂,其对应的产品销售也越快、越多和越广泛,生产者所获取的利润也越高;②每个人都是社会的组成者也是受益者,即与社会繁荣有直接关系;③产品的对外输出不会损害本国生产及利益;④在鼓励生产与刺激消费之间要做出抉择时,应全力鼓励生产而不应刺激消费。虽然这些观点非常具有启发性,于文化产业的发展而言,"供给学派"强调以宏观主体和力量来影响和调节供给侧状态,从而在文化产品的构成、产品的质量、技术进步和生产效率上提升供给质量和能力,但显然其理论根基是不稳的,尤其是在方法上简单地把资本流通等同于简单的商品流通,并且抽去了商品流通与直接商品交换之间的区别。

中国的供给侧结构性改革与西方"供给学派"理论与实践是不同的。习近平总书记说,中国开展的供给侧结构性改革,同西方经济学的供给学派不是一回事,不能把供给侧结构性改革看成西方供给学派的翻版。② 中国的供给侧结构性改革理论来源于马克思辩证唯物主义和政治经济学基础。其辩证性主要体现于驱动力的三位一体性,即投资+消费+出口,改革与创新的要素涉及劳动力、土地、资本、制度等;政治经济学基础体现于中国特色社会主义经济制度体系下的人民立场。其本质上是以满足人民群众向往美好生活的需求为向导,以解决不充分不均衡发展为目标,用深化改革的办法推进结构性调整,优化要素配置,提升效率,以有效的灵活的供给应对需求变化,从而从根本上促进经济社会的可持续发展。

包括文化产业在内的供给侧结构性改革是中国改革进入深水区倒逼的必然选择,其中心在于结构性问题和效率性问题。整体而言,现在的中国面临着"中等收入陷阱""农业内卷化"等诸多威胁,破解结构困局,实现创新、协调、绿色、开放、共享五大发展理念,提升可持续发展效率,使中国经济在不断优化的状态下行稳致远,

---

① 参见新华社《习近平主持召开中央财经领导小组第十二次会议》,见新华网:http://www.xinhuanet.com/politics/2016 - 01/26/c_ 1117904083.htm,2016 - 01 - 26。
② 参见佚名《习近平:不能把供给侧结构性改革看成是西方供给学派的翻版》,见人民网:http://politics.people.com.cn/n1/2016/0528/c1001 - 28387396 - 3. html,2016 - 05 - 28。

供给侧结构性改革必不可少且势在必行。通过供给侧结构性改革，实现供给和需求的动态平衡，使供给结构对需求变化的适应性和灵活性成为市场内在动力机制并达到供给和需求的相互激发。要突出生产力发展，同时注重生产关系的完善。"经济体制改革是全面深化改革的重点，核心问题是处理好政府和市场的关系，使市场在资源配置中起决定性作用和更好发挥政府作用。"① 而且要把供给管理、需求管理更有效地结合。

基于此，我们可视供给侧结构性改革为"三纬度一体"的改革模式，即"供给侧管理""结构性调整"和"深化改革"三个纬度。这三个纬度既相互区分又形成有机整体，有学者将其称为"共同构成了新常态下未来中国经济改革和发展的大逻辑"，其中，"供给侧是着力点，结构性调整是着重点，全面改革是关键"②。由此，我们判断西藏文化产业的特色发展之路不能忽视"三纬度一体"的改革模式，换言之，西藏文化产业的供给侧结构性改革是形成可持续特色发展的关键，而其聚焦的中心在于三纬度的有机结合：文化产业的供给侧管理、文化产业的结构性调整、文化产业发展理念和模式的深度改革。

从西藏文化产业的供给现状而言，供给不足与供给过剩并存，这不但提出了改革的迫切需求，而且是推进西藏文化产业"三纬度一体"供给侧结构性改革的现实基础。供给不足指的是特色、优质、可持续的文化产业供给，面对人民群众日益增长的美好生活需求，结合西藏地理环境和文化产业实际，应走出一条引领文化消费的特色产业之路，比如生态文化产业，而目前恰恰在这些方面还存在较多的供给不利和不足；生产过剩指的是低效率的、低端的、传统能源消耗型或生态资源消耗型的诸多不符合五大发展理念的文化产业供给，于经济社会发展而言形成了大量的"无效供给"。

审视这一状况，我们不能简单地归因于需求。近些年，对西藏文化和生态的外部产业需求在不断增加，这种需求主要集中于提升生活质量的取向，因此，以常规思维判断市场对西藏文化产业需求不足，或地理环境抑制需求均是偏颇的。其核心在于供给与需求的关系，而不是简单的需求问题。西藏文化产业内部存在巨大的供给潜力和能力，而且这种潜力和能力正是与人们不断增长的对美好生活的需求相契合的，以此而论，它不但可以满足和实现当下主流文化及相关需求，而且可以创造性地引领需求，这是西藏文化产业供给侧的巨大魅力之一。因此，有人提出的西藏文化产业需求外移或流失的观点从本质上说并没有抓到西藏文化产业的供给侧的根本，也没有对西藏文化产业的特色和特殊性给予足够的权重。

西藏文化产业供给侧结构性改革的动力要素包括内部与外部两大范畴。其中，内

---

① 新华社：《中共中央关于全面深化改革若干重大问题的决定》，见人民网 - 中国共产党新闻网：http://cpc.people.com.cn/n/2013/1115/c64094 - 23559163.html，2013 - 11 - 15。

② 周振华、肖林、权衡等：《供给侧结构性改革与宏观调控创新：中国经济分析》，格致出版社、上海人民出版社 2016 年版，第 3 页。

部因素最主要的应至少包括机制、资本和品牌，而创新则是三者的内在灵魂。

西藏文化产业供给侧的内部机制动力不能忽视西藏文化特点、生态特色以及旅游的纽带和媒介作用，如何把三者有机结合从而产生社会价值、经济价值的双优化甚至可持续的最大化这一问题处于核心地位。习近平新时代中国特色社会主义思想是马克思主义中国化的重大理论创新，从内容和要求而言，忽视或偏废文化或生态的任何一方都是有悖于这一思想指导的。同时我们发现，国内外大量的文化产业发展成功的实践中均包含文化和生态两大要素，并且都存在一个强大的可持续的实现纽带，文化和生态资源越突出，该纽带越集中于或趋向于旅游。对西藏而言，更是如此。

作为文化产业供给侧内部动力之一的资本主要包括文化内容资本和人力资本。

文化内容资本与产业产品和服务所依托的文化内容有关，即文化产业在消费领域内的核心要素与形式，比如饮食特色、服饰文化、杰出历史人物、典型历史故事、人文景观元素等，与西藏经济、社会、历史诸多方面紧密相关，并体现与展现着西藏的独特魅力。这些内容本身并不能直接转化为产业供给侧改革的动力，而需要通过时代背景下的再构建，即我们常说的"创新"。因此，文化内容资本在本质上应是对这些内容进行时代性构建并通过市场机制实现其社会与经济价值，其中的关键是通过创新把独特的、符合时代需求的、能够满足和引领人们日益增长的对美好生活需求的文化内容实现有效转化，并进入市场，比如把优秀的民族故事转化为系列儿童读物、动漫产品、微视频、电影，甚至通过深度开发打造系列文化产品，或形成文化圈（走廊）或实体（园区）。这一过程与笔者所述的深度打造西藏明星 IP 产业是联动的，有机结合于一体，总体而言，必须围绕西藏的生态、文化和旅游展开。

人力资本是文化产业发展的核心要素和最具活力的构成，这在世界产业发展进程和中国经济发展过程中都得到了充分体现。人才效应时时体现于产业发展的区域和时空差异之中。比如，人力资本在中国整体呈现梯度分布，这种分布对区域内产业结构转型升级产出不同的贡献。按东部、中部、西部三区域空间结构做理想型划分的话，人力资本集聚对产业结构调整优化的影响也呈现出梯度差异：对东部地区影响最大，对中部地区的影响次之，对西部地区的影响最小。包括西藏在内的西部地区人力资本集聚程度最低，人力资本支撑产业可持续发展的数量和质量不足，直接削弱了产业从人力资本中获取的发展红利和科技红利。[①] 值得关注的是，应注意相邻区域内人才溢出效应对产业结构转型与发展形成的推动力，这种力量虽然本质上是人才的力量，但也直接或间接地作用于产业供给侧，这在西藏文化产业的发展中应引起高度重视。即不但要想办法扭转因西藏地处偏远、高寒缺氧的边疆而导致的人力资本局限——人力资本集聚效应低、辐射有限，甚至其在产业结构转型升级中不但未能发挥正向影响，还显著抑制了西藏文化产业结构的转型、优化和升级——而且要充分利用好东部、中

---

① 参见郑玉《人力资本集聚、空间溢出与产业结构转型升级——基于空间过滤模型的区域对比分析》，载《经济问题探索》2017 年第 12 期。

部地区的人才溢出效应,积极推动人才的交流互动、素质提升,利用这一规律来大力推进文化产业供给侧结构性改革;同时,通过创新,采取综合举措促进西藏自身人力资本的提升,比如给予高端产业人才群体政策支持、完善和优化人才市场机制、加大产业人才教育和培训体系建设等。

在现代产业经营中,"一个出色的品牌总是和强烈的情感价值相联系"①,这种强烈的情感有其深刻的社会原因、经济原因和文化原因。这些综合的因素使品牌的价值得到现实转化。Bernard Dbois 和 Patrick Dqesne 把品牌的价值来源归结于五大方面:虚拟价值(对其所在时代的表征与自身存在的理由)、交换价值(由虚拟价值及其他价值要素共同构成,追求物有所值)、情感价值(主要与情绪和直观印象有关)、道德价值(与其被赋予的社会责任评价有关)、身份价值(与自我定位与选择的表达方式有关)。② 回顾和分析西藏产业,尤其是文化产业的发展实践与历史过程,可以发现,以品牌的价值来源和构成而论,生态、文化与旅游是西藏产业品牌的最核心要素,也就是西藏产业的相关产品依托于这三大要素即具备创造良好品牌的基础与可能,如果脱离或舍弃了这三大要素,那么品牌将失去特色和足够的市场吸引力,最终会失去可持续发展的动力。失去了有力的产品与品牌,产业的供给侧将受到严重的打击。因此,品牌创新与建设既是推进西藏文化产业供给侧结构性改革的重点内容,也是现代经济发展的必然要求。

立足于西藏经济社会发展的实际和需求,汲取可借鉴的成功经验,西藏文化产业供给侧结构性改革的外部动力要素至少应涵盖制度、市场和金融;同样,创新也是三者的内在核心要素,即三者发挥供给侧结构性改革外部动力的关键所在:动力的大小、效率、可持续性等无不与其有关。

从文化人类学角度而言,马林诺斯基把制度的核心界定为一种以满足人类基本需求为中心的功能体系,即设定制度是人类活动组成的一个系统。布朗强调制度的双重意义:一方面,其自身意味着为制度内部提供了规范和准则,保证了制度内个体和群体开展适度的活动,形成得当的社会行为;另一方面,制度也体现了其内部个体、群体之间形成的社会结构关系。与文化产业供给侧结构性改革有关的制度创新也就是从不同层次、不同方面优化该系统的双层运行模式,对应而言,即对产业活动的保障和对产业内关系的理顺和优化。整体而言,西藏文化产业相关制度在这两个方面已经有了大幅度改变,制度性产业保障不断完善,产业体系也在不断健全和优化,生态、文化和旅游的地位和作用凸显。西藏文化产业发展实践体现了其良好的外部动力性,在横向比较中也展现了进一步创新的迫切性和可能性。

以西藏文化产业的制度导向为例。我们知道,受地域文化习俗的影响,西藏文化

---

① [法]米歇尔·舍瓦利耶、热拉尔德·马扎罗夫:《奢侈品品牌管理》,卢晓编译,格致出版社、上海人民出版社 2008 年版,第 56 页。

② 参见[法]米歇尔·舍瓦利耶、热拉尔德·马扎罗夫《奢侈品品牌管理》,卢晓编译,格致出版社、上海人民出版社 2008 年版,第 62 页。

企业及个体创作者受产业政策的影响非常明显，同时其响应产业政策的方式也表现为明确的和积极的，但针对不同的制度导向的产业取向，文化产业的主体的选择及其带来的产业综合绩效是有着较大差别的。若制度导向倾向于产业市场的规范与激励，那么产业主体会更加关注市场及产业效益自身；若制度导向倾向于对产业主体行动的规范与政策的社会效益，那么产业主体会偏向于文化事业领域，从而在某种程度上规避市场中可能的不利；若制度导向倾向于把产业塑造成价值和政策的传播者，那么产业主体则偏向于价值观念定位，市场行为受到一定影响，甚至出现该产业主体的绩效低于产业综合绩效的平均水平（见图20-5）。在西藏文化产业的供给侧结构性改革中，处理好制度导向，激发和维护文化产业主体的市场效益和社会效益是西藏文化产业制度创新中重要而迫切的内容。

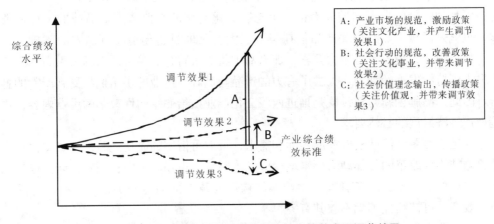

图20-5　不同制度导向下市场主体综合绩效水平调节效果

　　马克思商品理论认为，市场是商品交换关系的总和，是不同的生产资料所有者之间经济关系的体现。基于此，我们可将市场区分为三种范畴：一是商品活动的总和，在供给与需求的交互作用中，通过商品流通实现商品价值；二是商品交换的场所，即人们进行买卖活动的地方，是商品生产和交换发展的必然空间化结果；三是商品的实现状态，即销路，也就是在特定的生产力和购买力水平下，特定时空范畴内通过该商品所形成的对特定供需关系的实现程度。对应而言，西藏文化产业的市场创新应紧紧围绕着产业活动、产业产品价值实现空间、产业产品营销等三大方面开展。作为文化产业供给侧结构性改革的外部动力因素，市场具有一定的独立性和自身能动性，这就赋予了作为市场主体的企业以极度重要的角色。这一角色的核心密切关联市场创新的三大方面。以此而言，西藏文化产业供给侧结构性改革及产业可持续发展的根本点少不得企业在市场创新的三大方面的积极、良好的作为。

　　从西方经济学视角来看，所谓的金融创新主要是针对20世纪60年代后，西方国家尤其是美国国内金融市场和金融体系中发生了一系列重要的革新，出现了一系列全新的金融工具和金融服务领域，比如金融方式、金融技术、金融制度、金融机构、金融市场等诸多方面，传统的金融思维与操作模式被极大突破。一些人也将这一重大金融事件称为"金融革命"。实际上，时至20世纪80年代，"金融大潮"已经形成全球化趋势，并成为全球化大潮中最重要的一个领域。既然金融创新是市场经济的必然要求，那么西藏文化产业供给侧结构性改革就不能忽略它，也不可轻视它，而是应结合西藏经济社会发展需求，立足实际，切实做好创新中每个环节的工作，使其形成强大的外部动力。简而言之，结合西藏文化产业发展需求与实际，三个方面应包含在相关金融创新范畴之内：一是相关金融工具的创新，即充分考虑西藏文化产业，尤其是生态、文化与旅游产业的金融需求，打造适应性强、可操作性高的金融工具，保持良好的流动性和对重要投资者的吸引力；二是金融机构分工格局的优化，即推进各类性质的金融机构在产业业务上的合作，探索高效合作的运营模式，为文化产业发展注入金融活力；三是打破西藏特色文化产业核心区域内农牧民百姓的金融压抑状态，制定相应的政策，以金融引导和带动他们积极参与到文化产业链条的构建之中，唤起西藏文化产业最重要的活力之源。

第二十一章　西藏文化产业的"三维成长与动力理论"

第一节　历史中的成长与结构中的动力

我们所说的"成长"一般指的是在时间序列上动植物向成熟方向发展,也指人或事业等发展、壮大、成熟的过程。"动力"一般指推动机械做功的各种作用力,常比喻推动工作、事业等前进和发展的力量。如果把二者纳入文化产业发展的理论构建之中,则需要仔细辨明二者的定位与关系,并探讨可能产生的后果。

从生命科学的角度而言,人类自身发展是一个时空过程,而人类作为生命体也体现着时空过程性,但并不是一种纯粹的时空序列,因为它是作为社会之中的时空序列,社会环境及文化、政治、经济的影响都深深嵌入这种序列中。美国精神病学家艾里克森(E. H. Erikson)提出了一种基于遗传的"人类成长理论"。这一理论把人格的发展划分为八个阶段,每个阶段基于遗传而形成,并受其决定,但从一个阶段向另一个阶段的转换则并非由遗传决定,而是深刻地受到环境的影响,甚至取决于环境与文化。也就是说,人类成长的阶段性是与社会生活互动的结果,这种结果远远超越了生物体或任何有机体本身应有的成长特征,把人类特有的环境与文化因素融入其中,形成特有的成长机制。艾里克森认为,成长阶段的过渡关键在于危机的解决,成功地解决了危机即意味着从前一阶段向后一阶段的成功过渡,[①] 同时也意味着走向进一步完善、健康的人格。

从经济学视角而言,成长也是一种主流的经济理论取向,即在主流研究范式中把经济的发展视作由低级向高级的成长过程。经济成长阶段论在其中产生重要影响。美国经济学家罗斯托是该理论的首创者和代表人物,他认为世界经济的发展体现出阶段

[①] 参见马欣川《现代心理学理论流派》,华东师范大学出版社2003年版,第251~255页。这八个阶段依次是:①信赖对不信赖(出生到1岁左右);②自主对羞怯疑惑(1~3岁);③主动对内疚(4~5岁);④勤奋对自卑(6~11岁);⑤自我同一性对角色混乱(12~19岁);⑥亲密对孤独(20~24岁);⑦关心下一代对自我关注(25~65岁);⑧自我整合对失望(65岁以后)。

性特征，并可以划分为六大阶段，最终实现从前资本主义到追求生活质量阶段。不同的阶段具有不同的特征，而抓住这些特征对经济成长发挥着巨大的作用。他认为在"起飞"阶段应该抓住工业化的特征，大力推进其进程并实现迅猛发展，相应的举措就是建立起适合于这一特征的制度和政策。于发展中国家而言，在"起飞"阶段的较大危险之一在于"早熟化的消费"。而展望未来发展，即经济发展的第六个阶段，追求生活质量的提升成为经济发展的主流取向，那么，就应该赋予技术创新和中央调节更为重要的地位，基本政策也应该倾向于推进"公私混合经济"。

1987年诺贝尔经济学奖获得者、美国经济学家索洛以其经济成长理论方面的贡献而受到广泛认可。他在《对经济增长理论的贡献》一文中突破了以资本积累作为经济增长最重要的动力的观点。他的研究结论为：长期的经济增长主要靠技术进步。[①] 在经济增长中，技术进步要比增加资本和劳动力投入起到更为重要的作用，即长期的经济增长主要依靠的是技术进步。

实质上，无论索洛是否强调资本主义市场的自动调节机制，他对技术的重视并将其视为现代经济体系发展最革命性的元素的做法是具有巨大价值的。现代社会经济领域及其他领域的加速发展与跃迁态势及其过程的时空压缩无不是在科学与技术的支撑与推动下完成的。科学技术是生产力的观点是马克思主义的基本原理之一，邓小平同志关于"科学技术是第一生产力"的论断在中国显示了强大的生命力，世界经济进程也在不断验证着这一论断。

实践在不断检验着我们的行动和理论，而历史则是那永恒的维度。无论是生命科学中人类的发展，还是经济学中的经济增长，抑或是科技在现代经济体系与现代社会存在与发展中的意义都是深嵌于历史脉络与滚滚洪流之中的。不顾历史，或者忽视历史的视角都是无法为区域产业的定位与发展提供科学的指引和思路的。即我们此时的主观能动性必须充分吸纳和运用历史的思维和分析方法。任何简单地静态切割西藏文化产业的做法都是不可取的，任何简单地引入和移植其他地区的经验和做法的公式都是不科学的，任何一味妄自菲薄或以得天独厚的优势生态、文化资源为依托的盲目乐观都是极端错误的。

我们通常所说的"动力"一般分为机械力和社会力，这里的"结构中的动力"所指为后者的范畴。笔者这里所使用的"结构"二字是融西藏整个产业的结构、西藏文化产业的结构、"生态+文化+旅游"的存在结构以及诸种结构之中基于群体的动力机制结构于一体，并在历史视野中实现动态融合。关于前三个范畴的"结构"，我们已经做了较充分的阐述。"基于群体的动力机制结构"是西藏文化产业动力结构中最活跃和最具可塑性的因素，其本质在于社会空间、政治空间、文化空间对产业中各群体的能动性的激发和调动，也就是着眼于西藏文化产业中人的能动性。

[①] 参见〔美〕杰费里·萨克斯、费利普·拉雷恩《全球视角的宏观经济学》，费方域等译，格致出版社、上海三联书店、上海人民出版社2012年版，第486～493页。

从心理学角度来分析产业发展中人和群体的能动性、创造性,从理论上和实践上看都是顺理成章的。德国心理学家勒温(K. Lewin)曾提出"人的行动的场理论"。他认为,人的心理和行为并非完全由人自身决定,而是在于人的内在需求和周围环境的相互作用,并由此形成了一个关于行动场的公式:

$$B = f(P \cdot E)$$

式中:B 为行为,P 为个体人,E 为所处的环境,f 为函数符号。该公式表明人的行为是个人与环境相互作用的函数或结果。后来,勒温把他的该理论从研究个体行动转换为研究群体行动,并提出了相应的"群体动力"说,该学说主张研究群体活动的动力更要关注众多的影响因素,因为群体活动的方向同样取决于内部力场与情境力场的相互作用。

从马克思主义的内因与外因辩证关系视角分析,我们可以把勒温的"人的行动的场理论"之内部力场与情境力场的相互关系及作用模式的根本归结于这一辩证关系的存在。唯物辩证法认为,事物的内部矛盾(即内因)是事物自身运动的源泉和动力,是事物发展的根本原因;外部矛盾(即外因)是事物发展、变化的第二位的原因。内因是变化的根据,外因是变化的条件,外因通过内因发挥作用。因此,在西藏文化产业中"基于群体的动力机制结构"的本质在于优化内因、外因及二者之间的关系,其核心在于激发内因以实现合理化的最大动能。产业中个体和群体的动能是产业发展的最关键的内部动力,这一点于文化产业的可持续高效发展有着普遍的意义。因此,有效开展具有自身特点和普遍意义的激发举措自然成为产业发展不可缺少和不可忽视的内容。进入 20 世纪,对人的动能研究掀起了高潮,尤其是以内容、行为、过程为切入点的研究更是受到关注。以内容为切入点和主题的研究主要关注需要、欲望和要求,侧重于心理研究,比如马斯洛的"需要层次论"、阿尔德佛的"生存、关系、成长"理论、麦克利兰的成就需要论以及赫茨伯格的"双因素"理论等。这些理论把如何优化激励效果置于核心位置,并在实践中产生广泛而深刻的影响。

基于以上的分析我们发现,"基于群体的动力机制结构"实际上是产业环境与产业人才之间的深层互构问题。该结构既要优化二者自身,即改善、提升产业环境与产业人才建设、成长并举,又要实现二者的有效互动,以良好的产业环境吸引人、留住人、激发人,以优势产业人才进一步改善和优化产业环境,使二者相互促进、相得益彰。这一机制结构深刻嵌于西藏产业结构、西藏文化产业结构和"生态+文化+旅游"的存在结构之中,而其根本在于如何真正有效地激发产业的内在活力,这一活力之源又依托于产业内群体的活力和创造力。

若从整体视角审视和分析西藏文化产业历史中的成长与结构中的动力问题,那么我们还必须注重二者的结合,即过程与结构的统一。在西方社会学中,过程与结构的分离或二元对立现象大量存在,比如结构功能主义过度强调现实性横切面结构的存在和作用的发挥,忽视结构和个体行动的历史性和特定过程性,陷入了二元对立的困境之中。一些社会理论家曾做过努力去克服这种"二元论困境",比如吉登斯的结构化理论、布迪厄的发生结构主义（或称为"实践论学说"）以及哈贝马斯的交往行动理论，但整体而言，并未真正解决结构与过程的割裂或对立状态。在马克思主义的社会学视野中，坚持过程与结构相统一的分析是一项基本原则。马克思在对生产力与生产关系、经济基础与上层建筑关系的结构性研究中，科学地揭示了社会结构与社会变迁之间的关系。马克思对社会过程的研究以人类社会发展的一般过程为主线，集中研究了资本主义社会的产生与演变的过程，也对社会主义社会的发展及其初级阶段性进行了研究。将马克思主义过程与结构相结合的研究原则运用于西藏文化产业的理论研究，既是对马克思主义科学研究原则的遵循，也是创造性地运用这一原则的实践。

第二节 "生态＋文化＋旅游"的有机性

在这里，笔者将探讨的西藏文化产业的动力归于"生态＋文化＋旅游"的三维有机模式。这一模式的根基深植于西藏长治久安与经济社会发展实际，根据独特的地理环境、生态环境、人文环境和文化环境而构建、成长和发展而形成。它的有机性和有效性的根本离不开其自身历史中的成长与在西藏经济社会结构中产生的动力。

在传统的产业发展研究中，寻找支柱产业、抓住优势产业、打造和发展产业集群是常规思路，并在一些区域取得了显著成效，在中短期内极大地促进了产业发展，提升了经济效益，对国民经济发挥了重要作用。但是对西藏产业而言，任何发展模式和动力选择必须在特定的场域和环境氛围中去分析，通过我们前面的讨论可以发现，显然，任何单一模式都是薄弱的，或者说无法真正抓住或者切合西藏文化产业发展的根本特性和根本需求。有机模式是唯一可行和有效的选择。

这里所说的有机模式是在支柱产业、优势产业和产业集群基础上生态、文化与旅游三者的有机结合所形成的产业，同时把三大类产业元素和形态的自身成长作为基本且必不可少的动态过程与基本存在状态，把三者在有机互动中所产生的产业发展动力作为西藏文化产业可持续高效发展的根本所在。

在此有机模式中，旅游既是不可缺少的有机组成部分，同时也是该模式中产生融合效应并且最具灵活性和可操作性的元素。可以说是从文化产业视角连接生态和文化的最具影响力、最具潜力、最具发展空间和最具坚韧性的生活元素和产业元素。对此，笔者已经用了大量的篇幅进行讨论。实际上，旅游产业定位的明确化、突出化以及产业发展方向和路径的明晰化和具体化已经显示了这一理论和实践的向度。2009年颁布的《国务院关于加快发展旅游业的意见》对中国旅游产业进行了总体的清晰的定位，即国民经济的战略性支柱产业和人民群众更加满意的现代服务业。2014年颁布的《国务院关于促进旅游业改革发展的若干意见》进一步强调了旅游业改革的重要意义："旅游业是现代服务业的重要组成部分，带动作用大。加快旅游业改革发展,是适应人民群众消费升级和产业结构调整的必然要求,对于扩就业、增收入,推动中西部发展和贫困地区脱贫致富,促进经济平稳增长和生态环境改善意义重大,对于提高人民生活质量、培育和践行社会主义核心价值观也具有重要作用。"2018年颁布的《国务院办公厅关于促进全域旅游发展的指导意见》又明确了全域旅游的定位与意义:"发展全域旅游,将一定区域作为完整旅游目的地,以旅游业为优势产业,统一规划布局、优化公共服务、推进产业融合、加强综合管理、实施系统营销,有利于不断提升旅游业现代化、集约化、品质化、国际化水平,更好满足旅游消费需求。"对西藏而言,这些定位、明确及细化的内容不但具有总体指导意义,而且更显重要性和紧迫性。现实发展也证明了旅游产业的改革、发展和创新对西藏经济社会发展具有重要意义,并清晰地展现了它对于西藏其他文化产业的巨大纽带和活力激发作用。

第三节 "生态+文化+旅游"的动态规律性

以"生态+文化+旅游"为基础和依托的西藏文化产业的三维成长与动力理论不仅强调有机性,使其融入产业发展的过程之中,而且注重其中的动态规律性,即强调"生态+文化+旅游"不是一个僵化的公式,也不是一蹴而就、一劳永逸的,而是过程性的、动态性的。这种动态性包括三个主要方面:一是三者自我的动态性;二是三者之间关系张力的动态性;三是三者形成西藏文化产业动力的动态性。关于自我的动态性实际指向的是笔者前面探讨的"成长",即三维的成长,其中我们必须从历史的视域来看待和评价这种成长。关系的张力在于三者之间关系的定位与不断优化,简而言之,其中的核心在于:生态的保护和优化是原则和基础,并在此之上形成独具特色的西藏生态文化产业。文化(狭义上的)是重要的产业魅力和强大吸引力所在,是西藏文化产业的"密码"所在,与此相关的各类文化产品、文化服务及其他相关活动是西藏文化产业形式上最重要的构成。旅游既是一种现代生活方式,也是现代文化产业发展的重要纽带和有机构成,这种"生活方式+产业重要纽带+产业有机构成"的"三位一体"定位与角色决定了旅游及其产业是西藏文化产业的关键。把握好这些定位并处理好它们之间的关系呈现出动态性。产业动力的动态性主要在于动力的大小、方式、重点和效果等方面,这是在历史视域内结合西藏整体文化产业的发展过程、发展特点、发展程度和发展需求而相应呈现的动态性,也就是关注该动力的现实发生性和随时可优化性。

从整体而言,"生态+文化+旅游"的动态性所包含的三个主要方面之间也是有机联系在一起的,这体现了其有机性特征,也是其必然要求。自我动态性是产业发展的常态和基础,如果西藏的生态、文化和旅游作为产业体系或元素失去了新陈代谢功能，那就意味着丧失了生命力。三者之间关系的张力是适宜西藏产业发展的动态结构，是对常态和基础的维持与优化。三者形成西藏文化产业动力的动态性则是前两个方面共同作用的结果，同时也是西藏文化产业现实发生性和随时可优化性的必然要求。另外，三方面动态性的有机结合同时也是其过程性与结构性的体现，过程与结构的结合的重要特征之一就是其动态性的呈现，同时在动态性中又不断实现和优化着过程和结构。

第四节 "生态+文化+旅游"的目标指向性

西藏长期实践的发展已经充分证明，也将继续证明，"生态+文化+旅游"所形成的成长与动力模式是西藏文化产业高效可持续发展的不二选择，但是我们不能把其作为西藏文化产业发展的全部遵循，而只能将其看作在科技进步基础上的产业结构、产业动力问题。因此，有必要对该理论的目标指向加以讨论。

目标是某阶段要完成的任务，也是产业发展的阶段性指引。作为整体产业中的一类，西藏文化产业的目标之一是统筹协调产业的经济效益与社会效益之间的关系，并以"绿水青山就是金山银山"为指导，把传统视角和实践中处于分离状态的两大类效益统一于一体，实现"生态+文化+旅游"的生态化经济发展模式。这一模式突破"经济效益优先"还是"社会效益优先"的二元对立论，实现经济发展思路和路径的转型，从供给侧推进"生态+文化+旅游"三位一体的生态经济发展模式，实现经济效益的同时也创造了相应的社会效益，二者是协调统一的过程。

"生态+文化+旅游"的目标指向也包括远瞻性，即把其阶段性的过程与发展深嵌于西藏文化产业全过程、全领域与西藏经济社会发展全局之中，把可预见性及长远建设性作为其重要目标之一。西藏文化产业的"三维成长与动力理论"既是在西藏区域之内的理论建构，也是在实践中根据区域特色进行的探索，所以必须注重局部与全域之间的关系。必须把西藏经济社会发展的重大关系及其处理作为西藏文化产业理论环境因素和基本前提，突出理论的实际可应用性和对西藏全局长远发展的可建设性。即该目标关注的是西藏作为一个特定的有机区域的结构与过程的演变，其核心是以人为本的全面进步。

附件1 第二届西藏自治区哲学社会科学优秀成果二等奖证书

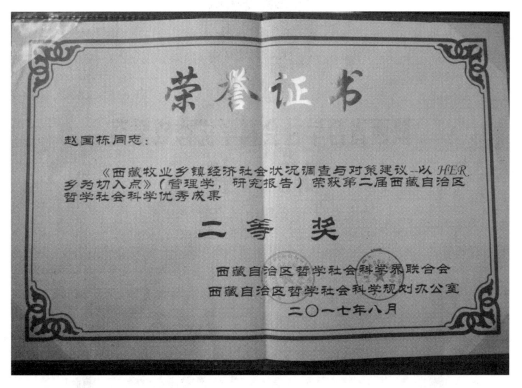

本书作者研究的阶段性成果获第二届西藏自治区哲学社会科学优秀成果二等奖

附件2 陕西省第十三次哲学社会科学优秀成果奖证书

陕西省哲学社会科学优秀成果奖

证 书

为表彰陕西省第十三次哲学社会科学优秀成果获奖者，特颁发此证书。

成果名称： 基于双层级多维度的西藏基层牧区产业化经营与社会治理的问题与应对

成果类别： 调研报告

获奖等级： 三等奖（青年）

成果作者： 赵国栋

二〇一八年五月

证书号：15-16-13-3Q-X107

本书作者的研究获陕西省第十三次哲学社会科学优秀成果奖

附件3 《圣湖之畔》书影

本书作者研究的阶段性成果《圣湖之畔》获第二十届北方十五省市自治区优秀文艺图书二等奖

主要参考文献

一、著作类

[1] 周振华,肖林,权衡,等.供给侧结构性改革与宏观调控创新:中国经济分析[M].上海:格致出版社,上海人民出版社,2016.

[2] 毛振华,阎衍,郭敏主."一带一路"沿线国家主权信用风险报告[M].北京:经济日报出版社,2015.

[3] 向志强.文化产业市场体系及竞争力研究[M].长沙:湖南大学出版社,2015.

[4] 姚小远,康善招.市场营销学[M].上海:华东理工大学出版社,2015.

[5] 赵国栋.茶叶与西藏:文化、历史与社会[M].拉萨:西藏人民出版社,2015.

[6] 陈庆德,郑宇,潘春梅.民族文化产业论纲[M].北京:人民出版社,2014.

[7] 张胜冰,徐向昱,马树华.世界文化产业导论[M].北京:北京大学出版社,2014.

[8] 陈玲玲,严伟,潘鸿雷.生态旅游:理论与实践[M].上海:复旦大学出版社,2012.

[9] 焦六十二,焦双亮,焦双芳,等.生态学中的作用力与反作用力[M].兰州:甘肃科学技术出版社,2012.

[10] 谢贵安,谢盛.中国旅游史[M].武汉:武汉大学出版社,2012.

[11] 潘文焰.旅游文化与传播[M].北京:北京大学出版社,2011.

[12] 郑剑顺.茶文化旅游设计[M].厦门:厦门大学出版社,2011.

[13] 刘禹宏.技术创新与产业集聚发展研究[M].北京:经济管理出版社,2010.

[14] 崔泰保.比较藏獒学[M].北京:中国书籍出版社,2008.

[15] 吴育华,刘喜华,郭均鹏,等.经济管理中的数量方法[M].北京:经济科学出版社,2008.

[16] 高亚春.符号与象征:波德里亚消费社会批判理论研究[M].北京:人民出版社,2007.

[17] 王艳平.温泉旅游研究导论[M].北京:中国旅游出版社,2007.

[18] 萧兵. 藏獒：灵犬、饕餮和神虫 [M]. 上海：上海文艺出版社，2007.

[19] 李国山，王建军. 欧美哲学通史 [M]. 天津：南开大学出版社，2006.

[20] 姚建平. 消费认同 [M]. 北京：社会科学出版社，2006.

[21] 周启星，魏树和，张倩茹. 生态修复 [M]. 北京：中国环境科学出版社，2006.

[22] 洪剑明，冉东亚. 生态旅游规划设计 [M]. 北京：中国林业出版社，2005.

[23] 李明森. 世界屋脊探行 [M]. 郑州：海燕出版社，2005.

[24] 郭胪公. 广义资本研究：对商品、商品生产、商品消费和商品社会的再认识 [M]. 北京：中国财政经济出版社，2005.

[25] 吴忠良. 产业经济学 [M]. 北京：经济管理出版社，2005.

[26] 徐树龙，张洪. 产业布局学原理 [M]. 昆明：云南大学出版社，1991.

[27] 钟永德，袁建琼，罗芬. 生态旅游管理 [M]. 北京：中国林业出版社，2005.

[28] 李怀斌，朱泳. 美国著名企业核心竞争力经典案例 [M]. 北京：中国海关出版社，2004.

[29] 刘焰. 中国西部生态旅游产品绿色创新 [M]. 北京：经济管理出版社，2004.

[30] 吴裕成. 生肖与中国文化 [M]. 北京：人民出版社，2003.

[31] 中华人民共和国国务院新闻办公室. 西藏的生态建设与环境保护 [M]. 北京：新星出版社，2003.

[32] 董书通，方程. 新经济背后——精神经济浮出水面 [M]. 北京：煤炭工业出版社，2000.

[33] 李向民. 精神经济 [M]. 北京：新华出版社，1999.

[34] 刘赞廷、陈家琎. 西藏地方志资料集成（第二集）[M]. 北京：中国藏学出版社，1997.

[35] 汪子嵩，范明生，陈村富. 希腊哲学史（二卷）[M]. 北京：人民出版社，1993.

[36] 杨遵仪，聂泽同. 西藏阿里古生物 [M]. 武汉：中国地质大学出版社，1990.

[37] 河南省城乡规划设计研究院. 西藏旅游资源开发及旅游产业发展研究 [Z]. 王丰执笔，2001. 内部资料.

[38] 四川省农垦勘测队. 西藏上下察隅茶叶基地总体规划报告 [Z]. 胡先志执笔，1985. 作者收藏.

[39] 青海省生物研究所. 西藏阿里地区动植物考察报告 [M]. 北京：科学出版社，1979.

[40] [美] 约瑟夫·奈. 软实力 [M]. 马娟娟，译. 北京：中信出版社，2013.

[41] [美] 奥康诺 D J. 批评的西方哲学史 [M]. 洪汉鼎，等，译. 北京：东方出版社，2005.

[42] [美] 戴维·格伦斯基. 社会分层 [M]. 王俊，等，译. 北京：华夏出版社，

2005.

［43］［法］米歇尔·舍瓦利耶，热拉尔德·马扎罗夫. 奢侈品品牌管理［M］. 卢晓，编译. 上海：格致出版社，上海人民出版社，2008.

［44］［法］让·波德里亚. 消费社会［M］. 刘成富，全志钢，译. 南京：南京大学出版社，2001.

［45］Jolliffe L. Tea and tourism: Tourists, traditions and transformations［M］. Cromwell Press, 2007.

［46］Caves R E. Creative industries: Contracts between art and commerce［M］. Cambridge MA: Harvard University Press, 2000.

二、期刊、学位论文、报纸

［47］张雪花，许文博，李宝娟，等. 我国环保产业发展指数构建与测评［J］. 环境保护，2018（2）.

［48］石德生. 大数据下中国动漫产业国际化发展路径创新［J］. 现代经济探讨，2017（3）.

［49］于森，冯涛，汪远安. 工况监控与环境监管业务联动模式应用研究［J］. 中国环保产业，2017（5）.

［50］郑玉. 人力资本集聚、空间溢出与产业结构转型升级——基于空间过滤模型的区域对比分析［J］. 经济问题探索，2017（12）.

［51］崔成泉. 供需两端发力，厚植文化产业增长极［N］. 中国文化报，2016-01-13.

［52］丁培卫. 中国民族动漫产业的价值链构建及品牌塑造［J］. 山东社会科学，2010（2）.

［53］郭炜，郭勇. 新常态下的动漫文化消费与动漫产业发展［J］. 学术交流，2016（4）.

［54］黄一玲，焦连志，程世勇. 网络文化"泛娱乐化"背景下的社会主义核心价值观认同培育［J］. 湖北社会科学，2016（11）.

［55］李国政. 论西藏工业化道路的阶段与特征：嵌入、模仿、回潮与内生发展［J］. 河南工业大学学报（社会科学版），2016（1）.

［56］李剑欣，李鑫，袁换欣. 泛娱乐传媒环境下优质IP的价值构成［J］. 传媒，2016（21）.

［57］李孝敏. "一带一路"背景下我国文化产业拓展探析［J］. 求实，2016（7）.

［58］李忠辉. 韩国文化产业政策调整对我国的启示［J］. 文化软实力研究，2016（4）.

［59］刘涛雄，罗贞礼. 从传统产业政策迈向竞争与创新政策——新常态下中国产业

政策转型的逻辑与对策［J］．理论学刊，2016（2）．

［60］马拉毛措．藏药浴的养生保健之道［J］．医学信息，2016（21）．

［61］王屹．提升安徽动漫产业竞争力的途径研究［J］．江淮论坛，2016（1）．

［62］张振鹏．我国文化产业转型升级的四个核心命题［J］．学术论坛，2016（1）．

［63］郭砚，孙娟，王丽雯．藏雪莲水提取物对中波红斑效应紫外线辐射人角质形成细胞抗氧化作用的研究［J］．中国全科医学，2015（18）．

［64］梁寒峭，李金霞，陈建国，等．黑青稞营养成分的检测与分析［J］．食品与发酵工业，2016（1）．

［65］莫光辉，陈正文，王友俊．新发展理念与精准扶贫的契合及实践路径［J］．广西社会科学，2016（6）．

［66］王亚欣，李泽锋．非物质文化遗产保护下唐卡的游客感知和态度研究［J］．世界地理研究，2016（2）．

［67］王贞红．西藏茶叶生产现状浅析［J］．中国茶叶，2016（8）．

［68］晓兰，萨茹拉孙，额日德木图．畜牧产品生态足迹分析——以赤峰市为例［J］．家畜生态学报，2016（8）．

［69］西藏七成国土面积禁止或限制开发：构筑国家生态安全屏障取得实质进展［N］．人民日报，2015-08-10．

［70］德吉曲珍．濒危藏药资源保护分析［J］．西藏科技，2015（8）．

［71］樊贵莲，郭淑芬．基于知识图谱的国际文化产业研究动态与特点［J］．科技进步与对策，2015（20）．

［72］范建华．"十三五"中国文化产业带状发展新趋势［N］．中国文化报，2015-05-20．

［73］高书生．我国文化产业发展的总体状况和主要特征［J］．经济与管理，2015（3）．

［74］郭朝先，刘艳红，杨晓琰，等．中国环保产业投融资问题与机制创新［J］．中国人口·资源与环境，2015（8）．

［75］聂佳，张艺，邓都，等．藏医药古籍文献抢救性收集整理及数据挖掘模式研究［J］．中国民族民间医药，2015（4）．

［76］孙志军．把牢国有文化企业改革的正确方向［J］．求是，2015（20）．

［77］团子，贾成钰，尕军娃，等．那桃花盛开的地方：西藏林芝［J］．旅游世界·旅友，2015（5）．

［78］吴肃然，陈欣琦．中层理论：回顾与反思［J］．社会学评论，2015（4）．

［79］赵毅，黄林，张晓玲．动漫创作主体商业模式创新路径选择——基于轨道创新理论［J］．商业研究，2016（6）．

［80］郑蕾．数据云对动漫产业的融合与创新［J］．社会科学家，2015（5）．

［81］曾建民．论我国现代物流体系的构建［J］．湖北社会科学，2015（12）．

[82] 陈朴. "一带一路"背景下西藏推动环喜马拉雅经济带建设的 SWOT 分析 [J]. 西藏发展论坛, 2015 (6).

[83] 方广玲, 香宝, 唐古拉, 等. 基于可持续发展分析的西藏地区生态监测指标构建 [J]. 草地学报, 2015 (1).

[84] 和梦, 和金保. 论滇川藏交界地藏族木碗文化的变迁 [J]. 学术探索, 2015 (2).

[85] 刘红旭. 西藏经济发展与社会稳定的关系探讨 [J]. 西藏民族大学学报(哲学社会科学版), 2015 (6).

[86] 钱兴成. 高素质技能型旅游人才培养的路径探究 [J]. 宁波大学学报(教育科学版), 2015 (1).

[87] 王磊, 杨明洪. 西藏产业结构演变: 特征、问题与对策 [J]. 西藏研究, 2015 (3).

[88] 肖静. 藏纸与藏文化的互动 [J]. 中国民族博览, 2015 (10).

[89] 杨亚波. 西藏融入"一带一路"战略的现实需求和战略选择 [J]. 西藏发展论坛, 2015 (5).

[90] 张剑, 江珊, 班久次仁. 提升西藏自我发展能力的产业结构调整对策 [J]. 西藏发展论坛, 2015 (2).

[91] 赵忠瑞, 解传奇, 丹曲, 等. 西藏水资源生态足迹评价与动态预测 [J]. 浙江大学学报(理学版), 2015 (5).

[92] 安宝晟, 程国栋. 西藏生态足迹与承载力动态分析 [J]. 生态学报, 2014 (4).

[93] 李艳, 严艳, 负欣. 赴西藏旅游风险感知研究——基于风险放大效应理论模型 [J]. 地域研究与开发, 2014 (3).

[94] 李云鹏, 胡中州, 黄超, 等. 旅游信息服务视阈下的智慧旅游概念探讨 [J]. 旅游学刊, 2014 (5).

[95] 刘馨月. 企业事业关联营销行为探讨——基于利益相关者视角的分析 [J]. 财经界, 2014 (6).

[96] 毛牧然, 乔磊, 陈凡. 完善知识产权保护 促进网络文化产业发展 [J]. 东北大学学报(社会科学版), 2014 (1).

[97] 孙晓娜, 孙保平. 西藏生态可持续发展的路径探析 [J]. 西藏大学学报(社会科学版), 2014 (1).

[98] 赵国栋. 西藏茶馆及其社会空间 [J]. 西藏研究, 2014 (6).

[99] 桑德杰布. 西藏藏毯产业的发展现状分析与思考 [J]. 西藏民族学院学报(哲学社会科学版), 2014 (2).

[100] 索朗央拉, 任广鑫, 尼玛扎西. 西藏自治区生态足迹动态研究 [J]. 西南农业学报, 2014 (1).

[101] 俞佳，张艺，聂佳，等．藏医药经典著作《晶珠本草》的学术特色探析［J］．世界科学技术—中医药现代化，2014（1）．

[102] 赵国栋．传统茶文化符号中的西藏阶层研究［J］．农业考古，2014（2）．

[103] 甘露，卢天玲，王晓辉．国内入藏游客对西藏旅游形象感知的实证研究［J］．旅游科学，2013（2）．

[104] 胡琦．试论西藏旅游业发展的问题及对策性建议［J］．西藏民族学院学报（哲学社会科学版），2013（3）．

[105] 吕翠苹，次旦央宗．西藏农牧区基础设施供给现状及财政政策建议［J］．西部经济管理论坛，2013（1）．

[106] 佟薇．西藏地区旅游高等教育研究［D］．长春：东北师范大学，2013．

[107] 张敏，马守春．西藏林芝地区旅游业发展现状及对策研究［J］．特区经济，2013（8）．

[108] 赵国栋．西藏传统社会中的茶文化与西藏治理［J］．西藏民族学院学报（哲学社会科学版），2013（2）．

[109] 杨宏权．谈藏医药人才培养与医学人文素养的关系［J］．中国民族民间医药，2012（16）．

[110] 殷俊．动漫产业与提升文化软实力对策探讨［J］．西南民族大学学报（人文社会科学版），2012（5）．

[111] 程琳．大力推进文化传承创新　充分发挥文化育警功能［J］．中国人民公安大学学报（社会科学版），2012（1）．

[112] 郭晓芳，王云仪，李俊．藏毯氇织物服用性能的测试与评价［J］．东华大学学报（自然科学版），2012（2）．

[113] 罗华．西藏生态旅游发展模式与战略研究［J］．西藏大学学报（社会科学版），2012（3）．

[114] 杨忠措．《月王药诊》的历史价值和深远影响［J］．中国民族医药杂志，2012（12）．

[115] 洋传粟．试论如何提高藏香的市场竞争力［J］．西藏发展论坛，2012（2）．

[116] 张银超．西藏旅游业人力资源现状及开发策略［D］．拉萨：西藏大学，2012．

[117] 宗敏丽，祁黄雄，吴健生，等．茶文化旅游模式研究及开发策略——以浙江顾渚村为例［J］．中国农学通报，2012（3）．

[118] 古格·其美多吉，索朗仁青．西藏阿里地区生态旅游区划及分区开发策略［J］．西藏研究，2011（5）．

[119] 黄德森，杨朝峰．基于结构方程模型的动漫产业影响因素分析［J］．中国软科学，2011（5）．

[120] 黄栋法．公共关系传播媒介的分类及其特点［J］．新闻知识，2011（4）．

[121] 王缉慈．中国产业园区现象的观察与思考［J］．规划师，2011（9）．

[122] 柴志欣，赵上娟，姬秋梅，等．西藏牦牛的 RAPD 遗传多样性及其分类研究 [J]．畜牧兽医学报，2011（10）．

[123] 加央旦培，杨改河．西藏自然保护区生态旅游 SWOT 分析与开发对策 [J]．西北林学院学报，2011（2）．

[124] 刘翠莲，郁斟兰．论我国绿色港口建设 [J]．武汉理工大学学报（社会科学版），2011（3）．

[125] 宋社果，安小鹏，赵海波，等．藏香猪屠宰特性及肉品质的分析 [J]．西北农业学报，2011（12）．

[126] 晓婷．藏旅卡垫织造技艺 [J]．中国纤检，2011（24）．

[127] 徐瑶，何政伟，陈涛．西藏班戈县草地退化动态变化及其驱动力分析 [J]．草地学报，2011（3）．

[128] 于慧，郑志军，程颂，等．西藏矿山生态环境现状及保护研究：以藏北砂金矿为例 [J]．四川师范大学学报（自然科学版），2011（2）．

[129] 赵国栋，于转利，刘华．社会学视角的西藏茶消费变迁研究 [J]．西藏民族学院学报（哲学社会科学版），2011（6）．

[130] 孟博，刘茂，李清水，等．风险感知理论模型及影响因子分析 [J]．中国安全科学学报，2010（10）．

[131] 蔡海斌，胡波．西藏农牧保险可持续发展问题研究——以阿里地区为例 [J]．西南金融，2010（6）．

[132] 图登克珠，管兵．西藏旅游人力资源开发的现状、问题及对策 [J]．西藏科技，2010（11）．

[133] 伍金加参．浅谈西藏古老而神秘的服饰——普兰妇女传统服饰的穿戴习俗及价值 [J]．西藏艺术研究，2010（4）．

[134] 徐贵权．改革开放以来中国社会价值观变化之研究透视 [J]．毛泽东邓小平理论研究，2007（6）．

[135] 张建林．藏传佛教后弘期早期擦擦的特征——兼谈吐蕃擦擦 [J]．中国藏学，2010（Z1）．

[136] 张新杰．西藏与内地陶器起源、制作工艺及陶瓷业现状比较 [J]．西藏研究，2009（2）．

[137] 张雄．历史价值观对当下历史转折的寓意诠释 [N]．中国社会科学报，2010-06-15．

[138] 智颖飙，陶文辉，王再岚，等．西藏生态整体性水平测度 [J]．生态环境学报，2010（11）．

[139] 王亚欣，曹利平．论西藏旅游产品的深度开发 [J]．地理与地理信息科学，2009（2）．

[140] 章杰宽．国内旅游者西藏旅游风险认知研究 [J]．四川师范大学学报（社会

科学版），2009（6）．

[141] 董学荣，罗维萍．民族文化保护的悖论与超越——以基诺族文化保护为例［J］．黑龙江民族丛刊，2009（4）．

[142] 普布潘多．帕里牦牛生产现状及发展对策［J］．西藏科技，2009（6）．

[143] 索朗仁青，古格·其美多吉．西藏传统藏纸工艺调查［J］．中国藏学，2009（2）．

[144] 马生林．藏獒面临的现状及开发保护［J］．青海民族学院学报（社会科学版），2008（4）．

[145] 杨跃宁，杜晓鹏．藏獒标准与藏獒发展初探［J］．中国工作犬业，2008（1）．

[146] 刘雨林．西藏生态可持续发展研究［J］．黑龙江民族丛刊，2007（4）．

[147] 万德卡尔．牧区乡村的基层政权与民间制度的互动——以安多藏族牧村之实地研究为例［J］．中国藏学，2007（2）．

[148] 杨春宇，黄震方，毛卫东，等．经济欠发达地区旅游市场秩序对旅游资源管理的影响研究［J］．社会科学家，2007（4）．

[149] 曹新向．我国旅游品牌化存在的问题及对策［J］．西北农林科技大学学报（社会科学版），2007（3）．

[150] 索穷，孙翔宇．藏鞋考［J］．西藏人文地理，2007（5）．

[151] 亦戈．国外的宠物管理规定比较［J］．兽医导刊，2007（11）．

[152] 张洁，杨桂红，阮冬梅．云南茶马古道的旅游开发［J］．资源与产业，2007（3）．

[153] 罗艳玲．论开发信阳茶文化旅游的意义、优势及其策略［J］．高等函授学报（自然科学版），2006（6）．

[154] 松桂花．藏香在卫生防疫领域的应用初探［J］．西藏科技，2006（6）．

[155] 许志晖，丁登山，向东．对南京文化旅游开发模式与整合重点的探讨［J］．人文地理，2006（3）．

[156] 杨嘉铭．藏族面具与寺庙"羌姆"［J］．西南民族大学学报（人文社科版），2006（10）．

[157] 朱志明，强巴央宗，朱猛进，等．藏鸡生长曲线拟合和分析的比较研究［J］．中国农业科学，2006（10）．

[158] 曹颖．区域产业布局优化及理论依据分析［J］．地理与地理信息科学，2005（5）．

[159] 潘久艳．交通与西藏经济发展实证研究［J］．贵州民族研究，2005（6）．

[160] 秦安臣．生态旅游品牌规划的基础理论研究［D］．北京：北京林业大学，2005．

[161] 谭巍，李欣．茶文化旅游的定位与开拓［J］．农业考古，2005（2）．

[162] 安宇，田广增，沈山．国外文化产业：概念界定与产业政策［J］．世界经济

与政治论坛, 2004 (6).

[163] 臧靖巍, 阚建全, 陈宗道, 等. 青稞的成分研究及其应用现状 [J]. 中国食品添加剂, 2004 (4).

[164] 杨锁强, 王国玉, 张梁. 旅游网站的信息产品策略与营销模式 [J]. 情报杂志, 2003 (12).

[165] 陈文品, 白文祥. 茶马古道: 中国茶文化旅游的黄金走廊 [J]. 中国茶叶, 2003 (6).

[166] 罗莉. 依托 "茶马古道" 黄金旅游线建立藏、川、滇 "大三角" 藏区旅游经济圈 [J]. 西南民族学院学报 (哲学社会科学版), 2003 (2).

[167] 王浩. 试论一种特殊的传播方式——旅游传播 [J]. 现代传播, 2003 (1).

[168] 梁飚, 樊江文. 西藏阿里地区山羊绒资源及其利用 [J]. 家畜生态, 2002 (3).

[169] 彭肜. 藏传佛教雕塑艺术及其特征 [J]. 同济大学学报 (社会科学版), 2002 (3).

[170] 强巴央宗, 谢庄, 田发益. 高原藏猪现状与保种策略 [J]. 中国畜牧杂志, 2001 (6).

[171] 魏小安. 世界级旅游绝品——关于 "茶马古道" 开发设想 [J]. 中国旅游信息, 2001 (5).

[172] Luxner, Larry. In Sri Lanka: Tourism with a captial "Tea" [J]. Tea and Coffee Trade Journal, 2009 (7).

[173] Throsby D. The concentric circles model of the cultural industries [J]. Cultural Trends, 2008 (3).

[174] Galagoda R K B, Gajanayake K G M C P B, Silva A C S. Planning ecotourism in up-country tea estates in Sri Lanka: Testing a 'tourism potential index' [J]. Tourism and Hospitality Planning & Development, 2006 (1).

[175] Hesmondhalgh D, Pratt A C. The cultural industries and cultural policy [J]. International Journal of Cultural Policy, 2005 (1).

后　　记

　　本书为国家自然科学基金成果，诚挚感谢国家基金委员会对本项目的肯定和支持。自2015年项目立项始，我在单位领导、同事和家人的支持下争分夺秒地投入到研究当中，最终形成了本书。

　　在研究进行中，我遭遇了许多困难，也遇到了来自身体的挑战，但我并没有放弃调查，没有停止书写，也没有对自己降低要求。虽然在研究中还存在一些不如我意的地方，但总算尽了自己的能力。

　　当自己面对电脑准备写后记时，突然又觉得脑海中一片空白。其间发生的事情、遭遇的挫折、对父母的牵挂、对家庭的责任以及自己的追求，所有的所有，都在朦胧中静静流淌。自己在感恩地环顾四周中充满着幸福，不自觉地长长地舒了一口气。感谢一切，感谢自己又走到了今天。

　　感谢西藏民族大学所有的老师、朋友一直以来对我的支持。

　　感谢茶学界的许多前辈和朋友。虽然本书并非针对茶文化的专门研究，但茶文化及其产业是其中重要的组成部分，凝聚了我的很多心血，写作期间也得到了许多茶文化专家、前辈和朋友的帮助。

　　感谢西藏相关领导、专家的帮助和指点，也要感谢相关藏学专家的指点。

　　感谢中山大学出版社对本书的支持。

　　感谢我的父母给我的动力和支撑，感谢我的家人和所有朋友！

　　由于学识有限，恐有纰漏甚至错讹之处，敬请批评指正。

赵国栋

2018年5月